FAB

A INTIMIDADE DE

Paul McCartney

FAB

A INTIMIDADE DE Paul McCartney

HOWARD SOUNES

Tradução
Patrícia Azeredo

BestSeller

CIP-BRASIL. CATALOGAÇÃO-NA-FONTE
SINDICATO NACIONAL DOS EDITORES DE LIVROS, RJ.

Sounes, Howard, 1965-
S694f FAB: a intimidade de Paul Mccartney / Howard Sounes; tradução: Patrícia Azeredo. — Rio de Janeiro: Best*Seller*, 2011.

Tradução de: Fab: an intimate life of Paul McCartney
ISBN 978-85-7684-525-6

1. McCartney, Paul. 2. Beatles (Conjunto musical). 3. Músicos de rock — Inglaterra — Biografia. I. Título.
11-1802. CDD: 927.824166
CDU: 929:78.067.26

Texto revisado segundo o novo Acordo Ortográfico da Língua Portuguesa.

Título original inglês
FAB AN INTIMATE LIFE OF PAUL MCCARTNEY

Editoração eletrônica: FA Editoração

Impresso no Brasil

ISBN 978-85-7684-525-6

ÍNDICE

PARTE UM: COM OS BEATLES

PARTE DOIS: APÓS OS BEATLES

PARTE UM

COM OS BEATLES

1

UMA FAMÍLIA DE LIVERPOOL

NO COMEÇO DA ESTRADA

"Eles podem não parecer grande coisa", diria Paul, já adulto, sobre sua família de Liverpool, depois de ter visitado praticamente todos os lugares e visto praticamente tudo o que há para se ver neste mundo. "Eram apenas pessoas comuns, mas, por Deus, tinham algo especial — bom-senso, no sentido mais puro da palavra. Conheci muita gente, [mas] nunca encontrei ninguém tão interessante, tão fascinante ou tão sábio quanto minha família de Liverpool."

Liverpool não é apenas a cidade onde Paul McCartney nasceu; é o lugar no qual estão suas raízes, a fonte da música dos Beatles e de tudo o mais feito por ele desde a separação dessa fabulosa banda. Originalmente uma pequena enseada, ou "poça", no rio Mersey, perto de sua confluência com o mar da Irlanda e situada cerca de 340 quilômetros ao norte de Londres, Liverpool foi fundada em 1207, despontou como porto de comércio de escravos no século XVII, pois é voltada para as Américas. Após a abolição da escravatura, a região continuou a prosperar por meio de diversas formas de comércio, com novas e magníficas docas construídas ao longo da zona portuária e com um grande movimento de transatlânticos a vapor, diariamente indo e vindo dos Estados Unidos. Enquanto chovia dinheiro em Liverpool, seus cidadãos construíram uma mini-Manhattan nas docas, com destaque para o Royal Liver Building, um exuberante arranha-céu coberto por sinistros pássaros de cobre que viraram emblema dessa cidade confiante e ligeiramente excêntrica.

Em boa parte de seus trezentos anos de existência, homens e mulheres foram aos bandos para Liverpool em busca de trabalho, principalmente nas docas ou em seu entorno. Liverpool é, e sempre foi, uma cidade predominantemente branca e de classe média baixa, cuja população descende, em boa parte, dos trabalhadores pobres da vizinha Lancashire, somados aos imigrantes irlandeses, escoceses e galeses. Seus sotaques regionais misturaram-se em um caldeirão urbano para criar o *scouse*, a distinta voz de Liverpool, com sua pronúncia singular, meio áspera, e seu linguajar espirituoso. Normalmente, os *scousers* viviam amontoados nas estreitas ruas de casas geminadas, construídas com o arenito local avermelhado e tijolos.

Vermelho é a cor de Liverpool — o vermelho dos prédios, da política de esquerda e do Liverpool Football Club. Assim como a cidade tem uma cor, seus cidadãos têm uma personalidade marcante: são amigáveis, divertidos e curiosos, altamente orgulhosos de sua cidade e muito sensíveis quando ela é criticada, como aconteceu por toda a vida de Paul, pois os anos de glória de Liverpool terminaram antes de seu nascimento. A população chegara ao pico de 900 mil habitantes em 1931, e desde então, Liverpool começou a decair, os habitantes, incluindo Paul, saíam para procurar trabalho em outro lugar, assim como seus ancestrais iam para Merseyside em busca de emprego. A cidade, abandonada, foi se esgotado e acumulando problemas sociais.

O avô materno de Paul, Owen Mohin, era filho de um fazendeiro de County Monaghan, sul do que agora é a fronteira com a Irlanda do Norte, e é provável que também houvesse sangue irlandês no lado paterno da família. McCartney é um nome escocês, mas há quatro séculos, muitos McCartney escoceses se estabeleceram na Irlanda, voltando para a o continente britânico durante a Grande Fome do meio do século XIX. Os ancestrais paternos de Paul possivelmente estavam entre os que atravessaram novamente o mar da Irlanda em busca de alimento e trabalho na época. O bisavô, James McCartney, muito provavelmente também nasceu na Irlanda, mas foi para Liverpool trabalhar como pintor de paredes, fixando residência com a esposa, Elizabeth, em Everton, um subúrbio de classe média baixa da cidade. O filho Joseph, nascido em 1866, avô paterno de Paul, trabalhou no comércio de tabaco, um dos principais produtos de importação da cidade. Ele se casou com uma garota da região, chamada Florence Clegg, com quem teve dez filhos; o quinto era o pai de Paul.

Além dos pais de Paul, sua família de Liverpool — chamada por ele de "a parentada" — teve um papel significativo e duradouro em sua vida, por isso vale a pena conhecer seus tios e suas tias. John McCartney era o primogênito de Joe e Flo McCartney, conhecido como Jack. O tio Jack era um homem grande e forte; envenenado com gás na Primeira Guerra Mundial, voltou ao lar — para trabalhar como cobrador de aluguéis na Liverpool Corporation — falando em um tom de voz baixo e rouco. Era preciso aproximar-se de Jack para ouvir o que dizia, e, geralmente, estava contando uma piada. Os McCartney eram espirituosos e bons contadores de histórias, divertindo-se imensamente com brincadeiras, jogos de palavras e tolices em geral. Esse lado ficaria visível, para o bem e para o mal, quando Paul tornou-se letrista. A extravagância da família McCartney está em "Maxwell's Silver Hammer", "Rocky Racoon", e também em "Rupert and the Frog Song".

Depois de Jack, outro filho nasceu, mas faleceu ainda na infância. Em seguida, veio Edith (Edie), a ovelha negra da família, que se casou com o comissário de navio Will Stapleton. Outra filha não ultrapassou a infância e, logo depois, em 7 de julho de 1902, nasceu o pai de Paul, James, conhecido por todos como Jim. Ele foi seguido por três meninas: Florence (Flo), Annie e Jane, que era chamada de Gin ou Ginny por causa de seu nome do meio, Virginia. Ginny, que se casou com o carpinteiro Harry Harris, era a parente favorita de Paul além de sua família imediata, e muito próxima de sua irmã mais nova, Mildred (Milly), depois de quem veio o mais novo, Joe, conhecido como Our Bloody Joe, ou "Nosso Maldito Joe", um encanador que se casou com Joan, e esta sobreviveu a todos eles. Ao se lembrar do passado, Joan fala de uma família "muito fechada", amável e espirituosa, que gostava de companhia. Os homens eram magros, bem-vestidos e moderadamente bonitos. O pai de Paul tinha sobrancelhas delicadas que se arqueavam inquisitivamente sobre olhos gentis, dando-lhe a expressão de inocência e curiosidade que Paul herdou. As mulheres tinham a compleição mais robusta e, em muitos aspectos, a personalidade dominante. A mais forte era a terrível tia Gin, citada por Paul na música "Let'em In", de 1976. "Ginny topava qualquer coisa. Ela era uma pessoa maravilhosamente louca", conta Mike Robbins, que ingressou na família através do casamento, e tornou-se o tio Mike de Paul McCartney (embora fosse, na verdade, um primo). "Era uma família e tanto. Muito divertida."

A música tinha um papel importante na vida familiar. Vovô Joe tocava em bandas marciais e estimulava as crianças a aprender música. Aniversários, Natais e Anos-Novos eram uma desculpa para festas de família, nas quais todo mundo bebia e cantava em torno do piano, comprado na North End Music Stores (NEMS), de propriedade da família Epstein, e eram sempre os dedos de Jim McCartney nas teclas. Ele aprendeu piano de ouvido (supostamente o esquerdo, pois era surdo do direito). Também tocou trompete "até acabarem-se os dentes", como Paul sempre diz. Jim se tornou semiprofissional durante a Primeira Guerra Mundial, quando formou um grupo de dança, os Masked Melody Makers, que mais tarde se tornou a Jim Mac's Band, na qual seu irmão mais velho, Jack, tocava trombone. Outros parentes se juntaram ao divertimento, com interpretações entusiásticas de "You've Gone" e "Stairway to Paradise" nos salões de baile de Merseyside. Jim também criava melodias, embora fosse modesto demais para se declarar compositor. Havia outras ligações com a indústria do entretenimento. O irmão mais novo, Joe Mac, cantava em um grupo a capella, e Jack tinha um amigo no Pavilion Theatre que deixava os irmãos entrarem nos bastidores para ver artistas como Max Wall e Tommy Trinder. Na juventude, Jim trabalhou por um curto período no teatro, vendendo programas e operando a iluminação. Pouco tempo depois, a filha de Ann McCartney, Bett, casou-se com o já citado Mike Robbins, um artista de variedades sem muito talento, que fazia uma piada a cada duas frases ("A comédia de variedades estava morrendo, e meu número ajudava a matá-la."). Havia algo de artístico naquela família.

O emprego de Jim era monótono e mal remunerado. Ele trabalhava como vendedor para os comerciantes de algodão A. Hannay & Co., em um impressionante edifício comercial na Old Hall Street. Um dos colegas de Jim era um auxiliar de escritório chamado Albert Kendall, que se casou com sua irmã, Milly, e se tornou o tio Albert (que inspirou parte de outro sucesso de Paul nos anos 1970, "Uncle Albert/Admiral Halsey"). Talvez por se divertir tanto com a banda e a família, Jim esperou até ter quase 40 anos para se casar, quando a Grã-Bretanha estava novamente em guerra. Jim tivera sorte de ser jovem demais para servir na Primeira Guerra Mundial, e agora era muito velho para a Segunda. Mas ele perdeu o emprego na Hannay, e passou a trabalhar em uma fábrica de aviões durante o dia e observar os bombardeios à noite. As docas de Liverpool eram um dos principais alvos dos alemães ao início da guerra, com bombas incendiárias caindo quase todas as noites. Foi durante essa época desesperadora, com a Luftwaffe sobre suas cabeças e os exércitos de Adolf Hitler aparentemente preparados para sair da França e invadir a Inglaterra, que Jim McCartney conheceu sua futura noiva, a mãe de Paul, Mary.

Mary Mohin era filha do irlandês Owen Mohin, que deixou seu país de origem para trabalhar em Glasgow e depois se mudou para o sul, Liverpool, onde se casou com Mary Danher e teve quatro filhos: uma menina chamada Agnes, que morreu na infância; os meninos Wilfred e Bill, este conhecido como Bombhead; e a mãe de Paul, Mary, nascida em Fazakerley, subúrbio de Liverpool, em 29 de setembro de 1909. A mãe de Mary morreu quando ela estava com 10 anos. O pai voltou para a Irlanda e se casou com Rose, que levou para Liverpool e com quem teve mais dois filhos antes de morrer em 1933, tendo gasto praticamente todo o dinheiro que tinha com bebida e apostas. Mary e Rose não se davam bem, e Mary saiu de casa ainda jovem para estudar enfermagem, hospedando-se com Harry e Ginny Harris em West Derby. Um dia, Ginny levou Mary para conhecer a mãe, a viúva Florence, em sua casa, de propriedade da Liverpool Corporation ("*corpy*"), na Scargreen Avenue, Norris Green, onde Mary conheceu o irmão solteiro de Gin, Jim. Quando a sirene antiaérea soou, Jim e Mary foram obrigados a se conhecer melhor no abrigo. Casaram-se logo depois.

É interessante o fato de Paul McCartney ser fruto de um casamento misto, de pai protestante e mãe católica apostólica romana, em uma época na qual a Liverpool de classe média baixa estava sectariamente dividida. Havia conflitos constantes entre protestantes e católicos, especialmente em 12 de julho, quando homens da Ordem de Orange marchavam para celebrar a vitória de Guilherme III sobre os irlandeses em 1690. Até o Dia de São Patrício podia acabar em violência nas ruas, como lembra Ringo Starr, também nascido em Merseyside: "No dia 17 de março, Dia de São Patrício, todos os protestantes batiam nos católicos porque eles estavam marchando, e no dia 12 de julho, dia dos Homens de Orange [sic], todos os católicos batiam nos protestantes. Era assim que acontecia, Liverpool era a capital da Irlanda, como todo mundo sempre dizia." O gentil Jim McCartney era agnóstico e aparentemente cedeu à esposa quando se casaram em 15 de abril de 1941, pois a união aconteceu na capela católica romana de St. Swithin. Jim tinha 38 anos, e a noiva, 31. Naquela noite houve um ataque aéreo nas docas, e a sirene soou às 22h27, mandando os recém-casados diretamente para o abrigo subterrâneo. Bombas caíram em Garston, matando oito pessoas antes do toque que anunciou o fim do bombardeio. O ataque a Liverpool intensificou-se por alguns meses, cessando apenas em janeiro de 1942. A Grã-Bretanha sobrevivera a seu momento mais sombrio, e Mary McCartney estava grávida de um de seus cidadãos mais ilustres.

JAMES PAUL McCARTNEY

Embora a Luftwaffe tenha cessado seus bombardeios a Liverpool quando ele nasceu, na quinta-feira 18 de junho de 1942, James Paul McCartney, mais conhecido pelo nome do meio, era um típico bebê da guerra. Quando Paul começou a choramingar e berrar, os jornais davam notícias diárias da guerra mundial: o exército britânico estava praticamente cercado pelas tropas alemãs em Tobruk, no norte da África; a marinha dos Estados Unidos acabara de vencer a batalha de Midway; os alemães avançavam cada vez mais em território russo no front oriental; enquanto na Grã-Bretanha, o governo do primeiro-ministro Winston Churchill pensava em acrescentar o carvão à longa lista de itens que seriam racionados. Embora a Blitzkrieg tivesse passado por Liverpool, a guerra ainda duraria mais três anos, causando muito sofrimento e privações para a nação.

Como seus pais haviam se casado em uma igreja católica, Paul foi batizado na fé católica na igreja de St. Philomena, em 12 de julho de 1942, dia em que a Ordem de Orange marcha. Embora possa ter sido coincidência, é de imaginar se Mary McCartney e o sacerdote da igreja, padre Kelly, não escolheram esse dia para batizar o filho de um protestante como forma de reivindicar uma alma para Roma. Seja lá qual for o caso, Paul acabaria tendo uma fé vaga e não praticante, raramente indo à igreja, assim como o pai. Dois anos depois nasceu Michael, segundo filho do casal e único irmão de Paul. Os dois tinham a convivência tipicamente fraternal: eram próximos, mas brigavam de vez em quando.

Paul tinha 3 anos e Mike, 1, quando a guerra acabou. O pai retomou o trabalho no comércio de algodão, embora o emprego da mãe fosse o mais importante para a família, algo bastante incomum. Em 1945, a eleição geral trouxe a administração trabalhista de Clement Attlee, cujo governo implementou o National Health Service, (NHS), o serviço nacional de saúde. Mary McCartney era o NHS em ação, uma funcionária relativamente bem-paga e treinada pelo Estado, que trabalhava em casa fazendo os partos de suas vizinhas. A família se mudava pelos arredores de Merseyside com frequência, tendo morado em várias épocas em Anfield, Everton, West Derby e sobre as águas em Wirral (península situada entre Liverpool e a região norte do País de Gales). Às vezes eles alugavam quartos ou moravam com parentes. Em 1946, Mary foi convidada a assumir seu posto em um novo conjunto residencial em Speke, ao sul da cidade, e com isso os McCartney chegaram à 72 Western Avenue, que Paul, então com 4 anos, consideraria sua primeira casa de verdade.

Liverpool tinha problemas habitacionais havia tempos, e uma parte significativa da população morava em cortiços na década de 1950. Além desse problema histórico, milhares de pessoas ficaram desabrigadas por causa dos bombardeios. Como consequência da guerra, muitas famílias de Liverpool foram temporariamente alojadas em casas pré-fabricadas nos subúrbios da cidade, enquanto a Liverpool Corporation construía grandes prédios e os alugava à população local. Boa parte dessas construções foi erguida em Speke, uma área plana e semirrural entre Liverpool e seu pequeno e remoto aeroporto. Ali, grandes propriedades industriais foram construídas ao mesmo tempo, para criar o que era praticamente uma nova cidade. Os McCartney ganharam uma casa nova de três quartos, pertencente à Liverpool Corporation, em uma avenida que hoje leva ao aeroporto John Lennon. No fim dos anos 1940, era um empreendimento-modelo de novas "casas para heróis". Como a escola primária local estava superlotada, Paul, junto com várias outras crianças, era levado de ônibus para a Joseph Williams Primary, na vizinha Childwall. Ex-alunos lembram-se vagamente de um menino amigável com rosto gorducho e ótimo senso de humor. Uma foto de classe mostra Paul vestido de maneira impecável, aparentemente feliz e confiante. De fato, aqueles foram dias alegres para o jovem McCartney, cujo lar suburbano dava acesso a bosques e campinas, que ele explorava com o *Observer's Book of Birds* e um suprimento de sanduíches de geleia em aventuras felizes que foram relembradas em uma canção dos Beatles:

Find me in my field of grass,
Mother Nature's son,
*Swaying daisies sing a lazy song beneath the sun.**

("Mother Nature's Son")

À noite, a mãe cozinhava enquanto o pai fumava seu cachimbo, lia o jornal ou cuidava do jardim, lançando sabedoria e piadas aos garotos. Havia ainda as brincadeiras com o irmão Mike e a diversão dos dramas e comédias na rádio BBC. A fim de passar mais tempo com os filhos, Mary deixou o emprego de parteira em 1950, perdendo, assim, o direito de viver na 72 Western Avenue. A família se mudou para a 12 Ardwick Road, situada 2 quilômetros à frente: um endereço menos salubre em uma parte ainda não finalizada do empreendimento. Pelo lado positivo, a nova casa era em frente a um parquinho com balanços. Talentosa, Mary conseguiu um emprego como agente de saúde e usava o pequeno depósito como escritório. Uma das pequenas melhorias domésticas feitas por Jim foi fixar o número da casa em uma placa de madeira perto da campainha da porta da frente. Quando Paul voltou lá décadas depois com o próprio filho, James, ficou surpreso e feliz ao ver que os números colocados pelo pai ainda estavam lá. A moradora atual deu as boas-vindas aos McCartney, mas reclamou de ser incomodada por fãs dos Beatles, que visitavam a casa regularmente como parte da já tradicional peregrinação de fãs do grupo a Liverpool, tirando fotos pela janela da frente e arrancando galhos de sua cerca viva. Com uma piscadela para James, Paul perguntou em tom bem-humorado se ela não se sentia privilegiada.

"Não", respondeu a moradora com firmeza. "Já cansei!"

A experiência dela é prova irrefutável de que, junto com Elvis Presley, os Beatles são objeto do culto mais obsessivo da música popular.

---

* Encontre-me em meu campo de capim/Filho da Mãe Natureza/Margaridas dançantes cantam uma canção preguiçosa sob o sol.*(N. do T.)*

A OVELHA NEGRA

Como já vimos, os McCartney eram uma família grande e unida que gostava de se reunir regularmente para festas. Jim tinha o costume de cumprimentar seus entes queridos com um aperto de mão firme, um sorriso extravagante e um de seus aforismos. "Coloque ali", ele dizia, apertando a mão do interlocutor, "se pesar uma tonelada." O que exatamente ele queria dizer com isso não estava muito claro, mas dava a ideia de que Jim era um homem robusto. E se a pessoa cumprimentada fosse uma criança, geralmente descobria que Jim depositara uma moeda na palma de sua mão durante o cumprimento. Ele era generoso e honesto, como os McCartney costumavam ser. Eles não eram *scallies* (*scousers* malandros ou trapaceiros), exceto pelo tio Will.

Considerando há quanto tempo Paul McCartney é famoso, e quão profundamente sua vida já foi estudada, é surpreendente que a escandalosa história da ovelha negra da família McCartney tenha permanecido inédita até agora. Pois aqui está ela: em 1924, a tia de Paul por parte de pai, Edie, casou-se com um comissário de navio chamado Alexander William Stapleton, conhecido por todos como Will. Após a morte de Florence McCartney, Edie e Will ficaram com sua casa na Scargreen Avenue, e Paul via o tio Will regularmente nas reuniões de família. Todo mundo sabia que Will era um "tremendo sacana", nas palavras de um parente. Will era conhecido por afanar garrafas nas festas de família e por cometer roubos maiores. Tinha o hábito de roubar dos navios em que trabalhava. Em uma ocasião memorável, Will mandou um recado para que Edie e Ginny o encontrassem nas docas de Liverpool quando seu navio chegasse. Gin se perguntou por que o cunhado exigia sua presença, bem como a da esposa. Ela descobriu quando Will a cumprimentou por cima da cerca. Segundo Ginny, Will a beijou inesperadamente nos lábios, passando-lhe um anel de diamante com a língua. E isso não foi tudo. Ao passar pela alfândega, Will deu à esposa um saco de lavanderia com lingerie de seda e presenteou Ginny com uma meia contendo — assim diz a história — um papagaio anestesiado com clorofórmio.

Will se gabava dizendo que um dia daria um golpe que o deixaria com a vida feita. Isso virou piada na família McCartney. Jack McCartney estava habituado a parar a "parentada" na cidade e cochichar: "Vejo que Will Stapleton voltou de viagem."

"É mesmo?", o parente perguntava, inclinando-se para a frente para ouvir a voz rouca de Jack.

"Sim, acabei de ver o *Mauretania** no meio da Dale Street."

Piadas à parte, Will conseguiu cometer um crime e tanto, sensacional o bastante para chegar à primeira página do *Liverpool Evening News* e até do *The Times* de Londres, para o embaraço permanente da família.

Will era o responsável pelas bagagens no *SS Apapa*, fazendo uma rota regular entre Liverpool e a África Ocidental. Em setembro de 1949, o cargueiro itinerante transportava setenta caixas de notas recém-impressas, destinadas ao British Bank of West Africa. As caixas de dinheiro, equivalente a milhões hoje, estavam lacradas e trancadas na sala-forte do navio. Will e dois tripulantes, o responsável pela despensa, Thomas Davenport, e o padeiro do navio, Joseph Edwards, armaram um plano para roubar um pouco daquele dinheiro. Aparentemente foi tudo ideia de Davenport, que recrutou Stapleton para abrir as dobradiças da sala-forte, tirar os pregos e abrir a porta. Assim, eles roubaram o conteúdo de uma caixa com 10 mil notas bancárias da África Ocidental, valendo exatamente 10 mil libras esterlinas em 1949, aproximadamente 250 mil libras em valores de hoje. Os ladrões substituíram o dinheiro roubado por guardanapos de papel fornecidos por Edwards, fecharam a caixa novamente e colocaram a porta no lugar. Quando a mercadoria foi descarregada em Takoradi, na Costa do Ouro, nada parecia estar faltando, e o *Apapa* seguiu seu caminho. Foi apenas quando as caixas foram pesadas no banco, que uma delas foi considerada leve e o alarme foi dado.

O *Apapa* havia chegado a Lagos, onde os ladrões gastaram parte do dinheiro roubado antes de voltar ao navio, que seguiu para a Inglaterra. A polícia britânica embarcou no *Apapa* quando este voltou a Liverpool, e logo prendeu Davenport e Edwards, que confessaram, implicando Stapleton. "Vocês parecem saber de tudo. Não adianta mais negar", teria dito o tio Will aos detetives quando foi preso. A história apareceu na primeira página do *Evening Express* de Liverpool, ou seja, toda a família podia avaliar a desgraça que Will lhes trouxera.

---

* Um dos maiores navios do mundo. *(N. do A.)*

"Meu Deus, é aquele maldito golpe que ele sempre disse que ia tentar!", exclamou a tia Ginny.

Stapleton e seus colegas se declararam culpados em juízo por roubo em alto-mar. Ele disse que sua parte foi de apenas quinhentas libras, e alegou ter ficado nervoso quando viu o capitão do navio inspecionando a sala-forte na viagem de volta. "Por isso me livrei imediatamente do que havia sobrado das minhas quinhentas libras, jogando tudo no mar através da vigia. Contei isso a Davenport, que me chamou de tolo e disse que se arriscaria a guardar o resto." O juiz sentenciou o tio Will a três anos de prisão, e o mesmo para Davenport. Edwards pegou 18 meses.

A polícia recuperou apenas uma pequena quantia do dinheiro roubado. Talvez Davenport e Stapleton tenham mesmo jogado o resto no Atlântico, como disseram, mas na família McCartney especulava-se que Will teria guardado um pouco do dinheiro que não foi encontrado. Dizia-se que a polícia o havia observado cuidadosamente após sua saída da cadeia, e quando os detetives finalmente desistiram da vigilância, Will entrou em uma farra de compras, adquirindo, entre outros luxos, a primeira televisão da Scargreen Avenue.

CRESCIMENTO

Os pais de Paul compraram a primeira TV em 1953, como fizeram muitas famílias britânicas, para assistir à coroação da nova rainha, Elizabeth II, então com 27 anos, alguém que Paul veria muito nos anos seguintes. O pequeno McCartney se destacou por ser um dos sessenta estudantes britânicos a ganhar uma competição de textos sobre a coroação. "Dia da coroação", de Paul McCartney (idade: 10 anos e 10 meses), era um tributo patriótico a uma "jovem e adorável rainha" que, como queria o destino, um dia lhe daria o título de cavaleiro e o nomearia Sir Paul McCartney.

Ganhar o prêmio mostrou que Paul era um garoto inteligente, o que ficou claro quando, ao final de seu período na escola Joseph Williams Primary, ele passou no Eleven Plus — teste feito pelos estudantes britânicos entre 11 e 12 anos, a primeira bifurcação significativa em sua educação naquela época. Os que não passavam na prova eram enviados para escolas secundárias modernas, que costumavam formar meninos e meninas que seriam trabalhadores manuais ou de nível médio; enquanto a minoria aprovada no Eleven Plus era encaminhada para o liceu, entrando no caminho da educação universitária e da vida profissional das classes mais altas. Além disso, ele se saiu tão bem na prova que foi escolhido para o melhor liceu de Liverpool, na verdade, uma das melhores escolas estaduais da Inglaterra.

O Liverpool Institute, ou Inny, ficava no alto da Mount Street, perto da nova e majestosa catedral anglicana. As obras no que talvez seja o maior edifício de Liverpool, projetado por Sir Giles Gilbert Scott, começaram em 1904 e só terminaram em 1978. Embora ainda estivesse em construção, a catedral já funcionava no início dos anos 1950. Paul havia tentado entrar no coral (foi rejeitado, ingressando, então, no da St. Barnabas, na Penny Lane.) Situado à sombra dessa esplêndida catedral, o Inny tinha uma grandeza modesta. Era um belo prédio, de arquitetura georgiana tardia, com entrada ladeada por elegantes colunas de pedra. E tinha a ótima reputação de dar aos garotos mais inteligentes da cidade o melhor caminho para começar a vida. Muitos alunos saíam de lá para Oxford e Cambridge, e o Inny produziu escritores, cientistas, políticos notáveis, e até um ou dois astros da indústria do entretenimento. Antes de Paul, o mais famoso ex-aluno era o comediante Arthur Askey, em cuja mesa Paul se sentava.

Vestindo seu novo blazer preto e gravata verde e preta, ele ficou impressionado e intimidado com a nova escola quando se matriculou em setembro de 1953. Ir para o Inny o afastava diariamente do subúrbio rumo ao coração urbano de Liverpool, um lugar muito mais dinâmico. Qualquer aluno novo se sentia naturalmente estupefato pela vida fervilhante de uma escola com cerca de mil alunos, supervisionada por vários professores de aparência austera vestidos em becas pretas e prontos a dar bengaladas em um rapaz indisciplinado. Os alunos agraciavam secretamente seus arrogantes professores com apelidos satíricos e debochados. J. R. Edwards, o temido diretor, era conhecido como Bas, de Bastardo. (Paul acabou percebendo que, na verdade, ele era "um cara bem simpático".) Outros mestres eram conhecidos como Cliff Edge, Sissy Smith (um professor de inglês afeminado, parente de John Lennon), Squinty Morgan, Fungui Moy e Weedy Plant.* "Ele era daninho e o nome dele era Plant. Pobre ho-

---

* Ou, em português, Beira do Abismo, Mulherzinha Smith, Morgan Vesgo, Moy Fungo e Erva Daninha. *(N. do T.)*

mem", explica Steve Norris, estudante contemporâneo de Paul que virou ministro do gabinete conservador britânico.

A turma A era para os garotos mais inteligentes, que estudavam os clássicos. Um exemplo brilhante e contemporâneo de Paul era Peter "Perfeito" Sissons, que mais tarde se tornou âncora de telejornal na BBC. A turma C era para os garotos com inclinação para as ciências. Paul entrou na turma B, especializada em línguas modernas. Ele estudou alemão e espanhol, este com "Fanny" Inkley, a única professora da escola. Paul teve a sorte de ter aulas com um extraordinário professor de inglês, Alan "Dusty" Durband, autor de um livro considerado padrão para o estudo de Shakespeare, que chamava a atenção de seus alunos para Chaucer apresentando-lhes as passagens sensuais de *Os contos da Cantuária.* "Depois nos interessávamos pelas outras partes também, ele era um cara esperto." As outras aulas favoritas de Paul eram as de arte e de marcenaria, que se tornaram hobbies para ele quando adulto. Antes que a música entrasse com tudo em sua vida, Paul era considerado um dos melhores artistas da escola. Curiosamente, as lições de música de Neddy Evans lhe eram indiferentes. Embora fosse estimulado pelo pai a aprender a ler partituras para que pudesse tocar corretamente, ele nunca soube o que significavam aqueles pontinhos. "Basicamente não aprendi nada [sobre música na escola]." Apesar disso, ele amava o Inny e reconheceu a vantagem competitiva que a escola lhe deu na vida. "Ele dava uma ótima sensação de que o mundo estava lá fora para ser conquistado, de que o mundo era muito grande e de alguma forma você conseguiria alcançá-lo de lá."

Foi no Inny que Paul ganhou o apelido de Macca, que pegou. Entre as amizades feitas por Macca na escola estavam John Duff Lowe, Ivan "Ivy" Vaughan (nascido no mesmo dia que Paul) e Ian James, que compartilhava com ele o gosto por programas de rádio, como o então recente e anárquico *Goon Show.* No pátio, Macca estava "sempre contando piadas ou falando dos programas transmitidos na noite anterior", relembra James. "Tinha sempre uma multidão a seu redor. Ele era bom contador de histórias, [e] tinha um senso de humor bem diabólico." Outros dois colegas tiveram importância especial: um garoto esperto e de rosto fino chamado Neil "Nell" Aspinall, que era da turma de Paul nas aulas de arte e de inglês e virou o empresário das turnês dos Beatles; e um menino magro que entrou um ano depois de Paul, chamado George.

Nascido em 25 de fevereiro de 1943*, George Harrison era o caçula em uma família de quatro pessoas, de classe média baixa do sul de Liverpool. A mãe e o pai, Louise e Harold "Harry" Harrison, viviam em uma casa da Liverpool Corporation na 25 Upton Green, Speke. Harry era motorista de ônibus. Por sinal, foi no ônibus para casa vindo da escola que Paul e George realmente se conheceram. A conversa surgiu de um interesse mútuo e crescente por música, pois Paul tinha começado a tocar trompete. "Descobri que ele tinha um trompete, ele descobriu que eu tinha uma guitarra e nós nos juntamos", lembrou George. "Eu tinha uns 13 anos. Ele provavelmente tinha uns 13 ou 14 anos (ele sempre foi nove meses mais velho que eu. Mesmo agora, após todos esses anos, ele continua sendo nove meses mais velho que eu!)." Como essa observação insinua, George sempre achou que Paul o olhava com certo desprezo e, embora fosse espirituoso, além de inteligente o bastante para entrar no Inny, os colegas de escola daquela época falam de George como um rapaz menos impressionante do que Paul. "Lembro-me de George Harrison sendo burro como uma porta — e totalmente desinteressante", conta Steve Norris sem meias palavras. "Acho que ninguém pensava que George fosse conquistar algo na vida. Ele era meio lento, sabe? [adotando um sotaque *scouse* de classe média baixa], meio *Você sabe o que quero dizer, não é?*"

A família de Paul se mudou novamente em função do trabalho da mãe, agora para uma nova casa da empresa em Allerton, um subúrbio agradável mais perto da cidade. O endereço era 20 Forthlin Road, uma fileira compacta de casas de tijolos com pequenos jardins na frente e nos fundos. Entrava-se por uma porta de vidro que se abria para um saguão com assoalho de tacos, escadas logo à frente, sala de estar à esquerda, com uma lareira, perto da qual estava a TV. O piano dos McCartney ficava encostado à parede do fundo, coberto de papel azul com motivos chineses. Portas do tipo vaivém levavam a uma pequena sala de jantar, à direita da qual ficava a cozinha e um corredor de volta para o saguão. No segundo andar havia três quartos, com um banheiro e vaso sanitário interno, uma conveniência que

* Às vezes, diz-se que Harrison nasceu em 24 de fevereiro de 1943, mas em suas certidões de nascimento e de óbito consta a data de nascimento como dia 25. *(N. do A.)*

a família ainda não havia experimentado. Paul pegou o quarto dos fundos, com vista para o Police Training College; o irmão Mike ficou com o quarto menor. Os interruptores eram de baquelite, o chão, de linóleo, os móveis eram pintados de "creme corporação" (magnólia), e a soleira da porta, de vermelho Liverpool. Essa nova casa era perfeitamente adequada aos McCartney, e os primeiros meses que a família morou lá ficaram idealizados na mente de Paul como um idílio familiar dos McCartney: o menino aconchegado e feliz com seu pai carinhoso, fumando cachimbo, seu divertido irmão mais novo e a mãe mais amável do mundo, uma mulher que trabalhava muito para trazer outras crianças ao mundo, mas sempre tinha tempo para os próprios filhos. Paul acabou vendo a mãe quase como a Virgem Maria:

Lady Madonna, children at your feet,
*Wonder how you manage to make ends meet.**

("Lady Madonna")

O que aconteceu a seguir foi o evento que definiu a vida de Paul McCartney, uma tragédia ainda mais absurda porque a família acabara de se mudar para sua casa dos sonhos, onde esperavam ser felizes por muitos anos. A mãe ficou doente e foi diagnosticada com câncer de mama. Parece que ela sabia que o prognóstico não era bom e guardou segredo, pelo menos dos filhos. Um dia, no verão de 1956, Mike encontrou a mãe chorando no andar de cima. Quando perguntou o que havia de errado, ela respondeu: "Nada, amor."

No fim de outubro de 1956, Mary foi internada no Northern Hospital, um edifício antigo e sombrio na Leeds Street, onde se submeteu a uma cirurgia que não teve sucesso. Paul e Mike foram para Everton ficar com os tios Joe e Joan. Jim não tinha carro, então Mike Robbins, que vendia aspiradores de pó entre apresentações teatrais, dava caronas ao pai das crianças para o hospital em sua caminhonete. "Ele estava tentando parecer forte. Sabia que a esposa estava morrendo." Por fim, os garotos foram levados ao hospital para dar adeus à mãe. Paul notou que havia sangue nos lençóis dela. Mary comentou com

---

* Senhora Virgem Maria, crianças aos seus pés/Eu me pergunto como você faz para dar conta de tudo. *(N. do T.)*

um parente que só queria ter a chance de ver os filhos crescerem. Paul tinha 14 anos, Mike, 12. A mãe morreu em 31 de outubro de 1956, no Halloween, aos 47 anos.

A tia Joan lembra que Paul não expressou abertamente seu pesar quando recebeu a notícia. Na verdade, ele e o irmão brincaram ruidosamente no quarto dos fundos aquela noite. "Minha filha dormiu em uma cama de acampamento", disse Joan, "e os garotos ficaram com o beliche no quarto dos fundos. Eles estavam arrancando braços de um ursinho de pelúcia." Quando se deu conta de que a mãe havia morrido, Paul agiu de forma mal-educada, perguntando ao pai como eles fariam para viver sem o salário dela. Histórias como essa são, às vezes, citadas como evidência de uma falta de empatia por parte de Paul, e é verdade que muitas vezes em sua vida ele reagiria de modo desajeitado em relação à morte. Também é verdade que os jovens geralmente se comportam de modo insensível quando enfrentam o luto. Não sabem o que a morte significa. Ao longo dos anos, porém, ficou claro que Paul viu seu mundo desmoronar naquela noite de outono de 1956. A morte prematura da mãe foi um trauma que ele nunca esqueceu, nem superou completamente.

2

JOHN

HAIL! HAIL! ROCK 'N' ROLL

Um sombrio período de luto e adaptação seguiu-se à morte de Mary McCartney, no qual o viúvo se conformava com a perda prematura da esposa e tentava criar uma rotina doméstica na Forthlin Road, que lhe possibilitasse ser pai e mãe dos filhos. Isso não foi fácil. Na verdade, Paul se recorda de ouvir o pai chorar à noite. Foi graças à "parentada", especialmente às tias Ginny, Milly e Joan, que Jim foi capaz de tocar a vida na Forthlin Road, com as mulheres se revezando para ajudar a limpar e cozinhar para essa casa enlutada e totalmente masculina.

No que diz respeito à história da música pop, o importante é que Paul reagiu à morte da mãe encontrando consolo na música. Ele devolveu o trompete que ganhara do pai como presente de aniversário para a Rushworth and Dreaper, uma loja de música de Liverpool, e o trocou por um violão Zenith, pois queria tocar um instrumento que também lhe permitisse cantar, e não gostava da ideia de desenvolver um calo de trompetista nos lábios. Aprender a tocar violão se mostrou um desafio, porque ele era canhoto e primeiro tentou tocar como destro. Foi só quando viu uma foto de Slim Whitman tocando o violão ao contrário (Whitman aprendeu a tocar como canhoto após perder parte de um dedo da mão direita), que Paul inverteu as cordas do instrumento e começou a fazer progresso. O colega de escola Ian James também tocava violão, com mais competência, e deu lições valiosas a Paul em seu violão Rex.* Quanto ao que

* Em 2006, quando James estava perto da aposentadoria e percebeu que seu fundo de pensão não era tão gordo quanto esperava, pediu que

os garotos tocavam, subitamente havia um novo gênero musical surgindo.

Até 1955, a música que Paul ouvia e gostava consistia basicamente em baladas da era do jazz e músicas para dançar que seus pais apreciavam: basicamente Gershwins, Cole Porter e Rodgers e Hart; enquanto as idas ao cinema o fizeram gostar de Fred Astaire, que, como bom cantor e ótimo dançarino, seria sempre um herói para ele. Naquele momento, ritmos mais ousados e elementares preenchiam seus ouvidos. A primeira sensação musical para os jovens na Grã-Bretanha do pós-guerra foi o skiffle, que incorporava elementos de folk, jazz e blues. Boa parte do apelo do gênero vinha de não exigir instrumentos profissionais para tocá-lo. Bastava utilizar objetos domésticos comuns: uma caixa de chá de madeira ganhava cordas para virar um baixo rudimentar e uma tábua de lavar roupa feita de latão virava um instrumento de percussão simples, ajudando a definir o característico som áspero e barulhento. Apesar de ser tocado com instrumentos tão absurdos, o skiffle conseguia ser bem empolgante, como o cantor escocês Lonnie Donegan comprovou em janeiro de 1956 ao emplacar um grande sucesso com uma versão skiffle para "Rock Island Line", do Leadbelly (embora a gravação tenha um contrabaixo normal). Quase da noite para o dia, milhares de adolescentes britânicos formaram bandas de skiffle, e Paul estava entre esses fãs de Liverpool que viram Donegan se apresentar no teatro Empire da região em novembro, apenas alguns dias após a morte de Mary McCartney.

Logo após o skiffle veio a grande revelação do rock 'n' roll. O primeiro retumbar dessa nova e poderosa música chegou ao Reino Unido com o filme *Sementes de violência*, de 1955, que fez de Bill Haley uma sensação fugaz. Ao vivo, Haley se mostrou uma decepção, um homem maduro e corpulento que estava longe de ser o modelo ideal de comportamento para adolescentes, ao contrário do jovem e belo messias do rock que veio a seguir. Elvis Presley estourou na Grã-Bretanha em maio de 1956 com o lançamento de "Heartbreak Hotel". O cantor e a música eletrizaram Paul naquela idade em que os garotos ficam bastante interessados na própria aparência. Elvis era seu

---

Paul autenticasse o Rex como o violão no qual ele aprendera a tocar e, com essa confirmação, James vendeu o instrumento em um leilão por impressionantes 333 mil libras. *(N. do A.)*

ídolo, assim como de garotos no mundo inteiro, e Paul tentou ficar parecido com seu herói. Paul e Ian James foram a um alfaiate de Liverpool, que ajustou as calças deles para o estilo dos roqueiros, conhecido como *drainpipe*. Ele deixou o cabelo crescer, jogando-o para trás igual ao "El", como eles chamavam o astro. Paul começou a deixar de lado os deveres da escola e a passar o tempo livre praticando as canções de Elvis, bem como outras melodias do rock 'n' roll vindas pelas irregulares ondas noturnas da rádio Luxemburgo. Essa distante estação europeia, junto com os lampejos de ídolos da música na TV e em filmes *jukebox* no cinema, apresentou Paul aos carismáticos norte-americanos que se sentavam aos pés de Elvis no firmamento do rock: o grande poeta negro Chuck Berry, o selvagem Jerry Lee Lewis, o enganosamente certinho Buddy Holly, o louco Little Richard e o pioneiro do rockabilly Gene Vincent, cujo insistente *Be-Bop-A-Lula* foi o primeiro disco comprado por Paul.

Paul começou a levar seu violão para a escola. O ex-monitor-chefe Billy Morton, um fã de jazz sem tempo para esse novo tipo de música, lembra-se de ter ficado chocado ao vê-lo tocando "Twenty-Flight Rock", de Eddie Cochran, no pátio do Inny. "Devia ter uns 150 garotos em volta enquanto ele cantava... Já era um astro desde aquela época." Paul imitava seus heróis com uma habilidade sobrenatural, mas era mais que um mero copiador. Quase imediatamente, ele começou a compor suas músicas. "Ele dizia: 'Escrevi uma melodia'", lembra-se Ian James. "Era algo que eu nunca havia tentado, e parecia uma proeza e tanto. Eu pensava: 'Ele escreveu uma melodia!' Então fomos para o quarto dele, e ele tocou a melodia [e] cantou." Criada com três acordes básicos (C, F e G), "I Lost My Little Girl" era um skiffle de letra simples sobre uma garota que deixou a cabeça de Paul "in a whirl", ou seja, rodando. Por meio dessa pequena canção, Paul McCartney se tornou cantor e compositor. Agora ele precisava de uma banda.

OS QUARRY MEN

Os Beatles nasceram de uma banda de estudantes formada e liderada por John Lennon, um garoto mais velho da região, que estudava para as provas O-Levels na Quarry Bank High School. Paul sabia quem ele era, mas não o conhecia pessoalmente. Segundo ele: "John era o Ted da área" (querendo dizer que Lennon se vestia de acordo com a agressiva cultura jovem dos Teddy Boys). "Você o via, mas não o encontrava."

John Winston Lennon, batizado em homenagem ao líder britânico dos tempos de guerra, era um ano e oito meses mais velho que Paul McCartney, e nasceu em 9 de outubro de 1940. Como Paul, John tinha ancestrais irlandeses de Liverpool, com um toque de *show business* na família. Seu avô paterno irlandês, Jack, cantara em um grupo de menestréis. Ao contrário de Paul, John era produto de um lar problemático. O pai era um despreocupado marinheiro mercante chamado Freddie Lennon, farinha do mesmo saco que o tio Will de Paul. A mãe, Julia, era uma jovem frívola que se relacionava com vários homens enquanto Freddie estava no mar ou na prisão, onde passou parte da Segunda Guerra Mundial. De modo geral, o casal fazia um péssimo trabalho ao criar o único filho,* que Julia entregou, aos 5 anos, às mãos mais capazes de sua irmã mais velha e sem filhos, Mary, conhecida como Mimi, e seu marido, o leiteiro George Smith.

A relação entre John e sua tia Mimi lembra a que havia entre David Copperfield e sua tia-guardiã, Betsey Trotwood, uma mulher aparentemente severa que se mostra bondosa quando oferece refúgio ao infeliz Copperfield em seu chalé. A igualmente rígida, mas de bom coração, Mimi levou o sobrinho para viver com ela e George em seu aconchegante chalé, Mendips, na Menlove Avenue, bem perto da casa de Paul na Forthlin Road. Muito foi dito sobre a diferença social entre Mendips e a casa de classe média baixa de Paul, como se a residência de John fosse muito maior. Como os dois imóveis agora estão abertos ao público graças ao National Trust, qualquer pessoa pode ver que Mendips é uma casa geminada padrão de três quartos, o tipo de moradia construído aos milhares nos anos 1920 e 1930 — casinhas suburbanas aconchegantes para quem podia assumir uma pequena hipoteca, mas não podia gastar em uma casa não geminada. A principal diferença entre Mendips e 20 Forthlin Road era que os Smith eram proprietários, enquanto Jim McCartney alugava da Liverpool Corporation. Por isso, os McCartney eram definidos como classe média baixa. Também é justo dizer que a Menlove Avenue era considerada muito mais agradável para se viver.

---

* Julia depois teve mais filhos com outros homens. *(N. do A.)*

A infância de John foi novamente abalada quando o tio George faleceu em 1955. Desde então, John e a tia dividiram Mendips com uma série de hóspedes do sexo masculino, cujo aluguel ajudava Mimi a pagar as contas e com quem, em pelo menos um caso, ela também dividiu a cama com ela. De uma forma ou de outra, esse foi um começo de vida excêntrico, e John cresceu e se tornou uma pessoa excêntrica. Como Paul, Lennon era inteligente, espirituoso e tinha um olhar intenso que, mais tarde, foi confundido com sinal de sabedoria — ele parecia olhar diretamente para sua alma —, quando, na verdade, era apenas miopia. Ele também possuía talento para as artes e gostava de aprender idiomas. Como muitas crianças habituadas à solidão, John gostava de ler, mais até do que Paul. A leitura voraz foi, em parte, responsável por suas letras serem geralmente mais interessantes que as de Paul. A influência literária de Edward Lear e Lewis Carroll tem forte presença, por exemplo, no gosto de John pelo *nonsense*, manifestado, por exemplo, na *Daily Howl*, deliciosa revista escolar que ele escrevia e desenhava por diversão. O tom é dado por sua famosa previsão do tempo: "Amanhã vai ser *Muggy**, seguido de *Tuggy*, *Weggy*, *Thurgy* e *Friggy***." O jogo de palavras é também o humor do *Goon Show*, apreciado pelos dois jovens. Acima de tudo, os garotos tinham o mesmo interesse pela música. John era louco por rock 'n' roll. De fato, muitos amigos o consideravam quase *completamente* louco. Durante a pesquisa sobre a vida de Paul, é interessante o fato de as pessoas que conheceram tanto Paul quanto John tenderem a falar de John com prazer e geralmente rindo, pois ele fazia e dizia muitas coisas divertidas que ficaram guardadas na lembrança, enquanto McCartney era sempre mais sério, até mesmo (cochichando) levemente sem graça, em comparação ao outro.

Assim como Paul, John venerava Elvis Presley. "Não tenho problema com esse negócio de Elvis Presley, John", advertia tia Mimi, "mas não o quero para o café da manhã, o jantar e o chá" (suas outras palavras imortais sobre esse assunto foram: "Não tenho problema com esse negócio de violão, John, mas você nunca vai conseguir ganhar a vida com isso."). Em sua tentativa de imitar Elvis, o jovem tocava violão com entusiasmo, mas muito mal, usando os acordes de ban-

---

* Do inglês, quente e úmido. *(N. do T.)*

** Trocadilho com os dias da semana em inglês: Monday, Tuesday, Wednesday, Thursday, Friday *(N. do T.)*

jo ensinados pela mãe, que vivia dobrando a esquina da Blomfield Road, com o namorado da época, e via o filho regularmente. Tocar acordes de banjo significava usar apenas quatro das seis cordas do violão — algo um pouco mais fácil para um iniciante. Depois de aprender o básico, John formou um grupo de skiffle com seu melhor amigo na Quarry Bank High, Pete Shotton, que tocava a tábua de lavar roupa. A banda era chamada de Os Quarry Men em homenagem à escola. Outro aluno, Eric Griffiths, tocava guitarra, e recrutou um quarto estudante do colégio, Rod Davis, conhecido de John por terem frequentado a escola dominical juntos. De acordo com Rod: "Ele era conhecido como *aquele* Lennon. As mães diziam: 'Fique longe *daquele* Lennon.'" Eric encontrou o baterista deles, Colin Hanton, que já deixara a escola (não a Quarry Bank) para trabalhar como estofador. Por fim, Len Garry, aluno do Liverpool Institute, ficou com o baixo de caixa de chá. Juntos, os rapazes faziam cover das canções favoritas de skiffle e rock 'n' roll de John em festas e clubes para jovens, às vezes passando semanas sem tocar, pois uma das principais características de John era a preguiça. Na verdade, os Quarry Men poderiam não ter feito show algum se não tivessem concordado em se apresentar em um humilde festival de verão.

Woolton Village fica a um curto trajeto de bicicleta da casa de John, bem ao leste de Liverpool, e seu festival anual é organizado pelo vigário da St. Peter's Church no cemitério onde residem os restos de certa Eleanor Rigby que, segundo sua lápide, faleceu em 1939 aos 44 anos. Começando às 14 horas do sábado, 6 de julho de 1957, uma procissão de crianças, carros e bandas seguia por Woolton até o campo da igreja, liderada pela Band of the Cheshire Yeomanry e pela Rainha das Rosas, uma garota da região que ficava sentada majestosamente em um caminhão-plataforma. Os Quarry Men vinham em um caminhão semelhante logo atrás. Por volta das 15 horas, a nova Rainha das Rosas era coroada no palco montado no campo da igreja, seguida de um desfile de crianças locais em roupas chiques. Foi então a vez dos Quarry Men tocarem algumas canções para a diversão dos garotos enquanto os adultos perambulavam pelos estandes. Olhando as fotografias tiradas naquela tarde de verão, é possível notar que, embora a banda de John se chamasse Quarry Men, eles eram apenas meninos, jovens desengonçados vestindo camisas xadrez de mangas arregaçadas, cujas expressões faciais entregavam a quase total inexperiência enquanto tentavam, a duras penas, entreter uma audiência composta basicamente por pessoas ainda mais novas que eles. Uma garotinha vestindo uniforme marrom é capturada pelas câmeras sentada na beira do palco olhando para John com leve interesse.

John, que havia deixado o cabelo crescer na frente e depois o jogava para trás em um topete, estava diante de um microfone dedilhando seu violão e cantando "Come Go With Me" dos Dell-Vikings. Sem saber se a letra estava certa, pois nunca a tinha visto impressa, ele improvisava palavras que se encaixavam na melodia, cantando "Come and go with me, down to the penitentiary..."*. Paul McCartney achou aquilo inteligente. Ele fora levado à festa por Ivan Vaughan, que conhecia John e achava que seus dois amigos fãs de música deviam se encontrar. A apresentação foi feita no salão da igreja, onde os Quarry Men tocariam pela segunda vez. Uma placa na parede agora marca o momento histórico em que Lennon conheceu McCartney. John recorda: "[Ivan] disse 'Acho que vocês dois vão se dar bem'. Conversamos depois do show e percebi que ele tinha talento. Ele estava tocando violão os bastidores, era 'Twenty-Flight Rock'." Imitando Little Richard, também tocou "Long Tall Sally" e "Tutti-Frutti". Pouco tempo depois desse encontro, Pete Shotton parou Paul na rua e perguntou se ele gostaria de se juntar aos Quarry Men. Pete fez o pedido em nome de John, é claro. "Ele era o líder porque era o cara que cantava as músicas", explica Colin Hanton, que ficou surpreso com o fato de John ter se decidido tão rapidamente com relação ao garoto novo. "[Paul] deve tê-lo impressionado."

OS PRIMEIROS SHOWS

Naquele verão, Rod Davis foi passar férias na França e nunca mais voltou aos Quarry Men. John Lennon saiu da Quarry Bank High após ter sido reprovado nas O-Levels, e teve a sorte de conseguir um lugar no Liverpool College of Art, que ficava bem ao lado do liceu onde Paul estudava, na Hope Street. Em suas férias de verão, Paul e Mike

---

* Venha comigo para a penitenciária. *(N. do T.)*

McCartney iam para um acampamento de escoteiros, onde Paul acidentalmente quebrou o braço do irmão brincando com uma roldana. Depois disso, Jim McCartney levou os filhos para o acampamento Butlin's, em Filey, Yorkshire, onde os Paul e Mike subiram ao palco para fazer um dueto, cantando "Bye Bye Love".

Nessa época, as garotas começaram a aparecer na vida de Paul, então um rapaz pálido e nada atlético com tendência a ser gordinho. Ele não era nenhum Adônis adolescente, mas tinha um rosto aberto e simpático (com cabelo castanho-escuro liso e olhos esverdeados) e uma confiança que o ajudava a despertar interesse. Ao encontrar Sir Paul hoje, é justamente sua incrível confiança que mais chama a atenção. Inicialmente, ele só andava com garotas como Marjorie Wilson, que conhecia desde a escola primária. Também perambulava com Ann Ventre, vizinha da Forthlin Road, apesar de ter arrumado briga com o irmão dela, Louis, por ter feito um comentário depreciativo sobre o papa (indicando que ele não se via como católico). Paul disse algo interessante para Ann: "Eu vou ser famoso um dia", previu, cheio de ousadia.

"Ah, sim, claro! E vai ser agora?", respondeu ela, surpresa pela confiança do rapaz. Como muitas pessoas que se tornaram muito bem-sucedidas, Paul *sabia* desde cedo que conseguiria dar certo na vida. Não há dúvida de que o fato de ter vindo de um lar tão feliz e que o apoiava ajudou; para os pais, Paul era o que havia de mais precioso no mundo. Também devemos dar crédito ao talento natural para a música — genial, diga-se de passagem — do qual ele já estava ciente. Mesmo parecendo deslocada, a confiança é algo muito atraente e, aos 15 anos, Paul tinha sua cota de namoradas. Ele perdeu a virgindade com uma garota da região com quem estava trabalhando de babá, marcando o início do que viria a ser uma vida sexual plena.

Estar em uma banda era uma maneira excelente de conhecer garotas; tanto que é uma das principais razões pelas quais adolescentes formam bandas. Mas as primeiras apresentações dos Quarry Men deixavam os rapazes mais familiarizados com a companhia dos homens que operavam e comandavam os clubes sociais da cidade: o Norris Green Conservative Club e o Stanley Abattoir Social, por exemplo. Por mais banais que fossem essas apresentações, Paul levava todas muito a sério. Ele foi o primeiro a comprar uma jaqueta bege para usar no palco. John comprou um terno logo em seguida, e foi Paul quem fez os Quarry Men usarem gravatas finas. "Acho que Paul tinha um desejo maior de ser bem-sucedido do que John," comenta o baterista Colin Hanton. "Quando Paul entrou, houve um movimento para melhorar nossa imagem." McCartney também foi rápido em avisar aos colegas de banda sobre seus talentos musicais. Por ter aprendido sozinho os rudimentos da bateria, dava dicas a Colin. "Ele era meio controlador", relembra o baixista, um sentimento repetido por muitos músicos.

À noite e nos fins de semana, Paul ia à casa de John para trabalhar em suas músicas. Era uma agradável viagem de bicicleta ao longo do campo de golfe de Allerton, passando por árvores e gramados até sair na Menlove Avenue, depois da qual Paul tinha que atravessar a estrada movimentada e virar à esquerda para chegar a Mendips. "John, seu amiguinho está aqui", anunciava tia Mimi, com um quê de duplo sentido, quando McCartney aparecia em sua porta dos fundos. Os garotos ensaiavam no segundo andar, no quarto de John, que era decorado com uma foto de Brigitte Bardot, a quem os dois cobiçavam. Às vezes, tocavam no andar de baixo, na sala de visitas, uma sala grande e iluminada, com um armário cheio de porcelana Royal Albert. Insegura com a presença dos meninos perto de seus melhores pertences, Mimi preferia que eles ensaiassem na varanda da frente, o que agradava à dupla porque o espaço era melhor em termos de acústica. Ali, banhados pelo sol que entrava através do vidro colorido, Lennon e McCartney ensinavam um ao outro a tocar as músicas que ouviam no rádio. O canhoto Paul formava uma imagem espelhada de seu amigo mais velho e destro quando sentavam-se lado a lado cantando harmoniosamente e tentando impedir que os braços de seus instrumentos se chocassem. Os dois tinham belas boas vozes, a de John, com mais personalidade e firmeza, o que Paul compensava sendo um excelente imitador, especialmente de Little Richard. Além de cantarem as músicas de seus ídolos, eles escreviam canções cujas letras e arranjos eram meticulosamente registrados por Paul em um livro de exercícios. Ele era sempre organizado assim.

Durante a época de provas, os amigos se encontravam diariamente na cidade, o que era mais fácil por John estudar na escola de arte ali perto. Foi lá que Lennon se uniu a um grupo de estudantes de arte que se autodenominava os Dissidentes, e que se reunia sobre jarros de cerveja no pub da esquina, o Ye Cracke. Como estudantes de todo o mundo, os Dissidentes falavam apaixonadamente sobre a vida, o sexo e a arte. A cultura beatnik dava o que pensar. Além disso, os romances de Jack Kerouac e a poesia de Allen Ginsberg e de Lawrence Ferlinghetti estavam muito na moda. A obra desses escritores norte-americanos era de grande interesse para os Dissidentes àquela altura, quando eles decidiram que não precisavam estar sob o domínio da cultura norte-americana. "Sentávamos lá no Cracke e achávamos Liverpool um lugar empolgante", relembra Bill Harry, membro fundador desse grupo estudantil. "Podíamos criar coisas e escrever músicas sobre Liverpool, assim como os norte-americanos [fazem com suas cidades]." Embora os Quarry Men, e depois os Beatles, tocassem rock 'n' roll imitando seus heróis norte-americanos, John e Paul criariam autênticas canções pop inglesas, com letras que falavam da vida na Inglaterra, cantadas com indisfarçado sotaque britânico. O mesmo vale para George Harrison.

Quando Paul ia à escola de arte vizinha almoçar com John, seu amigo Georgie geralmente ia junto. John tratava Paul mais ou menos como igual, apesar da diferença de idade, mas George Harrison era um ano mais novo, e parecia ser ainda mais: um garoto magrelo e abobalhado, de rosto estreito, dentes protuberantes e sobrancelhas que quase se encontravam. Lennon o tratava de modo condescendente. Paul também, mas ele era esperto o bastante para ver que o caçula estava virando um bom guitarrista, e dizia a George para mostrar a John como ele tocava bem o solo da música "Raunchy". John ficou impressionado o suficiente para convidá-lo para a banda. A relação entre George, Paul e John foi, então, estabelecida. Mais tarde, os dois primeiros integrantes do grupo tratariam George como apenas o guitarrista. "O negócio é que ninguém respeitava George como o grande [talento] que era", revela Tony Bramwell, amigo de Liverpool, que foi trabalhar com os Beatles (John Lennon chamava Bramwell de "Measles",* porque ele estava em todo lugar aonde iam). "Era assim que John e Paul tratavam George e Ringo: George é [apenas] o guitarrista principal, e Ringo é [apenas] o baterista."

* Do inglês, sarampo. *(N. do T.)*

Ringo ainda não fazia parte do grupo, mas três dos *fab four* já estavam juntos na banda de colégio de John. Paul e George tinham expulsado boa parte dos músicos originalmente escolhidos por John. Quando o nem um pouco musical Pete Shotton anunciou sua decisão de sair do grupo, John garantiu que o fizesse quebrando a tábua de lavar roupa na cabeça dele, embora os dois tenham continuado amigos e, como Measles Bramwell, Shotton tenha trabalhado para os garotos quando eles fizeram sucesso. Eric Griffiths foi substituído com a chegada de George, enquanto Len Garry saiu porque estava doente. Apenas o baterista Colin Hanton permaneceu, bem como o amigo de escola de Paul, John Duff Lowe, que atuava como pianista ocasional. Aos domingos, os garotos às vezes ensaiavam na 20 Forthlin Road enquanto Jim McCartney lia o jornal. "O piano ficava encostado na parede, e o pai costumava se sentar na ponta do piano, de frente para a sala. Se ele achava que estávamos tocando alto demais, ele meio que acenava com a mão, pois receava que os vizinhos reclamassem", conta Duff Lowe, observando como o pai de Paul era paciente e gentil. "Às 16 horas a gente fazia um intervalo e ele preparava uma xícara de chá [para nós]."

Apesar do desejo de Paul de transformar os Quarry Men no grupo mais profissional possível, eles não passavam de meros amadores. Tanto que Duff Lowe saiu do piano na metade de um show para poder pegar o ônibus e ir para casa. Também é uma surpresa que essas primeiras experiências na indústria do entretenimento não tenham feito todos desistirem de tentar ganhar a vida como músicos. Em uma ocasião inesquecível, ao tentar conseguir vaga para tocar em um clube de trabalhadores em Anfield, os Quarry Men viram que o show do garoto que se apresentou antes deles consistia em nada mais nada menos que comer vidro. Ele se cortou tão gravemente que teve de colocar jornal na boca para estancar o sangue. O sonho de Paul de entrar na indústria do entretenimento não arrefeceu. Na verdade, ele parecia cada vez mais ambicioso. Em outro teste no Locarno Ballroom, ao ver um pôster pedindo vocalistas, Paul disse a John: "Nós podemos fazer isso."

"Não, somos uma *banda*", respondeu John com severidade. Estava claro para Colin Hanton que Paul faria qualquer coisa para progredir no que ele aparentemente decidiu que seria sua carreira, ou pelo menos uma carreira musical como a de seu pai antes de ter sossegado e se casado com sua mãe. É importante lembrar que, ao entrar na indústria do entretenimento local dessa forma, Paul seguia os passos do pai, que divertiu as pessoas de Merseyside entre as guerras com seu grupo Masked Melody Makers. O fato de o pai já ter feito esse caminho antes também é responsável pelo alto profissionalismo de Paul.

A etapa seguinte consistia em gravar um disco. Na primavera de 1958, John, Paul, George, John Duff Lowe e Colin Hanton dividiram as despesas para gravar duas canções com um homem chamado Percy Phillips, que tinha um estúdio em sua casa, em Liverpool. Por 17 xelins e seis centavos (aproximadamente 13 libras em moeda atual) eles poderiam prensar um disco de 78 rotações em goma-laca com uma música de cada lado. As canções escolhidas foram "That'll Be the Day", de Buddy Holly, e "In Spite of All the Danger", creditada a McCartney e Harrison, mas basicamente uma canção de Paul. "A banda era do John, mas o Paul [já] estava assumindo um papel mais controlador", observa Duff Lowe. "Não é uma gravação de John Lennon [sic] que vamos tocar. É uma gravação de *Paul McCartney.*" Essa canção original é uma balada lúgubre no estilo country, que lembra fortemente "Trying to Get to You" do primeiro LP de Elvis, quase uma Bíblia para os garotos. John e Paul cantavam a letra e George ficou com a guitarra solo. O grupo tocava os acordes finais quando o Sr. Phillips balançou as mãos freneticamente para indicar que o tempo estava quase acabando. "Quando pegamos o disco, o acordo era que cada um ficaria com ele por uma semana", disse Paul. "John ficou com o disco por uma semana e passou para mim. Fiquei com ele por uma semana e passei para George, que ficou com o disco por uma semana. Depois Colin ficou com ele por uma semana e passou para Duff Lowe — que ficou com o disco por 23 anos." Voltaremos a essa história mais adiante.

UMA PERDA EM COMUM

Apesar de viver com a assustadora tia Mimi, John manteve um contato próximo com a mãe, que mais parecia uma irmã mais velha. Julia Lennon ia aos shows dos Quarry Men e a banda às vezes ensaiava na casa dela em Blomfield Road. Os garotos achavam-na simpática.

Paul gostava dela como gostava da maioria das mulheres maternais, pois sentia vontade de ter uma mãe para si. John também dormia na casa da mãe de vez em quando. Ele estava lá em 15 de julho de 1958 enquanto ela visitava a irmã Mimi. Quando Julia saiu de Mendips naquela noite de verão e atravessou a movimentada Menlove Avenue rumo ao ponto de ônibus, foi atropelada por um carro e não resistiu. O efeito em John foi arrasador. Nos anos seguintes, ele diria que era como se tivesse perdido a mãe duas vezes: aos 5 anos, quando ela o abandonou, e aos 17, com sua morte.

Diante dessa calamidade, John, que sempre fora problemático, ficou ainda pior e mais indisciplinado, e sua amizade com Paul se fortaleceu. O fato de McCartney também ter perdido a mãe significava que os dois tinham algo profundo em comum, uma tristeza mútua geralmente não mencionada. Foi nessa época que começaram a compor juntos mais a sério, criando suas primeiras canções significativas, como "Love Me Do". Paul geralmente "matava" aula para compor com o amigo na Forthlin Road quando o pai estava trabalhando. Mas não dependia de Lennon para fazer música. Ele também compunha sozinho e, nesse época, criou a melodia de "When I'm Sixty-Four" no piano da família, "achando que poderia ser útil em uma comédia musical ou algo do tipo". Ao contrário de John, cujo horizonte musical não ia além do rock 'n' roll, Paul tinha gostos e ambições mais amplos.

Os Quarry Men quase não fizeram apresentações nos meses subsequentes de 1958, e tocaram esporadicamente na primeira metade do ano seguinte, incluindo uma audição para uma noite de bingo. Os garotos tocariam em dois blocos com chance de garantir um show fixo. O primeiro bloco foi bom, mesmo com o mestre de cerimônias tendo emperrado a cortina; e a gerência recompensou os garotos com cerveja grátis. Eles logo ficaram bêbados e as consequências foram vistas no segundo bloco. "Foi simplesmente um desastre", lamenta Colin Henton. John começou a ofender a plateia, como tendia a fazer, e os Quarry Men não foram mais convidados a tocar lá. Às vezes Lennon era sarcástico ou simplesmente grosseiro com as pessoas, atormentando-as por suas fraquezas. Ele tinha um hábito particularmente desagradável de debochar e imitar pessoas com deficiências. No ônibus para casa naquela noite, o mesmo comportamento acometeu Paul, que começou a imitar o jeito que pessoas surdas-mudas falam. "Eu tinha dois amigos surdos-mudos na fábrica [onde trabalhava], e isso me deixou com tanta raiva que o agredi e pedi, de maneira bem incisiva, que ele parasse com aquilo e calasse a boca", disse Colin, que pegou a bateria, saiu do ônibus e, por consequência, da banda. Era difícil achar bateristas fixos — poucos garotos tinham condições de comprar o equipamento —, e a perda de Colin foi um golpe maior do que eles imaginavam. John, Paul e George lutavam para encontrar um substituto bem na época em que assinaram com a EMI como os Beatles.

POR QUE UM SHOW DEVE TER A FORMA DE UM W

Depois que George Harrison abandonou a escola naquele verão, sem qualificação alguma, para virar aprendiz de eletricista, os Quarry Men começaram a tocar, sem baterista, no Casbah Coffee Club, um clube para jovens que ficava no porão de uma casa em Hayman's Green, leste do centro de Liverpool. Era a casa de Mona "Mo" Best, que transformara seu porão em um lugar para os filhos adolescentes, Pete e Rory, e seus amigos se divertirem. O grupo tocou no Casbah na noite de inauguração em agosto de 1959 e ficou como atração fixa nas noites de sábado no outono. Foi em uma dessas festas que Paul conheceu sua primeira namorada séria, Dorothy 'Dot' Rhone, uma tímida estudante do liceu que inicialmente gostava de John, mas acabou ficando com Paul quando descobriu que o outro estava namorando sério uma colega da escola de arte chamada Cynthia Powell.

Enquanto tocava na banda com Paul e George, John mantinha um círculo paralelo de amigos da faculdade, liderado pelo estudante de arte Stuart Sutcliffe, que se tornará um personagem importante em nossa história. Nascido em Edimburgo em 1940, Stu era filho de um marinheiro mercante escocês e de uma professora, que foram para Liverpool durante a guerra. John e Paul tinham dons artísticos, com talento para fazer caricaturas. Paul até ganhou um prêmio por sua arte no Liverpool Institute Speech Day em dezembro de 1959, mas Sutcliffe era *realmente* talentoso, um verdadeiro artista cujas obras figurativas e abstratas faziam com que os desenhos de McCartney parecessem rabiscos. Na época em que Paul ganhou o prêmio na escola, Stuart teve uma pintura escolhida para a respeitada Exposição John Moores na Walker Art Gallery. E mais: a pintura foi vendida por 65 libras. John e Paul persuadiram Stu a investir uma parte desse dinheiro em um grande baixo Höfner feito na Alemanha, que ele comprou a prestações. Foi assim que Paul se viu em uma banda com o amigo mais velho, talentoso e relativamente bonito de John, alguém de quem este se aproximara quando ambos mudaram para o mesmo alojamento estudantil em Gambier Terrace, a uma breve caminhada do Inny. Obviamente, havia um pouco de ciúme da parte de Paul.

Mesmo assim, John e Paul continuaram amigos, íntimos o bastante para viajarem ao sul a fim de visitar os tios de Paul, Mike e Bett que, entre performances teatrais, gerenciavam o pub Fox and Hounds em Caversham, Berkshire. Mike alegrava os garotos com histórias de suas aventuras na indústria do entretenimento e sugeriu que eles se apresentassem ali, pois seus clientes precisavam de algo novo. Ele chamou John e Paul de Nerk Twins* — dando a entender que eles não eram ninguém —, e perguntou ao primo mais novo com que música ele planejava abrir a apresentação. "Tem de ser uma abertura brilhante," disse Mike a Paul: "O que você sabe tocar?"

"Eu sei 'The World is Waiting for the Sunrise'", respondeu Paul, citando uma música antiga. "Meu pai costumava tocá-la no piano."

Tio Mike aprovou a escolha e deu um conselho aos rapazes: "Um bom show tem a forma de um W", ensinou, traçando uma letra W no ar. Isto é, deve começar forte, no alto da primeira perna do W, levantar no meio e terminar lá no alto de novo. "Muitos shows têm a forma de um M", comentou Mike — começam devagar, no pé do M, atingem um clímax no meio e depois diminuem no fim. Com isso em mente, os Nerk Twins se saíram bem no Fox and Hounds, e Paul nunca se esqueceu do conselho alfabético do tio Mike. Daquele dia em diante, todos os shows dele teriam a forma de um W.

O HOMEM QUE DISPENSOU OS BEATLES

Um dos lugares que Paul e seus amigos costumavam frequentar em Liverpool era o Jacaranda Coffee Bar na Slater Street, gerenciado

---

* Do inglês, gêmeos insignificantes. *(N. do T.)*

por um fervoroso galês chamado Allan Williams. Nascido em 1930, ele era um ex-vendedor de enciclopédias que cantava como tenor em operetas de Gilbert & Sullivan e que se interessara recentemente em promover shows. Seu primeiro grande evento tinha os astros norte-americanos Eddie Cochran e Gene Vincent. Cochran morreu em um acidente de carro antes de cumprir o compromisso, mas o show foi adiante com Vincent e um grupo de apoio formado na última hora.

O parceiro de Williams nessa empreitada foi o empresário londrino Larry Parnes, conhecido por ter um elenco de jovens e belos cantores. O empresário sovina foi apelidado por um desses garotos como "Parnes, Shillings and Pence"*. O *modus operandi* dele consistia em pegar cantores desconhecidos e reinventá-los como ídolos adolescentes de nomes artísticos empolgantes: Reg Smith virou Marty Wilde, um pálido garoto de Liverpool chamado Ron Wycherley foi transformado em Billy Fury. Quando veio à cidade dos Quarry Men para o show de Gene Vincent, Parnes descobriu que centenas de grupos locais haviam se formado na região durante a onda do skiffle. Eram basicamente grupos de quatro ou cinco instrumentos com um vocalista principal, geralmente cantando blues, rock e country norte-americanos, que tinham ouvido antes dos conterrâneos porque os marinheiros da rota transatlântica levavam os discos diretamente dos EUA para Merseyside. Enquanto Parnes dispunha de uma série de bandas em Londres para tocar com seus cantores em turnês pelo sul do país, não estava tão bem servido de grupos de apoio no norte e na Escócia. Então, pediu que Allan Williams fizesse uma seleção de bandas locais com objetivo de mandá-las para a estrada com seus cantores adolescentes. John Lennon tinha perguntado se Williams podia conseguir trabalho para os Quarry Men, por isso, Williams sugeriu que os Quarry Men se apresentassem para Parnes.

A essa altura, o grupo de John Lennon ainda não tinha nome fixo, estando na transição entre os Quarry Men e os Beatles. Bill Harry, amigo de Lennon, lembra-se de uma discussão com John e Stuart sobre querer um nome parecido com Buddy Holly and the Crickets. Eles pesquisaram uma lista de insetos antes de escolher *beetles***. Durante a primeira metade dos anos 1960, a banda seria conhecida por vá-

---

* Do inglês, Parnes, Xelins e Centavos *(N. do T.)*

** Do inglês, besouro. *(N. do T.)*

rios nomes, como Beetles, Silver Beetles, Silver Beets, Silver Beatles (com *a*) e Beatals, antes de se tornarem, finalmente, os Beatles. A sequência precisa desses nomes, e como exatamente eles decidiram pelo nome final ficou confusa ao longo dos anos, com muitas alegações e contra-alegações sobre como aconteceu. Um obscuro poeta britânico chamado Royston Ellis, que passou uma noite com John e Stuart no Gambier Terrace em junho de 1960, diz que ele sugeriu a grafia por ser um duplo trocadilho com a batida da música, *beat*, em inglês, e a geração *beat*.

> Houve várias explicações sobre como os Beatles chegaram a esse nome. Eu sei porque foi ideia minha. Na noite em que John me contou que a banda queria se chamar "The Beetles", perguntei como ele soletrava o nome. Ele disse "B-e-e-t-l-e-s"... Falei que já que eles tocavam música *beat*, gostavam do estilo de vida *beat* e eu era um poeta *beat*, parte da grande cena *beat*, [então, por que eles não] se chamavam Beatles, com a?

Mas Bill Harry alega que ninguém usava termos como "grande cena *beat*" em Merseyside antes do lançamento de seu fanzine *Mersey Beat* em 1961; nome escolhido por Harry se considerar um jornalista que fazia rondas* similares às dos policiais, cobrindo a cena musical local. "Pouco depois de começarmos [a publicar] o *Mersey Beat*, passamos a chamar as [bandas locais] de grupos *beat*," diz Harry. "Foi aí que surgiu [o termo] 'grupo *beat*', vinculado ao *Mersey Beat*, o jornal."

Contudo, a expressão "*big beat*" já havia sido usada: *The Big Beat* era, por exemplo, uma comédia musical com Fats Domino. O próprio Paul disse que foi John quem sonhou com o nome final da banda, escrito com *a*. Certamente foi Lennon quem melhor explicou o nome, transformando um assunto em um belo *nonsense* para a primeira edição do *Mersey Beat*, publicada em julho de 1961, escrevendo:

> Muitas pessoas perguntam o que são Beatles? Por que Beatles? Argh, Beatles, como vocês chegaram a esse nome? Então nós va-

---

* Em português, beat, além de batida, ritmo, pode referir-se a ronda, permitindo o jogo de palavras. *(N. do T.)*

> mos dizer. Ele veio em uma visão — um homem apareceu em uma torta flamejante e lhes disse: "Deste dia em diante vocês serão os Beatles, com A." Obrigado, Senhor Homem, eles responderam, agradecidos.

Até mesmo essa explicação deu margem a debates, pois Royston Ellis depois alegou que, na noite em que deu o nome Beatles a John e Stuart, ele esquentou uma torta de frango para a ceia, e que ela pegou fogo no forno. Portanto, Ellis era o homem com a torta flamejante. Tudo que se pode dizer com certeza é que a banda de John não se chamou "The Beatles" de forma consistente até agosto de 1960.

Três meses antes, na audição para Larry Parnes, eles eram os Silver Beetles, uma banda sem baterista. Para que seus jovens amigos fizessem o teste para Parnes, Allan Williams arranjou um baterista temporário de 26 anos: Tommy Moore, que trabalhava em uma fábrica de garrafas. Por acaso, Moore se atrasou para a audição com Parnes, então os garotos pegaram Johnny Hutchinson emprestado de outra banda que estava fazendo teste, a Cass and the Casanovas. No fim, ao contrário do que esperavam, os Silver Beetles não foram escolhidos pelo Sr. Parnes para tocar com Billy Fury na turnê pelo norte, mas ganharam a chance de tocar com um dos astros de menor estatura do empresário, o carpinteiro naval John Askew, de Liverpool, que, por cantar baladas românticas, recebeu o apelido de Johnny Gentle. Os Silver Beetles iriam com ele em uma turnê de sete shows pelo interior da Escócia. Não era o que eles queriam, mas já era alguma coisa e, preparando-se para sua primeira incursão na vida de músicos em turnê, os garotos escolheram nomes artísticos. Paul se denominou Paul Ramon. No meio de maio de 1960, eles pegaram o trem na Liverpool Lime Street para a pequena cidade de Alloa, Clackmannanshire.

Houve apenas uma breve oportunidade de ensaiar antes que Johnny Gentle e os Silver Beetles subissem ao palco pela primeira vez em Alloa, na sexta-feira, 20 de maio de 1960. Johnny explicou seu show aos meninos: ele entraria como Bobby Darin, em um terno branco, sem violão, ficaria em pé ao microfone cantando covers como "Mack the Knife", e terminaria com um espaço para a plateia cantar junto com ele a versão de "I Don't Know Why I Love You But I Do", de Clarence Henry. Paul foi o primeiro a perceber o que o cantor esperava de sua banda de apoio. "Ele parecia simplesmente saber o que eu estava querendo. Estava um passo à frente de John nesse sentido." Depois do show, que foi bom o bastante, o astro deu autógrafos às fãs. Enquanto isso, os Silver Beetles continuavam tocando, para que todos pudessem dançar. Johnny notou que, enquanto autografava, as garotas olhavam por cima de seus ombros, como se estivessem mais interessadas na banda de apoio do que nele.

Na turnê, as despesas de hotel de Johnny eram pagas diretamente de Londres por Larry Parnes. Os Silver Beetles não eram tão bem tratados, e logo ficaram sem dinheiro, o que fez Lennon ligar para Parnes, exigindo ajuda. O promoter o encaminhou para o "empresário" deles, Allan Williams, que muito tempo depois enviou o dinheiro, mas não antes que os garotos tivessem sido obrigados a sair de pelo menos um hotel sem pagar a conta. Em uma conversa com Gentle, Lennon perguntou se Parnes estaria interessado em contratá-los permanentemente. Ele parecia mais profissional que Williams. Gentle perguntou a Parnes, mas ele declinou: "Não, eles vão tocar em todos os shows que eu conseguir para vocês no norte, mas não quero contratar outro grupo. Já temos o suficiente aqui [em Londres]."

"Nesse momento ele está meio ocupado", relatou Johnny diplomaticamente.

"Tudo bem", respondeu Lennon. "Nós vamos dar outro jeito." Era aquela confiança de novo. Não era só Paul, todo o grupo possuía uma autoconfiança extraordinária. Eles não tinham baterista fixo "mas tinham um baixista que era basicamente inútil", observou Johnny em relação a Stuart Sutcliffe, "[mas] acreditavam que iam fazer sucesso".

Enquanto dirigia de Inverness a Fraserburgh, em 23 de maio, Johnny bateu com o furgão da turnê em um carro, fazendo o baterista Tommy Moore chocar o rosto com força contra banco da frente e quebrar alguns dentes. Os garotos levaram o ferido ao hospital, mas Lennon logo o tirou da cama, dizendo: "Você não pode ficar deitado aqui, nós temos um show para fazer!". Tommy fez o show de Fraserburgh com a mandíbula enfaixada, mas — isso não chegou a ser surpreendente — abandonou os Silver Beetles quando todos voltaram para suas casas em Liverpool, alguns dias depois. Ele retomou o emprego na fábrica de garrafas. Os garotos o procuraram para implorar que mudasse de ideia, mas sua namorada foi curta e grossa e gritou da janela: "Podem dar o fora daqui! Ele não vai mais tocar com vocês."

Sem dinheiro nem baterista, os garotos procuraram mais algum trabalho com Williams e foram recompensados com o que talvez tenha sido o pior show da carreira deles. Allan tinha um amigo antilhano cujo apelido era Lord Woodbine, por gostar de cigarros Woodbine, que era dono de uma boate de striptease na Upper Parliament Street. Ele tinha uma stripper de Manchester chamada Janice, que só se apresentava com música ao vivo. Os Silver Beetles foram convencidos a acompanhá-la. "Ela nos deu um pouco de Beethoven e a Dança do fogo espanhola", relembrou Paul. "Nós dissemos: 'não sabemos ler partituras, sentimos muito, mas em vez da Dança do fogo espanhola, podemos tocar o chá-chá-chá de Harry Lime, que nós mesmos arranjamos, e em vez de Beethoven, podemos tocar 'Moonglow' ou 'September Song', você escolhe... E foi o que ela fez."

Os garotos conseguiram um pouco mais de público quando substituíram a banda do Jacaranda. A banda de metais caribenhos, que tinha levantado acampamento e ido embora uma noite, decidindo que poderia se dar melhor em outro lugar. Depois acabaram ligando para Williams para contar que estavam em Hamburgo, na Alemanha, que fervilhava de atividade, e os donos dos clubes locais imploravam por música ao vivo. Allan e Lord Woodbine foram ver com os próprios olhos. No distrito da luz vermelha da cidade, eles conheceram um dono de boate chamado Bruno Koschmider, ex-piloto da Primeira Guerra Mundial e palhaço de circo que tinha uma perna de pau (alguns dizem que perdera a perna na guerra). A impressão sinistra foi enfatizada pelo fato de a equipe dele chamá-lo de Führer. Herr Koschmider disse a Williams que seus clientes de Hamburgo eram loucos por rock 'n' roll, mas a Alemanha não tinha boas bandas locais do gênero, por isso ele precisava de bandas inglesas. Não se chegou a um acordo nesse encontro, mas algum tempo depois Williams esbarrou com Koschmider em Londres e, enfim, convenceu o alemão a levar para seu país um jovem grupo de Liverpool empresariado por ele, chamado Derry and the Seniors, com Howard "Howie" Casey no saxofone. Derry and the Seniors fizeram tanto sucesso em Hamburgo, que Koschmider pediu outra banda de Liverpool. Dessa vez, Allan indicou os Silver Beetles. Howie Casey, que tinha visto os garotos quando fizeram o teste amador para Larry Parnes, aconselhou Williams a não enviar um grupo medíocre, pois eles poderiam estragar tudo. De qualquer modo, a viagem da banda era polêmica, a menos que Allan conseguisse persuadir os guardiões dos garotos a deixá-los ir.

Todos os Silver Beetles eram menores de 21 anos, e uma viagem à Alemanha atrapalharia os planos de suas famílias para o futuro deles. Paul começara como estudante promissor no Liverpool Institute, passando no O-Level de espanhol um ano antes. Mas a música logo substituiu os estudos e ele foi tão mal nas provas principais dos O-Levels que ficou um ano para trás. Paul tinha acabado de fazer a prova dos A-Levels, com a vaga esperança de entrar para a faculdade de formação de professores. Era uma ambição que o pai queria que ele mantivesse. "Todas as famílias eram contra a viagem", diz Allan Williams, que usou sua experiência de vendedor de enciclopédias para convencer os adultos: "Eu meio que descrevi Hamburgo como um resort de férias!" Jim McCartney foi particularmente difícil de persuadir, pois ele sabia que Mary gostaria de ver o filho continuar os estudos e virar professor ou algo mais na vida profissional. Mesmo assim, se Paul realmente quisesse ir, o pai sabia que seria um erro tentar impedi-lo.

Antes que eles pudessem ir a qualquer lugar, a banda tinha de achar um novo baterista. O filho de Mo Best, Pete, estava tocando bateria em um grupo chamado Black Jacks. Com quase 19 anos, Pete Best já tocava havia praticamente dois anos, apenas por hobby. Assim como Paul, ele planejava fazer faculdade de formação de professores. Paul e John o viram tocar no Casbah, então Paul ligou para o rapaz e perguntou: "O que você acha de ir para Hamburgo com os Beatles?" Pete disse que adoraria.

Na terça-feira, 16 de agosto de 1960, os Beatles, como finalmente estavam chamando a si mesmos, reuniram-se do lado de fora do Jacaranda, na Slater Street, onde Williams carregava seu furgão Austin para a viagem de carro à Alemanha. Dentro do minúsculo veículo iriam amontoados todos os cinco Beatles (John, Paul, George, Stu e agora Pete), sua bagagem e seu equipamento musical, mais cinco passageiros extras: Alan e Beryl Williams; o irmão de Beryl, Barry Chang, Lord Woodbine e um garçom austríaco amigo de Bruno Koschmider a quem eles dariam uma carona. Enquanto esperavam a partida, os garotos cortaram letras de papel formando a palavra THE BEATLES e colaram na lateral do furgão. Quando todos os pertences foram arrumados, o sobrecarregado veículo pegou a estrada. Entre a pequena multidão que lhes dava adeus estava a namorada de John, Cynthia Powell: "Lágrimas escorreram por meu rosto quando o furgão virou a esquina e desapareceu." Um pouco mais atrás, sem querer envergonhar o filho, estava Millie Sutcliffe, que havia se despedido dele em casa, mas se sentiu obrigada a vê-lo ir embora pessoalmente. Enquanto as mulheres choravam, os garotos estavam fora de si de tanta empolgação com o que seria uma grande aventura.

3

HAMBURGO

MACH SCHAU!

A viagem de 1.200 quilômetros de Liverpool a Hamburgo levou mais de 24 horas. Paul e os amigos foram de carro para o sul pela Inglaterra, pegaram uma barca de Harwich para o chamado Gancho da Holanda, e depois seguiram para o leste rumo à fronteira da então República Federal da Alemanha, onde os garotos precisavam se fingir de estudantes porque não tinham visto de trabalho, antes de seguirem para seu destino final.

Assim como Liverpool, Hamburgo é um porto ao norte de um rio, o Elba, que flui para o mar do Norte. Também como a cidade inglesa, Hamburgo foi ostensivamente bombardeada durante a Segunda Guerra Mundial. Na verdade, sofreu mais que Merseyside: uma noite arrasadora de bombardeio britânico matou 42 mil pessoas. Considerando esse histórico, é surpreendente que os Beatles tenham sido tão bem tratados na cidade alemã apenas 15 anos depois do fim da guerra. Igualmente incrível é o fato de que, apesar de ter estado no lado que perdeu aquela guerra, Hamburgo fora quase totalmente reconstruída em 1960, como parte do *Wirtschaftswunder*, ou milagre econômico, que viu uma derrotada Alemanha reerguer-se como a nação mais rica da Europa. Hamburgo já parecia mais próspera que Liverpool.

Os garotos chegaram na quarta-feira, 17 de agosto de 1960, após o anoitecer, inclinando-se para fora das janelas do furgão de Allan Willians a fim de pedir informações sobre como chegar a Reeperbahn, uma via para a qual todos podiam direcioná-los. A mais famosa das ruas de Hamburgo fica alguns metros a oeste da

Hauptbahnhof, paralela às docas em St. Pauli, uma vizinhança conhecida pelo entretenimento noturno despudorado. Homens iam aos bandos para a região em busca de bebida, comida e sexo, sendo o sexo tratado de forma mais aberta na Alemanha do que na Inglaterra. Boa parte de tudo o que era, e continua sendo, ilegal no Reino Unido — especialmente a prostituição — era, e continua sendo, legal no distrito da luz vermelha de Hamburgo. Regulados e sancionados pelas autoridades, prostíbulos, cinemas pornô, livrarias dedicadas a obras pornográficas e boates libertinas se enfileiravam na Reeperbahn e em seus arredores, como a Herbertstrasse, onde prostitutas ficavam nas janelas dos bordéis angariando novos clientes. Embora essa fosse uma visão maravilhosa para os garotos, havia também uma vulgaridade familiar a St. Pauli, fazendo Paul lembrar-se do resort de Blackpool, em Lancashire, "mas com boates de striptease".

O furgão dobrou a Reeperbahn e entrou na Grosse Freiheit, rua lateral cujo nome significa "grande liberdade", iluminada com letreiros lúgubres anunciando sexo, cerveja e música. Eles estacionaram do lado de fora do Kaiserkeller, o clube subterrâneo de Bruno Koschmider: uma grande e antiga taverna decorada com tema náutico, como um mundo subaquático. Derry and the Seniors estavam no palco tocando R&B no último volume para uma plateia de alemães entusiasmados, entre eles Horst Fascher, um ex-boxeador peso-pena que passou um tempo na cadeia por matar acidentalmente um homem durante uma luta, e que agora trabalhava como cafetão. Horst gastava boa parte do tempo livre no Kaiserkeller ouvindo rock 'n' roll. Quando soube que um novo grupo tinha acabado de chegar da Inglaterra, correu para o segundo andar para cumprimentá-los e encontrou "cinco caras cansados" em um furgão, limpando a sujeira das janelas com os cotovelos para observar melhor aquele novo mundo. Horst, ou Horsti, como Paul o chamava, logo ficou muito amigo dos garotos, tornando-se um colega e protetor no mundo cão de St. Pauli.

Os Beatles se deram conta do compromisso que tinham assumido no dia seguinte, quando Koschmider informou à banda que eles não iriam tocar no Kaiserkeller, mas em um lugar menor, também de propriedade dele, na mesma rua; uma antiga boate de striptease chamada Indra, que ele desejava transformar em um clube voltado para a nova febre do rock 'n' roll. O Indra tinha as dimensões e o charme de uma grande caixa de sapatos: era fechado, com teto baixo e cheio de cabines vermelhas de bordel. Outra decepção veio quando os garotos foram apresentados a suas acomodações. Um pouco adiante na mesma rua, na esquina com a Paul-Roosen-Strasse, ficava o Bambi Kino, um cinema pulgueiro, também de Koschmider. Os Beatles foram acomodados nos quartos dos fundos, sem janelas, toalete adequado nem ao menos ganchos para pendurar as roupas. Seria compreensível se tivessem dado meia-volta e retornado a Liverpool, mas, com a tolerância da juventude, eles desfizeram as malas e se acomodaram da melhor maneira possível, começando a residência no Indra quase imediatamente.

O regime no Indra era pesado e até levemente insano. Os Beatles foram contratados para tocar todos os dias, começando no início da noite, em um total de quatro horas e meia durante a semana e seis horas aos sábados e domingos, o que significava que eles trabalhavam até as primeiras horas da manhã seguinte. Mesmo com intervalos de 15 minutos entre os blocos, eram verdadeiras maratonas musicais. Eles tocavam para atrair clientes que gastariam com bebidas, mas o público do Indra parecia decepcionado com a troca das strippers por cinco garotos ingleses amadores — praticamente recém-saídos da escola — usando ridículos ternos lilases (feitos pelo vizinho de Paul), que apresentavam um repertório limitado de músicas com a hesitação típica dos iniciantes. "Quando os Beatles chegaram, eles sabiam umas 15 músicas," relembra Rosi Haitmann, uma das garçonetes. Mal dava para preencher meia hora, quanto mais quatro horas e meia, mas a banda conseguiria, de alguma forma, tocar todas as noites no Indra pelas sete semanas seguintes, durante as quais o repertório foi aumentando. Após 48 noites desse aprendizado, Koschmider fechou o Indra por reclamações dos vizinhos em relação ao barulho, e transferiu os Beatles para o Kaiserkeller, substituindo Derry and the Seniors.

Em um lugar maior, a falta de experiência dos Beatles ficou ainda mais evidente. Koschmider reclamou com Allan Williams, que escreveu para os garotos aconselhando-os a caprichar mais no show. Koschmider insistia nesse conselho e ficava latindo palavras de estímulo em alemão: "*Mach Schau! Mach Schau!*"

Trabalhando demais, exaustos e pressionados pelo chefe alemão, os Beatles transformaram a ordem de Koschmider em uma piada, parodiando o empresário com gritos de "*Mach Schau*" enquanto dedicavam-se a apresentações cada vez mais loucas no Kaiserkeller. Paul gritava, imitando descaradamente Little Richard, enquanto John virava um personagem do *Goon Show*, entoando canções cômicas, fazendo vozes engraçadas, dizendo qualquer ultraje que lhe viesse à cabeça e até fingindo brigar com os outros no palco. Quanto mais louco John ficava, mais a multidão gostava. Ele foi além e usou um assento de privada no pescoço, além de uma insígnia nazista comprada em um antiquário, chegando a gritar em voz aguda a saudação nazista "*Sieg Heil!*", o que era proibido na Alemanha pós-guerra. A plateia adorava tudo e mandava cerveja e champanhe barato, com as quais os garotos se embriagavam avidamente, embora o drinque favorito deles fosse uísque com Coca-Cola, que Paul bebe até hoje.

Para continuarem acordados durante essas apresentações que pareciam não ter fim, os garotos começaram a tomar Preludin, um remédio para emagrecer vendido sem receita médica, cujo efeito era similar ao das anfetaminas. Eles consumiam as pílulas de forma imprudente, criando rapidamente uma tolerância. "Tomei metade de um comprimido uma vez," disse Ruth Lallemann, ex-garçonete do Kaiserkeller. "Sei que eles colocavam uns dez em uma garrafa, dissolviam com Coca-Cola e dividiam. Então ficavam ligadões! É por isso que às vezes John Lennon ficava tão louco." Bêbados de cerveja e agitados com as pílulas, os garotos tocavam hora após hora, aceitando pedidos da plateia e contando piadas. Lennon chegava a deitar embaixo do piano para um cochilo quando ficava exausto demais, e os outros tocavam com sorrisos abobalhados, fazendo pausas para fumar, beber e até comer no palco. Satisfeito com o *schau* dos Beatles, Koschmider estendeu o contrato da banda.

Nas primeiras horas da manhã, quando a maioria dos clientes já tinha ido embora, os Beatles diminuíam o ritmo para uma sonolenta *jam session* de blues, tocando para si mesmos e para os amigos, isto é, músicos de outras bandas que os visitavam, e funcionários da boate como Rosi e Ruth, que saíam de trás do bar para se divertir. Apesar de namorar um dos garçons, e ainda que Paul tivesse Dot esperando por ele em Liverpool, Ruth Lallemann alega ter começado a namorar Paul enquanto os Beatles estavam em Hamburgo, embora eles jamais tenham chegado a fazer sexo. "Nunca dormi com ele, só nos beijamos." Houve, porém, outras namoradas alemãs.

A princípio, as garçonetes lutavam para se comunicar com os garotos. Paul falava um pouco de alemão, pois estudara o idioma no Liverpool Institute, mas a maioria deles só falava inglês. As perguntas cerimoniosas das garotas iam de encontro ao descaramento dos Beatles, que passou a ser gradualmente compreendido pelas garçonetes, que se divertiam e copiavam as frases em *scouse* e os palavrões. Logo eles estavam se provocando mutuamente em uma divertida troca de obscenidades: "A gente falava *fucking* isso, *fucking* aquilo", relembra Ruth aos risos. "Pedíamos que eles escrevessem as letras das músicas, e eles escreviam um monte de palavrões e os cantavam no palco." Depois do trabalho, os amigos às vezes dividiam um táxi para a praia, onde passaram os últimos dias do verão juntos, voltando a Hamburgo para trabalhar à noite. Foi uma época feliz. Então, os Beatles encontraram um novo grupo de amigos alemães.

OS EXIS

Havia um sopro de outono no ar quando um estranho artista gráfico chamado Klaus Voormann entrou no Kaiserkeller e se sentou em um dos esquisitos meio-barcos colocados na frente do palco. Ele queria ver os Beatles tocando "Hippy Hippy Shake". Deliciado com a música exuberante, correu para casa a fim de contar tudo à namorada, Astrid, com quem tinha acabado de brigar. Eles fizeram as pazes e voltaram na noite seguinte com o amigo Jürgen Vollmer.

Klaus Voormann e Astrid Kirchherr, ambos de 22 anos, se conheciam desde a escola de arte em Hamburgo, onde também encontraram Jürgen. Klaus fazia desenhos delicados ao estilo de Aubrey Beardsley. Ele e Jürgen se pareciam com as figuras andróginas retratadas por Beardsley, enquanto Astrid era impressionante à sua maneira, magra, vestida de preto com cabelo loiro curto, boca grande e um frio jeito teutônico. Era possível imaginá-la latindo "*Sieg Heil!*", e ela realmente o fez na escola durante a Segunda Guerra Mundial, achando que significava algo do tipo "Como vai você?". Assim como muitos alemães que eram crianças na época, Astrid, Klaus e Jürgen pouco entendiam sobre as questões políticas do recente conflito, mesmo que a guerra os tivesse afetado profundamente: o pai de Jürgen, oficial do exército, fora morto durante o Cerco a Stalingrado;

já o irmão de Astrid tinha morrido de disenteria quando a família fugia do exército invasor soviético em 1945. Após a loucura da guerra, os sobreviventes adultos reconstruíram uma Alemanha comedida e conservadora, que funcionava com eficiência, onde dizer que algo estava em *ordnung* (em ordem) era fazer um imenso elogio, mas onde havia pouca empolgação. O país já tivera excitação o bastante. Para a geração de Astrid, Jürgen e Klaus, jovens que chegavam à vida adulta, aquela nova Alemanha parecia maçante. "Como todo adolescente, a gente queria se divertir", observa Jürgen. Eles procuravam a vizinha França, especialmente Paris, onde Jean-Paul Sartre e Jean Genet lideravam o movimento existencialista e se denominaram Exis em homenagem a esses intelectuais franceses de vida livre, embora pouco soubessem sobre a filosofia existencialista. Era mais uma desculpa para se vestir de preto e adotar o estilo de vida boêmio.

Assim, esses três jovens alemães de classe média se sentaram em um meio-barco e assistiram aos loucos ingleses no Kaiserkeller. Segundo Astrid, Paul era o mais animado naquela primeira noite:

> Ele pulava para cima e para baixo, fazia caretas enquanto cantava e sacudia a cabeça... Os outros apenas ficavam lá. Stuart nem se mexia. John se mexia apenas um pouco quando cantava. E George só batia o pé... O único artista profissional ali era Paul.

Durante um intervalo do show, Klaus timidamente apresentou-se e a seus amigos em um inglês rudimentar. Os músicos gostaram das roupas deles. Jürgen disse que comprava *todas* as suas roupas nos mercados de pulgas de Paris. Detectando arrogância, John deu um peteleco em uma pulga imaginária do casaco de Jürgen e fingiu jogá-la para Paul, que riu.

John notou o corte de cabelo malfeito de Jürgen e perguntou se ele também fora obtido em Paris. "Não, eu mesmo cortei"

"Engraçado, não é, George?"

"É."

"Mas ficaria bom em Paul", disse John, colocando um pente embaixo do nariz de Paul para formar um bigodinho de Hitler.

Apesar das piadas de mau gosto e do sarcasmo, marcas registradas de John, os Exis e os Beatles se gostaram de imediato. Astrid, Klaus e Jürgen eram jovens inteligentes e artísticos de classe média, parecidos com os amigos de John e Stu na escola de arte em Liverpool, e mesmo Paul e George, garotos de liceu, podiam se identificar com eles. No fundo, todos tinham uma insegurança mútua naquele distrito da luz vermelha de uma desagradável cidade portuária e, por isso, sentiram-se confortáveis na companhia uns dos outros, encontrando-se em cafés e bares de St. Pauli durante o dia e à noite no clube, onde os amigos alemães mais simples, o cafetão Horsti e as garçonetes Rosi e Ruth olhavam desconfiados para os intrometidos. "A gente não gostava deles porque estavam sempre muito elegantes", relata Rosi, embora admitisse o carisma de Astrid. Quando a única mulher dos Exis entrava no Kaiserkeller, era como se "a rainha chegasse com seu séquito". As funcionárias do bar andavam com os Exis porque eles tinham dinheiro, mas debochavam do grupo pelas costas. "Eu pensava: 'Ah, meu Deus, seus filhos de puta do caralho!'", revela Rosi, rindo das conversas pretensiosas deles. Pete Best também foi excluído dessa nova amizade, por não ser tão sofisticado como os outros Beatles, enquanto Stu se separou dos garotos pela falta de habilidade musical, não tendo conseguido melhorar como baixista. Essa era uma fonte de constante frustração, especialmente para Paul. "Paul e George ocasionalmente lançavam olhares furiosos para Stu, porque ele havia tocado alguma nota errada," conta Jürgen. "Stuart sempre foi deslocado, não conseguia se encaixar de verdade, mas [nós] gostávamos muito dele por ser mais parecido conosco: ele não era um músico de rock 'n' roll, e sim um artista talentoso."

Klaus era o único artista de verdade entre os alemães. Astrid e Jürgen haviam cursado a escola de arte, mas trabalhavam como assistentes de um fotógrafo de Hamburgo. Astrid também fotografava, e disse aos Beatles que gostaria de organizar uma sessão de fotos com eles. Os garotos ficaram lisonjeados, e Paul conversou com Klaus sobre o que deveria vestir. Ele escolheu uma jaqueta esportiva escura com listras e penteou o cabelo para trás, no estilo roqueiro. A jovem colocou os cinco ingleses no maquinário de um parque de diversões montado em Heiligengeistfeld. Sem saber muito inglês, ela posicionava os rapazes com as mãos, como manequins, virando a cabeça deles para lá e para cá. Quando tocou o rosto de Stuart, sentiu um arrepio de excitação. Ela resolveu aprender inglês o mais rápido possível para poder se comunicar com aquele garoto.

Imitando seus novos amigos Exis, os Beatles começaram a mudar o visual, comprando jaquetas e calças de couro preto para substituir os terninhos lilases já destruídos pelo uso excessivo. O couro lhes dava um novo visual, mais másculo. Por baixo das novas roupas, porém, eles ainda eram jovens bem-criados que ansiavam pelo conforto de casa; por isso ficaram agradecidos quando Astrid os levou para conhecer sua mãe no subúrbio de Altona: "Eles adoravam purê de batata com ervilha e carne, coisas assim. Então minha mãe preparou tudo isso para eles, além de uma bela xícara de chá, algo difícil de conseguir em Hamburgo." Os Beatles se comportaram muitíssimo bem durante essas visitas a Altona, não só Paul, a quem Jim e Mary McCartney tinham ensinado boas maneiras. "Paul era muito, muito educado com minha mãe." Os jovens ficaram levemente surpresos ao descobrir que Astrid vivia em um estúdio independente em cima da casa da mãe, decorado basicamente em preto, com uma parede dourada e outra coberta com folha prateada. Ela dormia com Klaus lá, o que seria incomum em Liverpool para um casal não casado. Os alemães eram muito mais tranquilos com relação a sexo, e os Kirchherr também eram sofisticados de outras formas. Eles tinham uma extensa coleção de álbuns de música clássica, que Paul passou um bom tempo investigando a fundo. Ele tocava *A sagração da primavera*, de Stravinsky, fato lembrado por Astrid como primeiro exemplo do interesse de Paul por esse tipo de música. Enquanto isso, ela se apaixonava por Stuart Sutcliffe. Duas semanas após terem se encontrado, ela terminou o relacionamento com Klaus e assumiu Stu como novo namorado; uma mudança que Klaus encarou com louvável maturidade. Todo mundo continuou amigo.

Paul descobriu que havia muitas garotas em St. Pauli loucas para dormir com ele e com seus colegas de banda. "Não havia ninguém ali para nos controlar, estávamos totalmente soltos," ele relembraria mais tarde.

> E estávamos acostumados àquelas garotinhas de Liverpool, mas quando se está em Hamburgo, se você tiver uma namorada lá, ela provavelmente será stripper* (...) Para alguém que não tinha feito

---

* Ruth Lallemann não era. *(N. do A.)*

> muito sexo na vida, o que era o caso de todos nós, estarmos subitamente envolvidos com essas artistas de striptease, que obviamente sabiam os truques do sexo, foi uma experiência reveladora.

Segundo todos os relatos, acontecia praticamente uma orgia por noite no Bambi Kino: George perdeu a virgindade em suas miseráveis acomodações enquanto os outros estavam deitados nas camas ao lado: "... quando terminei, todos aplaudiram e gritaram. Pelo menos eles ficaram quietos enquanto estava acontecendo." Em suas memórias, Pete Best gabou-se: "A noite de amor mais memorável de nosso desmazelado alojamento foi quando oito meninas se reuniram lá para fazer um favor aos Beatles. Conseguimos ficar com todas — duas vezes!" Uma das garotas, que supostamente dormiu com Paul durante sua primeira visita a Hamburgo era uma adolescente chamada Erika Wohlers, que alega: "Conheci Paul e os outros quatro em 1960."

> Sempre ficávamos sentadas ao lado do palco, eu e minhas amigas. Na época eu tinha 17 anos e faria 18 em 22 de novembro de 1960. Portanto, eu ainda era menor de idade. Durante os intervalos, o grupo se sentava em nossa mesa. Paul e eu nos aproximamos [e] fizemos sexo pela primeira vez em algum momento de 1960... Fazíamos sexo regularmente.

Depois Erika disse que ele a engravidou, uma história à qual voltaremos.

A popularidade dos Beatles no Kaiserkeller estava fazendo a caixa registradora de Bruno Koschmider tilintar com frequência, mostrando aos outros donos de clubes em Hamburgo que o rock 'n' roll dava dinheiro. Em outubro, um novo estabelecimento, o Top Ten, foi inaugurado na Reeperbahn, apresentando um cantor britânico chamado Tony Sheridan (que namorou e depois se casou com Rosi Haitmann). Os garotos iam ver o show e, às vezes, subiam ao palco com ele, tocando juntos com uma paixão que se devia, em parte, à crença de que o rock 'n' roll não ia durar, de que aquele era um momento para ser aproveitado e agarrado com todas as forças antes que o público perdesse o interesse por aquela música.

Sheridan, explicando a paixão com que eles se apresentavam:

> Naquela época dizia-se: *Vai haver mais um ano de rock 'n' roll.* Depois disso a música de verdade chegaria, as verdadeiras canções. Todos nós acreditávamos nisso. Tínhamos cerca de seis meses para aproveitar e depois esquecer. Essa era a atitude. Era como incendiar casas: fazer e sair o mais rápido possível.

O dono do Top Ten, Peter Eckhorn, ficou tão impressionado com o que viu da banda que se ofereceu para contratá-los depois que a temporada no Kaiserkeller acabasse. Quando soube disso, Koschmider ficou furioso e proibiu os garotos de visitar o Top Ten com a frequência que gostariam, o que acabou com a amizade entre eles. Quando o contrato com os Beatles estava chegando ao fim, o Führer resolveu se proteger. A lei dizia que qualquer pessoa menor de 18 anos tinha que sair de St. Pauli às 22 horas, uma regra que os Beatles quebravam todas as noites, pois George era menor de idade. A polícia aplicou a lei, provavelmente por causa de uma denúncia do vingativo Koschmider, deportando Harrison em 21 de novembro de 1960. Os outros trabalharam da melhor forma possível no Kaiserkeller, mas se mudaram para o Top Ten, onde Eckhorn oferecera moradia. Ao se preparem para deixar o Bambi Kino, Paul e Pete colocaram fogo no corredor. Em uma carta da época, Paul declarou que eles atearam fogo a "um pedaço de barbante pregado na parede". Depois, os dois disseram que era uma camisinha. De qualquer modo, foi um pequeno incêndio sem consequências, mas Koschmider os denunciou por incêndio criminoso. A polícia prendeu Paul e Pete no Top Ten na manhã seguinte — a primeira, mas não a última prisão de McCartney. Os rapazes foram levados à delegacia da vizinhança, a Davidwache, ficando detidos por algumas horas antes de serem deportados da Alemanha de avião.

O CAVERN

Paul chegou em casa, na 20 Forthlin Road, bem cedo na sexta-feira, 2 de dezembro de 1960, e cheio de histórias sobre suas aventuras na Alemanha, mas o pai logo trouxe o filho mais velho de volta à realidade. Depois de ter se divertido, Paul agora deveria arrumar um emprego de verdade. Pela primeira vez na vida, Jim McCartney fez o papel de pai severo. "Ele literalmente me jogou para fora de casa", contou Paul, ainda surpreso. O jovem já havia trabalhado em um caminhão de carvão, em um furgão de entregas e como funcionário extra dos correios no Natal, para ter um dinheirinho. Agora a agência de empregos Labour Exchange o mandara para seu primeiro emprego de verdade, na firma elétrica Massey & Coggins Ltd, em Edge Hill. Lá ele enrolaria cabos elétricos em bobinas, mas o agradável McCartney logo chamou a atenção da gerência, que expressou interesse em treiná-lo para o cargo de executivo júnior. Ele trabalhava em Edge Hill quando John Lennon e George Harrison passaram por lá a fim de perguntar o que ele estava fazendo. McCartney explicou ou que o pai lhe dissera: *Arrume um emprego, senão você vai ver!* John disse a Paul para não ser tão molenga. Lennon achava que Paul se intimidava muito fácil com o pai, e o persuadiu a voltar para a banda. Paul concordou, mas manteve o emprego.

Após alguns shows de aquecimento, os Beatles fizeram um memorável baile natalino no Litherland Town Hall em 27 de dezembro de 1960. Como Stu ainda estava na Alemanha, os garotos chamaram Chas Newby, amigo de Pete Best, para tocar baixo. Foi no Litherland que a banda mostrou quanto aprendeu em Hamburgo. Eles tinham se tornado músicos muito melhores, e o show foi aprimorado pelas muitas horas passadas no palco. Por terem sido apresentados como "Diretamente de Hamburgo", muitas meninas acreditaram que eles eram alemães. "As garotas costumavam dizer a Paul McCartney: 'Você fala inglês *muito* bem para um alemão'", diz Allan Williams, que ainda era nominalmente empresário deles. "Como Paul era inteligente e conseguia falar um pouco de alemão, deixava a história rolar." Pouco depois desse triunfante show em sua cidade natal, Stu voltou da Alemanha, e os Beatles tocaram praticamente todos os dias de janeiro e fevereiro de 1961, formando uma base de fãs em Merseyside. Eles ficaram tão ocupados nessa época que o antigo colega de Paul chamado "Nell" Aspinall largou o curso de contabilidade para ser motorista dos garotos.

O Cavern, onde os Beatles tocaram pela primeira vez no início de fevereiro de 1961, era basicamente o porão de um depósito: três armazéns com abóbadas situados sob a Mathew Street, uma rua pequena de paralelepípedos perto de Whitechapel, no meio de Liverpool. Os armazéns da região eram usados para guardar frutas e vegetais, e o cheiro de frutas apodrecendo se somava ao distinto aroma do clube (vegetais podres, perfume barato, suor e esgoto). O Cavern surgiu como clube de jazz, em 1957 e, coincidentemente, teve o palco construído pelo tio carpinteiro de Paul, Harry. O Cavern se mostrou um local popular, porém claustrofóbico. No subsolo, sem ar-condicionado ou saída de incêndio em uma época em que muitas pessoas fumavam, o clube rapidamente ficava abafado e a condensação fazia a cal se soltar do teto e cair como neve nos frequentadores. Vendo pelo lado positivo, a acústica era boa e o espaço estreito dava sensação de intimidade. Podia-se sentir a vibração e o tamborilar da música quando os jazzistas dedilhavam, sopravam ou batiam em seus instrumentos. Os corpos eram pressionados uns contra os outros. Era possível se conectar à música e aos outros frequentadores.

Ray McFall, o dono, começou a abrir o Cavern na hora do almoço para que os trabalhadores de lojas e escritórios fossem comer alguma coisa assistindo a bandas ao vivo no palco. Os garotos já haviam tocado lá como os Quarry Men, mas se apresentaram pela primeira vez como os Beatles na quinta-feira, 9 de fevereiro de 1961, e quase trezentas vezes ao longo dos dois anos e meio seguintes, deixando o local irremediavelmente ligado à ascensão deles rumo à fama. Ali, a banda encontrou seu empresário, finalizou sua formação e sentiu o gosto do sucesso, e a intimidade do local ajudou os Beatles a criar um vínculo com seu público. Eles se apresentavam no que era praticamente um túnel, de frente para o público, com quem eram obrigados a interagir até para chegar ao camarim (que resumia-se a "três cabides e um banco", relembra "Measles" Bramwell). No palco, a banda ficava tão perto dos frequentadores que era possível falar com eles sem levantar a voz. Às vezes, os músicos roubavam cigarros dos lábios das garotas, fumavam um trago e devolviam às donas.

O público não era exclusivamente feminino. Os garotos também gostavam do conjunto desde o início. "A música e o visual deles era diferente... Eram um grupo escandaloso", conta Ray O'Brien, frequentador assíduo do Cavern.

> Enquanto todas as outras bandas, como os Remo Four, eram razoavelmente bem-vestidas e previsíveis, você nunca sabia o que os Beatles iam aprontar. Na época, eles faziam esse estilo instintivo. Havia muita troca inteligente com a plateia. Isso me atraía.

Para as garotas, é claro, os Beatles eram objetos de desejo. "Primeiro eu achava Paul o mais bonito," pensa Frieda Kelly, frequentadora do Cavern que fundou o fã-clube da banda, embora ela trocasse de Beatle favorito praticamente como trocava de roupa. "Aí eu olhava para o John — ele tinha um rosto forte... Mas George era o mais novo e [também] era atraente." Como a maioria das garotas, Frieda gostava do contato direto e amigável com os rapazes no Cavern. Ninguém ficava histérica. As fãs originais do Cavern desdenhavam das loucas que vieram depois, quando a banda virou uma sensação, primeiro nacional e depois mundial. "Nunca gritei. O pessoal de Liverpool não gritava no começo", diz Frieda. "Se você começasse a gritar, não ouvia o que eles diziam... Eu era fã. Mas não era *maníaca.*"

DE VOLTA A HAMBURGO

Desde que fora deportado da Alemanha, Paul havia visitado o consulado alemão em Liverpool e escrito à polícia alemã dando seu relato sobre o incêndio no Bambi Kino, tudo a fim de conseguir permissão para o retorno da banda ao país. A resposta acabou chegando e dizia que os Beatles podiam voltar se conseguissem visto de trabalho. Eles conseguiram sem demora. George também já tinha feito 18 anos, então não existia mais qualquer dificuldade nesse sentido. Paul saiu do emprego na Massey & Coggins e voltou a Hamburgo com o grupo em março de 1961, apostando seu futuro no sucesso da banda.

Desta vez, os Beatles tocariam para Peter Eckhorn no Top Ten, e dormiriam no sótão do clube, acomodação muito melhor do que antes, embora as condições ainda fossem básicas e as horas de trabalho, longas. Considerando que eles mesmos conseguiram o show, os garotos escreveram para o então empresário informando que ele não receberia comissão. Allan Williams respondeu com uma carta de duas páginas, datada de 20 de abril, cujo tom era ao mesmo tempo indignado, ameaçador e súplice: ele alegava ter um acordo pendente para shows com Ray Charles, que sabia que os Beatles admiravam. "Eu estava pensando em vocês para fazerem uma turnê com ele." Evidentemente, os garotos não acreditaram, ou não se importaram com a oferta, e se livraram de Alan, que teria de viver com o fato de ter tido a maior banda do mundo nas mãos por um breve período, e ter deixado que ela escapasse. "E se você acha que perdi o sono com isso, tem toda a razão", escreveu ele no livro *The Man Who Gave the Beatles Away*. "Costumo acordar no meio da noite, olhar a parede e consigo sentir meus dentes rangendo..."

Dot e Cynthia, as namoradas de Liverpool de Paul e John, foram visitá-los em Hamburgo. John estava querendo ir para a cama com Cyn no quarto comum da banda em cima do Top Ten, junto com Paul e Dot, e Tony Sheridan e a namorada, Rosi, mas Paul não queria levar Dot para aquele esconderijo superlotado. "Paul achou que não seria bom para Dot", diz Rosi. Como os garotos eram amigos de uma mulher mais velha que tomava conta dos banheiros do clube, ela gentilmente permitiu que o casal dormisse em sua casa flutuante no Elba, em uma feliz e romântica visita que culminou com Paul dando a Dot um anel de noivado.

Enquanto Dot estava na cidade, o problema com Stuart Sutcliffe chegou ao ápice. A relação de Paul e Stu estava cada vez mais tensa. Embora fosse um homem invejável em vários aspectos, era um músico inútil, que não conseguia melhorar. Paul agora não só era competente na guitarra principal, como também tocava baixo, piano e bateria. Stu mal conseguia dominar o mais simples dos instrumentos do rock. Os Beatles estavam carregando Sutcliffe nas costas; ele só estava no grupo por ser amigo de John. "Muito tempo depois eu entendi que Paul às vezes ficava muito furioso com [Stuart] porque ele nunca ensaiava. E quando Paul reclamou, John disse: 'Não importa. Ele é bonito.' Essa foi a resposta do John", lembra a namorada de Stu, Astrid Kirchherr. "Paul era um profissional, [por isso] era difícil para ele [aturar] um cara só tinha uma aparência legal, sendo protegido o tempo todo por John, seu melhor amigo."

Havia pouco tempo, Paul deixara cair sua guitarra Rosetti barata, que se quebrara. Decidindo que o instrumento estava irrecuperável, os garotos adoraram pisoteá-lo até deixá-lo em pedaços. Depois disso, Paul não teve alternativa a não ser tocar o piano do Top Ten durante os shows. Uma noite, quando estava nos teclados, Paul fez um comentário grosseiro sobre Astrid. Ninguém se lembra exatamente o que foi dito, mas foi grave o bastante para fazer Stu perder as estribeiras. Mesmo sendo fraco, Stu deu um soco em Paul e disse "nunca mais fale nada sobre Astrid!", defendendo a namorada.

"Vou falar o que eu quiser!"

Essa altercação geralmente é mostrada como a única vez em que os dois chegaram às vias de fato. Na verdade, "eles estavam sempre brigando", disse Ruth Lallemann, que se lembra dos garotos empurrando uns aos outros regularmente. "Você não falava sobre os problemas. Só brigava." George Harrison disse que "trocou socos com Stuart várias vezes" para estabelecer uma hierarquia social. Tony Sheridan acrescenta: "Paul não se dava bem com Stu. Havia uma animosidade. Eles brigavam abertamente no palco... A coisa era feia mesmo." Essa briga específica por causa de Astrid foi grave o bastante para marcar o fim do período de Stuart como Beatle. Ele saiu da banda logo depois para viver com a namorada e estudar arte em Hamburgo, continuando amigo dos garotos. Na verdade, Paul pareceu gostar mais dele após sua saída dos Beatles. Como músico, Stu os atrasava. Agora ele podia ser apenas um amigo. Como nem John nem George quiseram pegar o baixo — afinal, era a parte menos glamourosa da banda — o trabalho sobrou para Paul, que precisava de um novo instrumento. Para ajudá-lo a começar, Stu generosamente emprestou seu caro baixo Höfner. Depois, Paul comprou o baixo "violino" Höfner, menor e mais barato, que virou sua marca registrada. Era uma marca do talento e da personalidade dele que, mesmo tocando um instrumento secundário, continuava a ser vocalista principal, assim como John.

Logo depois da saída de Stu, os garotos foram vistos por um editor musical alemão em busca de novos talentos, que os contratou para tocar com Tony Sheridan em uma sessão de gravação para a Polydor. O resultado foi um single "My Bonnie", lançado no país em agosto de 1961. Creditada a Tony Sheridan e os Beat Brothers, a faixa era uma versão vigorosa da tradicional música "My Bonnie Lies Over the Ocean", que começa calma e depois ganha corpo, com Paul gritando alegremente ao fundo. Ela chegou ao número 32 na parada de singles da Alemanha naquele ano e ainda hoje é uma gravação muito sedutora.

A banda voltou a Liverpool antes de "My Bonnie" ser lançada, e se descobriu cada vez mais popular em Merseyside, onde agora havia dezenas, talvez centenas de "bandas *beat*" similares. O repertório de quase todos esses grupos era de canções norte-americanas, geralmente aprendidas em discos levados para a cidade por marinheiros. Os conjuntos tornavam-se possessivos em relação às músicas que consideravam suas, embora as bandas trocassem canções. "Eu me lembro de trocar 'Roll Over Beethoven' com George, e deixa-lo tocar 'Jambalaya'", diz Gerry Marsden, líder do Gerry and the Pacemakers. Nessa época, as bandas eram rivais — competiam por shows, exposição e o eldorado do contrato com uma gravadora —, mas também eram colegas. Em uma noite memorável no Litherland Town Hall, os Beatles e os Pacemakers uniram forças. "Nós dissemos: 'Vamos formar uma só banda esta noite.' E chamamos o grupo de Beatmakers, os Pacemakers e os Beats [sic]", lembra Marsden. Os músicos trocavam instrumentos: Paul tocou piano, o pianista dos Pacemakers tocou saxofone. "Nós nos divertimos à beça."

O *MOP-TOP*

Quando John fez 21 anos em outubro de 1961, recebeu 100 libras de presente de uma tia abastada, um ato de tamanha generosidade que Paul jamais o esqueceu, pois estava sempre comentando que ninguém nunca tinha dado 100 libras *a ele*. O presente indicou uma diferença de classes sutil, mas significativa entre os amigos. "Para nós, John era da classe alta", comentou Paul para o *Anthology*, documentário multimídia sobre os Beatles: "Os parentes dele eram professores, dentistas, tinha até alguém na BBC em Edimburgo. É irônico porque ele sempre foi muito 'foda-se!' para tudo isso e escreveu a música 'Working Class Hero', mas na verdade, ele não era da classe trabalhadora de jeito algum." Mesmo assim, John generosamente usou o dinheiro do presente para bancar uma viagem para ele e Paul a Paris. Mas apesar de terem dinheiro, eles decidiram economizar, pegando carona de Liverpool à capital francesa, aonde chegaram com roupas de roqueiro e cabelos longos e oleosos.

Uma das primeiras coisas que os dois fizeram ao chegar a Paris foi procurar seu amigo Exi Jürgen Vollmer, que trabalhava na cidade como assistente do fotógrafo norte-americano William Klein. Jürgen encontrou os garotos do lado de fora da igreja de St. Germain-des-Prés. Como eles não tinham lugar para ficar, o alemão os levou a suas acomodações no Hotel de Beaune ali perto. Jürgen tentou entrar escondido com os garotos pela escada do hotel barato, mas acabou descoberto pela dona, que colocou os ingleses para fora.

"Não gostamos do serviço daqui mesmo," debochou Lennon, com arrogância.

"Devemos tentar o Ritz?", perguntou Paul ao amigo, aderindo imediatamente à encenação cômica.

Jürgen encontrou os ingleses no dia seguinte e começou a lhes mostrar Paris. Os dois eram muito divertidos e bem-humorados, carregando Jürgen e correndo com ele perto da L'Opéra cantando árias sem sentido e geralmente comportando-se como dois Irmãos Marx. O alemão decidiu que eles deveriam conhecer sua namorada, Alice, e marcou o encontro, mas a jovem ficou horrorizada com os jovens, a quem Jürgen agora via pelos olhos dela, como roqueiros imundos e até perigosos. "Ela nem chegou a se sentar." John e Paul não ganhariam nem uma garota parisiense sequer do jeito que estavam vestidos. Então Jürgen os levou ao mercado de pulgas em Porte de Clignancourt, onde eles compraram roupas ao estilo beatnik. Depois, quiseram cortar o cabelo igual ao de Jürgen — penteado para a frente sobre os olhos e com franja.

"Eles disseram: 'Gostamos desse corte de cabelo engraçado, Jürgen, você pode cortar o nosso?', pois sabiam que eu sempre cortava meu cabelo." Jürgen levou os dois de volta ao hotel, desta vez conseguindo subir com eles escondido para o quarto. Sentou Paul de frente para o espelho, colocou uma toalha sobre seus ombros e eliminou o topete de roqueiro, criando um corte solto e desarrumado, que ficou conhecido como *mop-top*. Por anos, o corte de cabelo dos Beatles foi creditado a Astrid Kirchherr, que disse ter sido a primeira a deixar o cabelo dos rapazes daquele jeito em Hamburgo, alegação que enfurece Vollmer, que garante ter sido o verdadeiro criador do corte de cabelo, e Paul lhe dá razão. Uma questão bastante trivial, alguém poderia pensar, mas um homem precisava ser rebelde para usar o cabelo assim em 1961. "É muito difícil imaginar que houve uma época assim," diz Jürgen.

BRIAN

John e Paul logo estavam de volta a Liverpool, onde encontrariam um dos mais importantes personagens na história dos Beatles. Em Whitechapel, a uma curta caminhada do Cavern, havia uma filial da NEMS, cadeia local de lojas de produtos elétricos, que também vendia discos. A NEMS era uma loja de móveis fundada em 1901 pelo imigrante judeu polonês Isaac Epstein. A empresa seguiu adiante com o filho dele, Harry, que vivia com a esposa Queenie em uma grande casa na Queens Drive, Childwall. Harry e Queenie Epstein tinham dois filhos, o mais velho, Brian, era "um desses garotos diferentes que nunca se encaixa em lugar algum", como ele mesmo escreveu em suas memórias, reconhecendo sutilmente sua homossexualidade.

Nascido em 1934, o que tornava apenas sete anos mais velho que Paul McCartney, embora parecesse muito mais velho, Brian Epstein foi expulso de sua primeira escola secundária aos 10 anos, depois passou por mais cinco outras antes dos 16, quando discutiu com os pais o desejo em ser estilista de vestidos. Embora fosse sincero com os pais e amigos sobre sua sexualidade, Brian tinha de ser comedido com estranhos, pois aquela era uma época em que a homossexualidade era ilegal na Grã-Bretanha e sexo lhe causava problemas. Ele era "muito confuso", como dizia sua mãe, "e não estava nem um pouco feliz com isso. Seus casos amorosos eram verdadeiros desastres". Na aparência, ele tinha um rosto suave e tímido, com dentes espaçados, queixo pequeno e um estrabismo de infância que se manifestava quando se sentia pressionado. Brian se vestia imaculadamente, mantinha o cabelo cuidadosamente arrumado e tinha um sotaque de classe alta, com uma queda por expressões enfeitadas e pomposas. Gostava de imaginar a si mesmo como uma pessoa artística, pois apreciava música clássica e teatro, dando a impressão geral de ser um jovem muito delicado. "Considerava-o um janota. Narcisista", comenta o advogado da família, E. Rex Makin, cujos serviços foram contratados quando a vida sexual de Brian lhe causou problemas.

Após a difícil experiência da escola, foi outro azar Brian ter sido convocado para o National Service, um dever do qual Paul McCartney escapou por pouco, pois o serviço militar obrigatório terminou na Grã-Bretanha em 1960. Brian foi logo desligado dos militares, classificado como "não apto mental e emocionalmente". Depois tentou ser ator, estudando na Royal Academy of Dramatic Art (RADA) em Londres, mas também não se deu bem por lá. Durante sua residência temporária na capital, ele foi preso por importunar um policial. Após terminar a RADA, ele foi chantageado por outro amante homossexual em Liverpool. Brian desenvolveu um gosto por relações mais brutas e sádicas, recorda Makin:

> Brian chegou para mim um dia... Muito angustiado, com um olho roxo e ossos quebrados aqui e ali. Ele havia arranjado um rapaz no Pier Head e o levou para o Sefton Park, onde o cliente, digamos assim, pegou pesado com ele. Brian entregou a carteira e não sabia o que fazer. Eu disse: "A primeira coisa que precisa fazer é contar a seu pai. Se não fizer isso, eu farei por você." E fiz. Brian foi à polícia [que prendeu e indiciou o chantagista]. Ele foi condenado e mandado para a cadeia.

Depois desse episódio, Brian ficou em Liverpool, ajudando a cuidar dos negócios da família. Havia anos existia um anexo à loja de móveis original em Walton Road que vendia partituras, discos e pianos. Era a North End Music Stores (NEMS), fornecedora do piano dos McCartney. Durante a explosão de consumo do fim dos anos 1950, os Epstein abriram novas filiais da NEMS, vendendo aparelhos elétricos e discos. O filho mais velho gerenciava essas lojas, e empregou pessoas que foram importantes na história dos Beatles. Por exemplo, ele contratou Peter Brown, ex-assistente de vendas na Lewis's, a maior loja de departamentos de Liverpool, e também um jovem chamado Alistair Taylor como seu assistente pessoal. Ambos foram trabalhar com os Beatles.

O Sr. Brian, como gostava de ser chamado pelos funcionários, investiu muitos esforços na divisão de discos da NEMS, criando vitrines elaboradas na loja de Whitechapel para promover lançamentos e adotando a política de encomendar qualquer disco pedido por qualquer cliente. Ele se orgulhava de estar em sintonia com o gosto do público, mas alegações em sua autobiografia dizem que ignorava a existência dos Beatles até um jovem chamado Raymond Jones entrar em sua loja pedindo *My Bonnie*. Desde então, é quase certo que Brian soubesse quem eram os Beatles àquela altura, e pode muito bem tê-los visto na NEMS, pois eles a frequentavam para ouvir os lançamentos e conversar com as vendedoras. Pode ser até que ele estivesse observando a banda atentamente de longe antes de criar coragem de conhecê-los.

Em todo caso, Epstein fez o pedido de *My Bonnie* para Jones. Quando uma garota chegou pedindo o mesmo disco, ele comprou mais duzentas cópias, e foi nessa hora que decidiu conhecer a banda. Bill Harry o informou, se é que ele já não sabia, que os Beatles tocavam a cinco minutos de distância a pé, na Mathew Street, fazendo shows na hora do almoço no Cavern. Temendo ficar deslocado em um porão cheio de adolescentes com "aquele papo de adolescentes", Brian levou seu assistente Alistair Taylor. Quando os dois desceram as escadas do Cavern, em 9 de novembro de 1961, os Beatles se apresentavam e faziam bagunça no palco entre enérgicos surtos de rock 'n' roll. O mestre de cerimônias do Cavern, Bob Wooler — "Alô habitantes do Cavern, bem-vindos ao melhor dos porões" — prontamente anunciou que o *Senhor* Epstein estava no recinto, como se fosse muito importante, e todos os olhos se voltaram para o cavalheiro na entrada. Brian tinha apenas 27 anos, mas deve ter parecido um senhor de meia-idade para os frequentadores do local, embora muitos também tivessem lá seus vinte e poucos anos. Era o jeito com que ele se vestia, se comportava e falava. "Ele falava inglês, o que nenhum de nós conseguia fazer", comenta Tony "Measles" Bramwell, com certo exagero. "Brian era elocucionado [sic]."

George Harrison perguntou o que tinha levado o Sr. Brian a vê-los. Epstein, por sua vez, perguntou sobre a música "My Bonnie", e esse foi o início da provocação mútua. "Eles eram extremamente divertidos em um estilo 'ame ou deixe' muito atraente", Epstein escreveu depois, dando a clara impressão de um flerte. "Nunca saberei o que me fez dizer sim a esse excêntrico grupo de garotos ou o que me fez pensar que outro encontro poderia ser útil para eles e para mim." Apesar disso, foi marcada uma reunião no escritório dele na NEMS para o dia 3 de dezembro. A banda via a data chegar com uma mistura de esperança e ceticismo. Afinal, o que o gerente de uma loja de aparelhos elétricos poderia fazer por eles no mundo da indústria do entretenimento? Pelo menos já haviam vivido na Alemanha, feito shows e gravado um disco. Brian não fizera muito, exceto ser expulso do exército e da RADA. Ele só tinha o atual emprego por ser filho do dono da loja.

Quando o encontro aconteceu, Paul nem se importou em ser pontual, o que não era seu estilo, embora essa tenha sido a última vez que ele deixou Brian esperando. Brian pediu que George ligasse para Forthlin Road e perguntasse o que acontecera ao jovem McCartney. "Paul acabou de acordar e está tomando banho", respondeu Harrison.

"Isso é uma desgraça!", fulminou Epstein, que se levava a sério demais. "Ele está muito atrasado."

"E muito limpo", debochou George, que embora não fosse academicamente brilhante, era muito espirituoso.

Quando Paul finalmente apareceu, eles foram para uma leiteria falar de negócios. Brian perguntou aos garotos se já tinham pensado em um empresário profissional, então eles conversaram sobre o assunto e concordaram em se encontrar de novo. Enquanto isso, Epstein saiu pela cidade perguntando sobre o grupo. Ele consultou Allan Williams, que estava tão magoado com a forma como havia sido tratado pela banda que baniu os garotos do Jacaranda. Ele aconselhou Epstein a ficar longe deles. "Depois esclareci a situação e disse: 'Olhe, eles são bons músicos, mas acredite: vão usá-lo e depois jogar fora.'" Sem se abalar, Epstein foi ver Rex Makin e pediu que seu advogado redigisse um contrato "inviolável" para ele e os Beatles. "Falei que isso não existia", disse Makin, que considerava a última ideia brilhante de Epstein completamente idiota. Então Brian procurou outro advogado e apresentou aos quatro Beatles — na época John, Paul, George e Pete Best — um contrato que os unia por cinco anos, tempo em que ele teria participação em todos os shows da banda, ficando com 25 por cento dos ganhos brutos a título de comissão. Era uma decisão importante. Paul hesitou, pensando nos prós e contras. Depois, disse esperar que os Beatles fizessem sucesso. "Mas lhe digo, Sr. Epstein, vou ser um astro de qualquer jeito."

4

LONDRES

EMI

Os garotos assinaram o contrato com Brian Epstein em janeiro de 1961, e a ousada assinatura de Paul teve que ser confirmada pela assinatura do pai, pois ele ainda era menor de 21 anos. O próprio Epstein não assinou até outubro, mas eles tinham um acordo de conseguir para a banda um contrato com uma gravadora. Na verdade, os Beatles eram contratados da Polydor da Alemanha, mas Brian estava determinado a livrá-los desse acordo e fazê-los assinar com uma grande gravadora britânica. Naturalmente, ele foi direto à EMI.

"A maior gravadora do mundo", como gostava de ser conhecida, a Electrical Musical Industries (EMI) foi criada em 1931 após a fusão entre a Gramophone Company e sua rival Columbia Phonograph Company. A EMI fazia parte do *establishment* britânico, pois o rei Jorge V gravara uma mensagem para o Império com a empresa em 1923, e os selos da gravadora cobriam uma vasta gama de estilos musicais. O selo His Master's Voice (HMV), por exemplo — com seu famoso símbolo do cachorro ouvindo um antigo gramofone — foi celebrado pelos lançamentos clássicos, mas a empresa também estava em contato com as tendências populares, lançando discos de cantores norte-americanos como Peggy Lee e Gene Vincent, dois favoritos de Paul.

No começo da relação profissional com os Beatles, Brian enviou *My Bonnie* para a sede da EMI em Londres como amostra do trabalho da banda e recebeu uma carta informando que nem o selo HMV nem o Columbia se interessavam em assinar com o grupo. Foi o primeiro de vários "nãos", mas Epstein persistiu. Nessa época, ele tinha começado a se corresponder com o jornalista Tony Barrow, que escrevia uma coluna de crítica musical no *Liverpool Echo* para complementar seu trabalho como redator de encartes para discos da segunda maior gravadora britânica, a Decca. Esse contato garantiu a Brian uma audição para os Beatles na Decca, que aconteceria em Londres no dia de Ano-Novo de 1962.

Na época, assim como hoje, Londres era mais do que a capital do Reino Unido; a cidade era o coração financeiro, comercial e criativo da nação, ao qual todos os caminhos levavam. Paul sabia que se quisesse fazer sucesso na indústria do entretenimento, teria de "descer para o sul", mesmo que os sulistas tivessem a reputação de ser hostis e condescendentes com pessoas do norte como ele. A primeira investida profissional dos Beatles nessa direção não dera certo. Algumas semanas antes do Natal, Sam Leach, promotor de eventos de Merseyside, não tinha conseguido agendar shows para a banda em Londres, arranjando apenas um show no Palais Ballroom em Aldershot, cidade localizada 69 quilômetros a oeste da capital, mas mesmo assim "um show lá no sul". Como a apresentação não foi anunciada no jornal local, apenas 18 pessoas compareceram. Vendo o lado engraçado da situação, Paul cantou "There's No Business Like Show Business". Ao final dessa noite absurda, os garotos viajaram para a metrópole e deram uma volta pelos clubes do Soho, bairro boêmio ao norte da Shaftesbury e ao sul da Oxford Street, um lugar do qual Paul gostou tanto que, mais tarde, foi onde estabeleceu seu escritório particular. Três semanas depois de sentir o cheiro do ar de Londres pela primeira vez, os Beatles rumaram novamente para o sul no recém-comprado furgão da banda, dirigido por Neil Aspinall. Em uma época em que o sistema de estradas apenas começava a ser construído, a viagem partindo de Liverpool levou quase dez horas e foi ainda mais árdua por causa da neve da véspera do Ano-Novo. Os rapazes chegaram tarde à capital, hospedando-se no Royal Hotel da Russel Square, empolgados o suficiente por estar em Londres para correr à Trafalgar Square, onde veriam a chegada de 1962. Mal voltaram ao Royal Hotel, tiveram que levantar de novo para a audição.

Quinze músicas do show haviam sido escolhidas para a audição na Decca, incluindo regravações e clássicos como "Three Cool Cats" e "The Sheik of Araby", que eles cantavam no estilo de comédia do *Goon Show*. Também foram tocadas três das primeiras, e um tanto fracas, composições de Lennon-McCartney, entre elas "Like Dreamers Do". Epstein opinou na escolha do material e os proibiu de tocar seu costumeiro rock 'n' roll mais áspero (embora eles tenham tocado uma canção mais agitada, "Money – That's What I Want"), e o resultado foi uma audição tristemente sem brilho, em parte pelo nervosismo e pelo cansaço dos músicos. Algumas semanas depois, Brian voltou à Decca para receber a decisão. "Sem meias palavras, Sr. Epstein, nós não gostamos do som de seus garotos", disse Dick Rowe, executivo da gravadora, garantindo seu lugar na História como uma das almas azaradas que deixaram os Beatles escapar por entre os dedos. Brian deu a má notícia aos rapazes quando voltou à estação Lime Street. "E a gravadora Pye nos rejeitou", acrescentou ele em tom melancólico.

A família de Brian começava a se cansar dos Beatles. A mãe suspirava de modo indulgente quando o filho insistia que seus garotos seriam "maiores que Elvis", enquanto o pai ficava preocupado por Brian estar deixando de lado seu verdadeiro emprego, que era cuidar das lojas de discos da família. Foi assim, com a sensação de ser a última chance de tentar o sucesso, que Brian voltou a Londres, em fevereiro de 1962, para transformar as fitas da audição da Decca em vinis na loja HMV da Oxford Street, com o objetivo de vender os discos pelas ruas da cidade. Como o grupo escrevia suas próprias músicas, o técnico de gravação dos discos sugeriu que ele falasse com Sid Colman, que trabalhava para a editora musical Ardmore & Beechwood, parte da EMI. Brian foi procurar Colman, explicando que realmente precisava de um contrato com uma gravadora antes de um acordo com uma editora, e Sid sugeriu que Brian falasse com seu amigo George Martin na Parlophone. "Acho que ele pode se interessar bastante."

Mais do que talento, *timing* e sorte — três prerrequisitos fundamentais para qualquer carreira bem-sucedida —, boa parte do sucesso dos Beatles e, consequentemente, de Paul McCartney se resume ao fato de os garotos terem trabalho com pessoas de qualidade desde o início. Apesar da ingenuidade, Brian era um empresário honesto e dedicado; e o homem que se transformaria no produtor dos discos da banda era um sujeito ainda mais impressionante, sem o qual ela provavelmente não teria alcançado metade do que conseguiu. Um homem magro, longilíneo e bonito de cabelo louro liso, belos olhos azuis, além do jeito paciente e aristocrático, George Martin era sofisticado e culto, o tipo de homem sobre o qual praticamente ninguém tem algo desagradável a dizer e que, de fato, quase todo mundo ama. Sendo assim, podemos acrescentar que ele também era inteligente, modesto, trabalhador e confiável, um lorde inglês até a raiz do cabelo, apesar de ter vindo de uma família comum.

Nascido em 1926, filho de um carpinteiro londrino, George transformou-se em um "oficial e cavalheiro" durante a Segunda Guerra Mundial, na qual ele serviu na Fleet Air Arm, a aviação naval britânica. Logo após a guerra, casou-se e usou seu privilégio de militar para estudar na Guildhall School of Music. Já um pianista talentoso e compositor no estilo impressionista de Debussy, George aprendeu a tocar oboé na Guildhall. Havia uma escassez de oboístas profissionais na época, e ele esperava que a habilidade no instrumento lhe garantisse um meio de vida como músico de estúdio. Mas a escolha mostrou-se má ideia, e George trabalhava na BBC Music Library quando foi procurar emprego na EMI, no subúrbio de St. John's Wood, norte de Londres.

Na década de 1930, a Gramophone Company tinha comprado uma mansão na vasta avenida residencial Abbey Road, NW8, construindo uma série de estúdios de gravação por trás da fachada de estuque. O maior deles, o Estúdio Um, regularmente recebia Sir Thomas Beecham, regendo a Orquestra Filarmônica de Londres. Na verdade, incontáveis estrelas da música clássica e popular usaram os estúdios, incluindo Sir Edward Elgar, talvez o maior compositor britânico recente. George Martin tornou-se assistente do diretor da Parlophone, originalmente um pequeno selo alemão absorvido pelo império da EMI. Suas funções iam de produzir música clássica a fazer discos de jazz e comédia para pessoas como Spike Milligan, escritor e astro do *Goon Show*, que virou amigo de Martin e, posteriormente, de Paul. George foi promovido a diretor da Parlophone em 1955, época em que era conhecido no mercado como o Rei da Comédia. Ele gostava muito do apelido. O sucesso com os discos de comédia era bom, mas não valia a pena em longo prazo, e Martin queria muito produzir algo popular que tivesse longevidade. Ele espalhou a notícia para amigos como Sid Colman de que estava disposto a ouvir quase tudo, e foi isso o que levou Brian Epstein a sua porta.

Epstein vendeu sua maravilhosa banda jovem para Martin com um discurso passional, falando não só dos Beatles como do empolgante renascimento musical que acontecia em Liverpool. "Quase perguntei a ele onde ficava Liverpool", observou Martin depois, evidenciando o típico comportamento esnobe dos londrinos. "O pensamento de que havia algo vindo das províncias era extraordinário naquela época." Apesar disso, os dois se deram bem. Embora Martin fosse oito anos mais velho, o jeito maduro de Brian fazia os dois aparentarem a mesma idade. Além do mais, eles pareciam pertencer à Grã-Bretanha mais velha e formal, na qual os homens raramente eram vistos sem paletó e gravata, e davam muita importância a uma linguagem adequada e às boas maneiras. Brian notou que, ao ouvir o disco demo dos Beatles, George Martin se balançava levemente para a frente e para trás ao ritmo da música, sorrindo em um educado encorajamento. O diretor da Parlophone não se impressionou particularmente com o que ouvira, mas ficou intrigado pelo fato de haver mais de uma pessoa cantando, concluindo que Paul possuía a "voz mais comercial", e o produtor era agradável e educado com todos, algo tranquilizador. No fim desse encontro cordial, Martin sugeriu que Brian Epstein levasse seu grupo ao estúdio para uma audição quando lhes fosse conveniente.

AUF WIEDERSEHEN, STU

Antes da audição para a EMI, os Beatles tiveram de voltar a Hamburgo a fim de cumprir um contrato no recém-aberto Star-Club na Grosse Freiheit. John, Paul e Pete viajaram de avião para lá em 11 de abril de 1962. George, que estava doente, ficou de ir com Brian. Parte da diversão de voltar à Alemanha era rever Stuart Sutcliffe e Astrid Kirchherr e, conforme previsto, lá estava Astrid no aeroporto quando eles chegaram. Porém, não fora recebê-los e, sim, encontrar a mãe de Stu, Millie, que voltava de Liverpool, pois acontecera algo terrível: Stu morrera de hemorragia cerebral no dia anterior.

Após sair da banda, Stuart viveu com Astrid no flat da casa da mãe dela em Altona, estudando com o artista britânico Eduardo Paolozzi, depois dando aulas em Hamburgo, desenvolvendo-se consideravelmente como autor de colagens e pinturas no estilo expressionista abstrato. Posteriormente, ele pintou telas grandes e sombrias que coincidiram com a grave deterioração de sua saúde. Stuart sofria cada vez mais com dores de cabeça, humor errático e sua bela caligrafia degenerou-se em garranchos. Ele se sentia cansado e sofria ataques, mas os exames não conseguiram mostrar o que havia de errado. Na terça-feira, 10 de abril de 1962, no apartamento da noiva, Sutcliffe soltou um grito agudo de dor, desmaiou e faleceu. Ele tinha 21 anos.

As circunstâncias trágicas de sua morte deram a Stu uma importância póstuma que ele talvez não tivesse de outra forma; e houve muita suposição tanto sobre a causa da morte quanto sobre o relacionamento com os Beatles, algumas delas bastante insanas. Em seu livro *The Beatles' Shadow,* Pauline, a irmã de Stuart, teoriza que o irmão teria morrido como consequência tardia de um chute na cabeça dado por John Lennon durante uma briga em Hamburgo. No mesmo livro, Pauline especula de modo sensacionalista que John e o irmão teriam vivido uma relação homossexual: "Eu sempre soube, do fundo de meu coração, por vários anos que Stuart e John tiveram um relacionamento sexual", escreve ela, embora não consiga dar qualquer evidência sólida do fato. Pauline se pergunta se esse "relacionamento" foi a verdadeira causa do antagonismo entre Paul e Stu. Astrid Kirchherr, que estava em melhores condições de conhecer os fatos, considera tanto a teoria do chute na cabeça quanto a da homossexualidade como "bobagem", dizendo que Stuart tinha uma alteração fisiológica preexistente que simplesmente o atacou em abril de 1962. "John nunca, jamais levantou a mão para Stuart. Nunca, jamais. Posso jurar. Isso é tudo [ideia de] Pauline", retruca ela, irritada. "O médico explicou que o cérebro dele era, de certa forma, grande demais para a cabeça. Um dia ele simplesmente *desligou.*"

John ficou histérico quando soube da morte de Stuart, seu melhor amigo. Paul não sentiu o mesmo. Tanto que, quando a Sra. Sutcliffe chegou de Liverpool, ele tentou consolá-la, mas conseguiu dizer a coisa errada, como já fizera antes e faria de novo ao se deparar com uma morte: "Minha mãe morreu quando eu tinha 14 anos, e eu a esqueci completamente em seis meses", teria dito à mulher enlutada, de acordo com o livro de Philip Norman, *Shout!* Se ele realmente disse isso, o fato pode ser relevado como o tipo de comentário grosseiro que os jovens fazem em tempos de crise e que aquilo, obviamente, não era verdade. Paul volta e meia pensava em Mary McCartney. Com o tempo, ficou claro que ele foi profundamente afetado pelas lembranças da mãe.

Os Beatles não voltaram a Liverpool para o funeral de Stuart. Eles ficaram em Hamburgo para tocar no Star-Club, o maior e mais novo local de rock 'n' roll em St. Pauli, que atraía bandas baratas de Liverpool e também conhecidos astros norte-americanos, como Gene Vincent e Little Richard, heróis com quem Paul agora esbarrava nos camarins do clube que, como tudo o mais ali, eram superiores às instalações que a banda experimentara anteriormente na Alemanha. O Star-Club era o melhor clube em que os Beatles já haviam tocado, e a banda estava igualmente mais profissional após Brian tê-los livrado das roupas de couro e os metido em ternos e gravatas, sem tirar deles o som básico e levemente sujo desenvolvido nos clubes. Pela forma como trataram suas novas acomodações, um apartamento em frente ao clube na Grosse Freiheit, percebia-se que a grosseria ainda persistia nesses jovens. Lennon, com raiva do mundo porque Stu havia morrido e somando isso à perda traumática da mãe, ergueu um crucifixo profano na janela do apartamento, decorando-o com uma camisinha, e urinou em freiras que iam para a igreja de St. Joseph ali perto. Quando George vomitou no apartamento e deixou tudo lá para apodrecer, os garotos deram utilidade à nojeira, apagando seus cigarros nela. O próximo grupo a ocupar o apartamento após os rapazes era conterrâneo de Merseyside: Kingsize Taylor e sua banda, the Dominoes. "Eu quase vomitei", relembra Kingsize (cuja gravação dos shows no Star-Club em fita virou uma das gravações piratas mais famosas dos Beatles). O vômito nem era o pior de tudo. "Havia uma pilha de sujeira atrás da porta, onde alguém teria defecado e posto um jornal por cima... O lugar todo era um verdadeiro caos. Precisou até ser desinfetado." Horst Fascher cita outro hábito nada charmoso dos Beatles: um jogo imundo em que John e Paul escarravam em uma parede para ver qual muco deslizava primeiro.

Os Beatles foram resgatados da própria podridão por um telegrama de casa. Enviada por Brian Epstein na quarta-feira, 9 de maio, a mensagem dizia: PARABÉNS RAPAZES. EMI SOLICITA SESSÃO DE GRAVAÇÃO. FAVOR ENSAIAR MÚSICAS NOVAS. Após sugerir inicialmente que Brian levasse os garotos para uma audição quando lhes fosse conveniente, George Martin havia se encontrado novamente com ele e demonstrara um interesse maior pelos Beatles como banda para a Parlophone. Martin concordara ainda que um contrato fosse redigido para que, caso gostasse do que visse e ouvisse na audição dos rapazes, pudesse assinar com eles imediatamente. Isso justificava o telegrama de Brian.

MUDANÇAS

Foi amor à primeira vista, como escreveria George Martin sobre o momento em que conheceu os Beatles em Abbey Road no dia 6 de junho de 1962. Ele observou como estavam bem-arrumados — influência de Brian — e os cortes de cabelo incomuns. "Mas o mais impressionante era a personalidade sedutora do grupo. Eles eram ótimas pessoas para se conviver." A banda se apresentou com entusiasmo, Paul cantou as músicas prediletas dos shows deles, incluindo velhos sucessos como "Besame Mucho" e "Your Feet's Too Big", de Fats Waller. Martin não se impressionou muito com esses covers nem com as canções originais escritas por John e Paul, entre elas uma versão inicial e meio fúnebre de "Love Me Do", cantada harmonicamente por Paul e John, com este acrescentando uma gaita de blues no estilo da que Delbert McClinton tocava em "Hey! Baby", de Bruce Channel. Enquanto John estava na gaita, Paul cantava sozinho e parecia nervoso. Ainda assim, os garotos exalaram uma energia e um charme que fizeram Martin ter uma sensação boa. Se as plateias tivessem essa mesma sensação, os Beatles poderiam ser famosos. O produtor concordou em assinar com o grupo por um ano, durante o qual ele teria o direito de gravar seis títulos, com a banda recebendo a ninharia, que era o valor padrão na época, de um centavo por disco. Pelo menos eles tinham um contrato e, de forma surpreendente, era com um selo da EMI, mesmo tendo sido anteriormente recusados pelo escritório central da gravadora. Brian conseguira entrar com os Beatles pela porta dos fundos da "maior gravadora do mundo", o que ocasionou problemas depois.

Uma preocupação mais imediata era que Martin não gostava do baterista dos Beatles. Para ele, Pete Best era menos sedutor que os demais, "quase mal-humorado", e não tocava bem. O produtor perguntou a John e Paul se eles aceitariam substituí-lo. "Nós dissemos: 'Não, não podemos fazer isso!'", relembra Paul. "Era uma daquelas situações terríveis pelas quais você passa quando jovem. Podemos traí-lo? Não. Mas nossa carreira estava em jogo." Na verdade, Pete nunca havia se encaixado no grupo. Ele não tinha a mesma vivência que John, Paul e George; não estivera com eles nos Quarry Men, nem fora à Escócia. Tinha sido contratado como tapa-buraco para Hamburgo e, apesar das noites orgíacas que dividiram no Bambi Kino, parecia sempre um estranho no ninho em St. Pauli por não ter as mesmas piadas e referências dos outros. Curiosamente, isso melhorou sua imagem com os fãs em Merseyside. Com a *persona* solitária involuntariamente adquirida, considerava-se que Best tinha uma "magnificência malvada e mal-humorada" nas muito citadas palavras do mestre de cerimônias do Cavern, Bob Wooler. As garotas gostavam mais dele que dos outros Beatles, como ficou evidente quando a banda foi a Manchester na segunda-feira de Pentecostes de 1962 para gravar um programa de rádio.

Os Beatles agora tinham um fã-clube, presidido primeiro pela frequentadora do Cavern Roberta "Bobbie" Brown e depois por Frieda Kelly, que foi trabalhar para Brian Epstein e levou o fã-clube para que ele administrasse. A relação entre o fã-clube e a banda era simbiótica. As garotas (e a maioria dos membros era feminina) conseguiam se relacionar com os rapazes, primeiro diretamente, quando as integrantes eram quase todas frequentadoras do Cavern, depois a distância, por carta. Em troca, Brian poderia arregimentar fãs sempre que os garotos precisavam de uma força. Quando o conjunto viajou a Manchester, em 11 de junho de 1962, para tocar no BBC Light Programme — uma de suas primeiras apresentações na BBC — membros do fã-clube foram convidadas a ir junto para garantir que a banda tivesse uma plateia entusiasmada. Isso funcionou muito bem, exceto pelo fato de as fãs criarem muito mais burburinho em relação a Pete do que aos outros Beatles após o show, para a óbvia decepção do pai de Paul, que estava sentado no ônibus com o filho esperando por Pete. "Todas as garotas queriam Pete Best", conta Bill Harry, que também estava no ônibus. "Pete acabou conseguindo se desvencilhar e, quando finalmente conseguiu entrar no veículo, levou uma bronca de Jim McCartney, que o acusou de roubar o espetáculo de todos." Embora Best tenha argumentado que não tinha culpa se as garotas gostavam dele, o fato de o educado pai de Paul ter ido contra ele logo depois de George Martin ter questionado sua capacidade musical selou o destino do jovem.

Mudanças também estavam por vir na vida pessoal de Paul. Ele namorava Dot Rhone, a estudante que conhecera no Casbah havia dois anos. Dot mudara sua aparência para agradá-lo, usando uma saia de couro preta e deixando o cabelo crescer no estilo da pin-up favorita dos garotos, Brigitte Bardot. John havia sujeitado Cynthia Powell a uma mudança de visual parecida e tão humilhante quanto. Com tanto em comum, as duas ficaram amigas e se mudaram para estúdios vizinhos na Garmoyle Road, consolando-se enquanto os namorados estavam em Hamburgo. Apesar das dúvidas bem fundamentadas que pairavam sobre sua fidelidade, Dot usava o anel de noivado de Paul e estava ansiosa para se casar. A família dele fazia parte dessa atração. "Acho que eu provavelmente estava apaixonada por Paul porque também amava a família dele", admitiu ela ao *Daily Mail* anos depois. "Eu amava meu sogro — ele era ótimo. No Natal e no Ano-Novo eu ia [a Forthlin Road] e era tão diferente de minha casa. Eles tinham festas maravilhosas e tocavam juntos, Paul na guitarra e o pai ao piano."

O relacionamento ficou sério quando Dot engravidou no início de 1962. Depois que ela deu a notícia a Paul, o casal fez uma viagem de barca ao longo do rio Mersey para conversar sobre o assunto. "[Paul] tentava ser correto, mas estava apavorado", Dot disse mais tarde ao autor Bob Spitz. "Primeiro, ele disse que não deveríamos nos casar, pois éramos jovens demais. Eu *queria* me casar, mas não podia dizer isso a ele." Jim McCartney, porém, decidiu no lugar do filho. "A reação dele era de que deveríamos nos casar, porque ou nos casávamos ou entregávamos o bebê para adoção. Não queríamos entregá-lo para adoção porque era nosso filho, então começamos a fazer os planos do casamento." O pai deixou claro que tais planos obrigatoriamente envolveriam Paul ter um emprego adequado para sustentar a esposa. Seria tarde demais para voltar a Massey & Coggins? Jim também disse que Dot poderia morar com eles na Forthlin Road. "Ele me abraçou e me fez sentir protegida." Paul disse a Dot que daria entrada no casamento. Tia Ginny estava agitada como uma boa sogra substituta, e tudo parecia correr bem quando a jovem sofreu um aborto espontâneo. Paul terminou o relacionamento logo depois, e Dot achou que ele estava aliviado por não ter de ficar preso a um casamento que, na verdade, não desejava. "Ele pareceu triste, mas no fundo provavelmente estava aliviado", contou ela depois a um entrevistador. Um bebê poderia ter interrompido a carreira dos Beatles. Como a escritora Cyril Connolly observou: "Não há inimigo mais sombrio da boa arte do que um carrinho de bebê na sala."

Outro problema muito pessoal foi resolvido na mesma época. Logo após Brian Epstein ter começado a trabalhar com a banda, ele confidenciou a Rex Makin que os garotos tinham contraído doenças venéreas em Hamburgo. "[Brian] me pediu para recomendar um bom venereologista porque todos os garotos estavam com gonorreia", revelou Makin. "Eles eram muito promíscuos. Quer dizer, as mulheres se jogavam em cima deles, e eles jamais perdiam a oportunidade." Por trabalhar com Direito de Família, Makin conhecia um médico discreto ao qual os garotos foram mandados.

O BATERISTA MAIS SORTUDO E O MAIS AZARADO DA INDÚSTRIA DO ENTRETENIMENTO

A decisão de demitir Pete Best fora tomada, e o trabalho desagradável de dar a má notícia ficou com Brian Epstein, que chamou Pete ao seu escritório na NEMS. "Eles não consideram você um baterista suficientemente bom, Pete", disse ele ao garoto, "e George Martin não considera você um baterista suficientemente bom." Pete não sabia. Enquanto tentava se defender, o telefone tocou. Era Paul perguntando a Brian se ele já havia enfiado a faca. Não havia mais motivo para prolongar a conversa no escritório. Um comentário que Paul fizera poucos dias antes agora fazia sentido para Pete. No rastro do contrato com a EMI, o baterista tinha falado em comprar um carro, mas o companheiro de banda recomendara que ele guardasse o dinheiro.

Após receber a pior notícia de sua vida, Pete se arrastou para Whitechapel, onde Neil Aspinall o esperava para lhe dar uma carona até a cidade. Neil e Pete eram muito amigos. Curiosamente, o companheiro de estrada dos Beatles começara havia algum tempo um namoro com a mãe de Pete, de 38 anos, e Mo Best deu à luz um menino chamado Roag. Pete e Neil agora estavam unidos por laços de sangue. Neil ficou espantado ao ouvir que a banda havia demitido o filho de sua namorada e pensou em abandonar o emprego como forma de protesto. O rapaz lhe disse que não era necessário, e Aspinall permaneceu com os Beatles pelo resto de sua vida profissional, e acabou se tornando chefe da corporação do grupo. Durante todo esse tempo, ele desempenhou um papel importante na vida de Roag Best enquanto tio Pete sofria a humilhação diária de ser um Beatle rejeitado. "Era uma situação muito peculiar, e eu não achava nada diferente, pois aquela era minha vida normal", diz Roag hoje. "Pete era um ex-Beatle e meu pai trabalhava para os Beatles. As coisas simplesmente eram assim." A história de Pete é triste. Forçado a abandonar suas ambições na indústria do entretenimento, ele teve uma série de empregos em Liverpool, mas ficou tão deprimido durante a ascensão do grupo que tentou se matar com gás.

O substituto de Pete era um cara baixinho e meio apatetado com uma mecha branca no cabelo, semelhante a um gambá. Ele usava barba para disfarçar o queixo fino e equilibrar o nariz grande, mas apesar disso era bem bonito. Ringo Starr era ao mesmo tempo o mais novo Beatle e o membro mais velho da banda, nascido três meses antes de John, em 1940. Seu nome verdadeiro era Richard Starkey — Ritchie para a família e os amigos (e também chamado assim neste livro) —, o único filho de Richard e Elsie Starkey, que se conheceram trabalhando em uma padaria de Liverpool. O pai abandonou a família quando Ritchie tinha 3 anos, e os Starkey viveram tempos difíceis. Eles moraram em uma casa condenada no centro de Dingle, e Elsie pegava qualquer emprego para sustentar a família, entre eles limpar chão, o que colocava os Starkey abaixo dos McCartney na hierarquia da classe trabalhadora. Apesar da pobreza, Elsie adorava Ritchie. Vale notar que todos os quatro Beatles foram abençoados com matriarcas amorosas — incluindo Mary McCartney e tia Mimi —, responsáveis por incutir confiança nos filhos. Quando Ritchie tinha 13 anos, a mãe se casou com Harry Graves, que também foi uma presença benevolente na vida do jovem. O garoto teve dois episódios graves de doença, primeiro aos 6 anos, quando seu apêndice estourou, e aos 13, quando contraiu pleurisia. A saúde frágil impediu o menino de voltar à escola, deixando-o apenas semialfabetizado. "Eu sei ler, mas não sei soletrar — soletro foneticamente." Depois da escola, ele se tornou aprendiz de engenheiro, mas abandonou a profissão para tocar bateria com Rory Storm and the Hurricanes, uma banda local liderada por um rapaz louro e atlético cujo nome real era Alan Caldwell, mas que atendia por esse apelido mais empolgante. Rory insistiu para que todos na banda também tivessem nomes artísticos, então Ritchie virou Ringo Starr por causa dos anéis que usava, no estilo Teddy-Boy.

Rory Storm and the Hurricanes fizeram o mesmo circuito que os Beatles em Liverpool e Hamburgo, e Ringo já havia tocado com os Beatles mais de uma vez, então já era um amigo. John, Paul e George concordaram que ele seria o substituto ideal para Pete. Ele era um tipo amigável por natureza, sem muita ambição, alguém que se encaixaria bem no grupo e faria o que lhe mandassem. Ritchie estava tocando no Butlin's em Skegness com os Hurricanes quando John e Paul pediram que ele se juntasse aos Beatles, convencendo-o com a promessa de mais dinheiro e um contrato com uma gravadora. Os frequentadores do Cavern ficaram indignados quando Ringo subiu ao palco com a banda pela primeira vez. "Queremos Pete!", recitaram eles, relutantes em abandonar seu favorito. "Pete sempre. Ringo nunca!"

Com a chegada de Ringo, os Beatles estavam completos: quatro rapazes animados e semelhantes, com seus *mop-tops*, e que agiam como se fossem um só — o "monstro de quatro cabeças", como Mick Jagger os descreveu —, embora não fossem iguais. John, Paul e George estavam juntos havia quatro anos e tinham uma história da qual Ringo não fizera parte. Segundo ele, entrar para a banda foi "como entrar em uma turma nova do colégio, na qual todo mundo se conhecia, menos eu." Ringo era suficientemente bom, mas não tinha o talento para desafiar John e Paul criativamente. Ele sempre foi o Beatle menos importante. Atrás dele na hierarquia por tempo de serviço estava George, que nunca foi capaz de superar o fato de ser nove meses mais novo e de, no colégio, estar um ano atrás de Paul, que o tratava "como se George trabalhasse para ele", nas palavras de Tony Barrow, o escritor de encartes da Decca que trabalharia brevemente como relações-públicas dos garotos. John era o chefe, pois os Quarry Men tinham sido sua banda. Barrow comenta mais:

> E junto veio esse cara, McCartney, que conseguia tocar algumas notas e por isso estava no grupo, mas ele só estava lá como membro da banda e isso significava que, desde o começo, se ele quisesse obter o mesmo status, ou melhor, a liderança dos Beatles, teria que trabalhar muito. E foi o que ele fez, desde o começo, e a maioria das vezes eu acho que John nem notou — pelo menos inicialmente — o quanto Paul era controlador dentro do grupo.

Paul quase passou por cima de John assim que eles começaram a carreira na gravadora. Na primeira metade dos anos 1960, a maioria dos grupos pop era composta por um vocalista e sua banda de apoio: Buddy Holly and the Crickets, Cliff Richards and the Shadows e, em um nível muito mais baixo, Rory Storm and the Hurricanes. Enquanto se preparava para gravar com sua nova banda, George Martin pensou em lançar um disco de "Paul McCartney e os Beatles". Também havia um argumento a favor de "John Lennon e os Beatles". Era difícil decidir. "George e eu estávamos andando pela Oxford Street um dia tentando escolher se o nome principal deveria ser Paul, o mais bonito, ou John, que tinha mais personalidade", contou Ron Richards, assistente de Martin, ao escritor Mark Lewisohn. Como Martin não conseguiu decidir, a questão perdeu a força. Excepcionalmente, os Beatles teriam dois vocalistas principais.

George Martin se reuniu com os garotos na Abbey Road em 4 de setembro de 1962, quando a banda foi gravar seu primeiro single. Bem-vestidos, de terno e gravata — um fotógrafo da imprensa estava presente —, eles ensaiaram durante o dia, pararam para o jantar e gravaram à noite. Ansioso por um sucesso e ainda sem acreditar no material próprio dos Beatles, Martin deu à banda uma faixa incrivelmente grudenta chamada "How Do You Do It?", escrita pelo compositor profissional Mitch Murray. Os garotos gravaram sem entusiasmo, John e Paul deixaram claro que preferiam gravar as próprias músicas em vez do trabalho de um compositor qualquer. O melhor que eles tinham a oferecer era "Love Me Do", canção lenta e meio blues escrita quando John e Paul eram garotos e que já haviam tocado no primeiro encontro com Martin. Eles a tocaram novamente, com resultados pouco satisfatórios. Martin ainda detectava uma fraqueza na parte rítmica.

Quando a banda voltou ao estúdio seis dias depois para fazer outra tentativa com "Love Me Do", Ritchie ficou abismado ao descobrir que Martin contratara um baterista de estúdio profissional, o escocês Andy White para seu lugar. White descreve o momento constrangedor em que foi visto por Ringo no estúdio. "Quando ele chegou, eu estava preparando minha bateria. Ele obviamente pensou 'Essa não! Agora está acontecendo comigo!'" Suspeitando de que teria o mesmo destino de Pete Best, Ringo subiu as escadas para a sala de controle e se sentou com George Martin, sem demonstrar qualquer emoção, enquanto John e Paul ensinavam suas músicas a Andy. "Eles não tinham nada em partitura, então tudo foi de boca e na base da tentativa e erro", disse o escocês, que achou revigorante tocar músicas originais com os próprios compositores. Então gravaram "Love Me Do". O humor do Ringo melhorou levemente quando Martin deixou que ele tocasse um pandeiro acompanhando o primeiro single dos Beatles. Ritchie não foi demitido da banda, mas nunca perdoou totalmente George Martin por substituí-lo por Andy White naquela primeira sessão.

Mesmo sem ser tão fúnebre quanto antes, "Love Me Do" ainda era uma canção bastante pesada, e sua letra era infantilmente simples, embora o uso dos pronomes pessoais feito por John e Paul — "Love *me* do/*you* know I love you..." fosse eficaz, parecendo que eles cantavam diretamente para a ouvinte. Eles usaram o mesmo truque na mais lenta "PS I Love You", cuja letra tomou a forma de uma carta de amor como as que Paul escrevia para Dot quando estava em Hamburgo. De fato, ela disse que McCartney fez a música antes de terminarem o namoro. Martin gostou o suficiente de "PS I Love You" para usá-la como lado B do primeiro single.

Quando *Love Me Do* foi lançado, em 5 de outubro de 1962, serpenteou pelas paradas antes de chegar ao número 17, pouco antes do Natal. Embora isso não fosse nada mau para um single de estreia, estava longe de ser um sucesso incrível, possivelmente porque a EMI pouco fez para promover o disco. Havia ressentimento na empresa pelo fato de Brian Epstein ter entrado com sua banda pela porta dos fundos após ter sido informado de que os Beatles não eram desejados pela HMV ou pela Columbia. Tony Barrow explica:

> Acho que isso foi parte do motivo pelo qual a EMI fez tão pouco em termos de promover o primeiro single. Ele recebeu a última classificação para fins promocionais, isto é, iria conseguir o menor número de execuções na rádio Luxemburgo, e por aí vai. Não era um lançamento importante do ponto de vista da EMI.

Barrow tinha começado a trabalhar como relações públicas para a nova empresa de Epstein, a NEMS Enterprises, batizada de modo a indicar que era uma ramificação dos negócios da família. Clive Epstein, irmão de Brian, era o diretor. Um dos primeiros trabalhos de Tony foi produzir um perfil de Paul e dos outros Beatles para a imprensa. Para isso, ele falou com a secretária do fã-clube, Frieda Kelly, que lidava com uma quantidade cada vez maior de cartas para os rapazes. As garotas costumavam fazer as mesmas perguntas: "Qual a cor do cabelo deles? Qual o tamanho de sapato que eles calçam?", lembra Frieda, além, é claro, de "Que tipo de garota eles gostam?". Para economizar tempo, ela fez um resumo da vida de cada integrante, dando informações básicas. No item "instrumentos que toca", Paul listou: "Baixo, guitarra, bateria, piano, banjo" e colocou "garotas, escrever canções [e] dormir" como seus hobbies, nessa ordem.

Nesse resumo de sua vida, Paul não especificou o tipo de garota de que gostava, embora admitisse ter um ponto fraco pelas atrizes francesas Brigitte Bardot e Juliette Gréco. Na vida real, ele estava namorando a irmã de Rory Storm, Iris Caldwell, que lhe chamou a atenção dançando no Operation Big Beat, um show coletivo realizado no Tower Ballroom em New Brighton. A mãe de Iris era outra matriarca de Liverpool que apoiava e fazia as vontades dos filhos e abria as portas de casa para seus amigos. Todo mundo era bem-vindo na 54 Broad Green Road, que Vi Caldwell rebatizou como Stormsville em homenagem ao filho roqueiro Rory. "Éramos os únicos da rua na indústria do entretenimento, então, éramos aquela família esquisita", conta Iris. Os Beatles eram frequentadores assíduos de Stormsville, e George Harrison foi o primeiro a namorar Iris. "Acho que foi com George meu primeiro beijo, quando eu tinha uns 14 anos." Esse namoro inocente terminou por volta de 1959, embora George ainda tivesse uma queda por Iris quando ela começou a trabalhar como dançarina profissional de cancã, jogando as longas pernas para o alto em um show de variedades. Ela estava com 17 anos quando Paul viu uma de suas apresentações no Tower Ballroom em New Brighton. "Foi quando ele escreveu "She was just seventeen/You know what I mean"*.

O caso foi tempestuoso. "Eu estava loucamente apaixonada por Paul enquanto saía com ele, mas depois a gente se apaixona por outra pessoa." Paul era um namorado chato e controlador, como geralmente são os jovens com esse histórico familiar. Ele esperava que a namorada se comportasse e se vestisse para agradá-lo — "com saias retas

---

* A segunda parte desse verso é creditada a John Lennon. (*N. do A.*)

abaixo do joelho e o cabelo penteado em um coque" — e era ciumento e imaturo, especialmente se fosse encorajado por John Lennon. Uma noite, quando Paul, Iris, John e Cynthia saíram em um encontro duplo, os garotos fingiram brigar no restaurante para que fossem expulsos e não precisassem pagar a conta, e depois repetiram o truque em outro restaurante. "[Paul] estava sempre brincando, fingindo que era o Corcunda de Notre Dame e fazendo loucuras", suspira Iris. Em outra época, logo depois de Paul ter comprado seu primeiro carro, um Ford Classic verde, eles dirigiram pelo Mersey Tunnel até o Cube Coffee Bar em Birkenhead, onde tiveram uma desavença: "Peguei uma vasilha de açúcar, uma vasilha grande e quadrada — por se tratar do Cube Coffee Bar, tudo era quadrado por lá — e esvaziei na cabeça dele." Em seguida, Iris atravessou o Mersey Tunnel correndo "com ele dirigindo logo atrás, tentando me alcançar..."

Decidindo que estava tudo acabado com McCartney, a moça ligou para George Harrison. "Não vou mais sair com Paul", contou.

"Ah, ótimo!", exclamou George, vendo uma oportunidade de obter vantagem sobre o parceiro pelo menos uma vez. "Posso sair com você amanhã à noite?"

"Claro que pode!"

Enquanto Iris se arrumava para o encontro, Paul apareceu com ingressos para o show dos King Brothers. "Ele disse: 'Bom, paguei pelos ingressos. Seria um desperdício idiota de dinheiro, então é melhor a gente ir.' E eu pensando: 'O que eu faço? George vai estar aqui a qualquer momento.'" Na mesma hora, a esperta Sra. Caldwell pegou o telefone e discou para George. "Alô, é você, Margaret?", disse ela, quando George Harrison atendeu o telefone, fingindo falar com uma amiga da filha. "Ah, escute, Margaret. O namorado da Iris chegou e ela vai sair com ele hoje." O rapaz perguntou à Sra. Caldwell do que ela estava falando, dizendo que ela falava com *George*, não *Margaret.* ("Ele era meio lento, você sabe", observa Iris. "Que Deus o ajude."). Então Paul saiu com Iris. A noite terminou mais uma vez em constrangimento quando ela chamou a atenção de um dos King Brothers que voltou para Stormsville com o casal. Os rivais trocaram olhares de ódio mútuo até que a moça foi para cama e deixou a mãe lidar com seus Romeus. Paul se dava bem com a Sra. Caldwell, como normalmente acontecia com as mães de seus amigos. "Ele costumava chegar do Cavern totalmente acabado. Então, sentava-se em minha cadeira, colocava os pés no pufe, dobrava as pernas das calças e minha mãe penteava os pelos das pernas de Paul, porque ele gostava."

Outra amiga dos rapazes era Priscilla White, funcionária do guarda-volumes do Cavern, que assinou com a NEMS como a cantora Cilla Black, artista que só perdia para os Beatles na afeição de Brian. A jovem Cilla saía com Paul e os outros integrantes da banda e era amiga dos Caldwell em Stormsville, onde uma noite eles fizeram uma sessão espírita, em que Iris, Paul, Cilla e George Harrison colocaram as mãos sobre um copo em uma tábua Ouija na sala de estar com as luzes apagadas. "Tem alguém aí?", perguntou Iris com voz trêmula. O copo começou a se mover na direção de Paul. Por um sistema de perguntas e respostas com batidas na mesa foi estabelecido que a falecida mãe dele descera do mundo dos espíritos para falar com o filho. Paul ficou agitado. "Ele ficava fazendo um monte de perguntas: 'É você, mãe. Onde você está?'" Depois George começou a rir, pois ele estava empurrando o copo e batendo na mesa. Paul quase esganou o amigo.

Garota animada que era, Iris também namorava outro jovem — o cantor australiano Frank Ifield, que conhecera quando eles trabalharam na peça *Dick Whittington* em Stockton-on-Tees. Frank estourou no verão de 1962, quando conquistou o primeiro lugar das paradas com "I Remember You", que também chegou às dez mais tocadas nos EUA e era uma música apresentada por Paul no show dos Beatles. Ansioso para conquistar uma exposição maior para o grupo e querendo capitalizar em cima do lançamento de *Love Me Do*, Brian conseguiu que os garotos tocassem como banda de apoio para Frank em Peterborough em 2 de dezembro de 1962. Frank fez o que Iris chamou de "um verdadeiro show," na tradição de variedades. Ela e Frank se consideravam integrantes do verdadeiro show business, ao contrário de Paul e George, que estavam apenas em um grupo *beat*. "Lembro-me deles me olhando enquanto eu me maquiava. Acho que nunca tinham visto alguém se maquiando", relembra Ifield sobre seu encontro com os Beatles nos bastidores em Peterborough. John, Paul, George e Ringo seguiram o exemplo dele, mas exageraram na maquiagem. "Eles estavam um pouco vermelhos — eram os Beatles em versão carmim, como aquele corante cochonilha." Eles também estavam tocando alto demais. Houve vaias e reclamações com a gerência, que mandou os Beatles "abaixarem o volume!".

Iris continuou a namorar Frank quando suas agendas permitiam e também via Paul quando ele estava em Liverpool. Os dois namorados tinham estilos diferentes. Quando saía com Frank, ela usava cabelo solto e um belo vestido. Eles iam a restaurantes, Frank puxava a cadeira para ela e pedia o vinho Mateus Rosé, "que eu achava muito sofisticado". Com Paul, era um drinque no pub e depois direto para o sexo. Cada rapaz tinha seus atrativos, por isso ela foi levando os dois. Uma noite o Beatle surpreendeu Iris dizendo ter ingressos para o show de Frank no Liverpool Empire. Ela foi ao show com Paul, morrendo de medo de ser vista por Frank, mas esperando que eles fossem sentar nos lugares mais baratos, pois Paul era cuidadoso com seu dinheiro. Ele a surpreendeu com a escolha bem na frente do palco. Mesmo assim, ela acreditou que o outro não a reconheceria, pois a visão dele não era das melhores, e ela estava de coque. Como relembra Iris, Frank acabou reconhecendo-a, *sim*, e também a Paul. "Eu estava sentada lá de mãos dadas com Paul, bem tranquila, e Frank fez o show inteiro. Estava tudo maravilhoso, ele nem olhou em minha direção, e pensei: 'Ótimo!'" No fim da noite Frank disse que gostaria de cantar mais uma música. De acordo com o relato da moça, naquele momento o cantor apoiou o pé direito nas luzes do palco e apontou para Paul. "Ela se chama 'He'll Have to Go'*."
Enquanto Frank cantava, o inglês se contorcia na cadeira e xingava aquele australiano safado e insolente.

O ESTOURO

Enquanto a comédia romântica de Paul com Iris se desenrolava, os Beatles estavam cada vez mais ocupados apresentando-se em dois, às vezes até em três shows por dia, geralmente começando na hora do almoço no Cavern, do qual eles já estavam praticamente se livrando, e tocando à noite em teatros, locais grandes como o Tower Ballroom e o Liverpool Empire. Em novembro, os Beatles e Little

* Do inglês, Ele terá que ir embora. *(N. do T.)*

Richard foram a Hamburgo tocar por duas semanas no Star-Club. Depois, era voltar a Londres para gravar com George Martin, agora trabalhando em um lugar que seria fundamental para a vida musical de Paul: o Estúdio Dois na EMI — um salão grande, semelhante a um loft, com chão de parquete, paredes cor de creme e uma escada íngreme que levava à sala de controle. Nela havia um corrimão onde McCartney deslizava quando queria comemorar. George Martin olhava seus artistas do alto da sala de controle envidraçada como Deus.

Depois do modesto sucesso de "Love Me Do" e da arrogante rejeição dos Beatles a "How Do You Do It?", Martin estava ansioso para ver se a banda conseguiria emplacar um sucesso. Ele tinha certeza de que "How Do You Do It?" teria chegado ao primeiro lugar, como realmente chegou para os conterrâneos de Merseyside Gerry and the Pacemakers, que Brian levou para a NEMS Enterprises como o segundo do que virou um estável conjunto de bandas locais. Os Beatles não demonstravam o menor arrependimento. "John disse que [a música] era uma merda", conta o cantor Gerry Marsden. "Provamos [que não era] e agradeço a John todas as noites no palco por me dar meu primeiro número 1 nas paradas, porque se eles tivessem gravado e lançado, nós não teríamos conseguido fazer isso." Aceitando o fato de que os Beatles realmente não queriam cantar essa música, Martin então perguntou de modo firme o que eles tinham de melhor, ao que eles sugeriram "Please Please Me", na qual John e Paul estavam trabalhando havia algum tempo. Iris Caldwell dá sua opinião sobre a faixa:

> [Paul] cantou essa música na casa e perguntou. "O que você acha?" Eu disse: "Nunca ouvi tanta besteira." *Last night I said these words to my girl, why don't you ever try girl, come on, come on, come on , come on, please please...* "Acho horrível!"

Depois de gravada, "Please Please Me" ficou melhor que "Love Me Do", com a guitarra de abertura criando um som grande e otimista, enquanto a letra era abertamente sexual, de um jeito que apenas os adolescentes poderiam se identificar: tentar fazer com que sua garota fizesse o que vocês dois queriam, mas tinham medo. Em uma época antes de a pílula anticoncepcional ser algo comum, havia o risco de engravidar, como aconteceu com Dot e agora acontecia com Cynthia. Ao contrário de Paul, John havia levado o relacionamento adiante e se casado com a namorada grávida, embora o tivesse feito em segredo. Os Lennon esperavam seu primeiro filho para abril.

Ao final de 18 gravações de "Please Please Me", George Martin pronunciou de sua imponente sala de controle que os garotos haviam gravado seu primeiro número 1 das paradas. Antes que pudessem descobrir se aquela declaração confiante estava correta, os Beatles voltaram a Hamburgo para tocar um último período no Star-Club, local que fora o ápice de sua carreira tão pouco tempo antes, mas que, como o Cavern, eles já haviam deixado de lado em busca de algo melhor. Era dezembro e os garotos compartilharam a ceia de Natal com amigos do clube e membros do Kingsize Taylor and the Dominoes. Paul comprou um par de luvas de couro que levaria para Iris e, na última noite deles na cidade, persuadiu Ruth Lallemann, a antiga namorada alemã, a ir ao aeroporto se despedir. "Ele disse: 'Por favor, leve-me ao aeroporto. Acho que é minha última vez aqui, porque vamos fazer muito sucesso.'" Ruth só veria Paul novamente em Londres quando ele já era um superastro. De repente, depois de um período no qual os Beatles pareciam se mover em câmera lenta, tudo aconteceu muito rapidamente.

De volta para casa, eles descobriram que praticamente não tinham mais tempo livre, pois corriam de clubes para teatros e de lá para o estúdio de gravação, geralmente viajando longas distâncias para cumprir compromissos de menor importância. Por exemplo, depois de um dia caótico promovendo "Please Please Me" em Londres, na quinta-feira 22 de janeiro de 1963, e gravando três programas de rádio diferentes na BBC, a banda foi levada de volta a Liverpool de carro para aparecer no Cavern. Eles tinham um novo motorista atrás do volante do furgão, um musculoso ex-trabalhador dos correios chamado Mal Evans que se juntara aos Beatles como *roadie* e era subordinado a Neil Aspinall, que assumia cada vez mais o papel de empresário de turnês. Rumando com dificuldade para Liverpool em um dia congelante e enevoado, uma pedra estilhaçou o para-brisa do furgão. Evans socou o vidro e seguiu adiante, com o vento gélido soprando com tudo em seu rosto, enquanto os garotos se espremiam no fundo do como um "sanduíche de Beatles", conforme descrito por Paul.

Com o lançamento de "Please Please Me", Paul se viu em uma rivalidade direta com Frank Ifield, cujos dois singles anteriores haviam chegado ao primeiro lugar das paradas, e que buscava a terceira vitória consecutiva com "The Wayward Wind". "Achei que eles estavam me perseguindo nas paradas. Eu pensava 'Ah, ótimo. Eu lhes dou uma chance em um show e agora eles estão me perseguindo na maldita parada!'", relembra o astro australiano. "Imaginei que eles fossem me chutar do primeiro lugar, mas não conseguiram." O single dos Beatles empacou no segundo lugar,* e Paul foi duplamente derrotado quando Iris enfim o largou para ficar com Frank. Surpreendentemente, considerado seu bem documentado amor pelos animais no futuro, o rompimento foi motivado pela crueldade feita a um cachorro.

Uma noite em março de 1963, pouco antes do aniversário de Iris, Paul e Ringo dirigiram de Londres até Stormsville. "Eles chegaram bem tarde a nossa casa. Meu irmão e eu abrimos a porta e dissemos: 'Entrem, a chaleira está no fogo', e eles falaram 'Ah, estamos famintos. Estamos tão cansados. Estávamos gravando!'" Ringo comentou que pouco antes de chegarem à casa dos Caldwell, ele e Paul acidentalmente haviam atropelado um cachorro. Os Caldwell eram grandes amantes dos animais e tinham um cachorro de estimação chamado Toby, de quem McCartney nunca gostou. "Toby queria ser acariciado o tempo todo e ele costumava dizer 'Ah, ele tem pulgas'", conta Iris. "Ele não gostava de cachorros." Preocupado com a afirmação de Ringo, Rory e Iris perguntaram se o cachorro que eles atingiram estava bem. Ringo comentou apenas que eles estavam muito cansados para parar e descobrir.

"Saiam daqui! Nunca mais quero falar com vocês!" Iris ficou furiosa com os rapazes e chocada com tanta falta de sentimentos. Depois cogitou que talvez Ringo tivesse inventado a história para irritá-la. Mesmo assim, foi o bastante para fazê-la terminar com Paul, que correu atrás dela por um tempo, ligando, visitando-a em casa e tentando vê-la quando trabalhava na temporada de verão no Great Yarmouth, mas ela o evitava. "Ele ficava dizendo para minha mãe: 'Por que ela não quer me ver?' E minha mãe dizia: 'Porque você não tem coração, Paul.'"

---

* A parada de sucessos do Reino Unido se baseia na lista do jornal *Record Retailer*, usada, por sua vez, no *Guinness Book of British Hit Singles*. "Please Please Me" chegou ao primeiro lugar em outras paradas do Reino Unido em 1963, mas os Beatles não a reconhecem como número 1, vide sua omissão no álbum *1* dos Beatles. *(N. do A.)*

5

A MANIA

O PRIMEIRO ÁLBUM

Buscando capitalizar em cima do sucesso de "Please Please Me", George Martin chamou os Beatles de volta à EMI e pediu que apresentassem para ele o show que faziam no palco, criando assim em um único e incrível dia, segunda-feira 11 de fevereiro de 1963, um álbum completo. Os Beatles gravaram dez músicas em um dia, às quais a EMI depois acrescentou os quatro discos previamente gravados como singles, criando um LP de 14 faixas. Ele abriu com John e Paul cantando em alegre harmonia "I Saw Her Standing There", uma das oito composições originais de Lennon-McCartney existentes no álbum, e terminou com John sozinho — a voz já em frangalhos — gritando "Twist and Shout".

Esse disco, o álbum de estreia dos Beatles, estabeleceu a convenção pela qual John e Paul escreveriam e cantariam a maioria das canções, com pelo menos dois vocais principais reservados a George e Ringo. Como ainda não era um compositor de direito, George recebeu "Do You Want To Know a Secret" para cantar no primeiro LP, enquanto Ritchie se esgoelava na música de Dixon-Farrell "Boys", como fizera com Rory Storm and the Hurricanes. A voz de Ringo era limitada, mas uma canção dele fazia parte do que se tornou uma receita de sucesso. O som dos Beatles no palco em 1963 era próximo a como eles teriam soado no Cavern: quatro jovens se divertindo muito, conforme enfatizado pela foto de capa do álbum, que mostrava os garotos sorrindo nas escadas da sede da EMI em Manchester Square. Chamado *Please Please Me* para atrair os fãs que compraram o single, o LP chegou ao primeiro lugar em maio de 1963 e manteve-se no topo por vários meses até ser tirado de lá pelo segundo LP da banda. Era sensacional.

Uma leitura cuidadosa do encarte de *Please Please Me* revela que as canções originais do LP são creditadas a "McCartney/Lennon" (sic) e publicadas pela Northern Songs Ltd, detalhes que causariam mais ansiedade em Paul do que qualquer outro fato em sua carreira. As primeiras duas músicas lançadas pelos Beatles, "Love Me Do" e "PS I Love You", lados A e B do single de estreia, foram publicados pela Ardmore & Beechwood, a firma na qual Brian Epstein esbarrou quando tentava vender os discos da banda em Londres. Brian ficou decepcionado com a forma pela qual a Ardmore & Beechwood promoveu as músicas, então quando "Please Please Me" estava pronta, ele pediu que George Martin recomendasse uma nova editora. Martin o encaminhou para outro amigo no pequeno mundo dos negócios musicais britânicos, Dick James.

George Martin e Dick James haviam emplacado um sucesso juntos em 1956, quando a Parlophone lançou uma gravação de James cantando o tema da série de TV *Robin Hood*. Na meia-idade, Dick passou a trabalhar como pianista em lojas de música e como editor musical; nos últimos tempos atuava em um escritório situado na Charing Cross Road, perto do cruzamento da Denmark Street, onde a indústria da música fervilhava. Foi Dick quem trouxe a música do Tin Pan Alley, "How Do You Do It", para George Martin, e George garantiu a Brian Epstein que seu amigo era honesto e estava louco para fazer sucesso. Como Brian, Dick era judeu, o que ajudou os dois a criar um vínculo. O editor musical também sabia como encantar o jovem. Avisado de antemão que Epstein não estava satisfeito com a promoção que a Ardmore & Beechwood dera a "Love Me Do", ele ligou para um contato da rede BBC enquanto Brian estava em seu escritório e conseguiu lugar para os Beatles no programa de TV *Thank Your Lucky Stars*. Brian ficou tão impressionado que ofereceu a Dick os direitos das novas músicas de John e Paul. Assim, "Please Please Me" e seu lado B, "Ask Me Why", foram devidamente editadas pela Dick James Music e uma nova empresa foi criada para gerenciar as composições subsequentes de John e Paul.

Os garotos queriam uma empresa. "Nós perguntamos: 'Podemos ter nossa própria empresa?'", relembra Paul. "Eles disseram: 'Sim.'" Então foi criada a Northern Songs, batizada em homenagem ao fato de seus compositores serem do norte da Inglaterra. Contudo, a empresa não era totalmente de Paul e John. Dick e seu sócio, Charles Silver, eram donos de metade da Northern Songs. Os compositores receberam vinte por cento cada um, e Brian, os dez por cento restantes. Mais adiante, a Northern Songs seria dirigida pela Dick James Music, com a editora levando uma comissão de dez por cento, o que significava que James ganhava mais dinheiro editando as canções do que os próprios compositores. Sob os termos do acordo, todas as canções que John e Paul escrevessem pelos três anos seguintes iriam para a Northern Songs, com opção de se estender o acordo por mais três anos. Brian não tinha experiência bastante para saber se isso era bom ou ruim, afinal ele era apenas um gerente de loja de discos. Ele aceitou o conselho de George Martin de que o acordo era razoável, e não era injusto para a época. Sendo assim, em uma manhã de fevereiro em Liverpool, antes de correr para um show em Manchester, John e Paul assinaram um contrato passando parte de suas canções para a empresa de Dick. Paul veio a se arrepender profundamente por não ter procurado um conselho jurídico independente antes de fazer isso, pois estava concordando com muito mais do que percebeu na época. "Nós apenas assinamos aquilo, sem saber muito bem o que era", lamenta ele agora, "e eu ainda estou basicamente sob esse contrato. É draconiano!"

O outro eterno fantasma de Paul são os créditos das canções, cuja forma também foi estabelecida nesse estágio inicial da história dos Beatles. Na tradição das grandes duplas de compositores do passado — de Gilbert e Sullivan a Leiber e Stoller — John e Paul uniram seus sobrenomes quando viraram autores publicados, batizando-se como "McCartney e Lennon" em "Please Please Me". Isso agradava Paul, mas seus parceiros de negócios não consideravam McCartney e Lennon um bom nome. "Vocês serão Lennon e McCartney", disseram-lhe.

"Por que não McCartney e Lennon?"

"Soa melhor assim."

"Não para mim." Mas ele acabou concordando com a mudança, implementada no terceiro single dos Beatles, *From Me to You*, que chegou ao topo das paradas em maio de 1963, e mantida em todas as canções posteriormente publicadas no nome deles. Isso acabou irritando Paul quando as músicas dos Beatles que ele havia composto totalmente sozinho, especialmente "Yesterday", eram creditadas a Lennon e McCartney e ele não poderia fazer nada.

Na época, porém, havia apenas a alegria pura e inocente de criar música e vê-la fazer sucesso. Em uma das cada vez mais raras manhãs passadas em sua casa de Liverpool, na primavera de 1963, Paul acordou em sua cama na 20 Forthlin Road para ouvir o leiteiro chegar pelo caminho do jardim assobiando uma melodia familiar: "From Me to You". Foi naquele momento que Paul sentiu que havia conseguido. E agora encontrara a garota de seus sonhos.

JANE ASHER

Ela era uma jovem linda, tão bonita quanto Paul vira nos jornais, pois Jane Asher era igualmente ou até mais famosa que Paul McCartney no início de 1963. Atriz de teatro e cinema desde os 5 anos, ela estreara havia pouco tempo como jurada regular em um programa de música pop na TV, chamado *Juke Box Jury*. Nessa noite, quinta-feira 18 de abril de 1963, Asher, a duas semanas de seu aniversário de 17 anos, estava ajudando a analisar um show pop no Royal Albert Hall para a revista da BBC, a *Radio Times*.

O show em questão era a primeira apresentação dos Beatles em uma das salas de espetáculos mais famosa da Inglaterra: um teatro colossal e ovalado construído na década de 1860 para comemorar o nascimento do príncipe consorte, príncipe Albert; um local onde Paul voltaria muitas vezes para se apresentar e ver apresentações alheias. Os Beatles faziam parte de uma sequência de shows, entre eles o do conterrâneo de Liverpool Gerry and the Pacemakers e o do cantor Shane Fenton (atual namorado de Iris Caldwell, ex de Paul e com quem ela se casaria) para um programa chamado *Swinging Sound '63*, que seria transmitido parcialmente pela rádio BBC. "Barulhento" foi o veredito nada entusiasmado de Jane Asher sobre os shows, até que os Beatles entraram no palco, gerando o comentário: "Por esses eu poderia gritar," e ela realmente o fez para o fotógrafo da *Radio Times*, mostrando-se bem-humorada. Quando os rapazes conheceram Jane nos bastidores, se aglomeraram ao redor daquela bela celebridade, brincando, flertando e perguntando — como geralmente faziam com suas fãs (mesmo que Lennon já fosse casado e tivesse um filho, Julian, nascido no mês anterior, fato que Brian escondia da imprensa) — se ela se casaria com eles. Embora fosse bonita, Jane parecia diferente do que Paul imaginara. Ainda que a tivesse visto inúmeras vezes na televisão e nos jornais, eles eram meios de comunicação monocromáticos em 1963, o que o fez imaginar Jane como loura. Na verdade, a Srta. Asher era uma ruiva espetacular.

Depois do show os Beatles, Shane Fenton e Jane foram ao apartamento do jornalista Chris Hutchins em Chelsea, onde os garotos tomaram anfetaminas e beberam todo o vinho que havia. "John, que normalmente já era irascível, estava com humor agressivo sem a quantidade necessária de álcool para amenizar os efeitos das anfetaminas", revela Hutchins em sua biografia *Mr. Confidential.* Nesse estado de espírito, Lennon pediu a Jane que dissesse a ele e a seus amigos como se masturbava. "Vá em frente, querida. Diga como as garotas brincam consigo mesmas. Sabemos o que nós fazemos, conte o que vocês fazem." Outros comentários sexuais grosseiros e embaraçosos se seguiram. Paul resgatou Jane de seu amigo mal-educado, levando-a para o quarto, onde eles falaram de assuntos menos provocantes, como seus pratos favoritos. A moça era uma excelente cozinheira, assim como a mãe. "Você parece ser uma boa garota", concluiu Paul ao perceber que uma pessoa a quem ele considerava como "uma gata selvagem de Londres" era de boa família, alguém que sua mãe aprovaria. Assim começou o romance mais significativo da jovem vida de Paul até então.

A nova namorada de Paul era quase quatro anos mais nova que ele, tendo nascido em 1946, filha de Margaret e Richard Asher. A Sra. Asher, de quem Jane puxara o cabelo ruivo, integrava a aristocrática família Eliot, cuja residência familiar, Port Eliot, era uma majestosa casa em St. Germans, Cornualha. O Conde de St. Germans era seu tio, e o poeta T.S. Eliot, um primo norte-americano distante. Margaret Asher era musicista profissional, uma oboísta que dera aulas a George Martin na Guildhall School of Music. (A vida de Paul é recheada de coincidências como essa, quase dickensianas). O pai de Jane era uma pessoa igualmente interessante: chefe do departamento psiquiátrico do Central Middlesex Hospital, especialista em doenças sangüíneas, autor publicado e psicanalista que tinha entre seus clientes o aventureiro árabe T.E. Lawrence. Como Lawrence, o Dr. Asher era excêntrico e depressivo. Logo após Paul e Jane ficarem juntos, o médico desapareceu por algum tempo, causando tanta consternação que a história chegou aos jornais. Ele acabou tirando a própria vida.

Jane era uma de três filhos, com a irmã mais nova, Claire, e um irmão mais velho, Peter: três ruivos elegantes, todos estimulados pelos pais a entrar na indústria do entretenimento desde cedo. A carreira de atriz de Jane era a mais famosa, mas Claire também havia conquistado fama como atriz no drama radiofônico *Mrs Dale's Diary*; enquanto Peter Asher aparecia no palco, nas telas e no rádio e acabara de formar uma dupla de canto com seu colega de escola Gordon Waller. Toda a família era musical: Jane tocava violão clássico, e Claire, violino. Os Asher geralmente se apresentavam *en famille* na casa da Wimpole Street, "a mais respeitável das ruas londrinas", como Virginia Woolf observa em *Flush – memórias de um cão*, seu livro sobre um romance literário passado algumas portas acima. Pois a 50 Wimpole Street era a antiga casa de Elizabeth Barrett Browning, famosa por ter fugido para se casar com o também poeta Robert Browning em 1846.

Os Asher moravam na 57 Wimpole Street, uma grande residência urbana do século XVIII, composta por uma sala de música no porão na qual a Sra. Asher dava aulas de música, uma sala de visitas cheia de livros no primeiro andar onde o Dr. Asher tinha um piano de cauda e, ao lado, seu consultório. Os quartos ficavam nos andares superiores. O dia inteiro, os Asher jovens e velhos corriam para cima e para baixo nas escadas e pelo piso xadrez da entrada, buscando seus interesses fora de casa. À noite, reuniam-se para conversar e comer uma das refeições de alta gastronomia da Sra. Asher, após a qual geralmente saíam de novo, indo ao teatro ou a concertos. Tudo ficava maravilhosamente perto, como o Wigmore Hall, por exemplo, onde Jane começou a levar Paul para ouvir música clássica, logo ali na esquina. Ela estava mais interessada em Beethoven do que nos Beatles quando o conheceu: tratava-se de uma garota culta cujo livro de cabeceira era um Honoré de Balzac.

Paul foi bem-recebido nessa família estimulante, parecida com sua de Liverpool, pois os Asher eram outro clã inteligente, animado e musical, mas, obviamente, de um nível social muito distante. A vida doméstica de Paul era a epítome da classe média baixa do norte, enquanto os Asher eram uma família de classe média alta de Londres, com ligações aristocráticas e interesses sofisticados. Sentado à mesa de jantar deles, Paul começou a receber a educação que teria tido na faculdade se não houvesse rumado para a música pop. Era um mundo no qual ele se encaixava intelectualmente. Afinal, McCartney estudara em um dos melhores liceus da Inglaterra. Sua mãe ficaria orgulhosa de ver o filho bem-recebido nessa elegante casa de Londres, embora notasse que ele começava a soar diferente. Paul jamais tivera um forte sotaque *scouse*, pelo menos não como George Harrison, e nunca perderia totalmente a entonação nasal de Liverpool, mas seu modo de falar tornou-se mais refinado no convívio com os Asher, diminuindo a frequencia de gírias adolescentes como "*soft*" (idiota) e "*gear*" (ótimo) em suas conversas. Alguns viam um elemento de alpinismo social na relação dele com os Asher. "Ele achava importante estar no centro das coisas", diz o relações-públicas dos Beatles, Tony Barrow. "E Jane Asher veio de lá, sendo não só a namorada, mas alguém que poderia fazê-lo subir alguns degraus na escada social... Ele achava que ela lhe seria útil e o ajudaria a progredir em sua marcha pela sociedade londrina... Não havia mais nada a se conquistar no caminho da sociedade de Liverpool."

No fundo, contudo, Liverpool sempre seria seu lar, e quando fez 21 anos, em junho de 1963, Paul comemorou a maioridade em Merseyside. Quatro dias antes do aniversário, voltando de um show dos Beatles em New Brighton, ele foi parado pela polícia por andar em alta velocidade. Foi multado e proibido de dirigir por 12 meses, no que era a terceira condenação por excesso de velocidade naquele ano para o apressado jovem. Na manhã de seu aniversário, terça-feira, 18 de junho, os Epstein ofereceram um coquetel a Paul e Jane — de repente muito unidos — em sua casa na Queens Drive, seguido por uma festa maior e mais animada, à noite, na casa da tia Ginny em Huyton. A festa seria ali para evitar os fãs, que começavam a ir à Forthlin Road, e também porque Ginny e Harry tinham um jardim grande o bastante para receber um toldo. Os vários parentes foram convidados, assim como seus colegas Beatles, os funcionários da NEMS e outros músicos, incluindo várias bandas *beat* de Mersey e o novo grupo de seu irmão Mike McCartney, o Scaffold.

Após deixar a escola, o desajeitado irmão de Paul, Mike, começara a trabalhar como cabeleireiro feminino em Liverpool, e depois formou com os colegas John Gorman e Roger McGough uma trupe de comédia estilo *Beyond the Fringe*, os Scaffold. Esse trio conseguiu um contrato para a TV em 1963, na mesma época em que os Beatles ascendiam para a fama. Quando Mike, agora um jovem alto e dentuço de 19 anos, entrou para a indústria do entretenimento, assumiu o nome artístico Mike McGear, uma brincadeira com o termo popular entre os adolescentes "*gear*" (legal). Enquanto ele era Mike McGear, Paul mostrava-se tranquilo quanto às aspirações do irmão mais novo e o apoiava. Mas quando Mike deixava cair a máscara de McGear e se tornava um McCartney na vida pública, como às vezes fazia, amigos e colegas observaram uma certa tensão entre os irmãos, embora Paul nunca tenha falado sobre o assunto em público. "Acho que ele devia ficar irritado com isso de vez em quando, porque Mike era ocasionalmente McCartney em vez de McGear", especula Tony "Measles" Bramwell, que virou *roadie* dos Beatles em 1963. "Mike McGear era [uma coisa], mas Mike McCartney era seu irmão e não deveria estar [na indústria do entretenimento]."

Os Scaffold se apresentaram na festa de 21 anos de Paul. John Lennon, de péssimo humor, importunou o trio e depois deu um soco em outro convidado, o mestre de cerimônias do Cavern, Bob Wooler, que aparentemente o provocara por causa de uma viagem recente que ele fizera com Brian Epstein. Todo mundo sabia que Brian tinha uma queda por John, então houve alguma surpresa quando, no fim de abril de 1963, Lennon deixou Cynthia e o pequeno Julian em casa para ir a Torremolinos com Brian (enquanto Paul e George passavam alguns dias com Klaus Voormann na casa de férias dos pais dele em Tenerife). Quando ele voltou, os amigos falavam abafando os risos sobre a "lua de mel" de Brian e John, referindo-se ao fato de que ele ainda não conseguira dar uma lua de mel a Cynthia. Foi esse comentário jocoso que Wooler supostamente jogou na cara de John na festa. Em outra versão da história, Wooler, que era gay, teria se insinuado para o Beatle. "Bob Wooler gostava de John, passou uma cantada nele na festa de aniversário de 21 anos de McCartney, e o rapaz reagiu dando-lhe um soco no nariz", relata o advogado de Epstein, Rex Makin, que foi contratado para resolver o caso. Seja lá qual tenha sido o motivo, Lennon certamente atacou Wooler. Como se não bastasse, também assediou uma garota chamada Rose, agarrando seus seios. Rose deu-lhe um tapa. "Então, o maravilhoso defensor da Terra John Lennon dá meia-volta e acerta um soco no queixo dela. Pof! Lá se foi a moçá ao chão. E enquanto ela estava caída ele ia começar a chutá-la", relembra o músico de Merseyside Billy Hatton, que impediu que ele continuasse a agressão. Wooler procurou Makin, ameaçando processar o Beatle, e o advogado fez um acordo no qual o mestre de cerimônias recebeu 200 libras de indenização e um pedido de desculpas por escrito. O novo relações-públicas da banda recebeu o trabalho de gerenciar a história. "Foi um dos primeiros trabalhos de contenção de danos que fiz", diz Tony Barrow, que deu uma versão mais "limpa" da confusão a Don Short do *Daily Mirror*.

John era gay? Há um ponto de interrogação sobre sua sexualidade. Conforme mencionado, Pauline Sutcliffe havia sugerido que ele tivera um caso com o irmão dela, Stuart; enquanto um amigo de escola, Pete Shotton relatou que John teria falado sobre um contato sexual com Brian Epstein na Espanha. De acordo com Shotton, o Beatle contou que Brian lhe passara uma cantada durante a viagem. Sua resposta teria sido abaixar as calças e convidar seu empresário a "enfiar logo na porra do meu rabo, então". Brian teria dito que não era bem isso que ele tinha em mente, então John o teria masturbado. Isso só é relevante se levarmos em conta o crédito que Paul McCartney dá a tais histórias sobre seu melhor amigo e, no cômputo geral, ele rejeita insinuações de que Lennon fosse homossexual, até porque os dois passaram incontáveis noites juntos em hotéis na estrada. "E nunca houve qualquer sinal de que ele fosse gay." A única certeza é que nunca se questionou a sexualidade do próprio McCartney.

SHE LOVES YOU

John se comportou de modo grosseiro no aniversário de 21 anos de Paul, mas considerando a pressão sob a qual os Beatles estavam, não chega a surpreender que eles perdessem o controle de vez em quando. No dia seguinte, os garotos precisavam voltar a Londres para aparecer na BBC, e mal se passaria um dia durante vários meses sem que houvesse uma transmissão de rádio ou de televisão, uma aparição pessoal, uma sessão de gravação ou um show para a banda. Eles trabalhavam como burros de carga, refinando a imagem do grupo no processo. Paul foi fundamental nisso, bem como em várias mudanças pelas quais o conjunto passou. Pouco antes do Natal, os Beatles visitaram Dougie Millings, um alfaiate do Soho que vestia muitas celebridades e com quem McCartney trabalhou em novos ternos para os shows. "Meu pai e Paul começaram a desenhar e surgiu a ideia do terno sem colarinho ou lapela", comenta Gordon Millings. Essa foi uma modificação que baseou-se em um modelo de Pierre Cardin, um terno diferente com aplique nas bordas, punhos largos e botões de pérola. Usados por cima de camisa e gravata, os ternos eram muito leves, adequados para o trabalho de palco, e se tornaram uma parte importante do visual dos Beatles.

Alguns dos shows feitos pela banda durante sua rápida subida ao topo ganharam muita importância em retrospecto, como o do Plaza Ballroom em Old Hill, na sexta-feira, 5 de julho de 1963, juntamente com Denny and the Diplomats. O vocalista dessa banda, o genial nativo de Birmingham Denny Laine, ajudou Paul a formar os Wings na década de 1970. No início de agosto desse mesmo ano, os Beatles fizeram seu último show no Cavern, dois anos e meio após terem subido ao palco construído pelo tio de Paul, Harry, pela primeira vez. O número de fãs crescera consideravelmente, e agora moças e rapazes faziam filas na Mathew Street para entrar no clube e assistir às últimas apresentações do grupo.* "Ver pessoas como aquelas, com aquele cabelo, era como olhar para marcianos, algo de outro planeta", lembra o estudante e fã Willy Russel, que anos depois se tornaria um dramaturgo famoso e colega de Paul. "Você simplesmente sabia que o mundo havia mudado." Como sempre, as garotas foram mais afetadas pelos Beatles e, por isso, havia uma sensação de perda com o último show no clube. "A melhor época para mim foi mesmo antes de eles ficarem famosos", alega Frieda Kelly, a frequentadora do Cavern que virou funcionária da NEMS, de onde agora enviava pelo correio fotos autografadas dos garotos às fãs de todo o Reino Unido, ironicamente trabalhando para distanciá-los de fãs originais como ela. "Queríamos que eles estourassem, mas assim que ficaram famosos, sabíamos que iríamos perdê-los e perder o lado bom deles, o contato próximo."

---

* O último show no Cavern foi apenas para quem tinha ingressos. *(N. do A.)*

John e Paul compuseram o sucesso seguinte na estrada, inspirados por uma música de Bobby Rydell chamada "Forget Him". Paul conta os detalhes: "Eu havia planejado uma música de 'resposta' na qual dois de nós cantaríamos 'She loves you...' e os outros responderiam 'Yeah, Yeah.' Acabamos decidindo que era uma ideia ruim, mas pelo menos a ideia para uma música chamada 'She Loves You' surgiu assim." O single tinha a empolgação, a sinceridade e a temática sexual implícita que caracterizava os primeiros sucessos dos Beatles, e a letra falava de um jovem que conta ao amigo sobre uma garota que o ama. O refrão era banal "Yeah! Yeah! Yeah!", mas a harmonização de John e Paul era irresistível. De início, George Martin tinha dúvidas sobre a música terminar em uma sexta, um intervalo na harmonia que parecia um clichê musical a seus ouvidos experientes:

> Adorei, mas quando eles terminavam a frase em uma sexta, como fazem com as harmonias, parecia um pouco com Glenn Miller e eu disse [a mim mesmo]: "Eu me pergunto se eles estão fazendo a coisa certa." "Isso não é meio cafona, rapazes?" Eles me olharam como se eu estivesse maluco, e Paul disse: "É ótimo! É ótimo!" Eu continuei: "Já ouvi isso muitas vezes." Ele disse: "Nós nunca ouvimos nem ninguém da nossa idade!" Então eles mantiveram.

Paul estava certo. Lançada no fim de agosto, "She Loves You" foi diretamente para o topo das paradas.

Enquanto o quarto single subia nas paradas, os Beatles conseguiram outro breve período de descanso. Paul e Jane viajaram para a Grécia com Ritchie e sua namorada de Liverpool, Maureen Cox. Mais ou menos na mesma época, John enfim levou Cynthia para a lua de mel em Paris. Fotografias das férias na Grécia mostram os quatro comportando-se como qualquer casal faria em outro país, rindo, tomando sol, e trocando carícias no banco de trás do ônibus de turismo usando chapéus gregos engraçados. Com Jane, uma viagem à Grécia tinha que envolver cultura, então, depois de visitar a Acrópole em Atenas, eles foram ao Partenon. "Eu me lembro de andar pelo Partenon três vezes — acho que foi para agradar Jane —, e foi realmente cansativo", resmungou Ringo.

Quando voltaram ao Reino Unido, os Beatles mudaram-se de vez para Londres, com os integrantes inicialmente dividindo um apartamento na Green Street, Mayfair,* de onde se poderia ir a pé aos clubes noturnos, restaurantes e pubs do Soho e do West End. A casa de Jane Asher na Wimpole Street e os estúdios da EMI ficavam a uma curta viagem de táxi. Paul logo se familiarizou com o centro de Londres, geralmente caminhando e usando ônibus e o metrô. Mesmo evitando lugares onde poderia encontrar fãs, ele descobriu que era possível andar sem limusines ou guarda-costas, embora tivesse acesso a um carro com motorista quando precisasse.

Um dos endereços que Paul visitava regularmente era o novo escritório de Brian na Monmouth Street, Covent Garden. A NEMS Enterprises crescera de modo rápido e não planejado diante do estouro dos Beatles, e Brian contratava vários outros artistas de Liverpool, entre eles Gerry and the Pacemakers, Cilla Black e Billy J. Kramer, além de nomes de menor importância como Tommy Quickly, um jovem engenheiro de telecomunicações que chamara a atenção do empresário. Como Larry Parnes, Epstein às vezes escolhia seus clientes do sexo masculino pela aparência. Mesmo assim, ele alcançou uma taxa de sucesso extraordinária. Quando Gerry and the Pacemakers lançaram o single rejeitado pelos Beatles, "How Do You Do It", em março de 1963, chegaram ao primeiro lugar, como aconteceu com os dois singles seguintes dos Pacemakers. Brian também estava na feliz posição de poder oferecer composições de Lennon-McCartney a seus artistas, alguns dos quais (especialmente Cilla e Kramer) as gravaram com George Martin para a Parlophone, em um belo acordo. Black, Kramer e Quickly lançaram canções de Lennon-McCartney em 1963, e Kramer chegou ao primeiro lugar com "Bad to Me". Paul estava maravilhado. "John e eu éramos uma dupla de compositores, e o que duplas de compositores faziam naquela época era escrever para todos — a menos que você não conseguisse criar algo ou quisesse guardar uma música para si, pois era boa demais para dar a outra pessoa", disse ele a Mark Lewisohn mais tarde. "John e eu nos juntávamos e 'Ah, temos que compor uma música para Billy J. Tudo bem'. [canta 'Bad to Me']... Éramos muito bons..." Talvez o mais interessante desses presentes musicais de Lennon e McCartney tenha sido para uma nova banda chamada Rolling Stones.

---

* John logo se mudou para um apartamento com a esposa e o filho, ali perto, em Kensington. *(N. do A.)*

Após ganhar um prêmio no almoço do Variety Club da Grã-Bretanha no Savoy Hotel em 10 de setembro de 1963, John e Paul se viram andando a esmo pelas lojas de música na Charing Cross Road. No caminho eles esbarraram em Andrew Loog Oldham, um jovem que havia trabalhado por um tempo no departamento de relações-públicas da NEMS antes de encontrar um bando de aficionados por blues que se chamava Rollin' Stones. Oldham saiu do emprego de Epstein para gerenciar o grupo, mudando o nome para The Rolling Stones.

Após receber um prêmio do Variety Club of Great Britain, no Savoy Hotel, em 10 de setembro de 1963, John e Paul ficaram perambulando pelas lojas de música da Charing Cross Road. Ali, esbarraram com Andrew Loog Oldham, um jovem ambicioso que trabalhara por um breve período no departamento de relações públicas da NEMS antes de encontrar um grupo de jovens fãs de blues que atendiam pelo nome de Rollin' Stones. Loog Oldham deixara o emprego com Epstein para agenciar o grupo, mudando seu nome para The Rolling Stones.

Os Stones tinham a mesma idade que os Beatles, e as duas bandas eram lideradas por garotos inteligentes, ex-alunos de liceu e apaixonados por música norte-americana. "Embora não fôssemos exatamente iguais, em parte porque éramos mais voltados para o blues, tínhamos muito em comum", observa o baterista Charlie Watts. "Concordávamos quanto a Little Richard, Chuck Berry, Buddy Holly, Eddie Cochran e Carl Perkins, por exemplo." Os músicos se conheceram e ficaram amigos enquanto os Stones ainda eram desconhecidos. Paul estabeleceu uma relação particularmente próxima e duradoura com Mick Jagger e Keith Richards.* Foi graças à recomendação de George Harrison que os Stones conseguiram um contrato com a gravadora Decca. Seu primeiro single, uma versão de "Come On", de Chuck Berry, chegou ao número 21 das paradas no verão de 1963.

Na tarde em que Andrew esbarrou com John e Paul na Charing Cross Road, sua banda estava em um clube de jazz perto dali, na Great Newport Street, tentando descobrir qual deveria ser seu próximo single. "Comentei que não havia música alguma para os Stones gravarem", conta Loog Oldham sobre seu encontro ao acaso com

---

* No início da carreira, o guitarrista usava o nome Richard, e depois voltou ao Richards, utilizado ao longo deste livro. *(N. do A.)*

Lennon e McCartney. "Eles sorriram para mim e entre si, disseram para não me preocupar e nossos três pares de sapatos de saltos cubanos rapidamente mudaram de rumo para o ensaio no porão." Foi assim que John e Paul deram aos Stones o que acabou sendo seu segundo single de sucesso, "I Wanna Be Your Man", ensinando as notas à banda naquela mesma tarde. "Eles tocaram a música para nós e fiquei espantado quando vi Paul, canhoto, tocar meu baixo de cabeça para baixo," diz Bill Wyman. A música chegou ao número 12 das paradas, ponto a partir do qual os Stones tomaram rumo ascendente, tornando-se quase tão populares quanto os Beatles. Embora geralmente se diga que as duas bandas eram inimigas mortais, a amizade deles acabou se fortalecendo à medida que os rapazes ficaram mais famosos. "Eles viviam o mesmo tipo de vida, então quando se encontravam socialmente, eram alguns dos poucos indivíduos com quem os Beatles podiam se sentar e ser totalmente normais, porque dividiam as mesmas experiências", observa o produtor de discos Glyn Johns, que trabalhou com as duas bandas nos anos 1960. "Mick Jagger não estava sentado de papo com Paul McCartney só porque ele era Paul McCartney."

STARTIME

A essa altura os Beatles já eram uma sensação jovem na Grã-Bretanha. Todo adolescente que ouvia rádio conhecia essa nova e empolgante banda, que havia conquistado três singles de sucesso e tinha um álbum no topo das paradas. Os Beatles arrastavam multidões para seus shows, eram tratados como celebridades em Merseyside, tinham o apoio de um grande e bem-organizado fã-clube, e suas atividades eram relatadas pela imprensa musical e por um novo fanzine mensal dedicado a eles, *The Beatles Book*. Ainda assim, todos os jornais locais situados na Fleet Street em Londres os ignoravam, apesar da briga no aniversário de 21 anos de Paul ter rendido uma matéria curta no *Daily Mirror*. Nessa época, entretenimento não tinha muito espaço nos jornais, e a maioria dos jornalistas da indústria especializada considerava grupos de pop locais menos interessantes que os astros norte-americanos. Derek Taylor, correspondente de entretenimento do *Daily Express* no norte da Inglaterra, pensava de forma diferente. Taylor conseguiu escrever a crítica de um show dos Beatles em Manchester para o jornal com base no interesse regional. Esse texto, acompanhado de um perfil de Brian Epstein, foi o começo de uma longa e importante relação com a banda. Taylor era praticamente o único interessado na imprensa escrita nacional até domingo, 13 de outubro de 1963, quando os Beatles apareceram no *Sunday Night at the London Palladium.*

O Palladium, uma grande sala de espetáculos na Argyll Street, perto da Oxford Circus em Londres, era considerado o local de maior prestígio no entretenimento popular britânico. Um show de variedades era transmitido ao vivo do teatro aos domingos à noite em rede nacional, e artistas de todo o mundo tinham a ambição de ser a atração principal. "Só os maiores shows do mundo chegavam ao *Sunday Night at the Palladium.* Esse era o ápice de uma carreira. Muitos vinham até dos Estados Unidos", explica o apresentador do programa, Bruce Forsyth, acrescentando que quando os Beatles foram convidados para ser a atração principal, foi o sinal de que "eles realmente haviam chegado lá". Forsyth e seu produtor, Val Parnell, foram ver a banda ao vivo e ficaram preocupados com a algazarra feita pelas fãs. Esperava-se que a atração principal do *Sunday Night at the London Palladium* falasse com Forsyth no programa. Se as fãs dos Beatles conseguissem ingressos, ninguém seria capaz de ouvir uma palavra.

> Então eu sugeri que eles tivessem toda a conversa através dos teleprompters virados para a plateia. Paul correria e diria, como estaria na tela: "É ótimo estar aqui hoje", e John viria correndo do outro lado: "Sim, que plateia maravilhosa." Eles fizeram todo um diálogo [assim] porque não seriam ouvidos se falassem.

O fato de os Beatles serem a atração principal desse importante show fez os editores dos jornais ingleses focarem sua atenção no grupo pela primeira vez, enviando jornalistas para encontrar os Beatles nos ensaios. "No fim de cada música eles saudavam uma plateia imaginária." Godfrey Winn escreveu para o *Daily Sketch.* "George [Harrison] repetiu a introdução umas dez vezes. 'Senhoras e senhores, nós estamos muito felizes de estar aqui no Palladium.' O Palladium, o Palladium, eles gritavam, berrando como suas fãs..." Na noite do show, os Beatles se apresentaram rapidamente no início do programa e mais uma vez ao final, recepcionados de modo estridente por suas fãs, de quem John debochou com suas horríveis caras e bocas habituais, e meio brincando as mandou "calar a boca!", o que apenas as fez rir e gritar ainda mais. Enfim, os garotos se juntaram a Forsyth no palco giratório, despedindo-se da plateia no teatro e da enorme audiência de TV ao som de "Startime", como terminavam todas as edições do programa. Forsyth: "Esta noite nós poderíamos ter girado cinquenta vezes e essas jovens continuariam a gritar."

Os domingos são dias normalmente calmos em termos de notícias, com editores lutando para encontrar matérias suficientemente boas para preencher os jornais de segunda-feira. Em um domingo tranquilo de outubro de 1963, os editores ficaram muito felizes em apoderar-se do sucesso dos Beatles no Palladium e do comportamento extravagante de suas fãs, para jogá-los nas notícias de primeira página. Assim, os jornais da manhã seguinte mostraram os Beatles como astros de um novo fenômeno jovem que, ao contrário do recente culto Teddy Boy, associado à violência e ao vandalismo, não era visto pelos jornalistas como perigoso e desagradável, mas aprovado como parte do entretenimento comercial para toda a família.

O *Daily Sketch* dedicou duas páginas a uma entrevista com a banda. "Bom-dia, você assistiu aos Beatles no *Sunday Night at the London Palladium*?" Godfrey Winn perguntava a seus leitores em tom de conversa, contando que 12 milhões de britânicos haviam assistido, e que ele revelaria quem eram esses "novos reis do pop". O jornal *The Evening News* relatou de modo semelhante o "doce som do sucesso", comentando, abaixo de um pequeno retrato de Paul McCartney, que ele era "um sonhador com a cabeça nas nuvens que só vive para a música". O egoísmo e a ambição de Paul ainda não haviam sido detectados, embora a imprensa britânica jamais conseguisse fazer um retrato de Macca, apelido carinhoso dado por eles, além de um cara decente e genial. Paul sempre gostou de textos elogiosos na imprensa.

A aparição dos Beatles no Palladium também sinalizava uma mudança na forma pela qual os jornais britânicos cobriam a indústria do entretenimento. "De repente, os anos dourados de Hollywood pareciam ter chegado a um fim abrupto; quando surgiu a era da música com os Beatles e os Rolling Stones, todos os velhos astros do cinema de Hollywood pareciam ter perdido a importância", observa Don Short do *Mirror*, um dos vários repórteres da Fleet Street escalados para documentar as proezas dos rapazes de Liverpool nos anos seguintes, e que se aproximou da banda nesse processo, especialmente de Paul, que cultivava relações com jornalistas que poderiam ajudar o grupo. Como um exemplo de quanto podia ser complacente, McCartney uma vez buscou Don pessoalmente no prédio do *Mirror* em Holborn e o levou a um clube do West End para entrevistar seu pai. Em outra ocasião, Paul e George foram jantar na casa de Short e Paul cantou uma canção de ninar para a filha de 6 anos do jornalista. À medida que o tempo foi passando, o Beatle aprendeu a manipular seus contatos na imprensa, dando-lhes histórias que o beneficiavam, mas mostrando-se pouco disponível quando falar não era vantajoso para ele. "Se não era benéfico para Paul, ele não tornava público", observa Short.

Não só a imprensa popular estava interessada nos Beatles. No fim de 1963, William Mann, crítico musical do *Times* escreveu uma avaliação séria sobre a música dos Beatles que ainda é uma das matérias mais pomposas já publicadas sobre a banda, embora fosse perspicaz. "Os excelentes compositores ingleses de 1963 parecem ser John Lennon e Paul McCartney", Mann começou seu artigo inovador, explicando que não estava interessado nas travessuras da banda e em suas fãs histéricas, mas em sua música, que considerava inovadora e autenticamente inglesa.

> Por várias décadas, na verdade desde o declínio do Music Hall, a Inglaterra pegou suas músicas populares dos Estados Unidos, seja diretamente ou por imitação. Contudo, as canções de Lennon e McCartney têm caráter distintamente nativo, os exemplos mais surpreendentes e criativos de um estilo que vem se desenvolvendo em Merseyside...

Quando o jornalista analisou as canções em linguagem acadêmica ("a principal tônica que as sétimas e nonas constroem em suas melodias e a troca de posição das submediantes bemol..."), ele perdeu alguns de seus leitores. Apesar disso, Mann estava obviamente certo ao elogiar "as discretas, por vezes sutis variedades de instrumentação" nos discos dos Beatles e o fato de seus vocais estilizados não caírem no clichê, concluindo: "Eles trouxeram um sabor distinto e estimulante a um gênero de música que corria o risco de deixar de ser música."

Com a grande imprensa, os tabloides e os jornais de qualidade finalmente prestando atenção total aos Beatles, a banda virou um fenômeno nacional no fim de 1963. O termo beatlemania começou a aparecer em jornais no fim de outubro, quando os repórteres documentaram a reação histérica dos fãs às aparições do grupo. "Esta beatlemania" foi manchete da edição de segunda-feira, 21 de outubro, do *Daily Mail*, na qual um artigo de Vincent Mulchrone perguntava: "Você deixaria sua filha se casar com um Beatle?" No mesmo dia, o *Sketch* fazia um perfil de Ringo Starr com a manchete "Mania de Beatles!". Quando os garotos voltaram à Grã-Bretanha em 30 de outubro de 1963, após uma breve expedição à Suécia, foram recebidos por uma horda de fãs gritando as boas-vindas no aeroporto Heathrow, em Londres. Por acaso, o apresentador de TV norte-americano Ed Sullivan estava passando pelo aeroporto naquele dia em busca de talentos para seu *Ed Sullivan Show*. Diz a lenda da indústria do entretenimento que, ao ver centenas de garotas segurando placas para os Beatles, Sullivan imaginou que era um espetáculo britânico com algum animal excêntrico cujo nome era escrito de maneira também excêntrica. Quando foi informado do que se tratava, Sullivan viu ali uma oportunidade: "Decidi que os Beatles seriam uma ótima atração para nosso programa."

Tudo isso serviu para fortalecer a aparição dos Beatles, em novembro de 1963, em outro grande programa, o *Royal Variety Show*, que naquele ano era realizado no teatro Prince of Wales em Londres. Como aconteceu no *Sunday Night at the London Palladium*, os Beatles apareciam em um programa de variedades, com comediantes, astros de TV e crooners, e o programa era transmitido para todo o país. O aspecto peculiar desse programa era o fato de ser tradicionalmente frequentado por membros mais velhos da família real. Naquele ano, foram Sua Majestade, a rainha-mãe, e sua segunda filha, princesa Margaret, com o marido, o conde de Snowdon. A presença da realeza sempre atraía grandes astros e vasta audiência televisiva, mas tendia a inibir tanto quem se apresentava quanto o público da noite. E os shows geralmente acabavam em entretenimento artificial e insosso, uma decepção. Com sua ligeira insolência, os Beatles foram um sopro de ar fresco.

Após cantarem seu último sucesso, "She Loves You", Paul apresentou uma canção mais lenta, "Till There Was You" de *Vendedor de ilusões*, dizendo à plateia em tom de brincadeira que a música "também havia sido gravada por nosso grupo norte-americano favorito: Sophie Tucker". Essa piada segura e bem-ensaiada — à custa da robusta senhora Tucker — ganhou uma educada onda de risos ao estilo Royal Variety Show. Depois, John pediu ajuda ao público quando apresentou sua última música, "Twist and Shout": "O pessoal nos lugares mais baratos pode bater palmas?", perguntou e emendou um recado ao camarote real: "E o resto de vocês pode sacudir as joias." Em uma época na qual a realeza era tratada com mais reverência que hoje, esse foi considerado um comentário ousado do jovem Lennon, que teve o tom certo de insolência. A plateia achou tudo incrivelmente divertido e, no dia seguinte, a imprensa elogiou a naturalidade e o humor dos garotos, alimentando ainda mais a história dos Beatles serem a nova sensação nacional. O *Daily Mirror* colocou a beatlemania na primeira página, em uma resenha apaixonada feita por Don Short, que não pensa — como foi sugerido por outros — que jornalistas como ele *criaram* a beatlemania, mas que a relação entre os jornais e a banda era simbiótica: "Muitas pessoas acreditam que a imprensa incitou a mania, mas acho que, na verdade, os Beatles usaram a imprensa tanto quanto a imprensa usou os Beatles."

MONEY, THAT'S WHAT I WANT

Dois meses após se mudar para o apartamento de Mayfair com seus colegas de banda, Paul se mudou de novo, indo para a casa dos Asher na Wimpole Street. Ele passava tanto tempo na casa de Jane que fazia sentido ficar lá de vez, embora não no quarto da namorada. Os Asher lhe deram um cômodo que era usado como depósito no andar de cima, em frente ao quarto do irmão de sua namorada, Peter, que virou um grande amigo, enquanto Jane e a irmã Claire dormiam em quartos no andar de baixo. Paul amava seu sótão, onde pôs um piano para compor novas melodias ao estilo de um letrista profissional de músicas populares, imagem que ele gostava de criar para si, embora na verdade fosse um astro cada vez mais rico e famoso.

Um indicativo da fama de Paul eram os fãs que faziam plantão na porta da casa dos Asher o dia inteiro, esperando encontrar o ídolo entrando ou saindo. Para ajudar Paul a evitar esses fãs incômodos, o Dr. Asher fez um acordo com os vizinhos. Paul desceria pela janela de seu quarto, no quarto andar, entraria no apartamento de um coronel aposentado que morava ao lado, pegaria o elevador e sairia do prédio graças às pessoas do apartamento do térreo, cuja porta dos fundos o levava para dentro das cavalariças localizadas atrás da Wimpole Street. Embora o Dr. Asher mereça o crédito por essa engenhosa rota de escape, é uma prova de quanto McCartney era encantador a ponto de os vizinhos terem a boa vontade de deixá-lo usar suas casas dessa forma. Foi uma lição que ele aprendeu bem. Nos anos que se seguiram, quando comprou muitas casas na Grã-Bretanha e em outros países, Paul fez acordos amigáveis semelhantes com seus vizinhos para conseguir entrar e sair de carro de suas propriedades pelas terras deles sempre que desejava evitar os fãs e a imprensa.

A vida na Wimpole Street era tão boa para Paul, que ele morou lá pelos três anos seguintes. Enquanto os outros Beatles compraram casas fora da cidade, o santuário da casa dos Asher se tornou quase tão importante para ele quanto seu relacionamento com Jane, de quem todo mundo no círculo da banda gostava. "Ela era adorável. E era boa para ele", afirma Tony Bramwell. "A família Asher [também] era boa para ele, lhe dava um pouco de estabilidade em Londres." Margaret Asher alimentava o Beatle entre os compromissos, e sua sala de música no porão virou um esconderijo aconchegante para Paul e John criarem suas canções. "Fizemos muita coisa juntos, só nós dois, olho no olho", conta John sobre essas sessões:

> Como em "I Wanna Hold Your Hand", eu me lembro de quando conseguimos os acordes que fizeram a canção. Estávamos na casa de Jane Asher, lá em baixo no porão, tocando piano ao mesmo tempo. Nós tínhamos "Oh, you, you got something..." e Paul tocou o acorde, virei para ele e disse: "É isso! Faça de novo." Naquela época nós realmente costumávamos compor assim.

Sessões de composição como essa — alguns dos momentos mais felizes e mais próximos que John e Paul tiveram — foram ainda mais estimadas por terem sido encaixadas entre shows, com os Beatles viajando distâncias consideráveis todas as semanas para tocar em teatros e salões de dança de Cheltenham a Carlisle, um regime duro que fez Paul sucumbir à gripe no meio de novembro e levou a banda a adiar um show em Portsmouth, uma das poucas vezes em que Paul não subiu no palco por problemas de saúde. Brian Epstein também estava marcando uma infinidade de programas de TV e de rádio para seus garotos, nos quais eles eram obrigados a contar piadas e a agir como uma trupe de comédia. Antes de a música pop ser considerada uma forma de arte e antes que alguém falasse em "rock", grupos como os Beatles eram considerados parte da indústria do entretenimento comercial, em nada diferentes de comediantes, malabaristas e ventríloquos, com quem apareciam em shows como *Late Screen Extra* no qual, por exemplo, estiveram em 25 de novembro de 1963 com o comediante de Liverpool Ken Dodd. "Foi uma forma de conseguir [exposição]", disse Dodd, que usou os Beatles como chamariz. "Naquela época, eu estava louco por publicidade e os Beatles também, e se você tem oportunidade de estar na TV, simplesmente aproveita." O fato de Paul gostar de teatro ajudou, pois assim como em tantos membros da família McCartney, havia algo de canastrão nele.

Além de tudo isso, os garotos ainda encontraram tempo para gravar seu segundo LP, *With the Beatles*, lançado a tempo para o Natal e apenas oito meses após *Please Please Me*. A foto de capa, tirada por Robert Freeman, apresentava os rapazes sérios em casacos pretos de gola rulê, uma imagem monocromática reminiscente das antigas fotografias tiradas por Astrid Kirchherr e uma indicação de que, embora interpretassem bobos na TV, os Beatles queriam ser respeitados como músicos. Mais uma vez, as 14 faixas eram uma mistura de composições originais e regravações. O álbum começava com a insistente "It Won't Be Long" de John, seguida por um vocal igualmente poderoso em "All I've Got to Do". Como se instado a ter melhor desempenho que seu amigo, era Paul quem cantava a explosiva "All My Loving". A música que os garotos deram aos Rolling Stones também estava no álbum, cantada por Ringo, enquanto George assumia os vocais de uma de suas composições próprias, "Don't Bother Me", pela primeira vez. Entre as regravações estava a última faixa, "Money", que tinha um novo significado agora que os Beatles ganhavam 2 mil libras por semana apenas com as turnês, uma quantia sensacional na época.

O novo álbum chegou ao topo. "She Loves You" só cedeu o primeiro lugar da parada de singles quando "I Want to Hold Your Hand" foi lançada. De repente, todo mundo queria conhecer os Beatles. Eles foram convidados à sala de reuniões da EMI para almoçar com o presidente da empresa, Sir Joseph Lockwood, posando com ele para uma foto sob do icônico quadro com o símbolo do "His Master's Voice". A banda também era inundada com pedidos para investir em projetos ou emprestar o nome a boas causas. Em Liverpool, Brian Epstein apresentou os garotos a dois estudantes de Oxford, Jeffrey Archer e Nicholas Lloyd, que, com seus olhares radiantes, os convenceram a apoiar uma campanha para arrecadar fundos para a organização de caridade Oxfam. "Achei Paul e John muito inteligentes, embora John tenha me parecido meio cínico, enquanto Paul estava empolgado. Mas o que mais me chamou a atenção — nos dois — era que se eles quisessem entrar em Oxford, eles obviamente tinham inteligência para tal", lembra Archer, futuro Lord Archer, romancista e membro do partido Conservador que caiu em desgraça.*

Uma semana depois, os Beatles tiveram mais evidências de sua fama quando encontraram 3 mil membros do fã-clube em um salão de baile em Wimbledon, sul de Londres. Primeiro cumprimentaram seus empolgados admiradores pessoalmente, protegendo-se atrás do balcão do teatro por motivos de segurança enquanto davam autógrafos. "Eles apertaram as mãos de todos os fãs", observou Neil Aspinall, "cerca de 10 mil, na verdade, porque ficavam voltando ao fim da fila para vê-los de novo." A banda se apresentou em uma jaula, também por motivos de segurança, o que era novidade. "Era como estar no zoológico, mas no palco! Parecia perigoso. Os fãs estavam descontrolados", comentou Ringo. Como se estar em uma jaula não fosse estranho o bastante, enquanto se apresentavam, os rapazes eram alvo de pequenas balas de gelatina lançadas pelas fãs. John havia mencionado em uma entrevista que recebera a guloseima de presente, mas George havia comido tudo, um comentário casual que

* Preso em 2001 por perjúrio. *(N. do A.)*

fez as garotas encherem a banda com o que acreditavam ser a guloseima favorita dos Beatles. Incapazes de entregar os doces pessoalmente, elas os atiravam. George saiu do palco em protesto, já irritado com "a mania", como ele descrevia, enfatizando a verdadeira loucura no âmago do que acontecia com eles. Paul continuava sorrindo, demonstrando uma tolerância maior a todos os aspectos de seu explosivo sucesso, como sempre faria.

6

ESTADOS UNIDOS

NOVA YORK, HORA DOS BEATLES

Para o Natal de 1963, os membros do fã-clube dos Beatles receberam o primeiro do que se tornaria uma tradição natalina anual, um disco de brinde em que Paul e os garotos agradeciam a todos pelo apoio e cantavam canções de Natal em vozes engraçadas. Depois, eles e outros artistas da NEMS fizeram um show de Natal em Londres no qual apresentavam suas músicas e atuavam em esquetes de pantomima diante de plateias lotadas de jovens que gritavam e jogavam doces. Os gritos tinham se tornado ridículos. Não eram berros de angústia, eram apenas garotas apreciando a catarse de gritar até o rosto ficar vermelho e lágrimas escorrerem pelas bochechas, algumas berrando até urinarem nas calças, desmaiarem ou ambos. As garotas já gritavam em espetáculos musicais antes dos Beatles, e agiam da mesma forma com Gerry and the Pacemakers, por exemplo, mas aquilo era mais pronunciado e em maior escala com os Beatles, que entretinham 100 mil fãs histéricas no meio de janeiro de 1964, quando sua série de shows natalinos de Londres acabou.

Após o mais breve dos intervalos, o grupo foi à França para uma residência de três semanas no Olympia, casa de espetáculos parisiense associada ao cancã e a Edith Piaf. *Les* Beatles dividiram a noite com nove artistas, entre eles o cantor texano Trini Lopez, que havia feito sucesso com "If I Had a Hammer", e a cantora local de *yé-yé* Sylvie Vartan. Os Beatles foram mal. Os amplificadores falharam na primeira noite e a reação do público foi morna. Os garotos reclamavam dos gritos em casa, mas pelo menos as plateias inglesas eram empolgadas, enquanto o Olympia atraía um público mais velho e calmo, que batia palmas educadamente ao final. Havia alguns fãs na entrada do palco, mas *sur le continent* os garotos atraíram a atenção de meninos efeminados em vez de garotas excessivamente empolgadas. Além disso, as críticas foram ruins. Não que a banda parecesse se importar. "Eles não ficaram chateados pelo fato de a recepção em Paris ter sido um pouco fria. Ainda eram apenas garotos se divertindo por aí," conta o baterista de Trini Lopez, Mickey Jones, que convivia com os garotos no luxuoso hotel Georges V, sinal da quantidade de dinheiro que subitamente estavam ganhando. "Eles estavam fazendo festas [com] garotas do [clube] Lido."

As garotas do Lido foram mandadas embora quando Jane Asher chegou da Inglaterra para visitá-los, com o pai e o irmão de Paul. Mike McCartney notou que Paul estava ouvindo o novo LP de Bob Dylan, *The Freewheelin' Bob Dylan*, em seu quarto, tendo anteriormente desprezado a música folk, tachando-a de "besteira". Dylan se tornaria uma influência cada vez mais importante. George Martin também foi a Paris para gravar versões em alemão de "She Loves You" e "I Want to Hold Your Hand", tarefa que os garotos não queriam cumprir. Quando o grupo faltou ao compromisso no estúdio da Rue de Sèvres, Martin ligou para o Georges V e ouviu de Neil Aspinall que a banda decidira não fazer o disco em alemão — era a primeira vez que o produtor via-se desafiado tão abertamente, e um sinal de problemas futuros. "Diga a eles que estou indo até aí para dizer exatamente o que penso deles," irritou-se Martin. Ele chegou ao hotel logo em seguida e viu uma cena semelhante ao Chá do Chapeleiro Maluco em *Alice no país das maravilhas*:

> Ao redor de uma grande mesa estavam sentados John, Paul, George, Ringo, Neil Aspinall e Mal Evans, seu assistente. No centro, servindo chá, estava Jane Asher, uma bela Alice de cabelos longos e dourados [sic]. À minha chegada, toda a mesa explodiu. Beatles correram em todas as direções, escondendo-se atrás de sofás, de travesseiros, do piano — qualquer lugar que lhes desse abrigo.

"Seus desgraçados," gritou Martin para os garotos, que surgiram um a um para se desculpar com o produtor e convidá-lo para o chá. Eles fizeram as gravações em alemão no dia 29 de janeiro.

Essas pequenas travessuras não foram nada comparadas à empolgação gerada por um telegrama dos EUA. "Uma noite, entrávamos no hotel, vindos do Olympia, quando um telegrama da Capitol Records dos EUA chegou para Brian," relembra Paul. "Ele veio correndo para o quarto dizendo 'Ei, vejam só. Vocês estão no topo das paradas nos Estados Unidos!'. "I Want to Hold Your Hand" chegara ao topo." Em êxtase, os garotos fizeram o obediente Mal Evans de cavalo, correndo pela suíte montados nele como se fossem caubóis, gritando "Ya-hoo! Estados Unidos, aí vamos nós!".

Alguns dias depois, em 7 de fevereiro de 1964, os Beatles voaram para Nova York com um grande séquito composto por Brian Epstein, Cynthia Lennon, Neil Aspinall e o fotógrafo Robert Freeman. O produtor de discos norte-americano Phil Spector também se juntou à comitiva do grupo, que era seguida por um contingente de repórteres da Fleet Street e de cinegrafistas. O clima no longo e cansativo voo pelo Atlântico era de apreensão, e Ringo fez a pergunta retórica aos jornalistas: "Eles têm tudo lá, será que vão nos querer também?".

A melancolia do baterista refletia a luta para gerar interesse na banda nos EUA. Apesar de a Capitol Records ser de propriedade da EMI, o selo norte-americano repetidamente declinou sugestões de George Martin para lançar os primeiros singles dos Beatles no país. Norte-americanos tinham pouco interesse em músicos estrangeiros que, afinal de contas, tocavam a música americana. Martin recorda uma curta mensagem de Alan Livingston, Presidente da Capitol: "Não acreditamos que os Beatles conseguirão algo neste mercado". O comentário de Livingston se baseou no fato histórico de que poucos astros do pop britânico tiveram sucesso nos EUA. Um exemplo recente era a descoberta de Cliff Richard de que sua grande popularidade no Reino Unido não valia nada em Poughkeepsie. Desesperado para fazer a música dos Beatles chegar aos EUA de alguma forma, Brian Epstein fez acordos com dois selos menores do país, Vee Jay e Swan, que lançaram *Please Please Me*, *From Me to You* e *She Loves You*, sem muito sucesso a princípio. Epstein também contratou um músico profissional para tocar as canções nas lojas e promover os discos. Estações de rádio demonstraram resistência, mas aos poucos as coisas começaram a mudar. Curiosamente, o assassinato do presidente Kennedy, em novembro de 1963, pode ter tido alguma influência no fato de os Estados Unidos receberem os Beatles em seu coração.

Com o clima deprimente causado pelo assassinato, os jovens norte-americanos olharam para fora do país em busca de algo inocente para animá-los, e ouviram um som novo e alegre vindo da Inglaterra. DJs norte-americanos começaram a tocar cópias importadas de *I Want to Hold Your Hand* antes do Natal de 1963, e a popularidade da música aumentou, chegando ao Canadá. Alan Livingston se deu conta de que agora os norte-americanos estavam interessados nos Beatles. A Capitol lançou "I Want To Hold Your Hand"/"I Saw Her Standing There" em 26 de dezembro, com planos de um LP no Ano-Novo. A Vee Jay relançou *Please Please Me* em janeiro de 1964. De repente as ondas das rádios americanas crepitavam com felizes canções inglesas.

Vários outros fatores ajudaram. Sid Bernstein, um agente de teatro de Nova York, que se mantinha a par das notícias britânicas por ter servido lá durante a guerra, lia sobre os Beatles com interesse crescente, até fechar um acordo com Brian Epstein para uma apresentação banda no Carnegie Hall, Nova York, em 12 de fevereiro de 1964. Ainda mais importante, Ed Sullivan, que testemunhara a reação das fãs aos Beatles no aeroporto Heathrow, conseguiu que eles aparecessem em seu programa de TV. Brian aceitou um modesto pagamento do pessoal de Sullivan, mas insistiu que os garotos fossem a atração principal da noite. Além disso, ficou decidido que a banda apareceria em três edições consecutivas desse importante programa — nos dias 9, 16 e 23 de fevereiro — as duas primeiras aparições ao vivo, a terceira pré-gravada. Foi um belo trabalho por parte de Epstein, contrabalançado por um exemplo de sua inépcia.

Nos últimos meses, empresas britânicas e norte-americanas estavam procurando a NEMS em busca de permissão para fabricar produtos com os Beatles. Uma pequena quantidade desses produtos fora aprovada e vendia muito bem, como perucas plásticas dos Beatles, de popularidade inédita na Grã-Bretanha desde a loucura de 1954 por chapéus de Davy Crockett (inspirada por um seriado de TV da Disney). Mas nem tudo era autorizado. Quando confeiteiros de Blackpool começaram a criar produtos dos Beatles sem permissão, a NEMS os processou. Logo, Brian Epstein tinha mais afazeres do que podia lidar, além de suas outras responsabilidades, então delegou a parte de merchandising a seu advogado, David Jacobs, conhecido como "advogado das estrelas" por sua clientela de celebridades. Jacobs vendeu os direitos de produzir quaisquer itens com a assinatura dos Beatles a um ambicioso casal de jovens britânicos chamados Nicky Byrne e John Fenton. Como não havia precedentes para esse tipo de contrato, Jacobs concordou que Byrne e Fenton poderiam sublicenciar os produtos na Grã-Bretanha e em outros países em uma divisão de 90-10 — a favor dos empreendedores. "Era um acordo injusto. Eu sabia disso," comenta Fenton, que esperava que a NEMS renegociasse quando percebesse o erro, mas ninguém parecia ver, e nos poucos meses seguintes, Fenton e Byrne estavam livres para ganhar uma fortuna.

Os jovens criaram uma operação de licenciamento nos EUA chamada Seltaeb (Beatles escrito de trás para a frente) para capitalizar o novo interesse norte-americano pela banda. Para juntar o capital inicial, Fenton e Byrne apelaram para amigos no Chelsea Set, jovens modernos e ricos que moravam na região da King's Road em Londres. Esses vagabundos eram os progenitores do *Swinging London*, embora muitos preferissem jazz ao pop em 1964. "Eu não gostava da música dos Beatles," diz Fenton, o que não era incomum. "Aquele negócio de 'She loves you. Yeah! Yeah! Yeah!' era o meu pior pesadelo. Era a única maneira de justificar a venda de papel higiênico dos Beatles. Eu achava que havia uma semelhança ali." Um velho amigo da Eton de Byrne, Simon Miller Mundy, investiu mil libras na Seltaeb e fez seu amigo lorde Eliot investir o mesmo. Por coincidência, Eliot era primo de Jane Asher. "Londres naquela época era muito, muito pequena," observa o lorde (que se tornou Lorde St. Germans com a morte do pai). "O pai da mãe dela era [um antigo] lorde St. Germans." Antecipando a visita dos Beatles aos EUA, Nicky Byrne se hospedou em uma suíte do Drake Hotel em Nova York e começou a receber ofertas de empresas norte-americanas interessadas em fabricar produtos dos Beatles. Em poucos dias, a Seltaeb havia assinado contratos de licenciamento para tudo, de sacos de golfe a pasta de dentes, gerando um lucro de 3,5 milhões de dólares. "Era absolutamente *impressionante*," comenta St. Germans.

À medida que a primeira visita dos Beatles aos EUA se aproximava, a Seltaeb e suas empresas parceiras ficaram preocupadas, pois a Capitol Records não estava fazendo o bastante para promover a banda, então eles agiram de modo independente. "Fizemos todos os ascensoristas de Nova York falarem: 'Os Beatles estão chegando

— que andar você deseja?'," lembra John Fenton. DJs como B. Mitchel Reed começaram a contar os dias, as horas e os minutos para a chegada dos Beatles. DJs rivais, especialmente o irrepreensível Murray 'the K' Kaufman na WINS, entraram na dança, usando Beatle como adjetivo. O dia 7 de fevereiro de 1964 virou Beatle Day ou B-Day:

Agora são 6h30 da manhã, hora dos Beatles... Eles saíram de Londres há meia hora... Eles estão sobrevoando o Oceano Atlântico, em direção a Nova York... A temperatura é de 32 graus Beatles...

Foram transmitidos anúncios pelo rádio em Nova York dizendo que qualquer garota que chegasse ao recém-renomeado aeroporto Kennedy a tempo de cumprimentar os Beatles receberia um dólar e uma camiseta da banda. O fabricante das camisetas levava as garotas de ônibus para garantir o sucesso. Quando o voo 101 da Pan Am aterrissou, havia milhares de fãs no aeroporto Kennedy gritando pelos Beatles. "Sem a Seltaeb, teria sido muito mais difícil os Beatles conquistarem os Estados Unidos. Nós realmente estimulamos a histeria lá," diz Fenton com um toque de exagero. Após um início lento, a Capitol Records *enfim* começou a dar um empurrão na banda, enviando 50 mil dólares para promoção, e prometendo fazer de 1964 "o ano dos Beatles". Tudo ajudou a criar o dia em que os Beatles chegaram aos EUA, a "guinada", como Brian sempre chamava.

Quando a porta do jato da Pan Am se abriu e os Beatles surgiram nas escadas, segurando bolsas dos Beatles, uma grande multidão surgiu para recebê-los, sendo contida por policiais nova-iorquinos mascando chicletes. A subsequente entrevista coletiva no aeroporto foi agitadíssima. Paul, George e Ringo pareciam nervosos. Lennon demonstrava mais confiança, dizendo aos jornalistas que brigavam entre si para "calarem a boca", o que os fez rir. Enquanto alguns repórteres tinham a evidente intenção de baixar a bola dos Beatles, suas perguntas capciosas serviam como material para o humor da banda. Após um início hesitante, todo mundo saiu com uma boa frase, inclusive Paul. Ao ouvir de um repórter que Detroit tinha uma campanha "Acabe com os Beatles", ele respondeu: "nós estamos lançando uma campanha 'Acabem com Detroit'".

Uma frota de Cadillacs levou a banda para Manhattan, onde eles se hospedaram no venerável Plaza Hotel. O empresário Sid Bernstein observou as limusines estacionarem na entrada da Quinta Avenida entre os gritos dos fãs. Paul parou na entrada, virou e acenou. "Pensei: 'Nossa, ele é um garoto bonito e esperto também.' As garotas gritavam para Paul. Houve muito mais gritos para McCartney do que para os outros garotos." Um pouco mais tarde, Brian levou Bernstein para encontrar os rapazes na suíte do 12º andar. "Eles abriram as cortinas, olharam pela janela e acenaram para os fãs lá embaixo. 'Sr. Bernstein, a loucura aqui é maior do que onde moramos. Eles são malucos!'"

A viagem poderia ter acabado em desastre bem ali. De acordo com Geoffrey Ellis, ex-empregado da NEMS, Brian saía com garotos de programa e procurava sexo no Central Park durante sua estadia no Plaza. O empresário dos Beatles pode até ter sido fotografado em uma situação comprometedora em seu quarto. A história de que um fotojornalista, abaixado do lado de fora do hotel em uma cadeirinha tipo arnês para fazer fotos pela janela, teria obtido uma imagem de Epstein com um garoto de programa foi relatada em um livro de Ross Benson. Por mais improvável que essa história pareça, John Fenton diz que a Seltaeb abafou um escândalo comprando um objeto que incriminaria alguém envolvido com os Beatles na viagem. Ele não disse quem, apenas que não era um membro da banda, mas afirma: "Se não fosse por nós, poderia não ter havido Beatles nos Estados Unidos, porque eles teriam sido indiciados pela lei federal de estupro." Eles conseguiram tirar a evidência de circulação por causa das relações de Felton com "cavalheiros italianos" no mundo do merchandising nova-iorquino. "Foi uma indiscrição imensa que poderia ter lhes causado muitos problemas."

É difícil estimar quanto os Beatles pareciam incomuns para o grande público de TV norte-americano quando apareceram ao vivo no *Ed Sullivan Show* no domingo, 9 de fevereiro de 1964. "Nós viemos do nada, com cabelos engraçados, parecendo marionetes ou algo do tipo," refletiu Paul. "Até então havia malabaristas e comediantes como Jerry Lewis [no programa] e eis que, de repente, os Beatles!" Quando Sullivan — um homem austero de modos estranhos — os apresentou, a câmera encontrou primeiro Paul, que fazia os vocais principais em "All My Loving", a primeira de cinco canções divididas em dois atos. O público de setecentas pessoas no estúdio gritou com fervor ao longo da apresentação, enquanto aproximadamente 73 milhões de pessoas nos Estados Unidos assistiram pela televisão, a maior audiência já registrada, segundo o índice Nielsen. Para muitos jovens norte-americanos, esse foi o momento que prenunciou a década de 1960 como a percebemos — uma época de exploração, modernidade e aumento da liberdade pessoal. Os Beatles se tornariam a trilha sonora da vida jovem, garantido que os membros da banda, incluindo Paul, liderariam as atenções e os afetos nos EUA pelo resto de suas carreiras.

Dois dias depois, quando a costa leste dos EUA estava coberta de neve, o grupo pegou um trem na Penn Station para Washington DC a fim de fazer um show no Washington Coliseum. Durante a viagem rumo ao sul, a imprensa conseguiu passar um tempo com os jovens no vagão Pullman, e achou os ingleses tranquilos e brincalhões. Quando chegaram à capital norte-americana, todos já eram amigos, embora Al Aronowitz do *Saturday Evening Post* tenha detectado evidências de que Paul estava deixando a atenção subir-lhe à cabeça. Alguns já o chamavam sarcasticamente de "o astro". Outro jornalista no trem fez uma pergunta delicada a ele. David English, do *Daily Mail* de Londres, chamou Paul em um canto e lhe disse que seu chefe tinha informações de que uma garçonete de Hamburgo alegava ter dado à luz uma filha dele. O que ele tinha a dizer sobre isso?

A mulher em questão era Erika Wohlers, uma das garotas com quem os Beatles aparentemente saíram em Hamburgo, embora as garçonetes alemãs amigas de Paul lembrem vagamente da moça, não se recordam que ela o tenha namorado. "Talvez ele tenha saído com ela um dia, não sei. Mas Erika definitivamente não era namorada dele, porque eu saía com ele todos os dias," diz a namorada fixa de Paul em Hamburgo, Ruth Lallemann. Em todo caso, Wohlers alega ter tido um caso com ele na Alemanha e que a filha que teve no Barmbeck Hospital em Hamburgo, em dezembro de 1962, a um mês de seu aniversário de 20 anos, era do Beatle.

> Em julho de 1962, meu médico me informou da gravidez. Houve muita discussão com Paul porque ele tinha a opinião de que ainda éramos jovens demais para ter um bebê. Paul e o dono do Star-Club queriam que eu fizesse um aborto, mas eu me recusei e, em 19 de dezembro de 1962, minha filha Bettina nasceu.

Eis o primeiro problema com a história de Erika. Voltar nove meses faz com que a concepção tenha ocorrido em março de 1962, quando os

Beatles estavam na Inglaterra. A explicação de Erika: "Bettina nasceu prematura, no sétimo mês." (Os Beatles estavam em Hamburgo de 13 de abril a 2 de junho de 1962.) Erika alega que a "reação nada favorável" de Paul à gravidez botou fim ao relacionamento. Após o nascimento, ela colocou Bettina em uma creche e foi trabalhar como garçonete. Na época da primeira aventura dos Beatles nos EUA, Bettina tinha 14 meses. Quando David English tentou confrontar o jovem com essa história no trem para Washington, McCartney o evitou. Quando o inglês persistiu, o Beatle exclamou: "Ah, merda, por que você teve que falar isso agora?" Isso não era uma admissão e, na falta de evidências concretas de que a história de Erika fosse verdadeira, o *Daily Mail* não a publicou. Mas o assunto não acabou aí.

"OS BEATLES EM SEU PRIMEIRO FILME DE LONGA-METRAGEM, HILÁRIO E CHEIO DE AÇÃO!"

Uma semana depois de voltar dos EUA, os Beatles começaram a trabalhar em seu primeiro filme. Paul e seus colegas de banda cresceram com o cinema e tinham muito afeto por filmes *jukebox* como *Sabes o que quero*. Na carreira do grupo, até aquele ponto, havia um elemento de atuação, mas o contrato com Brian fazia referências explícitas à ambição de fazer filmes juntos. Agora, Epstein arranjava um acordo com a empresa norte-americana United Artists para que os rapazes estrelassem um filme batizado com uma frase de Ringo. "*It's been a hard day...*"*, suspirava o baterista ao final de outro dia cansativo, apenas para perceber que já era noite, fazendo com que se corrigisse no meio da frase "...day's night"**. O dramaturgo Alun Owen escreveu o roteiro, tendo o benefício de passar um tempo com a banda na estrada, enquanto o diretor, o norte-americano Richard Lester, de 32 anos, filmava rapidamente em preto e branco e com baixo orçamento, pois a United Artists queria o filme nos cinemas antes que a loucura pelos Beatles passasse.

---

* Está sendo um dia difícil. *(N. do T.)*

**...a noite do dia. *(N. do T.)*

Os reis do iê iê iê [*A Hard Day's Night*] era basicamente um musical com canções novas, escritas especialmente para o filme e algumas que George Martin tinha guardadas. Mas o estilo *cinema-verité* no qual Lester filmou lhe dava uma aparência de documentário, no qual quatro jovens insolentes, mas simpáticos são encurralados pelas fãs exageradamente empolgadas (a maioria delas meras crianças, como se vê nas cenas de multidão em que Lester usou fãs de verdade) e por autoridades adultas comicamente retratadas como ineptas, assustadoras, desligadas e pomposas, exemplificadas por um publicitário em cujo escritório George Harrison vai parar. "Olhe, você vai gostar disso. Você vai realmente *se amarrar* neles. Eles são *fabulosos* e todas essas outras hipérboles cobertas de espinhas", diz o publicitário ao Beatle, que supõe ter ido até ali para ajudar a promover uma nova leva de camisetas.

"Eu não apareceria nelas nem morto," responde George. "Elas são incrivelmente *grotty.*"

"*Grotty?*"

"É, grotescas."

Convivendo com os Beatles, Alun Owen adotou gírias como *grotty* e *fab*, muito usadas e, em pelo menos um caso, criadas pelos garotos. A primeira utilização de *grotty* em inglês foi feita por George no filme, de acordo com o *Oxford English Dictionary*, *fab* – que era apenas uma abreviação de fabuloso – já era de uso comum entre jovens britânicos desde 1961, mas ficou associada principalmente aos Beatles que, no início da carreira, eram chamados de "os fabulosos Beatles". O relações-públicas dos Beatles, Tony Barrow, escreveu sobre o "*fabulous foursome*", ou o "quarteto fabuloso", em seus textos para a imprensa, encurtando o apelido para "*fab four*". Mais do que qualquer outro termo da moda, *fab* lhes servia muito bem.

Os Beatles se saíram bem em *Os reis do iê iê iê*, embora Richard Lester achasse que Paul se esforçava demais:

> Paul era o mais teatral de todos. Ele tinha uma namorada que era atriz. Ela, os pais e o irmão iam muito ao teatro e Paul ia junto. Ele amava o teatro e amava a indústria do entretenimento de um jeito diferente dos outros, que não se importavam tanto. Acho que isso era uma desvantagem, pois de certa forma Paul se esforçava demais

para atuar... Se ele fosse menos enamorado dos truques do cinema e do teatro, poderia ter relaxado mais.

Com tanta pressão, seria difícil para Paul relaxar de verdade. Enquanto faziam o filme, os Beatles também estavam gravando um álbum de trilha sonora original, para o qual Paul e John tinham que compor novas canções. Eles estavam à altura do desafio, e McCartney fora responsável por boa parte das faixas principais, como "Things We Said Today", cuja letra tinha uma nova maturidade. Ele também compôs "Can't Buy Me Love", um blues de 12 compassos rearranjado por George Martin para ser o próximo single da banda, chegando ao primeiro lugar praticamente ao mesmo tempo no Reino Unido e nos Estados Unidos. O sucesso nos EUA era a prova de que os fãs não haviam abandonado os Beatles após a última visita. Na verdade, os planos para uma turnê completa pelo país estavam sendo finalizados. Antes que isso acontecesse, a banda estava comprometida com shows na Dinamarca e na Holanda, após os quais viajaria meio mundo para apresentações em Hong Kong e na Austrália. Quando Ritchie teve amigdalite um dia antes da partida, o baterista reserva Jimmy Nicol foi enviado em seu lugar, evidência clara de que nem todos os Beatles eram iguais. Seria inconcebível uma turnê sem Paul ou John.

A mania seguiu a banda na turnê pelo exterior, com cenas tão ou mais excessivas do que as vistas na Grã-Bretanha e nos EUA. Jovens holandeses pulavam nos canais de Amsterdã em uma tentativa desesperada de chegar aos Beatles durante uma viagem de barco que eles fizeram pela cidade. Uma garota conseguiu ligar para a suíte do hotel onde estavam em Copenhagen alegando estar à beira da morte e que seu último desejo era falar com um Beatle. O jornalista Derek Taylor, que recentemente havia se juntado ao séquito da banda como mais um relações-públicas, foi compreensivo, mas Paul vira e ouvira bastante da mania para adivinhar que era um ardil, pegando o telefone e dispensando a ligação, como recorda Taylor: "Olhe, Mary Sue", disse ele, arrogante, seco e em tom de bronca, "você sabe que não deve sair por aí falando mentiras...". Quando eles chegaram à Austrália, tanta gente se juntou ao redor do hotel em Melbourne que o centro da cidade parou, enquanto uma fã supostamente rompeu um vaso sanguíneo de tanto gritar. Foi nesse estado de frenesi na turnê que

Ritchie voltou à banda e participou dos shows em Sydney, onde Paul comemorou o aniversário de 22 anos com uma festa à qual compareceram, a seu pedido, as vencedoras de um concurso de beleza.

Todos esses shows no exterior foram triunfais: Grã-Bretanha, Suécia, Dinamarca, Holanda e Austrália caíram diante dos Beatles, parafraseando Brian Epstein. Apenas Paris resistia, mas a França cairia também. Dois anos e meio antes, Brian era gerente de uma loja de discos provinciana. Agora ele se via como o Napoleão do pop, e sua campanha seguinte seria a maior de todas: a invasão dos Beatles aos Estados Unidos.

A CONQUISTA DOS HERÓIS

Antes de voltar aos EUA, havia duas estreias na Grã-Bretanha de *Os reis do iê iê iê*, a primeira no Pavilion, Londres, em 6 de julho de 1964, à qual Jim McCartney levou uma delegação da "parentada" de Liverpool para dar apoio "a nosso Paul". O filme abria com o retumbante primeiro acorde da música tema — *CHUNNNNG*! — colocando John, George e Ringo para correr apressados rumo a uma estação de trem, perseguidos pelas fãs e pela imprensa. Os rapazes encontram Paul, disfarçado, e embarcam em um trem no qual esbarram em algumas estudantes (dentre elas, uma bela jovem modelo, chamada Patricia "Pattie" Boyd, que se tornou namorada, e depois esposa, de George). A trama subsequente envolvia apenas os integrantes chegando a Londres para se apresentar em um programa de TV, o que lhes deu uma desculpa para cantar suas músicas. Além das excelentes sequências musicais, os Beatles foram considerados rapazes naturais e agradáveis, com aspecto de trupe de comédia e aparência quase de desenho animado, enquanto o filme em si era limpo e ágil. Quando os créditos finais subiam, você queria mais.

Depois, todos descansaram em clima de celebração no Dorchester Hotel, onde Paul apresentou seu pai à princesa Margaret, situação até então inimaginável para um vendedor de algodão de Liverpool. Ao fim de uma longa refeição, com a "parentada" em volta da mesa, empanturrada até não poder mais, Paul presenteou o pai com outra surpresa: o retrato de um cavalo de corrida. "Obrigado, filho. É muito bonita," disse Jim, que comemoraria seu aniversário de 62 anos no dia seguinte. "É um cavalo," Paul disse ao pai, com a exasperação da juventude.

"Estou vendo, filho."

"Não é só a pintura... Comprei um maldito cavalo para você." Dessa forma, Jim McCartney veio a possuir Drake's Drum, um capão que valia mil libras. O afeto entre pai e filho representado por esse presente contrastava com a relação infeliz de John Lennon com seu pai, o negligente Freddie Lennon, que, após anos sem ter contato com o filho, o procurou pouco tempo antes desse episódio, apenas para ser recebido com indiferença gélida. Mais tarde, John bateria uma porta na cara do pai.

Ainda assim, a família McCartney tinha suas discordâncias. Aos 22 anos, Paul era um jovem extremamente rico, em uma família que nunca tivera muitas posses. Embora fosse cuidadoso com seu dinheiro, ele se sentia compelido a compartilhar sua boa sorte. Ele dava presentes, em especial o cavalo de corrida ao pai, e ajudava financeiramente alguns membros da família. O irmão disse a Paul que não poderia se sustentar com as migalhas de dinheiro que ganhava como membro dos Scaffold; pelo menos não poderia viver do jeito que o mais velho vivia. "Às vezes meu irmão é meio lento para perceber as coisas, mas quando o faz, acaba compensando," Mike McCartney escreveria em sua biografia. "Ao ver a situação impossível em que eu me encontrava, sendo o irmão de um Beatle com muito pouco dinheiro... Ele arranjou para que eu recebesse de seu contador uma 'semanada' de 10 libras livre de impostos até que eu pudesse me sustentar sozinho." Vários outros membros da família ficaram dependentes financeiramente do Beatle, que os ajudava a comprar casas e, em alguns casos, lhes pagava o que ficou conhecido como a Pensão McCartney, de modo que eles nunca mais precisassem trabalhar. Isso não necessariamente gerou harmonia.

Contudo, esses eram, em sua maioria, problemas para o futuro. Quatro dias após a estreia londrina de *Os reis do iê iê iê*, Paul e os Beatles voltaram à cidade natal para a estreia de seu filme no Liverpool Odeon. Havia um clima de festivo em Merseyside na sexta-feira, 10 de julho, quando o avião da British Eagle Airways aterrissou com os Beatles no aeroporto de Liverpool, onde 1.500 pessoas esperavam por eles. Os garotos foram levados em triunfo pelo centro de Liverpool, via Speke, onde Paul morara, com seus antigos vizinhos em pé, acenando na beira da calçada. "Minha mãe, meu pai, minha tia, meu tio, toda a família, todo mundo estava lá," relembra o morador Frank Foy, que assim como muita gente, teve o dia de folga na escola para a ocasião. Como muitas crianças, Frank usava uma peruca plástica dos Beatles, que ficava desconfortavelmente quente no calor. Os Beatles entraram na prefeitura na Dale Street ao som de trombetas soando "Can't Buy Me Love" tocadas pela Banda da Polícia de Liverpool. Ringo dançava nas escadas, em êxtase. Eles foram à sacada para uma recepção entusiasmada de 20 mil de seus conterrâneos. Eram muitos pontos altos ocorridos recentemente — músicas no topo das paradas, tocar para a rainha mãe, o *Ed Sullivan Show*, multidões em Londres, Amsterdã, Nova York e Melbourne — mas ali estavam em casa. Os garotos explodiam de orgulho.

Mas no meio da multidão, pisoteados na Dale Street e carregados pelo vento nas ruas de trás, estavam pedaços de papel que ameaçavam manchar o nome de James Paul McCartney. Alguns meses após o repórter do *Mail* ter confrontado Paul sobre a história da garçonete alemã que alegava ter tido uma filha dele, um homem de Liverpool tinha coberto a cidade de panfletos dizendo que Paul havia engravidado sua "sobrinha". A garota em questão era uma datilógrafa chamada Anita Cochrane, que alega ter conhecido McCartney pouco antes de seu 16º aniversário, em 1961, e visto os Beatles tocarem no Tower Ballroom na sexta-feira, 1º de dezembro daquele ano.

"Aquele era o dia do meu aniversário de 16 anos," contou Anita ao *Daily Mail* em 1997. (Na verdade, o aniversário era no dia seguinte, uma das duas inconsistências factuais de sua história). Anita alega que ela e Paul foram para a cama naquela noite e que teriam dormido juntos mais duas vezes nos 16 meses seguintes. "Costumávamos voltar para o apartamento de John Lennon em Gambier Terrace...", disse ela ao *Mail.* (Aqui está o segundo problema com a história: John não morava em Gambier Terrace nessa época). Quando Anita descobriu que estava grávida, no verão de 1963, decidiu que Paul tinha que ser o pai e contou à família. "Quando minha mãe e minha avó descobriram que eu estava grávida, pensei em escrever a Paul e dizer a ele o que acontecera. Eu tinha certeza de que o bebê era dele." Como Anita não recebeu uma resposta, sua mãe, Violet, foi ver Jim McCartney, que disse que Paul não conhecia Anita. Em 10 de fevereiro de 1964, ela deu à luz no Billinge Hospital, em Merseyside, a um garoto chamado Philip Paul. O nome do pai não foi colocado na certidão de nascimento. Pouco depois, a família de Anita a levou a um advogado, que entrou em contato com a NEMS.

Na verdade, nem Paul nem Brian Epstein tinham a menor ideia se as alegações dessa datilógrafa ou da garçonete alemã eram verdadeiras. Os garotos haviam sido tão libertinos, especialmente em Hamburgo, que não seria surpresa alguma se eles tivessem gerado alguns filhos ilegítimos. Embora McCartney não aceitasse, e jamais viesse a aceitar, a alegação de paternidade da garçonete ou da datilógrafa, resolveu-se remunerar tais reclamantes por mera conveniência. "Brian Epstein decidiu em nome dos Beatles que, a menos que elas pedissem vastas somas, era melhor comprar pessoas que ameaçavam expor pequenos fatos sobre os Beatles e isso incluía [alegações de] paternidade", explica Tony Barrow.

> Acho que Brian era particularmente sensível com relação a sexo, por causa da própria sexualidade, e queria evitar a todo custo qualquer intromissão em sua vida particular, não só pelo fato de ser gay, mas porque cometia atos ilegais.* E acho que percebeu que qualquer coisa sobre ele acabaria resvalando nos garotos... A política era pagá-los, livrar-se deles, seguir adiante.

Anita Cochrane alegou ter recebido a oferta de 2,10 libras por semana da NEMS: "O procurador fez uma requisição pedindo mais dinheiro e recebemos essa oferta de pagamento único de 5 mil libras. Isso era mais que uma casa naquela época." Então foi redigido um acordo, com a data de 23 de abril de 1964, dizendo que Anita não poderia ir a público com a história. Mas seu "tio" (na verdade, o namorado da mãe) discordou do que aconteceu e distribuiu panfletos por toda a cidade descrevendo Paul como um "imoral." Epstein ficou sabendo disso na manhã da estreia em Liverpool. Panfletos foram deixados no Press Club na Bold Street. "Eles [também] foram distribuídos na Castle Street, perto da prefeitura, dizendo que Paul engravidara uma garota em Waterloo e acho que dizia o nome dela," diz Ian, o irmão

* Visto que a homossexualidade ainda era ilegal no Reino Unido. *(N. do A.)*

de Anita, que acreditava na história. Um poema parodiando "All My Loving" foi enviado aos jornais:

Meu nome é Philip Paul Cochrane, sou só um garotinho...
Apesar de todo o amor dela, não recebemos nem um obrigado dele,
Parece que ele amou minha mãe apenas tempo suficiente para pecar...

Brian Epstein pediu que Derek Taylor desse a notícia a Paul. "Ele deu de ombros com uma indiferença surpreendente, falou 'Tudo bem' e foi isso," escreveu depois Taylor. A viagem a Liverpool foi adiante e a imprensa — apaixonada pelos Beatles e desconfiada de alegações difamatórias e sem provas — não tocou adiante a história, enquanto o "tio" de Anita foi avisado pela polícia de que poderia ser processado se não tomasse cuidado. Mas como a alegação alemã, essa história ainda ia durar muito.

GAROTOS DO NORTE DO PAÍS

Paul voltou à América do Norte com os Beatles em agosto de 1964 para uma série de shows nos EUA e no Canadá, começando no Cow Palace em São Francisco, um pavilhão de gado. Algo estranho ocorrera nos EUA desde sua primeira visita. A banda não só recebia gritos dos fãs como era alvo de malucos e extremistas. "A adoração aos Beatles é idolatria," dizia um cartaz utilizado em um piquete feito por ultrarreligiosos no show de São Francisco. Os garotos continuaram a tocar sob circunstâncias igualmente complicadas em Las Vegas e Vancouver, onde um grupo chamado Canadenses Republicanos, que desejava cortar as ligações constitucionais do país com a Grã-Bretanha, protestava contra os jovens por serem emissários da rainha. E, ainda mais alarmante: em Quebec Ringo recebeu ameaças de morte de antissemitas que achavam que ele era judeu. Para os shows no Montreal Forum, Ritchie tinha um guarda-costas a seu lado no palco. Com fãs histéricas, sistemas de som inadequados e, agora, o medo de que pudesse haver assassinos na plateia, o breve show dos

Beatles ficou ainda mais curto. Eles corriam pelos shows torcendo para que tudo acabasse o mais rápido possível.

A qualidade do som foi o que mais incomodou George Martin quando gravou os garotos tocando no Hollywood Bowl, em 23 de agosto, para um LP ao vivo. O produtor julgou o desafio de conseguir uma gravação decente insuperável. "Era como colocar um microfone na turbina de um jato 747 — apenas um som contínuo de gritos."* Na tarde seguinte, Alan Livingston, chefe da Capitol Records, completamente desinteressado nos Beatles até bem pouco tempo antes, deu uma festa no jardim de sua casa em Beverly Hills para homenageá-los. Nessa época, não importvaa onde os Beatles estivessem, gerentes de hotéis, executivos de gravadoras e prefeitos queriam conhecê-los e lhes apresentar os familiares, especialmente as crianças, e Livingston não era diferente. Ele colocou os rapazes embaixo de uma árvore para que amigos e associados pudessem enfileirar as filhas. Esperava-se que cada integrante trocasse algumas palavras com as garotas, que eram jovens demais para causar algo além de um educado sorriso nos músicos até que uma moça mais madura chegou ao começo da fila.

"Meu Deus, você é linda," comentou Paul, enquanto pegava sua mão.

"Você também não é dos piores," respondeu Peggy Lipton.

Aos 19 anos, Peggy era uma atriz não muito conhecida contratada pela Universal Studios, embora posteriormente tenha conquistado a fama com a série de TV *Mod Squad*. Como muitas adolescentes norte-americanas, Peggy estava apaixonada pelos Beatles e tinha enchido a parede com suas fotos. Ao contrário da maioria de suas contemporâneas, ela também tinha a audácia e os contatos para conseguir um encontro com os ídolos. Seus olhos estavam firmemente voltados para Paul, cujo nome ela gritara no Las Vegas Convention Center na semana anterior. Após o show, Peggy e uma amiga conseguiram entrar em uma festa na qual os garotos deveriam estar. "Eu tinha um ar de estudante ninfomaníaca," conta Peggy em sua autobiografia, *Breathing Out*. Infelizmente, os Beatles não foram. A festa no jardim de Alan Livingston era sua segunda tentativa no sentido de encontrar

---

* Mesmo assim, *Live at the Hollywood Bowl* foi finalmente lançado em 1977. *(N. do A.)*

Paul, e dessa vez ela conseguiu falar com ele e passar seu telefone a um integrante da equipe. Peggy fora convocada naquela noite à casa de Bel Air onde os Beatles estavam.

> Cheguei com o estômago quase embrulhado de tão nervosa. Eu havia perdido minha virgindade tinha apenas seis meses e pensava em Paul todos os dias havia um ano. Ele me cumprimentou carinhosamente e me avaliou com uma olhada rápida. Ele gostou do que viu. Nós sentamos no andar de baixo. Ele tocou piano. Depois me lembro de que estávamos a caminho do andar de cima [onde] ele me abraçou e me beijou... Tomei um banho para diminuir o ritmo e, quando saí enrolada em uma toalha, ele me acariciou na frente da janela e deixou a toalha cair no chão. Isso para mim foi um gesto incrivelmente romântico. Paul era um romântico.

Depois Peggy deixou a casa sentindo-se vulgar, mas voltou no dia seguinte, evidência clara da infidelidade de Paul a Jane Asher, que continuava sendo sua namorada fixa em Londres.

Após os shows em Denver e Cincinnati, os Beatles voltaram a Nova York, onde se hospedaram no Hotel Delmonico, pois o gerente do Plaza não aceitou acomodá-los após a confusão causada pelos fãs na primeira visita. Eles fariam dois shows no estádio de tênis de Forest Hills. Na segunda noite, conheceram Bob Dylan.

O encontro e o subsequente relacionamento entre o músico norte-americano e os Beatles são significativos. Junto com Elvis Presley, Dylan e os Beatles formam o grande triunvirato do rock, interconectados em diferentes níveis. Como os Beatles, Dylan era um jovem por volta dos 20 anos, de uma cidade provinciana e classe média baixa no norte, Hibbing, Minnesota, onde fora roqueiro no ensino médio antes de descobrir a música folk, compartilhando a paixão de Paul por Buddy Holly, Little Richard e Elvis. O caminho musical de Bob tomou outro rumo quando ele descobriu o trovador folk Woody Guthrie e se juntou ao renascimento do folk que acontecia em Nova York e cuja ênfase estava em voltar às raízes da música norte-americana, com canções de narrativa forte, geralmente uma história de cunho moral ou instrutivo envolta em linguagem poética. Ele era um astro folk antes de a banda de Liverpool encontrar a fama, pois seu álbum de estreia fora lançado na CBS quando os garotos ainda tocavam nos salões de baile de Merseyside com Pete Best. Na época em que a CBS lançou o segundo álbum dele, o *Freewheelin' Bob Dylan*, o cantor e o grupo eram astros, embora de tipos diferentes: enquanto as garotas gritavam pelos Beatles, o público de Dylan o ouvia em silêncio respeitoso, como a um poeta que tinha algo importante a dizer. "Ele tinha orgulho disso," observa o jornalista e amigo de Bob, Al Aronowitz, que também conhecia os Beatles e ajudou a concretizar o encontro histórico.

Dylan e os Beatles eram cantores e compositores em uma época na qual poucos artistas escreviam e interpretavam o próprio material. Ambos eram compositores extremamente férteis que rapidamente criaram cancioneiros consideráveis, com bastante material para si próprios e para outros artistas. Assim como Brian Epstein tinha canções de Lennon & McCartney nos shows de outros artistas que empresariava, o empresário de Dylan, Albert Grossman, dava as composições de Bob a seu elenco, especialmente "Blowin' in the Wind" a Peter, Paul e Mary, que fizeram grande sucesso com ela em 1963. Inicialmente desconfiado da música folk, Paul ficara muito impressionado com *The Freewheelin'*; ao qual se seguiram *The Times They Are A-Changin'*, e depois *Another Side of Bob Dylan*, álbuns que apresentavam letras mais sofisticadas do que qualquer música que John e Paul haviam escrito até então. Ao mesmo tempo, a banda possuía algo que o cantor não tinha e queria: o sucesso nas paradas. Por todos esses motivos, Bob e os Beatles estavam curiosos uns sobre os outros. Um encontro de cúpula estava previsto havia algum tempo, quando John pediu ao amigo comum Al Aronowitz para apresentá-los.

Bob veio de seus shows em Woodstock para a ocasião, com seu *roadie* Victor Maymudes, um rapaz moderno, alto e melancólico que raramente saía do lado do cantor. Eles pegaram Aronowitz em casa em Nova Jersey a caminho do Delmonico em Manhattan, onde Big Mal Evans acompanhou os norte-americanos até a suíte dos Beatles. Naquela tarde, várias celebridades esperavam para ser apresentadas a eles, entre as quais Peter, Paul e Mary. Dylan entrou logo após o trio e Aronowitz fez a apresentação: "um *shadchen* feliz e orgulhoso, um casamenteiro judeu," como escreveu. Drinques foram servidos e os Beatles ofereceram anfetaminas a Bobby e seus amigos, pois andavam consumindo avidamente os comprimidos desde a época de Hamburgo. Aronowitz sugeriu que eles fumassem maconha, ele e Bob supondo — após confundir a frase "*I can't hide*", ou "eu não consigo esconder", de "I Want to Hold Your Hand", com "*I get high*", ou "eu fico chapado" — que os Beatles também gostavam da erva. Mas os Beatles nunca haviam experimentado maconha, pelo menos não de qualidade, como Victor Maymudes fazia questão de descrever: "Eles já tinham fumado antes, mas não era uma boa maconha. Eles não conheciam o poder da maconha." O próprio Dylan enrolou o primeiro baseado, que foi dado a John, e passado a Ritchie, que começou a fumá-lo como um cigarro, sem passá-lo adiante. Outros baseados foram enrolados, de modo que cada Beatle tinha o próprio cigarro de erva e havia também um para o normalmente conservador empresário dos rapazes.

Algumas horas antes, Brian incomodara Derek Taylor com seu jeito usualmente pão-duro por ele ter bebido conhaque Courvoisier no hotel. "Você vai pagar por essa garrafa, Derek. Ela vai entrar na sua conta." Sob influência da droga, Epstein se transformou em uma pessoa totalmente diferente, andando pelo quarto como uma criança feliz. Ele disse que se sentia como se estivesse no teto e, ao apontar para o próprio reflexo no espelho, falou várias vezes: "Judeu!" Os outros acharam aquilo hilário e profundo, bem como todo o resto. "Eu me lembro de Paul dizendo que estava pensando pela primeira vez," relata Aronowitz. "Ele disse a Mal Evans para segui-lo e escrever tudo o que dizia." Evans não conseguia achar um papel, então Paul anotou suas revelações. No dia seguinte, quando as leu, viu o que fora escrito: "Há sete níveis."

Dylan e os Beatles criaram um vínculo naquela noite. Depois, Bob levou os garotos para um passeio por Nova York. Em retribuição, os Beatles receberam Dylan quando ele foi à Inglaterra. Eles se influenciaram mutuamente. Dylan começou a colocar suas letras poéticas em músicas rock 'n' roll, em parte por causa do sucesso dos ingleses, "tornando-se elétrico", o que seria o ponto de inflexão em sua carreira. Por outro lado, a influência de Dylan se ouviu nas letras da banda, que passaram a contar histórias e, ao mesmo tempo, ficaram mais líricas e misteriosas. O débito de Lennon e McCartney com o norte-americano era profundo. "Naquela época, todos eles amavam Bob," afirma Victor Maymudes, indicando, porém, que seu chefe podia ser um cara difícil de amar: um egocêntrico solitário que vivia sem limites e podia ser frio e até cruel com quem estava ao seu redor.

Os Beatles não eram imunes à língua afiada de Dylan. "Bob estava fora de si naquela época. Eu me lembro dele gritando para Paul: 'Ninguém escreve como eu!'" Havia uma verdade básica nisso. Por mais que tentasse, Paul jamais igualaria a capacidade consistente de Dylan de criar letras poéticas que parecem conter ideias originais sobre o que é ser humano. O melhor lado de Dylan é profundo, enquanto McCartney, em seu melhor, é um compositor brilhante. Com o tempo, ele também tornou-se um grande *showman*, mas é um letrista medíocre na maior parte das vezes, o que o faz se sentir menos importante.

Ainda assim, aquela primeira noite que passaram juntos em Nova York foi barulhenta e alegre, um evento histórico: a noite em que Dylan e seus amigos fizeram os Beatles gostar de maconha. Eles passariam a consumir da erva dali em diante, e Paul se tornaria um fumante habitual, o que lhe causaria muitos problemas.

7

YESTERDAY

LAR, DOCE LAR

Quando Paul e os garotos retornaram à Inglaterra após a turnê norte-americana de 1964, John voltou para seu novo lar, Kenwood, uma mansão de 27 cômodos na propriedade de St. Georges Hill em Weybridge, Surrey, uma comunidade privada construída em volta de um campo de golfe. Ritchie e George, que não ganhavam tanto com composições (Starr ainda não escrevera canção alguma), continuavam em Londres dividindo um novo apartamento em Knightsbridge, mas logo eles também comprariam casas no campo. Embora acumulasse uma fortuna em sua conta no Coutts, o banco privado favorecido pela família real, Paul não via necessidade urgente de esbanjar em uma mansão no campo como John, que tinha esposa e filho para cuidar. Além disso, quando comprava propriedades, McCartney sempre escolhia casas menos chamativas.

A essa altura, a vida em Londres era o máximo e, quando Paul não estava na estrada, fazer parte da família Asher na Wimpole Street lhe dava uma sensação confortável. O irmão de Jane, Peter, era um amigo cada vez mais próximo. Peter e Gordon Waller tinham uma carreira pop surpreendentemente bem-sucedida, tendo ganhado força com as canções dadas por Paul; entre elas, uma concebida especificamente para ganhar dinheiro, "A World Without Love", não foi considerada boa o bastante para os Beatles e foi rejeitada até por Billy J. Kramer, mas o irmão de Jane a levou ao primeiro lugar na Grã-Bretanha e nos EUA no outono de 1963, o primeiro de três sucessos de Peter e Gordon obtidos com canções rejeitadas por Paul.

Quando decidiu comparar um imóvel, Paul escolheu primeiro uma casa para seu pai. Os endereços originais dos Beatles eram todos bem conhecidos dos fãs, e Jim McCartney se acostumou a ter garotas batendo na porta e pedindo para ver como era o interior da 20 Forthlin Road. "Eu costumava oferecer chá às que vinham de muito longe," conta Jim. "Quando aceitavam, eu indicava o caminho da cozinha. Elas entravam e começavam a gritar e berrar porque reconheciam a cozinha de fotografias." Embora fosse paciente, Jim já estava farto dessa situação e, aos 62 anos, sentia-se pronto para deixar de trabalhar. Então, Paul, que já dava a Pensão McCartney ao pai, presenteou o primeiro pensionista da família com uma casa em Wirral.

Para gente da classe média baixa de Liverpool, como os McCartney, a península de Wirral representava uma vida melhor e mais tranquila em um local onde se vivia em casas maiores em um ambiente semirrural. Por 8.750 libras, Paul comprou essa casa para o pai, uma propriedade de cinco quartos chamada Rembrandt no povoado de Gayton. A casa remetia ao estilo Tudor, com vistas desde rio Dee até o País de Gales. Seria principalmente uma casa para Jim e Mike McCartney, mas também uma base para Paul em Merseyside quando ele estivesse no norte e, de fato, ele usa o imóvel até hoje. "Ele diz que é sua melhor casa, com as melhores lembranças", confidencia um integrante da equipe doméstica de McCartney, indicando a dimensão da mudança social que foi para a família sair de Liverpool em 1964. "Era como chegar a outro país, disse ele, quando eles se mudaram para cá."

Jim tinha muito com que se ocupar em Rembrandt, com seus grandes jardins na frente e nos fundos, cercados de árvores antigas. Ele plantava louros e lavanda na porta da frente e se distraía cortando a grama e varrendo as folhas. Ainda assim, havia mais na vida do que a jardinagem... Não houvera uma mulher importante para ele desde a morte de Mary, mas com os garotos crescidos, os olhos do patriarca dos McCartney brilhavam outra vez. "Ele procurava uma garota jovem e inteligente", conta o primo Mike Robbins, que virou casamenteiro quando apresentou Jim à amiga Angela Willians, ex-princesa [do acampamento] Butlin's Holiday, que perdera o primeiro marido em um acidente de carro, tornando-se viúva aos 35 anos com uma filha de

5 para criar, Ruth. Angie trabalhava como secretária para a empresa de apostas de futebol Littlewood's quando Mike e Liz Robbins foram a seu apartamento para jantar. "Você vai se casar de novo algum dia, Ange?", perguntou Mike à viúva.

"Não, a menos que seja um velho rico que ame música", respondeu Angie, uma excelente pianista. Mike e Liz se entreolharam imediatamente. "Em quem você está pensando?", perguntou Angie.

"No tio Jim."

"Quem é ele?"

"Você já ouviu falar de Paul McCartney? É o pai dele."

"Oh, é mesmo?"

Jim e Angela tiveram um encontro. Outros quatro se seguiram. Uma noite em Rembrandt, Jim fez uma proposta a Angela.

> Enquanto tocava o piano, Jim colocou suas mãos firmemente em meus ombros e disse: "Você está me custando uma fortuna em táxis. Quero perguntar algo... Você quer se casar? Quer ser minha governanta? Ou você quer apenas viver comigo?"

Angela respondeu que, pelo bem de Ruth, eles deveriam se casar. Ligaram imediatamente para Paul, que saiu de Londres em seu novo carro esporte Aston Martin. O primeiro contato entre o astro e sua possível madrasta foi amigável. Sempre bom com crianças, ele se deu bem com Ruth, que se tornou sua meia-irmã quando, em 24 de novembro de 1964, o parente sacerdote dos McCartney, Buddy Bevan, celebrou o casamento de Jim e Angela na região norte do País de Gales. Mas as relações entre o Beatle e a madrasta piorariam consideravelmente algum tempo depois.

Três dias após o casamento, os Beatles lançaram seu novo single, *I Feel Fine*, que abria com um ruído de *feedback*, a primeira vez que tal som foi usado deliberadamente como efeito uma gravação pop. "I Feel Fine" era uma canção de John. "Havia uma pequena competição entre Paul e eu sobre quem ficava com o lado A, quem conseguia os singles", conta John sobre essa época da parceria. "Se você notar, no começo a maioria dos singles — nos filmes e tudo o mais — era minha..." Gradualmente isso mudaria. O lado B do novo single, "She's a Woman", era uma canção de Paul e uma excelente composição em cuja letra ele parece ter inserido uma astuta referência a drogas com "me deixa ligado", ou "*turn me on*", um sinal de seu recente encontro com Bob Dylan. O single chegou ao primeiro lugar nos EUA e na Grã-Bretanha em dezembro e manteve a posição até o Ano-Novo.

Um novo LP, *Beatles for Sale*, foi lançado alguns dias depois, com embalagem e nome diferentes nos EUA, onde saiu sob o título de *Beatles '65*. Como a carreira britânica dos Beatles era anterior ao sucesso nos Estados Unidos, a Parlophone e a Capitol estavam fora de sincronia no lançamento dos álbuns. Por isso, inicialmente os norte-americanos lançaram as gravações dos Beatles com outros títulos e faixas um pouco diferentes. Para alcançar o Reino Unido, a Capitol lançou nada mais nada menos que quatro álbuns dos Beatles em 1964 — *Meet the Beatles!*, *The Beatles' Second Album, Beatles' 65* e *Something New* — sem consultar a banda em relação a títulos, arte de capa ou escolha das canções. A Capitol incluiu singles nesses LPs: enquanto no Reino Unido um single dos Beatles costumava ser lançado como brinde extra, com lados B exclusivos e, em geral, igualmente deliciosos, nenhum deles estaria no LP. O novo single "I Feel Fine", por exemplo, não estava em *Beatles for Sale*, mas estava em *Beatles '65* nos EUA.*

Beatles for Sale fora gravado por George Martin na correria entre os compromissos da banda, e Martin o qualifica como um de seus trabalhos menores. "Eles estavam muito cansados na época do *Beatles for Sale*", comentou. "É preciso lembrar que eles estavam trabalhando como loucos durante todo o ano de 1964..." Como nos álbuns anteriores, esse LP tinha composições originais e regravações, entre elas o clássico do rock 'n' roll "Kansas City", mas havia músicas muito mais interessantes. A influência de Dylan é ouvida em "I'm a Loser", de John, enquanto "I'll Follow the Sun", de Paul, era linda. A inspiração para "Eight Days a Week" veio de uma conversa casual que Paul teve com seu motorista quando eles iam a Kenwood.

"Como você está?", perguntou McCartney durante o trajeto.

"Ah, trabalhando duro", resmungou o motorista, "oito dias por semana."

Quando Paul chegou à mansão de John no campo, contou ao

---

* Como os álbuns britânicos eram lançados de acordo com a vontade dos Beatles — com a notável exceção de *Let it Be* —, este livro cita os LPs da banda com os títulos britânicos. *(N. do A.)*

amigo o que motorista dissera. "John disse: 'Certo — Oooh, I need your love babe...', e nós escrevemos. Éramos sempre muito rápidos para compor." Quando acabavam uma nova canção como essa, Lennon e McCartney costumavam tocá-la para Cynthia Lennon ou para quem quer que estivesse por perto para ver qual seria a reação, fazendo questão de anotar os acordes e a letra. "Não podíamos gravar em fitas cassete porque elas ainda não existiam", observa Paul. "Tínhamos que lembrar tudo, o que sempre foi um bom hábito, e, se a canção fosse uma droga, esqueceríamos."

O primeiro ano da beatlemania terminava em dezembro com o Another Beatles Christmas Show, encenado no Hammersmith Odeon, um imenso teatro na região oeste de Londres que estava se tornando um dos principais palcos de música da capital. Mais uma vez, os Beatles foram obrigados a interpretar bobos da corte, além de cantar, e mais uma vez receberam artistas secundários, entre eles os Yardbirds, apresentando Eric Clapton, que se tornou um amigo importante. "Paul bancava o embaixador, ia nos encontrar e se apresentar", diz Clapton, que também se lembra do Beatle tocando uma nova canção nos bastidores. Ela havia surgido em um sonho em Wimpole Street e ele não tinha certeza se era uma composição original ou uma velha melodia que se alojara em seu subconsciente. Nem Clapton nem seus colegas de banda a reconheceram.

O mestre de cerimônias do show de Natal naquele ano era Jimmy Savile, dono de clubes noturnos e DJ. Um dos interesses comerciais de Jim era o Three Coins Club em Manchester, onde os Beatles tocaram duas vezes, em 1961 e 1963. "Da primeira vez, eles viajaram de Liverpool, foram bem e ganharam umas 5 libras pelo show inteiro. Depois eles voltaram e ganharam 15", relembra Savile, mais conhecido como DJ da rádio Luxemburgo, onde ajudou a promover a carreira dos Beatles. Eles o recompensaram com o que ele chama de "melhor não trabalho" de sua vida.

> Primeiro porque você mal conseguia ouvir os próprios *pensamentos*. E o público, quando me viu chegar, sabia que eu iria apresentar os rapazes, e dava para sentir o gosto do ruído. O ruído era inacreditável! E por todos os [20] dias eu nunca, jamais disse uma palavra. Tudo o que eu fazia eram apenas mímicas de todo tipo e meio que mergulhava no palco. De repente eu olhava para os lados e colocava

> as mãos na cabeça, como se não acreditasse no que estava vendo e então corria para um lado e os Beatles corriam do outro lado, e era isso. Era assim que eu [os] apresentava.

O DJ também aparecia em esquetes com os garotos no Hammersmith.

> Eu era um abominável homem das neves e aparecia, subindo uma escada vestido dessa forma, olhava para os Beatles, que estavam lá embaixo fazendo alguma coisa e obviamente a plateia gritava: "Atrás de vocês! Atrás de vocês!" Era uma verdadeira pantomima.

Após um intervalo no qual Paul levou Jane para a Tunísia e Ritchie se casou com Maureen Cox, os Beatles voltaram ao estúdio para gravar canções para o segundo filme da United Artists, *Help!*. Apesar do pouco tempo para se preparar, John e Paul foram capazes de compor ótimas músicas para o filme e sua trilha sonora, muitas em estilo "dylanesco". Havia uma nova introspecção em "Ticket to Ride", por exemplo, cujo título era um trocadilho relacionado ao tio Mike e à tia Bett que agora comandavam o pub Bow Bars em Ryde, na ilha de Wight. Para visitar os tios, Paul era obrigado a comprar uma passagem de barca de Portsmouth — ou seja, literalmente uma passagem para Ryde.

Depois de algum tempo, John alegou que o título da canção "Help!" era um grito de angústia, representando uma época em que ele tinha perdido o rumo na vida, embora isso não estivesse claro para seus colegas de banda. O único sinal de infelicidade por parte dele era o aumento de peso, que alterou muito sua aparência. Algo interessante sobre John é quanto seu visual mudou ao longo de uma vida relativamente curta. Seu rosto original de menino ficou mais largo na época de *Help!*, dando-lhe uma aparência de Henrique VIII. Quando ele perdeu peso na fase "drogada" dos Beatles, seu rosto ficou magro, "chupado" e ossudo, fazendo com que ele parecesse uma pessoa totalmente diferente, algo adequado a um homem de muitos humores. Em contrapartida, sempre era possível ver o menino feliz que Paul fora no adulto confiante que se tornara.

George Martin manteve a fita rodando continuamente enquanto a banda estava no estúdio para capturar cada precioso segundo do som dos Beatles, também preservando para a posteridade a conversa dos dois principais compositores entre as músicas. Os garotos trabalhavam em uma das composições de John, "You've Got to Hide Your Love Away", na quinta-feira, 18 de fevereiro de 1965, quando Paul quebrou um copo no estúdio. "Paul quebrou um copo, quebrou um copo...", Lennon cantarolou como uma criança antes de perguntar "Você está pronto... Macca?", usando o apelido de escola do amigo. Eles ainda compunham juntos do mesmo jeito que faziam quando Paul matava aula do Inny para ficar com John na Forthlin Road, mas agora os amigos também eram parceiros de negócios — e negócios bastante lucrativos: nesse mesmo dia a Northern Songs vendia ações na bolsa de valores londrina.

A oferta pública de ações da Northern Songs era eficiente em termos de impostos para John e Paul. Quem ganhava muito era excessivamente taxado no governo trabalhista de Harold Wilson de 1964-1970, aqueles com renda acima de 20 mil libras por ano sofriam uma sobretaxa de cinquenta por cento no imposto, que foi aumentada para 55 por cento em 1965, significando que a maioria do dinheiro dos Beatles ia para os impostos. Ao colocar a empresa que era dona das músicas — 56 títulos até então — no mercado acionário, Paul e John criaram cotas que poderiam ser vendidas sem impostos. Assim, a Northern Songs foi dividida em 5 milhões de ações ordinárias, 2,25 milhões das quais foram oferecidas ao público a 7 xelins e 9 pence em dinheiro pré-decimal. A emissão de ações revelou que a banda era contratada da companhia até 1966, sendo que a Northern Songs tinha a opção de renovar por mais três anos, e John e Paul eram obrigados a compor pelo menos seis novas canções por ano. Na verdade, eles escreviam muito mais, e os números mostraram que a Northern Songs era um negócio que crescia rapidamente. Em seus primeiros dois anos, a empresa relatou lucros a cada seis meses, subindo de 17.294 libras para quase 250 mil. O lançamento de ações teve excesso de compradores, dando à Northern Songs um valor inicial do papel de 1,9 milhões de libras. O valor da ação depois caiu abaixo do preço da oferta, pois os especuladores conseguiram lucro rapidamente. Pensando nessa possibilidade, os Beatles compraram algumas ações de volta, em um movimento astuto, pois os papéis se recuperaram e dobraram de valor ao longo de 12 meses, durante os quais eles acrescentaram outras 35 músicas ao catálogo. Inicialmente, Paul recebera 1 milhão de ações da Northern Songs, às quais acrescentou as ações que tinha comprado de volta, dando-lhe quase um quinto da empresa pública, valendo aproximadamente 300 mil libras, uma enorme quantia na época. John tinha o mesmo valor, e Brian, George e Ritchie possuíam ações em menor quantidade. Porém, mais da metade da companhia limitada ainda era de propriedade de Dick James.

A essa altura na carreira, Paul havia deixado as decisões de negócios para outras pessoas, por estar mais interessado em fazer música e se divertir do que em ler contratos. Depois de ter sido apresentado à maconha, droga virou parte do dia a dia dos rapazes e gerou problemas para o diretor Richard Lester quando ele foi filmar *Help!* em 1965. "Aparecemos lá meio chapados, sorrimos bastante e esperamos aquilo acabar", admite Paul. "Nós rimos muito." Como o primeiro filme da banda, *Help!* era um musical no qual os Beatles interpretavam a si mesmos e cantavam suas músicas, embora um orçamento levemente maior significasse que Lester poderia filmar em cores, o que o ajudou a decidir fazer de *Help!* uma fantasia pop art que zombava do "estado da Grã-Bretanha em 1965, da sociedade moderna e da incandescência de Harold Wilson".* No início do filme, os Beatles aparecem voltando para casa, quatro coberturas vizinhas em uma típica rua britânica. "Rapazes adoráveis, e tão naturais", comenta um vizinho, em tom de aprovação. Quando a câmera corta para o interior, vemos que eles na verdade moram em um imenso apartamento de solteiro cheio de todas as conveniências modernas. Havia uma surpreendente conexão pessoal entre esse diferente cenário e a família de Paul em Liverpool. Tia Ginny e tio Harry haviam se mudado, pouco antes, para uma cobertura em Mersey View, Wirral. Quando a irmã viúva de Ginny, Milly, mudou-se para a casa ao lado, Harry batia em uma porta secreta através da parede que separava as duas residências para que as irmãs pudessem entrar e sair como quisessem sem ninguém saber que as casas eram ligadas. O roteiro de *Help!* é "insano", como observou o ator Victor Spinetti. Ringo é dono

---

* Harold Wilson, membro do parlamento trabalhista que representava o eleitorado de Liverpool, se tornara primeiro-ministro em outubro de 1964, prometendo remodelar a Grã-Bretanha "na incandescência [da] revolução científica". *(N. do A.)*

de um anel cobiçado por uma seita de capangas indianos liderada pelo homicida Clang, que persegue o jovem e seus colegas Beatles pela Grã-Bretanha, Áustria e Bahamas. Se os garotos iam fazer um filme, eles decidiram que também conheceriam um lugar legal, e seu contador havia estabelecido um paraíso fiscal para eles nas Bahamas. Assim, eles voaram para Nassau em 23 de fevereiro e ficaram na ilha por duas semanas. Jim McCartney quis surpreender o filho levando Angie às Bahamas nessa época para uma lua de mel tardia, o que desagradou Paul. "Os Beatles chegaram vários dias depois que nossas férias terminaram", Angie recordou depois. "Jim disse 'vamos à entrevista coletiva fazer uma surpresa para eles', mas tudo o que Paul disse foi: 'O que vocês estão fazendo aqui?' Senti que ele ficou furioso por termos ido à entrevista, pois ele estava lá para trabalhar."

Após as Bahamas, a banda viajou para a Áustria. Nenhum dos outros Beatles havia esquiado antes, e houve muitas quedas e andanças a esmo na neve, em parte por eles terem fumado maconha. A paciência de Dick Lester foi testada ao limite. Ao contrário de seu primeiro filme, no qual os garotos pareciam determinados a fazer o melhor, agora davam a impressão de estar mais interessados em ficar doidões e rir do que em atuar. Para Paul, contudo, a viagem foi memorável por John ter lhe feito um elogio carinhoso e praticamente singular. "Eu me lembro de uma vez quando estávamos filmando *Help!* na Áustria. Esquiamos o dia inteiro para o filme e por isso estávamos todos cansados", recordou-se ele nos anos 1980. "Eu costumava dividir um quarto com George, mas nessa ocasião específica eu estava com John." Os Beatles poderiam ter tido uma suíte individual, claro, mas eles preferiam dividir quartos na estrada, aproveitando a companhia uns dos outros. John e Paul estavam ouvindo um de seus álbuns enquanto tiravam as roupas de esqui.

> Havia três músicas minhas e três do John no lado que estávamos ouvindo. E pela primeira vez ele simplesmente jogou no ar, sem dizer nada definitivo. "Ah, acho que gostei mais das suas músicas do que das minhas." E assim foi. Esse foi o ápice do elogio que recebi dele... Não havia ninguém olhando, então ele conseguiu dizer.

O SUCESSO DO SÉCULO

Era uma bela época para se estar em Londres, que começava a se "agitar"* pelo menos um ano antes de a revista *Time* ter identificado o fenômeno com sua famosa matéria de capa em abril 1966, "London: The Swinging City". A morte de Sir Winston Churchill em janeiro de 1965 pode ser vista como divisor de águas, marcando o final do sombrio período pós-guerra, após o qual a nação parecia abraçar a cor e a mudança. Muitos dos britânicos ainda eram os mesmos, obviamente, mas no coração da capital estava ocorrendo um renascimento cultural e criativo que chamou a atenção do mundo, e Paul estava no centro dele.

Os Beatles podem ter sido a principal banda pop britânica da época, mas não eram os únicos a fazer música nova e empolgante. Como outros artistas de Mersey Sound ficaram pelo caminho, novas bandas, a maioria com base em Londres, como os Stones, The Who e Pink Floyd, ganharam destaque, transformando o rock 'n' roll em uma forma mais elaborada de música popular. O rock, como estava ficando conhecido, seria um dos principais produtos de exportação da Grã-Bretanha, algo que o país poderia fazer tão bem quanto os Estados Unidos, e o sucesso dos Beatles em terras norte-americanas pavimentou o caminho para essas novas bandas britânicas. Foi também em parte graças ao sucesso dos Beatles que pessoas talentosas, jovens e de classe média baixa foram aceitas como celebridades, como o fotógrafo David Bailey, o ator Michael Caine e o pintor nascido em Bradford David Hockney, que, junto com seu amigo Peter Blake, lançou uma nova luz sobre a arte moderna. Escritores como os Angry Young Men se uniram e também construíram o caminho para essa mudança cultural com suas peças e romances. O sotaque de classe média baixa, até então uma desvantagem na vida britânica, agora estava muito em voga. Até o esnobe Chelsea Set queria se misturar com tais pessoas. "Qualquer pessoa com qualquer tipo de personalidade, criatividade ou carisma era bem-vinda", observa lorde St. Germans, um dos dândis envolvidos no merchandising dos Beatles, acrescen-

* Do inglês, swing. *(N. do T.)*

tando que "ser bonito ajudava". Os jovens começavam a se vestir de modo diferente: mulheres usavam maquiagem de cores vivas e saias curtas, segundo a pioneira estilista Mary Quant; enquanto homens deixavam o cabelo crescer e usavam uma mistura eclética de peças modernas, antigas e no estilo almofadinha. Os lançadores de tendências compravam em butiques na King's Road e na Carnaby Street, Soho. Eles se encontravam à noite nos clubes da moda como o Ad Lib, uma cobertura perto da Leicester Square de onde era possível observar o futurista Post Office Tower — ícone da nova e incandescente Grã-Bretanha — sendo construído em Fitzrovia.

Como obviamente era maravilhoso ser jovem, bonito e bem-sucedido em Londres nessa época, ainda mais sendo amado e admirado por pessoas em todo o mundo, e com rios de dinheiro, Paul estava feliz nessa posição. Apesar do contrato mesquinho de direitos autorais que os Beatles tinham com a EMI, e os termos desfavoráveis do acordo de publicação com Dick James, o astro foi informado por seu contador em 1965 de que era um milionário. O Beatle ganhava tanto que mantinha gordos envelopes de dinheiro em sua gaveta de meias na Wimpole Street. Ele fez o certo para os parentes mais próximos e queridos, comprando uma casa em Wirral para o pai e dando uma pensão ao irmão mais novo; também presenteou a si mesmo com alguns brinquedos de menino, notavelmente os carros Aston Martin e Radford Mini de Ville (um Mini incrementado e de interior luxuoso); e deu alguns bons presentes a Jane, como joias e outros objetos de ostentação. Agora Paul estava disposto a mostrar o quanto levava o relacionamento a sério ao sair com ela para comprar uma casa.

Paul escolheu uma propriedade na Cavendish Avenue, uma tranquila rua residencial em St. John's Wood, de onde se podia ir a pé ao Lord's Cricket Ground, ao Regent's Park e, mais importante, aos estúdios da EMI na Abbey Road. "Ele queria estar no centro de tudo", observa Tony Barrow. "Queria fazer isso por realização pessoal, subindo socialmente, o que seria impossível se você está preso lá no campo." De St. John's Wood, Paul também poderia chegar facilmente ao West End. A vizinhança mantinha uma atmosfera de aldeia, com a vida comunitária concentrando-se em torno das lojas na Circus Road, onde ele se tornou frequentador do pub, dos correios, do verdureiro, do café e da quitanda. Até hoje ele aparece no Panzer's para comprar bagels e tomar um drinque no Star, ali perto, na Charlbert Street.

Como Tony Barrow corretamente revela, comprar uma casa nessa região representava um passo além para Paul. O primeiro fora de Speke para um tipo melhor de residência pública na Forthlin Road. O segundo tinha sido morar na Wimpole Street com os Asher. O terceiro era esconder-se entre os vizinhos ricos e famosos vivendo em grandes casas do meio do século XIX construídas para os integrantes da classe alta. Um desses vizinhos era o honorável David Astor, editor do *Observer* e filho de lorde e lady Astor, cuja suntuosa mansão familiar, Clivedon House, fora usada nas cenas do "palácio de Buckingham" em *Help!*. Também compunham a vizinhança o jornalista Woodrow Wyatt, o parlamentar trabalhista Leo Abse e o ator Harry H. Corbett, astro de *Steptoe and Son*. No lado oeste da avenida, por trás dos altos muros de tijolo e portões duplos, ficavam várias mansões, com belas salas de visitas no andar térreo, cozinhas logo abaixo e quartos de empregados no sótão, bem ao estilo da série de TV britânica *Upstairs Downstairs*. Havia estábulos nos fundos, remanescentes dos dias em que os residentes possuíam carruagens. A maioria havia sido transformada em garagens, e um ou dois vizinhos usavam Rolls Royces dirigidos por motoristas. Foi uma daquelas propriedades, 7 Cavendish Avenue, que Paul comprou por 40 mil libras em abril de 1965, e depois gastou uma pequena fortuna ao longo do ano seguinte. A nova casa, batizada simplesmente de Cavendish, continua sendo a residência de Paul em Londres.

Enquanto as reformas eram feitas em seu novo lar, o Beatle permaneceu no sótão da Wimpole Street, onde nasceu a canção de maior sucesso que ele, e praticamente qualquer compositor de sua geração, escreveu, uma canção que seria regravada por mais de 3 mil artistas e tocada milhões de vezes no rádio, no que McCartney se refere como "possivelmente o sucesso do século". Uma manhã em 1963, Paul acordou em seu sótão com uma melodia na cabeça, que imaginou ser de um standard do jazz, alguma das canções que seu pai costumava tocar e que se insinuava em seu subconsciente. Ele foi direto ao piano: "Eu simplesmente caí da cama, descobri que o acorde com qual eu tinha sonhado parecia um sol, e então toquei." Mais detalhes foram ditos ao jornalista Ray Coleman:

> Disse a mim mesmo: eu me pergunto o que será isso, sabe? Não

> conseguia descobrir [o que era], porque tinha acabado de acordar. E consegui alguns acordes para ela. Cheguei ao sol, depois cheguei ao belo fá sustenido em sétima menor que foi o grande *uaaaaau*. E isso levou muito naturalmente ao dó, que levou muito naturalmente ao mi menor. Eu ficava brincando com esses acordes e pensava: bom, isso é muito bom, mas é um *roubo*... [Com isso ele queria dizer que a melodia era tão perfeita que não podia acreditar que tinha surgido em um sonho.] Não havia a menor lógica. E isso nunca havia me acontecido. E nunca mais aconteceu de novo. Isso é o mais doido sobre esta canção. Foi bem místico se eu parar para pensar, por causa das circunstâncias. Foi a única música com a qual sonhei!

Paul tocava a melodia para os amigos: no Georges V em Paris, nos bastidores dos shows, em qualquer lugar; a ponto de ter virado piada interna da banda, com George Harrison resmungando que alguém poderia pensar que Paul era o maldito Ludwig van Beethoven por causa do jeito que ele saía por aí falando *daquela música*. McCartney procurava o máximo de pessoas possível para ver se era realmente uma composição original e tocou a melodia uma noite na casa da cantora Alma Cogan. A essa altura não havia letra. A mãe dela entrou e perguntou se alguém gostaria de comer ovos mexidos, Ele começou a tocar a melodia com sua nova letra de mentira: "Scrambled eggs/Oh my baby how I love your legs/Oh scrambled eggs"* e esse virou o título de trabalho da canção: "Scrambled Eggs".

Em maio de 1965, Paul e Jane receberam um convite de Bruce Welch of the Shadows para visitá-lo em sua casa de férias em Portugal. O casal primeiro voou para Lisboa e depois foi levado por um motorista particular em uma viagem de cerca de 260 quilômetros ao sul para o Algarve. Durante o longo trajeto, Paul se ocupava arrumando a letra para sua nova melodia. Assim que eles chegaram ao palacete, ele correu em busca de um violão como alguém que precisava ir ao banheiro. "Ele disse logo de cara: 'Você tem um violão?' Eu podia ver que ele havia escrito a letra no caminho, pois tinha um papel nas mãos quando chegou", conta Welch. Embora Paul já tivesse escrito canções de amor reflexivas antes, notavelmente "Things We Said

* Ovos mexidos/Oh, querida como amo suas pernas/Oh, ovos mexidos. *(N. do T.)*

Today", a letra para essa nova canção era surpreendentemente madura para um homem que se aproximava do aniversário de 23 anos, refletindo sobre um caso de amor que terminou.

Why she had to go, I don't know, she wouldn't say
I said something wrong, now I long for yesterday *

Era uma música sobre um homem confuso, derrotado e arrependido, emoções com as quais não se imaginaria que Paul tivesse muita experiência pelo que sabemos de sua infância, e era radicalmente diferente das canções alegres que tornaram os Beatles populares. Tratava-se de uma balada lacrimosa, mais adequada a artistas como Frank Sinatra ou Ray Charles (ambos a gravariam). Sua mente musical por natureza tinha de alguma forma criado um clássico — a marca de um gênio — no qual finalmente colocara a letra. As palavras não são brilhantes, mas a poesia emociona. Paul comentou que a música tratava da morte da mãe, mostrando o quanto a perda lhe doía profundamente.

Quando voltou a Londres, Paul tocou "Yesterday" para a banda e George Martin na EMI, onde eles estavam terminando a trilha sonora de *Help!*.

> Ringo disse: "Não posso colocar nenhuma bateria aí — não faria sentido." E John e George disseram: "Não tem motivo para haver outro violão." Então George Martin sugeriu: "Por que não tenta você mesmo e vê como funciona?" Eu olhei para os outros: "Opa, vocês querem dizer uma gravação solo?" Eles disseram: "É, não tem problema, não há nada que possamos acrescentar a ela — pode fazer."

Tocada em um violão acústico, "Yesterday" soava um pouco como uma canção de Dylan. "O que fez 'Yesterday' ter o estilo do Beatles foi a decisão de George Martin de orquestrá-la com cordas, não no estilo adocicado de Mantovani, mas usando um quarteto de cordas para emprestar à música uma elegância clássica. Incapaz de ler ou de escrever partituras, a contribuição de Paul para o acompanhamento

---

* Por que ela se foi eu não sei, ela não disse/Eu disse algo errado, agora anseio pelo ontem *(N. do T.)*

de cordas limitou-se a ouvir o que George fazia e comentar, embora não faltasse perspicácia a seus comentários. Paul deixou claro, por exemplo, que não gostava do jeito que os músicos contratados para o trabalho — dois violinistas, um violoncelista e um violista — acrescentaram *vibrato*. Paul insistiu que eles tocassem as notas com precisão. Um pouco de *vibrato* acabou acontecendo, mas não era o bastante para fazer a gravação parecer *muzak* (embora "Yesterday" tenha sido usada como tal). Fazer o arranjo dessa gravação foi um ponto de virada para George Martin em sua relação com a banda, a partir do qual ele passou a contribuir de forma cada vez mais significativa e criativa. Ele conta: "Com 'Yesterday', comecei a escrever a música do grupo em partitura." Em parte como resultado disso, as gravações começaram a ficar mais interessantes. Paul sabia que eles haviam feito algo especial. Ele saiu para dançar aquela noite e encontrou um amigo no Ad Lib. "Acabei de gravar uma música ótima", disse ele a Terry Doran (um vendedor de carros amigo de Brian Epstein, depois citado em "She's Leaving Home" como o "*man from the motor trade*". "É muito boa!", contou a Terry, que o considerou incrivelmente arrogante.

Foi nessa época no Ad Lib que John e George fizeram sua primeira viagem de ácido, que mudou a vida deles muito antes de Paul experimentar a droga. John, Cynthia, George e a namorada, Pattie Boyd, foram a um jantar na casa do dentista deles. Após o jantar, o anfitrião colocou a droga — na época de uso irrestrito e pouco estudada — sem aviso no café servido às visitas, insistindo misteriosamente para que eles não fossem embora. John e George suspeitaram de que ele desejava promover uma orgia. O dentista disse que não, mas admitiu que lhes dera LSD. John ficou furioso, enquanto George nem sabia o que era LSD. Embora existisse desde a década de 1940, a dietilamida do ácido lisérgico estava apenas começando a ser usada de modo recreativo, e seus poderes ainda não eram compreendidos. Mesmo assim, a droga teria um efeito considerável na música dos Beatles.

Apesar dos avisos, os jovens decidiram ir embora. O amigo deles de Hamburgo, Klaus Voormann, havia formado uma banda com Paddy Chambers e Gibson Kemp, o baterista que substituiu Ringo nos Hurricanes. Paddy, Klaus e Gibson estavam tocando no Pickwick Club, e John, George e as garotas queriam vê-los. George levou o grupo, dirigindo o Mini de Pattie, que parecia estar encolhendo enquanto eles cruzavam a cidade. Após verem a apresentação no Pickwick, decidiram transferir a festa para o Ad Lib. "De repente a sensação mais incrível tomou conta de mim", recorda George. "Era como uma versão muito concentrada do melhor sentimento que tive em toda a minha vida." Para chegar à casa noturna os casais tinham que passar por uma porta em Leicester Place, ao lado do Prince Charles Theatre, e pegar um elevador para a cobertura. Havia uma luz vermelha no elevador. Quando ele subia, a luz parecia brilhar como fogo. Como George recorda, "parecia que o elevador estava pegando fogo e estávamos indo para o inferno, então ficamos todos histéricos e malucos ao mesmo tempo. Acabamos chegando ao Ad Lib, na cobertura, e ficamos lá, provavelmente por horas a fio". Ritchie estava lá e ouvia seus amigos tagarelando sobre o fogo no elevador. John notou que a mesa deles estava e — s — t — i — c — a — n —d — o. Quando já estava amanhecendo, George levou Pattie, John e Cynthia para casa, em Surrey, muito, muito *devagar*.

Os garotos mal podiam esperar para contar a Paul. John sempre amara *Alice no País das Maravilhas*, e ali estava uma droga que poderia fazê-lo descer pela toca do coelho sempre que desejasse. Ele recomendou que o amigo tomasse LSD imediatamente. A reação de Paul destaca uma diferença essencial entre os dois, que ficaria cada vez mais evidente.

> Eu realmente tinha medo desse tipo de coisa, porque é aquilo que lhe ensinam quando você é jovem. "Ei, tenha cuidado com essas drogas diabólicas." Então, quando o ácido surgiu, ouvíamos que você nunca mais seria a mesma pessoa, e acho que John ficou muito empolgado com essa perspectiva. Já eu estava bastante assustado com essa perspectiva e pensei: "Justo do que eu precisava! Uma coisinha que pode fazer com que eu nunca mais volte para casa."

Então Paul recusou e continuou recusando o LSD, enquanto John e George faziam cada vez mais viagens de ácido, ficando mais próximos. Eles estavam no clube do LSD agora, e Paul, não. Isso criou uma fissura na relação do grupo.

No fim de junho, os Beatles fizeram uma turnê europeia, seguida pela estreia de *Help!* em Londres. "Parecia bom, mas ficou cansativo demais para conseguir entreter", escreveu sucintamente o crítico de cinema Leslie Halliwell. Embora não tão agradável como *Os reis do iê iê iê*, *Help!* foi bem nas bilheterias. O single de mesmo nome chegou ao primeiro lugar e o álbum, cuja notável capa tinha os Beatles fazendo o título no alfabeto semafórico, também chegaria ao topo das paradas. Enterrada no lado B da versão britânica, entre "I've Just Seen a Face" e a faixa de encerramento "Dizzy Miss Lizzy" estava a "Yesterday" de Paul. Se por um lado essa era uma forma estranha de apresentar uma balada tão boa, por outro, a música soava diferente de tudo o que os Beatles haviam gravado até então.

A estreia de "Yesterday" no palco se deu no improvável cenário de um show de variedades de Blackpool, o resort perto do mar ao norte de Liverpool, transmitidos pela TV. *Blackpool Night Out* era um programa independente, apresentado pelos irmãos comediantes Mike e Bernie Winters: entretenimento para toda a família, incluindo comediantes, dançarinos e cantores. Transmitido ao vivo, o programa era assistido por milhões de pessoas em todo o país. Assim, a banda subiu ao palco do Blackpool ABC no domingo, 1º de agosto de 1965, para promover *Help!*. Na metade do show, George anunciou que Paul cantaria sozinho a música seguinte. Ele fez a introdução com uma referência sarcástica a outro programa popular de TV, *Opportunity Knocks*, no qual um aspirante a artista tenta fazer sucesso conquistando os votos da plateia: "E então para Paul McCartney de Liverpool", disse George imitando o apresentador Hughie Green, "Opportunity Knocks!"*

"Obrigado, George", resmungou o amigo, agora sozinho no palco com seu violão acústico. Um holofote o focalizava enquanto dublava a gravação da EMI de "Yesterday", uma canção tão triste que as garotas da plateia pararam de gritar por alguns momentos. Ao final, John liderou os outros integrantes de volta ao palco, dando a Paul um buquê de flores falsas que se desfez nas mãos dele. "Obrigado, Ringo!", Lennon disse a McCartney em tom de zombaria: "Isso foi maravilhoso."

---

* Em português: A oportunidade bate à porta! *(N. do T.)*

ESTÁDIO SHEA

De Blackpool a Nova York! O show feito pelos Beatles duas semanas antes no William A. Shea Municipal Stadium em New York foi nada menos que o primeiro concerto de música pop em um estádio.

Até então, bandas pop britânicas subiam na carreira passando dos clubes aos salões de dança antes de se estabelecerem no circuito nacional de cinemas e teatros. Alguns deles — como o Hammersmith Odeon e o London Palladium — eram maiores e mais prestigiados que outros, recebendo cerca de 3 mil pessoas, e algumas vezes bandas tocavam no Royal Albert Hall, que recebia mais de 5 mil, mas poucos artistas se apresentavam em lugares maiores que isso. Os Beatles, sendo únicos, tocavam para públicos maiores na América do Norte — 18.700 pessoas no Hollywood Bowl e 20 mil no Empire Stadium em Vancouver, grandes arenas segundo os padrões modernos —, mas nenhum show de música, britânico ou norte-americano, havia sido realizado em um estádio de esportes. Nenhum artista tinha o poder de atração para encher tantos lugares e, tecnicamente falando, era impossível amplificar uma banda adequadamente em um lugar tão grande.

Foi Sid Bernstein quem teve a audácia de fazer história. Após agendar com sucesso dois shows para os Beatles no Carnegie Hall em sua primeira visita aos Estados Unidos, o entusiasmado promotor de eventos percebeu que poderia ter vendido muito mais ingressos. Ele começou a falar com Brian Epstein sobre colocar os garotos no Madison Square Garden em 1965. O Garden tinha 17 mil lugares na época.* Quando fez as contas, Sid viu que mesmo esse local não era grande o suficiente para acomodar todos os nova-iorquinos que poderiam querer ver os garotos se apresentarem. "Mudei de ideia. Gostaria de apresentá-los no Shea Stadium", disse Sid a Brian pelo telefone, referindo-se ao lar dos New York Mets.

"Qual o tamanho desse estádio?", perguntou Epstein.

"Tem 55 mil lugares", respondeu Sid. Isso significava que os Beatles poderiam tocar em uma noite para a mesma quantidade de pessoas para a qual se apresentariam em três semanas no Carnegie

* O atual Madison Square Garden, construído em 1968, tem 20 mil lugares. *(N. do A.)*

Hall. Quando Brian digeriu os dados, expressou uma empolgação cautelosa.

"Não quero nenhum lugar vazio na casa, Sid."

"Brian, eu lhe darei 10 dólares para cada lugar vazio."

Nenhum dos dois precisou se preocupar. Todos os 55.600 ingressos — com preços em torno de 5 dólares mais impostos — foram vendidos. Este não seria apenas o maior show que qualquer artista já fizera, como a maior arrecadação dos Beatles em uma só noite: 180 mil dólares, que valem cerca de 1,2 milhão de dólares hoje.

Domingo, 15 de agosto de 1965, era um belo dia de final de verão. Os fãs começaram a chegar cedo, garotas com vestidos leves, bronzeadas das férias, muitas acompanhadas dos pais. À medida que as camadas de lugares brancos eram preenchidas, o nível de ruído aumentava, visto que milhares de jovens decidiram começar a gritar cedo. Elas continuaram berrando ao longo do dia ensolarado, para todas as bandas de apoio — uma seleção peculiar de cantores, bandas de jazz, dançarinos de discoteca e celebridades apresentando as atrações — em um ataque histérico coletivo e prolongado. Muitas ficaram tão emocionadas que desmaiaram. Mais tarde, os Beatles entraram em um helicóptero em Manhattan e foram levados ao show, amontoando-se nas janelas para dar uma olhada no estádio em forma de ferradura. No calorento crepúsculo, 55 mil fãs olhavam para o helicóptero vermelho, branco e azul sobrevoando o estádio e, ao perceber que a banda estava a bordo, muitas tiraram fotos instantâneas "e criaram uma onda momentânea de luz ofuscante que se acendeu no céu noturno", como depois escreveu Tony Barrow. Quando aterrissaram, os garotos foram levados ao estádio em um carro-forte da Wells Fargo.

Por volta das 21h15, quando a temperatura caiu e ficou realmente escuro, Ed Sullivan, cuja empresa filmava o show, entrou no palco para anunciar: "Aqui estão os Beatles." Ruído em coro. "Aqui estão eles." Ruído mais alto. Ao contrário dos shows em estádios modernos, onde a primeira visão da plateia é o momento em que os artistas entram no palco, os Beatles saíram do túnel que ficava embaixo dos lugares, como se fossem jogar uma partida de beisebol, correndo pela quadra para tomar seus lugares no palco. Outro fato que evidencia o quanto essa apresentação foi preparada mais como um evento esportivo do que um show de rock como estamos acostumados a ver foi que os fãs não podiam ficar na frente do palco. Todos se sentavam nas arquibancadas, mas praticamente todo o público estava de pé agora, gritando. Muitas garotas tentavam escalar a cerca de arame que as separava do campo enquanto policiais tentavam persuadi-las em tom paternal a agir com sensatez e descer de lá.

John, Paul, George e Ringo, que vestiam túnicas bege no estilo militar, calças pretas e distintivos da Wells Fargo, pareciam felizes e empolgados. Sempre mostrando profissionalismo, Paul fez uma pausa para agradecer ao Sr. Sullivan pela apresentação, depois se juntou aos outros na apresentação curta e frenética de sempre, que, quando vista hoje em DVD, parece fraca e amadora em um espaço tão vasto, especialmente em comparação aos shows estrondosos que Paul faz em estádios hoje em dia. Cada canção tinha como prólogo algumas palavras piegas de apresentação. "Gostaríamos de continuar com uma música de *Yesterday and Today*", disse George, referindo-se ao álbum da Capitol, que tinha esse nome. "Este também é um single e tem Paul cantando uma música muito bonita chamada 'Yesterday.'" O som era horrível, como se o público ouvisse alguém cantar pelo telefone em uma ligação feita da Austrália. Normalmente os Beatles usavam alto-falantes Vox de 30 watts no palco. Para o Shea, eles tinham alto-falantes especiais de 100 watts, mas a música era transmitida pelo mesmo sistema usado para anúncios de beisebol. Além disso, a acústica de um estádio a céu aberto é diferente da de um teatro. O som vai embora com o vento. E, claro, não havia telões gigantescos para ajudar os fãs a ver os artistas. Apesar de todos esses problemas, quase todo mundo no Shea se divertiu muito. Entre os milhares que se esticavam para ver e ouvir os Beatles estavam Mick Jagger e Keith Richards, que aperfeiçoariam os shows de rock em estádios com os Rolling Stones nos anos 1980 e 1990. Uma fileira de luzes brancas brilhava diretamente sobre Paul, fazendo com que ele suasse bastante em uma noite que já era quente. Cinegrafistas localizados bem em frente ao palco registravam a apresentação. Mesmo assim, todos os Beatles se divertiram muito: John se comportava como nos tempos do Kaiserkeller quando ficava empolgado demais: fazia caretas, falava outros idiomas e parava para comentar o que via. "Ah, olha pra ela. Ah!", disse ele enquanto observava os policiais caçando uma fã que corria pelo campo. Quando chegaram à última canção, John tocava o órgão com os cotovelos e ria muito, fazendo George gargalhar também. Paul, que "suava teias" sob as luzes, como se diz no norte da Inglaterra*, continuou concentrado como sempre, embora até ele tenha rido no final.

Depois de Nova York, os Beatles fizeram uma série de shows em arenas pela América do Norte, indo pelo oeste até a Califórnia, onde teriam cinco dias de descanso. Os garotos se esconderam em uma casa em Hollywood Hills, onde receberam a visita do ator Peter Fonda e de membros dos Byrds, e onde John e George apresentaram Ritchie e Nell ao LSD. "Eu jogava bilhar com Neil Aspinall", conta Don Short, um dos jornalistas amigos da Fleet Street convidados a passar um tempo com a banda em Los Angeles. "Aspinall jogava como um gênio do mal, encaçapando tudo. Um tempo depois, ele contou que via todas as bolas do tamanho de uma bola de futebol — eu não fazia ideia do que estava acontecendo."

Embora ainda evitasse o LSD, Paul fez sexo em Los Angeles, de acordo com a aspirante a estrela Peggy Lipton, namoradinha da última viagem ao litoral. McCartney a convidou para jantar em sua casa, para alegria de John, segundo a atriz recorda: "Tive a impressão de que ele achou Paul um idiota por levar uma garota tão a sério a ponto de convidá-la para jantar, quando tudo o que ele realmente precisava fazer era transar com ela após o jantar." Mais uma vez, o principal ponto de interesse é que ele estava disposto a trair Jane, com quem ainda namorava. Ele acabara de dar à jovem um pingente de diamante por seu aniversário de 19 anos e estava planejando se mudar para Cavendish com ela quando os decoradores terminassem as obras. Considerando o que era oferecido aos Beatles, seria obviamente uma surpresa se Paul continuasse fiel durante a turnê, e ele estava bem longe disso. Ao voltar dos Estados Unidos, o Beatle contou ao tio Mike as loucuras vividas no oeste norte-americano. "Ele me disse: 'Você já tentou com quatro pessoas na cama?' quando eles voltaram dos Estados Unidos e [as garotas] eram fornecidas pelos estúdios. Fiquei perplexo: 'Quatro em uma cama?' Ele respondeu: 'Sim.' Três loiras lindas e ele." Ao que o tio só conseguiu exclamar "Deus me proteja!"

---

* Suar "teias" (teias de aranha) remete ao rastro de suor que escorre do rosto de trabalhadores de minas, e seria citada por Paul em sua excelente canção de 2007, "That Was Me". *(N. do A.)*

Também foi nessa semana que os Beatles conheceram Elvis Presley em sua casa em Bel Air. As expectativas para esse encontro eram altas. Afinal, Elvis era o herói musical número 1 de Paul quando criança, o mesmo para John, embora os dois não gostassem do trabalho feito por Presley após ter sido enviado para o exército. O Elvis que estavam prestes a encontrar tinha 30 anos e havia se acomodado à rotina e à mediocridade, atuando em uma aparentemente eterna série de filmes *jukebox* como *No paraíso do Havaí*, recém-filmado. Nisso, como em tudo o que fazia profissionalmente, Elvis era o peão de seu empresário, coronel Tom Parker, que explorava seu artista sem se preocupar com a qualidade da música que originalmente entreteve e inspirou tantas pessoas. Sob vários aspectos, Elvis era um exemplo de como *não* conduzir uma carreira.

Quando os garotos entraram na casa de Presley na North Perugia Way, o Rei assistia à TV no mudo e, ao mesmo tempo, tocava em um baixo elétrico a melodia de um disco que estava no *jukebox*. A Máfia de Memphis estava reunida ao redor dele, e os Beatles traziam sua própria gangue de colegas. Nessa ocasião, a turma era composta por Neil, Mal, Tony Barrow e o jornalista do *NME* Chris Hutchins, que ajudara a organizar o encontro. Brian e o coronel também estavam presentes, "tomando conta de seus astros como pais", conforme observou Hutchins. Após um pouco de papo furado, os garotos pegaram instrumentos e tocaram com o ídolo, com Paul sentado no sofá perto de seu herói. Ele não estava estupefato e fez até piada dizendo que Brian poderia conseguir trabalho para El como baixista em uma de suas bandas de Mersey Beat. Eles também falaram de carros e turnês, trocando histórias de horror. "Tivemos algumas experiências bizarras", disse Paul ao ídolo. "Um rapaz entrou correndo no palco, puxou os condutores da aparelhagem e disse para mim: 'Mexa-se e você está morto.'" O Rei concordou, afirmando que esse mundo podia ser realmente assustador. Quando saíram da casa após um encontro relativamente curto e forçado, John Lennon citou o filme *O vento também tem segredos*, no qual o personagem fugitivo de Alan Bates é brevemente confundido com Jesus Cristo por um grupo de crianças. "Este não era Jesus", disse ele aos rapazes, "era só um cara." Nos anos seguintes, Paul conseguiu dar uma perspectiva melhor à reunião, dizendo: "Foi um dos melhores encontros da minha vida." Afinal, era Elvis, o homem que os inspirara, cuja carreira estava em declínio enquanto a deles ascendia. "Só o encontrei essa vez, acho que depois nosso sucesso começou a afastá-lo um pouco, o que nos deixou muito tristes... Ele era nosso maior ídolo, mas o estilo estava mudando a nosso favor."

O single mais bem colocado de Elvis na parada da *Billboard* daquele ano foi "Crying in the Chapel", que chegou ao terceiro lugar em maio de 1965. Os Beatles, por sua vez, conseguiram cinco primeiros lugares nos EUA naquele mesmo ano, o quarto deles com "Yesterday". Sem nunca ter sido lançada na Grã-Bretanha como single, mas vendida pela Capitol nos EUA, a música ficou quatro semanas no topo da parada naquele outono. Com o passar dos anos, ela se tornaria a canção mais bem-sucedida dos Beatles, a primeira a ter 5 milhões de execuções nos EUA, um número que não para de crescer.

8

PRIMEIRO FINAL

CONVOCADO AO PALÁCIO

Em poucos anos Paul McCartney se tornara uma das pessoas mais famosas do Ocidente, com os Beatles sendo tão reconhecíveis quanto o presidente dos Estados Unidos, a rainha da Inglaterra e os maiores astros do esporte e do cinema. Além disso, a banda era um desenho animado vivo, seguido diariamente pelo público de modo tão ávido quanto se liam os quadrinhos nos jornais. Os rapazes eram fonte de entretenimento não só para as pessoas na Grã-Bretanha e na América do Norte, como também na Europa Ocidental, Ásia, América do Sul e até atrás da Cortina de Ferro, onde seus discos eram banidos, juntamente com outras formas da cultura ocidental degenerada, mas negociados avidamente no mercado negro. Os Beatles não eram os primeiros ícones pop globais — Elvis tivera essa honra, mas nem ele tinha sido tão festejado em tantos lugares e de modo tão amplo. Tudo acontecera em um piscar de olhos.

No Reino Unido, talvez apenas a rainha fosse mais famosa que o grupo de Liverpool e, em 1965, os garotos foram os primeiros astros pop a ter a honra de ser nomeados por Sua Majestade como membros da Ordem do Império Britânico, outro pioneirismo dos Beatles. No futuro, Sua Majestade concederia títulos a várias celebridades da música como reconhecimento ao lucro que tiveram com exportação, por suas obras de caridade e para marcar sua popularidade. Quando os *fab four* receberam a honraria em 26 de outubro de 1965, foram os primeiros astros pop a ser convidados ao palácio de Buckingham e, assim como é difícil compreender agora o quanto os Beatles eram famosos há tantos anos, também fica difícil entender a celeuma criada pela decisão da rainha em conceder um título à banda, embora fosse da classe mais baixa disponível nas circunstâncias, algo menor que o humilde título de oficial da Ordem do Império Britânico e cinco postos abaixo do título de cavaleiro. Alguns velhos soldados, enojados pela homenagem aos rapazes, devolveram suas medalhas militares duramente conquistadas (mesmo com o sistema militar sendo separado do civil) enquanto uma vasta multidão de estudantes histéricas se reuniu do lado de fora do palácio para gritar pelos Beatles através dos portões de ferro, uma colisão entre o pop e o cerimonial que foi transmitida pela TV no noticiário nacional.

Enquanto muitos não achavam que os Beatles mereciam ser honrados apenas por se divertirem e ficarem ricos, outros viam o sentido pragmático do que era, fundamentalmente, um gesto político orquestrado pelo primeiro-ministro da nação, ciente da publicidade. Harold Wilson viu corretamente que os Beatles eram bons para a Grã-Bretanha. Como disse o próprio McCartney, "a maioria das pessoas sentia que éramos um grande produto de exportação e embaixadores da Grã-Bretanha. Pelo menos as pessoas estavam prestando atenção na Grã-Bretanha, carros como Mini e Jaguar e roupas britânicas estavam vendendo... Em certos aspectos, éramos supervendedores para o país". George expressou esse mesmo pensamento de modo mais cínico, como era de seu feitio: "Fizemos muito pela Grã-Bretanha, vendendo todo aquele tecido de veludo cotelê, então eles nos deram essa maldita [medalha] velha." John devolveu sua honraria em 1969, "em protesto contra o envolvimento da Grã-Bretanha no caso Nigéria-Biafra*... e contra o fato de 'Cold Turkey' ter caído nas paradas". Ritchie também se desencantou com a realeza em 2004. Depois de ser preterido para o título de cavaleiro conquistado por McCartney, ele declarou: "Eu realmente não sou mais muito fã de Sua Majestade."

Após fumar um cigarro no banheiro do palácio de Buckingham (não um baseado, como Lennon depois alegou), a banda foi apresentada à rainha em pares a fim de receber o título de membros da

---

* Refugiados estavam sofrendo com a fome na ex-colônia britânica da Nigéria, envolvida em uma guerra civil com Biafra, que tentava se separar. Lennon evidentemente achava que a Grã-Bretanha deveria ajudar mais. "Cold Turkey" era seu single na época. *(N. do A.)*

Ordem do Império Britânico. Paul e Ritchie foram juntos. "Há quanto tempo vocês têm essa banda?", perguntou educadamente Sua Majestade enquanto um cavalariço lhe dava os estojos a serem entregues. Em resposta, os garotos cantaram um pedaço da canção de salão "My Old Dutch":

We've been together now for 40 years
*An' it don't seem a day too much!**

A rainha olhou para os rapazes com deleite, no que seria o começo de uma relação longa e surpreendentemente próxima entre Paul e sua rainha.

RUBBER SOUL

O recebimento do título do palácio de Buckingham ocorreu durante a produção de um novo e importante álbum com George Martin, cuja situação na EMI mudara significativamente. Após uma longa discussão sobre o pagamento, Martin se demitiu como chefe da Parlophone naquele verão para criar sua própria empresa, a Associated Independent Recording (AIR), fazendo um acordo com a EMI segundo o qual ele continuaria a produzir os Beatles como freelancer pelos royalties de produtor. Pode ou não ser coincidência que, ao aumentar sua aposta financeira na banda (embora não fosse excessivamente generosa), ele tenha se envolvido mais no processo criativo, acrescentando cada vez mais toques orquestrais que se tornaram a marca do trabalho maduro dos Beatles e ergueram a banda acima do rebanho pop. Na verdade, o álbum seguinte da banda foi uma ruptura.

Trabalhando com George, os garotos desenvolveram o hábito de lançar dois LPs por ano para a EMI e, ao final de 1965, a empresa queria um lançamento para o Natal. Então, no dia 12 de outubro, eles foram ao Estúdio Dois da EMI na Abbey Road, com algumas canções preparadas e trabalharam duro para terminar o disco no prazo. Tendo em mente as circunstâncias nas quais foi feito, o LP *Rubber Soul* é

---

* Estamos juntos há 40 anos/E não parece ser nem um dia a mais! *(N. do T.)*

impressionante, o melhor trabalho já feito pela banda até então, rico tanto em termos de música quanto de letra, original, divertido e empolgante de ouvir, um verdadeiro divisor de águas. O título do álbum foi inspirado em um comentário autodepreciativo feito por Paul após gravar sua canção "I'm Down" naquele verão. "*Plastic soul, man. Plastic soul.*"*, disse ele ao fim de uma gravação, indicando que seu desempenho não tinha emoção suficiente. Uma alma de borracha teria mais capacidade de quicar e, nesse sentido, *Rubber Soul* explode de energia. Com o álbum que se seguiu, *Revolver*, e os singles lançados na mesma época, pode-se dizer que os Beatles fecharam a primeira metade da carreira quando essencialmente deixaram de ser uma ótima bandinha de baile, gravando canções de amor aceleradas com letras adolescentes, e se transformaram em uma unidade criativa muito mais ambiciosa. Com *Rubber Soul* e *Revolver*, era como se os Beatles tivessem saído do mundo preto e branco do início dos anos 1960 e passado a transmitir em cores, com uma nova exuberância em sua aparência e interesses.

Nessa época, o tema indiano se insinuou pela primeira vez no som dos Beatles. Enquanto filmavam *Help!*, George Harrison tinha conseguido um tempo para conversar com os músicos que tocariam na cena do restaurante indiano. Logo em seguida, ele começou a aprender cítara, que passou a tocar sem muita destreza, mas bem o suficiente na canção de John, "Norwegian Wood (This Bird Has Flown)".

Obviamente, existem "as canções de John" e "as canções de Paul" em *Rubber Soul*, ambos compunham cada vez mais, individualmente ou em dupla. Quanto de ajuda um deu ao outro às vezes é motivo de discussão. Enquanto "Norwegian Wood" é considerada uma música de John, por exemplo, a recordação de McCartney é que eles a terminaram juntos. Paul também alega ter tido uma atuação significativa em "In My Life" enquanto Lennon disse que o amigo ajudou apenas no refrão. Em comparação, "Drive My Car", uma metáfora motorizada para sexo, foi realmente uma colaboração, com John escrevendo boa parte da letra tendo como base uma melodia de Paul. O baixo e o piano de Paul são magníficos. O tema da viagem continuava, desta vez com referências a drogas, em "Day Tripper", lançada

* Alma de plástico, cara. Alma de plástico. *(N. do T.)*

como single de dois lados A junto com "We Can Work It Out", de Paul, que chegou ao primeiro lugar. A letra desta última pode ser lida como uma percepção sobre a personalidade dominante de McCartney, no estilo "tem que ser do meu jeito". No diálogo da letra, aparentemente relatando uma briga de casal, o rapaz repetidamente implora que sua garota "*try to see it my way*"*, avisando que se ela não o fizer, tudo estará acabado. John Lennon escreveu uma parte, apelando inesperadamente para a razão nesse relacionamento problemático, dizendo que a vida é curta demais para arrumar problemas e brigar, deixando "We Can Work It Out" ainda mais interessante. Quando trabalhavam juntos dessa forma, Lennon e McCartney eram compositores verdadeiramente complementares.

O lado A de *Rubber Soul* fecha com "Michelle", uma das canções de Paul mais bonitas e bem-sucedidas comercialmente, que se baseou em uma brincadeira de festa, cujo objetivo é improvisar uma canção de amor para dançar juntinho, com o truque de algumas palavras em francês para criar uma faixa *à la* Chet Atkins. Chegar falando em francês em uma festa era uma ótima maneira de conseguir garotas. Quando John e Paul enfrentavam o problema de terminar esse novo álbum rapidamente, Lennon sugeriu que o amigo desenvolvesse aquela brincadeira. Ele pediu ajuda a Janet Vaughan, professora de francês e esposa de seu velho amigo de escola Ivan, que morava em Londres e costumava encontrar-se com Paul. Uma noite, quando Ivy e Janet foram visitar Paul e Jane na Wimpole Street, o Beatle pediu que a professora o ajudasse com uma canção.

> Acho que Paul disse ter escrito uma música e perguntou se eu podia pensar em um nome cristão de uma garota — não me lembro exatamente como ele disse — e depois um adjetivo que combinasse; acho que pensei em "Michelle my *belle*". Passamos por vários nomes franceses cristãos e depois tentamos achar algo que rimasse e que os qualificasse. Então ele comentou: "Eu quero ouvir e dizer depois 'Estas palavras ficam bem juntas'", tendo decidido pelo *belle*. Então eu apenas traduzi: "*Sont les mots qui vont très bien ensemble.*" E foi isso, mesmo.

* Tente ver a situação do meu jeito. *(N. do T.)*

As outras "canções de amor" de McCartney em *Rubber Soul* são quase tão fortes quanto essa, embora sejam diferentes. Enquanto "Michelle" é doce, "You Won't See Me" e "I'm Looking Through You" são amargas, esta última cantada com raiva:

I'm looking through you, where did you go?
I thought I knew you, what did I know?
You don't look different, but you have changed.
*I'm looking through you, you're not the same.**

Compositores, assim como romancistas, escrevem do ponto de vista de personagens que, em geral, são total ou parcialmente imaginados, sendo, portanto, imprudente ler uma canção como autobiografia. Apesar disso, Paul deixou claro em entrevistas que "You Won't See Me" e "I'm Looking Through You" dão um vislumbre de seu relacionamento com Jane Asher naquela época. Isso é intrigante porque Jane é uma das poucas pessoas próximas aos Beatles que, apesar de alguns comentários breves, jamais contou sua história, tendo uma política de discrição que adotou no início de seu romance com Paul e manteve, apesar de repetidos pedidos de jornalistas e escritores, incluindo eu.** Seu silêncio inibiu o normalmente falastrão McCartney, que pouco disse sobre essa fase, embora tenha revelado que escreveu "I'm Looking Through You" na Wimpole Street em um momento de tensão no relacionamento, basicamente porque Jane insistia em continuar a carreira de atriz, afastando-se de Londres, enquanto Paul preferia que ela ficasse em casa à espera dele.

Quando Paul conheceu Jane, ela estava com apenas 17 anos e era uma ex-estrela infantil que morava na casa dos pais, sem saber ao certo que rumo tomar na vida adulta. No início, ela deixava que o namorado mais velho e mais vivido liderasse. Paul decidia o que eles faziam, onde passavam as férias e até as roupas que a namorada usava, e ela parecia feliz com isso. Quase três anos se passaram,

---

* Não estou te reconhecendo, aonde você foi?/Achei que a conhecia, mas o que eu sabia?/Você não parece diferente, mas mudou/Não estou te reconhecendo, você não é mais a mesma. *(N. do T.)*

**Consultada sobre este livro, Jane, agora na casa dos 60, respondeu de modo educado, mas firme, que não desistiria de sua "regra geral" sobre não falar de Paul. *(N. do A.)*

e a menina tornou-se uma mulher chegando aos 20 anos, com os olhos fixos na carreira de atriz de teatro. Eles ainda pareciam estar bem juntos, mas Jane já não era mais tão obediente quanto antes ou quanto às outras parceiras dos Beatles. "Eu os achava um casal adorável. Ela era maravilhosa, uma pessoa muito calma e, no meio de tudo isso, você sentia que ela era um equilíbrio maravilhoso para ele, e que eles eram do mesmo nível, sem dúvida", comenta a artista Jann Haworth que, com o marido Peter Blake, conheceu os Beatles naquela época.

> Nunca me pareceu que Paul fosse o chefão e que ela morresse de medo dele, mas dava para sentir um pouco isso com Pattie Boyd e algumas das garotas. Quero dizer, Cynthia basicamente vivia para esperar por John. Por outro lado, dava para sentir que Paul via Jane como igual e que ela possuía uma mente muito flexível. Ela não era burra, era realmente inteligente.

Enquanto Paul estava em Londres gravando *Rubber Soul*, Jane estava em Bristol ensaiando uma peça. Depois do Natal, ela entrou em uma produção da companhia Bristol Old Vic de *The Happiest Days of Your Life*, que a mantinha no sudoeste da Inglaterra. Dizem que Paul ligava para saber das apresentações da namorada em Bristol, ficando desconfiado quando ela não estava em casa, exigindo saber onde e com quem estava, enfim, sendo o namorado ciumento de "You Won't See Me". O conflito foi grande o bastante para causar uma breve separação do casal. "Era terrível ficar sem ela", admitiu Paul, e eles logo fizeram as pazes. Mas ele não era fiel.

Várias mulheres relataram casos com o astro enquanto ele estava com Jane, e, quando ele começou a escrever sua biografia autorizada na década de 1990, reconheceu: "Eu tinha uma namorada e saía com outras garotas. Era um relacionamento perfeitamente aberto." Um verdadeiro relacionamento aberto significaria que os dois estariam livres para ver outras pessoas, mas parece que a relação era mais aberta do lado dele. Certamente Jane tinha mais razões para sentir-se insegura sobre o que McCartney estava aprontando. Afinal, ele fazia parte do grupo mais famoso do mundo, sendo considerado por muitas o mais bonito da banda e um dos dois Beatles ainda solteiros. As garotas se jogavam em cima dele. "Você saía para dançar e metade das garotas na pista de dança manobrava os parceiros para que pudessem dançar bem na frente de Paul, e até deixavam os vestidos subir. Era impressionante", comenta o escritor Barry Miles, amigo deles nessa época. "Tudo o que ele teria que fazer era dizer 'Vamos' e sair. O namorado seria abandonado ali mesmo!"

Miles era um entusiasta da literatura *beat* norte-americana, que sonhava abrir uma livraria alternativa em Londres. Um de seus amigos era o crítico de arte John Dunbar, que era casado com a cantora Marianne Faithfull (que fez sucesso gravando "Yesterday") e queria abrir uma galeria de arte. Com o dinheiro ganho pelo amigo Peter Asher como astro pop, Miles e Dunbar abriram uma livraria e galeria de arte chamada Indica (por causa da planta da *cannabis*) na 6 Mason's Yard em Piccadilly, entre um toalete masculino e o clube noturno Scotch of St. James. A livraria de Miles ficava no térreo e galeria de arte de Dunbar, no subsolo. Paul ficou amigo dos dois jovens por meio de Peter Asher e começou a frequentar a Indica. Depois de terminar *Rubber Soul* e de fazer alguns shows em dezembro de 1965, que acabariam sendo os últimos shows dos Beatles em terras britânicas, McCartney se deu ao luxo de tirar os três primeiros meses de 1966 de férias, parte dos quais ele e Jane, agora reconciliados, passaram ajudando a preparar a inauguração da Indica, pintando paredes e instalando prateleiras. "Eu me lembro de que ele e Jane chegaram lá uma vez e havia cerca de cinquenta pessoas atrás deles", conta Miles, que tornou-se tanto amigo quanto guia cultural do Beatle. "Era muito difícil. Na verdade, ele odiava aquilo. Ele adorava andar de ônibus e fazer parte da cidade, comportar-se como [uma pessoa] normal."

Paul tinha interesse em literatura e costumava citar, incorretamente, Shakespeare, mas não tinha tempo ou inclinação para ler seriamente. Os livros da Indica — a maioria poesia moderna e ficção literária — eram, portanto, apenas de interesse periférico. Embora não fosse um grande leitor, ele tinha apetite voraz para conhecer gente nova e embeber-se em suas ideias, e Miles e seus amigos foram fundamentais para expandir seus horizontes culturais. "Com a gente ele conheceu todo o pessoal ligado a arte, pessoas como [o marchand] Robert Fraser", relembra Miles. "Ele conheceu David Hockney [e] Claes Oldenburg [quando] estava lá para a primeira exposição. Também conheceu Richard Hamilton por meio de Robert Fraser." Fraser era um marchand jovem e antenado que acompanhou Paul em uma farra de compras a Paris, onde o músico adquiriu duas obras de René Magritte. Depois comprou um terceiro Magritte, o quadro de uma maçã intitulado *Le Jeu de mourre*, que inspirou o nome da gravadora dos Beatles. Essas compras eram criteriosas e relativamente baratas em 1966, de 2 mil ou 3 mil libras cada, formando a base de uma extensa coleção de arte. Seguindo os conselhos de Fraser, ele também encomendava obras, contratando Peter Blake para pintar uma versão pop art do *Monarch of the Glen* de Landseer, que foi pendurado em cima da lareira em Cavendish. Já a escultura de Eduardo Paolozzi, *Solo*, uma lembrança do aluno de Paolozzi, Stuart Sutcliffe, tinha lugar de destaque na sala de música do andar de cima.

Mesmo não sendo um leitor ávido, Paul conheceu, por intermédio de Miles, os autores norte-americanos Allen Ginsberg e William Burroughs, e ficou interessado na técnica de montar histórias usando recortes aleatórios de jornal, popularizada por Burroughs e que mais tarde acabou chegando às letras dos Beatles. Outro escritor que atiçou a imaginação dele foi o dramaturgo francês do século XIX Alfred Jarry, após assistir a uma celebrada montagem de sua peça *Ubu rei* no Royal Court londrino com cenários de David Hockney. Uma das ideias de Jarry era a quase ciência chamada patafísica, "a ciência da solução imaginária", que foi parar no álbum *Abbey Road*. O curioso Miles também acompanhou Paul a shows de compositores de vanguarda como Luciano Berio, que apresentava uma peça eletrônica em Londres em fevereiro de 1966. O Beatle ficou furioso quando a imprensa foi fotografá-lo no show, estragando o clima. "Tudo o que vocês fazem é destruir! Por que não pensam nas pessoas, por que não criam algo?", enfureceu-se com os fotógrafos. Felizmente, a imprensa não estava presente quando Miles levou Paul para assistir ao compositor de vanguarda Cornelius Cardew, seguidor de John Cage que "tocava" o piano batendo nos pés do instrumento ou abrindo e puxando suas cordas, tudo menos pôr as mãos nas teclas. Frequentando eventos excêntricos como esse, Paul ficou mais atento e interessado em compositores modernos e nas experiências usando atonalidade, colagem, repetição, instrumentação diferente e novas tecnologias para criar, entre outras obras, músicas colando pedaços de fita magnética e fazendo loops. Inspirado, Paul começou a criar suas fitas na Cavendish Avenue.

O grupo de vanguarda de Londres era também um bando de hedonistas, e o Beatle gostava de sair com esses novos amigos modernos basicamente porque podia, discretamente, fumar maconha e fazer sexo. Em visita aos Dunbar em Lennox Gardens, ele iniciou um relacionamento com a atraente babá da família, Maggie McGivern, que alega ter tido um caso de três anos com ele sem que Jane soubesse. "Nosso relacionamento era secreto desde o primeiro dia." Segundo Maggie, eles se encontravam furtivamente em salas de leilão, onde o músico comprava móveis antigos para sua nova casa, e em Regent's Park onde passeava com sua nova cadela, Martha, uma Old English Sheepdog. Quando a namorada estava longe de casa, Maggie conta que ela e Paul escapavam para a Europa em férias ilícitas. "Eles se encontravam de vez em quando por alguns anos", diz Miles, observando que a babá era "apenas uma de várias".

Outra característica do novo grupo londrino de Paul era a ligação com a aristocracia. Marianne Faithfull era filha de uma baronesa, e o contexto de Londres na época era amigável tanto com a prole de famílias notórias quanto com os filhos e filhas da classe média baixa. Um desses notórios era Tara Browne, filho de lorde Oranmore, chefe da família cervejeira Guinness, que estava prestes a herdar uma fortuna quando completasse 25 anos. Até lá, o jovem viveu de forma imprudente, gastando por conta. Após sair de Eton, casou-se aos 18 anos, teve alguns filhos e depois os abandonou, pois estava mais interessado em gerenciar suas butiques de Chelsea e andar para cima e para baixo na King's Road em seu carro esporte pintado à mão. Na virada de 1965 para 1966, Paul se viu cada vez mais envolvido nesse mundo de dinheiro, drogas, aristocratas, boêmios, escritores, artistas e belas garotas, o que significa que ele se divertia muito. O sol parecia brilhar todos os dias naquele verão de 1966, a música e o estilo da juventude inglesa eram aplaudidos, a seleção inglesa de futebol vencera a Copa do Mundo, e o disco *Revolver* dos Beatles era a trilha sonora da estação.

REVOLVER

Nesses tempos empolgantes e revolucionários, Paul deve ter olhado para os primeiros anos da existência dos Beatles como para uma época longínqua e bem menos interessante, na qual ele e o resto do grupo estavam apenas aprendendo seu ofício. Ele parecia desvalorizar as primeiras canções da banda, pois cedeu os direitos de suas primeiras 56 músicas na primavera de 1966 por uma quantia modesta, paga de uma só vez.

Como vimos, John e Paul cederam os direitos autorais de suas composições para a Northern Songs, empresa deles em sociedade com Brian Epstein e Dick James. Eles haviam recentemente estendido o acordo, de modo que todas as suas composições até 1973 seriam mantidas na empresa. A renda dos royalties das primeiras 56 canções de Lennon-McCartney registradas entre 1963 e 1964 foi paga aos garotos via outra empresa que eles formaram com Brian, chamada Lenmac Enterprises, combinação dos sobrenomes dos dois compositores. Em abril de 1966, John, Paul e Brian concordaram em vender a Lenmac para a agora pública Northern Songs por 365 mil libras do dinheiro dos acionistas. Paul aparentemente achou sensato pegar o dinheiro antes que essas primeiras canções — como "She Loves You", "Can't Buy Me Love" e "A Hard Day's Night" — se tornassem tão obscuras como as canções de skiffle. Desde o início os garotos sentiam, bem como a maioria das pessoas da indústria do entretenimento, que esse tipo de música era efêmero e que eles deveriam pensar em uma carreira de prazo mais longo como compositores profissionais de um estilo mais maduro. Curiosamente, eles não se desfizeram das canções escritas após 1965. Como resultado da venda da Lenmac, Paul parou de receber royalties diretamente por essas primeiras 56 músicas dos Beatles, embora ele e John ainda fossem donos de ações da Northern Songs, que agora incluía e era enriquecida pela Lenmac. Essa acabou sendo uma decisão infeliz, visto que suas primeiras músicas se mostraram perenes.

Após se desfazer de parte das joias da família deste modo negligente, os Beatles voltaram à EMI em abril de 1966 para gravar *Revolver*, álbum complementar a *Rubber Soul*. Nele, o recente interesse de Paul pela música de vanguarda veio à tona, principalmente na faixa "Tomorrow Never Knows", com vocal "chapado" de John, bateria reverberante, tambura indiana e *loops* em fita magnética que pareciam criar o som de gaivotas grasnando ou dos monstros voadores de Hieronymus Bosch, se realmente existissem. "Tomorrow Never Knows" é uma canção maravilhosa, um passo à frente para uma banda que anteriormente gritara *Yeah! Yeah! Yeah!* para os fãs, e os *loops* de Paul fizeram desta uma das faixas mais "pesadas" dos Beatles. Portanto, é quase esquizofrênico que ele também tenha gravado sua primeira canção infantil em *Revolver*, a deliciosa "Yellow Submarine", com direito a efeitos sonoros náuticos. Canções infantis se tornariam uma especialidade ocasional e talvez subestimada de McCartney, mas se mostrariam populares com gerações de crianças.

Outra criação edificante de Paul foi "Good Day Sunshine", que mais uma vez é um contraste e tanto com a sombria "For No One", com sua letra sobre um amor que deveria ter durado anos, dando mais um vislumbre do relacionamento problemático entre Paul e Jane Asher. "Acho que era sobre outra discussão", disse McCartney a Miles. "Não tenho uma relação fácil com mulheres, nunca tive. Eu falo muitas verdades." Na época de gravar "For No One", Paul pediu a George Martin alguém que tocasse trompa francesa. O produtor contratou Alan Civil, o melhor disponível. Incapaz de expressar o que queria por escrito ou em termos técnicos, o Beatle cantou o solo de trompa que tinha em mente para Martin, que escreveu a partitura para Civil, que tocou perfeitamente o trecho de primeira. A inexperiência de Paul ficou evidente por ele ter pedido que Civil tocasse novamente, como se pudesse fazer melhor. Isso irritou o produtor e o músico. "Claro que ele não poderia fazer melhor do que aquilo", recorda George Martin irritado, "e o que ouvimos naquele dia é o que se ouve agora." Além da inexperiência, havia um toque de arrogância no pedido, algo comum em jovens, mas mesmo assim nada atraente. O músico Gibson Kemp, então empresariado por Brian Epstein, revela um aspecto da personalidade de Paul quando o descreve como "bem sério, sarcástico [e] levemente cheio de si".

Se tomarmos "For No One" como uma pequena amostra dos problemas esporádicos enfrentados por Paul e Jane, "Here, There and Everywhere" sugere um amor tão perfeito, que o cantor espera que nunca morra. Paul parece ansiar por uma vida tranquila e equilibrada, com uma amante que também seja dona de casa, o que — repetindo o aviso anterior sobre ter cuidado para não interpretar muito rapidamente as músicas como autobiografias — é outro lado da personalidade dele. O problema é que a felicidade perfeita raramente inspira grandes obras, e por mais adorável que seja, "Here, There, and Everywhere" tem uma insipidez que tornou-se mais pronunciada nas composições de Paul à medida que envelheceu, como se tivesse optado, em algum momento, por não enfatizar o lado sombrio da vida. Em 1966, porém, ele ainda estava disposto a explorar todo o espectro de emoções.

Certamente não há nada de insípido em "Eleanor Rigby", uma das melhores canções escritas por Paul, na qual a qualidade da melodia se encaixa na poesia da letra. "Eu simplesmente sentei ao piano e consegui a primeira frase sobre Eleanor Rigby catando o arroz em uma igreja após um casamento. Isso veio do nada. Não sei de onde surgiu...", diz McCartney sobre sua criação. Ele teve que trabalhar muito para explicar essa intrigante premissa a si mesmo, decidindo que a música era sobre "um tipo de senhora solitária". A desolada melodia em mi menor, com orquestração grandiosa de George Martin, que fez o arranjo de cordas no estilo de Bernard Herrmann, compositor da trilha de *Psicose*, é uma revelação, e as palavras da letra são evocativas e tocantes. Muitas vezes em suas composições, McCartney parece não ter uma ideia original a transmitir ou história específica para contar. Ele apenas encaixa palavras que rimam em uma melodia. Por mais linda que seja, "Here, There and Everywhere" soa assim. Em "Eleanor Rigby", entretanto, há uma narrativa pungente e original que lembra as figuras arruinadas e isoladas das peças de Samuel Beckett: a história de uma mulher solitária que morre e é enterrada sem parentes nem amigos por um sacerdote cuja congregação e fé parecem ter sido perdidas. Londres podia até estar *swinging* em 1966, mas em meio à Guerra Fria, a Grã-Bretanha também era um lugar onde a fé nas antigas religiões estava diminuindo, e onde muitos temiam a aniquilação em uma Terceira Guerra Mundial atômica. Há um clima lúgubre de fim dos tempos em "Eleanor Rigby":

Father McKenzie
Wiping the dirt from his hands as he walks from her grave,
No one was saved.

All the lonely people, where do they all come from?
*All the lonely people, where do they all belong?**

---

* Padre McKenzie/Limpando a terra das mãos enquanto se afasta do túmulo dela,/Ninguém foi salvo./Todos os solitários, de onde eles vêm?/ Todos os solitários, a que lugar pertencem? *(N. do T.)*

Com certeza não é mera coincidência que uma Eleanor Rigby esteja enterrada na St. Peter's Church, Woolton. Paul brincou nesse cemitério quando criança e conheceu John no festival de verão da St. Peter's Church de 1957. Ele deve ter visto o túmulo e se lembrado do nome incomum. Ainda assim, o músico sempre resistiu à sugestão de ter tirado o título dessa lápide. "É possível que eu tenha visto e lembrado dela subconscientemente", alega, insistindo, porém, que a inspiração surgiu ao ver o nome Rigby escrito em uma loja de Bristol quando visitava Jane.

A SRA. MARCOS ADORA A MÚSICA DOS BEADLES

Enquanto os Beatles começavam a fazer músicas cada vez mais sofisticadas com George Martin nos estúdios da EMI, eles se cansavam do lucrativo, mas insatisfatório, negócio de se apresentar para plateias ao vivo, que preferiam gritar a ouvir suas canções. Os shows na Inglaterra e na Escócia antes do Natal de 1965 foram particularmente desalentadores nesse aspecto, e os rapazes não tinham qualquer desejo de repetir a experiência. Na verdade, os Beatles nunca mais fizeram turnês pela Grã-Bretanha. Eles também não queriam continuar aparecendo em todos os programas de TV para os quais eram convidados, pois certamente estavam acima de programas como o *Blackpool Night Out*. Assim, a banda diminuiu suas aparições televisivas ao vivo e passou a produzir filmes promocionais para serem exibidos no lugar delas. Eles começaram dublando "We Can Work it Out", "Day Tripper", "Help!", "Ticket to Ride" e "I Feel Fine", primeiras versões de videoclipes.

Na primavera de 1966, o grupo fez mais dois filmes para promover singles lançados antes de *Revolver*, "Paperback Writer", de Paul, e a estranha e monocórdica "Rain", de John, que, com seu uso de som saturado e manipulação da velocidade da fita, tem muito de vanguarda, mostrando que Paul não estava sozinho em suas experimentações musicais. Para fazer os filmes promocionais, os rapazes de Liverpool trabalharam com um diretor de TV nova-iorquino chamado Michael Lindsay-Hogg, aparentemente um típico jovem moderno, mas que — como muitas pessoas com quem os Beatles andavam então — tinha raízes aristocráticas. Bisneto do primeiro baronete de Rotherfield Hall, um conjunto de mansões familiares em Sussex, Michael acabaria herdando o título, tornando-se Sir Michael Lindsay-Hogg. Em 1966, contudo, ele era apenas Michael, 25 anos, funcionário da empresa de televisão independente Rediffusion, trabalhando principalmente no programa de música pop *Ready, Steady, Go!*. Um dia ele foi convocado para encontrar os Beatles em um almoço na Abbey Road.

> Mal Evans chegou para mim e disse: "Eles estão chegando", e eles vieram quase em seguida, e eram *eles*. Quando digo que eram *eles*, é porque é difícil imaginar quanto eles eram famosos. Não era só o fato de serem talentosos, mas de alguma forma pegaram o espírito da época e também viviam a fama de um jeito que outras pessoas não eram capazes de fazer.

Os Beatles sentaram-se para comer, deixando o convidado em pé. Até que Paul finalmente percebeu Lindsay-Hogg, que continua a história: "Paul era o anfitrião. Ele é muito bom nisso. É famoso por ser encantador quando deseja [e] em minha experiência, em meu relacionamento com a banda, ele liderava certos projetos." Ao longo do tempo, o diretor acabaria percebendo algo mais sobre McCartney: "Para ele, o charme é uma arma." Por baixo do charme, "ele é muito, muito difícil".

Quando Lindsay-Hogg fez os filmes para "Paperback Writer" e "Rain" na Chiswick House, em Londres, Paul prestou muita atenção, chegando a olhar por trás das câmeras antes de as filmagens serem feitas. Os Beatles tinham a obrigação contratual de fazer um terceiro longa-metragem para a United Artists, e Paul buscava formas para que eles tivessem mais controle criativo. Em resumo, ele queria virar cineasta, uma ambição que se desenvolveria nos anos subsequentes, com resultados decepcionantes. Pensando no tipo de filme que poderiam fazer, ele também consultou muita gente, aproveitando-se da fama para conhecer pessoas diferentes e interessantes.

Nessa época, Paul e Jane conseguiram um encontro com o filósofo Bertrand Russel para saber qual era a visão do ganhador do prêmio Nobel sobre o Vietnã e a Guerra Fria, com os quais o casal se preocupava muito, esperando o Armagedom vir de um ataque nuclear do Oriente. "Acho que isso nos deixou mais determinados a nos divertir e viver o momento", reflete Jane. Quando Paul disse a Russel que os Beatles queriam fazer de seu próximo filme uma obra antiguerra, o filósofo sugeriu que ele falasse com seu amigo, o escritor Len Deighton, que estava transformando o musical sobre a Primeira Guerra Mundial *Oh! Que bela guerra* em filme.

O escritor chamou o músico para jantar a fim de discutir o filme. Esse convite era um agrado e tanto, pois Deighton, entre seus outros talentos, era um cozinheiro sofisticado, tendo servido uma elaborada refeição indiana. Paul mostrou interesse em ter os Beatles estrelando *Oh! Que bela guerra*, mas o projeto foi por água abaixo quando se descobriu como a música seria no filme. Deighton relembra:

> Eu não podia usar músicas dos Beatles, pois o objetivo de *Oh! Que bela guerra* era que todo o diálogo, letra e música, viesse do que realmente se cantava ou falava na época da guerra, de 1914 a 1918. Paul explicou que eles queriam estar em um filme que fizesse referência mais direta à guerra moderna.

O músico agradeceu ao escritor e continuou sua busca por um veículo mais adequado a seu filme.

Primeiro os Beatles foram contratados para fazer uma série de shows, que acabou sendo a última. O que se tornou a turnê de despedida começou em 24 de junho de 1966, quando a banda fez três apresentações na Alemanha. Antes disso, Brian Epstein — para evitar o que seu assistente Peter Brown descreveu como "embaraço geral" — lidou com a alegação da garçonete alemã Erika Wohlers de que teria dado à luz uma filha ilegítima de Paul. Ela havia se casado recentemente, tornando-se Erika Hübers, mas sua filha Bettina, agora com 3 anos, continuava recebendo assistência financeira. Erika alega que o juizado alemão da infância e da juventude emitiu um mandado de prisão para Paul, que dificultaria a vida do Beatle se ele tivesse voltado à Alemanha antes de fazer um acordo com a moça. "Ele teria sido preso se pisasse em solo alemão de novo." Segundo a moça, em janeiro de 1966, um advogado foi a sua casa, explicou que representava McCartney e lhe fez uma oferta em dinheiro:

> De acordo com as instruções dadas pelo escritório na Inglaterra, ele deveria nos oferecer um assim chamado [pagamento do tipo] "cala-boca" no valor de 21 mil marcos alemães,* de modo que nem eu nem meu marido "levássemos a público" a história. O advogado explicou que os Beatles viriam à Alemanha em julho de 1966 e que Bettina receberia mais dinheiro, a ser guardado em um fundo até que ela completasse 18 anos.

Erika concordou com o acordo e recebeu 10 mil marcos alemães, a serem pagos quando os Beatles saíssem da Alemanha. Mais 30 mil marcos alemães foram colocados em um fundo para Bettina. Nenhuma palavra sobre essa história apareceu na imprensa durante a turnê de despedida dos Beatles pela Alemanha.

Embora a garçonete de Hamburgo tivesse sido apaziguada por ora, a viagem dos Beatles pelo mundo naquele verão foi repleta de problemas. Da Alemanha os garotos voaram para o Japão, onde causaram polêmica ao serem escolhidos para tocar no Nippon Budokan Hall, um auditório de Tóquio com status espiritual devido a sua associação com as artes marciais. Muitos japoneses consideraram uma profanação o evento de música pop ser realizado no local. A NEMS recebeu ameaças de morte antes da turnê, e quando os Beatles chegaram a Tóquio, houve protestos nas ruas, com pessoas segurando placas que diziam: BEATLES, VÃO EMBORA. As autoridades isolaram a banda no hotel Hilton de Tóquio antes do show por temer que eles pudessem ser assassinados, impedindo os garotos até de olhar pela janela do quarto. Pelo menos os jovens tinham maconha para fumar. Segundo Peter Brown, eles levavam um suprimento para a turnê, atitude perigosa, pois os japoneses puniam severamente o consumo de drogas. Felizmente eles não foram pegos.

Essa difícil turnê mundial ficou seriamente desagradável quando os Beatles foram de Tóquio às Filipinas para duas apresentações em estádios de Manila. Governada pelo presidente Ferdinando Marcos, ex-militar do exército com um passado duvidoso, as Filipinas eram um estado policial corrupto sustentado pelos EUA por ser um aliado

---

* Que valiam na época aproximadamente 1.893 libras. *(N. do A.)*

estratégico para a Guerra Fria no sudeste da Ásia. Com o patrocínio dos norte-americanos, Marcos se tornou um ditador completo, enquanto sua jovem esposa Imelda vivia como uma rainha. Imelda Marcos tinha 27 anos em 1966 e o marido era um déspota relativamente jovem de 48 anos, "então ainda estávamos antenados, éramos próximos o bastante em termos de idade para conhecer e admirar os Beadles", diz a ex-primeira-dama, pronunciando incorretamente o nome da banda. De fato, a Sra. Marcos e seu marido tinham todos os discos dos Beadles e queriam muito conhecer o grupo, assim como boa parte do governo, entre eles os colegas políticos e militares de Ferdinando. Um convite oficial para visitar a primeira-família em seu palácio já fora feito, recebido por Brian no Japão e devidamente recusado, pois os garotos passaram a odiar recepções cívicas desse tipo. Infelizmente, ninguém nas Filipinas era corajoso o bastante para dizer a Imelda que os Beatles a rejeitaram.

Um grande número de filipinos se reuniu para receber a banda no aeroporto de Manila naquele domingo, 3 de julho de 1966, mas os Beatles foram proibidos de encontrar os fãs. Em vez disso, foram retirados do avião pela polícia e levados de carro ao porto de Manila, onde foram postos em um barco. "Não tínhamos ideia de por que nos levaram ao barco", disse George Harrison em uma entrevista para o documentário *Anthology* dos Beatles. "Até hoje não sei." Em sua primeira entrevista sobre a visita dos Beatles a seu país, a Sra. Marcos diz que o barco era para protegê-los.

> Lembre-se, 1966 era o ápice da Guerra Fria, quando China, Rússia e Estados Unidos lutavam no Vietnã. E as Filipinas estavam no centro disso tudo: a esquerda lutava com a direita e os comunistas eram muito fortes ali perto, na China. Eles tinham sua revolução cultural [e aqui nas Filipinas] os ricos e os pobres... Então não era um lugar seguro. [Por isso, quando os serviços de segurança] viram a multidão e a histeria com que o grupo foi recebido, eles os colocaram no barco para deixá-los em segurança.

Quando Brian deu um ataque e exigiu que eles fossem levados de volta ao litoral, os músicos foram transferidos para o Manila Hotel. Oficiais foram ao quarto no dia seguinte para lembrá-los de que eram esperados no palácio Malacañan como convidados de honra para o almoço com a primeira-família. A Sra. Marcos prometera a seus amigos e parentes que os Beatles estavam chegando. Então, membros do gabinete, do congresso e do senado estavam de prontidão, com suas esposas e seus filhos, muitos fantasiados de Beatles. Além do mais, o povo filipino fora informado de que a festa seria transmitida pela TV. "E claro que [nós] pediríamos para que eles cantassem", disse a Sra. Marcos, revelando seu verdadeiro objetivo: esperava que os Beatles fizessem um show particular no palácio Malacañan. Sem consultar os garotos, Brian Epstein mandou o homem do palácio embora dizendo que já havia recusado o convite.

Os Beatles fizeram seus dois shows em Manila na segunda-feira, 4 de julho, uma matinê e um show noturno, conforme agendado. Naquela noite, eles começaram a ver reportagens na TV sobre como insultaram a nação ao enfrentar a primeira-família. Quando pediram o café na manhã seguinte, comida intragável e aparentemente estragada foi enviada ao quarto deles. Os jornais alardeavam notícias sobre o ato de desprezo. "Fiquei um pouco chocada", diz a Sra. Marcos sobre os Beatles não terem ido ao palácio, insistindo, porém, que ela e o marido não orquestraram a censura na imprensa nem os maus-tratos sofridos pela banda ao tentar deixar o país. Ela não fazia ideia, por exemplo, de que Brian Epstein tivera problemas para receber o dinheiro dos shows ou de que oficiais haviam exigido um imposto sobre a quantia retida. "Não tivemos nada a ver [com isso]", retruca a então primeira-dama, alegando que os infortúnios sofridos pelos rapazes ingleses após os shows foram resultado do orgulho ferido do povo filipino.

Quando a comitiva da banda chegou ao aeroporto de Manila naquela tarde, os funcionários se recusaram a ajudá-los com a bagagem e desligaram uma escada rolante para causar inconveniência ainda maior. Os Beatles e sua equipe foram empurrados, chutados e receberam socos quando tentavam chegar ao portão de embarque para o voo da KLM rumo a Londres (via Nova Délhi, onde George planejava tirar suas primeiras férias na Índia). Eles temiam não conseguir chegar e, quando finalmente embarcaram, Mal Evans e Tony Barrow foram chamados de volta por policiais, que os questionaram sobre irregularidades na documentação da banda. Brian foi obrigado a entregar 17 mil dólares em dinheiro na última hora, depois que o avião já havia sido liberado para decolar. A Sra. Marcos alega que iria intervir a favor deles: "Eu estava correndo para o aeroporto, mas no meio do caminho recebi a notícia de que os Beatles já estavam no avião e tinham ido embora." Quando o jato da KLM rumou para a segurança do espaço aéreo internacional, os músicos se sentiram aliviados por terem saído inteiros do país. Em seguida, culparam Brian. Ao parar em Nova Délhi, a banda informou ao empresário que eles não fariam mais turnês após cumprirem o resto dos compromissos do verão. Brian recebeu muito mal a notícia.

"O que vou fazer se eles pararem de fazer turnês?", perguntou a Peter Brown. "O que será de mim?"

De sua parte, Imelda Marcos recorda a agora famosa visita dos Beatles a Manila com arrependimento. "Sinto muito por isso ter acontecido nas Filipinas em nossa época", diz ela. "Tenho certeza de que os Beatles não estavam lá para humilhar o presidente, a primeira-família nem o governo." Ela e Ferdinando continuaram a gostar das músicas do grupo e ela acompanhou a carreira de Paul com interesse. "Foi um triste mal-entendido, mas você pode ter certeza de que os filipinos são muito sensíveis à música, e qualquer música de qualidade sempre será apreciada pelos filipinos. Até hoje eles amam os Beadles, e eu também."*

A ÚLTIMA TURNÊ

De volta ao lar, Paul aproveitou as férias de verão antes do lançamento de *Revolver*. A capa do novo LP tinha arte feita por Klaus Voormann: uma colagem de fotos e desenhos dos garotos ao estilo de Beardsley, com John observando Paul através de olhos semicerrados. À medida que o álbum era ouvido, admirado e considerando um avanço até sobre *Rubber Soul*, os Beatles se fortaleceram para o que seriam seus últimos shows ao vivo: uma breve turnê pelos Estados Unidos no fim do verão, começando em Chicago, no dia 12 de agosto de 1966. A

* Depostos em 1986, Ferdinando e Imelda Marcos fugiram para os EUA, onde foram indiciados pela realização de negociatas. Mais tarde, a Sra. Marcos foi absolvida e autorizada a voltar às Filipinas, onde foi considerada culpada de corrupção. O marido morreu em 1989. *(N. do A.)*

nuvem de infortúnios que os seguira da Alemanha ao Japão ficava ainda mais carregada.

No início daquele ano, John e Paul tinham dado entrevistas minuciosas a uma de suas repórteres favoritas, Maureen Cleave, do *Evening Standard* de Londres, nas quais eles baixaram a guarda de modo incomum. Em seu perfil, McCartney surgiu como um jovem pretensioso empenhado em se aperfeiçoar. "Eu não quero soar como Jonathan Miller..." disse ele à jornalista, referindo-se ao intelectual polímata:

> ... mas estou tentado recuperar tudo, tudo o que perdi. As pessoas estão dizendo, pintando, escrevendo e compondo coisas que são ótimas, e eu tenho que *saber* o que as pessoas estão fazendo... Eu me importo vagamente com o fato de as pessoas saberem algo que eu não sei.

Paul criticou os EUA pelos problemas vividos por seus cidadãos negros, contrastando a luta pelos direitos civis por lá com a vida na velha e boa Inglaterra. "Oh, ilha coroada!", disse ele, citando Shakespeare incorretamente,* como costumava fazer. Era um hábito que o fazia parecer pomposo quando escrito na imprensa, mas que deve ter sido usado na conversa em tom de brincadeira. "Ele era um brincalhão incansável", relembra Cleave.

A entrevista subsequente da jornalista com John Lennon em Kenwood resultou em um dos melhores perfis do músico já publicados. Cleave achou que Lennon não havia mudado muito desde que ela encontrara a banda pela primeira vez no início da beatlemania. Ele ainda a olhava de cima para baixo, "arrogante como uma águia". Kenwood era mais um parquinho gigante do que uma casa: havia uma armadura imensa chamada Sidney em um canto, uma fantasia de gorila em outro, um quarto repleto de modelos de carros de corrida, outro cheio de caixas de luzes pisca-pisca que ele havia comprado como presentes de Natal, mas se esquecido de distribuir. Embora dividisse a casa com a esposa, o filho, os empregados e uma gata chamada Mimi, John vivia como um milionário adolescente,

---

* O correto seria: "Este real trono, esta ilha coroada..." *Ricardo II*, ato II, cena I. *(N. do A.)*

acordado quase a noite toda brincando com seus brinquedos, vendo TV e lendo livros infantis *Just William*, sem saber que dia era quando acordava. "Ele dorme muito, é provavelmente a pessoa mais preguiçosa da Inglaterra", notou Maureen, o que não era algo que se podia dizer de McCartney.

Como seu parceiro, John gostava de agir de modo pomposo, e a religião era o assunto de seu interesse no momento. "O cristianismo vai acabar", previu com arrogância. "Vai encolher e desaparecer. Não preciso discutir. Estou certo e isso será provado." Paul expressara sentimentos similares sobre religião para Maureen, dizendo que tendia ao ateísmo, mas jamais fora tão insensato a ponto de dizer "Somos mais populares que Jesus agora", como fez John em sua entrevista. "Não sei quem vai primeiro — o rock 'n' roll ou o cristianismo. Jesus era legal, mas seus discípulos eram grosseiros e comuns."

Enquanto os leitores britânicos consideraram os comentários de John apenas palavras de um jovem com opinião sobre tudo, quando as entrevistas foram publicadas na revista adolescente *Datebook*, os leitores norte-americanos ficaram imensamente ofendidos, pois os EUA eram um país muito mais religioso que a Grã-Bretanha. A um já exausto Brian Epstein chegaram relatos alarmantes de que estações de rádio norte-americanas haviam banido os discos dos Beatles em decorrência da declaração de John, e seus outrora fãs faziam queimas cerimoniais dos álbuns. A Ku Klux Klan prometia "surpresas" nefastas para quando os rapazes fossem fazer a turnê. Portanto, os Beatles foram para Chicago em agosto em um estado de alta ansiedade.

Embora tivessem gostado dos Estados Unidos nas visitas anteriores, os músicos não se sentiam totalmente confortáveis nos EUA naquele momento. George tinha medo de avião e não gostava dos longos voos continentais necessários para excursionar pelos EUA enquanto a reação incisiva dos fãs norte-americanos era desconcertante. A prevalência de armas no dia a dia também era algo estranho e irritante para a banda, bem como para todos os visitantes britânicos, pois os norte-americanos pareciam ser pessoas mais instáveis e violentas, especialmente diante das recentes revoltas e dos assassinatos por motivos raciais ocorridos por lá. Paul era especificamente fascinado pelo assassinato do presidente Kennedy: além de ler tudo sobre o atentado de Dallas, ele se assustava pensando que poderia ser alvo de um atirador. "Paul estava sempre morrendo de medo de levar um tiro", afirma Peter Brown. "Por isso ele ficava muito nervoso no palco." O que John dissera a Maureen Cleave sobre Jesus tinha deixado tudo ainda mais tenso e difícil. Paul não culpou o amigo. Nenhum dos membros da banda o fez. Eles acreditavam que o comentário fora tirado do contexto nos Estados Unidos, mas todos precisaram lidar com as consequências da frase.

John tentou amenizar a situação assim que eles chegaram aos Estados Unidos e enfrentou a mídia no hotel da banda em Chicago. Ele se desculpou pelo mal-entendido causado, indicando que era cristão (o que era mais do que Paul estava preparado para dizer) e não teve nenhum "pensamento anticristão". Os Beatles realizaram o primeiro show no dia seguinte no Chicago's International Amphitheatre, com Paul fazendo uma varredura nas arquibancadas nesta e em todas as outras apresentações em busca de um franco-atirador. Embora nenhum tiro tenha sido disparado, houve outras indicações banais de que o caso de amor do país com a banda estava acabando. A mais evidente era a disponibilidade de ingressos para o show do dia seguinte em Detroit, o que também aconteceu em Nova York, onde a banda voltaria a tocar no Shea Stadium em 23 de agosto. Sid Bernstein, que mais uma vez promoveu o evento, olhou do campo de beisebol e viu um bloco inteiro de lugares vazios durante a apresentação.* Curiosamente, quem estava em pé fazendo imagens na tribuna de imprensa era a futura esposa de Paul, Linda Eastman, que acabara de entrar na carreira de fotógrafa de rock 'n' roll.

A turnê terminou na Califórnia, onde os Beatles se apresentaram primeiro para uma grande multidão no Dodger Stadium em Los Angeles no dia 28 de agosto, um evento que por pouco não virou um tumulto, quando fãs se amontoaram em volta da limusine, ameaçando esmagá-la quando eles tentavam deixar o estádio. O motorista conseguiu encontrar abrigo estacionando embaixo de uma tribuna situada atrás de uma cerca alta, que os fãs atacaram, sendo rechaçados com cassetetes pelos policiais. Revoltados, os fãs começaram a atirar o que podiam na polícia. "Enquanto isso, os rapazes, embaixo da tribuna, acuados por fãs que fugiam com medo de um lugar para

---

* Possivelmente por falha administrativa. Quando se mudou de apartamento alguns anos depois, Bernstein disse ter encontrado uma caixa de ingressos vendidos que seus assistentes não enviaram pelo correio. *(N. do A.)*

outro no vasto estádio ao ar livre, conseguiram escapar em um carro blindado pelo lado oposto do campo", escreveu um repórter sobre a cena que parecia uma guerra. No dia seguinte, eles foram para o norte, rumo a São Francisco para o último show.

O fato de Brian Epstein não ter acompanhado a banda a São Francisco, preferindo ficar no Beverly Hills Hotel com seu sócio norte-americano Nat Weiss, demonstrava que ele não era mais o mesmo. Desde Manila o empresário tentava se acostumar à ideia de que os Beatles não fariam outra turnê. Boa parte de sua vida nos últimos quatro anos fora ocupada criando oportunidades de publicidade e agendando shows para os garotos. Ele jamais estivera muito envolvido no outro lado da carreira deles, de produzir discos. Isso eles faziam com George Martin.

Enquanto ponderava sobre seu futuro, Epstein recebeu no Beverly Hills Hotel a visita de um jovem trabalhador de Ohio, que conhecera no ano anterior. O relacionamento entre os dois havia azedado naquela primeira ocasião quando o garoto tentara chantageá-lo. "Acho que Brian deu 3 mil dólares para se livrar dele", contou Weiss, que ficou consternado ao ver o rapaz ao lado de Brian na piscina, nem um pouco surpreso quando eles voltaram a seus respectivos quartos e deram falta de suas pastas, aparentemente roubadas pelo jovem, que havia desaparecido. A pasta de Brian tinha contratos, dinheiro e comprimidos de anfetamina, nos quais ele começava a se viciar. Peter Brown diz que o empresário também tinha cartas e fotos pessoais comprometedoras, e o sujeito tentou chantageá-lo novamente com esses documentos. Weiss discorda, alegando que não havia nada que pudesse incriminar Brian na maleta, e também que não se lembra de qualquer chantagem dessa vez, mas admite que Epstein ficou muito perturbado com o roubo. "Sempre que alguém lhe rouba algo, você se sente diminuído e enganado, e isso certamente machuca seu ego, [especialmente] se é alguém de quem você gostava e em quem confiava. Foi isso que realmente o aborreceu", diz Weiss, que contratou um detetive particular para recuperar a propriedade e teve êxito. No fim das contas, Brian desejava abafar o caso: "Ele não queria notoriedade porque a banda estavam em turnê."

Enquanto isso, os Beatles chegaram a São Francisco para tocar no Candlestick Park, um estádio de beisebol fora da cidade. Embora o verão estivesse no fim, a segunda-feira 29 de agosto acabou sendo um dos dias mais atípicos da estação na Bay Area, pois o ar frio e o nevoeiro saíram do oceano e parecia inverno. Paul se desculpou pelo clima quando subiu ao palco, colocado na quadra como acontecera no Shea. Dessa vez, porém, havia a proteção adicional de uma cerca de arame, de modo que eles estavam se apresentando em uma jaula de novo.

Sabendo que era o último show, McCartney pediu que Tony Barrow gravasse a apresentação. Tony fez o melhor que pôde, mas que com o equipamento de PA existente e as fãs gritando, foi um exercício inútil. Os garotos mal conseguiam ouvir a si próprios quando apresentavam músicas dançantes como "Long Tall Sally", e quando tentavam canções novas e mais sutis, entre elas "Paperback Writer", com sua introdução de vocais harmônicos, as nuances se perdiam no vento. "Tudo o que se ouvia eram gritos e os flashes estourando em todos os lugares", relembra o músico de Bay Area, Marty Balin, que acabara de formar o que seria uma nova e influente banda, o Jefferson Airplane. "Estava claro como o dia e não se conseguia ouvir uma nota sequer tocada por eles." Foi assim, entre rajadas de urros e luzes que Paul se aposentou da vida de turnês com os Beatles.

9

LINDA

HORA PARA UM MONTE DE COISAS

Após a última e cansativa turnê, os Beatles tiraram um tempo para trabalhar em projetos independentes. John foi à Espanha atuar no filme de Richard Lester, *Como ganhei a guerra,* e Ringo lhe fez companhia. George viajou para a Índia a fim de estudar cítara com seu novo amigo, Ravi Shankar. Diz o músico indiano, que já era um astro de reputação internacional:

> Quando conheci os quatro Beatles, achei o jovem e belo Paul muito encantador; Ringo, muito engraçado e afetuoso; e John, reservado e contido. Mas George e eu nos gostamos de imediato. Fiquei impressionado com sua genuína atração por minha música, bem como por nossa antiga filosofia védica. Antes de me encontrar, George já havia escutado meus LPs, visto um show ao vivo e usado a cítara em "Norwegian Wood". Sendo um músico clássico, as canções deles não me atraíram muito na época, mas depois eu me senti mais confortável com esse tipo de música.

Longe dos colegas de banda, Paul decidiu tirar férias na Europa continental, disfarçado de pessoa comum. Andando à toa pelo departamento de objetos de cena no Twickenham Film Studios, onde os Beatles filmaram as cenas internas de seus dois primeiros filmes, Paul descobriu que usando um bigode postiço, óculos e um casaco antigo, ele poderia passar até pelos outros integrantes da banda sem ser reconhecido. Jane estava ocupada com sua peça — estava prestes a estrear em *Conto de inverno* e, em seguida, ia interpretar Julieta em

Bristol —, então Paul foi sozinho, dirigindo seu Aston Martin para o aeroporto de Lydd na costa de Kent, região que teria um papel importante em sua vida. Chegando lá, colocou o Aston em um avião de carga e foi para a França onde, parecendo com o bigodudo Alfred Jarry, dirigiu pelo interior e fez um longo filme caseiro durante a viagem.

Alguns dias depois, Paul chegou a Bordeaux, onde foi a um clube noturno com seu disfarce e foi barrado, algo que jamais tinha vivido. "Então pensei: 'Dane-se, posso muito bem ir para o hotel e voltar como ele!", disse Paul posteriormente a Barry Miles. "Então, voltei como Beatle e fui recebido de braços abertos." A experiência faz Paul se lembrar das vantagens da fama. Bob Dylan uma vez comentou, de modo inteligente, que a maioria dos músicos vira pop star porque deseja fama e dinheiro, mas logo percebe que quer mesmo é o dinheiro. McCartney era incomum, pois apreciava o dinheiro *e* a fama. Depois de ter se passado brevemente por uma pessoa comum, ele jamais quis ser um desconhecido novamente. "Aquilo me fez lembrar por que todos nós queríamos ser famosos." Ele se encontrou com Mal Evans e dirigiu para a Espanha com intenção de encontrar John e Ringo, mas eles já tinham voltado para casa, então foi para Nairóbi, onde fez um breve safári de férias com Jane.

No voo de volta para a Inglaterra, Paul pensou no próximo projeto dos Beatles. Cansado de excursionar, achou que seria interessante inventar personagens para a banda interpretar e fazer com eles um disco especial que pudesse servir como substituto para os shows ao vivo. Na primeira leva do *flower power*, bandas com nomes elaborados eram comuns: Big Brother and the Holding Company nos EUA, por exemplo, e a Bonzo Dog Doo Dah Band na Inglaterra. Brincando com sachês de sal e pimenta no avião da África para a Inglaterra, Paul criou a Sergeant Pepper's Lonely Hearts Club Band.

Antes de mergulhar na fantasmagoria de *Sgt. Pepper*, Paul trabalhou com George Martin na trilha sonora do filme *Lua de mel ao meio-dia*. Em sua mente, não havia conflito entre experimentar novos terrenos musicalmente e fazer trabalhos como esse, por encomenda. "Se você foi abençoado com a capacidade de compor música, pode usar essa habilidade de várias formas. Sempre admirei as pessoas para quem isso é um ofício — como as grandes duplas de compositores do passado, como Rodgers e Hammerstein", justificou Paul sobre o motivo de fazer a trilha de *Lua de mel ao meio-dia*. O filme era uma produção dos Boulting Brothers sobre um projecionista de cinema (interpretado por Hywell Bennett) que não conseguia consumar o casamento com sua noiva virgem (Hayley Mills) porque se sentia inibido por ainda morar com os pais. O público deve ter imaginado que ia assistir a um drama realista e desafiador quando comprou ingressos em 1966 para um filme sobre sexo passado no norte urbano da Inglaterra, mas *Lua de mel ao meio-dia* era antiquado e artificial, retratando um país que parecia estar séculos atrás da *Swinging London*.

Pensando no amor de seu pai e seu avô pela música das tradicionais bandas marciais, Paul decidiu criar um tema nesse estilo para o filme. Como sempre acontecia quando se desviava da música pop comum a fim de "compor" para músicos de estúdio, ele tinha que colaborar com um escrevente, no caso, George Martin, visto que McCartney era incapaz de ler ou escrever notação musical. A melodia essencial sempre era dele, mas o que se dava ao escrevente costumava ser uma frase simples e curta cantarolada ou tocada pelo compositor no violão ou no piano. Para que a outra pessoa desenvolvesse essa ideia em uma partitura, com direito a comentários do Beatle enquanto o trabalho progredia, Martin tinha que incomodá-lo de modo a obter a menor migalha de melodia para começar a trilha do filme. "Eu disse: 'Se você não me der nada, eu mesmo vou compor.' Isso sempre resolvia. Ele me dava um belo fragmento de melodia de valsa... E assim eu conseguia completar a partitura." Como resultado, Paul ganhou um Ivor Novello Award de Melhor Tema Instrumental. Surpreendentemente, esse foi seu 11º prêmio Ivor Novello, e ele ainda nem tinha 25 anos.

SHE'S LEAVING HOME

Desde que tinham montado juntos uma casa na Cavendish Avenue, onde viviam como marido e mulher segundo a lei comum, Paul e Jane ficaram cada vez mais cientes de suas diferenças. Ele vivia para o trabalho e, após passar a tarde compondo no andar de cima em sua sala de música ou na esquina, na EMI na Abbey Road, gostava de sair para dançar, muitas vezes trazendo uma turma de músicos e outros boêmios de volta à Cavendish tarde da noite. Ela não gostava de clubes noturnos, interessava-se apenas por música pop e não gostava de drogas. Jane tinha seu próprio círculo de amigos do teatro que não se misturavam com a turma de Paul. Houve noites constrangedoras em Cavendish, quando o casal tentou unir seus amigos. O convívio era mais agradável nas raras ocasiões tranquilas quando nenhum deles tinha compromisso; Jane cozinhava e eles se sentavam juntos para ver televisão, como fizeram em 16 de novembro de 1966, quando a BBC transmitia o drama *Cathy Come Home*, no qual o desemprego faz uma jovem mãe perder o lar e, no fim das contas, o filho. Coração mole, Jane perguntou a Paul se eles poderiam fazer algo para ajudar pessoas como Cathy, já que moravam em uma grande casa. Eles poderiam ceder um quarto a uma garota. Paul disse que se recebessem uma pessoa, logo haveria outras batendo à porta.

Na desfavorável sexta-feira 13 de janeiro de 1967, Jane foi para os Estados Unidos com a companhia teatral Bristol Old Vic para uma turnê de quatro meses e meio. Paul não estava no Heathrow Airport para a despedida. "O problema é que não acho que Jane realmente quisesse me deixar", lamentou o astro a um repórter do *Daily Sketch* que ligou para Cavendish a fim de perguntar o que estava acontecendo. "Ela marcou a viagem no meio do ano, e na época parecia uma boa ideia, mas quando chegou a hora da verdade, a ideia não pareceu tão boa assim. De qualquer modo, ela se foi e eu estou aqui sozinho." Mesmo se gostasse da própria companhia, o que não era o caso, ele não passaria quatro meses e meio sozinho de jeito algum. O Beatle teve seus colegas por perto, saiu com garotas, bebeu, usou drogas, deixou as roupas largadas pela casa e a louça por lavar. Em suma, aproveitou a vida de solteiro. "O fato é que Paul nunca foi um solteiro", analisa Tony Bramwell com um toque de exagero, pois houve a época de Hamburgo, mas mesmo lá Paul namorava Dot. "Ele estava com Jane desde que se tornara um Beatle, [então] ele jamais teve a experiência de ser livre."

Com Jane longe, McCartney também mergulhou no trabalho com os Beatles na Abbey Road, onde muitos elementos se uniram para permitir que a banda desse outro passo adiante em sua jornada musical. Sem compromissos com shows, eles tinham tempo ilimitado para dedicar ao trabalho. Suas ideias intelectuais e musicais se expandiram muito e, mais importante, George Martin estava cada vez mais envolvido como arranjador e facilitador. Em uma época na qual outros artistas na Grã-Bretanha e nos EUA criavam músicas cada vez mais sofisticadas, especialmente os Beach Boys com seu álbum *Pet Sounds*, os Beatles também se sentiram impelidos a mostrar que ainda eram os melhores. Era hora de transmutar uma lagarta em borboleta por meio do inspirador álbum de rock *Sgt. Pepper's Lonely Hearts Club Band*.

A banda começara a trabalhar antes da viagem de Jane, gravando "Strawberry Fields Forever" de Lennon ao fim de novembro de 1966. O John que voltou de seu período sabático fazendo filmes na Espanha parecia radicalmente diferente do Beatle de rosto redondo de *Help!*, pois havia cortado o cabelo bem curto para *Como ganhei a guerra*, perdido peso e passado a usar óculos "de vovô" fornecidos pelo sistema público de saúde do Reino Unido. Ele havia se transformado em uma figura professoral e estava cada vez mais viciado em ácido. Sua nova canção era um olhar psicodélico para a infância em Liverpool, cuja melodia foi batizada em homenagem ao lar infantil Strawberry Field (sic), que ficava em um terreno murado perto da casa de tia Mimi em Woolton, um "jardim secreto" por onde ele vagueava quando garoto. Embora Paul tocasse a melancólica introdução em um teclado Mellotron programado com flautas, "Strawberry Fields Forever" era inegavelmente uma canção de John, talvez sua maior composição, cujos vocais geram um calafrio pela espinha enquanto ele canta a sábia e penetrante letra: "*Living is easy with eyes closed/Misunderstanding all you see.*"* Como Dylan, Lennon tinha um talento especial para escrever versos como esse, que parecem conter uma verdade essencial. Paul raramente filosofava assim, preferindo deslizar pela superfície da vida em suas composições, como fez de certa forma na próxima música gravada pelos Beatles, "When I'm Sixty-Four". Embora essa seja uma de suas melhores canções, que lida com um assunto profundo, a velhice, McCartney evitou as questões mais sombrias envolvidas — problemas de saúde, solidão, arrependimento e medo da morte — para criar uma música garbosa mostrando idosos tão felizes que alguém poderia imaginá-los jogando as bengalas para o alto a fim de dançar naquela cabana na Ilha de Wight. Como boa parte do trabalho dele, "When I'm Sixty-Four" é uma canção atraente de letra simples. A música pode até fazer uma

---

* Viver é fácil com os olhos fechados/Sem entender tudo o que se vê. *(N. do T.)*

pergunta desafiadora: "Você vai ficar ao meu lado quando eu envelhecer?", mas o ouvinte não tem dúvida de que a resposta será um alegre: "Sim, é claro, tolinho."

Tanto "Strawberry Fields Forever" como "When I'm Sixty-Four" vieram da infância dos compositores em Liverpool; Paul havia criado a segunda quando era garoto na Forthlin Road e colocado letra na melodia só agora. Ele voltou a olhar para a cidade natal com "Penny Lane", canção que ele já ruminava havia mais de um ano antes de os Beatles começarem a trabalhar nela, em dezembro de 1966. Embora os comentários anteriores se apliquem a respeito da letra, com "Penny Lane" sendo tipicamente ensolarada, agora as palavras eram melhores. Recordando-se do que via do andar superior do ônibus 86 enquanto ia da Mather Avenue para o Liverpool Institute, passando o ponto do ônibus circular e do trem elétrico na esquina entre Smithdown Road e Penny Lane, Paul escreveu sobre um lugar que conhecia intimamente e já via de modo nostálgico. Ali estava a paisagem de sua infância no norte da Inglaterra descrita como um sonho agradável; os prédios, as ruas, as lojas e os personagens do dia a dia com os quais ele crescera:

Penny Lane there is a barber showing photographs
Of every head he's had the pleasure to know.
And all the people that come and go
*Stop and say hello.**

John costumava cortar o cabelo no Bioletti's, que ainda existe, com novo dono, em frente ao Lloyd's Bank da esquina. Paul observou tudo lindamente, uma rua inglesa comum e alegre, situada sob "céus azuis suburbanos", uma frase bonita e poética. Há traços de psicodelia no banqueiro na chuva sem a capa e no bombeiro com um retrato da rainha no bolso, mas essas imagens poderiam ser facilmente explicadas como excentricidades comuns dos ingleses. O sexo também estava presente, como acontece em toda a obra da banda: a frase "finger pies" se refere à troca de carícias que antecede o sexo.

---

* Em Penny Lane há um barbeiro mostrando fotografias/De todas as cabeças que teve o prazer de conhecer/E todas as pessoas que vêm e vão/Param e dizem oi. *(N. do T.)*

Como acontece com "Strawberry Fields Forever", o arranjo de George Martin para "Penny Lane" é imaculado. O produtor trabalhou várias horas com os garotos para obter o equivalente a poemas de tom clássico. "Penny Lane" foi abrilhantada por um trompete *piccolo*, solicitado por Paul após assistir a uma apresentação do *Concerto de Brandenburgo nº 2* de Bach pela TV. George Martin contratou o mesmo trompetista que Paul ouvira, David Mason, para tocar a música. "Paul sentou-se ao piano e tocou o que queria na faixa, e perguntou: 'Posso tocar isso? Posso fazer aquilo?' E então George escreveu", diz Mason:

> Nós continuamos por cerca de três horas até que eles conseguissem o que desejavam, visto que Paul era bem limitado em suas sequências de acordes e tal. Quer dizer, ele não era o maior dos pianistas. Ele podia tocar o que queria no piano e, quando conseguia o que acreditava querer, eu tocava um pouco e depois [ele perguntava] "Ele pode tocar um pouco mais alto? Pode tocar assim e assado?"

Muitos músicos de rock tentaram misturar sua música com instrumentação clássica nos anos seguintes, geralmente soando pretensiosos. Com a ajuda de George Martin, os Beatles uniram as formas pop e clássica com sucesso para criar música natural, sincera e continuamente agradável, e por mais que possamos identificar defeitos na obra de McCartney, não há música mais bela no cânone dos Beatles que "Penny Lane".

Como tantas de suas canções, ele compôs "Penny Lane" em seu pequeno piano no sótão, que fora movido da Wimpole Street para a sala de música na Cavendish Avenue e que, ao final de 1966, seria transformado pelo badalado grupo de arte BEV. Composto por três jovens artistas do norte da Inglaterra — Douglas Binder, Dudley Edwards e David Vaughan — BEV é a sigla tirada das primeiras letras de seus sobrenomes. Dividindo um apartamento em Londres, os homens começaram a pintar seus móveis com cores brilhantes, inspirados no trabalho do artista de parque de diversões FG Fowl. A mobília tornou-se muito popular. A Macy's virou a revendedora norte-americana e o socialite Tara Browne chamou o grupo para customizar seu carro esporte Cobra. "Tara disse: 'Você tem que conhecer meu amigo Paul. Ele provavelmente vai gostar de seu trabalho", relembra

Dudley Edwards. Um encontro foi marcado e, a pedido do Beatle, o grupo pintou seu piano com raios vermelhos, amarelos, azuis e roxos, criando um dos instrumentos musicais mais marcantes da era psicodélica e devolvendo o piano a tempo de Paul terminar *Sgt. Pepper*. McCartney os pagou generosamente — eles concordaram com uma taxa mais uma gorjeta substancial —, negando o que se tornaria uma reputação injusta de mesquinhez. À medida que a história de Paul McCartney continua, leremos vários exemplos do astro sendo muito generoso.

Quando o BEV se separou, Paul convidou Dudley Edwards para morar com ele em Cavendish. Era bom ter pela casa um colega também do norte e da mesma idade, já que Jane estava longe. Além disso, como principezinhos medievais, cada Beatle tendia a manter uma corte que o servia, elogiava e divertia. Esses cortesãos costumavam receber uma pequena tarefa, a ser realizada durante a convivência privilegiada como os Beatles. Em tese, Dudley estava em Cavendish para ajudar a decorar a casa no estilo hippie emergente, caracterizado por uma mistura de peças antigas, novas e feitas à mão. Paul investiu em muitas conveniências, entre elas uma cozinha moderna, equipamento de som *hi-fi* e uma nova televisão em cores (que fazia a tia Ginny sair de Merseyside para assistir a Wimbledon). As cortinas eram abertas e fechadas por um motor elétrico, e o quarto principal tinha o luxo de uma suíte com banheira embutida. Ele também comprava antiguidades, entre elas um imenso relógio criado para a Grande Exposição de 1851, que estava pendurado na sala de jantar. Além disso, um poste de rua vitoriano foi colocado no quintal da frente, contrastando com a cúpula geodésica dos fundos.

Paul colocou Dudley Edwards para trabalhar pintando pequenas criaturas no papel de parede William Morris que decorava a sala de jantar, criando um enorme mural. "Comecei a pintar o mural na sala de jantar, mas Paul não parecia se importar muito com o resultado do trabalho", relembra Edwards.

> Paul dizia: "Guarde o pincel, vamos às compras." Isso era em um minuto e, no minuto seguinte, ele dizia: "Guarde o pincel, vamos sair para dançar." E depois: "Você vem ao estúdio de gravação?" Eu simplesmente o acompanhava, ia com ele a todos os lugares. A gente basicamente se divertia.

Com Jane longe, os dois recebiam uma procissão de mulheres na casa, incluindo a cantora alemã Nico, que costumava visitar Cavendish quando seu mentor, Andy Warhol, passava pela cidade. Essa era a vida doméstica de Paul no início de 1967 enquanto gravava *Sgt. Pepper*.

No meio de janeiro, os Beatles começaram a trabalhar na monumental "A Day in the Life", cuja inspiração geralmente se atribui à morte prematura de Tara Browne. Paul era suficientemente próximo do playboy a ponto de convidá-lo para ir a Rembrandt nos últimos meses. Uma noite, ele e Tara decidiram sair para ver o tio Mike em mobiletes. O Beatle caiu, cortou o lábio e quebrou um dos dentes da frente. Ele depois colocaria um bloco para cobrir o dente quebrado e deixaria crescer um bigode enquanto a cicatriz se curava, ajudando a criar uma tendência, pois logo os quatro integrantes da banda estavam com bigodinhos. Pouco tempo após esse incidente, em 18 de dezembro de 1966, Tara morreu quando seu Lotus bateu em um furgão em Londres. Dizem que ler a notícia da morte — HERDEIRO DA GUINNESS MORRE EM ACIDENTE DE CARRO: UM GAROTO QUE TEVE TUDO EM EXCESSO — teria levado Lennon a compor "A Day in the Life", embora McCartney não se lembre de tal relação direta entre os fatos. A letra foi criada no estilo de William Burroughs, misturando restos de textos jornalísticos, um método de composição que os dois músicos tinham receio de usar no começo, de acordo com o artista do BEV Douglas Binder, que os viu trabalhando dessa forma em Cavendish:

> Acho que foi John quem disse: "Se nossos fãs soubessem como fizemos nossas letras e músicas, eles ficariam realmente chocados." Ele estava envergonhado daquilo na época, porque era feito de modo surrealista; eles realmente rasgavam pedaços de jornal, ou as manchetes e juntavam para criar a letra...

Embora "A Day in the Life" seja basicamente uma canção de John, a parte de Paul foi mais uma vez significativa: ele tocou o piano evocativo e sombrio e contribuiu com os versos:

Woke up, fell out of bed,
Dragged a comb across my head.

Found my way downstairs and drank a cup
*And looking up, I noticed I was late.**

Embora seja algo relativamente pequeno, os versos oferecem um contraste belo e jovial às palavras sombrias de John (antigos colegas do Inny interpretaram a frase sobre subir as escadas e fumar, como Paul acendendo um cigarro no ônibus número 86 a caminho da escola).

Ainda mais interessantes são as passagens de música orquestrada *ad libertum*, antes dos versos de Paul, e após o último verso, construindo o clímax. Essas ousadas passagens musicais foram ideia de McCartney, que trabalhou no mesmo espírito intransigente de composição que o alemão Karlheinz Stockhausen. A dupla de músicos já estava familiarizada com os principais compositores "sérios" de seu tempo — como Berio, Cage e Stockhausen —, alguns eles haviam encontrado ou mantinham contato de outras formas (Paul mantinha correspondência com Stockhausen). Esses compositores ampliaram as fronteiras da música "clássica" no século XX, criando obras aparentemente tão distantes de Beethoven, digamos, quanto o rock 'n' roll parece diferir do trabalho deles, mesmo lembrando que "música é música", como disse outro compositor de vanguarda, Alban Berg. Embora canções de rock 'n' roll sejam mais curtas e simples que sinfonias, são construídas com as mesmas notas e não são necessariamente menos comoventes. No espírito desses inovadores, Paul deu uma sugestão radical a George Martin, dizendo que poderiam preencher 24 compassos no meio e no fim de "A Day in the Life", embora suas instruções iniciais não fossem práticas. "Ele disse: 'Quero que uma orquestra sinfônica enlouqueça'", conta Martin, que retrucou dizendo que os músicos não saberiam do que ele estava falando. Então ele escreveu um som agudo para 41 músicos tocarem seus instrumentos da nota mais baixa à mais alta.

A gravação desse extraordinário trecho de música foi organizada como um acontecimento e filmada para a posteridade. Os Beatles chegaram à sessão em roupas do *flower power* (extravagantes, coloridas e no estilo almofadinha) enquanto George Martin e sua orquestra foram solicitados a vestir trajes de noite. O estúdio foi iluminado

---

* Acordei, caí da cama,/Passei um pente no cabelo./Desci as escadas e bebi um chá/E me dei conta de que estava atrasado. *(N. do T.)*

com lâmpadas coloridas, os Beatles distribuíam máscaras e outros adornos, que muitos dos músicos da orquestra gentilmente vestiram. Um violinista idoso se apresentou usando uma pata de gorila; outro, com o que parecia ser um nariz em formato de pênis. A banda convidou amigos, sócios e outras celebridades para participar, entre eles o cantor Donovan, amigo de Paul, e membros dos Rolling Stones e dos Monkees, banda norte-americana criada recentemente, espécie de imitação dos Beatles para uma série de TV. Isso mostrava o quanto os rapazes de Liverpool eram confiantes e essencialmente de bom temperamento a ponto de serem amigos dos absurdos Monkees, então em sua primeira visita ao Reino Unido. O Monkee Mike Nesmith se lembra de ter sido convidado para uma gravação como se eles fossem iguais: "O clima era de festa e o lugar estava lotado de pessoas conhecidas na cena musical e dos negócios relacionados à música daquela época. Como era uma sessão de trabalho, sabia-se que havia trabalho a ser feito e todos fazíamos parte dele." Depois de Paul ter regido seu acorde apocalíptico ascendente, foi pedido às celebridades que emitissem um *hummm* final e enfático, que seria posteriormente substituído por um forte acorde mi, tocado por McCartney e outros ao mesmo tempo em teclados, permitindo que o som reverberasse na gravação até que a agulha se levantasse. Assim, ele se tornou compositor de música orquestrada séria, na vanguarda do que acontecia no século XX, décadas antes de suas tentativas mais artificiais e conservadoras de composição "clássica" com o *Liverpool Oratorio* e outros trabalhos.

Pelos padrões da época, *Sgt. Pepper* levou muito tempo para ser gravado: cinco meses, incluindo a mixagem. Considerando a excepcional qualidade do trabalho, parece ter sido realizado rapidamente, e ainda assim Paul achou tempo para fazer outras coisas. Em janeiro, Dudley Edwards perguntou se os Beatles poderiam contribuir com música para uma festa que ele estava ajudando a organizar, um evento que os hippies estavam chamando de *The Million Volt Light and Sound Rave*, no Roundhouse, um galpão coberto em uma estação de trem ao norte de Londres. Trabalhando com seus colegas de banda, Paul criou uma colagem sonora de 13 minutos chamada de "Carnival of Light", composta de *loops* em fita, gritos e berros extemporâneos. A fita experimental foi dada a Dudley, mas o astro ficou descontente quando os organizadores da festa permitiram que a fita fosse além da parte que deveria ser ouvida. Como resultado, a multidão ouviu, além de "Carnival of Light", a versão demo de "Fixing a Hole", uma das novas músicas de *Pepper*, que também estava na fita. "Ele ficou bem furioso com isso", relembra Dudley. "Não foi intencional. Eu estava ocupado tentando fazer o show de luzes, e Doug [las Binder] também. Não sei quem estava responsável pelo som, mas de qualquer forma, houve uma execução — e acho que Paul nos perdoou no fim das contas."

McCartney também pensava no filme seguinte dos Beatles, que tinham se comprometido a fazer. Após cogitar um filme antiguerra, conforme discutido com Bertrand Russell e Len Deighton, que acabaria feito por John como projeto solo, e tendo recusado a sugestão do produtor Walter Shenson de refilmar *Os três mosqueteiros*, a banda encomendou um roteiro original ao dramaturgo da moda Joe Orton, de cujo sucesso satírico, *Loot*, Paul gostara. Orton estava nas alturas com o sucesso de sua segunda peça, *Entertaining Mr. Sloane*, em janeiro de 1967 quando foi convocado para a recém-adquirida cobertura de Brian Epstein na Chapel Street, Belgravia, endereço de luxo perto do palácio de Buckingham. O dramaturgo encontrou Paul na sala de visitas ouvindo uma prensagem inicial de "Penny Lane". Orton achava que seu novo bigode lhe dava um ar de anarquista da virada do século. Durante a ceia, McCartney disse que, embora só conseguisse ficar "com a bunda quadrada" quando ia ao teatro (uma alfinetada em Jane), *Loot* prendeu-lhe a atenção. Isso e o fato de Orton ter confessado um apreço por fumar erva serviram para quebrar o gelo. "Bem, eu gostaria que você fizesse o filme", disse ele ao dramaturgo. "Há apenas uma coisa que temos que acertar."

"Você está falando do dinheiro?", perguntou Orton. Ele pediu e recebeu três vezes seu pagamento normal e logo depois entregou um roteiro tipicamente escandaloso, *Up Against It*, no qual os Beatles cometeriam adultério, assassinato e seriam pegos em flagrante vestidos de mulher. Foi rejeitado.

Embora agora pareça óbvio que o duplo lado A *Strawberry Fields Forever/ Penny Lane* seja uma obra-prima, o melhor single que os Beatles já lançaram foi o primeiro single desde *Please Please Me* a não chegar ao primeiro lugar na Grã-Bretanha, mantido fora do topo da parada por Engelbert Humperdinck, um velho artista empresariado por Larry Parnes, cantando "Release Me".* Talvez os novos Beatles fossem artísticos demais para seus fãs. A banda estava claramente se afastando dos idos tempos de entretenimento leve e fácil. O filme promocional que acompanhava o novo duplo lado A mostrava os garotos como hippies cabeludos: John estava dramaticamente diferente, passando do cabelo mop-top para intelectual de suíças. Pelo menos Paul sorria por baixo do seu bigode de anarquista enquanto John cada vez mais tinha a expressão remota do usuário de drogas pesadas.

"Strawberry Fields Forever" e "Penny Lane" não estavam no álbum *Sgt. Pepper* no Reino Unido nem nos EUA, onde a Capitol Records usava as mesmas faixas pela primeira vez. Se eles tivessem incluído essas duas canções no álbum, *Pepper* teria sido ainda mais impressionante, e George Martin considera essa falha "o maior erro de minha carreira profissional". Porém, o que eles deixariam de fora para dar espaço a essas duas faixas? Talvez a música de George inspirada na Índia, "Within You Without You", que era interessante, mas não se encaixava muito bem. Além de "She's Leaving Home" e "Fixing a Hole", as outras contribuições de McCartney foram "Getting Better" e "Lovely Rita", esta um trabalho leve inspirado pela experiência de receber uma multa de estacionamento do lado de fora dos estúdios da EMI de uma guarda de trânsito chamada Meta Davis. Ela poderia ter sido deixada de lado em favor de "Penny Lane". Um *Sgt. Pepper* reformatado nesses moldes seria muito atraente.

Embora seja, de certa forma, um álbum conceitual, apenas a segunda faixa, "With a Little Help from My Friends", cantada por Ringo com o nome de Billy Shears, desenvolveu a narrativa iniciada na canção de abertura, *Sgt. Pepper's Lonely Hearts Club Band*. Foi só quando Neil Aspinall sugeriu que os garotos reprisassem essa faixa no lado dois que o álbum virou um ciclo de canções, embora jamais tenha sido tão completo como *Tommy*, do The Who (1969). O que de fato dava a impressão de ser uma obra de arte coesa eram a embalagem e a apresentação de *Sgt. Pepper*.

Paul reivindica o crédito por criar o conceito da capa do álbum, na qual os Beatles estão em pé ao lado de versões em papelão de

---

* "Penny Lane" chegou ao primeiro lugar das paradas nos EUA. *(N. do A.)*

seus heróis em um jardim ornamental, trabalho realizado por seus amigos Peter Blake e a esposa Jann Haworth. A capa era para ser um design do grupo de arte hippie Fool, de quem falaremos mais depois. "Robert [Fraser] mostrou essa capa feita pelo Fool — parecia uma Disney psicodélica", conta Jann Haworth. "Ele apenas mostrou para nós e disse: 'Não gosto disso e acho que Paul também não está muito feliz, então acho mesmo que você deveria fazer a capa.'" Marido e mulher construíram um cenário tridimensional — algo que o pai de Jann, cenógrafo, fazia para ganhar a vida — e ela supervisionou a plantação do jardim ornamental em primeiro plano, com flores vermelhas formando a palavra BEATLES, enquanto Peter se concentrava em criar a multidão de heróis usando fotografias ampliadas e pintadas de pessoas famosas, algumas delas sugeridas pela banda. "Eles escolheram basicamente um terço das cabeças", relembra Jann. "Não era uma multidão suficientemente grande", então os artistas inventaram o resto. Entre as escolhas de McCartney estavam Fred Astaire e William Burroughs enquanto a lista de Lennon tinha Jesus e Hitler, ambos descartados pela EMI.

As imagens foram montadas no estúdio fotográfico de Michael Cooper em Chelsea, com os Beatles vestidos em uniformes pseudomilitares feitos de tecidos brilhantes em cores fluorescentes. Paul usava sua comenda de membro da Ordem do Império Britânico. À direita da banda foram colocadas as estátuas de cera de Madame Tussaud feitas na época da beatlemania enquanto na frente deles estava um bumbo sobre o qual o título do álbum fora pintado em letras circenses. Depois, Paul pendurou a pele do tambor na parede de sua sala de visitas. Por fim, a montagem foi fotografada por Michael Cooper. Produzido em capa dupla e totalmente colorida com as letras do álbum impressas do outro lado, algo inédito na música pop, e um extra de papelão contendo souvenires feitos por Peter e Jann, *Sgt. Pepper's Lonely Hearts Club Band* era uma obra de arte completa, ambiciosa e lindamente realizada. Se alguém fosse criticar a música, poderia dizer que o álbum era exageradamente suntuoso, tal qual um bolo com ovos demais. Separados, os elementos são brilhantes, mas outras obras dos Beatles se mostram mais agradáveis, pelo menos para estes ouvidos.

Quatro dias depois, Paul voou para os EUA a fim de visitar Jane Asher, levando com ele uma fita de mixagens brutas das novas canções. Acompanhado de Mal Evans, primeiro fez uma parada em São Francisco, onde decidiu conhecer a cena musical local. O Jefferson Airplane trabalhava em músicas para o novo LP, *Surrealistic Pillow*, no teatro Fillmore quando Evans anunciou que Paul queria dizer um oi. "Estávamos sentadas lá tocando no velho Fillmore, e entra esse cara chamado Mal, de terno e gravata e nós lá, totalmente hippies", diverte-se Marty Balin, que vira os Beatles pela última vez da plateia em Candlestick Park, tornando-se, depois, um dos líderes da cena musical de São Francisco. "'O senhor Paul McCartney gostaria de se encontrar com vocês.' Simples assim. 'Ah, tudo bem, mande-o entrar!' Não sabíamos se o cara falava sério ou se era uma piada. Então ele saiu e Paul entrou." Parte do motivo da visita do Beatle a São Francisco era verificar a cena psicodélica, que começara ali e se espalhava por todos os Estados Unidos até a Inglaterra. Foi na Bay Area que bandas como Jefferson Airplane e Grateful Dead usaram pela primeira vez LSD e outras substâncias que alteravam a consciência, drogas feitas por seus amigos e distribuídas livremente em shows. Em decorrência disso, surgiram novas tendências, músicas loucas e arte. Aos olhos de Balin, o visitante parecia muito quadrado. Os músicos mostraram a Paul o psicodélico distrito Haight-Ashbury — ele tirou fotos — e depois o convidaram para a casa deles. "Bom, o que há de novo com os Beatles?", perguntou Balin. Em resposta, o inglês tirou do bolso uma fita e tocou "A Day in the Life". Não tão quadrado assim. "Jesus Cristo! Isso é incrível! Eu literalmente não sabia o que dizer, exceto 'Fantástico!'. Eu simplesmente não podia acreditar naquilo..." Depois de deixar o amigo norte-americano sem palavras, Paul devolveu a fita ao bolso calmamente e pegou o caminho de volta.

Paul e Jane se reencontram em Denver, onde a companhia Bristol Old Vic estava excursionando no momento, e ele chegara a tempo de comemorar o aniversário de 21 anos de Jane. Eles passaram os dias seguintes nas montanhas, andando sobre a grossa camada de neve. Em seguida, Paul a deixou terminar a turnê e viajou com Mal no avião particular de Frank Sinatra para Los Angeles, onde conheceu Brian Wilson, que ficou tão boquiaberto com a fita de *Sgt. Pepper* que abandonou o novo álbum dos Beach Boys, *Smile*. Paul então voltou para casa e teve uma nova ideia para um filme enquanto viajava pelo Atlântico. Procurando um roteiro adequado para a banda havia meses, Paul tivera a ideia de colocar os garotos em um ônibus de turismo — do tipo que levava os trabalhadores de Liverpool em viagens de um dia ao litoral, passeios curtos descritos como "mystery tours", mas que sempre se resumiam em idas a Blackpool — e fazer o filme da Magical Mystery Tour dos Beatles, um filme "maluco dos anos 1960", como Paul o descreveria. Ele anotou o conceito ainda no avião, na forma de um gráfico pizza.

LINDA EASTMAN

Paul voltou à Inglaterra quando as forças da lei e da ordem começavam a atacar a cultura das drogas, com um oficial específico, sargento-detetive Norman Pilcher da Scotland Yard, designado para ficar de olho em astros do pop e seus associados. Em fevereiro de 1967, a polícia fez uma incursão à casa de campo de Keith Richards, Redlands, em Sussex, onde o Rolling Stone estava dando uma festa de LSD durante o fim de semana. Os detetives encontraram Marianne Faithfull — que trocara John Dunbar por Mick Jagger —, nua e enrolada em um tapete de pele. Ela acabara de tomar um banho depois de uma viagem de ácido e não tinha roupas para vestir. Jagger foi acusado por posse de anfetamina (pois alegou serem dele as pílulas de Marianne); Richards, por permitir que a casa fosse usada para fumar maconha; e Fraser, por posse de heroína. Marianne não foi indiciada.

Enquanto o trio de Redlands esperava pelo julgamento, o detetive Pilcher fez uma incursão no apartamento de Brian Jones em Londres, prendendo ele e o amigo Prince Stanislas Klossowski de Rola, filho de nome extravagante do pintor francês Balthus. Brian e Prince Stash, como era conhecido, foram levados à delegacia de Kensington e indiciados por posse de cocaína e de maconha, com ampla divulgação. Jones também foi indiciado por posse de cocaína e metanfetamina.* Eles foram da delegacia para o luxuoso e recém-inaugurado Hilton Hotel em Park Lane, onde estava hospedado o novo empresário norte-americano dos Stones, Allen Klein; mas a gerência do hotel deixou

* Jones foi sentenciado a nove meses de prisão, mas foi logo solto sob fiança devido a seu frágil estado mental. Prince Stash, por sua vez, foi inocentado. *(N. do A.)*

bem claro que os dois não eram bem-vindos. Foi quando Prince Stash ligou para Paul McCartney, a quem ele conhecia um pouco.

Prince Stash explicou a Paul que ele e Brian haviam sido proibidos de ficar no hotel e não poderiam voltar ao apartamento de Jones por causa da imprensa. Brian tinha outros lugares para ir, mas Stash, por ser estrangeiro, não sabia o que fazer. "Estou mandando meu carro com o motorista agora. Você vai fazer as malas e se mudar para minha casa, e se eles quiserem prendê-lo de novo, vão ter que me prender também", resolveu Paul. Então Prince Stash se juntou a Paul e Dudley na Cavendish Avenue, exibindo filmes no projetor 16 mm, consumindo drogas e entretendo o que Stash descreve como um harém de garotas, incluindo uma esquimó chamada Iggy, enquanto fãs dos Beatles acampavam do lado de fora, invadindo periodicamente os portões "mais ou menos como um estouro de boiada que destrói uma cerca". Eles roubavam a roupa suja de McCartney e esvaziavam seus cinzeiros — "Ele fumou isso?" — antes de serem expulsos.

Uma noite, em maio de 1967, os três entraram no Radford Mini de Paul e dirigiram até o Bag o' Nails, um badalado clube que ficava atrás da loja de departamentos Liberty's. No passado, o clube tivera uma reputação duvidosa de área frequentada por prostitutas, mas agora era um local de luxo. Os Beatles frequentavam o Bag o' Nails em parte porque ficava aberto até tarde. Então, depois das gravações no estúdio eles iam até lá tomar um drinque, comer um sanduíche de filé, bater papo com amigos e ouvir música ao vivo. Georgie Fame and the Blue Flames se encontravam no palco quando o trio chegou ao clube naquela noite de primavera. O lugar já estava lotado de conhecidos, entre eles Tony Bramwell e Peter Brown da NEMS. Peter apresentou Paul a uma atraente fotógrafa norte-americana chamada Linda Eastman, que estava na cidade fazendo fotos de músicos para um livro. Quando Dudley voltou do bar, encontrou Paul e Linda entretidos em uma conversa.

Paul sugeriu que todos fossem ao Speakeasy, onde o Procol Harum estava apresentando sua nova e viajante canção "A Whiter Shade of Pale". Ele ouvira a música lá pela primeira vez. Dudley formou um casal com a cantora Lulu, e o Beatle convidou todos para ir a sua casa. Meia hora depois, Linda se viu dentro da mansão de um dos solteiros mais desejados do mundo. Cavendish não era a maior casa de Londres, mas era uma bela residência, com detalhes refinados que chamavam a atenção de olhos mais exigentes. Como Linda comentou: "Fiquei impressionada ao ver os Magrittes." As lembranças são confusas sobre a permanência de Linda naquela noite. Prince Stash e Dudley não conseguem se lembrar. "Não sabia se ia ser apenas outra transa de uma noite só", especula Dudley, "embora ele realmente parecesse ter gostado muito dela."

Linda, que se tornaria uma das personagens mais importantes de nossa história, nasceu em 24 de setembro de 1941 em Nova York, segunda filha dos endinheirados Lee e Louise Eastman. Tinha um irmão mais velho, John, e duas irmãs mais novas, Laura e Louise. O pai, de origem imigrante do Bronx — onde nascera como Leopold Epstein em 1910, filho de pais judeus russos —, subira na vida trabalhando depois de cursar a Escola de Direito de Harvard e montar o próprio escritório de advocacia. Ele fizera um bom casamento com Louise Lindner, filha de uma proeminente família judia de Cleveland. Louise ia à sinagoga e tinha orgulho de ser judia, mas Lee decidiu que seria melhor os filhos seguirem o estilo de vida gentio. Logo depois do nascimento do primeiro filho, os Epstein mudaram o sobrenome para Eastman. Não há correlação com a empresa de fotografia Eastman Kodak, como se costuma imaginar; o nome foi escolhido apenas por parecer menos judeu. "A famosa expressão de Lee era: 'Pense iídiche, pareça britânico", diz o enteado Philip Sprayregen. "Se alguém perguntasse diretamente se Lee era judeu, ele admitiria, mas jamais forneceria essa informação de outra forma, e eu diria que ele devia ficar feliz quando as pessoas não pensavam isso." O judaísmo não foi muito importante na infância de Linda, e ela se tornou uma moça alta de cabelos louro-avermelhados, como se representasse o nome branco anglo-saxão e protestante dado pelo pai. Nunca possuiu uma beleza estonteante. Seu rosto era longo, o que poderia ser considerado bonito ou não, mas tinha um belo corpo, e um jeito sedutor que atraía os homens.

O pai ficou rico por representar de forma inteligente clientes lucrativos da indústria do entretenimento, entre eles o líder de banda Tommy Dorsey, compositores como Harold "Over the Rainbow" Arlen, bem como os mais importantes pintores do expressionismo abstrato, de Willem de Kooning a Mark Rothko. Os Eastman colecionavam arte moderna com qualidade de museu, que exibiam em sua mansão em Scarsdale, Westchester, a uma razoável distância de metrô de

Manhattan. Depois adquiriram um duplex na Park Avenue e também tinham uma casa de praia em Lily Pond Lane, East Hampton, lugar predileto dos ricos nova-iorquinos para as férias de verão. Quando Linda tinha 4 anos, um dos clientes compositores do pai, Jack Lawrence, fez uma música para ela intitulada "Linda", que chegou ao primeiro lugar. Jan & Dean colocaram a música de volta nas paradas em 1963, pouco antes de a Beatlemania tomar conta dos Estados Unidos.

Apesar de uma criação privilegiada, Linda tinha uma relação difícil com o pai, um homem severo que fazia críticas com facilidade. Lee tinha ambições para os filhos, especialmente para John, que acabou assumindo o escritório da família, Eastman & Eastman, e se casando com a neta do cofundador da Merrill Lynch. A irmã Louise, por sua vez, se casou com um homem cuja família chegara ao país junto com os Pais Fundadores dos Estados Unidos. Dessa forma, os Eastman foram assimilados pelo *establishment* branco, anglo-saxão e protestante. Linda, contudo, não se encaixava no padrão. "Ela foi considerada a ovelha negra, a vergonha da família, por muito tempo, por não ser erudita como os irmãos", confidencia o irmão adotivo Philip. Ela não fazia o tipo acadêmico ou intelectual. Em vez disso, tinha um interesse sonhador pela natureza e pelos animais, especialmente cães e cavalos. Como Paul observou depois, Linda parecia considerar todos os animais como criaturas da Disney. Quando criança, ela pegava pássaros e pequenos animais feridos e tentava cuidar deles em seu quarto. Suas notas na escola eram baixas, e por isso Lee debochava e era arrogante com a filha, fazendo uma menina sem inclinações acadêmicas se sentir estranha e burra. Quando entrou na adolescência, ela acrescentou o rock 'n' roll a seus interesses inadequados e começou a perseguir astros pop, fixando-se primeiro nos Young Rascals. Como o mundo é pequeno, os Rascals eram empresariados pelo promotor dos Beatles, Sid Bernstein, que se lembra da adolescente seguindo sua banda por Nova York. "Ela virou uma de minhas fãs favoritas. Eu a deixei assistir a uma gravação no estúdio."

Um de seus namorados foi Melville See Jr, conhecido como Mel, nascido em Albany, Nova York, em 1938, portanto, três anos mais velho que ela. Os pais dele viviam em Scarsdale quando se conheceram. Um homem forte de cabelos cor de areia e barba cerrada — inspirada em Ernest Hemingway —, Mel era estudante de geologia.

Após se formar em Princeton, mudou-se para Tucson a fim de fazer mestrado na Universidade do Arizona (UAZ), onde desenvolveu uma paixão por antropologia. Após largar o Sarah Lawrence College, Linda seguiu Mel até Tucson, matriculando-se na UAZ em História da Arte. Ela estava morando lá, em março de 1962, quando a mãe morreu em um acidente de avião a caminho de visitar o irmão de Linda, John, na Califórnia. Três meses depois, a jovem se casou com Mel e, seis meses depois, em 30 de dezembro de 1962, nasceu sua única filha, Heather Louise.

Linda amava o Arizona, e era a pessoa mais feliz do mundo quando cavalgava entre os cactos saguaro que davam à desértica paisagem em torno de Tucson um ar de filme de faroeste. Ela também começou a fazer fotos, interesse que permaneceu por toda a vida. O casamento, porém, não foi bem-sucedido. Mel era um acadêmico com interesses intelectuais enquanto a esposa mal abriu um livro na vida. Ela achava uma atitude precipitada ter tido uma filha com alguém que agora a entediava. "Isso não significa que ela não tinha um carinho imenso pela filha, mas eu a ouvi comentar mais de uma vez: 'Por que isso me aconteceu?'", relembra o amigo do Arizona, Jonathan Kress. Em 1964, Mel recebeu uma oferta de trabalho na África. Ela se recusou a ir, então ele foi sozinho. Linda levou Heather de volta para Nova York e se divorciou dele no ano seguinte.

Quando a mãe faleceu, Linda herdou algum dinheiro, bem como valiosas obras de arte e ações, conseguindo alugar um bom apartamento no Upper East Side de Manhattan, na East 83rd com a Lexington. Além disso, arrumou um emprego de assistente editorial na revista *Town & Country*, cujo trabalho envolvia abrir a correspondência. Certa vez recebeu um convite para uma recepção de imprensa dos Rolling Stones. O evento seria em um barco, o *Sea Panther*, que cruzaria o rio Hudson. Ela pegou o convite e a câmera. "Fui a única fotógrafa admitida no iate, então saí clicando; eles gostaram, eu gostei e, de repente, descobri que fazer fotos era uma bela maneira de viver, e um ótimo trabalho."

Lee Eastman não ficou nem um pouco impressionado com a nova vocação da filha, tirando fotos de "cabeludos". Linda parecia pular de uma estupidez para outra. "Meu pai costumava dizer: 'Se você quiser ser fotógrafa, trabalhe com um profissional. Obtenha um treinamento.' Bom, nunca tive paciência para isso. Preferia confiar em meus instintos. Além do mais, sou muito preguiçosa." Fotografar celebridades exige acima de tudo acesso, e o talento dela era a capacidade de flertar e fazer amigos. Um dos primeiros contatos da fotógrafa foi Danny Fields, editor da revista adolescente *Datebook*. Foi ele quem causou a confusão do "maiores que Jesus" em 1966 quando publicou a entrevista dada por John Lennon a Maureen Cleave. Danny encontrou Linda nas docas após o cruzeiro dos Rolling Stones, depois de literalmente ter perdido o barco, e quis comprar algumas das fotos dela para a revista. "Ela me enviou [fotos] do Brian Jones sentado com as pernas abertas — eram as imagens mais sexy que já vira!", exclama Fields, que se tornou amigo dela por toda a vida e acabou sendo seu biógrafo. "Nunca vi alguém fazer fotos de homens com as pernas abertas... É o que acontece quando ela está do outro lado da câmera. Os homens fazem isso para ela. Eles se pavoneiam." Ela também conseguiu um encontro com Mick Jagger na viagem de volta de barco.

Nos dois anos seguintes, Linda acumulou aproximadamente trinta namorados, a maioria famosos, entre eles os cantores Tim Buckley e Jim Morrison. Certa vez, ela e Danny foram entrevistar Warren Beatty. "Ela parecia um gatinho, esparramada no tapete ou no sofá, fazendo fotos. Tudo o que se ouvia era o clique do obturador, e no dia seguinte ela dizia: 'Adivinha com quem eu passei a noite?'" É por causa desse período de sua vida que ela foi rotulada de *groupie* — termo pejorativo e até sexista. Afinal, por que uma mulher solteira não poderia dormir com os homens bonitos e famosos que conhecia? Ainda assim, Linda não parecia namorar desconhecidos em Nova York no período de 1966 a 1968. Ficou claro que, além de se divertir, ela procurava um cara rico e legal que poderia cuidar dela e de Heather. Uma das pessoas que conheceu em Nova York na época foi o sócio de Brian Epstein, Nat Weiss, que se lembra de Linda afirmando estar de olho em McCartney, antes mesmo de conhecê-lo. "Ela disse que ia se casar com ele."

Alguns meses após fotografar os Stones em Nova York, Linda foi convidada a ir à Inglaterra fazer fotos para o livro *Rock and Other Four Letter Words*. Ela fotografou várias bandas, incluindo Traffic e The Animals e, naturalmente, queria fotografar os Beatles. Seu passe de entrada foi o assistente de Brian, Peter Brown. "Eu costumava ir a Nova York e sair com um grupo de gays que eu conhecia, e ela estava nesse grupo", recorda-se Brown. "Quando chegou a Londres, ela me ligou com seu portfólio." Agora, Linda andava pelo Bag o' Nails. "Ela estava com uma amiga e eu a apresentei [ao Paul]." Antes que pudesse se dar conta do que acontecera, Linda estava em Cavendish olhando para os quadros de Magritte. Arte era algo que ela conhecia. Isso e o fato de ter perdido a mãe ajudaram a criar um vínculo com Paul que, mais importante ainda, também gostava de Linda. Ele gostava de louras. O fato de Linda vir de uma família rica também era atraente, assim como o fato de ela ser uma mulher maternal, na verdade, mãe solteira.

No dia seguinte, ela apareceu no escritório da NEMS. Peter Brown relembra que confessou ter retirado uma das fotos do portfólio dela.

> Eu disse: "Tenho que confessar que roubei uma foto do portfólio. Eu imaginei que você teria várias cópias." E ela disse: "Aquela do Brian [Jones]?" E eu: "Como você sabe que eu pegaria essa?" Ela respondeu: "Ah, eu adivinhei"... Foi por isso que eu a deixei ir à sessão de fotos de *Sgt. Pepper*, o que foi uma grande infração profissional de minha parte.

Brian Epstein era o anfitrião de uma festa em sua nova casa em Belgravia para lançar *Sgt. Pepper*. Os Beatles estariam lá juntamente com jornalistas e fotógrafos e alguns DJs convidados, entre eles Jimmy Savile. Linda, que normalmente não ligava para moda, vestiu-se cuidadosamente para a ocasião, usando uma saia e um blazer listrado moderno. O cabelo estava perfeito. Na verdade, ela parece ter se preocupado mais com a aparência do que com o equipamento, esquecendo-se de colocar filmes coloridos na bolsa da câmera (ela teve que pegar emprestado com outro fotógrafo). Lá estava Paul de novo, desta vez com os outros Beatles. Ver os quatro juntos em uma sala era algo opressor, como encontrar toda a família real britânica de uma vez. Ela entrou na sessão de fotos e conseguiu uma bela imagem de John apertando a mão de Paul de um jeito exageradamente congratulatório, jogando a cabeça para trás em uma gargalhada sarcástica. Nos poucos minutos que teve antes de os fotógrafos serem expulsos, Linda foi direto a Paul, agachando-se aos pés dele na lareira, encarando o Beatle. Ele a olhou com um leve interesse, mantendo o queixo na mão como se não soubesse muito bem o que

pensar dela, um momento capturado para a posteridade por outro fotógrafo.

Naquela semana, McCartney foi para casa em Liverpool. Linda telefonou para Cavendish enquanto ele estava fora e falou com o hóspede dele, Prince Stash. "Eu disse: 'Paul está em Liverpool.' Ela respondeu com outra pergunta: 'Mas o que você está fazendo?' E eu: 'Estou vendo um filme', e ela falou, 'Eu quero ir até aí.'" Então a fotógrafa foi à Cavendish Avenue e dormiu com Stash, que não achou que estava traindo o amigo, pois não via o relacionamento entre Paul e Linda como algo sério. "Ele não a levou a Liverpool, por exemplo." Ainda assim, havia um clima estranho na casa durante aquele fim de semana. Quando Prince Stash e Linda estavam juntos na cama, Paul ligou e pediu que Stash saísse de lá até ele voltar, não por causa de Linda, diz Stash, mas porque Paul ouvira dizer que pessoas estavam indo a sua casa e usando suas drogas. Especialmente o amigo de Stash, Brian Jones, que agora estava totalmente viciado e consumia o suprimento de cocaína farmacêutica legalizada do Beatle que, de acordo com Prince Stash, era mantida em uma jarra em cima da lareira, como vários de seus amigos faziam na época. Brian prometeu, mas não conseguiu devolver o que levara do jarro de coca, e agora Paul não queria mais ninguém lá. Então Stash e Linda foram ficar com o músico Graham Nash.

O caso dos dois era de conhecimento geral na comunidade roqueira de Londres. "Roger Daltrey, Hendrix e meio mundo pegaram no meu pé porque, você sabe, a Linda era meio rodada", conta Stash, nem um pouco galante.

> Ela não era uma *groupie*, era alguém que amava o amor... Hoje em dia as pessoas dizem "Ah, que filho da mãe ingrato, ele dormiu com a namorada do amigo!" Mas não foi assim, de jeito algum. Você tem que colocar a situação no contexto — todo mundo tinha relacionamentos muito abertos e não era legal ser ciumento.

Mesmo assim, quando Linda voltou a Nova York, sua conversa não foi sobre Prince Stash, mas sobre Paul McCartney. Ela foi para casa no mesmo avião de Nat Weiss, que se lembra de tê-la ouvido dizer mais uma vez que iria se casar com o Beatle. Ela parecia tão determinada que ele não duvidou.

10

HELLO, GOODBYE

O RETORNO DO VIAJANTE

Após a busca incessante por um novo projeto cinematográfico, os Beatles se comprometeram com dois filmes, ambos originados de ideias de Paul. Seus rabiscos no avião sobre o grupo viajando em um ônibus de turismo foram aceito pelos outros, que imediatamente gravaram uma canção similar a "Sgt. Pepper's Lonely Hearts Club Band", com uma introdução de vendedor ambulante em feira livre — "Roll up! Roll up!", ou "Aproximem-se! Aproximem-se!" — e uma fanfarra. Embora divertida, "Magical Mystery Tour" não tem o charme e o refinamento de sua antecessora, uma crítica que pode ser dirigida ao projeto inteiro, embora algumas músicas muito boas tenham sido gravadas para *Magical Mystery Tour*, especialmente "The Fool on the Hill".

O segundo filme era uma animação com base na canção infantil "Yellow Submarine". Iniciada em 1965, uma série infantil de desenhos animados chamada *The Beatles* era exibida na TV americana e internacionalmente, com episódios de meia hora de duração inspirados em músicas da banda. A série fazia sucesso com as crianças, mas a banda, não, porque o produtor norte-americano, Al Brodax, usava atores norte-americanos para dublar os personagens. "Eu não poderia deixá-lo soar como os Beatles porque as crianças americanas não os entenderiam", justifica Brodax, que agora tinha a ideia de fazer um longa-metragem baseado em "Yellow Submarine". Esse trabalho completaria o acordo de três filmes que os rapazes de Liverpool tinham com a United Artists e exigiria pouco empenho da parte deles. "Eles queriam ir à Índia", lembra Brodax. "Eu disse: 'Vocês vão para a Índia, eu faço o filme.' Foi assim que obtive o trabalho."

O acordo foi assinado em maio de 1967. Brodax conseguiu que a animação fosse feita em Londres pela TV Cartoons (TVC), a mesma empresa que fazia a série *The Beatles*. Foram os executivos da TVC John Coates e George Dunning que tiveram a excelente ideia de contratar o artista alemão de pôsteres Heinz Edelmann para a criação de um visual pop art para o filme, produzido às pressas, em um prazo de 11 meses, para ser lançado em 1968, quando foi considerado uma obra-prima. Curiosamente, Paul não gostou do resultado. Embora ele tenha se esforçado para deixar o público ciente de que era o Beatle mais antenado com arte moderna nos anos 1960, em sua biografia autorizada *Paul McCartney: Many Years from Now*, e em todos os lugares, o astro estranhamente não elogiou a estética pop art de *Yellow Submarine*. "Ele achava que um filme de animação moderno [seria] igual a uma produção da Disney", conta o chefe da TVC John Coates, que não perdoou McCartney. Ele também não gostou de ser caracterizado como o vice-líder de John no filme, como era na série de desenhos, e muito menos da voz que os produtores lhe deram. Embora os Beatles fossem dublados por atores britânicos no filme, McCartney achou o sotaque de Liverpool muito ruim. "Ele estava sempre preocupado com a impressão que passaria. Isso parecia ser um dos problemas dele. E parecia muito fechado em si mesmo", observa Coates. A contribuição da banda para o filme definida por contrato era a seguinte: eles gravariam três novas faixas, manipulando os produtores com suas sobras, embora "All Together Now" de Paul fosse outra música atraente para as crianças.

No fim de maio, Brian Epstein deu uma festa durante um fim de semana em seu novo refúgio no campo em Sussex, à qual todos os quatro Beatles foram convidados. Epstein tinha um piano de cauda trazido de Londres para que Paul pudesse tocar, mas ele não apareceu. "Por que ele não veio?", Brian perguntou a sua equipe. A resposta foi que Jane Asher estava de volta dos EUA e Paul precisava preparar a casa. "Ele poderia ter tentado", reclamou Brian. "Era muito importante para mim."

Cavendish estava em um estado deplorável, após ter sido apartamento de solteiro para Paul e seus colegas pelos últimos quatro meses e meio. Horas antes do retorno de Jane, na segunda-feira 29 de maio, McCartney correu para limpar e coletar objetos abandonados na casa antes de ir buscá-la. Nico e Prince Stash finalmente foram embora, mas Dudley Edwards ainda pintava o papel de parede. Paul deu a entender que era hora de ele se mudar também. Após uma pausa para raspar o bigode, ele dirigiu para Heathrow, chegando ao aeroporto a tempo de encontrar a namorada saindo do desembarque, com um bando de jornalistas abordando o casal enquanto eles se reencontravam. Repórteres perguntavam quando eles pretendiam se casar. "Agora não", respondeu Jane, cansada da viagem e nervosa por encontrar um homem que era um estranho para ela havia meses, apesar do namoro nas Montanhas Rochosas. Após posar para uma foto rápida, Paul levou Jane para casa, o que foi a deixa para o último hóspede partir. "Quando Jane voltou, achei que eu estava atrapalhando", diz Dudley Edwards. "Paul me disse que Ringo queria um mural pintado em sua casa, então fui direto para Weybridge ficar na casa de Ringo."*

Três dias depois, em 1º de junho de 1967, *Sgt. Pepper's Lonely Hearts Club Band* foi lançado oficialmente, aclamado como um triunfo pela imprensa e pelo público, apreciado como obra de arte popular e levado a sério pelos críticos. O compositor Ned Rorem disse à revista *Time* que "She's Leaving Home" de Paul era tão boa quanto qualquer música de Schubert. Sir Joseph Lockwood, presidente da EMI, esperava que fossem vendidas 7 milhões de cópias do álbum. "Tenho certeza de que todos vão querer um..." Ele tinha razão: *Sgt. Pepper* foi ao primeiro lugar nos Estados Unidos e na Grã-Bretanha, vendendo mais de 11 milhões de cópias apenas nos EUA. Além disso, *Pepper* foi reconhecido como o principal disco de transição do pop para uma forma mais séria e consciente de rock, sendo, talvez, o álbum mais significativo da história do gênero. Uma quantidade considerável de crédito vai para Paul. O álbum foi ideia sua, ele contribuiu com o maior número de canções e supervisionou a criação da embalagem. O lançamento bem-sucedido do LP era, portanto, um triunfo pessoal, talvez o ponto alto de sua carreira. Até John admitiu nos últimos anos, quando costumava falar do amigo com desprezo, que "*Pepper* foi mesmo o ápice", a última vez que ele realmente trabalhou em parceria com Macca, "especialmente em 'A Day in the Life'".

---

* Starr comprara uma casa perto da residência de John Lennon em St. George's Hill Estate. *(N. do A.)*

Para comemorar o lançamento, Paul e Jane deram uma festa na Cavendish Avenue que durou todo o fim de semana. No domingo à noite, eles foram ao Saville Theatre na Shaftesbury Avenue — prédio arrendado por Brian — e viram Jimi Hendrix cantar "Sgt. Pepper's Lonely Hearts Club Band". Paul ficou extasiado por já ouvir um importante colega e artista apresentar sua música.

NAS MONTANHAS ESCOCESAS

Paul e Jane fizeram as malas, pegaram a cadela sheepdog Martha e entraram em um avião para a Escócia, onde Paul acabara de comprar uma casa de férias, que se tornaria muito importante em sua vida. A casa ficava na península Kintyre, um fina faixa de terra delimitada pelos mares da Escócia ocidental, tendo o Estuário do rio Forth de um lado e o oceano Atlântico de outro. O Mull of Kintyre, que Paul tornaria famoso em música, é o pontal da terminação sul dessa península. Perto dele fica a pequena cidade de Campbeltown, lar de 6 mil pessoas, muitas das quais trabalham na pesca, na construção de barcos e nas pequenas fazendas que pontuam as colinas do país. McCartney comprara uma dessas fazendas, ou *steadings* como são conhecidas, para usar como sua residência de férias.

A principal atração de High Park Farm era a distância e, portanto, a privacidade possível a um homem que, embora gostasse da fama, às vezes sentia a necessidade de fugir de tudo. High Park fica a apenas dez minutos de carro de Campbeltown, uma das cidades mais remotas do Reino Unido, a 800 quilômetros de Londres, os últimos 220 deles saindo de Glasgow, passando por cenários selvagens e, na maioria das vezes, vazios. Mesmo se Paul fizesse uma pausa na viagem para ver o pai em Rembrandt, o trajeto era de sete horas de carro de Merseyside. Paul e Jane fizeram o caminho de carro na primeira vez que foram a High Park. À medida que se dirigiam às Highlands, eles pareciam entrar em uma terra mais antiga, cuja estrada longa e sinuosa passava por lagos que refletiam montanhas cobertas de neve, o que deu uma ideia a Paul. "[Eu] estava na Escócia, havia uma estrada meio que se esticando para cima das colinas, dava para ver que continuava por vários quilômetros e eu pensei [em] 'The Long and Winding Road'." A parte final da jornada era para o sul pela A83 ao lado de praias imensas e desertas que davam para o Atlântico, em direção a Campbeltown e, portanto, ao fim da viagem. Ninguém vai a Campbeltown a caminho de algum lugar, pois não há destino algum para ir de lá, a menos que você entre em um barco, então todo visitante é notado, especialmente um Beatle e uma atriz em um carro esporte. Mas depois que a população local superou o espanto de ver Paul no local, ele descobriu que o tratavam como uma pessoa qualquer e até protegiam secretamente sua privacidade, ajudando a fazer de Kintyre o refúgio ideal.

Como a maioria das fazendas da vizinhança, High Park originalmente pertencia ao duque de Argyll e era alugada a um inquilino chamado John Brown, que mantinha sessenta ovelhas e oito vacas leiteiras em seus 183 acres. O velho Brown estava pronto para se aposentar quando os advogados de Paul compraram a fazenda, sem revelar a identidade do cliente. O inquilino estava tocando suas ovelhas quando McCartney apareceu pela primeira vez. "Meu Deus, é um Beatle!", exclamou o senhor. Sua fazenda tinha uma casa de pedra de um andar, construída no século XIX com um quarto, piso de cimento cru, um velho fogão, uma lareira e teto com telhas de zinco onduladas. Não havia aquecimento ou água quente. Muitos amigos se perguntaram por que ele havia comprado um lugar como aquele, quando poderia bancar algo luxuoso. Era a paz e a tranquilidade que lhe agradavam, além do contraste rústico com sua vida urbana, embora o gosto por viver sem conveniências ou luxos seja comum entre ingleses endinheirados. Jane considerou a casa adorável, e Paul, que adotara alguns de seus modos aristocráticos, concordou.

O cenário era lindo. Havia uma campina entre a casa da fazenda e a Ranachan Hill, que se erguia de forma íngreme ali perto. Plantada na campina entre a casa e a colina havia uma pedra fálica com cerca de 4 metros de altura, uma das rochas mais misteriosas desse pedaço da Escócia, erigida havia muito tempo pelos celtas. No topo da Ranachan Hill estavam os restos de um forte igualmente antigo, provavelmente construído como defesa contra os vikings. Esses artefatos atiçaram a imaginação do Beatle, gerando um interesse pela mitologia celta. Assim como a Ranachan Hill guarda High Park no sul, a *steading* é fechada no norte por uma região de floresta, campos que ficavam ora brilhantes com prímulas florescendo na primavera, ora roxos com arbustos de urze no outono. Água cristalina corria pelo riacho. Coelhos, lebres e raposas pulavam para lá e para cá, um verdadeiro Éden, incrivelmente tranquilo, céu estrelado inacreditável. Quando ele subia a Ranachan Hill, via do outro lado do mar a Irlanda, o que o ajudava a se conectar com suas origens.

Paul se apresentou aos vizinhos. "Ele queria conhecer os vizinhos e veio nos ver com Jane Asher", lembra Katie Black, que o recebeu em sua aconchegante cozinha em Tangy Farm. Os Black eram musicais. Archie Black amava mais que tudo uma cantoria em volta do piano, e Paul se juntou ao grupo, embora a mãe idosa da Sra. Black não tenha ficado encantada quando a música passou da hora de dormir. Uma noite, durante uma sessão no andar de baixo, a velha senhora bateu no chão. "Que barulho é esse?", perguntou à filha, que subiu para perguntar o que ela queria.

"Mãe, é Paul McCartney."

"Nem se fosse Winston Churchill. Não vou aturar isto!"

Amizades fortes foram criadas com famílias de fazendeiros locais como os Black, que se mostraram leais e discretos. Quando fãs e membros da imprensa começaram a aparecer procurando Paul, os vizinhos não diziam onde ele morava nem o perturbavam em busca de autógrafos ou se ofendiam por ele não ser um fazendeiro de verdade. Ele empregava um homem da região para tomar conta de High Park, um rapaz chamado Duncan Cairns. Depois o filho de Duncan, Robert, assumiu o posto, mas eles não trabalhavam a terra em busca de lucro.

Paul também achava os habitantes da cidade agradáveis. Ele podia andar a esmo em Campbeltown, fazer compras, frequentar o pub e o pequeno cinema sem ser perturbado. Além disso, sentia-se bem-recebido nessa comunidade pequena e unida por uma amizade diária, algo bem mais raro nas partes mais povoadas do Reino Unido. Novas amizades se formaram na cidade. Um belo dia, o baterista da Campbeltown Pipe Band — trabalhadores comuns que se uniam nas noites e fins de semana para tocar música escocesa tradicional com gaita de fole e bateria — se apresentou a Paul, que convidou a banda a High Park para fazer um filme caseiro com ele e Jane. "Ele queria que descêssemos o parque logo abaixo da fazenda, andando para cima e para baixo e tocando nossos instrumentos. Enquanto isso, Jane, que deveria estar perdida nas colinas, ouviria a banda e desceria correndo enquanto marchávamos para cima e para baixo", relembra o baterista Jim McGeachy. "Ficamos lá por mais ou menos uma hora. Ele filmou tudo." Mais adiante, a associação de Paul com essa banda de gaita de fole levaria a uma de suas gravações de maior sucesso.

Quando o sol brilhava, parecia não haver lugar melhor do que High Park, e o clima estava maravilhoso quando o casal esteve por lá em junho de 1967, tão bom que eles ficaram alguns dias além do planejado. E quando tiveram que voltar para casa, conseguiram ir de avião para Londres. Outro fator atraente para Paul era que, embora Kintyre fosse muito distante, jatos particulares podiam usar a base da força aérea britânica, Machrihanish ali perto, ou seja, ele podia voltar aos assuntos dos Beatles em duas horas.

ALL YOU NEED IS LOVE

Paul havia acabado de voltar para casa em Cavendish quando um repórter do *Sunday People* bateu à porta perguntando sobre uma matéria na revista *Life* na qual se dizia que o Beatle tomara LSD. Ele convidou o repórter para entrar e confirmou que sim, ele usara LSD quatro vezes e não se arrependia.

> [O ácido] abriu meus olhos para o fato de que existe um Deus. Uma experiência desse tipo poderia fazer bem a alguns membros de nosso clero. É óbvio que Deus não está em um comprimido, mas a pílula explicou o mistério da vida [para mim]. Foi uma verdadeira experiência religiosa.

Ele também expressou seu desejo de que os líderes mundiais experimentassem LSD, comentando: "Acredito que a droga possa curar o mundo." A entrevista foi primeira página do *Sunday People* em 18 de junho de 1967, aniversário de 25 anos de Paul: A SURPREENDENTE CONFISSÃO DO BEATLE PAUL "Sim, Eu tomei LSD." Quando uma equipe de TV foi a Cavendish para saber mais sobre o assunto, o músico lhes disse basicamente o mesmo, ajudando a criar uma grande notícia, embora suas confissões sobre drogas fossem apenas parciais.

Paul tinha sucumbido à pressão dos amigos para experimentar LSD quando o falecido Tara Brown lhe oferecera ácido meses antes, após uma noite no Bag o' Nails. A primeira viagem de Paul não foi agradável. Ele ficou excessivamente ciente do quanto sua camisa estava suja e se sentiu exausto demais para trabalhar no dia seguinte. Houve também a ocasião, quando produziam *Sgt. Pepper*, em que John tomou ácido por engano. George Martin o levou ao terraço do prédio da EMI para pegar um pouco de ar fresco, sem perceber que o Beatle estava "viajando". Paul resgatou o amigo dessa situação perigosa, e o levou para sua casa em Cavendish, onde tomou ácido para fazer companhia a Lennon. Mais uma vez, a experiência não foi nem um pouco agradável. Ele teve uma visão de John como "um rei, Imperador Absoluto da Eternidade", que parecia denunciar um complexo de inferioridade subconsciente. McCartney tomara ácido uma ou duas vezes desde então, com menos frequência que Lennon e Harrison, mas, como revelou em sua biografia autorizada anos depois, experimentou outras drogas mais pesadas. Seu *marchand* Robert Fraser o apresentou à cocaína, um suprimento farmacêutico legal que o Beatle manteve em casa por um tempo, como já vimos. Mas ele não gostava do que sentia quando a onda da coca baixava. Normalmente uma pessoa alto-astral, ele não via sentido em causar depressão a si mesmo e parou de usar, uma demonstração da força de seu caráter. Com Fraser usou heroína. "Eu disse depois: 'Não tenho certeza em relação a isso, cara. Não fez nada por mim', e [Fraser] respondeu: 'Nesse caso, não vou lhe oferecer de novo.' E eu não tomei mais."

Paul não divulgou suas experiências com a cocaína e a heroína à imprensa em 1967, isso aconteceu trinta anos depois. O pouco que ele relatou sobre ter usado LSD causou polêmica suficiente em uma época na qual os jornais estavam cheios de matérias sobre astros pop e pessoas próximas a eles sendo presos por uso de drogas. Um amigo fotógrafo dos Beatles, John 'Hoppy' Hopkins, foi preso por posse de maconha no dia em que *Sgt. Pepper* foi lançado. Além disso, a batida policial na casa de campo de Keith Richards levou Robert Fraser, Keith Richards e Mick Jagger a sentenças de 6, 12 e 3 meses de prisão, respectivamente. Os Stones foram soltos sob fiança em poucos dias, esperando o julgamento do recurso, mas Fraser cumpriu quatro meses em Wormwood Scrubs (uma experiência que ele considerou uma volta à escola Eton). Embora a *intelligentsia* considerasse as sentenças injustas — o editor do *Times* escreveu um celebrado editorial que ajudou os Stones a ganhar o recurso — havia uma sensação de que a polícia, estimulada e mancomunada com os tabloides, estava em busca do maior prêmio de todos: prender um Beatle. A confissão sobre o LSD de Paul causou estranheza a John, George e Ritchie, que se viram assunto de escrutínio indesejado sobre o uso de drogas, com a ironia de que o amigo fora o *último* entre eles a experimentar ácido. "Pareceu estranho para mim", comentou George Harrison cinicamente anos depois para o *Anthology*, "porque estávamos tentando fazê-lo tomar LSD havia mais ou menos um ano e meio — e um belo dia ele estava na televisão falando sobre isso." Com essa declaração, George pareceu sugerir que Paul desejava atenção.

Os McCartney ficaram preocupados com a notícia de que o membro famoso da família estava usando drogas. Tia Ginny convocou uma reunião de família para discutir a situação, o que a levou ao sul para resolver tudo pessoalmente com o sobrinho. "Então ela foi a Londres para ficar com Paul", conta o parente Mike Robbins. "Cerca de cinco dias depois ela voltou e todos nos reunimos — eu vou me lembrar disso para sempre — em sua pequena casa em Mersey View: [minha esposa], eu, Milly." A família perguntou se Ginny conseguira vê-lo, e a senhora de 57 anos tirou um baseado da bolsa de mão e perguntou, de maneira sonhadora: "Vocês já experimentaram um desses?" A parentada acendeu e fumou a erva. "Rimos feito uns doidos", revela Mike. "Essa era Ginny."

As confissões de Paul sobre drogas não causaram grandes danos à reputação dos Beatles. Os garotos ainda eram amados pela imprensa e pelo público britânicos, considerados aptos a representar a nação em uma respeitada transmissão de TV realizada naquele verão. Estações de TV do mundo inteiro foram reunidas no domingo 25 de junho de 1967, para um programa especial, *Our World*, apresentando contribuições de 18 países por meio da nova tecnologia de link via satélite. Os Beatles apareceriam em nome do Reino Unido brevemente no início e no final do programa, quando cantariam uma música feita especialmente para a ocasião, "All You Need is Love", de John, ao vivo da Abbey Road.

Como aconteceu no clímax orquestral de "A Day in the Life", o Estúdio Um foi transformado em um acontecimento para a transmissão, com a banda se unindo a seus amigos e familiares. Sentados aos pés dos Beatles, diante das câmeras, estavam Mick Jagger e Keith Richards juntamente com Pattie Harrison (cujo nome de solteira era Boyd; ela se casara com George no ano anterior), Jane Asher, Mike McCartney e outros parentes de Paul. Durante o show, membros da plateia desfilaram para as câmeras com as palavras "*All you need is love*" escritas em diferentes idiomas em placas do tipo "sanduíche". Um dos primos de Paul segurava uma placa onde se lia "Volte, Milly!" um recado para a tia de Paul que fora recentemente à Austrália.

Dirigindo tudo estava George Martin, a imagem da elegância em um terno de linho branco, embora tivesse enfrentado uma semana cansativa. Seu pai morrera na terça-feira, sua segunda esposa (e ex-secretária) Judy estava esperando sua primeira filha e os Martin estavam se mudando de casa. Para completar, ele considerava os Beatles cada vez mais teimosos: George Harrison levara sua paciência ao limite no ensaio rápido para a transmissão de *Our World*, expressando o desejo de tocar violino, mesmo sem saber. Um grupo de músicos profissionais faria esse papel, pois o produtor havia contratado um conjunto de cordas e metais, incluindo David Mason, o trompetista de "Penny Lane". Os músicos fariam a introdução e uma colagem de outras músicas, entre elas "A marselhesa", para dar um sabor internacional aos procedimentos. Tudo era tão complexo que estava fadado a dar errado, mas funcionou muito bem naquela noite: John cantou lindamente, a banda tocou com uma união digna de nota; todos pareciam felizes e confiantes enquanto mandavam sua mensagem de amor para o mundo.* Lançada como single alguns dias depois, "All You Need is Love" chegou ao primeiro lugar na Grã-Bretanha e nos EUA, expressando todo o encanto e o otimismo da era hippie, bem como o vazio intelectual dos barbudos enfeitados. A canção é a quintessência do verão do amor.

UM ASSUNTO TOLO

Os Beatles tinham uma imensa quantidade de dinheiro a receber da EMI. O motivo era técnico: em 1966, o contrato da banda com a grava-

* Os Beatles tocaram com uma base pré-gravada para diminuir a chance de ocorrer um erro ao vivo. *(N. do A.)*

dora tinha expirado e, enquanto Brian Epstein renegociava o acordo, a EMI atrasou temporariamente o pagamento de royalties. Então, em janeiro de 1967, com o novo contrato nas mãos, foi paga uma imensa quantia em royalties atrasados, e muito mais ainda seria pago graças às novas e mais altas taxas para royalties. Se os Beatles declarassem essa avalanche de dinheiro como renda, sofreriam uma sobretaxa punitiva. Ao investir o dinheiro em empresas, eles podiam evitar a taxação legalmente. Assim, eles decidiram fundar uma empresa, a Apple Corps, uma empreitada impulsiva cujo nome era uma piada (um trocadilho com "Apple core", miolo de maçã) e embarcaram na estranha, e por vezes cômica, fase final da carreira.

Embora a Apple tivesse sido criada para evitar impostos, eles eram sinceros quanto a abrir uma empresa que tivesse o respaldo financeiro de uma grande corporação, mas fosse gerenciada com os belos ideais hippies, criando e vendendo tudo de legal em que eles e os amigos estavam interessados por um preço justo a pessoas que pensavam da mesma forma — uma espécie de socialismo hippie. Da macieira principal sairiam pequenas companhias-maçãs que negociariam todo tipo de coisa: discos, pois é claro que a Apple seria proeminente no negócio da música — tendo o selo inspirado na pintura de uma maçã feita por Magritte exposta na sala de visitas de Paul —; produção de filmes também era parte importante do que a Apple Corps seria; mas haveria também várias empresas menores e mais excêntricas: roupas Apple, Apple Electronics, uma unidade de gravação de palavra falada chamada Zapple; e até uma escola Apple para filhos dos Beatles e de seus amigos. À frente do empreendimento estava o amigo de Paul, Ivy Vaughan que, como quase tudo que a empresa tentou fazer, era bem-intencionado, mas nem um pouco realista.

A Apple começou a vida nos escritórios da 94 Baker Street, a algumas paradas de ônibus de St. John's Wood, o que era conveniente para Paul. Enquanto os negócios eram feitos no andar de cima, o térreo virou a Apple Shop, gerenciada pelo ex-Quarry Men Pete Shotton, em cuja cabeça Lennon uma vez jogara uma tábua de lavar roupa. A intenção era vender roupas e outros objetos hippies projetados em sua maioria pelo Fool, grupo de arte liderado pelo atraente e jovem casal holandês Simon Posthuma e Marijke Koger.

Após viajar juntos pela Europa, Simon e Marijke se estabeleceram como membros do grupinho da moda de Londres em 1966, ficando amigos primeiro de Brian Epstein e, por meio dele, conhecendo os Beatles. George Harrison os convidou para pintar o mural em cima da lareira de sua nova casa em Esher, Surrey. Pattie Harrison e outras mulheres ligadas aos Beatles começaram a usar roupas do Fool, ficando com o visual de videntes ciganas, enquanto Simon e Marijke eram convidados para sessões de gravação dos Beatles e para a transmissão de *Our World*, durante a qual Marijke foi vista tocando pandeiro.

Apesar de terem tido o projeto para a capa de *Sgt. Pepper* rejeitado por Paul, Simon e Marijke agora recebiam a encomenda de decorar a parte interna e externa da butique da Apple e produzir pôsteres e trajes hippies que seriam vendidos a preços módicos. "Não é certo que apenas poucos sejam capazes de comprar o que fazemos", disse Simon à recém-lançada revista de música norte-americana *Rolling Stone*. "Queremos que seja para todos." O conceito era confuso desde o início. "Não sei por que foi chamada de butique, pois a intenção era mais próxima a um centro cultural com livros, instrumentos musicais, palestras sobre arte etc." diz Marijke. "Infelizmente, a coisa toda foi mal gerenciada, o que não tinha nada a ver com o Fool. Éramos apenas o pessoal das ideias criativas." Para decorar a fachada do prédio da Apple, Marijke pintou a imagem fabulosa de um gênio, com quatro andares de altura, transformando uma esquina comum de Londres em uma fantasia psicodélica. Era o que havia de melhor na loja.

Ela visitava Paul regularmente na vizinha Cavendish Avenue, onde fazia leituras particulares de tarô para o Beatle (ele vivia tirando o Louco). Uma coisa levou a outra e eles acabaram na cama. "Ele tinha uma personalidade acolhedora e solidária, além de ótimo senso de humor", lembra Marijke. "Eu via empatia na forma com que ele lidava com os funcionários, e ele amava animais. Como amante de animais e vegetariana por toda a minha vida, eu realmente me identifiquei com isso." Simon percebeu que algo estava acontecendo entre os dois — "Paul e Marijke eram ótimos amigos, eles tinham essa eletricidade" — e foi correndo a Cavendish uma manhã para confrontar Paul. Ele encontrou o Beatle na cozinha tomando café e lendo as cartas das fãs.

"O que está acontecendo?", gritou Simon.

Paul admitiu o romance, disse que não conseguiu evitar e deu a entender a Simon que Jane também descobrira. "Ele tinha um problema com Jane, é claro... Também havia mágoa da parte dela." Os homens concordaram que o caso terminaria e que continuariam amigos, ou quase. Não muito tempo depois, Simon e Marijke tomaram LSD com Paul. Em uma viagem estranha e perturbadora para Simon, a droga serviu para deixar o holandês intensamente ciente do que acontecera entre o músico e sua namorada. "Foi uma viagem difícil."

O FERIADO NACIONAL DE AGOSTO, 1967

Simon e Marijke não foram os únicos personagens pitorescos a entrar na corte dos Beatles nessa época. Outro rosto novo era o de Alex Mardas, técnico de TV nascido na Grécia que o esperto, mas sempre crédulo, John Lennon acreditava ser um gênio da eletrônica, tendo sido devidamente nomeado chefe da Apple Electronics. Magic Alex foi posto em uma oficina atrás da Marylebone Station, onde se esforçava para desenvolver invenções estupendas como tinta que emitia luz e uma espaçonave que seria movida pelo motor da Ferrari de George Harrison. Como era de esperar, essas invenções não funcionaram. Alex também levou os Beatles à sua terra natal naquele verão em busca de uma ilha grega que a banda pudesse comprar e usar como comuna. Após pesquisar muito, os garotos perderam o interesse e voltaram para casa, onde caíram nos encantos de outro personagem absurdo.

Nascido Mahesh Prasad Varma na Índia por volta de 1917 (ninguém sabia ao certo), o autointitulado Maharishi Mahesh Yogi estudara matemática e física na universidade Allahabad antes de ir para o Himalaia e ressurgir como homem santo, cuja mensagem para o mundo era que o êxtase celestial poderia ser vivenciado por meio da "meditação transcendental" ou MT. Sabendo em qual lado de seu pão indiano *poppadom* tinha curry, Maharishi foi a Los Angeles criar seu Movimento de Regeneração Espiritual, que, em vez de ajudar os iniciados de graça — seguindo a tradição indiana —, exigia um pagamento semanal (quanto maior a renda, mais você pagava). Em troca dessa doação, a pessoa recebia um mantra — apenas uma frase — para repetir infinitamente até ser levada a um estado de unidade com o universo. Muitos californianos ricos se inscreveram.

Depois ele foi a Londres, onde recrutou mais tolos ricos e infelizes. Pattie Harrison foi a primeira no círculo dos Beatles a abraçar o Movimento de Regeneração Espiritual, informando ao marido que o Maharishi daria uma palestra na quinta-feira, 24 de agosto. Eles tinham que ir. Surpreendentemente para um iogue do Himalaia, o Maharishi encontrava os britânicos no Hilton Hotel, o arranha-céu luxuoso favorito do empresário sibarita dos Rolling Stones, Allen Klein. George Harrison comprou os ingressos — "eu precisava de um mantra, uma senha para ir ao outro mundo" — e convenceu John, Cyn, Paul, Jane Asher e Mike McCartney a se juntarem a ele e a Pattie aos pés do mestre. Quando todos estavam em seus lugares, o iogue surgiu de trás de uma cortina para cumprimentar o público, rindo e segurando flores. Ele era um homenzinho engraçado e feliz, de cabelos longos como os de uma garota. O grupo ficou entretido e impressionado pelo atalho do iogue para o nirvana e aceitou o convite para passar alguns dias com ele em uma faculdade de formação de professores em Bangor, País de Gales, onde o homem santo daria uma série de seminários começando naquele fim de semana de feriado nacional.

Os Beatles chegaram à Euston Station bem na hora de pegar o trem das 15h50 para Bangor na sexta-feira, 25 de agosto, antes de a metrópole expelir seus trabalhadores para o fim de semana. O tempo estava agradável e ensolarado e havia um clima festivo entre o grupo dos Beatles, que incluía Magic Alex, Donovan, Marianne Faithfull e Mick Jagger, que andava atrás dos Beatles como um irmão mais novo na época, ansioso para estar onde a ação acontecia. Na inevitável comoção no terminal ferroviário, Cynthia Lennon foi contida por um policial que a confundiu com uma fã. "Diga a eles que você está conosco!", John gritou para a esposa, mas o trem partiu sem a Sra. Lennon. "Foi muito embaraçoso", escreveu Cynthia, depois, sobre o momento em que se viu em pé e às lágrimas na plataforma, vendo o trem do marido partir. "Minhas lágrimas não eram apenas pelo trem perdido. Eu chorava porque o incidente parecia simbolizar o que acontecia em nosso casamento. John estava no trem, correndo rumo ao futuro, e eu ficava para trás."

Havia outros pontos de escuridão ao redor dos Beatles naquela semana de agosto. Dois dias antes, Joe Orton fora espancado até a morte por seu amante, Kenneth Halliwell, que depois cometera suicídio. "A Day in the Life" foi tocada no enterro de Orton. Depois teve

Brian Epstein, que estava em declínio desde a última e infeliz turnê dos Beatles, cujo injusto fim foi em LA, onde o namorado roubou sua mala. Pouco depois desse triste incidente, o empresário tomou uma overdose na Chapel Street, deixando um bilhete escrito: "Não aguento mais", de acordo com Peter Brown, que o encontrou e o fez prometer que não cometeria tal estupidez novamente. "Quando o descobri, quando o encontrei naquela noite, quando o levei para a [Clínica] Priory e eles lhe fizeram uma lavagem estomacal e tudo o mais, nós obviamente tivemos uma conversa. A conversa foi cheia de remorso."

O principal problema de Brian era sua dependência de anfetaminas, o que o deixava instável. Antes tão perfeito, profissional e bem organizado, ele agora dormia tarde, perdia compromissos e eventos importantes tais como o último show dos Beatles em Candlestick Park, "Então isso demonstrava, você sabe, mau comportamento", observa Brown. O conjunto estável de artistas que criara e com o qual ganhara um bom dinheiro durante os emocionantes dias do Mersey Beat parecia esgotado. O som de Mersey era música de ontem, e as contratações recentes não tinham causado tanto impacto. Como exemplo, seu novo grupo Paddy, Klaus and Gibson já havia se separado. Então, em janeiro de 1967, Brian uniu a NEMS à Robert Stigwood Organisation, permitindo que o jovem australiano Stigwood tomasse parte de sua empresa. Epstein manteve os Beatles, mas agora que os garotos haviam abandonado a estrada, não precisavam dele diariamente. Brian jamais fora bem-vindo no estúdio, e sua sugestão de que *Sgt. Pepper* fosse vendido em uma capa de papelão marrom simples mostrava quanto ele estava fora de sintonia com os rapazes. Ele fora bem-sucedido ao renegociar totalmente o contrato da banda com a EMI em janeiro, mas o boato era de que quando seu contrato de empresário terminasse, no outono, a banda poderia trocá-lo por Allen Klein, que impressionara Paul conseguindo um adiantamento de 1,25 milhões de dólares para os Rolling Stones na Decca.

Brian sempre achara Paul levemente difícil de lidar, mais questionador e menos obediente que os demais integrantes. Um conhecido de Liverpool relembra de Paul "debochando" da sexualidade de Brian, "andando atrás dele de modo afetado", embora a amizade com o crítico de arte assumidamente gay Robert Fraser demonstre que ele não era realmente homofóbico. Quando McCartney foi a Paris com Fraser para comprar quadros, alguns de seus colegas Beatles fizeram comentários, como Paul depois recordou em sua biografia autorizada: "Como ele era gay [mas] eu estava seguro quanto a minha sexualidade, nunca achei isso um problema, podia andar com quem eu quisesse e isso não me preocupava."

Além de rir à custa de Brian, como todo o grupo fazia de certa forma, há evidências de que o empresário tinha problemas com Paul. Quando Epstein ditou suas memórias para o assistente Derek Taylor, publicadas em 1964 como *A Cellarful of Noise*, disse criticamente: "Paul pode ser temperamental, mal-humorado e difícil de lidar", acrescentando que McCartney tinha uma tendência a só ouvir o que queria e possuía um "exterior furioso". Ainda assim, o parceiro de negócios norte-americano de Brian, Nat Weiss, insiste que os dois tinham boas relações no verão de 1967, tendo resolvido boa parte de seus problemas, acrescentando que McCartney esperava que Epstein continuasse sendo empresário dos Beatles. "Na verdade eu acho que a ideia de Brian — e posso dizer isso por causa de uma conversa que tive com ele — era manter Cilla Black e os Beatles para si e deixar Stigwood lidar com o resto dos artistas da NEMS. E abaixar as comissões para 15 por cento."

Mas Brian, cada vez mais volúvel, mal-humorado e dependente das drogas, dormia tarde na Chapel Street e perdia a cabeça com sua equipe quando conseguia acordar. Em maio, ele se internou novamente na Priory Clinic. Em julho, seu pai morreu, o que lhe causou muito sofrimento. Sua mãe, Queenie, hospedou-se na Chapel Street. Paul visitou o empresário e a mãe lá em 24 de agosto. Brian tomou conta da cadela Martha quando Paul e Jane foram ver a palestra do Maharishi no Hilton. Quando os Beatles disseram a ele que iriam para Bangor a fim de passar mais tempo com o iogue, ele afirmou que se juntaria ao grupo depois do fim de semana, que planejara passar no campo com os colegas de escritório Peter Brown e Geoffrey Ellis. Epstein dirigiu para Sussex em seu Bentley conversível branco na sexta-feira enquanto a banda viajava para Bangor. Ele conseguira que um rapaz o visitasse no fim de semana, porém, como os convidados não apareceram para o jantar, ele tentou rapidamente arrumar outras companhias, sem sucesso: devido ao feriado nacional, seus contatos não estavam disponíveis. Ele disse a Pete e Geoff que voltaria à cidade e saiu dirigindo pela noite.

Londres passa uma sensação de falta de vitalidade em feriados nacionais, especialmente em agosto, quando as ruas ficam vazias, as lojas fecham e muitos moradores viajam. Quem costuma ficar na cidade são os solitários como Brian, que voltou para casa em Belgravia em seu carro fantasmagórico no meio da noite e foi para a cama. Ele telefonou para seus convidados no campo na manhã seguinte, garantiu que voltaria e também mencionou ter tomado alguns calmantes. Veio o domingo e ele não apareceu. Sua equipe bateu na porta do quarto para ver se ele queria algo, mas não obteve resposta. A porta estava trancada. Eles acabaram chamando um médico, que forçou a porta e encontrou Epstein morto, cercado por vidros de remédios. Peter Brown ligou para os Beatles em Bangor e falou com Paul. "Paul ficou chocado e triste, mas estranhamente calmo." A imprensa estava por ali a fim de cobrir o fim de semana da banda com o Maharishi e clamava por uma reação. Porém, John parecia perdido, George falou disparates sobre "não existir esse negócio de morte", Paul murmurou que estava profundamente chocado e abraçou Jane, que parecia cada vez mais estar em uma peça da qual gostaria de ser retirada por seu agente.

11

PAUL ASSUME O CONTROLE

VENHAM! VENHAM! PARA A *MYSTERY TOUR* DE PAUL MCCARTNEY

"EPSTEIN MORRE AOS 32 ANOS", grita a primeira página do *Daily Mirror* na segunda-feira 28 de agosto de 1967, acrescentando entre parênteses que Epstein era "O príncipe do pop que fez os Beatles". Houve uma insinuação na cobertura de que o príncipe do pop tirara a própria vida, mas os amigos de Brian concordaram com o legista de que a morte fora acidental. O empresário havia tomado remédios demais por tempo demais e finalmente abusara. Não deixara bilhete, o que ajudava a descartar o suicídio. E também tinha planos para a semana seguinte. Ainda assim havia uma sensação de que ele ia ladeira abaixo havia um tempo, e o desespero pode vir de modo súbito e arrebatador no meio da noite. "A morte de Brian foi uma tragédia", disse seu advogado Rex Makin, "mas uma tragédia que era esperada."

Quando o empresário foi enterrado, os Beatles fizeram uma série de reuniões para decidir como deveriam continuar sem ele. Robert Stigwood tinha a opção de tomar toda a NEMS e, portanto, de ser o novo empresário da banda, o que os garotos não queriam. Stigwood foi pago e os Beatles continuaram com o resto da antiga empresa, agora dirigida pelo irmão de Brian, Clive. Em uma reunião no apartamento londrino de Ringo em Montagu Square, foi decidido que as rédeas do gerenciamento do dia a dia do grupo deveriam ficar com o assistente e amigo de Brian, Peter Brown, membro da "família" original de Liverpool que fora a Londres com os garotos (os outros eram, Neil, Mal, "Measles" Bramwell e o próprio Brian). Paul duvidou sinceramente de que Brown fosse dar conta do trabalho, afinal quem era ele, senão um colega de Brian que costumava vender discos na Lewis's? O próprio Peter se sentiu deslocado na primeira reunião após a morte de Brian. "Eu estava muito confuso emocionalmente, não tinha certeza do que poderia fazer e se estava pronto para [ser o novo empresário da] banda." Durante uma pausa nas discussões, ele se levantou e andou até a janela.

> Logo depois o que senti foram braços ao meu redor e alguém me abraçando. Era John — sempre me angustio ao contar essa história — ele só olhou para mim e disse: "Você está bem?" E percebi que só nós sentimos a enorme perda emocional de Brian.

Certamente Paul foi o mais profissional naquele dia e nos dias que se seguiram. "Então Paul teve a iniciativa de dizer: 'Temos que fazer algo. Vamos fazer o *Magical Mystery Tour*.' Ele tomou a frente e todos o seguiram, por mais desastroso que tenha sido."

Já tendo gravado algum material para *Magical Mystery Tour*, Paul liderou a banda de volta ao estúdio em setembro com objetivo renovado, definindo a poderosa "I am the Walrus" de John e a tipicamente vazia "Blue Jay Way" de George, bem como a instrumental "Flying", como partes do futuro álbum. Os Beatles estavam com pressa de fazer essas músicas e o filme porque desejavam passar tempo com seu novo guru Maharishi em seu *ashram* no Himalaia. Foi McCartney quem decidiu que *Magical Mystery Tour* devia ser filmado bem rapidamente, após observar uma equipe de TV de dois homens filmando o Maharishi no Hilton de Londres. Se os Beatles trabalhassem da mesma forma, poderiam fazer o filme em semanas. A pré-produção, portanto, foi apressada e absurdamente inadequada. Eles sequer tinham um diretor, apenas um colega de Berry Miles chamado Peter Theobald, um jovem cineasta contratado como "Diretor/Cinegrafista", que recebeu 15 páginas de anotações e o prazo de seis semanas para fazer o filme. "Nunca mais queremos aquela cena de *Help!*", disse McCartney a Theobald, que notou que a banda "não queria marcações para seguir, mostrando onde deveriam ficar nem ouvir 'Cena 28 — AÇÃO!' Eles queriam que fosse livre e autônomo, que captasse as coisas à medida que aconteciam e *realmente* queriam que fosse o filme *deles*, não apenas *estar* nele."

A primeira discussão de Paul com Theobald ocorreu na quarta-feira, 6 de setembro de 1967. Em um ato de loucura, Paul decretou que os Beatles começariam a filmar na segunda-feira seguinte. Sua ideia era contratar um ônibus, bem com um elenco variado de atores coadjuvantes a ser retirado das páginas do diretório da indústria do entretenimento chamado *Spotlight*, então seguir dirigindo para o sudoeste da Inglaterra, de onde ele tinha belas lembranças de férias, e filmar um improvisado *road movie* com números musicais. Não só Theobald não tinha roteiro, como nenhum orçamento fora preparado, o ônibus não fora contratado e não havia qualquer ator envolvido no projeto. John Lennon passou uma tarde boiando na piscina pensando no tipo de pessoa que gostaria de ter no filme e decidiu por um comediante de salão que vira uma vez chamado Nat "Rubber Neck" Jackley; então Nat recebeu uma ligação. Enquanto isso, ninguém pensou em consultar os sindicatos que tinham controle considerável sobre as equipes de filmagem no Reino Unido àquela época. Até onde constava para os sindicatos, toda a produção seria ilegítima, o que causaria problemas mais adiante.

O ponto de partida para essa aventura incompreendida foi Allsop Place, uma esquina tranquila atrás do museu Madame Tussaud, tradicionalmente usada como ponto de embarque para turnês provincianas do tipo que os Beatles haviam feito uma vez com Helen Shapiro. Allsop Place também ficava perto da residência londrina de Paul. O responsável chegou bem cedo na segunda-feira, 11 de setembro de 1967, vestido com o figurino (roupas normais de Paul mais um suéter Fair Isle) para encontrar seu elenco e sua equipe montados às pressas que, além de "Rubber Neck" Jackley, tinha uma atriz gordinha chamada Jessie Robbins, que interpretaria a tia de Ringo; o excêntrico artista escocês Ivor Cutler, no papel de um mensageiro chamado Buster Bloodvessel, que desejava a tia; uma guia bonita, mas não muito inteligente; um fotógrafo anão e uma equipe de amigos e pessoas próximas para acompanhar, entre eles Magic Alex, Nell Aspinall e Mal Evans.

Onde estava o ônibus? Anda não havia aparecido. Então Paul foi tomar uma xícara de chá na cantina London Transport mais próxima. Quando voltou, o ônibus havia chegado. Era um veículo Bedford VAL, do tipo usado para levar estudantes à natação ou aposentados em excursões de férias, recém-pintado de amarelo e decorado com adesivos hippies e as palavras MAGICAL MYSTERY TOUR. Fora pintado havia tão pouco tempo que a tinta ainda estava fresca. Todos entraram e seguiram para o oeste saindo de Londres e fazendo uma parada em Surrey para pegar os três Beatles que moravam no subúrbio.

A filmagem começou assim que os quatro astros subiram a bordo, o ponto inicial da trama dizia que Ringo estava levando a tia Jessie em uma excursão. No caminho haveria canções e partes improvisadas influenciadas pelos *Goons*, pelo Teatro do Absurdo (com o qual Paul estava familiarizado por meio de peças como *Ubu rei*) e viagens recentes de LSD. Revendo o filme, tudo parece visivelmente *Monty Python's Flying Circus*, o que é um elogio aos rapazes, visto que *Python* só veio ao mundo no ano seguinte. Ao contrário de *Python*, porém, *Magical Mystery Tour* não era engraçado.

Apesar disso, o filme foi divertidíssimo de fazer. À noite, essa nau dos insensatos do século XX havia chegado à pitoresca Teignmouth em Devon, onde todos se hospedaram no Royal Hotel. Um dos vários aspectos da produção no qual os Beatles não haviam pensado o suficiente era a logística de cuidar da equipe e do elenco nas locações. Paul descobriu que precisava passar horas certificando-se de que todos tinham um quarto para passar a noite e algo quente para comer — uma tremenda chateação. No dia seguinte, após o café da manhã, eles voltaram ao ônibus e dirigiram rumo a Dartmoor, com intenção de filmar na Widecombe Fair. Passando pelos estreitos atalhos da região, o ônibus ficou preso em uma ponte, gerando um engarrafamento de motoristas furiosos, que buzinavam enquanto estavam presos atrás de um comboio de jornalistas. Frustrado pelo atraso, John saiu e começou a arrancar os adesivos do automóvel em um ataque de raiva. Em seguida choveu, fazendo com que a tinta ainda fresca escorresse pelas laterais veículo.

Os Beatles desistiram de Widecombe Fair e se dirigiram ao refúgio à beira-mar de Newquay, na Cornualha, onde se hospedaram no Atlantic Hotel. A ideia original era ficar em um lugar diferente a cada noite, mas obviamente isso não era prático, então os rapazes usaram o Atlantic como base pelo resto dos três dias de turnê. Apesar do caos, Paul demonstrava estar se divertindo muito, andando em uma bicicleta de dois lugares na praia com o ator anão George Laydon, liderando uma cantoria em um pub em Perranporth e batendo papo com moças em férias, como Catherine Osborne, de 17 anos e um biquíni, que no último dia de suas férias de verão viu-se, para sua surpresa, em um filme dos Beatles. "Tudo o que eu queria era um autógrafo", disse ela ao jornalista do *Daily Express*.*

Quando voltaram a Londres, os garotos filmaram uma cena de striptease no Raymond Revue Bar no Soho, contratando a disparatada Bonzo Dog Doo Dah Band, de quem os Beatles ficaram amigos, para fazer uma apresentação *nonsense* intitulada *Death Cab for Cutie* (manchete que Neil Innes, membro da Bonzo, vira em uma revista de crime norte-americana). Innes se lembra de John e Ringo filmando tudo com suas câmeras de 16 mm enquanto Paul dirigia a produção principal. "O que vocês estão fazendo?", perguntou Innes.

"Estamos fazendo a versão Weybridge", respondeu Lennon laconicamente, revelando a (talvez) tentadora perspectiva de um corte bem diferente de *Magical Mystery Tour*.

Para completar o filme, era necessário um estúdio. Como ninguém havia pensado em agendar o Twickenham, eles filmaram as cenas em uma base da Força Aérea abandonada em West Malling, Kent, incluindo uma perseguição de carros maluca e os Beatles dublando "I Am the Walrus", o único ponto realmente interessante do filme inteiro, pois era uma música estranha e poderosa, cantada por Lennon usando uma cabeça de ovo enquanto seus colegas Beatles vestiam máscaras de animais estranhamente perturbadoras. Paul usava a cabeça de um hipopótamo.** Em seguida, os rapazes filmaram "Your Mother Should Know" no hangar, o que deu a McCartney uma oportunidade de emular Fred Astaire, vestindo um smoking branco e dançando escada abaixo com seus colegas de banda. Tudo foi realmente doido, como notaram os visitantes. "No dia em que fui lá, Paul dirigia um grupo variado de quarenta anões, vários jogadores de futebol, mães e pais com carrinhos de bebê e George e Ringo vestidos de gângsteres", escreveu o jornalista Hunter Davies para o *Sunday Times*. "Quando um rojão marcou o início das filmagens, [Paul] fez com que todos corressem pelo aeroporto vazio, e depois corressem novamente na direção contrária. Enquanto isso, John dor-

---

* E, na verdade, foi só o que ela conseguiu, pois a cena da qual Catherine participou foi cortada. *(N. do A.)*

** Paul não era a morsa (alusão ao título da música *I Am the Walrus*, ou "Eu sou a morsa", em inglês), ao contrário do que Lennon canta em "Glass Onion". *(N. do A.)*

mia em seu Rolls Royce." Paul agora dirigia o tempo todo, pois Peter Theobald deixara a produção após uma discussão com os sindicatos em relação à equipe do filme.

Quando tudo acabou, os Beatles deram uma festa para comemorar o fim das filmagens na qual os Bonzos se apresentaram de novo e o baterista da banda "Legs" Larry Smith dançou sapateado usando seios falsos. ("Vamos lá, Larry, mostre os peitinhos!", provocava Lennon. "Todo mundo já viu mesmo!") Paul montou o filme em uma sala de edição do Soho, o que levou quase todo o mês de outubro, ao fim do qual ele foi à França para se filmar dublando "The Fool on the Hill", que seria usada como cena adicional. Ele nem se preocupou em levar passaporte ou dinheiro, mas, sendo um Beatle, conseguiu ir e voltar. Com um pouco mais de trabalho na sala de edição, aquele monte de *nonsense* estava pronto em novembro. McCartney encerrou o projeto dirigindo um filme promocional para o leve, mas agradável novo single da banda, "Hello Goodbye", que mostrava os rapazes em suas roupas de *Sgt. Pepper* no palco do Saville Theatre. O single e o disco EP duplo de canções de *Magical Mystery Tour* fizeram grande sucesso na Grã-Bretanha, enquanto a trilha sonora completa de *Magical Mystery Tour* foi lançada como LP na América do Norte. Com todas as faixas do filme, mais "Strawberry Fields Forever", "Penny Lane" e "All You Need is Love", esse é um álbum surpreendentemente forte.

Foi um erro de Paul a decisão de vender os direitos de *Magical Mystery Tour* para a BBC, em vez de estrear o filme nos cinemas. A emissora não pagou muito, mas seus controladores aceitaram exibir o filme no Boxing Day (primeiro dia útil após o Natal), quando teria audiência garantida. Paul que, como a maioria dos britânicos, tinha afeto e respeito pela BBC, considerou a audiência o mais importante. O problema era que a emissora pretendia mostrar um filme colorido em preto e branco quando a transmissão colorida ainda estava em fase de planejamento. Além disso, a BBC queria um corte do filme que pudesse ser exibido para um público familiar no Natal. Assim, cenas de Ivor Cutler acariciando a tia de Ringo teriam que ser cortadas, e seios desnudos, obrigatoriamente cobertos.

Após esse acordo insatisfatório, Paul e Jane foram à Escócia para férias de alguns dias em High Park, perdendo a inauguração da Apple Shop em 5 de dezembro. Durante sua estada em Kintyre, o casal telefonou para seus vizinhos fazendeiros, os Black, cujo filho adolescente Jamie estava em casa vindo do internato para o período de festas. "Minha lembrança vívida é dele tocando 'Lady Madonna' no piano da sala de estar antes do lançamento, o que foi simplesmente [fantástico]", recorda Jamie, cujos colegas de escola jamais acreditaram em sua história, mesmo com um autógrafo do Beatle para comprovar. "Lady Madonna" foi outra música boa e importante, no estilo de Fats Domino, que chegou ao primeiro lugar no ano seguinte. A canção tem uma melodia alegre, cantada com vigor, e a letra também é carinhosa e pessoal, evocando a imagem de Mary McCartney como parteira, cuidando de mães e de seus bebês em Liverpool como fizera durante a infância do filho. A expressão "Lady Madonna" também tinha um claro significado cristão associando, obviamente, a memória que Paul tinha da mãe com a Virgem Maria no que é um hino do *boogie-woogie*.

A viagem à Escócia deu a Paul e Jane a oportunidade de discutir a relação. Havia problemas desde antes de a jovem ir para os EUA com a Bristol Old Vic, e quando ela voltou, encontrou Paul no mínimo mais difícil de conviver. "Ele havia mudado demais. Estava tomando LSD, que eu não compartilhava. Eu tinha ciúmes de todas as experiências espirituais que ele tinha com John. Havia 15 pessoas lá em casa o dia inteiro. A própria casa havia mudado bastante e estava cheia de coisas que eu não fazia ideia de onde vinham", confessou ela a Hunter Davies, em uma das poucas entrevistas dadas sobre seu relacionamento com o músico. Davies gozava de acesso ilimitado aos Beatles e às pessoas próximas a eles enquanto pesquisava para uma biografia autorizada da banda. Corajosamente, Jane tentou entrar no novo mundo de Paul e chegou até a ir com ele e os outros ver o Maharishi, embora (bem como o sensato George Martin) não acreditasse muito no iogue. Ela aturou o consumo de drogas e conviveu da melhor maneira possível com os amigos hippies do namorado. Quando o pintor de pôsteres Dudley Edwards voltou à Cavendish para fazer uma visita, Jane trocou seu Ford Popular por uma estatua de Shiva feita por ele. "Naquela época eles pareciam mesmo um casal e tudo parecia ótimo", comenta Dudley. Outros não tinham tanta certeza. Durante visitas a Rembrandt, Jim e Angie McCartney ouviram discussões. Jim esperava que os jovens estivessem bem. Todos gostavam de Jane e a consideravam uma influência positiva sobre Paul.

O período na Escócia aparentemente fez bem ao casal. Depois disso, eles convidaram o pai de Paul, Angie e a filha Ruth à Cavendish para um Natal em família. Quando todos estavam reunidos em volta da árvore desembrulhando seus presentes, a moça recebeu um mimo especial de Paul: um anel de noivado cravejado de diamantes. Ele a pediu em casamento e ela aceitou. O noivado foi anunciado à imprensa logo depois. Fossem lá quais fossem os problemas que haviam tido, eles pareciam ter chegado a um acordo pelo qual Paul pararia de ter ciúmes da carreira da namorada. "Eu sempre quis derrotar Jane", admitiu Paul a Hunter Davies. Uma palavra impressionante, *derrotar*, mas que resumia a forma como os homens de seu convívio tratavam as mulheres. John, Paul, George e Ritchie, todos, esperavam que suas parceiras ficassem em casa. Cyn, Mo e Pattie não trabalharam depois de se casarem com os membros da banda. Mesmo que a mãe tenha trabalhado, Paul não desejava uma carreira para a esposa. "Eu queria que ela parasse totalmente de trabalhar", contou ele a Davies durante uma entrevista conjunta com a noiva para o livro.

"Eu me recusei", interrompeu Jane. "Fui criada para estar sempre fazendo algo. E gosto de atuar. Não queria abandonar isso."

"Agora sei que estava sendo um idiota", admitiu Paul. "Era só um jogo, eu estava tentando derrotá-la."

Com o futuro do jovem casal aparentemente definido, os McCartney se sentaram juntos às 20h35 em 26 de dezembro de 1967 para assistir à *Magical Mystery Tour* na BBC1, assim como fizeram milhões de pessoas no Reino Unido. Foi uma imensa decepção. O longa não tinha roteiro e, embora aparentemente tentasse ser divertido, não conseguia causar uma risada sequer. Mesmo com várias canções boas e menos de uma hora de duração, o filme era arrastado e a decisão de exibir uma obra colorida em preto e branco roubou a pequena quantidade de apelo visual que ele originalmente possuía. Telespectadores ligaram para a BBC reclamando, outros escreveram aos jornais dizendo como se sentiram decepcionados. "Todo mundo procurava uma trama, mas ela não estava lá de propósito... Fizemos como uma série de eventos desconectados, desconexos. Eles não foram feitos para ter qualquer profundidade", justificou Paul, defendendo o filme para Don Short, do *Daily Mirror*. Pelo menos os rapazes *tentaram* fazer algo diferente. Como ele disse: "Sempre podemos escrever e fazer coisas boas e ficar cada vez mais famosos, mas queremos tentar algo diferente... Não significa que vamos parar de tentar." De fato, os meses restantes da existência dos Beatles como banda seriam marcados por um persistente e louvável compromisso com a inovação.

OS BEATLES NO HIMALAIA

Os Beatles foram à Índia no meio de fevereiro de 1968 para o que George Harrison descreveu, com sua facilidade para criar frases, como "o mundialmente famoso esquete 'Beatles no Himalaia'". Eles viajaram em dois grupos: John, Cynthia, George e Pattie foram primeiro para Nova Délhi em 15 de fevereiro com a irmã de Pattie, Jenny, e Mal Evans. Já Paul, Jane, Ritchie e Maureen foram quatro dias depois. Uma vez lá, dirigiram 320 quilômetros para Rishikesh em uma frota de carros britânicos antigos que funcionavam como táxis na região. Como sempre, os rapazes de Liverpool foram seguidos por um bando de repórteres e fotógrafos que se divertia seguindo os loucos músicos pelo mundo. A imprensa considerava George difícil. Ele fingiu dormir durante todo a caminho para a Índia, por exemplo, para que não lhe fizessem perguntas. Ringo era o engraçado do grupo. Ele levara uma mala com feijões cozidos Heinz, alegando não ter estômago para digerir comida estrangeira. John também era divertido, mas imprevisível, enquanto Paul era o queridinho dos jornalistas, o integrante sensato com quem eles geralmente podiam contar para dizer algumas palavras e posar para uma foto, como fez na ponte Lakshman Jhula, que corta o Ganges na direção de Rishikesh.

O *ashram* do Maharishi estava situado em um pedaço de terra de 15 acres ao lado do Ganges, em um ponto onde o rio nasce do Himalaia, com um grande e confortável bangalô que acomodava o iogue e várias cabanas para seus seguidores, cerca de cinquenta pessoas na época, a maioria ocidentais. Os Beatles levaram um grupo de lacaios e amigos famosos, entre eles Donovan, Magic Alex, Mike Love dos Beach Boys e Mia Farrow, com dois irmãos. Os membros da banda, que contribuíram com a taxa semanal em troca da estadia (uma grande soma, no caso deles), se mudaram para as cabanas com intenção de ficar por dois meses e se aclimatar o máximo possível. Mesmo estando no alto da montanha, o clima era opressivamente quente.

Cada dia começava com um café da manhã comunal vegetariano, constantemente interrompido por macacos pulando das árvores para beliscar a comida. Então, os discípulos encontravam o Maharishi para conversar e meditar. Após o almoço havia mais um horário para meditação. Na verdade, os Beatles quase não tinham tempo de ficar juntos, pensar e compor músicas, que foram o resultado mais feliz da viagem. Eles compuseram muitas canções na Índia.

George adorou a atmosfera e mergulhou profundamente na vida espiritual indiana, que virou parte de sua existência cotidiana. Ritchie e Maureen não estavam tão felizes. Os Starkey não comiam a comida local; Mo não gostava das moscas e eles sentiam falta dos filhos Zak, de dois anos, e Jason, nascido no verão anterior, que haviam deixado em casa. De sua parte, Cynthia Lennon esperava uma segunda lua de mel com John, mas encontrou o marido mal-humorado e distante, saindo para dormir em uma cabana separada e passando muito tempo escrevendo músicas como "Yer Blues" e "Dear Prudence", esta sobre a irmã de Mia Farrow, que causou preocupação ao se fechar e meditar por uma quantidade exagerada de tempo.

Já Paul escreveu um pastiche de ska, "Ob-La-Di, Ob-La-Da", e uma bela melodia, "Junk", para a qual jamais conseguiu achar uma boa letra e acabou decidindo usar um amontoado de imagens aparentemente aleatórias. O resultado não faz mesmo o menor sentido:

Motor cars, handlebars, bicycles for two,
Broken-hearted jubilee.
Parachutes, army boots, sleeping bags for two,
*Sentimental jamboree.**

Inevitavelmente, os negócios interromperam o idílio indiano. George achou que a Apple deveria fazer um filme sobre meditação transcendental e mandou buscar Denis O'Dell, chefe da Apple Films, para discutir a ideia. Quando O'Dell chegou, tentou convencer os Beatles a se comprometer com uma versão para o cinema de *O senhor dos anéis* de J.R.R. Tolkien, que se tornara um livro cultuado pela gera-

---

* *Automóveis, manivelas, bicicletas para dois/Jubileu do coração partido./Paraquedas, botas de exército, sacos de dormir para dois,/Acampamento sentimental. (N. do T.)*

ção hippie. Por um breve momento, a banda pensou na sugestão. Lennon gostou do papel do mago Gandalf. Paul poderia ter sido o bravo herói hobbit, Frodo. Stanley Kubrick fora sondado para dirigir. A ideia bizarra de ter o grupo estrelando uma versão de Kubrick para *O senhor dos anéis* não deu em nada, assim como o filme sobre a MT e tantos outros. Além disso, quando Paul tentou falar com George sobre o álbum seguinte dos Beatles, Harrison foi muito agressivo. "Eu me lembro de ter falado do próximo álbum e ele disse: 'Não estamos aqui para falar de música — estamos aqui para meditar.' Ah, sim, claro, Georgie. Relaxe, cara..." Ritchie e Mo voltaram para casa, fartos da comida estranha, das moscas, dos macacos ladrões e do calor. Paul e Jane partiram logo depois.

Depois de Ritchie, Mo, Paul e Jane terem ido embora, Lennon botou na cabeça que o Maharishi havia assediado algumas das garotas ocidentais no *ashram*, incluindo Mia Farrow, e decidiu que isso era uma hipocrisia nojenta da parte do iogue. O músico confrontou o Maharishi em seu "bangalô, que parecia muito rico" e depois saiu do *ashram* indignado, denunciando o iogue como um golpista vulgar. Isso tudo foi estranho e provavelmente não foi sincero da parte de Lennon. Embora o Maharishi possa muito bem ter sido um charlatão, e todo o programa de MT, um grande *nonsense*, o iogue não tinha direito de tentar fazer sexo, como qualquer pessoa? A verdade era que, ao dar seu chilique, John talvez estivesse disfarçando o próprio, iminente e muito mais infame ato de traição sexual, ao qual chegaremos em breve. George Harrison permaneceu leal ao iogue, e Ritchie e Paul também mantiveram um respeito de longo prazo por ele e a meditação transcendental, praticada por Paul até hoje.

ESTE HOMEM TEM TALENTO...

De volta a Londres, os Beatles decidiram que gostariam de receber sugestões de músicas e outras ideias do público, que a Apple os ajudaria a produzir. Para promover essa iniciativa igualitária, Paul criou um anúncio escrito com participação de Alistair Taylor, do escritório da Apple. Taylor foi fotografado como um artista de rua em um anúncio barato intitulado "Este homem tem talento...". O texto dizia que o artista enviara sua fita demo para a empresa e, com isso, se transformara em um astro que agora dirigia um Bentley. O anúncio foi colocado na imprensa musical convidando pessoas a enviar suas demos. O escritório em Baker Street foi inundado de cartas. Nenhum grande talento foi descoberto, mas a empresa realmente começou a assinar contratos, alguns dos quais se mostraram muito bem-sucedidos.

O irmão de Jane, Peter Asher, apresentou James Taylor ao selo da Apple, que ele agora ajudava a gerenciar. Paul tocou no LP de estreia de Taylor, lançando o astro norte-americano para uma longa carreira. Menos conhecido, Jackie Lomax, ex-membro do grupo de Mersey Beat chamado Undertakers, também se juntou à Apple nessa época. Talvez o mais surpreendente artista da gravadora tenha sido o compositor clássico e devoto religioso John Tavener, um contrato duplamente surpreendente, pois Tavener chegou a Apple via Ringo Starr, apresentado ao compositor pelo irmão construtor do artista, Roger Tavener, que trabalhava na casa nova do Beatle em St. George's Hill. Por mais que sua música não fosse comercial, John Tavener se encaixava no estranho mundo da Apple, que lançou seu oratório *The Whale*. "Eu me sentia confortável por causa do entusiasmo dos Beatles," afirma o compositor, que descobriu o ávido interesse de Paul pelo mundo elitizado da composição "séria". "Stockhausen enviava discos para ele, e Paul ouvia bastante."

Além da natureza eclética dos artistas da Apple, era impressionante a frequência com que os instintos de Paul se mostravam corretos. Ele deu a outro contratado, a banda Badfinger, uma canção simples e grudenta escrita por ele, chamada "Come and Get It", e disse ao grupo exatamente como gravá-la. Quando a banda seguiu as recomendações, "Come and Get It" virou um sucesso e ficou entre as dez mais. Ainda mais espetacular foi o estouro de Mary Hopkin, uma cantora folk galesa que chegou a ele por recomendação da modelo Twiggy, amiga íntima o bastante a ponto de ser convidada para jantar com os McCartney em Rembrandt. Twiggy mencionou a Paul que vira Hopkin no programa de TV *Opportunity Knocks*, que George Harrison invocou sarcasticamente quando Paul cantou "Yesterday" ao vivo pela primeira vez no palco em Blackpool. "Twiggy disse que tinha visto uma ótima cantora no *Opportunity Knocks* e, por sorte, estávamos procurando cantoras para a Apple Records." Quando voltou a Londres e ouviu outras pessoas falando de Mary Hopkin, Paul a convidou.

Mary era uma moça tímida de 18 anos e tinha uma voz etérea reminiscente de Joan Baez. Paul não gostava da música de Baez, mas achou que poderia ter a canção certa para Mary. Aliado a seu interesse na vanguarda, ele jamais perdeu seu amor pelo entretenimento tradicional. Sempre que possível, assistia a alguma apresentação de música eletrônica, peça no Royal Court, concertos feitos por crooners ou via shows de cabaré no Blue Angel, em Mayfair. Recentemente, ele vira Gene e Francesca Raskin no Blue Angel apresentando "Those Were the Days", arranjo feito por eles para uma canção folk tradicional. Paul queria que Mary gravasse uma versão dessa música. A adolescente achou difícil se identificar com a letra nostálgica e cansada do mundo e cantou da primeira vez sem vontade. "Eu ficava mostrando a forma como ela deveria cantar, trabalhando a música de modo geral e de repente ela pegou...", disse Paul, que instintivamente sabia que daria certo. Como aconteceu com Badfinger, ele tinha razão. Quando Mary cantou a canção do jeito dele, conseguiu o primeiro lugar em 13 países.

LINDA E YOKO

John e Paul foram para Nova York no sábado, 11 de maio de 1968, para promover a Apple, levando Magic Alex. Embora a chegada no aeroporto Kennedy não tivesse a histeria da primeira visita aos EUA quatro anos antes, havia uma multidão de tamanho considerável e jornalistas para receber os dois Beatles e segui-los ao St. Regis. Sem querer ficar presos no hotel, como aconteceu no Plaza, os garotos ligaram para o ex-sócio de Brian Epstein, Nat Weiss, que os convidou a usar seu apartamento na East 73rd Street enquanto ele ficava na suíte dos rapazes.

No domingo, os dois rapazes saíram do apartamento de Nat para uma reunião da Apple em um barco de junco chinês perto da Estátua da Liberdade e para dar uma entrevista, explicando o que era a empresa e solicitando às pessoas comuns que trouxessem suas ideias. "Nós realmente queremos ajudar as pessoas, mas sem fazer caridade ou parecer mecenas comuns", disse Paul sinceramente aos repórteres. As intenções deles eram elogiáveis, mas os compositores pareciam espantosamente ingênuos. É quase impossível imaginar um grande astro dizendo hoje em dia o que McCartney falou em Nova York em 1968:

> Estamos na feliz posição de realmente não precisar de mais dinheiro, então, pela primeira vez, os chefes não estão nessa pelo lucro. Se você me procurar e disser: "Eu tenho um sonho assim e assim," eu vou dizer: "Está aqui tanto dinheiro. Vá lá e realize-o." Já compramos todos os nossos sonhos, agora queremos compartilhar a possibilidade com os outros.

Enquanto estavam na cidade, Lennon e McCartney também deram uma entrevista coletiva no Americana Hotel. Linda Eastman, que Paul conhecera em Londres no verão anterior, apareceu. "Foi na coletiva de imprensa na Apple que reacendi minha relação com Paul. Consegui passar meu telefone para ele", lembra ela. "Ele me ligou no mesmo dia e disse para onde estava indo naquela noite, mas queria mesmo era saber se eu poderia ir ao aeroporto com eles. Então eu fui na limusine, espremida entre Paul e John..." Nat Weiss também estava no carro. Para ele, tudo aquilo fazia parte da campanha incansável de Linda para se casar com Paul. "Ela estava atrás dele havia muito tempo. Era um evento impossível de ser evitado, [mas] não acho que ele tenha se decidido pela fotógrafa àquela altura."

Enquanto viajavam para casa, os dois Beatles estavam de fato em vias de fazer mudanças monumentais na vida pessoal. Paul estava se apaixonando por Linda Eastman, mas ainda não havia decidido romper com a noiva, com quem namorava havia quatro anos e agora estava prestes a se casar. Quando retornou, o casal continuou a vida normalmente, por ora. Assim como Jane ficara ao lado de Paul durante os loucos anos dos Beatles, Cynthia era o chão de John. E mesmo assim, ele estava de olho em outra pessoa.

Havia semelhanças impressionantes entre Linda Eastman e Yoko Ono, duas mulheres fortes que agora caminhavam a passos largos na história dos Beatles, acotovelando as inglesas leais e doces com quem John e Paul estavam havia tanto tempo e tomando seu lugar como consortes. Yoko era oito anos mais velha que Linda e consideravelmente mais velha que todos os rapazes, com uma história de vida complexa. Nascida no Japão em 1933, ainda menina Yoko mudou-se para os Estados Unidos, onde foi educada, e fez do país seu lar permanente, tornando-se quase tão norte-americana quanto Linda, embora jamais tenha aberto mão da nacionalidade japonesa. Assim como o pai de Linda, o dela era um homem rico, financista, que gerenciava o banco de Tóquio em Nova York após a guerra. A família Ono vivia em Scarsdale, no mesmo bairro ao norte do estado onde Linda cresceu. Ainda mais extraordinário é o fato de as duas terem frequentado e depois largado o Sarah Lawrence College. Em seguida, ambas caíram na boêmia cidade de Nova York, para desaprovação dos pais. Enquanto uma virou fotógrafa para a imprensa, com amigos na cena artística, outra tornou-se uma artista conceitual do movimento Fluxus (artistas que criavam *happenings*, concertos e outros eventos não formais). Portanto, elas trafegavam pelo mesmo ambiente. Além disso, eram divorciadas com filhas pequenas. Yoko se casou primeiro com um compositor japonês chamado Toshi Ichiyanagi e depois com o cineasta norte-americano Tony Cox, com quem teve a filha Kyoko, oito meses mais nova que a filha de Linda, Heather See.

Em 1966, Yoko foi a Londres e, assim como Linda, procurou os Beatles, especificamente Paul, indo à Cavendish Avenue para pedir a McCartney uma doação de partituras dos Beatles como presente de aniversário para seu amigo compositor John Cage. Paul apresentou Yoko a John Lennon, a quem ela encontrara pela primeira vez na galeria Indica em novembro, quando fazia a exposição *Unfinished Paintings and Objects*. Sua obra consistia em trabalhos absurdos e bem-humorados na tradição de Marcel Duchamp, incluindo *Ladder Piece*. Nela, John corajosamente subiu uma escada a fim de olhar através de uma lente de aumento para uma placa que estava no teto, onde se lia "SIM". John riu. Ele também achou divertida uma maçã que Yoko pôs à venda pelo preço insano de 200 libras. "Pensei: 'Porra, eu posso fazer isso. Posso colocar uma maçã em um pedestal. Eu quero mais.'" Yoko mandou para John um livrinho enigmático que escrevera chamado *Grapefruit*, no qual haviam sido impressos aforismos como "Ouça o som da terra girando". O músico, com sua queda pelo *nonsense*, a convidou para almoçar em Kenwood. Depois disso, ela o inundou com convites para seus eventos, um dos quais ele foi persuadido a financiar. John, por sua vez, a chamou para uma sessão dos Beatles e lhe passou uma cantada inicial desajeitada, que ela recusou. Mas quando John foi a Rishikesh, Yoko escreveu regularmente para ele. Cynthia Lennon ficou furiosa com as cartas e com o que ela viu como uma "perseguição determinada" a seu marido. A pobre Cyn ainda amava John.

Depois da Índia, Cynthia queria ir a Nova York com John e Paul, mas o marido não permitiu. Então, ela foi passar férias na Grécia com um grupo de amigos que incluía Pattie Harrison e Magic Alex, deixando o filho Julian, de quatro anos, com uma babá. Quando John voltou de Nova York e descobriu que tinha Kenwood só para ele por algum tempo, logo convidou Yoko. Cynthia voltou para casa e encontrou o marido e a amante usando roupões de banho em seu solário, depois de ficarem acordados a noite toda compondo e fazendo amor. Chocada e confusa, Cynthia disse, de repente, que ia almoçar. Alguém gostaria de ir com ela? John e Yoko declinaram o convite. "A estupidez daquela pergunta me assombra desde então", disse a então Sra. Lennon, que saiu de táxi.

Um Beatle se apaixonou por uma divorciada de personalidade forte com histórico de família norte-americana rica. Ela não tinha uma beleza clássica, mas era uma mulher forte e cosmopolita que seria uma parceira formidável de vida. Isso descreve tanto John Lennon e Yoko Ono quanto Paul McCartney e Linda Eastman. Dois homens que eram como irmãos desde os tempos de escola se apaixonaram por mulheres quase idênticas.

12

VIBRAÇÕES ESTRANHAS

OS BEATLES EM GUERRA

Pouco depois de voltar da Índia em maio de 1968, os Beatles se reuniram na casa de George Harrison em Esher para ensaiar 23 novas canções que se tornariam a base do álbum seguinte, *The Beatles*, mais conhecido como *Álbum branco* (e será chamando desta forma daqui em diante) porque foi embalado em uma capa branca simples. John trouxe o maior número de canções para a sessão demo, entre elas "The Continuing Story of Bungalow Bill", "Dear Prudence", "Everybody's Got Something to Hide Except Me and My Monkey", "I'm So Tired", "Julia", "Revolution", "Yer Blues" e "Sexy Sadie", sendo esta um ataque ao vulgar Maharishi. As contribuições de George foram as famosas "Piggies" e "While My Guitar Gently Weeps", enquanto são de Paul "Back in the USSR", "Blackbird", "Honey Pie", "Junk", "Mother Nature's Son", "Ob-La-Di, Ob-La-Da" e a deliciosamente tola "Rocky Racoon".

Esta era a espinha dorsal do único álbum duplo de estúdio gravado pela banda, algo relativamente raro na indústria musical da época, pois havia um excesso músicas. Além disso, a obra tinha uma vasta gama de estilos musicais, do country de "Rocky Racoon", passando pelo pastiche estilo "Beach Boys no Volga" de Paul ("Back in the USSR") até a experimentação de "Revolution 9", com canções mais tradicionais de amor e arrependimento, enfeitadas por algumas das melhores letras já escritas pelos garotos.

O *Álbum branco* é um disco ousado e artístico. As canções melosas da beatlemania não estavam mais lá. Eles agora eram homens que faziam música madura e reflexiva, em uma quantidade e variedade que destacam o *Álbum branco* como uma das maiores de suas realizações. Essa importante e bem-vinda variedade musical — semelhante à da caixa de chocolates Good News citada por George em outra de suas canções, "Savoy Truffle" — vem em parte do fato de os Beatles não serem mais uma equipe harmoniosa. Eles estavam em uma guerra interna cada vez maior, trabalhando em suas canções individuais, atacando uns aos outros e tendo divergências com a equipe do estúdio que os atendia havia anos, o que gerou um resultado inesperadamente positivo por de ter mudado a configuração da banda. Rostos antigos foram embora, novas pessoas e estúdios foram utilizados. O formato fora sacudido e os Beatles evitaram fazer os álbuns conscientemente engenhosos do meio dos anos 1960, que culminaram em *Sgt. Pepper*, permitindo-se expandir o escopo e fazer o que lhes agradava, não importando o quanto a música soasse maluca. Na verdade, quanto mais louca, melhor. É quando os Beatles parecem ter ido longe demais que o *Álbum branco* fica mais interessante.

De certa forma, deve-se agradecer a Yoko Ono pela sacudida nos métodos de trabalho da banda, mesmo que sua presença tenha se mostrado nociva. Após roubar o lugar de Cynthia e mudar-se para Kenwood, Yoko ia a todos os lugares com John nessa época, incluindo a inauguração da nova alfaiataria dos Beatles na King's Road em 23 de maio. Logo ficou claro que ela não era uma dócil mulher de Beatle no estilo de Cyn, Mo e Pattie. E também era diferente de Jane Asher, que tinha sua carreira, mas fazia questão de não misturá-la com o trabalho de Paul. "Ela era ótima porque não interferia em nada, vivia a própria vida", elogia Measles Bramwell. Yoko, por sua vez, interferia constantemente.

Quando a banda se reuniu no Estúdio Dois da EMI para começar o novo álbum, na quinta-feira, 30 de maio de 1968, Paul, George e Ringo ficaram perplexos ao ver Yoko sentada com John e, ao que tudo indicava, determinada a ficar lá durante a gravação. Antes, os Beatles não gostavam nem que Brian ficasse no estúdio. É verdade que amigos seletos eram convidados e, de vez em quando, a banda pedia aos convidados para fazer um vocal de apoio ou tocar um pandeiro em um evento especial como o *Our World*, mas o trabalho diário dos rapazes em estúdio acontecia a portas fechadas. Yoko quebrou as regras. Ela se intrometeu, ficando lá sentada com os garotos entre os tripés de microfone e os abafadores. E quando eles começaram a tocar "Revolution" de John, um blues que citava as revoluções e levantes ao redor do mundo, desde Revolução Cultural de Mao Tsé-tung aos protestos estudantis em Paris, Yoko começou a contribuir com vocais — não se pode dizer que ela *cantava*; em vez disso, uivava, gemia e guinchava junto com ele.

John então decidiu que conseguiria um vocal melhor se ele deitasse no chão para cantar essa nova e estranha canção, à qual dedicou as duas semanas seguintes. No final das contas, houve três versões de "Revolution" ou, talvez seja melhor dizer, variações sobre o mesmo tema: um blues arrastado, "Revolution 1", com vocais de apoio fazendo *shooby-doo-wah*; uma versão mais rápida e hard rock que apareceria no lado B do single seguinte; e a radicalmente diferente "Revolution 9", uma colagem sonora no estilo *musique concrete*; isto é, música produzida por meio da mistura de vários sons gravados, como fez Stockhausen em *Gesang der Jünglinge* de 1956. Embora a forma existisse havia uma década, era nova para o rock.

Então John sugeriu que Yoko fizesse um vocal de apoio — no lugar de Paul. McCartney "lançou um olhar de descrença para John e depois se afastou, enojado", relembra o engenheiro de estúdio Geoff Emerick, que trabalhara em todos os álbuns dos Beatles desde *Revolver*, mas não estava gostando daquele. Em pouco tempo, Yoko se encontrava na sala de controle, expressando sua opinião sobre o que eles haviam gravado até então. "É, está muito bom", disse ela a George Martin sobre uma gravação de *Revolution*, "mas acho que deveria ser tocada um pouco mais rápido." Um limite fora ultrapassado. John permitia que aquela mulherzinha estranha por quem se apaixonara chegasse e se metesse em uma banda que, pequenas discordâncias à parte, até então era formada por quatro amigos unidos contra o mundo. Uma falta de etiqueta chocante. "Estragou tudo", lamenta Tony Bramwell, que a culpa pela separação da banda. "Yoko era o azedamento (sic) no estúdio que causou a divisão entre eles. George a chamava de bruxa, Ringo a odiava, Paul não conseguia entender por que alguém levaria a esposa ao trabalho."* Havia certo sexismo na atitude em relação a ela, e até um pouco de xenofobia. Comentários cruéis foram feitos sobre "a japa". Mas é compreensível que os

* Embora Paul tenha feito exatamente o mesmo. *(N. do A.)*

rapazes ficassem irritados. Yoko não era musicista, pelo menos não como eles, e sim a pessoa mais estranha por quem John já se sentira atraído. Ao mesmo tempo, ela foi o catalisador de uma mudança.

Quando os Beatles gravavam, costumavam começar com uma canção de John, e depois vinha uma de Paul. Dessa vez eles foram direto de "Revolution" (não que estivesse terminada) para uma canção de Ringo, "Don't Pass Me By", o que ressaltava a estranheza da situação. E ficou ainda mais estranho. Nunca acontecera de os membros da banda saírem de Londres enquanto um álbum estava em produção. Mas Paul, George e Ringo deixaram John e Yoko ocupados com "Revolution" e foram se distrair em outro lugar: George viajou à Califórnia para fazer parte de um documentário sobre Ravi Shankar e Ringo lhe fez companhia, enquanto Paul foi ao norte ser padrinho do casamento do irmão.

Mike McCartney casou-se com Angela Fishwick no sábado, 7 de junho de 1968, no norte do País de Gales; a cerimônia foi conduzida por Buddy Bevan, o parente que casara Jim e Ange quatro anos antes. A carreira de Mike na indústria do entretenimento decolara nos últimos meses, pois os Scaffold tinham conseguido um novo sucesso com "Thank U Very Much", tornando o irmão de Paul uma celebridade com mérito próprio sob o nome artístico de Mike McGear. Mike se comportava como um dândi arquetípico da década de 1960, vestindo um chamativo terno branco, uma camisa preta e um belo lenço branco de pescoço no casamento. Em contraste, o irmão usava um terno e uma gravata conservadores, e Jane também estava vestida de modo simples. O casal posou gentilmente para fotos com os noivos após a cerimônia, depois todos voltaram a Rembrandt para celebrar a união e Paul leu os telegramas de congratulações. Ele e a namorada pareciam felizes. "Eles não poderiam estar mais apaixonados e, por ser uma ocasião muito íntima, não havia necessidade de fingir para a imprensa", relembra Tony Barrow, que estava presente. Porém, assim que voltou para Londres, o rapaz levou outra mulher para a cama.

Quando Paul foi à televisão norte-americana pedir que o público enviasse suas ideias à Apple, Francie Schwartz foi uma das espectadoras que levaram o astro a sério. Com 24 anos, funcionária de uma agência de publicidade de Nova York, Francie comprou uma passagem de avião para Londres, apareceu no escritório da Apple com o roteiro de um filme que desejava produzir e convenceu Tony Bramwell a deixá-la ver Paul. "Eu só os apresentei porque ela tinha essa ideia estranha para um filme, e achei que ele gostaria", relembra Bramwell. Não era muito difícil encontrar McCartney dessa forma. Ao contrário de seus colegas, ele ia ao escritório da Apple quase todos os dias e reservava um tempo para escutar pelo menos algumas das novas ideias que chegavam. Qualquer pessoa apresentável e persistente tinha oportunidade de trocar umas palavras com o astro. Também ajudava muito se fosse jovem e bonita. Na verdade, Francie era uma mulher bastante comum, com cabelo prematuramente grisalho. Mas era bonita o suficiente para Paul. "Estou impressionando você agora, com meus pés em cima dessa grande mesa?", perguntou ele, flertando com a moça em seu escritório.

Nada aconteceu entre eles até depois do casamento de Mike, quando Jane voltara à companhia teatral Bristol Old Vic. Com a noiva fora do caminho, Paul foi com a cadela Martha ao apartamento de Francie em Chelsea, e pulou na cama dela. "A cadela nos seguiu em direção ao quarto para assistir", escreveu Francie em sua sincera biografia *Body Count*. Ela o chamou de Sr. Rechonchudo, mas não explicou o motivo. Da mesma forma ele a chamava de Clancy. Era óbvio para Clancy que, apesar de estar prestes a se casar e ter representado muito bem no casamento do irmão, o Sr. Rechonchudo e a noiva não estavam se dando bem. Paul achava que sua companheira tinha um namorado em Bristol e, em vez de tentar reconquistá-la, preferiu se vingar na mesma moeda, permitindo que Francie se mudasse para Cavendish enquanto Jane estava longe, e conseguindo ainda um trabalho na sala de imprensa da Apple para sua nova namorada. Ele até convidou Francie para uma das sessões de gravação na EMI — certamente para se vingar de John e Yoko. Enquanto Lennon e a esposa trabalhavam juntos em "Revolution 9" no Estúdio Três de Abbey Road, Paul levou Francie à porta ao lado para vê-lo gravar "Blackbird" no Estúdio Dois. É difícil imaginar um contraste maior a "Revolution 9" do que essa bela música de guitarra forte cuja melodia baseia-se em uma *bourrée* de Bach, enquanto a letra, gravada logo após o assassinato do Dr. Martin Luther King Jr., era uma metáfora para a luta pelos direitos civis nos Estados Unidos. "Como costumo fazer em minhas músicas, houve uma dissimulação, então, em vez de dizer 'Mulher negra vivendo em Little Rock' e ser muito específico, ela virou um pássaro, tornou-se simbólica..."

Em seguida Paul deixou Francie e as difíceis sessões do *Álbum branco* para uma viagem de negócios a Los Angeles com os funcionários da Apple, Ron Kass e Tony Bramwell, além de seu amigo de escola Ivan Vaughan. Os três foram à Califórnia via Nova York, onde, do saguão do JFK, o Beatle telefonou e deixou um recado para Linda Eastman, dizendo que estava a caminho da Costa Oeste e poderia ser encontrado no Beverly Hills Hotel. Ao chegar a Los Angeles muitas horas depois, ele se registrou no hotel cor-de-rosa na Sunset Boulevard, ficando com o bangalô número 5, o favorito de Howard Hughes, e saiu para dançar. Logo se espalhou o boato de que Paul estava na cidade. "Ele pegou algumas moças vulgares [e] quando voltou ao Beverly Hills Hotel havia filas de garotas dando a volta no quarteirão tentando entrar", conta Bramwell.

No dia seguinte, após passar algum tempo na piscina com as garotas que conhecera na noite anterior, Paul foi encontrar o chefe da Capitol Records, Alan Livingston, e voltou para trocar de roupa antes do compromisso seguinte. "E lá estava Linda!", relembra Bramwell. "Sentada nos degraus." Após receber o recado de Paul, ela tomara o primeiro voo disponível de Nova York para Los Angeles. "Imediatamente ele me fez expulsar todas as garotas e se trancou no quarto com ela." Naquela noite, Paul foi ao compromisso de negócios que o levara à Califórnia: fazer uma aparição na convenção de vendas da Capitol Records, que exibia um filme promocional sobre a Apple, e dizer aos executivos que os futuros discos dos Beatles seriam lançados sob o selo da Apple (embora a banda permanecesse ligada à EMI). Depois de ter interpretado o homem de negócios, Paul voltou para Linda no Beverly Hills Hotel.

A essa altura, outra namorada apareceu. Uma das ligações locais que Paul fizera ao chegar foi para a atriz Peggy Lipton, sua parceira sexual nas duas viagens anteriores a Los Angeles. Aparentemente, ele telefonou a esmo para ver quem estava disponível. Mesmo vivendo com o produtor de discos Lou Adler, Peggy pulou no carro e correu para o Beverly Hills Hotel, onde encontrou várias jovens esperando do lado de fora do bangalô 5. Measles disse a ela que McCartney estava dormindo — eram 4 horas da manhã — e que ia sair de barco com o diretor de cinema Mike Nichols assim que acordasse. A moça decidiu esperar. Quando o músico saiu do quarto às 8 horas, Peggy achou que seria convidada para o passeio de barco. "Enquanto arrumava minhas coisas, preparando-me para ir junto, vi uma mulher saindo do quarto no bangalô de Paul", escreveu a atriz depois. "Aparentemente, ela chegara antes de mim, e Paul, em seu estado alterado, esquecera que eu estava a caminho." Aos prantos, ela viu os dois correrem para uma limusine que os levou ao porto. Esse foi o fim do relacionamento entre Peggy e Paul.

Paul e Linda passaram o dia juntos no barco a motor de Mike Nichols, o *Quest*, bebendo champanhe, comendo sanduíches de bacon e trocando carícias como dois pombinhos. "Eles eram absolutamente inseparáveis. Foi instantâneo", observa Bramwell. "Ela era perfeita para ele: maternal..." (Tony achava que o Beatle buscava uma substituta para a mãe) "... tinha seios grandes, e aquele *je ne sais quoi*." Como Paul, Linda também era usuária de maconha e levou ao barco um saco de erva, que eles fumaram, aumentando a intimidade à medida que a droga fazia efeito, ficando realmente próximos, como John e Yoko. "Todos notamos — e por vezes nos surpreendeu — a profundidade do sentimento que Paul obviamente tinha por Linda", acrescenta Bramwell, observando que, ao saírem do Beverly Hills Hotel no dia seguinte, eles pareciam "gêmeos siameses, de mãos dadas e entreolhando-se durante todo o caminho para ao aeroporto".

Paul ia para Londres, e Linda, para nova York. Antes de seu voo doméstico, a norte-americana esperou com o namorado na sala VIP internacional do LAX. O casal ficou assustado com a súbita chegada de agentes do FBI. "Estamos investigando uma ameaça de bomba no voo para Londres: você conhece alguém que poderia querer explodir o avião?", perguntou um agente a McCartney.

"Só se for um fã dos Rolling Stones", brincou o músico. Era mais provável que fosse um marido ou namorado ciumento. Os Beatles sempre deixavam um rastro de homens traídos por onde passavam. Quando o FBI quis revistar a bagagem, Linda teve a presença de espírito de chutar a bolsa, na qual guardava a maconha, para baixo de uma cadeira, indo depois ao terminal doméstico para pegar seu voo, encerrando o que ela mais tarde chamaria nostalgicamente de primeiro "fim de semana safado" juntos.

Quando McCartney voltou à Cavendish Avenue, continuou seu caso amoroso com Francie Schwartz, que não o classificava como namorado. Achando que Paul estava solitário sem Jane, a quem não contara sobre Francie, ela escreveu em sua biografia:

> Ele tinha seus problemas emocionais, e algo me diz que não se achava homem o bastante. Seu corpo era doce e belo... Ele poderia ser feliz se não exigisse tanto, ou mesmo quisesse tanto. O relacionamento começou com um lamento de "salve-me", não em um surto de momentos sexuais... Ele não deixara Jane formalmente, eu era um segredo. Fiquei na casa por semanas, limpando, lendo, ligando para o traficante. Eu comprava para ele. Você acha que ele podia ter cuidado disso, mas não podia.

Quando Jane ligava de Bristol, "ele ficava muito nervoso, esquisito e falso". Além da cadela Martha, havia agora um cachorrinho na casa, Eddie, que Paul trouxera para a noiva, e mais cinco gatos, o começo do que se tornaria um jardim zoológico de animais domésticos, poucos dos quais pareciam treinados para viver em casa. "Eu limpava constantemente a sujeira deles."

Embora sua vida doméstica tenha se tornado uma farsa, Paul foi disciplinado o bastante para ir aos estúdios da EMI e ao escritório da Apple quase todos os dias, para trabalhar no novo álbum da banda e em vários projetos da empresa. Ele gostava de viver ocupado. Um dos projetos paralelos era criar um tema para a série de TV *Thingumybob.* Após sonhar com a melodia, Paul decidiu que precisava de uma banda marcial, então ele chamou a Black Dyke Mills Band, a mais famosa do gênero no mundo, originalmente composta por funcionários de uma fábrica de lã de Yorkshire. O regente da banda, Geoffrey Brand, foi à Apple falar com Paul, a quem encontrou sentado embaixo de uma foto do Liverpool Institute. O Beatle apontou os garotinhos que eram George Harrison, Neil Aspinall, o irmão Mike McCartney e ele mesmo. Essa viagem pelo passado foi interrompida por uma ligação. "Assim que ele começou a falar, o telefone tocou e era alguém de Nova York que estava esperando para falar com ele havia dias, então ele disse: 'Preciso atender esse cara', e nós tivemos que parar a conversa", relembra Brand, "depois foi alguém de Tóquio, sabe." Enfim Paul silenciou as ligações, pegou um violão e tocou a melodia de *Thingumybob,* cantarolando também. Brand fez anotações em um papel. Paul disse para ele pegar o pouco que fora tocado e estender a fim de preencher três minutos de partitura para a Black Dyke Mills Band. A Apple provavelmente a lançaria em disco, o que significava que ele precisaria de um lado B. "Vamos fazer um negócio, e vai ser um sucesso. Estamos produzindo um filme chamado *Yellow Submarine*", disse Paul ao regente. "Faça um arranjo para *Yellow Submarine* também. Vamos colocar do outro lado."

A gravação de *Thingumybob* no Victoria Hall, Saltaire, foi marcada para o domingo, 30 de junho de 1968. Geoffrey Brand se hospedou no Victoria Hotel na vizinha Bradford para a sessão, e Paul lhe pediu para reservar um quarto extra. "Ele apareceu para o café na manhã de domingo com sua cadela", relembra o regente. "Martha sentou-se perto de Paul à mesa e foram pedidos dois cafés da manhã: um ele comeu, e o outro, deu a Martha." Para conseguir o som pretendido para a gravação, Paul fez a banda marcial tocar do lado de fora do Victoria Hall, atraindo uma multidão de crianças que ele distraiu tocando trompete. Quando um corneteiro pediu para confirmar uma nota, o Beatle respondeu: "Não adianta me perguntar, não sei ler música." Ele mostrava seu melhor lado em momentos como esse, permitindo que pessoas comuns compartilhassem e apreciassem sua fama enquanto sua decisão de fazer um disco com uma banda marcial no meio das sessões do *Álbum branco* mostrava o quanto permanecia ligado à cultura de classe média baixa do norte da Inglaterra.

De volta a Londres, os Beatles estavam dando nos nervos um do outro. Quando terminou "Revolution 9", John pediu a opinião de Paul sobre a canção, que é, sem dúvida, a peça mais radical já lançada pela banda: uma colagem de músicas não convencional, sem melodia coerente ou letra inteligível. "Não está ruim", respondeu McCartney sem entusiasmo.

"Não está ruim?", atacou Lennon. "Você não faz ideia do que está falando... Este é o rumo que Beatles deveriam seguir daqui em diante!"

Assim como John perdia uma quantidade exagerada de tempo nas diversas versões de "Revolution", Paul deixava todo mundo louco com "Ob-La-Di, Ob-La-Da", que não é um de seus melhores trabalhos e no qual John relutantemente colaborou, reclamando que era uma "merda de música de velho". Quando, após vários dias de trabalho, McCartney anunciou seu desejo de começar tudo de novo, Lennon saiu do estúdio e reapareceu no topo das escadas gritando: "EU ESTOU CHAPADO, PORRA!" Ele desceu, reclamando que sabia como a porra da música deveria acabar, sentou-se ao piano e esmurrou a agora familiar introdução. Mas Paul ainda não estava satisfeito e decidiu, quando Ritchie já tinha saído do estúdio, regravar a bateria, e isso não fez bem ao ego do baterista, que já estava se sentindo excluído. George Harrison também não estava muito feliz, e a equipe da EMI se sentiu desmoralizada ao trabalhar para Beatles exigentes e que brigavam o tempo todo. Geoff Emerick acordou uma manhã e percebeu que, longe de ser uma alegria como antes, trabalhar para a banda como engenheiro de som o deixava deprimido. Algumas noites antes, ele ficara no estúdio até tarde quando o grupo voltara de um clube com a intenção de gravar a noite toda, como gostavam de fazer, esperando que a equipe da EMI simplesmente estivesse de plantão para eles. Em vez de encarar os Beatles, Emerick se escondeu atrás de um armário.

Até o geralmente imperturbável George Martin entrou em uma discussão com Paul sobre "Ob-La-Di, Ob-La-Da", como Emerick recorda em sua biografia *Here, There and Everywhere*. "Paul, você pode tentar reformular a última linha de cada verso?", perguntou Martin da sala de controle.

"Se acha que pode fazer melhor, por que não vem aqui e canta, porra?", retrucou Paul.

O cavalheiro George enfim perdeu a cabeça. "Então cante de novo, cacete!", gritou ele para McCartney. "Desisto. Não sei mais como fazer para ajudá-lo."

No dia seguinte, Emerick se demitiu, recusando-se a trabalhar mais um dia com a banda. Ele foi substituído por Ken Scott. George Martin saiu para férias de três semanas, deixando seu jovem assistente Chris Thomas lidar com *os desgraçados impossíveis*, maneira pela qual o grande produtor às vezes chamava os Beatles sem que ninguém ouvisse.* No primeiro dia após a saída de Martin, Paul entrou no estúdio e perguntou abruptamente a Thomas o que ele estava fazendo lá, como se ninguém o tivesse avisado de que o produtor havia ido embora. "George me disse para vir, você não sabia?", perguntou Thomas.

"Ah, bom, se você quiser nos produzir, tudo bem, e se não quiser, vamos simplesmente mandar você sair daqui e se foder", respondeu

---

* Martin disse uma vez ao funcionário da NEMS Geoffrey Ellis: "Às vezes quando um repórter me pede para descrever como os Beatles realmente são, fico tentado a responder 'eles são os mesmos idiotas desgraçados e arrogantes que sempre foram'". *(N. do A.)*

McCartney de modo desagradável, antes de sair do estúdio. Apesar desse começo nada promissor, Chris Thomas ficou para as sessões e deu uma contribuição importante para o álbum, criando uma relação boa o suficiente com Paul a ponto de trabalhar bastante com ele em sua carreira solo.

A pressão estava começando a pesar sobre Paul, que desabafava suas frustrações na Cavendish. "Se não estivesse de bom humor, ele bebia a abominável mistura de uísque e refrigerante, jogava comida para os cães e gatos, largava as roupas pelo chão a caminho para a cama e me ignorava completamente", escreveria Francie Schwartz, alegando depois que havia algo de selvagem e bruto quando eles faziam sexo. Às vezes ele agarrava Francie e a jogava no chuveiro com ele, ou eles faziam amor ao ar livre à noite em Primrose Hill e ela fazia sexo oral enquanto ele dirigia por Londres, possível inspiração para a música "Why Don't We Do It in the Road?" de Paul. Uma noite, ele a levou a uma boate nova, chamada Revolution e, na volta para casa, fez uma pausa para visitar outra namorada, possivelmente Maggie McGivern, que confirma ter se relacionado com ele naquela época. Francis sofreu a humilhação de esperar pelo Sr. Rechonchudo enquanto ele fazia o que tinha que fazer com a outra. "Quando ele voltou, uns 16 minutos depois, eu estava furiosa. 'Por que você fez isso? Por que raios não podia me levar em casa primeiro?' 'Eu não sei', respondeu ele, e posso dizer que ele também estava meio enojado."

Um dia, Paul e Francie estavam na cama juntos na Cavendish quando alguém bateu na porta do quarto. "Quem é?", perguntou Paul, pois sempre havia amigos zanzando pela casa.

"Jane", respondeu sua noiva, que voltara a Londres para trabalhar em uma peça.

Paul pulou da cama, vestiu algumas roupas e a conduziu ao andar de baixo e depois ao jardim. Francie foi à janela para vê-los. Paul gritou para Francie entrar. Depois Jane foi embora. Um pouco mais tarde, Margaret Asher foi à Cavendish e empacotou os pertences da filha, deixando um bilhete para o músico. O garoto a quem ela abrigara quando tinha chegado de Liverpool, alimentara e cuidara como se fosse filho, havia decepcionado a filha dela.

Alguns dias depois, os Beatles foram à estreia londrina do filme *Yellow Submarine*, que foi melhor do que o esperado. Embora a banda tivesse interferido pouco no projeto, Heinz Edelmann e os animadores da TVC capturaram a personalidade, o estilo e o senso de humor da banda, bem como o clima da *Swinging London* em imagens exuberantes no estilo pop art, que eram atraentes e divertidas. O filme foi marcado por uma breve aparição pessoal dos rapazes, que apresentaram a última canção, "All Together Now", de Paul, que se mostrou um final perfeito. O público da estreia riu, bateu palmas e cantou junto, aprovando *Yellow Submarine* como um clássico instantâneo.

As parceiras dos Beatles acompanharam os rapazes à estreia, inclusive Yoko Ono, mas não havia sinal de Jane Asher no tapete vermelho. O motivo se tornou público alguns dias depois, quando, no sábado, 21 de julho, a atriz apareceu no programa de televisão de Simon Dee na BBC e contou ao apresentador que o noivado acabara. "Você terminou?", perguntou Dee.

"Eu não terminei, mas está acabado", respondeu a atriz com firmeza, acrescentando que isso era tudo o que tinha a dizer sobre o assunto, naquela época e até hoje.

O anúncio pegou quase todo mundo de surpresa. "Parecia um erro enorme!", lamenta Jann Haworth, "Por mais que eu não os conhecesse bem, eles pareciam realmente feitos um para o outro, era uma verdadeira tristeza." Do ponto de vista masculino, Tony Bramwell percebeu que Paul simplesmente fora pego em flagrante. "Ele foi pego de calça arriada com aquela Francie horrorosa. *Brr*", treme o amigo ao lembrar-se da norte-americana, de quem não gostava. "Ela era horrível." Segundo ele, Paul parecia surpreso com o anúncio público de Jane, o que o fez parecer tolo. Ele e Francie foram para Rembrandt de carro, onde foi obrigado a enfrentar a imprensa antes de fugir para a casa do pai, ostentando o que a namorada chama de "humor maligno".

Após ter deixado Kenwood para Cynthia e Julian, John e Yoko se mudaram para a Cavendish com Paul e Francie. De acordo com Francie, ela, John e Yoko criaram o hábito de ver TV à noite comendo biscoitos de ópio. Enquanto isso, Paul continuava a correr entre casa, escritório, estúdio de gravação e clubes noturnos, resolvendo negócios da banda e projetos da Apple. Um dia, quando John lia sua correspondência em Cavendish, viu um cartão-postal endereçado a ele com a mensagem "Você e sua japa se acham melhores que todo mundo." Paul admitiu ter enviado o cartão de brincadeira. Ele tinha o estranho hábito de mandar cartões-postais anônimos. Outra de suas vítimas era Derek Taylor, que gerenciava a sala de imprensa da Apple com mais depravação do que Paul gostaria. O cartão para John e Yoko pode ter sido uma piada, mas deixou um clima esquisito na casa. "Foi constrangedor. Nós três andávamos pela casa, olhando para ele. Você podia sentir a dor em John", escreveu Schwartz sobre o momento em que McCartney admitiu o envio. Pouco tempo depois, John e Yoko se mudaram para o apartamento de Ritchie em Montagu Square, e ambos passaram a usar drogas mais pesadas, chegando à heroína, o que alterou ainda mais o humor e a aparência de John. Por trás dos óculos grossos, o rosto dele estava pálido e parecia enfraquecido, deixando o nariz ossudo mais proeminente. O Beatle camaleão começou a parecer irmão gêmeo de Yoko.

A essa altura, Francie recebera ordens para sair de Cavendish. O relacionamento com Paul nunca fora tranquilo. Amigos se lembram de vê-lo expulsando-a de casa pelo menos uma vez antes da separação final, literalmente jogando a mala da namorada porta afora. Ela finalmente desistiu e comprou uma passagem para casa, nos Estados Unidos. "Não chore, eu sou um idiota", disse McCartney, em sua despedida nada romântica. Pelo menos um membro da organização dos Beatles acredita que Francie tenha sido usada como desculpa para terminar a relação com Jane.

"Acredito que [Schwartz] pensou haver muito amor da parte dele por ela, e até onde eu podia detectar, não havia nada. Ele a usou totalmente. Não digo que ele não se desse bem com ela fisicamente, que não tenha sido uma boa e prolongada transa de uma noite só, mas acho que na cabeça de Paul não foi muito mais que isso", conta Tony Barrow, acreditando também que Jane provocou o fim do relacionamento. "Acho que ela percebeu àquela altura que eles não iam se casar, porque ela estava determinada a não abandonar o teatro, e ele estava determinado a convencê-la do contrário."

Embora essa seja uma hipótese interessante, é difícil acreditar que um relacionamento com mais de cinco anos de duração, que ambas as partes esperavam levar ao casamento, terminasse sem mágoa ou arrependimento dos dois lados. O posterior silêncio calculado de Jane sobre o assunto pode ser interpretado como indicação de quanto ela estava magoada ao fim do noivado, por ter sido tão confuso e público.

HEY JUDE

Após se mudar com Yoko Ono, John Lennon passou a exigir o divórcio da esposa o mais rápido possível, relegando Cynthia e seu filho Julian ao passado. Ele pouco veria o menino nos anos seguintes.

Embora Cyn tivesse sido parte do círculo íntimo dos Beatles desde o começo da grande aventura — antes de Paul conhecer Jane, de Ritchie se casar com Maureen ou de George, com Pattie — ela caiu no ostracismo. Temendo ofender John, o pessoal dos Beatles evitava falar com Cyn. Na verdade, o único membro da família Beatles que se importou em procurá-la após o divórcio foi Paul. Em um gesto louvável, ele foi a Kenwood dizer a Cyn que sentia muito pela forma como John a tratara. McCartney não se comportara de forma muito diferente com Jane, e Cynthia acredita que ele se sentia mal com isso. "Paul culpava a si mesmo e estava magoado", escreveu ela mais tarde, contradizendo a impressão de Tony Barrow de que o Beatle não estava chateado pelo recente rompimento com a noiva. Paul pode muito bem ter sido mais honesto com uma velha amiga como Cynthia do que com um funcionário do sexo masculino.

Paul tinha o hábito de criar canções a caminho de Kenwood, pois era ali que encontrava John para compor, e embora as circunstâncias fossem muito diferentes quando ele dirigia para consolar Cyn, essa jornada gerou uma canção, feita com o intuito de alegrar Julian Lennon, então com 5 anos. "Comecei com a ideia 'Hey Jules', que era Julian, 'don't make it bad, take a sad song and make it better'. Ei, tente lidar com esta situação horrível. Eu sabia que não seria fácil para ele," explicou Paul. "Sempre sinto pena das crianças em divórcios... O pequeno cérebro delas fica confuso, pensando 'Será que *eu* fiz isso? Fui eu?'" Depois ele mudou o título para "Hey Jude" porque soava melhor. Paul aperfeiçoou a canção na Cavendish enquanto John e Yoko faziam uma visita. John interpretou a letra de modo egocêntrico, entendendo que Paul *aprovava* seu relacionamento com Yoko e que "go and get her" significava que ele deveria trocar Cyn por Yoko. McCartney resmungou que a letra ainda não estava pronta. Ele precisava consertar o verso idiota "The movement you need is on your shoulder". John insistiu que ele o mantivesse, mesmo sem fazer sentido. E acabou se tornando tão familiar que não o questionamos.

Os Beatles gravaram "Hey Jude" no Trident, um pequeno estúdio no Soho que a banda estava usando, em parte porque tinha um sistema de oito pistas, enquanto a EMI estava parada no tempo com quatro pistas. "Hey Jude" foi feita desde o início para ser um single, em vez de uma faixa do *Álbum branco* e era um single incomum de várias formas, particularmente porque tinha mais de sete minutos de duração, quando a maioria das canções pop tinha menos de três. A música começava silenciosamente, com Paul cantando a primeira palavra "Hey..." antes do início de uma nota, tocando o primeiro acorde em fá no piano de cauda no "Jude", e depois ele se acompanhava ao longo do primeiro verso, seguido pelos outros — a guitarra palhetada de George harmonizando com John; Ringo tocando um pandeiro — a partir do meio do segundo verso, após o qual entrava a bateria de Ringo e a canção crescia. "Remember to let her under your skin/Then you begin to make it better", cantava Paul, chegando ao ponto no qual a maioria dos singles acaba. Mas em vez disso, ele repete a última palavra de modo cada vez mais empolgado, ao estilo de Little Richard: "better, better, better, better, BETTER, BETTER, BETTER..." Até terminar em um grito de "WHAARRR!", iniciando a apaixonada coda de quatro minutos, na qual os Beatles fazem rock com uma orquestra de 36 instrumentos enquanto John e George repetem o zen *Na na na na-na-na na.* Poucas vezes um refrão tão simples soou tão poderoso.

Enquanto eles gravavam essa música, a loja da Apple fechou as portas por não conseguir colocar em prática a visão dos Beatles. O dono da propriedade não ajudou muito, ao insistir que eles pintassem por cima do mural com o desenho de um gênio feito pelo Fool, uma perda dolorosa para a Baker Street. "Os Beatles estão cansados de ser lojistas", disse Paul à imprensa. A banda pegou do estoque os itens que desejava e deixou o público levar de graça o que sobrou. Antes de Francie Schwartz voltar para os EUA, ela e Paul picharam "REVOLUTION" e "HEY JUDE" nas janelas caiadas do prédio abandonado, como propaganda para o novo single. Infelizmente, isso pareceu pichação antissemita para os residentes judeus (pois "*jude*" é judeu em alemão), que reagiram com raiva, e um homem jogou um sifão de refrigerante na loja.

Dessa vez os Beatles contrataram Michael Lindsay-Hogg para dirigir um filme profissional de "Hey Jude" nos estúdios Twickenham.

Falando com Paul, o diretor teve a ideia de colocar em volta da banda um pequeno público que acompanharia os vocais dos rapazes. "Fizemos umas cinco ou seis gravações de 'Hey Jude' e, entre as cenas, os Beatles estavam meio que de pé em uma tribuna, cercados por cem pessoas, e fizeram o que sabiam fazer quando havia pessoas ao redor deles", conta Lindsay-Hogg. "Essa foi a primeira apresentação para qualquer tipo de público desde que os Beatles tinham parado de fazer turnês em 1966, e a princípio eles estavam meio indiferentes porque acharam que precisavam fazer algo... Então entraram no clima e acabaram gostando." O vídeo foi exibido no Reino Unido pela primeira vez no programa de TV de domingo à noite apresentado por David Frost, depois rodou o mundo, ajudando a lançar o que se tornou o single mais vendido da banda: primeiro lugar no Reino Unido por duas semanas e, nos EUA, por surpreendentes nove semanas. As vendas logo passaram dos 5 milhões de cópias. Isso fica ainda mais impressionante se lembrarmos que os Beatles não estavam excursionando para promover o disco e tinham acabado de sofrer um imenso fracasso de crítica com *Magical Mystery Tour.*

"Hey Jude" foi o primeiro disco dos Beatles lançado pela Apple, embora ainda fosse um álbum da Parlophone no Reino Unido e da Capitol nos EUA, com o logo da Apple. A empresa agora tinha novos escritórios, em uma casa do século XVIII na 3 Savile Row, perto de Mayfair e de Piccadilly, ao lado da alfaiataria Gieves & Hawkes. Era um belo endereço em uma parte chique do centro de Londres, e mostrava quão longe eles tinham ido nos poucos anos desde que Neil os levara de Liverpool em um furgão. Era típico dos Beatles ser tão públicos quanto o lugar onde trabalhavam, colocando-se à vista do público na Savile Row. Imprensa e fãs se reuniam diariamente em frente ao número 3 para conseguir fotos e fazer perguntas. Havia apenas uma entrada principal (junto com os degraus para o porão, abaixo da porta da frente), eles não podiam se esquivar dos visitantes. Se não queriam atenção, compraram a casa errada e, de fato, pode-se concluir que os garotos gostavam de estar à mostra dessa forma. Paul parecia particularmente feliz por ser reconhecido.

Os Beatles levaram um vasto séquito para Savile Row: funcionários, colegas e estranhos e maravilhosos agregados. Junto com o ridículo Magic Alex, havia Caleb, que jogava I-Ching, cujos prognósticos poderiam fechar ou não um negócio para Apple, e o Hippie da Casa, o norte-americano Richard DiLello que, na verdade, tinha um trabalho bem responsável na sala de imprensa. Uma das tarefas do Hippie da Casa era entregar kits de apresentação dos primeiros quatro lançamentos da Apple — "Hey Jude", "Those Were the Days", "Thingumybob" e uma canção de Jackie Lomax — na 10 Downing Street, palácio de Buckingham e residência da rainha-mãe. Todos ficaram contentes quando a dama de companhia da rainha escreveu, agradecendo aos Beatles pelo presente e dizendo quanto Sua Alteza Real tinha gostado dos discos. O que a própria rainha achou do presente pode ser resumido em um comentário que Sua Majestade fez ao presidente da EMI, Sir Joseph Lockwood, nessa época: "Os Beatles estão se tornando terrivelmente divertidos, não estão?" Foi difícil para Sir Joe contradizer Sua Majestade, pois estava lutando contra um pedido de John para que a EMI distribuísse um álbum feito por ele e Yoko chamado *Unfinished Music Number 1: Two Virgins*. Como álbum, era praticamente impossível de ouvir, mas o mais chocante era a vontade de Lennon que a EMI distribuísse o disco em uma capa que mostrava fotos dele e de Yoko nus, de corpo inteiro — pênis, seios, nádegas, pelos pubianos e tudo o mais. "Por que raios você quer fazer isso?", perguntou Sir Joe.

"É arte", respondeu Yoko.

"Nesse caso", disse o presidente, "por que não mostrar Paul nu? Ele é muito mais bonito."

Enquanto isso, os Beatles causavam um verdadeiro caos nos sagrados estúdios da EMI, onde Sir Thomas Beecham e Sir Edward Elgar fizeram belas músicas. John gritava que era suicida e queria morrer em "Yer Blues", Paul gritava de volta em "Helter Skelter", e George cantava sobre porcos, com direito a ruídos suínos. Havia, como o próprio George costumava dizer, "uma vibração estranha". Pouco tempo depois, Ritchie foi embora.

"Agora que Ringo foi embora, o que vamos fazer?", pergunta a versão em desenho animado de John Lennon em *Yellow Submarine* após o baterista ejetar-se do submarino.

"Aprender a cantar em trio", sugere Old Fred.

"Não, vamos salvar o pobre diabo", diz o personagem de Paul.

Na realidade, Paul fora parcialmente responsável pela saída do companheiro. Desde a época dos Quarry Men, McCartney tinha o infeliz hábito de dizer aos bateristas o que tocar e que ele podia muito bem assumir a bateria se eles não obedecessem, o que deixava o Ritchie furioso. "Toda vez que eu saía para tomar uma xícara de chá, ele ocupava a bateria!"

Ritchie disse em particular a cada um dos companheiros de banda que estava saindo por não achar que estava tocando bem, e se sentia excluído, enquanto "vocês três são realmente próximos". John respondeu achar que os outros três é que eram muito próximos. Paul disse o mesmo, enquanto George sempre tivera razão em se sentir ignorado por Paul e John. Em resumo, os quatro agora se sentiam isolados e infelizes. Isso não os impediu de continuar trabalhando no *Álbum branco* na ausência de Ringo, com Paul assumindo a bateria em "Back in the USSR" na versão que ouvimos até hoje. Ringo voltou logo depois, e foi recebido com carinho e um arranjo de flores colocado em sua bateria, mas não havia como voltar atrás: um Beatle deixara a banda.

Quando Paul voltava dessas sessões tensas, encontrava seu lar na Cavendish um caos. O belo sofá de veludo verde estava coberto de pelos de cachorro, havia sujeira dos cachorros nos carpetes, leite azedo e casca de queijo eram tudo o que se encontrava na geladeira; taças de vinho, pratos e cinzeiros imundos empesteavam a sala de estar; seu estoque de drogas fora roubado; os aparelhos caros estavam quase todos quebrados, a TV colorida, o som e as cortinas elétricas não funcionavam; os amigos aproveitadores acampavam em seus quartos de hóspedes; e mulheres brigavam como gatos por um lugar em sua cama imunda. Quando Barry Miles fez uma visita, encontrou várias garotas seminuas na casa. Tudo era exagerado, e ainda assim não era o bastante. Então, Paul procurou a única mulher que tivera algum significado para ele nos últimos meses.

Linda Eastman estava na Califórnia trabalhando com seu amigo jornalista Danny Fields quando Paul ligou, convidando-a para ir a Londres, mas ela não podia viajar imediatamente para a Inglaterra. Compromissos de trabalho levaram-na primeiro a São Francisco, onde fotografou o Grateful Dead e o Jefferson Airplane. Como no passado, Linda acabou na cama de um dos músicos, dessa vez o conhecido de Paul, Marty Balin, mas não fizeram sexo. Ele relembra:

> Ela era uma gata e todos estavam tentando ficar com ela, transar com ela e tal. De alguma forma ela passou a noite em meu aparta-

> mento, mas ficou de sutiã e calcinha. Eu usei meus truques, sabe como é, mas ela simplesmente me dispensou, dizendo: "Vou ficar com o cara mais famoso do mundo." E depois Linda se casou com Paul McCartney. Ela sabia o que queria... Falou sem rodeios que estava de olho em alguém e foi isso.

Do ponto de vista de Lee Eastman, sua filha agora era um caso perdido. Primeiro, abandonou Mal See para se estabelecer em Nova York como fotógrafa de rock, uma carreira com a qual o pai não concordava. Nos últimos meses, ela pelo menos conseguira matricular a filha em Dalton, uma boa escola particular em Manhattan, mas logo depois Linda correu para Londres atrás de outro namorado cabeludo. Com a maturidade, ela acabou entendendo o ponto de vista do pai. "Eu me lembro que Heather estava prestes a começar o ano escolar em Dalton e meu [pai ficou] muito furioso comigo. Ela tinha sido aceita em Dalton. Seria ótimo. Era realmente bom para Heather; eu queria que ela tivesse tido esse tipo de vida, em vez desta loucura", refletiu Linda com um pouco de tristeza, quando sua vida estava no fim. "Embora eu não me sinta culpada, devo ter sido bem irresponsável em ir embora e deixar para trás uma criança de 5 anos que ia à escola pela primeira vez." Após encontrar alguém para tomar conta de Heather em Nova York, a fotógrafa foi a Londres encontrar seu namorado astro de rock vivendo na sujeira de solteiro na 7 Cavendish Avenue. Paul não estava em casa quando ela chegou, mas estava na esquina, na EMI, com os rapazes gravando "Happiness is a Warm Gun". Ela foi a Abbey Road e fez fotos da banda trabalhando. Era o final de setembro de 1968, e os Beatles também estavam quase no fim, mas era o começo da vida conjunta de Paul e Linda.

13

SINOS DE CASAMENTO

PAUL, LINDA E HEATHER

Os Beatles terminaram o *Álbum branco* em uma maratona de 24 horas de gravação no meio de outubro de 1968. Apesar de todos os problemas, John e Paul trabalharam bem juntos, e contrariaram os estereótipos em algumas das músicas que fizeram. Ambos contribuíram com músicas desafiadoras para o LP ("Helter Skelter" de Paul, por exemplo), e também com um trabalho mais suave e introspectivo ("Julia", de John), mas provavelmente apenas Paul poderia ter criado "Honey Pie", um pastiche das canções de chá dançante apresentadas pela banda de jazz de Jim Mac na década de 1920, e uma canção de amor para sua cadela, "Martha My Dear". As duas são inteligentes, engraçadas e adequadas à variedade do *Álbum branco*, digna de uma caixa de bombons. Contudo, "I Will" exemplificava o fraco de Paul por canções de amor sentimentais. A melodia era grudenta, mas a letra, sobre amar sua querida para sempre etc. era um clichê dos mais idiotas, um gosto do que estava por vir.

Após o fim da gravação, John e Yoko foram presos por posse de maconha em Montagu Square pelo incansável SD Pilcher e seu cão farejador Yogi.* As acusações contra Yoko foram retiradas quando John se declarou culpado e recebeu uma multa. Enquanto isso, Paul viajava para Nova York com Linda para conhecer a filha dela.

* Infelizmente, não era uma referência sarcástica do policial ao Maharishi, e sim ao urso Zé Colmeia, do desenho animado de Hanna Barbera, cujo nome em inglês é Yogi Bear. Seu cachorro de estimação de Pilcher se chamava Boo Boo, ou seja, Catatau. *(N. do A.)*

Uma noite antes da viagem a Nova York, Linda falava ao telefone com Heather e passou o aparelho para o namorado, que sugeriu à menina (então chegando aos 6 anos) que ele poderia se casar com a mamãe. Pedir garotas em casamento era algo que os Beatles sempre fizeram como cantada barata, mas daquela vez Paul foi sincero. Ele gostou de conviver com Linda em Beverly Hills e em Londres. O casal era bastante unido, como John e Yoko. Além de ser sua amante, a norte-americana também atuava como leal tenente na Guerra dos Beatles. "Ela o protegia, tomava conta dele", comenta Peter Brown. "Ela era muito, muito eficiente em cuidar dele, total e completamente leal, tanto no âmbito doméstico quanto em todos os outros..." Outra qualidade apreciada por Paul era que, por ter nascido em uma família rica, Linda não parecia interessada em seu dinheiro. Ela preferia uma vida simples, como ele, de certa forma. Então, quando foram a Nova York, eles não se hospedaram em um hotel de luxo, preferindo ficar no apartamento dela na East 83rd Street, explorando a cidade, passeando e usando o metrô como qualquer outro casal.

Para ajudá-lo a andar sem ser reconhecido, Paul comprou um sobretudo velho em um brechó e deixou a barba crescer, o que lhe dava um ar feniano. Disfarçado dessa forma ele foi ao Harlem com a namorada para ver shows no Apollo Theater e costumava vagar pela cidade, experiência bem diferente de suas visitas anteriores a Nova York. Tudo o que o músico queria fazer parecia possível com Linda, ou Lin, como ele a chamava carinhosamente. Ela tinha toneladas de confiança norte-americana, algo que lhe agradava. Ambos eram tranquilos e abertos com relação a sexo. Eles contaram um ao outro tudo sobre o passado (e havia muito a contar!). Lin entendia o rock 'n' roll de um jeito que Jane jamais conseguira, e, ao contrário da inglesa, a norte-americana não era careta em relação às drogas. Embora fosse uma mulher moderna e liberada em alguns aspectos, Lin não era comprometida com a carreira. Cansada de ganhar a vida como fotógrafa de rock 'n' roll, já estava mais do que pronta para sossegar com um homem que pudesse cuidar dela e da filha. Ela ficaria feliz em deixar Paul com o papel masculino tradicional, algo que parecia a ordem natural para um jovem que, apesar de sua vida sofisticada, vinha da classe média baixa conservadora do norte da Inglaterra. Por outro lado, havia um ar de "deixar rolar" e um jeito hippie chique na moça que o agradava. Certa vez, por exemplo, eles levaram Heather para passear e a mãe alegou que precisava resolver algo sozinha, mas a menina poderia guiá-lo de volta ao apartamento se ele a conduzisse à estação de metrô da 86th Street. Então Paul deixou que a garotinha o levasse para casa. A jornada foi tão relaxante e prazerosa — e tão diferente de sua vida diária — que ele se viu cantarolando uma melodia feliz quando andava com ela para o apartamento, melodia esta que virou "You Never Give Me Your Money".

Quando Linda levou Paul para conhecer o pai em seu apartamento na Park Avenue, Lee Eastman não se esforçou para ser simpático com o novo namorado. Seu método consistia em desafiar pessoas novas para ver como eram de verdade, e McCartney pareceu intimidado à primeira vista. "Paul estava morrendo de medo dele", afirma o meio-irmão de Linda, Philip Sprayregen, cuja mãe Monique se tornara a segunda esposa de Lee. "Quando meu pai se enfurecia, o rosto dele ficava vermelho... Era algo muito assustador." Porém, quando o patriarca foi arrogante com a filha no jantar, Paul defendeu a namorada de forma decidida, pegando-a pela mão e levando-a para fora do apartamento, em uma demonstração de que não queria mais ser provocado. Ele e Lee passaram a se dar melhor depois disso.

Além da família e de seus contatos no rock 'n' roll, o círculo de Linda em Nova York era basicamente composto por jornalistas como Danny Fields, atual assessor de imprensa da Elektra Records. Seus outros amigos íntimos eram Lillian Roxon, correspondente em Nova York do jornal *Sydney Morning Herald* e Blair Sabol, que escrevia para o *Village Voice*. Embora Linda tivesse contado a Danny que ia a Londres ver Paul, quando voltaram a Nova York como um casal, Paul e Linda não telefonaram para os amigos. Eles pareciam ter decidido que ela devia abandonar os jornalistas, por medo de que pudessem escrever sobre eles. Levou 18 meses para que Blair, Danny e Lillian tivessem notícias da amiga de novo, quando Danny retornou a amizade com ela. Mas Linda jamais conseguiu retomar o contato com Blair e Lillian, que ficaram terrivelmente ofendidas por ser deixadas de lado dessa forma. Lillian faleceu em 1973, ainda ressentida com Linda. Fields revelou: "Linda me disse que o maior arrependimento de sua vida foi não ter feito as pazes com Lillian."

Paul e Linda claramente eram um casal rumo ao matrimônio. Passando por uma porta em Chinatown, Nova York, o músico viu uma placa anunciando que casamentos budistas eram feitos no local. "Vamos lá, vamos entrar lá e nos casar", disse ele. Linda não aceitou, explicando que seu casamento fracassado com Mel See era muito recente para que quisesse se casar de novo de modo tão apressado. Isso parece contradizer as histórias contadas por pessoas como Nat Weiss de que Linda estava concentrada em se casar com Paul desde o início, e essa situação foi usada pelo casal como defesa contra esse tipo de boato. Mas talvez ela fosse esperta demais para aceitar um "casamento budista", de legalidade duvidosa. Era melhor ganhar tempo e se casar adequadamente. Se ele a pedira em casamento uma vez, pediria de novo. Em todo caso, eles tinham uma relação sólida o bastante para levar Heather quando voltaram à Inglaterra no final de outubro de 1968.

Adaptar-se à vida no Reino Unido não foi fácil para a filha de Linda. Após sofrer com a separação dos pais ainda bebê e passar pela experiência atordoante de ser levada para Nova York, onde a mãe tinha um elenco sempre variável de namorados, Heather foi para um país estrangeiro onde as pessoas, ao contrário da reputação favorável dos britânicos em termos de boas maneiras, foram desagradáveis com ela. As garotas mais velhas que ficavam em frente à casa do Beatle eram as piores, lançando olhares desprezíveis para ela e para a mãe quando passavam, e escrevendo palavras no portão que Heather felizmente não conseguia ler. Crianças da idade dela também não eram simpáticas. Matriculada na Robinsfield Infants, uma escola particular em St. John's Wood, Heather sofria implicância dos colegas por ser diferente; leia-se norte-americana. Ninguém queria ser amigo dela. Paul sugeriu que ela se sentasse e lesse um livro, calmamente, e as crianças viriam falar com ela movidas pela curiosidade. A menina disse a ele, com tristeza, que esse método não dera certo. "Não acho que ela fez muitos amigos por lá", especulou Paul. "Não estava desesperada ou algo do tipo, só estava um pouco triste porque [ela era] muito amigável."

Ao mesmo tempo, o novo "papai" de Heather recebia muita atenção. "Era muito radical. Uma criança de [6] anos não consegue entender a fama, e eu não fazia ideia do que era mundo de Paul", diria ela já adulta. Após o período em que os garotos a evitavam, veio uma segunda fase em que os colegas de escola se interessaram por ela por causa do "papai". "Do ponto de vista de uma criança, era algo difícil de entender." Crescer à sombra de Paul teria impacto em sua vida, que se mostrou problemática e marcada pelo sofrimento. Havia o lado bom de ter McCartney como pai: ele gostava de crianças e era uma figura paterna atenciosa, preocupada, engraçada e cheia de energia. Ele morava em uma casa legal, que parecia uma bela casa de bonecas inglesa para uma criança americana, pois a 7 Cavendish Avenue tinha uma aparência clássica e simétrica, e estava repleta de objetos interessantes, além de um grande jardim murado e muitos animais para brincar. Heather era tão sentimental com os animais quanto a mãe. Além disso, havia a fazenda na Escócia.

Paul levou Linda e Heather para Kintyre assim que pôde, e as duas se apaixonaram pelo lugar. Por mais diferente que fosse do Arizona, ali estava outra região selvagem e deserta na qual Linda poderia cavalgar por quilômetros. O namorado e a filha cavalgavam com ela, tornando-se bons nisso. Linda encontrou a luz ideal para a fotografia; enquanto, o que talvez fosse o melhor de tudo, ela, Paul e Heather podiam ficar sozinhos, longe da imprensa, dos fãs e dos outros Beatles. Claramente, a fazenda estava em más condições. Paul gostava de High Park caindo aos pedaços, mas Linda o persuadiu a fazer algumas melhorias domésticas elementares: eles compraram mobília em Campbeltown; Paul fez um sofá de caixotes antigos, chamado de *Sharp's Express* por causa do estêncil na lateral. Eles também instalaram um novo piso e Linda colocou cortinas simples de xadrez. De repente, o chalé se tornara muito mais acolhedor. Após uma longa caminhada pelo campo, ou por Westport Beach, ali perto, eles passavam noites longas e deliciosamente calmas em família na frente da lareira. Quando Linda mencionou seu desejo de interromper o uso da pílula, Paul concordou e ela engravidou. O casamento agora era inevitável, e o músico estava pronto. Um dia, Lin disse: "Sabe, eu poderia criar um ótimo lar para você." Era exatamente o que ele queria ouvir.

O INVERNO DE DESCONTENTAMENTO DOS BEATLES

Um dos pontos importantes sobre a fase madura dos Beatles é que seus álbuns eram obras de arte completas, o que Richard Wagner chamava de *Gesamtkunstwerk*, música e letra complementadas pela apresentação visual. Desde *Sgt. Pepper*, Paul criava o conceito das capas dos álbuns, trabalhando com profissionais de primeira linha a fim de colocar suas ideias em prática. Após contratar Peter Blake e sua esposa Jann em *Sgt. Pepper*, o Beatle agora recorria a outro artista britânico importante, Richard Hamilton, considerado o fundador da pop art, definida por ele em 1957 como popular, transitória, supérflua, barata, produzida em massa, jovem, bem-humorada, sexy, cheia de artifícios, glamourosa e em grande escala. O que resumia perfeitamente o design da capa do álbum.

O marchand de Paul, Robert Fraser, uniu Hamilton aos Beatles, marcando uma reunião na Savile Row. Como sempre, McCartney deixou o visitante esperando e, enquanto Hamilton observava as belas pessoas que passavam, ficou entediado e enraivecido. Na hora que entrou para falar com Paul, Hamilton estava realmente decepcionado. "Então, quando ele falou da vontade deles de que eu fizesse a capa do álbum em que estavam trabalhando, eu disse: 'Por que você mesmo não faz?'", contou o artista ao escritor Michael Bracewell.

"Ah, vamos lá, você não tem nenhuma ideia?", perguntou Paul.

"Bom, minha melhor ideia é deixar a capa em branco", respondeu Hamilton. Ele não tinha a intenção de fazer uma capa branca quando foi à reunião. A hipótese lhe ocorreu no calor da hora, quase como uma desforra por ter esperado tanto e por todo o absurdo que vira em torno dos Beatles. Para a surpresa de Hamilton, Paul concordou.

Quanto ao título do álbum, a banda discutiu vários nomes, incluindo *A Doll's House*, em homenagem a Ibsen. Hamilton disse que, se a busca era por simplicidade, deveriam chamá-lo de *The Beatles*. Surpreendentemente, nem a EMI nem a Capitol haviam lançado um LP com o mais elementar dos títulos, então ficou *The Beatles* mesmo, e o visitante começou a trabalhar em sua agora famosa e absolutamente simples capa dupla, mostrando o nome da banda em relevo e, a princípio, um número. Como uma gravura de arte em edição limitada, cada cópia do álbum seria numerada, com os Beatles recebendo as cópias de um a quatro. Para dar aos fãs algo para olhar, fotos de rosto de cada integrante da banda viriam dentro da capa junto com um encarte dobrável contendo as letras. No verso haveria um pôster de colagens. Em resposta a um pedido de Hamilton, Paul fez fotos instantâneas de John, George, Ritchie e Linda — entre elas uma imagem dele próprio no banho na Cavendish — e depois supervisionou a montagem do pôster feita pelo artista.

O álbum foi um pesadelo no que diz respeito à promoção das vendas. Os lojistas que procuravam pelo novo LP dos Beatles nas prateleiras não viam a foto da banda na capa, nem encontravam facilmente seu nome, enquanto a ideia de batizar o nono (lançamento regular no Reino Unido) álbum de *The Beatles*, como se fosse o primeiro, era absurda. A música também era um desafio. George Martin defendia um único álbum com trinta canções gravadas em vez de um disco duplo, mas, pelo menos dessa vez, ele estava totalmente errado. O tamanho do *Álbum branco* é um de seus pontos fortes, permitindo que os Beatles demonstrem a vastidão de seu escopo. Se "Revolution 9" não for de seu agrado, há várias outras melodias acessíveis e belas, como "Back in the USSR", "Blackbird" e "Julia". Em todo caso, apesar do visual metido a artístico, do preço de álbum duplo e das faixas difíceis, o *Álbum branco* vendeu muitíssimo bem, chegando ao primeiro lugar no Reino Unido e nos EUA, tornando-se um disco que é redescoberto a cada geração e um dos mais vendidos de todos os tempos nos EUA.*

Sob alguns aspectos, o agressivo e polêmico *Álbum branco* parece mais obra de John do que de Paul. Contudo, sem as principais contribuições do segundo — sendo as três principais "Back in the USSR", "Blackbird" e "Helter Skelter" —, o álbum não teria se tornado o clássico que é. McCartney obviamente ainda tinha o mesmo toque de Midas, com os Beatles e com projetos externos, que usou para ajudar a Bonzo Dog Doo Dah Band.

"Viv [Stanshall] estava no Speakeasy com Paul. Acho que eles costumavam fingir que eram cavalheiros, algo do tipo, 'Mais um, meu caro?' 'Não vou me importar se houver mais um.'", lembra o membro da Bonzo, Neil Innes, explicando como o Beatle ajudou a banda a gravar seu único sucesso que ficou entre as dez mais tocadas. "Viv disse: 'Temos que gravar esse maldito single, mas o produtor não nos deixa fazer nada.' E Paul respondeu: 'Bom, eu vou produzi-lo, então.'" Os Bonzos estavam trabalhando em Chappell Studio, na Bond Street,

---

* A Associação das Gravadoras dos Estados Unidos (RIAA) lista o *Álbum branco* oficialmente como o mais vendido da banda nos EUA, com 19 milhões de cópias, mas a RIAA conta cada disco individualmente, significando que esse álbum duplo vendeu, na verdade, 9,5 milhões de cópias nos EUA. Tanto *Abbey Road* quanto *Sgt. Pepper* venderam mais. *(N. do A.)*

em uma canção chamada "I'm the Urban Spaceman", transformada sem muito esforço por Paul, em apenas uma sessão, em material digno do programa *Top of the Pops*. "Eu gostaria de registrar que o disco não seria [tão bem-sucedido] sem o toque de Paul", reconhece Innes.

> Larry estava meio que fazendo o seguinte som na bateria: *boom-chick, boom-chick, boom-chick*, e Paul disse: "É isso aí, vamos fazer isso, mas ponha um *boom-dat-boom boom bap* com esse *boom-chick, boom-chick*", o que deu um novo clima. Então ele pegou o ukulele de Viv e começou a se inclinar na direção do microfone, ao estilo de Nashville para aumentar e diminuir a intensidade do som, *rinky-dinky-dinky-dinky-dinky-dink*, e tudo começou a funcionar. E o mérito é todo de Paul.

Enquanto eles trabalhavam, a esposa do empresário da banda perguntou para Paul: "O que você tem aí, um violino de pobre?"

"Não, é um ukulele de rico", retrucou o músico, mostrando seu rápido senso de humor.

"I'm the Urban Spaceman", produzido por Apollo C. Vermouth (ao contrário do que se esperava, os Bonzos não queriam anunciar o verdadeiro produtor), chegou ao quinto lugar no Reino Unido em novembro de 1968. Mike, o irmão de Paul, e seus colegas do Scaffold estavam no topo nessa época com outra canção nonsense: "Lily the Pink", primeiro lugar no Natal.

Antes de celebrar as festas de fim de ano, Paul foi a Portugal com Linda e Heather a fim de visitar Hunter Davies, cuja biografia autorizada dos Beatles fora publicada recentemente. Davies tinha um palacete de férias no Algarve, onde o músico, a namorada e a filha dela ficaram por dez dias. Nesse período, apesar de alguns "momentos frios" entre o casal, como Davies observou, eles decidiram oficializar a união. Afinal, Lin estava esperando um filho, o que significava casamento no lugar de onde McCartney viera. E depois da decisão, ele gostou de telefonar para Lee Eastman em Nova York com o intuito de pedir formalmente a mão de Linda, que o patriarca concedeu, tendo mudado sua visão sobre Paul para melhor no pouco tempo em que o conhecera. O casamento da filha com um Beatle se tornaria uma união de negócios entre McCartney e a Eastman & Eastman, que aconselharia e guiaria Paul, acarretando benefícios duradouros para ambos os lados. Como resultado disso, a relação entre pai e filha se transformou. "Ela se tornou a estrela da família", diz Phillip Sprayregen.

Apesar da boa notícia para o casal, o Natal de 1968 teve um lado amargo. Em 15 de dezembro, o advogado dos Beatles, David Jacobs, que sofrera um colapso nervoso pouco antes, aparentemente causado por problemas financeiros, enforcou-se em casa, em Sussex. A morte e o inquérito geraram uma publicidade lúgubre. Foi quando os Hell's Angels chegaram à cidade, por culpa de George Harrison. Após encontrar membros da filial de São Francisco da gangue de motoqueiros da Califórnia, ele fez a besteira de convidá-los para aparecer na Apple se algum dia passassem por Londres, pensando que o convite jamais seria aceito. Agora chegava a notícia de que o grupo estava a caminho. George mandou um memorando à equipe: "Eles são capazes de trucidar vocês", escreveu ele, de modo preocupante, "mas são corretos e fazem boas ações, então não temam nem fiquem nervosos." Pouco depois, duas figuras assustadoras, Billy Tumbleweed e Frisco Pete, chegaram rugindo com suas Harleys, motos que haviam sido despachadas para Londres com grande custo (para os Beatles) e ocuparam a elegante casa da banda durante o período de festas.

Os Angels chegaram na hora da festa de Natal da Apple, um evento farto criado basicamente para os filhos dos Beatles. O destaque era um almoço que tinha a fama de ter o maior peru da Inglaterra. Esse monstro levava muito tempo para assar, testando a paciência de Frisco Pete. Quando a ave finalmente foi levada à sala de jantar, o faminto motoqueiro pulou em cima dela, rasgando o esqueleto com as próprias mãos e deixando os Beatles espantados. Nos anos que se seguiram, a banda fez divertidas gravações de Natal desejando aos fãs um Feliz Crimbo, uma corruptela de Christmas, e feliz Ano-Novo. Esse ano, o papai e a mamãe Noel — personagens de John e Yoko na festa de Natal — tentaram emplacar uma música de vanguarda que trazia o batimento cardíaco do bebê deles no útero, gravado por John usando um estetoscópio pouco antes de ela ter sofrido um aborto em outubro.* Enquanto toda essa loucura acontecia, um ladrão conseguiu entrar no prédio e retirar as placas do telhado.

---

* Mesmo assim foi lançado o tradicional disco de Natal para os fãs dos Beatles. *(N. do A.)*

O inverno de descontentamento dos Beatles, como George Harrison o descreveu, começou dois dias após o réveillon, quando a banda e Yoko se reuniram com uma equipe de gravação em um estúdio em Twickenham para realizar o novo grande projeto de Paul. Os Beatles iam voltar às origens, ensaiando e depois apresentando um novo grupo de canções ao vivo no palco, possivelmente em um anfiteatro romano na África, onde eles esperavam encontrar temperaturas mais quentes naquela época do ano. O processo de ensaiar e depois fazer o show seria filmado por Michael Lindsay-Hogg como especial de cinema/TV para promover o álbum. Era uma ideia típica de Paul: simples e de fácil comunicação, e das boas, com ótimo potencial comercial, mas os outros não estavam a fim.

Durante a montagem da equipe de produção, McCartney chamou Glyn Johns, um produtor freelancer que trabalhava regularmente com os Rolling Stones.

> Foi bem divertido, na verdade. Eu me lembro distintamente de atender a ligação e de ele dizer. "Aqui é Paul McCartney", achei que era Mick Jagger passando um trote, falando com sotaque de Liverpool... Eu disse algo como: "Ah, para de onda, porra, o que você quer?", pois eu trabalhava com Mick o tempo todo na época. Mas era Paul. Então foi um pouco embaraçoso.

Apesar do começo esquisito, Johns foi contratado como engenheiro de som para o projeto, tornando-se o produtor de fato dos Beatles, o que leva a pergunta pertinente: *Onde estava George Martin?*

Após terem brigado com o produtor durante a gravação do *Álbum branco*, os rapazes decidiram que Martin não trabalharia com eles daquela vez, com Lennon dizendo de modo grosseiro que eles não queriam a "merda de produção" dele no novo álbum. "Queremos que seja um álbum honesto", definiu ele, em um tapa na cara que Martin recebeu com o máximo de elegância possível. Ele participou das sessões, mas não produziu, como fizera anteriormente, o que surpreendeu Glyn Johns. "Fiquei chocado quando soube que George não estava lá, e fiquei ainda mais espantado ao descobrir que eles me pediam ideias para arranjos e outros assuntos, e eu não achava que estava lá para isso", desabafa Johns, que não fora adequadamente informado por Paul — uma de suas falhas. Ele gostava de improvisar e esperava que os outros fizessem o mesmo.

> Ninguém jamais disse: "Ah, George não vai mais produzir, agora é você." A palavra "produtor" nunca foi usada. Achei meio estranho quando George apareceu. Na verdade, ele me chamou em um canto e muito gentilmente disse: "Olhe, pode ficar tranquilo. Não fique preocupado ou constrangido com isto. Está tudo perfeitamente bem." Então ele me deixou confortável com relação àquilo, o que foi muito, muito gentil da parte dele, porque eu realmente fiquei um pouco sem jeito.

Além dos momentos em que estavam em casa ou em quartos de hotel, o máximo de privacidade que os Beatles tinham era quando trabalhavam com George Martin na Abbey Road. Agora se esperava que eles fizessem música com um quase estranho enquanto eram filmados por uma grande equipe de outros estranhos em um estúdio sem charme fora de Londres, e tudo isso era ideia de Paul. "Você tinha a leve impressão de que Paul era o motorista do ônibus, mas que alguns dos outros Beatles desceriam na próxima parada", observa Michael Lindsay-Hogg diplomaticamente.

> McCartney tende a ser o que chamamos hoje de "proativo". Ele chega lá e, se algo não está funcionando, ele tenta fazer funcionar. É uma pessoa contundente e, de seu jeito, controlador para fazer o que deseja [e] uma de suas maiores qualidades é o entusiasmo. Ele diz: "Sim, vamos fazer. Não vamos ficar sem fazer nada. Vamos fazer algo. Vamos fazer isso."

Não demorou muito para que o determinado McCartney batesse de frente com seus colegas de banda menos comprometidos. Isso aconteceu de modo mais sério com George Harrison quando, em 10 de janeiro de 1969, Paul tentou dizer ao amigo como tocar violão em "Two of Us", normalmente interpretada como uma canção sobre Paul e John, mas que McCartney diz se referir a ele e Linda. Após várias tentativas de conseguir fazer certo, Paul disse a George, exausto: "Estamos aqui há uma hora sem nada... os riffs..."

"Não tem riffs", respondeu Harrison.

"Mas não tem coesão, não soa coeso."

"Então vamos continuar tocando até que..."

"Ou podemos parar e dizer: 'Não está coeso...'" Parecendo um professor que lida com uma criança rebelde, o mestre que poderia ter se tornado se tivesse seguido a carreira planejada pela mãe, McCartney disse a Harrison: "Veja, se a gente conseguir deixar mais simples e *depois* complicar onde precisa ser complicado, tudo bem. Mas está complicado agora..." George ficou furioso, disse que estava apenas tocando os acordes e resmungou algo sobre o companheiro de banda estar sendo irracional. "Você sabe que não estou dizendo isso", defendeu-se Paul. "Estou tentando ajudar, sabe, mas sempre acho que irrito você, e estou tentando..."

"Você não está me irritando..."

"Mas você sabe o que quero dizer..."

"Você está entendendo mal..."

"Não estou tentando dizer isso. Não estou tentando dizer isso. Você está fazendo de novo como se eu tivesse tentado dizer isso. [Como] falamos outro dia, não quero irritá-lo", contemporizou Paul, referindo-se às sessões de "Hey Jude", quando pediu a George para não tocar muito violão, o que ainda deixava Harrison com raiva. "Eu realmente estou tentando dizer olhe, gente, a banda, sabe, podemos tentar fazer desta forma?"

"Bom, eu não me importo. Toco o que você quiser, ou não toco coisa alguma se essa for sua vontade", respondeu George com a paciência de um iogue. "Seja lá o que for que lhe agrade, eu farei..."

Tudo isso foi gravado em fita. "O ensaio desse dia foi levemente mal-humorado e quando você vê [o filme] pode observar que Paul é filmado de cima para baixo e George está acima do ombro de Paul", explica Michael Lindsay-Hogg, que continuou a filmar sabendo que os Beatles tinham a palavra final sobre o que seria utilizado, mas sendo cuidadoso para se manter a certa distância. "Ficou meio confuso na câmera e é porque eu sentia que [uma] briga iria acontecer e queria afastar as câmeras para que eles não ficassem inibidos."

Michael e sua equipe acabaram sendo convidados a deixar o local, para que os Beatles pudessem continuar a discussão em particular. Por fim, George saiu das sessões e foi para casa compor sua canção "Wah Wah". Ele estava infeliz com o trabalho havia algum tempo, "trazendo más vibrações para casa", como diz Pattie Harrison. Agora ele seguia o estilo de Ritchie. As raízes desse problema em particular estavam fincadas profundamente no relacionamento de George com Paul e John, desde a época em que Georgie carregava os estojos de violão dos mais velhos, sempre tratado de modo diferente por ser um pouco mais novo. E burro. Apesar de todo o tempo que se passara, de tudo o que eles tinham feito juntos, nada mudara. "Ele não gostava de sentir que John e Paul eram mais importantes. Eles eram mais velhos. E eram mais velhos desde sempre", observa Lindsay-Hogg. "Ele devia se sentir dominado pelos outros dois, e acredito que os outros dois continuavam a vê-lo como se ainda tivesse 15 anos. Ele era talentoso, mas tinha que ser — eu sempre senti isso — jogado um pouco para baixo." John, Paul e Ritchie fizeram uma reunião para resolver a crise, na qual John sugeriu a contratação de Eric Clapton para substituir George. Paul *supôs* que John estava brincando. Então todos foram para Esher dizer a Harrison que o amavam e precisavam dele, e o guitarrista concordou em voltar, desde que eles saíssem de Twickenham, que ele odiava, abandonassem a ideia de uma apresentação ao vivo e continuassem a trabalhar na Savile Row.

Nos últimos meses, Magic Alex estivera trabalhando em um novo estúdio de gravação situado no porão do edifício da Apple, uma instalação moderna e de pistas múltiplas que faria o Abbey Road da EMI parecer ultrapassado. Quando os Beatles voltaram de Twickenham, esse estúdio feito sob medida se mostrou inútil. A ideia de Alex de um sistema de 16 pistas consistia, ridiculamente, em equipar o estúdio com 16 alto-falantes individuais, sendo que qualquer engenheiro júnior saberia que apenas dois eram necessários para conseguir o som estéreo. Ele também construiu o estúdio na sala onde ficava o boiler, ou seja, era preciso desligar o aquecimento para que o ruído do equipamento não fosse ouvido nas gravações. Além disso, não era possível usar a sala de controle porque não havia buracos na parede para os cabos, e o console de gravação parecia aos olhos de Glyn Johns algo saído do seriado *Buck Rogers*. "Era simplesmente hilário", descreve Johns.

> Infelizmente, George Harrison, que eu julgava ser o principal líder do grupo no que diz respeito ao estúdio, estava angustiado por eu ter me recusado a lidar com esse monte de merda. Era como se o rei estivesse sem roupas, elas tinham sido arrancadas — total e

> completamente. Era uma piada! Uma piada completa. E George não conseguia deixar para lá o fato de que achava Alex uma ótima pessoa. De qualquer modo, George não ficou muito feliz quando joguei tudo para o alto. Então pegamos uns equipamentos emprestados da Abbey Road e continuamos.

Após a resolução desses problemas técnicos, todos relaxaram. O novo estúdio no porão era pelo menos aconchegante, com lareira e carpetes verdes-maçã que se estendiam pelo prédio. Havia uma cozinha abastecida ali ao lado para servir-lhes petiscos, e quatro andares de colegas nos andares de cima para bater papo. George sugeriu que o tecladista Billy Preston ficasse com eles. Billy era um velho amigo de Hamburgo, onde tocara na banda de Little Richard, e sua presença tornou a convivência da banda mais civilizada, assim como o fez uma visita de Linda e Heather See, uma bonequinha em forma de criança loura usando uma jaqueta de caubói com franjas. "Oi, Heather!", gritou John com uma rouquidão amigável quando ela entrou no local. Tio Ringo deixou Heather se divertir com sua bateria, tapando os ouvidos assustado quando ela tocou o instrumento, o que a fez rir. Enquanto o papai liderava os garotos em versões de velhos favoritos, incluindo "Besame Mucho" e "Lawdy Miss Clawdy", a menina dançava e rodava até cair no chão, tonta, com os Beatles sorrindo uns para os outros em seus instrumentos. Agora o humor estava muito melhor.

Ao tocar essas velhas canções, e nas conversas entre elas, os Beatles se mostraram nostálgicos. Uma das músicas em que trabalhavam, "One After 909", fora desencavada do arquivo de cem ou mais músicas que John e Paul tinham escrito quando garotos, mas acharam simples demais para utilizá-las.

Mais importantes no que diz respeito a McCartney, eram duas novas baladas compostas por ele, "Let It Be" e "The Long and Winding Road", similares a "Hey Jude" em termos de estrutura por serem canções baseadas em piano, começando com Paul no instrumento, seguido pela banda, até chegar a um clímax. "Let It Be" foi inspirada por lembranças de Mary McCartney, mais especificamente por um sonho que Paul teve com a mãe, enquanto a letra, que parecia um hino, tinha a capacidade de evocar sentimentos nostálgicos em outras pessoas. Já "The Long and Winding Road", com a temática da volta para casa, também tinha essa qualidade nostálgica, refletindo a jornada que os garotos enfrentaram desde a adolescência. Era também uma canção sobre a Escócia e a busca pelo amor verdadeiro. Como muitas canções de sucesso, ela pode ser interpretada de múltiplas formas. Paul começara a trabalhar em "The Long and Winding Road" no outono de 1968, e nesse contexto ela também podia se relacionar ao caos de sua vida pessoal na época, recém-separado de Jane, sem saber com quem passaria o resto da vida. Essa é uma leitura alimentada pelo compositor em *Paul McCartney: Many Years from Now*, no qual ele diz que a canção foi escrita quando "Eu estava meio com raiva e chapado...".

Many times I've been alone,
And many times I've cried,
Anyway, you'll never know
The many ways I've tried.

And still they lead me back
*To the long, winding road.**

Também foi Paul quem contribuiu com a música-tema desse novo projeto cinematográfico, o country blues "Get Back", que evoluiu de uma sátira chamada "Commonwealth Song", ironizando os britânicos que defendiam que os imigrantes das antigas colônias do país deveriam "get back", ou voltar, para o lugar de onde vieram. Esse era um sentimento comum no Reino Unido na época, que ganhou expressão dramática com o discurso de Enoch Powell em 1967, falando dos "rios de sangue" e prevendo uma guerra civil como resultado da imigração em massa. McCartney mudou a letra posteriormente para transformar a música na história de um personagem chamado Jojo em Tucson, Arizona.

Jojo was a man who thought he was a loner,
But he knew it couldn't last.

---

* Muitas vezes eu estive sozinho,/E muitas vezes eu chorei/De qualquer modo, você nunca saberá/quanto eu tentei./E ainda assim eles me levam de volta/À longa e sinuosa estrada. *(N. do T.)*

Jojo left his home in Tucson, Arizona,
For some California grass.

Get back, get back,
*Get back to where you once belonged.**

Embora Paul tenha declarado firmemente que Jojo é um personagem fictício, não representando qualquer homem ou mulher de quem ele se lembrasse, fãs se perguntam se a letra seria uma referência velada ao ex-marido de Linda, Mel See, cujo primeiro nome era Joseph e morava em Tucson. Em uma entrevista para este livro, a parceira de Mel durante os últimos dias de sua vida revela que o próprio acreditava que "Get Back" se referia a ele. A música parecia ser especificamente sobre Linda e Paul mandando o ex-marido para longe quando ele tentava fazer contato com a criança ao início do relacionamento dela com Paul. "Acho que eles realmente queriam evitá-lo nessa época", especula a ex-mulher de Mel, Beverly Wilk, acrescentando que o ex-marido não culpava Linda por não ter ido à África com ele em 1964. Pelo contrário, ele achava que fora egoísta e, ao voltar aos EUA, lamentara que sua atitude o tivesse levado à perda do contato com a filha, que agora morava na Inglaterra com outro homem, embora ele acreditasse que o músico seria um bom pai. Quando "Get Back" foi lançada, na primavera de 1969, ficou em primeiro lugar nos EUA por cinco semanas, então Mel acabou ouvindo a canção, e a letra parecia relacionada com suas tentativas de retomar o contato com Heather. "As pessoas achavam que [era sobre ele]. Às vezes ele também achava", diz Beverly. "Bom, eles não o queriam por perto. Então, volte. Vá para casa, volte para seu lugar." Quando Mel tentou entrar em contato com Heather, conta Beverly, "houve uma série de desculpas" que o impediram de ver a filha. "Eles não foram muito gentis com ele nos primeiros anos."

* Jojo era um homem que se considerava solitário/Mas sabia que isso não podia durar para sempre/Jojo deixou seu lar em Tucson, Arizona/Para ver o verde da Califórnia./Volte, volte/Volte para seu lugar. (*N. do T)*

O ROBIN HOOD DO POP

Durante a gravação de "Get Back", John Lennon deu uma entrevista a Ray Coleman, da revista *Disc*, na qual contou que a Apple era uma bagunça financeira, e revelou estar gastando suas últimas 50 mil libras. "Se continuar assim, estaremos falidos em seis meses", revelou. O comentário foi publicado em jornais e revistas do mundo todo e lido com particular interesse pelo empresário dos Rolling Stones, Allen Klein, que se preparou para convencer Lennon de que poderia salvar os Beatles.

Klein nascera em Newark, Nova Jersey, em 1931, filho de um açougueiro *kosher*. Aos 2 anos, após a morte da mãe, foi colocado em um orfanato e depois criado por uma tia. Allen se tornou contador, e construiu a reputação de ser o "Robin Hood do pop", recuperando royalties devidos a seus clientes, astros do pop, em troca de uma comissão. Em pouco tempo ele representava vários artistas famosos, entre eles Sam Cooke, que ofereceu a Brian Epstein como artista de apoio para os Beatles. Klein sugeriu que poderia dar uma olhada na contabilidade da banda. A oferta impertinente foi recusada, mas ao longo dos anos o empresário chegou perto da maior banda do mundo quando assinou com o amigo de Paul, Donovan, e depois com os Stones, para quem negociou aquele imenso adiantamento de 1,25 milhão de dólares da Decca. McCartney ficou impressionado, mas Klein não fez qualquer progresso com os Beatles até a entrevista de John sobre "seis meses para a bancarrota."

Paul ficou furioso quando leu os comentários, repreendendo Ray Coleman por publicar a conversa fiada de Lennon. "Você sabe que John abre a boca, mas não é para valer!" A frase era enganadora. John podia estar nas suas últimas 50 mil libras "em dinheiro vivo," como Paul diria, mas essa era uma quantia e tanto em 1969 e, na verdade, todos eles eram ricos. John e Yoko viviam como reis, sendo levados ao estúdio pelo motorista em um Rolls Royce branco, jantando caviar, e prestes a se mudar para Tittenhurst Park, uma mansão perto de Ascot em um terreno de 72 acres. Lennon não estava sozinho em sua vida extravagante. George e Pattie Harrison estavam prestes a se mudar para uma residência enorme: uma mansão gótica em Henley-on-Thames chamada Friar Park, com 25 quartos e dois lagos, um dos quais se estendia por baixo da casa. Ritchie também tinha gostos caros. Apenas Paul vivia modestamente, sendo dono de uma casa grande, mas não ostensiva, em Londres, um refúgio na Escócia, algumas obras de arte cuidadosamente compradas e belos carros.

McCartney também perdia dinheiro, é claro, em decorrência dos esquemas loucos da Apple, da falta de disciplina nos negócios e das despesas do dia a dia. A sala de imprensa capitaneada por Derek Taylor funcionava como um bar gratuito e aberto 24 horas para os colegas jornalistas enquanto Peter Brown apreciava almoços no estilo *cordon bleu* em seu escritório. Apesar disso, Brown insiste que o negócio principal, a Apple Records, dava dinheiro. "Sempre vou [dizer] que a Apple era uma empresa muito bem-sucedida", afirma ele, decidido.

> Todo esse papo sobre as pessoas nos roubando e tal — é claro que havia um excesso de liberdade. Era algo secundário no quadro geral e também fazia parte de nossa imagem, na qual tínhamos que ser pessoas boas — legais e boas —, isso era a cultura da época. Não se fazia nada detestável. Não éramos cruéis. Éramos artistas e tratávamos as pessoas com mais respeito do que talvez o resto do mundo corporativo. Então sempre senti que a Apple, a reputação que ela possuía de ser mal gerenciada ou fora do [controle] era injusta.

Allan Klein era muito diferente das pessoas legais e boas da Apple. Um norte-americano baixo, atarracado e barrigudo, de rosto combativo, cabelo alisado e penteado para trás, Klein parecia um motorista de caminhão e tinha uma calculadora no cérebro. E também possuía a capacidade de encantar os crédulos — algo que Lennon era, apesar de todo o seu humor afiado e de sua inteligência. Quando conheceu o empresário no hotel Dorchester, John empolgou-se com o homem que lhe disse também ter vivido uma infância difícil, sendo órfão e tudo o mais. Klein exibia um vasto conhecimento sobre a música de John, o que era agradável. De maneira sagaz, ele também foi cortês e respeitoso com Yoko, cuja influência lhe parecia clara. A reunião foi tão boa que John rascunhou imediatamente um memorando para Sir Joseph Lockwood, informando ao presidente da EMI que Klein estava autorizado a representar seus interesses dali em diante. O envio dessa carta marcou o começo do fim dos Beatles.

POR QUE NÃO FAZEMOS NO TELHADO?

Apesar da oposição declarada de George Harrison ao especial de Paul para cinema e TV e da total falta de interesse de John, Michael Lindsay-Hogg continuou a filmar os Beatles na Savile Row enquanto McCartney tentava persuadir os colegas de banda de que precisavam voltar a se apresentar ao vivo e terminar esse projeto de filme, pelo bem do grupo a longo prazo. Mas os outros pareciam ter adquirido medo do palco nos dois anos e meio desde que haviam encerrado a turnê em Candlestick Park. Quando Paul argumentou que tudo ficaria bem assim que eles subissem no palco novamente, John não pareceu confiante.

Muitos locais foram sugeridos para o show, incluindo o deserto do Saara e um barco. "Teria que ser um barco muito grande", observou George, pensando no espaço necessário para acomodar a banda, a equipe de filmagem e o público. "Maior que o *Royal Iris*", acrescentou, citando os bailes nos quais eles se apresentaram nas barcas de Mersey. Enquanto os Beatles discutiam, Paul tentava colocá-los na linha. "Tudo bem, não podemos continuar assim... podemos? Não podemos ficar discutindo infinitamente", analisou, soando mais uma vez como um professor.

"Parece que podemos", disse Ritchie.

Lindsay-Hogg reivindica o crédito por sugerir que os Beatles fizessem o show no telhado do edifício da Apple. A data foi marcada para quinta-feira, 30 de janeiro de 1969. Glyn Johns passou cabos pela escada até o porão para gravar a apresentação, embora tudo permanecesse sem confirmação até o último minuto. "Íamos entrar às 12h30 para pegar a multidão da hora do almoço e eles ainda estavam discutindo entre si se o show ia acontecer ou não", relembra Lindsay-Hogg.

> George não queria fazer. E Paul dizia: "Por favor, por que não? O que há de errado com isso? Só vamos subir lá. Se não funcionar, a gente joga tudo no mar." E eles não decidiam. George era um quase não, Ringo estava em cima do muro, Paul ficava "Isso vai ser divertido". E John disse: "Dane-se, vamos lá!" Então eles subiram no telhado... Essa foi a última vez que se apresentaram juntos.

Era um dia frio e nublado. Os Beatles usavam roupas quentes de acordo com o clima. John vestia um casaco de pele da ex-esposa. George usava um casaco preto com calças verde-limão. Ritchie estava com uma capa de chuva vermelha. Paul, ainda com barba, usava um terno abotoado. Com Billy Preston no órgão, a banda tocou por quase 45 minutos naquela tarde de quinta-feira, apresentando novas canções, entre elas "Don't Let Me Down" e "Get Back", abrindo e fechando a apresentação, respectivamente. Embora o show, se de fato puder ser chamado assim, tivesse a intenção de ser um evento público, as pessoas na rua, cinco andares abaixo, não conseguiam ver os Beatles no telhado, enquanto a música era jogada ao vento. Mesmo assim, uma multidão considerável se formou na rua, e a polícia da estação da Savile Row acabou sendo chamada por causa das reclamações quanto ao barulho, bem como os Beatles haviam previsto. Lindsay-Hogg tinha uma câmera pronta no saguão para filmar a chegada dos policiais. Quando o Sr. Plod surgiu no telhado para pedir aos Beatles que desistissem, eles estavam prontos para obedecer, depois de terem tocado até congelar os dedos. Eles apresentaram "Get Back" uma última vez, com Paul e John trocando olhares felizes e amigáveis. Lennon fez o improviso final perfeito: "Eu gostaria de agradecer a todos em nome do grupo e espero que nós tenhamos passado no teste." Maureen Starkey e Peter Brown lideraram uma salva de palmas.

SINOS DE CASAMENTO ESTÃO SEPARANDO AQUELE VELHO GRUPO DE AMIGOS MEUS

Glyn Johns tentou fazer um álbum com as fitas que acumulara nas semanas anteriores, incluindo o concerto no telhado.

> O motivo pelo qual eu tive a ideia de deixar minha versão do [disco que se tornou] *Let It Be* do jeito que estava foi porque eu estivera lá e testemunhara o grupo rindo, sendo hilário e se comportando como músicos normais. A essa altura, eles tinham os discos "produzidos" mais impressionantes que se poderia conceber na música popular, eles haviam quebrado todas as barreiras, reinventado o processo de gravação, tudo isso, e eu os vi sentados, tocando ao vivo, cantando

> juntos e se comportando como pessoas normais. [Então] imaginei que seria fantástico ter um álbum não só deles tocando material novo ao vivo, mas mostrando que eram seres humanos, que podiam rir... Fui ao Olympic Studios uma noite e mixei, grosseiramente, alguns ensaios do dia. Deixei os falsos começos e os Beatles zombando uns dos outros, fazendo acetatos para cada um deles. [Eu] disse que considerava uma boa ideia que poderia ser usada para o disco, mas todos voltaram no dia seguinte e disseram não — não era o que eles queriam.

Enquanto isso, Lindsay-Hogg trabalhava em um corte inicial do filme que, como o álbum, veio a ser conhecido como *Let It Be*. O trabalho estava atrasado, pois ninguém tinha um registro de continuidade, o que levou meses para ser resolvido. "Eu estava muito disposto a dar forma ao que se tornou *Let It Be* assim que possível, de modo a colocar o álbum em produção e não deixar que nada acontecesse a ele." O diretor tinha razão em estar temeroso. Quase tão rapidamente quanto eles desceram do telhado da Apple, os Beatles perderam interesse no projeto e começaram a trabalhar em outro grupo de músicas no Olympic, que formaria o último álbum da banda, *Abbey Road*. Antes que ficassem envolvidos demais naquilo, porém, Paul arranjou tempo para se casar.

Na noite de terça-feira, 11 de março de 1969, Paul telefonou para o irmão Mike, que estava em turnê com o Scaffold em Birmingham, e o convidou para ser padrinho de seu casamento no dia seguinte. O músico já havia comprado o anel e reservado o cartório de Marylebone, a uma curta viagem de carro da Cavendish Avenue. Tudo o que Mike precisava fazer era aparecer lá às 10 horas. *E não se atrase!*

A notícia de que Paul e Linda iam se casar não foi exatamente uma surpresa. Eles eram um casal havia sete meses, tendo se conhecido tempos antes, e Lin estava grávida de quatro meses. Ao mesmo tempo, o relacionamento não era dos mais harmoniosos. "Tivemos uma briga um dia antes do casamento — e quase cancelamos tudo", Paul revelou depois. "Eu definiria nosso relacionamento como inconstante."

Paul passara por muita coisa desde os dias em que era uma foto colada na parede das garotas, embora muitas ainda nutrissem um sonho adolescente de ser a escolhida para se casar com ele, e quando fãs teimosas descobriram que ele se casaria com outra pessoa, quase perderam a cabeça. Uma delas era uma cabeleireira chamada Jill, que lavava o cabelo de um cliente em Birmingham quando ouviu a notícia do casamento pelo rádio. Jill guardou o xampu, pegou o casaco e correu para a estação New Street, onde pegou o primeiro trem para a capital, com a intenção de chegar a Paul antes que ele cometesse tal erro.

A chuva caía quando Jill chegou ao cartório Marylebone, um esplêndido edifício vitoriano ladeado por leões de pedra. Uma multidão de trezentas fãs se espremia na entrada, junto com fotojornalistas e repórteres em pé nas escadas do prédio. Uma limusine estava estacionada no meio-fio, e policiais desinformados tentavam manter a ordem enquanto o tráfego engarrafava na movimentada Marylebone Road. Muitas das garotas presentes eram superfãs como Jill, mulheres no fim da adolescência ou de 20 e poucos anos que jamais superaram a paixão por Paul. As fãs realmente radicais — que passavam boa parte do tempo em frente ao prédio da Apple — foram chamadas de Apple Scruffs, ou Sujinhas da Apple, por George Harrison. As Scruffs eram mantidas do lado de fora dos estúdios da EMI na Abbey Road e das casas dos Beatles. A maioria delas vigiava a casa de Paul, pois ele era o único que morava em Londres. Entre as Scruffs estava a norte-americana Carol Bedford, que depois escreveu uma biografia fascinante sobre suas experiências, na qual contou que berrou para a banda pela primeira vez quando eles passaram por seu estado natal, Texas, em 1964. Assim que saiu da escola, Carol foi à Inglaterra juntar-se às garotas que esperavam pela banda em frente a seus vários endereços. Outras Scruffs eram a italiana Lucy, obcecada por George; Chris, que amava Paul; Sue, conhecida como Sue-John por causa de sua fixação em Lennon; e Margo, uma babá que geralmente trazia seu jovem cliente, a quem chamava de Bam Bam, para esperar com ela em frente à casa de Paul. Quando as garotas ficavam realmente irritantes, o astro chamava a polícia, mas com o tempo ele aprendeu a conviver com as Scruffs, criando relacionamentos amigáveis com as visitantes frequentes, a quem batizou de "Olhos e Ouvidos do Mundo" em reconhecimento ao fato saberem o que os Beatles iam fazer antes de todos. Ele às vezes confiava às meninas a tarefa de levar Martha ao parque.

Fazendo jus à reputação de Olhos e Ouvidos do Mundo, as Scruffs descobriram na noite anterior à cerimônia que o ídolo ia se casar e se lamentaram tanto em frente à 7 Cavendish Avenue que Paul teve que sair e falar com elas: "Vocês sabiam que eu tinha que me casar em algum momento." Agora a temida manhã chegara e as Scruffs estavam em pé na chuva em frente ao cartório, cantando um enlutado medley de canções dos Beatles. Era de enlouquecer qualquer um. Muito atrasado, Mike McCartney parou o carro, pois o trem havia quebrado e correu para o prédio a fim de encontrar Paul, Lin, Heather, Mal Evans, Peter Brown e Don Short do *Daily Mirror* esperando impacientemente. "Onde raios você esteve, está uma hora atrasado!", reclamou o noivo, que usava um terno cinza e uma gravata amarela. Lin vestia um sobretudo amarelo. Não havia sinal de John e Yoko, dos Harrison ou dos Starkey. George estava na Savile Row, enquanto John e Yoko estavam a caminho de Poole, em Dorset, para visitar a tia Mimi, a quem John mandara para o litoral após o assédio das fãs tê-la tirado de Mendips. Ele ouvira a notícia do casamento de Paul no rádio do carro.

Joe Jevans, o escrivão, fez seu trabalho, e Paul e Linda assinaram a certidão de casamento, com Mike e Mal assinando embaixo como testemunhas. Então todos saíram e descobriram que o sol brilhava em homenagem ao casal. As garotas reagiram à aparição dos noivos com uma mistura de palmas e gemidos desesperados, e os fotógrafos da imprensa cercavam o casal em busca de fotos. Fãs se agitaram ao mesmo tempo, fazendo com que um policial ágil pegasse Heather no colo e corresse na frente de Paul, que só teve tempo de gritar que Linda e a criança estavam com ele. Em seguida, o Beatle viu Margo com Bam Bam. "Ele está bem, Margo?", perguntou o recém-casado, preocupado com a criança no empurra-empurra. Enfim o grupo do casamento se espremeu em uma limusine que os levaria de volta a St. John's Wood para uma benção na igreja local, seguida de fotos para a imprensa na Cavendish (Paul entrou em casa com Linda no colo, posando obedientemente para o *Daily Mirror*). Depois houve uma recepção no Ritz Hotel. George e Pattie Harrison chegaram atrasados, explicando que o SD Pilcher escolhera logo aquele dia para fazer uma incursão na casa deles em Esher, apreendendo uma pequena quantidade de resina de maconha. George ficou furioso com a invasão e com o enfoque exagerado dos jornalistas, que pularam o muro de seu jardim para fazer fotos da batida policial. Citando a Bíblia, ele lembrou aos policiais, com justa indignação, que as raposas têm covis, e as aves do céu, pousos, mas os Beatles aparentemente não tinham onde reclinar cabeça em paz.* Ele e Pattie se declarariam culpados por posse de drogas e receberiam uma multa.

Com George sendo flagrado e Paul se casando, a imprensa teve duas matérias sobre os Beatles no mesmo dia. McCartney pegou a parte boa e ficou com primeira página enquanto Harrison ficou com a parte ruim, nas páginas policiais. Ao se casar com uma celebridade, Linda também se tornou uma pessoa pública, e assim seria pelo resto da vida. Seu relacionamento com a mídia britânica foi complexo desde o início. Conforme observado anteriormente, a Fleet Street sempre gostou do músico, mas os jornalistas nunca foram muito fãs da esposa. Quase todos os entrevistados para este livro que conheciam Linda pessoalmente falaram bem dela, mas as pessoas da mídia que tiveram contato com ela ao longo dos anos, inclusive eu, a consideravam uma mulher mal-educada e áspera, a quem faltava charme. Paul argumentaria dizendo que a companheira era tímida. Membros da família afirmam que ela jamais quisera estar sob os olhos do público, mas essa foi a vida que escolheu, e o casal manipulou e explorou a imprensa desde o começo. Em sua primeira entrevista como Sra. McCartney, a norte-americana disse a Don Short que gostaria de acabar com o boato de que ela tinha relação com a firma Eastman-Kodak, como o *The Times* publicara naquela manhã. "Não sei como esse erro aconteceu, exceto pelo nome em comum e o fato de eu ser fotógrafa..." O amigo de Linda, Danny Fields diz que na verdade a ela mesma começara o boato para impressionar as pessoas a quem desejava fotografar. Agora que estava casada com um Beatle, tinha uma forma melhor de impressionar o mundo.

Quando soube do casamento do amigo, John decidiu se casar com Yoko. A caminho da casa da tia Mimi, ele pediu que o motorista os levasse a Portsmouth e comprasse passagens de navio para o casal. Eles fariam com que o capitão os cassasse. John achou que seria mais tranquilo e digno do que a forma como Paul se comportara, jogando para a imprensa como tinha feito em Londres. Quando o casamento a bordo do navio se mostrou logisticamente impossível, John e Yoko foram a Paris, e de lá para o território britânico de Gibraltar, onde

---

* Citando Lucas 9:58. *(N. do A.)*

um cidadão da Grã-Bretanha podia se casar instantaneamente. Eles o fizeram em 20 de março de 1969.

Após tantos esforços para evitar a imprensa, John e Yoko se certificaram de obter o máximo de publicidade para si, encenando o primeiro dos assim chamados "*bed-ins*" durante a lua de mel em Amsterdã. Tratava-se de uma performance conceitual com uma mensagem positiva, se não infantil: em tempo de tensão política internacional era melhor ir para a cama e ter pensamentos pacíficos do que fazer a guerra. Na prática, envolvia John e Yoko aconchegando-se em uma suíte do Amsterdam Hilton sob cartazes que diziam: PAZ NA CAMA (*bed peace*) e PAZ CAPILAR (*hair peace*), este último tanto uma referência ao hirsutismo extremo do casal — John agora usava uma barba longa e cabelo até os ombros; enquanto o de Yoko ia até o meio das costas — quanto um trocadilho típico de Lennon (*hair piece*). Quando eles se ajeitaram na cama, Derek Taylor convidou a imprensa para fotografar e entrevistar o casal. Paul e Linda viram a cobertura desse evento louco em uma televisão da suíte de Nova York, onde passavam a lua de mel. Para o mundo inteiro, pareceu que John e Yoko tentavam roubar o espetáculo, e nos meses e anos que se seguiram essa rivalidade ficou evidente em suas vidas, com John e Yoko se contrapondo incansavelmente a Paul e Linda. Era verdade, como McCartney sempre disse, citando uma antiga música que os Beatles cantavam em seus shows, os sinos de casamento separaram o velho grupo de amigos.

14

DIFERENÇAS CRIATIVAS

YOU NEVER GIVE ME YOUR MONEY

Ao voltar para Londres após a lua de mel, na primavera de 1969, Paul encontrou a Apple à beira do desastre. Nos últimos meses houvera discussões sobre contratar um contador para resolver a bagunça financeira e administrativa da Savile Row, e Paul sugeriu seus novos parentes norte-americanos, os Eastman, para o trabalho. Quando eles foram rejeitados pelos outros Beatles, alegando nepotismo, ele lançou a ideia de contratar lorde Beeching, o encarregado de racionalizar as ferrovias da nação. Beeching recomendou grandes fechamentos de linhas e estações de trem. Farto dos excessos da Apple, McCartney aparentemente queria cortes desse estilo ali também. A sugestão não foi bem aceita. Peter Brown resmungou:

> Quer dizer, era simplesmente ridículo. Beeching não sabia *nada* desse ramo de negócios. O fato de ele ter resolvido a situação das ferrovias não significava que poderia consertar os problemas da Apple, mas isso tudo era parte da burrice de Paul. — "Temos que contratar alguém importante, porque você e Neil vieram conosco, então como podem ser bons?"

De acordo com Brown, McCartney tinha o hábito de dar palestras sobre assuntos que não dominava. "Uma das coisas que mais irritavam, para quem o conhecia e trabalhava com ele, era o fato de ele ter opinião a respeito de tudo, mesmo de temas sobre os quais nada sabia." E as palestras raramente eram curtas.

Além disso, os quatro Beatles agora seguiam caminhos diferentes. "Por sete anos houvera essa pequena unidade, uma banda alegre apenas marchando por aí e fazendo as coisas", diz Tony Bramwell nostalgicamente. "Após a morte de Brian aconteceu uma grande mudança — John mergulhava em sua loucura, George passava pela fase indiana, [mas] Paul [ainda] era bastante responsável. Ele não tivera overdose de ácido e não tinha arruinado a vida." Ele tentou liderar a banda após a morte de Brian, e os outros o deixaram fazê-lo até certo ponto. Por isso, muito do que foi feito na Apple era, na verdade, ideia de Paul. Como observa Peter Brown:

> Só depois da dispersão da névoa de LSD e heroína, ou fosse lá o que ele tomasse com Yoko, John quis ser mais proativo sobre o que estávamos fazendo [então ele dizia]: "Por que estamos fazendo isso? Por que isso é assim?" "Porque foi o que fizemos quando você estava fora de si... Aconteceu porque Neil e eu fizemos com a aprovação de Paul..."

Agora Lennon estava mais envolvido no negócio e surgiam divergências entre ele e Paul, o que gerava um clima péssimo na Savile Row. Bramwell, de novo:

> Você não faz ideia de como a situação estava horrível na Apple nesse período. Era como estar no meio de um gigantesco divórcio... Em um telefone você tinha John pedindo para fazer uma coisa. No outro, Paul pedindo [outra]. Na época, George e Ringo lavaram as mãos com relação a isso, [mas] John e Paul estavam: "Você pode fazer isso, mas sem contar aos outros?" ... Então John falava: "Você pode filmar meu pau?" E Paul dizia: "Vamos fazer um grande outdoor na Trafalgar Square." Era como estar em um divórcio.

Como em qualquer divórcio, os litigantes tinham seus representantes. No começo de fevereiro de 1969, John enviou Allen Klein para a Apple com o objetivo de realizar uma auditoria. Ao mesmo tempo, Paul persuadiu a banda a contratar a firma de seu sogro como conselheira geral. Assim, o irmão advogado de Linda, John Eastman, começou a analisar a papelada dos Beatles. Inevitavelmente, Klein e Eastman bateram de frente, com os modos educados em universidades de elite de Eastman irritando o garoto de orfanato Klein. Uma crise surgiu quando a banda precisou lidar com a família Epstein querendo vender a Nemperor Holdings Ltd (novo nome da parte menos importante da NEMS Enterprises). Clive Epstein vinha cuidando da firma desde a morte do irmão e não tinha mais entusiasmo pelo negócio. Os Eastman estimularam a compra da Nemperor, usando um adiantamento dos royalties da EMI, em um acordo que Clive e a mãe estavam inclinados a aceitar. Mas Klein era contra. Em uma reunião no Dorchester Hotel, ele chamou o acordo de "merda" caríssima, e a John Eastman de "bunda-mole", segundo Peter Brown, que também observa que Paul e o cunhado deixaram o local ofendidos. Com o inimigo fora do caminho, Klein lançou seu veneno nos ouvidos de John, George e Ringo, dizendo que se ele gerenciasse o grupo haveria maior equilíbrio de poder e todos teriam mais dinheiro. A alternativa era a banda ser liderada por Paul e seus parentes. Lennon, Harrison e Starkey foram facilmente convencidos.

Como Lee Eastman foi a Londres ajudar o filho e o genro, uma segunda reunião foi convocada no escritório de Peter Brown na Apple. Os procedimentos começaram retumbantes quando Klein informou a todos que Eastman não era quem eles pensavam, mas um judeu chamado Leopold Epstein. Klein não estava fazendo um comentário antissemita — ele também era judeu —, mas tentava mostrar que o outro era uma fraude. "Klein tinha pesquisado sobre Lee Eastman e revelou que o nome dele [mudara] de Epstein", relembra Brown. "Klein também passou essa informação a John, e ao longo da reunião os dois se referiram aos Eastman como 'Epstein'." Lee podia aturar isso, mas quando Klein começou a interromper para xingá-lo, o advogado perdeu a cabeça, gritou com o contador e saiu irritado da reunião, levando Paul. Isso estava se tornando um hábito. Logo depois, John Eastman escreveu aos Epstein uma carta recomendando outra reunião para discutir "a propriedade das negociações a respeito do acordo de nove anos entre a EMI, os Beatles e a [NEMS/Nemperor]". De acordo com Brown, o tom da carta enfureceu os Epstein, cuja reação foi vender a Nemperor a uma firma de investimentos da City chamada Triumph. A Apple respondeu pedindo à EMI para pagar os royalities dos músicos diretamente a eles. Como triste resultado, a família de Brian acabou processando os Beatles.

Além disso, Dick James vendeu sua parte na Northern Songs para a Associated Television Corporation (ATV) de Sir Lew Grade. Sir Lew estava atrás da Northern Songs havia anos, e James, ignorado e cada vez mais desprezado pelos Beatles, fez um acordo com seu sócio, Charles Silver, a fim de vender a parte deles para Sir Lew, aumentando uma participação que ele já tinha. O magnata agora ia em busca de mais ações para obter o controle da empresa. A Apple resistiu a essa oferta pública de aquisição, estimulando os acionistas minoritários a vender as ações para eles e não para ATV, fazendo uma contraoferta aceita por Lennon e Klein. Recusando-se tomar parte em qualquer negócio com Klein, Paul retirou o apoio, em parte porque a contraoferta não deu certo, e Sir Lew adquiriu mais 15 por cento da Northern Songs, ganhando o controle de todas as canções que John e Paul haviam escrito desde 1962, além das que escreveriam sob contrato até 1973.

Como desgraças atraem desgraças, os Beatles continuaram a discutir sobre quem deveria liderá-los, colocando Paul e os Eastman contra John, George e Ritchie, que queriam Allen Klein. O problema estourou em uma sexta-feira, 9 de maio de 1969, quando a banda trabalhava com Glyn Johns no Olympic Studio, sudoeste de Londres. John, George e Ringo encurralaram Paul, alegando que todos já concordavam e precisavam da assinatura dele no documento para fechar o negócio. McCartney deu uma desculpa, argumentando que a comissão de 20 por cento exigida por Klein era alta demais. "Ele vai ficar com 15 por cento", disse aos parceiros, lembrando: "Nós somos grandes astros!" Ele certamente não via necessidade de assinar logo. Os outros insistiam que ele precisava assinar naquele momento, pois o contador estava prestes a voltar a Nova York para uma reunião com seu conselho de administração. A reunião estava marcada para o dia seguinte. "Eu disse: 'É sexta-feira à noite. Ele não trabalha sábado e, de qualquer modo, Allen Klein trabalha sozinho e não tem um conselho a quem se reportar'", lembra Paul. "Vocês não vão me obrigar a fazer isso." Klein, que estava a caminho do aeroporto, ficou tão furioso quando soube que o Beatle se recusava a cooperar que deu meia-volta e foi ao estúdio. "[Klein] teve uma briga incrível com Paul no estúdio enquanto eu estava na sala de controle", conta Glyn Johns. "Desliguei todos os microfones porque não era de minha conta, mas eles gritavam tanto que eu podia ouvir a conversa através do vidro." Nessa época, McCartney gravou uma faixa no Olympic chamada apropriadamente "My Dark Hour" com o músico Steve Miller, que se lembra de Paul ter descarregado suas frustrações tocando bateria na canção: "[Ele] realmente esmurrou aquela bateria."

Embora o baixista da banda não tenha assinado com Klein (ele nunca o fez), os outros três Beatles superaram McCartney em número de votos e contrataram o contador norte-americano, que instaurou um reino de terror na Apple. Muitos cidadãos mimados da Savile Row foram enviados metaforicamente para a guilhotina. Embora isso tenha causado angústia, o escritório *estava* com excesso de gente. Os funcionários da empresa viviam como reis com o dinheiro dos Beatles. A sala de imprensa de Derek Taylor era particularmente ávida em gastar. Conforme mencionado, Taylor acreditava que Paul enviava os cartões-postais anônimos recebidos pelo relações-públicas em casa, alguns deles estranhos e "outros totalmente nojentos", como relembra Taylor, com selos rasgados no meio e mensagens crípticas. Um deles, dirigido à esposa de Derek, dizia: "Diga a seu garoto para obedecer aos diretores da escola." Derek tinha certeza de que era Paul quem os enviava, embora este não admita. De acordo com o relato de Taylor, a equipe da Apple lhe tinha medo. Ao voltar para as mesas após um longo almoço, a mensagem que eles mais temiam era "Paul ligou". Certa vez, McCartney organizou uma reunião de equipe para reclamar sobre o comportamento extravagante dos funcionários da Apple à custa dos Beatles, dizendo-lhes diretamente: "Não se esqueçam de que vocês não são muito bons, nenhum de vocês. Vocês sabem disso, não é?"

Derek sobreviveu ao terror, protegido pelo amigo George Harrison, mas outros se foram. Alex Mardas foi guilhotinado, bem como a Apple Electronics. Os Beatles finalmente se livraram de "Measles". Denis O'Dell, chefe da Apple Films, foi embora. A Zapple foi fechada, deixando Barry Miles ilhado em Nova York, onde estava gravando um LP com Allen Ginsberg declamando. "Fizemos duas faixas e, de repente, o estúdio de gravação informou: 'Acabaram de nos contar que o projeto foi encerrado.' Eu disse: 'O quê? É novidade para mim.' Obviamente tentei ligar para os Beatles, e nada. Eles desapareceram misteriosamente." Coube a Peter Brown dizer a Alistair Taylor que seu emprego com a banda também tinha acabado. Alistair era um dos membros da turma original que saíra de Liverpool com os garotos, parte da "família", e ficou magoado com a demissão, caindo em prantos. Ele tentou ligar para Paul, "mas ele não quis atender ao telefone", Taylor depois revelou a Bob Spitz. "Nada em minha vida doeu tanto quanto aquilo." Outro funcionário da Apple próximo de Paul era Peter Asher que, apesar da briga do amigo com a irmã, vinha gerenciando a Apple Records com Ron Kass, que também fora mandado embora. Ao ler o que estava escrito no mural, Peter se demitiu. Os Asher estavam enlutados por uma morte chocante na época. O patriarca fora encontrado no porão onde guardava carvão em sua casa da Wimpole Street no dia 2 de maio. O legista descobriu que o Dr. Asher, sempre de caráter excêntrico, havia cometido suicídio com uma overdose de barbitúricos.

O ÚLTIMO E MAIOR ÁLBUM DELES

Paul e Lin levaram Heather para passar férias em Corfu, Grécia, em maio, e depois voltaram para casa a fim de continuar a batalha da Apple. Os McCartney convidaram Ritchie e Mo Starkey para jantar na Cavendish na esperança de convencer o baterista. Tal convite era um presente e tanto, pois Linda era uma cozinheira de mão cheia. Antes de virar vegetariana, ela fazia maravilhas com um frango. Após alimentar os convidados, os anfitriões tentaram convencer Ritchie a se juntar a eles na luta contra Klein. Quando o baterista objetou, dizendo que o contador não parecia ser tão mau assim, Linda começou a chorar: "Eles pegaram você também!", soluçava ela, como se Ritchie tivesse sido capturado por zumbis.

John Ono Lennon, como ficou conhecido após trocar o nome do meio, que era Winston, estava além da razão. Ele e Yoko viviam em um mundo próprio, comportando-se como membros de um culto religioso. Drogados e vestidos de branco, andavam por Londres fazendo performances bizarras que eram em parte eventos artísticos, parte uma campanha sincera pela paz, além de obviamente serem uma busca de atenção. Uma das ideias mais malucas era de que a Apple deveria enviar uma noz de carvalho para que todos os líderes do mundo plantassem em nome da paz. A equipe da empresa foi despachada para os parques de modo a recolher as nozes só para descobrir que era a época errada do ano e os esquilos já haviam comido todo o estoque. Então John e Yoko foram ao Canadá fazer seu segundo *bed-in* pela paz, no Queen Elizabeth Hotel em Montreal, provando que, apesar da aparência exaurida, ele ainda tinha talento para fazer música. Ele fez uma irresistível gravação *in situ* de "Give Peace a Chance". Com a bateria em *overdub* de Ringo, a canção foi lançada como single no dia 4 de julho não pelos Beatles, mas por uma nova entidade, a Plastic Ono Band, clara indicação de que Lennon queria deixar os Beatles.

Foi uma grande surpresa para George Martin quando Paul ligou dizendo que os Beatles gostariam de fazer mais um álbum com seu antigo produtor. Sem prazo de lançamento para as recém-gravadas fitas de *Let It Be* e com John agindo de modo tão estranho, distante e desagradável recentemente, Martin imaginou que seus dias de trabalho com os rapazes estavam encerrados.

> Minha resposta imediata foi: "Só se vocês me deixarem produzir do jeito que costumávamos fazer." [Paul] disse: "Nós vamos deixar, é o que queremos." "Inclusive John?" "Sim, de verdade." Então eu disse: "Bom, se vocês realmente quiserem fazer isso, tudo bem. Vamos trabalhar juntos de novo." Foi um disco muito feliz. Acredito que foi feliz porque todos achavam que seria o último.

Geoff Emerick mais uma vez seria o engenheiro. Após ter a coragem de abandonar a equipe no meio das sessões do *Álbum branco*, quando eles se comportaram mal, Geoff conquistou o respeito e a confiança dos músicos. Eles o recompensaram com um emprego na Apple, e ele trabalharia com Paul em vários projetos durante anos.

Então a velha equipe estava reunida no Estúdio Dois da EMI, sete anos após os Beatles terem começado a carreira de gravação com George Martin na mesma sala com jeito de loft. O notável é que o último grito dos garotos seria para muitos ouvintes seu melhor LP. Em comum com o *Álbum branco*, o disco, que seria chamado de *Abbey Road*, tinha uma grande variedade de músicas, indo de rock 'n' roll solto e baseado em blues até suítes musicais sofisticadas; embora tenha sido montado de modo mais criterioso, gerando um disco impecável, que pode ser ouvido infinitamente sem parecer mofado.

A produção não teve um começo promissor. Quando a banda se reuniu na EMI naquela terça-feira, 1º de julho, não havia sinal de John.

Seu membro fundador tinha saído de férias para a Escócia com Yoko, Julian e a filha de Yoko, Kyoko, com o intuito de visitar os parentes escoceses de John. Com visão ruim e pouca experiência no volante, o músico entrou com o Austin Maxi que dirigia em uma vala bem no dia em que os Beatles deveriam começar a trabalhar em Londres. Como consequência, a família foi levada a um hospital na cidade escocesa de Golspie. Todos, com exceção de Julian, precisaram levar pontos, John levou 17 no rosto. Yoko machucou as costas.

Enquanto os Lennon convalesciam na Escócia, os outros três Beatles começaram a trabalhar na EMI. Paul iniciou os procedimentos com "You Never Give Me Your Money", a melodia surgida naquele dia despreocupado com Lin e Heather em Nova York enquanto a letra parecia ser inspirada em seus momentos amargos com Allen Klein. Ele também gravou a insolente cantiga "Her Majesty", que fecharia o álbum com uma piscadela de flerte para a rainha. Mais substancial era a suíte sonora "Golden Slumbers/Carry That Weight", cuja letra da primeira parte fora adaptada de uma poesia elisabetana:

Golden slumbers kisse your eyes,
Smiles awake you when you rise:
Sleepe pretty wantons doe not cry,
*And I will sing a lullabie...**

Essas são palavras do poeta inglês Thomas Dekker (1572-1632), que Paul lera em uma partitura na casa do pai em Wirral, e faziam parte de uma canção de ninar que a meia-irmã de Paul, Ruth, aprendera a tocar no piano. Embora a letra originalmente tivesse o objetivo de embalar o sono de um bebê, os versos de quatrocentos anos foram interpretados de modo radicalmente diferente, criando uma música inicialmente doce, mas que depois tem um mergulho dramático, com Paul gritando as palavras de Dekker. A passagem dessa breve peça musical para "Carry That Weight" mostrava um truque que John e Paul usaram muitas vezes nesse último álbum, reutilizando sobras de músicas e restos em geral. O fato de isso funcionar tão bem é um

* Sonhos dourados lhe beijam os olhos,/Sorrisos a acordam quando você se levanta:/Durma, criança, não vá chorar,/E eu cantarei uma canção de ninar. *(N. do T.)*

tributo à soberba musicalidade da banda, especialmente à capacidade de Paul no baixo e de Ringo na bateria, que jamais soaram tão bem. As partes de guitarra de Harrison também eram criteriosas, e ele enfim ganhou voz como compositor em *Abbey Road*, com "Something" e "Here Comes the Sun", respectivamente sua melhor e sua segunda melhor canção. "Octopus' Garden", de Ringo, também era agradável e mantinha a tradição das canções infantis dos Beatles, enquanto "Maxwell's Silver Hammer" de Paul apresentava um dos vários personagens assustadores de *Abbey Road*, o estudante de medicina maníaco chamado Maxwell Edison. Paul explicou o martelo de Maxwell a Barry Miles como "uma analogia para quando algo dá errado do nada", embora isso também possa ser interpretado como uma vontade dele. Como ele deve ter desejado que um martelo batesse na cabeça de Allen Klein! Ou de John. Ou de Yoko.

Sem Lennon, as primeiras sessões de *Abbey Road* foram felizes e harmoniosas, com direito a Paul deslizando alegremente pelo corri mão da sala de controle de George Martin como um jovem e despreo cupado Beatle. Houve uma briguinha com Harrison, mas não durou muito. Então John e Yoko chegaram vestidos de preto e seguidos por um reboque com os restos amassados do carro usado por eles na viagem, lembrança de seu encontro com a morte. Funcionários da Harrods também apareceram com uma cama, que eles montaram no estúdio para que Yoko, ainda ferida, pudesse ficar deitada acompanhando o trabalho. "Eu achava que já tinha visto de tudo", Geoff Emerick descreveu em sua biografia esse momento extremamente bizarro da história dos Beatles, "mas essa ficou em primeiro lugar." John pediu que um microfone fosse instalado por cima da cama para que ela pudesse comentar sobre o que ouvira; e ela não se conteve. "Beatles vão fazer isso, Beatles vão fazer aquilo", dizia ela, omitindo o artigo definido.

"Na verdade, são *os* Beatles, querida", corrigiu Paul, controlando sua raiva. Essa cena surreal ficou ainda mais estranha quando Yoko colocou uma tiara.

Antes de continuar, os Beatles e suas parceiras viram um corte inicial de *Let It Be*. "Havia muito mais cenas de John e Yoko do que ficou no corte final", diz o diretor Michael Lindsay-Hogg, que depois saiu para jantar com os McCartney e os Lennon. Todo mundo parecia estar se dando bem, com John e Paul relembrando os velhos tempos, o que era território seguro. "Eles falaram sobre a época de Liverpool, quando eram garotos e como foi crescer por lá — foi uma bela noite aconchegante." Lindsay-Hogg foi do restaurante para casa com uma sensação boa sobre o projeto e, pela TV, assistiu a Neil Armstrong caminhar na Lua. Um ou dois dias depois, Peter Brown ligou para dizer que havia muitas cenas de John e Yoko no primeiro corte de *Let It Be*. Brown recebeu três telefonemas. "Então imaginei que eram os outros e, claro, a voz central sempre será Paul", diz Lindsay-Hogg. "Os outros acharam que talvez eu tivesse destacado muito John e Yoko."

Enquanto o diretor voltava à sala de edição, a banda terminava *Abbey Road*. Seguindo os passos de Maxwell Edison, John acrescentou mais dois personagens sinistros ao álbum: Mean Mr. Mustard, o Malvado Sr. Mostarda, um velho safado; e a andrógina Polythene Pam, aparentemente inspirada em uma antiga conversa de John com o poeta Royston Ellis, que os garotos conheceram em Liverpool e depois reencontraram na turnê pelas Channel Islands em 1963. Enquanto estavam em Guernsey, Ellis apresentou John à namorada, Stephanie, e logo em seguida eles vestiram capas de chuva de polietileno para fazer uma brincadeira sexual, embora Ellis não se recorde da exata natureza dos casais. "Vamos colocar desta forma: houve alguns encontros sexuais entre John, Stephanie e eu. Mas não consigo me lembrar [dos detalhes]."

"Pam" foi unida a outra música, formando uma suíte com "She Came in Through the Bathroom Window", de Paul, inspirada na recente invasão de Cavendish Avenue. Após ter escalado o muro do jardim de Paul, a Apple Scruff Chris abrira o portão, deixando Little Sue, Big Sue, Emma, Di e Carol Bedford entrar. As garotas colocaram uma escada nos fundos da casa, enviando primeiro Di porque ela era a mais baixinha.

"Estou no banheiro!", gritou ela para as amigas lá embaixo.

Carol subiu a seguir, e chegou à janela do banheiro pouco antes de a escada cair, como ela escreveu em *Waiting for the Beatles*. As duas garotas então desceram correndo e abriram a porta da frente para deixar as outras entrarem. Elas mexeram nos objetos do casal, ficaram maravilhadas com as baterias de Ringo, encheram os braços carregando roupas do Paul. Di pegou uma foto que estava emoldurada e outra garota afanou slides fotográficos.

No dia seguinte, Margo chegou a Cavendish com Bam Bam, após ter combinado antecipadamente de levar Martha para um passeio. Algumas das garotas estavam com ela. Rose "Rosie" Martin, uma arrumadeira *cockney* que acabara de começar a trabalhar com Paul e permaneceria a seu serviço pelo resto da vida profissional, disse às garotas que ele queria falar com elas. Ele saiu com Linda, os dois com expressão séria. "Parece que alguém invadiu minha casa no domingo à tarde", contou às Scruffs. "Odeio dizer isso, mas acho que foram algumas das garotas."

"Por que você acha isso?", perguntou Margo.

"Pelo que elas levaram, basicamente fotos. Qualquer outra pessoa — um ladrão de verdade — teria roubado objetos mais caros." O músico disse que os slides eram de Linda, fotos que ela tirara da banda enquanto a foto na moldura tinha valor sentimental para ele, por ser uma imagem sua com o pai. Ele pediu às garotas para espalhar a notícia de que gostaria de ter as fotos de volta. Elas podiam ficar com as roupas. Foram devolvidos a foto emoldurada e alguns slides, mas muitas fotografias jamais foram recuperadas. Esse foi apenas um de vários roubos que Paul sofreria na Cavendish ao longo dos anos, nos quais muitas lembranças foram perdidas, entre elas seus filmes caseiros. "Tudo foi roubado por fãs, isso é o mais triste", lamenta Barry Miles. "Ele não tem quase nada. É por isso que de vez em quando ele compra algo em leilões da Sotheby's."

Alguns dias depois da invasão do banheiro, Paul disse às Scruffs que escrevera uma canção sobre as garotas que entraram na casa.

"Uma homenagem?", perguntou Carol Bedford, não entendendo exatamente a situação. "Como se chama?"

"*She Came in Through the Bathroom Window.*"

Essa melodia forma a base do longo medley de suítes sonoras que ocupa a maior parte do que era, nos tempos dos LPs, o lado B de *Abbey Road*. Esse medley, uma das realizações mais gloriosas da carreira da banda, começa calmamente com Paul cantando seu lamento em "You Never Give Me Your Money" e concluindo com a apropriadamente batizada "The End", na qual os Beatles parecem subir ao Paraíso em uma nuvem de rock 'n' roll áspero; John, Paul e George emendam um duelo de guitarra a três enquanto Ritchie toca furiosamente a bateria. Os santos padroeiros do pop distribuem bênçãos para o mundo enquanto se despedem: "*Love you; love you...*"

O céu clareia, um tema simples de piano começa a tocar e as palavras de Paul ressoam:

And in the end,
The love you take
*Is equal to the love you make.**

Fabuloso. A melhor letra escrita por McCartney era o final perfeito para o último e maior álbum dos Beatles, enfatizando que, no fim das contas, sua mensagem era de amor.

Após pensar em chamar o LP de *Everest*, indicando que eles tinham chegado ao topo, nome que coincidentemente era a marca de cigarros preferida de Geoff Emerick, os garotos decidiram intitular o álbum *Abbey Road*. Fazia sentido batizar o disco com o nome da rua londrina onde tinham feito tantas músicas maravilhosas (como consequência, o estúdio foi oficialmente renomeado para Abbey Road Studios, e assim será chamado daqui em diante). Mais uma vez, Paul deu a ideia do conceito da capa, rascunhando um desenho dos Beatles atravessando a faixa de pedestres em frente ao prédio da EMI. Eles posaram para a famosa fotografia em uma manhã de sexta-feira, 8 de agosto de 1969, um daqueles gloriosos dias do meio do verão, quando Londres se alegra com a luz do sol, as árvores cheias de folhas, os gerânios vermelhos parecendo sorrir alegremente das jardineiras nas janelas para as cabines telefônicas e caixas de correio vermelhas, que ficam em posição de sentido como guardas sob um céu de miosótis.

Como os Beatles estavam diferentes daqueles quatro garotos que assinaram contrato com George Martin em 1962! Sete anos depois, John parecia um profeta do Velho Testamento enquanto atravessava a rua na faixa de pedestres vestido de branco com uma barba cerrada. O cabelo e a barba compridos de George Harrison enfatizavam seus traços sérios e cadavéricos, fazendo com que parecesse muito mais velho que seus 26 anos. Ringo começara a adquirir a exuberância de um playboy milionário. Paul era o que menos havia mudado. Após raspar a barba feniana, vestia uma camisa branca amassada e um terno azul para a sessão de fotos, tirando as sandálias em um dia

---

* E no fim/O amor que você leva/É igual ao amor que você faz. *(N. do T.)*

bem quente e mostrando uma versão bonita e madura do que fora quando jovem. Três semanas depois, ele seria pai pela primeira vez (sem considerar as alegações de paternidade contra ele). Em 28 de agosto de 1969, Linda deu à luz no Avenue Hospital, ali na esquina, uma filha batizada de Mary em homenagem à mãe do marido.

"ESSE NEGÓCIO DOS BEATLES ACABOU"

Antes de *Abbey Road* ser lançado, John foi a Toronto com Yoko, Eric Clapton e Klaus Voormann para uma apresentação como a Plastic Ono Band. Durante a viagem, Lennon disse a Allen Klein que pretendia sair dos Beatles. O contador implorou que o músico não contasse nada aos outros, pois o contrato da banda com a Capitol Records estava sendo renegociado. Mas quando a banda se encontrou em Londres em 20 de setembro, John soltou a notícia.

Paul falava sobre uma possível volta da banda à estrada, inicialmente fazendo pequenos shows para retomar a confiança. Ele tinha certeza de que era a melhor opção, lembrando a John que sempre que os Beatles tocavam ao vivo, eles *tocavam bem*. Era emocionante ver o jeito como ele falava da banda. Paul amava os Beatles. "Bom, acho que você está maluco", interrompeu Lennon. "Eu não ia dizer nada até assinarmos o contrato com a Capitol, mas estou saindo do grupo."

"Como assim?"

"Quer dizer que o grupo acabou. Estou saindo... Quero o divórcio", disse John, empolgado por se ver livre da banda assim como se vira livre de Cyn.

Klein não queria que a decisão de Lennon fosse a público por achar que talvez John estivesse falando da boca para fora, como gostava de fazer, então nenhum anúncio oficial foi feito, e os Beatles seguiram com dificuldade, praticamente como antes. Porém, tudo havia mudado. *Abbey Road* seria lançado na semana seguinte, sem um single que o precedesse, algo inédito, mas chegaria ao primeiro lugar mesmo assim. Em seguida, a banda estranhamente lançou *Something/Come Together* como single, chegando ao quarto lugar na Grã-Bretanha e ao topo das paradas norte-americanas. Eles fizeram um filme promocional para "Something", mostrando os Beatles com suas parceiras. Paul e Linda foram filmados em High Park, onde se isolaram após o nascimento de Mary. Ele, que deixara a barba crescer de novo, carregou Mary em sua jaqueta de couro com gola de pele, a epítome do pai orgulhoso.

Os McCartney estavam em sua fazenda quando a assessoria de imprensa da Apple começou a receber mensagens dos Estados Unidos perguntando se o baixista havia morrido. Por mais estranho que possa parecer, esses rumores macabros já haviam circulado mais de uma vez, e costumavam ser criados pelas próprias fãs dos Beatles — para tentar deduzir o real paradeiro deles —, que ligavam para os jornais querendo saber se Paul se envolvera em algum acidente de carro. Tony Barrow explica: "Se elas ligassem e dissessem: 'Ouvimos que ele sofreu um acidente, não foi lá em Surrey?', ficavam esperando a resposta: 'Não, claro que não, ele está em [Londres].'" Desta vez, porém, o rumor vinha dos EUA, onde fãs começavam a ver "sinais ocultos" de que Paul estava morto em álbuns dos Beatles. Aparentemente havia várias pistas na capa de *Abbey Road*, incluindo o fato de o músico andar descalço pela faixa de pedestres com uma placa de carro atrás dele, cujos quatro caracteres eram 28IF. Supostamente isso significaria que ele estaria com 28, *se* (*if*, em inglês) tivesse sobrevivido ao acidente fatal que os Beatles abafaram, substituindo-o por um dublê para que pudessem continuar com a banda. A teoria era ridícula, especialmente porque McCartney era o menos mudado do grupo. De qualquer modo, a morte de um músico não significa automaticamente o fim da banda. Brian Jones morrera naquele verão. Os Rolling Stones simplesmente o haviam substituído. Ainda assim, a história cresceu, alimentada pelo fato de Paul não aparecer em público nos últimos tempo por estar passando um período na Escócia com Linda, Heather e o bebê. Com o sumiço dele, um estudante da Hofstra University em Nova York criou uma sociedade chamada "Paul McCartney está morto?" DJs começaram a tocar canções dos Beatles ao contrário para revelar pistas ocultas sobre o que acontecera. Por fim, a revista *Life* despachou um repórter e um fotógrafo para a Escócia a fim de descobrir a verdade.

Quando a equipe da *Life* bateu à porta de Paul, ele reagiu com fúria ao que considerou uma invasão a sua privacidade, mandando os jornalistas embora de lá aos palavrões, jogando um balde de água neles e até batendo no fotógrafo Terence Spencer, que já conseguira uma foto do músico enfurecido, provando que, além de estar vivo, distribuía socos. Alguns minutos depois, Paul percebeu que uma foto dele de punhos cerrados poderia ser péssimo em termos de relações-públicas, então foi atrás dos jornalistas e fez um acordo. Em troca do rolo de filme de Spencer, Paul e Linda posariam para uma foto melhor e mais agradável e ele lhes falaria algumas palavras. E o que disse nessa breve entrevista foi interessante.

"Talvez o rumor [de que eu estivesse morto] tenha começado por eu não aparecer muito na imprensa ultimamente. Apareci muito na imprensa durante toda a minha vida, mas não tenho nada a dizer hoje em dia", contou ele aos jornalistas, dando-lhes uma sincera perspectiva de seu ânimo, acrescentando:

> ... Esse negócio de Beatle [sic] acabou. Explodiu em parte pelo que fizemos e em parte pelo que outros fizeram. Somos indivíduos diferentes. John se casou com Yoko, eu me casei com Linda. Não nos casamos com a mesma garota... Você pode espalhar por aí que sou apenas uma pessoa comum e quero viver em paz?

Esse negócio de Beatle acabou! Paul enfim fizera o anúncio. Ainda assim, o comentário passou quase despercebido no meio das bobagens a respeito de sua suposta morte.

Ao longo dos meses seguintes em Kintyre, ele teve algo próximo a um ataque de nervos ao perceber que a banda que fora quase toda a sua vida desde os tempos de escola tinha terminado, e que os integrantes agora eram tão redundantes quanto os estivadores de Liverpool. Seu melhor amigo e parceiro não queria mais trabalhar com ele. Paul ficou magoado, pois John preferia tocar com amigos em comum, como Eric e Klaus. George e Ritchie também não pareciam precisar dele. Paul efetivamente se isolou da Apple por recusar-se a trabalhar com Allen Klein. Não havia planos para fazer outro álbum, filme ou turnê. O único projetc à vista era *Let It Be*, que representava sua própria tentativa fracassada de unir a banda. Quem sabia quando ele seria lançado? Em todo caso, tratava-se de material antigo agora. De modo geral, era uma situação muito triste. "Paul era um Beatle. Era o Beatle mais beatlenesco de todos", comenta Tony Bramwell.

> Ele tentou [continuar] com *Mystery Tour* e depois com a Apple, e fez com que todos fizessem algo além de ficar por aí se drogando, e eles meio que o abandonaram de novo. Tudo o que ele queria fazer

> era mantê-los juntos. Ele se esforçou para isso. E quando *Abbey Road* terminou... Não havia mais nada para uni-los.

Paul ficou em High Park, afundando na depressão. "Quase tive um colapso nervoso," admitiu para a filha Mary anos depois em um documentário: "Acho que a mágoa de tudo, a decepção e a tristeza de perder essa grande banda, esses grandes amigos... Eu estava enlouquecendo. Não conseguia me levantar de manhã, e quando conseguia, não fazia a barba nem me importava com nada: ia direto para o uísque..." Foi uma situação cruel para Linda. Tinha uma filha de 7 anos e um bebê para cuidar, além de um marido bêbado e deprimido. Depois ela contou a amigos que foi uma das épocas mais difíceis de sua vida enquanto Paul concluiu que ele poderia ter se tornado uma das mortes causadas pelo rock 'n' roll àquela altura. Afinal, ele havia experimentado uma vasta gama de drogas, incluindo heroína, e gostava de beber. E seria fácil beber e se drogar até o fim.

Linda disse que havia um jeito. Ele poderia fazer música sem os Beatles. Ela ajudaria se ele quisesse. Com o apoio e o estímulo da esposa, Paul começou a pensar em uma carreira pós-Beatles, seguindo o conselho da companheira e desenvolvendo uma devoção ainda maior por ela. Eles se tornaram um daqueles casais tão próximos que parecem gêmeos, e embora o relacionamento tenha tido altos e baixos, mostrou-se duradouro até a morte.

Pouco antes do Natal, os McCartney voltaram à Cavendish Avenue, onde Paul instalou um gravador de quatro pistas. O primeiro rascunho de canção, feito para testar o gravador abriria o seu primeiro LP solo. Essa canção-teste, "The Lovely Linda", é uma faixa sem substância, até mesmo chata, que termina com o nada atraente som de Paul tentando abafar o riso. Também foram gravadas duas sobras dos Beatles, "Junk" e "Teddy Boy", bem como uma faixa experimental de percussão, "Kreen-Akrore". Algumas das melodias eram fortes. Ele sabia criar um riff cativante — "That Would Be Something" e "Every Night", por exemplo —, mas carecia de palavras significativas. Em consequência, quase todas as faixas criadas são obras menores. A única exceção era "Maybe I'm Amazed", uma expressão poderosa de seu amor dedicado pela mulher que o salvara de uma situação que, como diz a letra, ele não entendia. Paul trabalhou nesse álbum feito na cozinha de sua residência londrina no início de 1970. Não só ele compôs e cantou todas as canções como também tocou todos os instrumentos e produziu as faixas. A única colaboradora foi Linda, que fez vocais de apoio instáveis, como se fosse uma estudante jogada relutantemente ao palco no show de fim de ano da escola. A cegueira dele com relação à musicalidade da esposa, um sintoma de sua devoção por ela, caracterizaria sua carreira subsequente.

Enquanto os McCartney produziam seu disco em casa, John Lennon continuava a trabalhar com Yoko na Plastic Ono Band, com resultados mais sólidos. *Instant Karma*, gravado na EMI no fim de janeiro, com George Harrison na guitarra e produção de Phil Spector, tinha um som contundente e dançante, além de letras instigantes que superavam o trabalho de Paul.

Com Paul se isolando da banda, os outros integrantes tomaram decisões sem ele e deram as fitas de *Let It Be* para que Phil Spector remixasse. Começando em 3 de março, o norte-americano reformulou as canções com sua técnica muralha de som, acrescentando orquestra e coro às principais baladas de Paul, "Let It Be" e "The Long and Winding Road". Com isso, ele exagerou ao enfeitar o jeito de hino existente em "Let It Be" e a prefaciou com um comentário sarcástico de John: "Agora gostaríamos de tocar 'ark the Angels Come'". A "spectorização" de "The Long and Winding Road" foi ainda mais chocante, dando à canção uma sonoridade melosa raramente ouvida nos Beatles, embora ironicamente fosse típica da carreira solo de Paul. Seria coincidência o fato de Spector ter feito seu estrago em 1º de abril, Dia da Mentira, quando peças tradicionalmente são pregadas nos incautos? McCartney certamente não fazia ideia do que estava sendo feito às suas canções.

Uma crise era inevitável, e ela veio logo após os rapazes terem percebido que o primeiro álbum solo de Ringo, *Sentimental Journey*, *Let It Be* e o LP solo de Paul chegariam às lojas na mesma época. John, George e Ringo decidiram que *McCartney* teria que ser adiado, e escreveram a Paul avisando que o lançamento do disco seria transferido para junho. Ritchie recebeu a tarefa de entregar o bilhete pessoalmente a Paul, que ficou com tanta raiva que expulsou Ritchie de sua casa aos gritos: "Eu vou acabar com você agora. Você vai me pagar!" Os planos de lançar *McCartney* foram mantidos de acordo com o planejado.

Para lançar esse disco e, portanto, sua carreira solo, Paul trabalhou com Derek Taylor e Peter Brown em uma entrevista estilo pingue-pongue a ser dada à imprensa antes do lançamento, que também seria incluída nas prensagens iniciais do primeiro LP. Ao longo de quatro páginas, Paul explicava como fizera *McCartney* trabalhando em harmonia com Linda, "de modo que é realmente um trabalho em dupla... Ela acredita em mim — constantemente". Quando lhe pediram para descrever o tema do álbum, ele disse: "Lar, família, amor." Como se quisesse provar isso, o LP foi embalado com fotos de família feitas pela esposa, incluindo uma bela imagem de Heather com Martha, na qual o nariz de Heather estava tão preto quanto o da cadela; uma foto da pequena Mary dentro do casaco do pai em Kintyre; e outra de seu menir. O ponto fundamental do questionário foi quando Paul confrontou seu futuro com os Beatles. Quando lhe perguntaram se Allen Klein teria algo a ver com seu álbum, a resposta estava na ponta da língua: "Não se eu puder evitar."

"Você tem planos de lançar uma produtora independente?"

"McCartney Productions", respondeu Paul, que já tomara medidas para fundar sua versão da Apple. Durante o inverno de descontentamento dos Beatles, ele comprara uma empresa chamada Adagrose Ltd, mudando inicialmente o nome para McCartney Productions Ltd, e depois para MPL Communications, organização sob a qual ele concentraria todos os seus negócios pós-Beatles. A McCartney Productions era uma empresa pequena, gerenciada por Paul e mais um diretor, Brian Brolly. O endereço do escritório era uma firma de contadores no centro financeiro de Londres. Embora a McCartney Productions tenha registrado perda nos primeiros anos, já começou rica, com bens no valor de 82.530 libras registrados na primeira declaração de impostos, e cresceu substancialmente. Mais importante que isso, Paul era o único acionista. Ninguém estaria em posição de mandar nele.

Voltando ao questionário, quando perguntaram se ele sentia falta de trabalhar com os Beatles a resposta foi: "Não." O mesmo para "Você está planejando fazer um novo álbum ou single com os Beatles?" Ele não disse que o grupo tinha acabado, sugerindo em vez disso que estava dando um tempo na banda, mas não tinha planos imediatos de se apresentar com eles ou compor com John. Quando perguntado sobre os motivos para a separação, Paul mencionou o que se tornaria um clichê da indústria musical: "Diferenças pessoais, diferenças profissionais, diferenças musicais..."

Esse pingue-pongue foi divulgado para a imprensa na sexta-feira, 10 de abril de 1970, com a aprovação de Don Short. Em consequência, o *Daily Mirror* fez a matéria "Paul abandona os Beatles". Embora Peter Brown tivesse ajudado na compilação do questionário, ele não aprovou o que o chefe fizera. "Era como se ele mostrasse o dedo para os outros três, sabe? 'Eu posso fazer isso sem vocês e aqui estou. E aqui está o disco', o que era meio arrogante."

A história dos Beatles não acaba aqui. A banda nunca deixou de existir desde que fosse possível ganhar dinheiro com a exploração de seu catálogo, e tudo o que Paul fora e faria pelo resto da vida relacionado ao que criara com o grupo. Mas John, Paul, George e Ritchie não conseguiam mais fazer música juntos. Os anos 1960 terminaram. Os garotos tinham se tornado homens, e Paul precisava começar uma nova vida.

PARTE DOIS

APÓS OS BEATLES

15

'ELE NÃO É MAIS UM BEATLE!'

A ETERNA LUTA PARA FAZER TUDO DO SEU JEITO

Quando Paul McCartney soube o que Phil Spector fizera a suas canções de *Let It Be* — especialmente "The Long and Winding Road" —, enviou um memorando inflexível para Allen Klein, com cópia para seu cunhado e advogado John Eastman, deixando claro que não gostara dos enfeites colocados por Spector, explicando que já pensara em orquestrar "The Long and Winding Road", mas tinha desistido, e por isso queria reduzir as cordas, os sopros e o coro, remover a harpa, realçar seu vocal e recolocar o piano original. O recado terminava com a autoridade fria de quem estava a acostumado a mandar, ordenando: "Nunca mais faça isso." Klein não deu a mínima, e o *Let It Be* produzido por Spector estava pronto para ser lançado. George Martin e Glyn Johns ficaram tão consternados quanto Paul após ter ouvido o disco. "O que Spector fez é revoltante. Dá vontade de vomitar", disse Johns, ainda com amargura.

O humor de McCartney não melhorou com a recepção do LP *McCartney* pela crítica. O disco, cuja capa mostrava uma foto particularmente desinteressante de cerejas feita por Linda, vendeu muito bem, chegando ao primeiro lugar nos EUA e ao segundo no Reino Unido, mas as críticas foram ruins. "Na maior parte da viagem é só um homem sozinho em um pequeno estúdio de gravação brincando com algumas canções mal escritas e muitos instrumentais", opinou a *Melody Maker*, a bíblia do pop britânico na época. "Com esse disco, seu débito com George Martin fica incrivelmente explícito", continuou o crítico, sugerindo que sem as ideias do produtor o trabalho do músico soava mais fraco. A maioria dos ouvintes concordou na época e ainda concorda que "Maybe I'm Amazed" era *quase* um clássico, mas a *Melody Maker* viu "pura banalidade" em todo o resto do álbum. Irritado, Paul respondeu com uma nota publicada na seção de cartas do jornal, na qual parecia não ter entendido a referência a Martin. "É óbvio que George Martin teve muito a ver com o álbum", escreveu sarcasticamente. "Na verdade, se você escutar cuidadosamente o final da terceira faixa tocada ao contrário, quase dá para ouvir o assobio dele."

Depois veio o filme *Let It Be*, censurado por Paul, George e Ritchie na medida em que eles insistiram para Michael Lindsay-Hogg reduzir o tempo dado a John e Yoko na tela. Outras sequências que o diretor esperava que a banda vetasse foram deixadas, incluindo o confronto entre Paul e George em Twickenham, bem como a tentativa de Paul na Savile Row de persuadir John sobre a volta dos Beatles à estrada. "Fiquei surpreso que as passagens com a briga entre Paul e George, e Paul falando com John tenham entrado, [porque] eles não queriam nenhum tipo de lavagem de roupa suja em público", comenta o diretor. Ao longo do tempo, George Harrison, pelo menos, se arrependeu de ter liberado o filme para lançamento. Foi Harrison quem impediu a Apple de relançá-lo em DVD, e é por isso que agora ele é praticamente impossível de encontrar, exceto em cópias piratas. A percepção dos relacionamentos tensos dentro da banda era, de fato, o principal interesse de *Let It Be*, além do concerto no telhado, que era maravilhoso de assistir e ajudou a fazer do filme e do álbum sucessos em 1970. O LP chegou ao primeiro lugar nos dois lados do Atlântico. A versão enfeitada de Spector para "The Long and Winding Road" tornou-se o 27º e último single dos Beatles que chegou ao primeiro lugar das paradas.*

McCartney jamais ficaria feliz com o single ou o LP, e 33 anos depois, remixou o álbum e o lançou como *Let It Be... Naked*. Houve perdas e ganhos, com mudanças que trouxeram de volta a bem-vinda "Don't Let Me Down" do concerto no telhado da Apple, executada com o celebrado comentário de John "Espero que tenhamos passado no teste". Em 2003, definir qual era a melhor versão desse disco era

---

* Nos mercados britânico e norte-americano, 1962-1970. *(N. do A.)*

uma questão polêmica, porque o mundo se acostumara com a versão de Spector, enquanto o próprio produtor tinha problemas maiores para lidar, especialmente uma acusação de assassinato.* Como ele disse, "[Paul] me confunde com alguém que se importa."

Paul fez 28 anos em junho de 1970. Durante as férias de verão, ele e Linda levaram Heather e a pequena Mary para Kintyre, onde ele teve a ideia de fazer uma animação musical baseada no quadrinho *Rupert the Bear*. As tiras eram publicadas no jornal *Daily Express* desde a década de 1920, e o especial de Natal de Rupert fora uma das alegrias da infância do músico. Então McCartney escreveu a Derek Taylor na Apple a fim de pedir para conseguir os direitos sobre Rupert, enfatizando não querer que os outros Beatles soubessem. Esse foi um dos primeiros negócios que a McCartney Productions fez, mas foi preciso mais de uma década para levar Rupert às telas. De imediato, Paul queria fazer outro álbum solo e em outubro ele e a esposa levaram as crianças a Nova York para começar o projeto, ficando no antigo apartamento dela.

Alguns músicos de estúdio foram chamados para audições às cegas em um estúdio de porão situado alguns quarteirões a oeste da Times Square. Ninguém sabia a identidade do artista que queria ouvi-los tocar. Um dos músicos era o ex-marinheiro Denny Seiwell, um baterista de 27 anos, alto e de queixo proeminente que era conhecido na cena de estúdio local. Seiwell ficou surpreso ao encontrar Paul McCartney em um porão do West Side. "Fui direto para minha imitação de Ringo", diz Seiwell, achando que era melhor tocar o que Paul conhecia. O astro rapidamente contratou Seiwell e um guitarrista para trabalhar com ele e Linda nos estúdios da CBS em Midtown. Habituado a gravar nas grandes salas na EMI, Paul pediu e conseguiu um estúdio similarmente confortável, em geral reservado a artistas como Tony Bennett, que gravava com uma orquestra completa.

Os fãs dos Beatles logo ficaram sabendo das gravações e se reuniram na porta do estúdio. Entre eles estava Linda Magno, 16 anos, estudante do Brooklyn que se orgulhava de ser "fã de primeira geração" por ter contraído o vírus dos Beatles quando os garotos tinham estado nos EUA em 1964. "Eles não cantam sobre violência, na ver-

---

* Em 2003, Spector foi acusado de assassinar a namorada, Lana Clarkson. Ele foi condenado em 2009. *(N. do A.)*

dade é tudo sobre paz e amor", contou ela, explicando sua atração pelo grupo. "E se você estiver deprimido — eu digo isso a todos —, se estiver em um dia ruim, basta ouvir um disco dos Beatles." Linda Magno começou a seguir Paul durante sua visita a Manhattan em 1970 e continuou a fazê-lo pelos anos seguintes, tornando-se, talvez, sua fã norte-americana mais dedicada. Ela aprendeu no início que o ídolo tinha suas "regras" sobre onde e quando ele não se importava em dar autógrafos e tirar fotos e quando ele definitivamente não gostava de tal atenção. Se você quisesse ter "uma boa experiência" com Paul, bastava seguir essas regras. Em troca, ele seria amigável e colaboraria, dizendo "Oi!", fazendo o gesto de positivo com o polegar, posando para fotos e dando autógrafos.

Durante as sessões de Nova York, uma das regras era não ter fãs rondando o estúdio de manhã, quando ele e Linda levavam Mary, porque ele não queria que a menina fosse fotografada. Assim que começou a ter filhos, o músico temia que sua família pudesse ser alvo de sequestro, como acontecera ao filho do aviador Charles Lindbergh em 1932. Mesmo com o pagamento do resgate, os sequestradores assassinaram a criança. "[Paul] sempre teve [esse medo] de que algum bandido roubasse [seus filhos]", revela o primo Mike Robbins.

> *Muito obrigado, eu estou com o filho de Paul McCartney. Fugi com ele e vai lhe custar um milhão para tê-lo de volta.* E há muitos loucos por aí. Quando pequenos, Paul observava os filhos como um falcão... Ele sempre ficava meio nervoso quando havia estranhos em volta.

Se as fãs chegassem ao estúdio à tarde, quando Mary estava com uma babá, ele posaria para fotos. Desde que regras como essa fossem obedecidas, elas achavam Paul e Linda razoavelmente afáveis, embora a esposa fosse um pouco grossa às vezes. "Ele não é mais um Beatle", respondeu ela de forma indelicada às fãs um dia.

No estúdio, McCartney começou a gravar o que seria o álbum *Ram*, trabalhando com Denny Seiwell e o guitarrista de estúdio Dave Spinoza. Linda também estava lá, mas passava boa parte do tempo cuidando das crianças na sala de controle. Como vimos, o álbum solo fora um registro caseiro de canções fragmentadas mal recebido pelos críticos. Como resultado, Paul estava determinado a fazer do segundo disco solo algo mais profissional, esforçando-se mais nas canções. Algumas delas pareciam expressar o que ele sentia sobre a separação, principalmente "Oh Woman, Oh Why" e "Too Many People", que pode ser lida como um ataque a John e Yoko. "Eu realmente acho que *Ram* tinha toda aquela angústia sendo liberada", comenta Seiwell. "Muitas dessas melodias foram escritas durante o fim dos Beatles, e havia muita emoção em toda a composição e preparo das melodias. Acredito que ele estava tirando muito peso das costas." Havia outras texturas musicais. "Uncle Albert/Admiral Halsey" era uma suíte musical com efeitos sonoros, cordas, vozes cômicas e mudança de tempo, todos reminiscentes dos Beatles. Outras canções celebraram a vida em família ("Eat at Home"), "Ram On" recordava com um trocadilho o nome artístico usado na turnê escocesa com Johnny Gentle (Paul Ramon) e contava com vocais de apoio de Linda. "Ela não acertava sempre, mas trabalhávamos com o que podíamos, e ela realmente melhorou com o tempo", defende Seiwell, que não via a esposa de Paul como colega musicista, mas ainda assim admirava seu "ânimo" em se dedicar ao trabalho com eles. Paul pretendia tocar com Seiwell por uma semana para depois tentar um baterista diferente, mas eles estavam indo tão bem que continuaram a gravar juntos, trabalhando todos os dias a partir de 10h30, gravando até as 14h30 e fazendo a pausa para o almoço antes de continuarem até o fim da tarde.

Após trabalhar com os Beatles na EMI, onde a banda era protegida e tinha seus desejos atendidos em um nível raro, Paul estava acostumado a ter tudo e todos a seu dispor quando queria gravar. Ele não parecia entender que as novas pessoas com quem trabalhava nos EUA também poderiam ter outros afazeres. Quando Dave Spinoza pediu licença algumas vezes para cumprir outros compromissos, Paul não gostou e o substituiu pelo guitarrista Hugh McCracken. McCartney, McCracken e Seiwell trabalharam juntos até 20 de novembro, quando o bruto de *Ram* já estava pronto, além da grudenta canção de amor "Another Day", que seria o primeiro single pós-Beatles.

Os McCartney então retornaram à Escócia onde, no fim de 1970, o músico decidiu resolver seu relacionamento com os Beatles, dizendo a um repórter:

> Considero os outros três os homens mais honestos e sinceros que já conheci. Eu os amo, de verdade. E não me importo de estar ligado

> a eles como amigo — gosto dessa ideia. Não me importo de estar ligado a eles musicalmente, porque gosto dos outros como parceiros musicais. Gosto de ser parte da banda, mas por minha sanidade é preciso mudar o arranjo de negócios que temos. Apenas quando formos totalmente livres uns dos outros em termos financeiros é que teremos alguma chance de voltar a ser amigos...

John Eastman foi a Kintyre para discutir as opções com Paul. Os dois saíram para passear, escalando uma montanha perto da fazenda. Ao chegar ao topo, McCartney tomou uma decisão muito importante. "Estávamos em uma grande colina com vista para um lago — o dia estava lindo, mas frio — e fizemos um exame de consciência. Havia outro jeito? Acabamos dizendo: 'Ah, temos que fazer isso.'" Eles foram ao tribunal pedir a um juiz para acabar com a parceria dos Beatles e indicar uma pessoa para gerenciar a Apple até que um novo gerente pudesse ser empossado mediante acordo. Allen Klein seria contra isso e John, George e Ritchie ficariam ao lado dele. Então Paul teria que processar seus colegas de banda.

Na época, muitas pessoas acharam que Paul estava agindo de modo egoísta, motivado por mágoa. Na verdade, ele jamais gostou de Klein; estava com raiva por causa de *Let It Be* e da forma pela qual o lançamento de *McCartney* foi feito. Seu caráter não lhe permitia tolerar que alguém lhe dissesse quando poderia lançar seus discos. Então, para conquistar sua liberdade criativa e financeira, ele levou seus amigos ao tribunal. Nos anos seguintes, ele argumentaria que o processo era, na verdade, para beneficiar os quatro Beatles em última instância: indo ao tribunal ele resgataria a banda de Allen Klein. "Salvei o império dos Beatles sozinho! Ha! Ha!", contou ele, modestamente. "Eu consigo rir disso agora, mas não foi tão engraçado na época", disse McCartney a Barry Miles para sua biografia autorizada, chegando ao ponto de comentar na *Rolling Stone* em 2007 que o processo foi "o pior momento de minha vida". Isso certamente foi um exagero, tendo em mente a perda dramática da mãe e seu calamitoso segundo casamento. Ainda assim, o processo foi "algo horrível pelo qual tive que passar".

John, George e Ritchie receberam cartas comunicando que estavam sendo processados pelo cara com quem haviam trabalhado por vários anos como se fossem irmãos, o Macca. Foi um choque profundo. "Eu simplesmente não conseguia acreditar", desabafou Ritchie.

A ordem judicial foi emitida no último dia de 1970 na Divisão Chancery da Suprema Corte das Cortes Reais de Justiça em Londres, um fantástico edifício gótico vitoriano localizado no Strand. Em uma audiência preliminar, o advogado de McCartney, David Hirst QC*, informou ao juiz que as finanças dos Beatles estavam um caos. Com o grupo ganhando vastas somas pelos padrões de hoje, entre 4 e 5 milhões de libras esterlinas em 1970, os músicos tinham agora uma conta de imposto de renda de 678 mil libras mais sobretaxas e impostos corporativos. "Os últimos relatos indicam que provavelmente não há dinheiro em caixa para atender nem as obrigações de imposto de renda nem as sobretaxas deles individualmente", avisou Hirst ao Meritíssimo. Além disso, os livros contábeis da empresa encontravam-se em estado lamentável — McCartney nunca fizera auditoria nas contas — e Allen Klein era "um homem de má reputação comercial." A sessão foi adiada e Klein emitiu uma declaração de que as contas estavam em boa situação e que *havia* dinheiro suficiente para pagar os impostos.

Paul estava na Escócia quando a batalha jurídica teve início, mas sua atenção ficou dividida por causa da última edição da *Rolling Stone*, que continha a primeira de duas partes de uma sensacional entrevista com John Lennon realizada pelo editor da revista, Jann Wenner. Sob a influência da nova terapia do Grito Primal, cujo pioneiro foi o psicólogo norte-americano Arthur Janov, e que estimulava as pessoas a botar tudo para fora, Lennon dera a Wenner um relato sem censura sobre os Beatles. McCartney leu com um misto de horror e fascinação a história de como ele tomara a liderança do grupo após Brian Epstein ter falecido para fazer a banda "andar em círculos" enquanto John, George e Ringo sentiam-se como se fossem apenas músicos de apoio. McCartney "achou que ele era os Beatles, mas ele nunca foi porra nenhuma... nenhum de nós era os Beatles, nós quatro éramos os Beatles", rosnou John. Lennon também reclamou de *Let It Be*. "Quando Paul estava feliz, me dava um solo", disse ele sobre sua parte de guitarra em "Get Back", enquanto afirmava que o filme fora

---

* Queen's Counsel, Conselheiro da Rainha, um advogado sênior. *(N. do A.)*

editado para favorecer Paul, com cenas envolvendo ele e Yoko cortadas "por nenhum outro motivo além de uma orientação para o estilo de Engelbert Humperdinck...". Foi essa comparação com o cantor de baladas como *Release Me* que doeu mais em McCartney, além da avaliação de seu primeiro álbum solo: "Eu achei que o de Paul era um lixo", opinou Lennon, dizendo que ele (como a maioria das pessoas) preferia o disco de George, *All Things Must Pass.* McCartney estudou o artigo com a atração mórbida de um amante desprezado que recebe uma carta repentina, encerrando o relacionamento. "Estudei atentamente todos os parágrafos, cada frase. "Ele realmente acha isso de mim?", disse Paul alguns anos depois, em 1974. "E naquela época eu pensei: 'Sou eu... É assim que eu sou. Ele me descreveu tão bem... Eu sou um lixo...' [Então] Linda disse: 'Mas você sabe que isso não é verdade...'"

Paul foi a Londres para a audiência de abertura de seu processo no dia 19 de fevereiro. A primeira parte envolvia apontar uma pessoa para gerenciar os assuntos dos Beatles. Com barba cerrada e usando o mesmo terno que vestira na capa de *Abbey Road*, Paul estava acompanhado por uma protetora Linda, que segurava seu braço enquanto eles entravam no tribunal 16 da Corte Real de Justiça. Lá dentro, o advogado dele listava motivos — entre eles, crimes fiscais nos EUA — pelos quais Klein não era uma pessoa de confiança e dizia ao juiz que seu cliente jamais concordara em ser representado por Klein. Em resposta, o contador disse que ele estava apelando contra as acusações de ter errado no preenchimento dos formulários dos impostos e que McCartney não tinha reclamado dos gordos royalties que negociara para a banda. A renda dos Beatles aumentara para 4,3 milhões de libras durante seu período no cargo. Agora McCartney tentava se desligar da sociedade para conseguir se beneficiar da carreira solo.

O tribunal ouviu Lennon, Harrison e Starkey na forma de testemunhos escritos e juramentados, lidos em voz alta por advogados. Em sua declaração, Lennon revelou o jeito caótico que a Apple Corps funcionava. Ele só descobrira recentemente que dois carros comprados pela empresa "desapareceram por completo e éramos donos de uma casa que ninguém se lembra de ter comprado". Ele também relatou encontros mal-humorados com Klein e os Eastman, descrevendo o cunhado de McCartney como "irritável e facilmente confundível. Lee Eastman impressionava à primeira vista, mas após cinco minutos de conversa perdia a cabeça e ficava histérico, gritando e ofendendo Klein". Em seu testemunho, George Harrison contrastou uma época feliz e tranquila que ele havia passado um pouco antes com Bob Dylan no norte do estado de Nova York com o período em que trabalhara com Paul que, em sua opinião, sempre demonstrara uma "atitude superior" em relação a ele. Contudo, George acreditava que o confronto em Twickenham havia esclarecido as coisas. "Desde aquela briga ele me tratou como um igual em termos musicais..." No que talvez seja o testemunho mais relevante, Ritchie elogiou: "Paul é o maior baixista do mundo. E também é muito determinado. Ele luta para ver se consegue fazer tudo do jeito dele. Embora isso possa ser uma virtude, significa que discordâncias musicais inevitavelmente surgiriam de tempos em tempos." Na sexta-feira, 26 de fevereiro, enquanto "Another Day" chegava ao segundo lugar nas paradas do Reino Unido, Paul foi ao banco de testemunhas para responder a esses depoimentos, relatando ao tribunal, entre outras coisas, uma conversa com Allen Klein na qual ele culpava Yoko pela discórdia dentro da banda, dizendo: "O verdadeiro problema é Yoko. Ela é que tem ambição." Paul questionou em voz alta o que John teria dito se ouvisse essa verdade. E ele agora ouviria.

Deixando os advogados continuarem com o caso, Paul e Linda foram para Los Angeles terminar *Ram*. Apesar do belo trabalho feito em Nova York, Paul afundara na indecisão, sendo incapaz de escolher entre as cerca de vinte canções que gravara. Para tentar ajudar o cunhado a terminar o disco, John Eastman o apresentou ao produtor da moda Jim Guercio, um cliente da Eastman & Eastman que ganhara um Grammy pelo trabalho com Blood, Sweat and Tears. Guercio estava tão louco para produzi-lo que cancelou a lua de mel para trabalhar em *Ram*, definindo uma nova faixa, "Dear Boy", e ajudando a fazer uma escolha final entre as canções. Estava claro que McCartney se sentia pressionado a fazer um disco melhor que seu álbum de estreia, em parte como resposta à crítica de Lennon, que comparou *McCartney* à música de Engelbert Humperdinck. Porém, a pressão teve um efeito paralisante nele. Em vez de terminar *Ram* em Los Angeles, ele continuava perdendo tempo com o disco, agendando um estúdio em Hollywood e insistindo que Guercio estivesse lá todos os dias a partir das 10 horas para que pudessem gravar, embora ele raramente desse as caras antes do meio da tarde. Então ele fumava um baseado e tocava. O produtor tentava instituir alguma disciplina, mas não conseguia guiar nem controlar seu astro: "Paul não é um artista que se deixa direcionar ou com quem se possa colaborar. Você meio que tem [que] apoiar suas ideias." Semanas se passavam e o álbum não estava nem perto de ficar pronto. Guercio então sugeriu uma lista de faixas e disse que os engenheiros poderiam fazer o que fosse necessário. Ele tinha que ir embora. "Acho que ele ficou ofendido. Eu disse: 'Não, não, isso não é pessoal, Paul, você não precisa de mim. Eu não posso vir aqui todos os dias. Temos que terminar... Tenho outras obrigações... Desisti de minha lua de mel para estar aqui, droga!"

Os McCartney ainda estavam em Los Angeles quando, em 12 de março de 1971, a Justiça decidiu a favor de Paul na Suprema Corte em Londres. "A indicação da Abkco [a empresa de Klein] sem a cooperação de McCartney foi, em meu julgamento, uma violação dos termos do documento de sociedade", disse o juiz. Não havia evidências de que o contador roubara os Beatles, mas ele recebera comissão excessiva, e Paul tinha motivos para desconfiar do norte-americano, cujas declarações podem ser lidas "como balbucios irresponsáveis de um vendedor de segunda linha". Sob os termos da Lei de Sociedades britânica, o juiz indicou um contador, James Douglas Spooner, para gerenciar os assuntos da banda até a realização de uma audiência completa sobre a questão de dissolução da parceria, que era o objetivo final de McCartney. O juiz esperava que Paul fosse bem-sucedido, dizendo: "Os Beatles há muito pararam de se apresentar como grupo." McCartney conduzira bem seu caso, com a ajuda de uma equipe de advogados de alto nível, mostrando-se um grande adversário no tribunal, do tipo que os juízes não esquecem, por suas reações sensatas e civilizadas a situações difíceis. Quando procurava a justiça, Paul geralmente conseguia o que queria. Naquela noite, um frustrado John Lennon jogaria tijolos nas janelas da casa de Paul em Londres, em uma tentativa infantil de vingança.

James Spooner então se tornou o novo administrador dos Beatles, aprovado pela justiça, embora sua função fosse basicamente a de um profissional sem interesses envolvidos, substituindo o vilão pop. Ele não se mudou para o prédio da Apple e cumpria seus deveres em sua mesa normal no centro financeiro de Londres. Spooner (que, no futuro, se tornaria Sir James Spooner) se deu bem com Paul, no pouco que viu dele, e tendia a concordar com a visão dele sobre Allen Klein ser uma fraude, embora o contador considerasse Lennon apenas impossível. "John Lennon era um herói popular, um homem brilhante, mas terrivelmente cansativo", observou ele, declarando também que McCartney estava correto ao processar seus colegas de banda. "Eles jamais teriam chegado ao sucesso de outra forma. Os [outros] estupidamente seguiram esse escroque chamado Klein e ele os limpou de maneira chocante, tirando uma porcentagem do *bruto* em vez de fazê-lo a partir do líquido, depois de cobrir as despesas."

Sir James alega que, como Paul não assinou com Klein em 1969, sua assinatura foi na verdade forjada. "Eles escreveram algum documento e disseram que ele havia assinado como acordo de sociedade ou de nova sociedade, ou novo acordo de sociedade. Na verdade, ele não estava no local quando aquilo foi assinado... Foi um pedaço de papel muito malfeito, até onde me consta." Sir James admite que Klein negociou um acordo vantajoso em termos de royalties com a EMI, "a porcentagem que os Beatles estavam ganhando da EMI era *muito* mais alta do que *qualquer um* jamais conseguira antes, mas o problema era que Klein, como eu disse, tirava sua parte antes das despesas, ou pelo menos tentava fazê-lo." Sir James acredita que, sem o processo, a banda teria se afogado em dívidas.

> Se eles não tivessem sido um sucesso, teriam ido à falência porque tinham imensos débitos com impostos nos anos anteriores, e ninguém jamais os ajudara a resolver ou lhes dissera como pagar ou reservar dinheiro para isso. Mas felizmente cada um ganhava 1 milhão por ano na época e ganhavam cada vez mais, então conseguiram pagar os débitos anteriores de impostos com a renda atual e a futura.

Após ganhar o primeiro assalto dessa luta jurídica, Paul fugiu com Linda para High Park, onde ele gostava da vida rural que seus antepassados irlandeses levaram antes de Owen Mohin ter cruzado o mar da Irlanda. Ao contrário de seus ancestrais, ele era um milionário dono de uma pequena propriedade ia para lá em um Rolls Royce conversível ou em um jato particular, dependendo do tempo disponível, e tosquiava algumas ovelhas por diversão antes de deixar a fazenda nas mãos de seu gerente de imóveis, Duncan Cairns, e voltar para Londres ou para outro país. Os vizinhos ficavam impressionados com a forma pela qual o casal viajava pelo mundo. Alec McLean, dono da fazenda ao lado, High Ranachan Farm, com o irmão Duncan, estava cortando cardos em uma tarde em maio de 1971 quando os viu dirigindo pela estrada principal. Os McCartney pararam para dar um "olá" e falaram que iam a um casamento. Alec lhes desejou tudo de bom, imaginando que era uma cerimônia ali perto. Quando ligou a televisão naquela noite, descobriu que nas poucas horas desde que vira Paul e Linda, eles tinham tomado um avião para a França a fim de ir às bodas de Mick Jagger.

Apesar de High Park ser distante, cada vez mais fãs encontravam o caminho da fazenda. Um dia os McLean estavam chegando com as vacas de manhã quando o cachorro começou a farejar perto do curral. Lá dentro, Duncan descobriu cinco hippies. Eles queriam fazer ioga perto de um Beatle. Os hippies se mostraram pessoas legais, mas outros fãs eram preocupantes. "Eu estava trabalhando na pia, olhei ao redor e alguém estava espiando pela janela, achando que talvez fosse [a casa de Paul]", disse Alice McLean. Em um dia de Natal, um homem bateu à porta perguntando onde Paul morava, dizendo que *tinha* que vê-lo. "Ele disse que escrevia canções, e quanto mais eu conversava com ele, mais percebia que era meio maluco — ele era músico e fora vítima de intimidações." Quando os McCartney ficavam sabendo que esse tipo de pessoa andava pela área, ou se descobriam que a imprensa estava por lá, Linda passava pela vizinhança desculpando-se por qualquer inconveniência e pedindo gentilmente aos vizinhos para não dizer a estranhos onde eles moravam. Ela se mostrou capaz de fazer amizade com o pessoal de lá, adaptando-se surpreendentemente bem à vida de Kintyre. A norte-americana gostava particularmente de saudar vizinhos escoceses com o grito local de "Hoots happenin' in the wee toon?"*, que soava muito divertido vindo de uma estrangeira.

Uma das fãs mais incômodas era uma garota mórmon de Utah, que acampou com uma amiga em uma região de floresta situada a cerca de 100 metros da fazenda de Paul, e observava os McCartney das árvores. "E eles não podiam tirá-las de lá", relembra o vizinho,

---

* Traduz-se como "What's happening in the little town?", ou "O que está acontecendo na cidadezinha?", em português. *(N. do A.)*

Rory Colville. "Desde que elas não perturbassem, poderiam ficar o dia todo observando com seus binóculos." No verão de 1971, a mórmon deu queixa na polícia alegando que fora agredida por Paul: "Ele saiu da casa dirigindo seu Land Rover, pulou do carro e começou a gritar e xingar. Eu não me lembro muito bem do que aconteceu, mas meu nariz estava sangrando." O músico confirmou o confronto com a garota, mas negou a agressão. "Há três anos peço educadamente a ela — imploro, até — para que deixe minha família em paz. Ela se recusa a reconhecer que sou casado e tenho família." A queixa não deu em nada e Paul resolveu o problema comprando as terras nas quais as garotas haviam acampado. Esse foi o começo da aquisição de terras adjacentes, na verdade fazendas inteiras, quando estavam disponíveis, a fim de obter privacidade. Quando Archie Revie, de Low Ranachan, se aposentou, Paul comprou seus 304 acres, além da casa de fazenda, que começou a ser usada como espaço para ensaios e acomodação para músicos visitantes. Em seguida ele comprou a Low Park Farm dos McDougal. Nessa época tornou-se difícil ver a casa de Paul sem pisar em suas terras.

Apesar dos invasores ocasionais, Paul e a família continuaram a gostar de High Park, e a vida feliz que eles tinham lá é celebrada em *Ram*, especialmente na canção "Heart of the Country". Já a capa do álbum mostra uma foto que Linda tirou de Paul tosquiando sua ovelha Black Face. Internamente havia colagem de fotos, muitas das quais feitas por Linda na propriedade, enfatizando o fato de que, embora tivessem contratado músicos de estúdio e até uma orquestra para fazer *Ram*, essa era outra produção caseira de McCartney, na qual todas as canções eram creditadas a Paul e a Linda McCartney. Isso pode ter sido um truque. Sob os termos dos contratos que assinara como Beatle, quaisquer canções escritas por ele até 1973 eram de propriedade da Northern Sons e da Maclen Music. Ao creditar novas canções a Paul e Linda McCartney, ele retomou metade dos royalties. Quanto Linda realmente escreveu é motivo de discussão, e os editores do músico realmente consideraram que a esposa não era capaz de ser sua cocompositora, processando o ex-Beatle com base nessa alegação (a disputa acabou sendo resolvida fora dos tribunais). Paul disse em defesa deles (deixando Linda em uma situação digna de pena):

> Sabe, de repente ela se casa com ele e do nada ela está compondo canções. "Ah, claro (dando uma piscadela). Ah, é claro que ela está escrevendo canções." Mas na verdade um dia eu lhe disse: "Vou ensinar você a compor nem que tenha que amarrar você no banco do piano..." Eu gosto de colaborar em canções [e] se puder ter Linda trabalhando comigo, é como um jogo. É divertido. Então escrevemos umas dez canções [juntos].

Para muitas pessoas, *Ram* é um dos melhores álbuns solo de Paul, com uma fagulha dos Beatles, especialmente em "Uncle Albert/Admiral Halsey", que se tornou um single de sucesso; e *Ram* realmente foi um álbum bem-sucedido, alcançando o primeiro lugar no Reino Unido e o segundo nos EUA. Com certeza o disco teve um acabamento mais sofisticado do que *McCartney*, e muitas das músicas eram cativantes. Apesar de toda a dificuldade na escolha final das faixas, parecia que McCartney havia lançado um álbum que podia ter sido mais bem trabalhado. As letras eram comuns, variando do sarcasmo implícito ("Too Many People") a meras celebrações do amor ("Long Haired Lady"), passando por algo criativo ("Uncle Albert/Admiral Halsey"). No geral, há uma falta de disciplina e de foco assim como havia em *McCartney*, além da sensação de que, sem um colaborador forte como John Lennon ou um produtor com autoridade como George Martin, Paul lutava para distinguir entre o que era bom o bastante para lançar e o que seria melhor deixar de fora.

Embora seja frequentemente ridicularizado, o rock do início dos anos 1970 costumava ser excelente. Nessa época surgiram *Bridge Over Troubled Water* (Simon e Garfunkel), *Hot Rats* (Frank Zappa), *All Things Must Pass* (George Harrison), *Tapestry* (Carole King) e *Blue* (Joni Mitchell), bem como *Who's Next* (The Who), o quarto álbum sem título do Led Zeppelin e *Hunky Dory*, de David Bowie, logo a seguir. Todos esses discos têm um peso musical e/ou intelectual que os tornou ótimos em sua época e os define como clássicos agora. *Ram* não é e nunca será do mesmo nível, algo preocupante, pois Paul ainda faria bastante desse tipo de música. Tais julgamentos são, obviamente, subjetivos: muitos fãs amaram *Ram*, enquanto outros se perguntavam o que acontecera ao homem que tinha sido um dos principais motores da melhor banda de pop do mundo. Embora fosse ridículo sugerir em 1969 que ele estava morto, era possível se perguntar se ele havia sofrido uma lobotomia antes de deixar os Beatles.

Extravagante sempre fora um dos adjetivos para definir a música de Paul, assim como a de John. No contexto dos Beatles era algo charmoso — "Yellow Submarine" de Paul, "I Am the Walrus" de John, por exemplo --, mas na carreira solo de Paul o extravagante muitas vezes irritava. Há um excesso em *McCartney* e *Ram*, e em junho de 1971 Paul deixou-se levar por esse seu lado, contratando músicos de estúdio para gravar versões orquestrais leves das músicas de *Ram*. Um deles foi Clem Cattini, que conhecera Paul quando os Beatles se apresentavam no ABC Blackpool e ele era baterista dos Tornados em North Pier. "Eu me borrei um pouco quando entrei [em Abbey Road] e comecei a trabalhar para Paul McCartney." Paul não tocaria nesse novo disco, seria apenas uma espécie de diretor. Para tocar baixo, ele contratou Brian "Herbie" Flowers. Também nas sessões estavam o Mike Sammes Singers, grupo vocal que cantara em "I Am the Walrus", mais conhecido por emitir *oohs* e *aah*s em comerciais de TV. Em parte como resultado disso, o disco feito por eles na Abbey Road parece música incidental de televisão, com um leve sabor de chá dançante. Algo provavelmente parecido com o estilo da Jim Mac's Band. Embora Paul gostasse de ouvir suas faixas orquestradas com a ajuda do arranjador Richard Hewson, suspeita-se de que ele fez essas curiosas gravações principalmente para agradar o pai. Em resumo, ele estava cedendo a um desejo. Era também um anacronismo no contexto de sua carreira, tanto que levou seis anos para ser lançado. Quando Paul enfim lançou esse estranho disco, o fez do modo mais silencioso possível e sob um pseudônimo, intitulando o álbum *Thrillington* com base em um personagem inventado, chamado Percy "Thrills" Thrillington, "Nascido na Coventry Cathedral em 1939." De algum modo, o projeto não foi tão divertido quanto se imaginou.

O mais importante é que na semana da gravação de *Thrillington*, Paul adotou formalmente Heather See, então com 8 anos. Embora fossem um casal de hippies sob vários aspectos, havia algo de família tradicional em Paul e Linda McCartney. "Explicamos a Heather que ela não pode tomar sorvete demais e que doces estragam os dentes — esse tipo de coisa", contou Paul. "Ela vai receber a herança quando tiver 21 anos, e quero que tenha aprendido a lidar com isso quando chegar a hora. Não quero que seja uma pirralha mimada.

Somos bastante rígidos em alguns aspectos." Alguns observadores realmente consideravam Paul mais rígido com Heather do que com os filhos biológicos. Na época, a menina só podia ser comparada com Mary McCartney, que estava chegando aos 2 anos, mas Lin estava grávida de novo.

OUTRA BANDA

Após tentar desligar-se dos Beatles, e lançar dois álbuns solos exploratórios, o passo seguinte de Paul era formar uma banda. Ele pretendia desenvolver o grupo aos poucos, em um crescimento natural, como ocorreu com a banda anterior, apreciando o processo de fazer pequenos shows de novo e gravar discos em uma atmosfera tranquila e colaborativa.

Para escolher os integrantes, ligou primeiro para os músicos de estúdio de Nova York com quem trabalhara em *Ram*, Denny Seiwell e Hugh McCracken, convidando os dois e suas esposas à Escócia. "Achei que ele estava nos chamando para férias", disse Seiwell, que chegou ao Reino Unido com a esposa Monique em 23 de junho de 1971. "Foi quando ele disse: 'É, convidei Hugh também. Estou pensando em formar uma banda.'" Seiwell nunca estivera no Reino Unido, e os extremos da Escócia foram um choque cultural. "Não foi tão divertido quanto pensei." Ele, Monique, Hugh e Holly McCracken ficaram hospedados no Argyle Arms Hotel em Campbeltown, onde acharam a comida decepcionante e as noites tão frias que precisavam ir para cama com garrafas de água quente. E aquilo era para ser o verão!

Embora bastasse uma curta viagem de carro para ir do Argyle Arms até a fazenda de Paul, High Park parecia incrivelmente distante e simples para os nova-iorquinos, que se perguntavam, como muitos outros fariam, por que um homem tão rico escolhera um lugar rústico como aquele, não entendendo o motivo de Paul e sua esposa apreciarem o contraste rural à sua vida urbana. "Dois quartos e uma cozinha, chão de cimento. As paredes eram finalizadas em pinho, sem pintura. Era muito, muito simples", descreve Seiwell. O equipamento de gravação foi montado na meia-água adjacente, chamada Rude Studios: uma homenagem à influência do reggae (Paul e Lin passavam férias no Caribe havia pouco tempo e amavam reggae.)

Os McCartney mostraram a fazenda aos amigos norte-americanos e tomaram alguns drinques com eles à noite. Embora Paul estivesse tranquilo e amigável, um assunto era obviamente proibido. Paul não mencionou os Beatles e, sem que nada fosse dito, os visitantes norte-americanos entenderam que não deveriam perguntar sobre a banda.

O trabalho musical se iniciou de modo estranho. "Quando estávamos saindo, Linda perguntou: 'Vocês se importam de voltar amanhã e talvez deixar as esposas em casa? Vamos passar o dia fazendo música'", relembra o baterista. Isso não foi bem recebido pelas esposas. Após terem ido à Escócia com os maridos para o que acreditaram ser férias, as norte-americanas foram obrigadas a se distrair no Argyle Arms enquanto seus cônjuges faziam música com os McCartney em High Park. Após alguns dias, Hugh McCracken disse a Paul que ele e a esposa tinham que voltar a Nova York. Hugh não queria fazer parte da banda. Os Seiwell fariam o mesmo, mas Denny disse que retornaria para trabalhar se McCartney quisesse.

Assim, o núcleo do novo grupo ficou: Paul, Linda e Denny Seiwell. Como Linda não tocava qualquer instrumento, Paul estava certo de que ela podia assumir os teclados. Então, quando voltaram a Londres, ela teve aulas com uma vizinha idosa de Cavendish Avenue chamada Sra. Matthews. As lições não deram certo: "A Sra. Matthews desistiu. Ela disse: 'Não posso mais ensiná-la!'," relembra Evelyn Grumi, cuja família morava em cima do apartamento de porão da idosa na Cavendish Avenue, em frente à casa de Paul e foi, portanto, obrigada a ouvir a norte-americana pesando a mão no piano. "A Sra. Matthews comentou: 'Já tive o bastante dela. Ela é burra, nem sabe diferenciar a mão direita da esquerda.'" Então Paul se viu em uma banda com uma mulher que não sabia nem cantar nem tocar. Como George Martin comentou com desdém: "Não acho que Linda seja uma substituta para John Lennon."

Justiça seja feita, ela jamais tentou ser parceira musical do marido. Nem queria fazer parte da banda. Era vontade dele trabalhar com a esposa, pois considerava "reconfortante". Então, músicos profissionais disfarçavam as notas erradas dela e seu valor estava no apoio moral que dava a Paul. Mais que esposa e membro da banda, ele a via como parceira profissional, usando-a como sua ligação com o mundo, o que significa que a Sra. McCartney fazia ligações em seu nome, obtinha informações desejadas por ele, filtrava pessoas indesejadas, fazia as pazes com quem ele magoara e dava más notícias. Estava claro que era Paul quem desejava ver Monique Seiwell e Holly McCracken fora do caminho para que ele, Denny, Hugh e Lin pudessem tocar juntos em High Park, mas delegou a delicada tarefa de dizer às mulheres que estavam sobrando a Lin, uma mulher durona que endureceu ainda mais durante seu longo casamento.

Mas também havia a necessidade de ter um músico mais experiente na banda, alguém com quem ele pudesse compor, tocar e cantar harmonias, como fizera com Lennon. Ele escolheu Denny Laine, que conhecia desde o início dos anos 1960, quando ele liderava uma banda da região central da Inglaterra chamada Diplomats. O nome de batismo do músico era Brian Hines, nascido em Birmingham em 1944, descendente de ciganos romenos. Ele adotou o nome artístico de Laine em homenagem a Cleo Laine e Frankie Laine, cantores que ele admirava. Denny era apelido de infância. Um cara amigável e fácil de lidar, que tinha um forte sotaque de Birmingham e um grande amor por música, especialmente jazz e blues. Em 1964, Denny foi cofundador do Moody Blues, que funcionava como banda de apoio dos Beatles em turnê e chegou ao primeiro lugar com "Go Now". Ele conhecia bem os Beatles. "Todos eram amigos meus... Eu costumava ir às festas, fui à Abbey Road para algumas gravações de *Sgt. Pepper.*" Portanto, ele ficaria tranquilo perto de Paul, não era alguém que faria um monte de perguntas deslumbradas sobre os Beatles. "Acho que foi por isso que Paul me escolheu para a banda, por saber que eu não falaria de nada disso, que era meio chato para ele." Em 1966, o músico deixou o Moody Blues para formar a Electric String Band e depois se apresentou com o Air Force, de Ginger Baker, por um curto período. Sempre com dificuldades financeiras, Denny estava desempregado, falido e dormia no escritório do empresário quando Paul ligou oferecendo um trabalho. "Ei, cara, como você está? Há quanto tempo. Topa montar uma banda?", perguntou McCartney. Denny relembra a conversa superficial:

"Sim, claro. O momento é perfeito, não estou fazendo nada... Vejo você amanhã." Denny foi à Escócia no dia seguinte, encontrar Linda McCartney e Denny Seiwell na fazenda.

Para confundir tudo, agora havia dois Denny na banda, ambos assalariados que recebiam inicialmente uma comissão de 70 libras por semana. Era um salário razoável em 1971 quando se podia alugar uma casa por 5 libras por semana, mas certamente não deixava ninguém rico, ainda mais Seiwell, que tivera a despesa adicional de se mudar de Nova York para o Reino Unido. No início, ele e Monique alugaram uma fazenda perto dos McCartney e Laine ficava lá como hóspede. O dinheiro logo virou problema para Seiwell enquanto o despreocupado Laine ficava mais tranquilo em relação a isso. "Eu estava apenas procurando algo para começar, pois sabia que haveria um contrato no meio do caminho, e isso era só uma comissão para que não abandonássemos o projeto."

Pouco tempo após a formação da banda, os McCartney voltaram a Londres para que Lin pudesse dar à luz o terceiro filho do casal e segundo de Paul. Ela foi para o Kings's College Hospital e o parto foi longo e complicado. Ela finalmente deu à luz em 13 de setembro de 1971 uma filha batizada de Stella Nina McCartney. Paul ficou tão ansioso pela gravidez difícil e tão grato por mãe e filha terem sobrevivido que imaginou as asas de um anjo da guarda abertas sobre a família. Foi essa imagem que inspirou o nome da nova banda. Eles seriam os Wings.

16

A NOVA BANDA

"GRAVE ISSO, TONY!"

Os Wings começaram a gravar seu primeiro álbum em Londres, trabalhando com rapidez e usando sobras das gravações de Paul em Los Angeles. O disco se chamava *Wild Life*, em homenagem a uma das novas composições de McCartney — uma canção inacabada sobre o bem-estar dos animais, cuja letra era tão incompleta que não fazia sentido. Basicamente a mensagem era "Cara, você tem que se importar". Em termos musicais, essa e várias outras faixas do álbum soavam como sessões de improviso chapadas. A primeira, "Mumbo", muito obviamente *era* um improviso, ao longo do qual era possível ouvir Paul gritando empolgado com seu engenheiro. Assim como nos dois álbuns anteriores, ele foi o produtor e, mais uma vez, sem uma mão forte para guiá-lo, ficou contente em lançar faixas que jamais deveriam ter saído do estúdio, como a inútil "Bip Bop".

Todo o álbum foi gravado e lançado com uma velocidade afobada. "Cinco das oito faixas* foram gravadas de primeira", observa o baterista Denny Seiwell:

> Qualquer coisa que fizéssemos como banda seria comparado ao último trabalho dos Beatles, então, o que tentávamos fazer era mostrar essa nova banda de modo sincero, e não queríamos usar todos os truques de estúdio do mundo... Vai ser um pouco maltrapilho, mas é o que somos... Esse disco foi feito em um instante. Quero dizer, em

---

* O LP original tinha oito faixas, mas ganhou dois interlúdios instrumentais como faixas adicionais quando o álbum foi relançado em CD. *(N. do A.)*

> "Mumbo" estávamos apenas improvisando, brincando no estúdio, e dava para ouvi-lo gritando com o engenheiro, pois estava ficando bom: "Grave isso, Tony!"*

A banda fazia um som excelente para dançar, em parte pela influência de Danny Laine. O guitarrista disse que via os Wings como "uma banda de bar no estilo rock/blues". Mas havia muitas boas bandas de rock 'n' roll no início dos anos 1970 e, analisando friamente, o álbum de estreia do grupo tinha apenas duas canções interessantes: "Tomorrow" e "Dear Friend". Esta última, gravada em Los Angeles durante as sessões feitas na Costa Oeste para *Ram*, às vezes é interpretada como uma mensagem de McCartney para Lennon, mas, na verdade, pode significar praticamente qualquer coisa, de tão vazia que é a letra. Além disso, na época em que *Wild Life* foi produzido, John havia abordado o fim da amizade deles com muito mais eloquência em seu álbum *Imagine*, feito com a ajuda de George Harrison e Klaus Voormann sob a direção de Phil Spector, demonstrando ainda a diferença que faz um produtor profissional. *Wild Life* soava amador e pobre, enquanto *Imagine* parecia grande como uma montanha. Lennon emocionava profundamente com a faixa título, "Imagine", mandava uma poderosa mensagem antiguerra em "I Don't Wanna Be a Soldier Mama I Don't Wanna Die" e escreveu "Jealous Guy", uma canção de amor tão carinhosa como qualquer uma de Paul.

Lennon ainda estava com raiva suficiente do Paul para debochar dele em seu *Imagine*, incluindo uma fotografia de si mesmo brigando com um porco para um cartão-postal de lembrança que vinha com o LP, uma paródia de Paul tosquiando uma ovelha na capa de *Ram*. John também acrescentou duas canções que expressavam seu desdém pelo ex-parceiro: "Crippled Inside" era um pastiche de country que descrevia um homem emocionalmente morto, enquanto "How Do You Sleep?" era uma tentativa evidente de manchar a reputação de Paul, sugerindo que ele não sabia o que os Beatles tinham nas mãos quando fizeram *Sgt. Pepper*, observando maldosamente que "aqueles loucos" estavam certos ao falar que ele estava morto. Paul também era criticado por viver com "caretas" enquanto era mandado

* Tony Clark, um dos engenheiros de som. *(N. do A.)*

por sua "Mamma" (Linda). Ainda magoado, Lennon disse em "How Do You Sleep?" que "Yesterday" fora a única canção de conteúdo escrita pcr McCartney, pois seu trabalho era caracterizado pela melosa "Another Day", e logo todos perceberiam que sua música era apenas *muzak*: referência pejorativa à empresa norte-americana que criava versões calmas de sucessos pop para tocar em locais públicos e elevadores, função para a qual as canções do ex-companheiro seriam adequadas. Em resumo, Lennon perguntava ao velho amigo como ele conseguia dormir à noite, insinuando que Macca era tão desprezível que sua consciência — se é que ele tinha alguma — devia tirar-lhe o sono. Estaria ele falando a verdade, vendo o outro através dos olhos claros de alguém que o conhecera como homem e menino, ou apenas tentava se vingar após a derrota no tribunal? Provavelmente as duas hipóteses são verdadeiras. Deve-se lembrar, também, que ele contava com o auxílio de Phil Spector nessa etapa da carreira, com quem Paul brigara em *Let It Be*. Spector agora parecia estimular a rivalidade entre os músicos, como vingança. Este diálogo iniciado por Spector enquanto eles trabalhavam em Nova York em uma nova canção de Natal, ilustra bem isso: "Você já ouviu no álbum de Paul?", perguntou Spector a Lennon, referindo-se a *Wild Life*.

"Não."

"É muito ruim", respondeu o produtor, cheio de veneno. "É péssimo."

"Nem fale, isso me deprime."

"Não se preocupe, John. *Imagine* está em primeiro lugar e esta também vai chegar ao topo. É só o que importa."*

Esses comentários saíram na *Melody Maker* na semana em que foram lançados os Wings com uma festa no Empire Ballroom, na Leicester Square, Londres. Embora a segurança fosse rígida e muitos famosos estivessem entre os convidados, havia um clima tranquilo e caseiro no evento que os definia, dos convites feitos à mão ao traje usado pelos McCartney na festa. Paul apareceu em um terno largo xadrez, parecendo um palhaço da Caledônia, enquanto Lin usava um vestido de grávida. Ele era uma figura elegante na década de 1960, especialmente quando atravessou a faixa de segurança da

---

* "Happy Xmas (War is Over)" nunca chegou às paradas dos EUA, mas alcançou o quarto lugar no Reino Unido em 1972. *(N. do A.)*

Abbey Road em um belíssimo terno Savile Row. Agora, havia perdido a noção de estilo. Levaria anos até que a reencontrasse. Nem toda a moda dos anos 1970 era ruim, mas é justo dizer que ele se vestiu de modo apavorante ao longo dessa década e também por boa parte dos anos 1980, usando roupas comuns e mal escolhidas e ostentando um moderno, porém horrendo, corte de cabelo *mullet*.

Havia um afastamento consciente dos anos 1960 em outras áreas da vida dele. Apesar do tamanho da festa de lançamento dos Wings, nenhum dos outros Beatles apareceu e quase não havia rostos antigos da Apple no evento. Era como se ele quisesse esquecer seu passado ilustre. "Era um novo começo, tábula rasa", diz Denny Seiwell, "e não se falava sobre os Beatles. Raramente Paul fazia uma referência a uma história antiga ou algo do tipo, mas era muito, muito raro mesmo."

A exceção veio quando jornalistas perguntaram sobre a briga jurídica quanto ao término dos Beatles. "Só quero que nós quatro nos encontremos em algum lugar para assinar um pedaço de papel dizendo que tudo acabou, e queremos dividir o dinheiro em quatro partes", disse Paul à *Melody Maker* naquele mês. A assistente pessoal dele, Shelley Turner, assim como Laine e Seiwell, ficou desconfortável ao lado dele, ouvindo sobre o fim dos Beatles no que deveria ser uma entrevista sobre a banda. ("Ele agora fala de dinheiro. Esse é um de seus temas favoritos, ele nunca para", falou Turner ao repórter em um comentário preocupado. "Por favor, faça com que ele fale sobre os Wings.") Mesmo assim, Paul tinha algo a dizer sobre a briga, respondendo a John em "How Do You Sleep?": "Então o que é que tem se eu vivo com caretas?", perguntou ele. "Isso não *o* afeta em nada. Ele diz que a única coisa que fiz foi "Yesterday", e ele sabe que não é verdade."

Por mais suaves que esse e outros comentários tivessem sido, Lennon retaliou com uma carta aberta à *Melody Maker*, que virou um fórum onde os ex-Beatles se atacavam. "Caro Paul, Linda *et all.* [sic] os pequenos McCartney", começou, antes de retomar os velhos argumentos sobre quem devia o que a quem e desafiar a versão que Paul dera sobre os fatos em sua recente entrevista. Ele debochou impiedosamente do ex-amigo ao longo do texto, referindo-se a "meu velho e obsessivo amigo" e dizendo que o outro tinha interpretado "How Do You Sleep?" muito literalmente. Um dos pomos da discórdia entre eles era a Maclen Music. Lennon queria que Paul vendesse sua parte para os outros três, mas, segundo ele, McCartney havia se recusado. "... duas semanas atrás", relatou em um longo discurso sobre o ex-amigo:

> Eu lhe pedi pelo telefone: "Por favor, vamos nos encontrar sem conselheiros etc. e decidir o que queremos" e enfatizei especificamente a "Maclen" que é sua principal preocupação, mas você se recusou, certo? Disse que não venderia para nós sob qualquer condição, e se não fizéssemos sua vontade, você nos processaria de novo. Se *você não é* o agressor (como você alega) quem diabos nos levou ao tribunal e [jogou a merda] em cima de nós em público?

Paul preferiu não responder publicamente a essas alegações.

DE VOLTA AO PALCO

Os McCartney foram aos EUA para o Dia de Ação de Graças, deixando seus animais de estimação — Eddie, Martha, um dálmata chamado Lucky e vários gatos — aos cuidados da governanta Rose Martin. Esse zoológico era motivo de preocupação na Cavendish Avenue, onde, apesar da fama e da riqueza, Paul não era exatamente popular. Alguns vizinhos o olhavam de modo esnobe como a um *nouveau riche*, considerando a imprensa os e fãs que ele atraía um grande incômodo. E houve o momento em que os McCartney pintaram a casa em cores vivas, o que levou reclamações ao conselho, que fez a família voltar ao esquema autorizado, enquanto uma vizinha específica, Alice Griswold, uma idosa cuja riqueza e classe eram estabelecidas pelo fato de andar em um Rolls Royce dirigido por chofer, parecia ter antipatia pela família. A Sra. Griswold cismou que os vizinhos estavam maltratando seus cães, deixando os animais trancados em casa enquanto estavam nos Estados Unidos e fez uma reclamação para a Sociedade Real para Prevenção da Crueldade contra os Animais (RSPCA). Quando os McCartney voltaram para casa, Paul atravessou a rua e teve "uma briga justa" com a Sra. G, dizendo-lhe claramente que jamais haviam feito mal aos cães. O casal era louco por animais e Rosie estivera lá todos os dias para garantir o bem-estar dos bichos. O funcionário da RSPCA concordou. Lin comentou que "a Sra. Griswold é um chute bem lá você sabe onde".

Após o Natal, contratou-se mais um guitarrista para os Wings. Nascido na Irlanda do Norte em 1943, Henry McCullough era músico profissional desde os 17 anos, apresentando-se principalmente com a Grease Band de Joe Cocker, e era um velho amigo de Denny Laine. "Eu queria trazer um elemento mais de blues à banda", explica Laine. "Não queria estar em um grupo pop, e Henry era a epítome do blueseiro." Então ele entrou nos Wings recebendo o padrão de 70 libras por semana, inicialmente ensaiando com o grupo em salas fora do Mall. Logo ficou claro que o guitarrista não se encaixava nos Wings, pois a banda era mais pop do que ele e Laine desejavam, e tinha uma fraqueza marcante nos teclados. Henry sugeriu a Paul que eles contratassem um tecladista profissional para fortalecer o som. Paul admitiu que a esposa era "péssima" nos teclados, mas não havia a menor chance de substituí-la. "Uma vez que esse fato foi aceito por mim e por todos os outros, era isso. Linda era cem por cento parte da banda e era assim que trabalharíamos", conta Henry, que desenvolveu respeito pela Sra. McCartney, como a maioria dos Wings, não por sua habilidade musical, mas pela coragem e pelo charme.

No domingo, 30 de janeiro de 1972, que ficou conhecido como Domingo Sangrento, chegou a notícia de que o exército britânico havia atirado no meio de um protesto republicano na Irlanda do Norte, matando 13 pessoas. Diante desse estarrecedor incidente, Paul fez algo muito raro: escreveu uma canção de protesto, não só condenando o tiroteio que a maioria das pessoas lamentava, mas pedindo que os britânicos saíssem da Irlanda, o que era ainda mais problemático porque a população legalista protestante temia ser assassinada pelos vizinhos católicos se o exército britânico se retirasse. Ao escrever a canção, ele se colocou do lado do movimento republicano e de seu grupo terrorista, o IRA, que estava envolvido em uma campanha de assassinatos contra os britânicos. Seu avô materno era irlandês, o que lhe dava uma ligação pessoal com a Irlanda, mas cabe questionar se a decisão de escrever uma canção de protesto republicana não tinha mais a ver com uma vontade de se igualar a John Lennon, que projetava uma imagem de engajamento político, muito em voga na época, e que escrevera duas canções sobre o Domingo Sangrento, ambas expressando o sentimento simplista de Paul em sua autoexplicativa "Give Ireland Back to the Irish". Também é possível que McCartney quisesse alcançá-lo, alinhando-se com uma das causas preferidas do velho amigo. Sem dúvida ele se esforçou muito para retomar a amizade com John nos anos 1970.

Uma canção lenta, com palmas animadas quebrando a harmonia, "Give Ireland Back to the Irish" foi lançada como single em fevereiro de 1972, sendo o primeiro grande projeto dos Wings para Henry McCullough, um protestante do Ulster que disse não ter discutido a canção com o compositor e estar na estrada havia tempo demais para se sentir pessoalmente ligado à política irlandesa. "Eu sabia que causaria polêmica", é o máximo que ele diz, bastante diplomático. É difícil acreditar que ele fosse totalmente indiferente a uma canção sobre a delicada situação política de sua terra natal, e ele certamente parecia desconfortável quando Paul convidou uma equipe de televisão norte-americana à Cavendish Avenue para filmá-los ensaiando a música. O líder dos Wings deu uma breve entrevista aos norte-americanos, na qual disse que não tinha intenção de virar um cantor político, mas "nesta ocasião específica acho que o governo britânico ultrapassou o limite e mostrou ser um regime muito mais opressor do que eu julgaria possível".

Como a canção foi lançada às pressas, a recém-criada banda foi para a estrada pela primeira vez. Na manhã de terça-feira, 8 de fevereiro de 1972, um caminhão Avis e um furgão verde estacionaram em frente ao número 7 da Cavendish Avenue. Os McCartney, com os filhos, a banda e os cães da família, entraram no furgão; os roadies Trevor Jones e Ian Horn carregaram o caminhão com equipamentos e os dois veículos seguiram rumo ao norte pela estrada M1, com destino incerto. Assim, Paul realizava a ambição nutrida por ele nos últimos anos dos Beatles, de voltar à estrada e fazer shows pequenos em cidades idem, mas levou o conceito ao extremo, partindo sem ter qualquer local agendado.

Após dirigir 210 quilômetros para o norte, os Wings chegaram à Nottingham University, onde os roadies informaram ao diretório central dos estudantes que estavam com Paul McCartney. Será que os Wings poderiam fazer um show? Por mais estranho que possa parecer, bandas de rock britânicas como The Who e Led Zeppelin tocavam em universidades naquela época, criando uma base de fãs, mas não chegavam sem aviso esperando conseguir um show. Porém, o status de ex-Beatle de Paul McCartney o deixava bem acima dos outros músicos de rock. Na época, como agora, ele era um dos artistas mais famosos do mundo, e os estudantes não acreditavam que ele se apresentaria até que o viram com os próprios olhos, sentado no furgão com Lin e as crianças. O show foi marcado imediatamente. Os McCartney foram procurar um lugar para se hospedar, deixando os preparativos necessários nas mãos dos roadies. Panfletos foram colados pelo campus anunciando um show surpresa no dia seguinte. O ingresso custaria 40 pence novos.

Assim, na hora do almoço do dia seguinte, Paul McCartney voltou aos palcos no Nottingham University Hall, apresentando-se ao vivo para um público pagante pela primeira vez desde Candlestick Park. Em um claro retorno ao começo de sua carreira profissional, ele abriu com uma versão de Little Richard, "Lucille", e depois disso foi basicamente território desconhecido, pois ele não cantaria qualquer canção dos Beatles e os Wings eram uma banda nova sem muito repertório. "Não temos muitas canções ainda", desculpou-se com os estudantes, como ele e John devem ter se desculpado com os clientes do Indra quando os imaturos Beatles foram a Hamburgo pela primeira vez. "Estamos apenas acertando as coisas." O público gritou que não se importava com isso. Mesmo assim, o grupo só podia tocar quatro canções originais, entre elas "Wild Life". O show foi recheado de versões de Elvis, alguns improvisos e mais Little Richard. Paul fechou com "Long Tall Sally".

De volta ao furgão, os Wings dividiram os lucros, a maioria em moedas e notas de 1 libra. "Paul fazia: 'Aqui está: um para você, um para você, um para você...'", relembra Seiwell, acrescentando com certa amargura: "Foi provavelmente o máximo de dinheiro que ganhei nos shows que fiz com Paul, e era uma mixaria, sabe?"

No dia seguinte eles tocaram no Goodridge College em York, seguidos de uma série de cidades universitárias, incluindo Hull, Newcastle e Leeds. Em cada show, apresentavam "Give Ireland Back to the Irish", que, apesar de ir bem com os estudantes, foi banida pela BBC de suas rádios por ser política demais. Além disso, a imprensa nacional, normalmente pró-McCartney, o criticou ferozmente por tomar uma posição simplista sobre a Irlanda do Norte. Em resposta, ele publicou um anúncio no jornal *Sun* estimulando o público a adquirir o disco e decidir por si mesmo. Embora muitos tenham comprado o single, a postura das rádios prejudicou as vendas e o single não foi além do 16º lugar nas paradas do Reino Unido. Quando os Wings passaram pela cidade universitária de Lancaster, Linda deu sua visão do problema para a *Melody Maker*, dizendo: "Olhe, na Irlanda o IRA foi forçado a existir pelo fato de a Grã-Bretanha ter tomado o país há mais de oitocentos anos, ou sei lá quando. Portanto, se os britânicos saíssem da Irlanda não haveria necessidade do IRA..." Em resposta, um leitor do Ulster escreveu ao jornal perguntando: se os McCartney eram tão comprometidos com a província, por que não tocavam no Ulster? Nos anos seguintes, os Wings se apresentaram no mundo inteiro, mas nunca fizeram um show na Irlanda do Norte. Talvez Paul considerasse o lugar muito perigoso.

A capacidade musical de Linda se mostrou tão rasa quanto seu histórico político. Em uma ocasião, quando Paul começou a tocar "Wild Life" com a banda, ele ouviu silêncio à esquerda. Ao olhar para o lado, viu a esposa tecladista dizer que esquecera os acordes! O público não se importou, nem ele. Ele estava se divertindo enquanto os caras na banda aprenderam a aceitá-la como uma amadora entusiasmada e a gostar da vibração de família gerada por marido e mulher se apresentarem juntos.

Apesar do que Denny Laine esperava, os Wings não era uma banda "de bar do tipo blueseiro". Era um grupo família. Nos bastidores havia grande chance de encontrar Mary e Heather McCartney desenhando enquanto a irmã menor, Stella (conhecida por Stelly na família), dormia em uma cama improvisada em uma gaveta. Quando Paul e Linda decidiram que precisavam de um fã-clube dos Wings, criaram o bem-humorado Wings Fun Club, aparentemente voltado para crianças da idade de Heather em vez de adultos. Mais significativamente, o single seguinte da banda — apesar de Paul sempre falar sobre querer mudar sua imagem de sentimental — era um arranjo da canção de ninar "Mary Had a Little Lamb", porque Mary McCartney era dona de uma ovelha de estimação em Kintyre. Os Wings lançaram o disco em maio, e não poderia haver contraste maior desse single com "Give Ireland Back to the Irish". Alguns comentaristas indicaram que ele fora feito para ser sarcástico, como se Paul agora dissesse à BBC: "Já que vocês não vão tocar música séria, então lhe daremos canções infantis", mas era realmente para agradar às crianças. Denny Laine se sentia muito desconfortável. "Se era para tomar esse caminho e ficar nele, eu não ia gostar nem um pouco." Pode-se imaginar como Laine se sentiu quando Paul os fez dublar essa música no *Basil Brush Show*.

A maioria dos astros do rock estaria preocupada demais com a própria imagem para apresentar uma canção infantil em um programa de TV para crianças apresentado por um fantoche de raposa feito de pano, mas ele havia sido tão bem-sucedido por tanto tempo que parecia livre de tais considerações. Era como se acreditasse que o público gostaria dele a despeito do que fizesse. Se não gostasse, e daí? Ele era rico o bastante para fazer o que lhe desse na telha. O clima era de ceder aos próprios desejos, não importava quanto fossem estranhos ou infantis. Linda era muito emotiva em relação aos animais e, sob sua influência, o marido também tornou-se louco por eles. O casal e os filhos tratavam todo o reino animal como se fosse um pedaço do *Maravilhoso Mundo da Disney*. Além de trabalhar no suposto filme de animação com base em *Rupert The Bear* e se apresentar no *Basil Brush Show*, os McCartney decidiram que deveriam fazer um filme no estilo Disney sobre "uma família de ratos antropomórficos de desenho animado que vivia embaixo do palco quando estivéssemos nos apresentando", relembra Denny Seiwell. Os Wings trabalharam um pouco nisso no Elstree Film Studios, embora o filme nunca tenha sido lançado. "Esse tipo de coisa acontecia bastante."

Tornar-se pai evidentemente mudou Paul. A vida doméstica agora era o que mais importava, e quando ele levou o grupo em uma turnê europeia no verão de 1972 havia um forte clima familiar na empreitada. A banda viajou em um ônibus duplo pintado em cores fortes, com as letras WINGS OVER EUROPE, e o andar superior decorado com pufes e colchonetes para todos relaxarem e ficarem à toa. Embora o ônibus sem dúvida fosse incrivelmente divertido para os pequenos McCartney, era uma forma lenta e nada eficiente de percorrer o continente. "Ele ia a apenas 56 quilômetros por hora, então as pessoas passavam zunindo por nós nas estradas e viam aquele bando de hippies no ônibus. Era bem legal, mas não fazia muito sentido", relembra Seiwell, que também se recorda de Linda ter tido um ataque de medo antes do primeiro show em Châteauvallon, um centro cultural perto de Marselha, no sul da França. "Ela chorava no meu ombro, totalmente apavorada." O público estava tão feliz de ver um Beatle que mal prestou atenção à esposa de Paul, e a confiança dele garantiu a noite, como sempre.

A ideia desta turnê europeia era fazer pequenos shows em lugares distantes para dar à banda alguma experiência de estrada antes de tentarem algo mais ambicioso. Assim, o ônibus de dois andares rodou por França, Alemanha e depois Suíça onde, por acaso, Denny Laine conheceu Joanne "Jo Jo" Patrie. Jo Jo era uma animada modelo norte-americana que virou groupie e que Linda McCartney suspeitava estar de olho em seu marido, o que se confirmaria. "Ela tentava me usar para chegar a Paul", admite Laine, que descobriu que ela enviara cartas de amor a Paul quando era adolescente e fã dos Beatles. "Eu não sabia disso no início. Só descobri depois." O casal McCartney tratou a nova namorada de Denny com desdém, o que ofendeu tanto Denny quanto Jo Jo à medida que ficavam mais íntimos, tornando-se namorados fixos, tendo filhos e se casando. "Eu achava um insulto que Linda visse Jo Jo como groupie. Afinal, se é para rotular as pessoas, Linda era uma das maiores groupies da face da Terra", desabafou o guitarrista em uma entrevista furiosa na década de 1980. "Jo Jo era uma groupie, ninguém está negando isso. Mas o que é uma groupie? Apenas uma garota que gosta de músicos." Naquela época, porém, Laine via as coisas de modo bem diferente. "Eles tentaram se dar bem com Jo Jo", contou ele sobre Paul e Lin, "mas ela dava muito trabalho. O que posso dizer?"

Quase todos os adultos no ônibus fumavam maconha, Paul era um ávido adepto da erva desde que conhecera Bob Dylan em 1964. Para uma longa turnê, eles precisavam de um fornecedor regular. Em vez de correr o risco de passar drogas pela alfândega, a maconha era enviada para a banda da Inglaterra, pelo correio. Uma parte foi endereçada a Denny Seiwell no Gothenburg Park Hotel, onde os Wings chegaram em 10 de agosto para fazer um show no vizinho Scandinavian Hall. Enquanto os roadies montavam os equipamentos, os McCartney pegaram uma limusine para o hotel a fim de recolher a encomenda, cerca de 150 gramas de maconha de primeira qualidade. O que o casal não sabia era que a polícia sueca fora alertada e estava observando a entrega. Quando a banda saiu do palco naquela noite, Paul, Linda e Denny Seiwell foram abordados por detetives suecos. "Primeiro fui só eu, depois ouvi Paul e Linda... Eles estavam sendo presos também, gritando muito", diz Seiwell, detido porque seu nome estava no pacote, e Paul e Linda, porque o pegaram. Além disso, a secretária de Paul também foi levada à delegacia.

Os McCartney a princípio negaram que as drogas fossem deles, mas depois acabaram admitindo, de acordo com a polícia: "Eles disseram que tinham acertado tudo para que as drogas fossem mandadas pelo correio, de modo a chegar nos dias em que eles fizessem shows em vários países..." Paul, Linda e Denny Seiwell foram obrigados a pagar uma multa de mil libras e foram liberados. "Eles avisaram: 'Digam aos seus amigos roqueiros para não trazer maconha para a Suécia, porque vamos descobrir e eles serão presos'", relembra Seiwell. "Foi uma bobagem, não era um grande problema. Se eu me lembro bem, fumamos maconha no dia seguinte!" Mas *era* um grande problema. A condenação por uso de drogas significava que Paul agora não poderia levar os Wings aos Estados Unidos e ao Japão, como planejado. A prisão em Gothenburg também parecia mostrar que os McCartney tinham uma atitude arrogante com relação à lei, embora não houvesse necessidade de se meter nesse tipo de situação. Muitos astros do rock usam drogas rotineiramente em turnê, mas o fazem de modo suficientemente discreto para evitar a prisão. Paul cometeu um erro estúpido com seu esquema malfeito, e cometeria erros semelhantes muitas vezes ao longo da carreira.

Outro problema crônico do Paul pós-Beatles era o jeito como ele pagava seus músicos. Quando a turnê Wings Over Europe acabou em Berlim, em 24 de agosto de 1972, seus colegas se viram praticamente falidos. Durante a turnê eles se hospedaram nos mesmos hotéis de luxo que os McCartney. As diárias e o café da manhã eram pagos, mas o serviço de quarto e as contas do bar não estavam incluídos, e os garotos acabavam gastando a maior parte dos lucros nisso. "Quando tudo acabou", reclama Seiwell, que estava cada vez mais preocupado com a forma pela qual a banda era tratada, "nos custou dinheiro. Todos os concertos estavam lotados e, no fim das contas, não recebemos nada por dois meses e meio de turnê europeia por 28 cidades. Não ficamos com coisa alguma. E ainda pior era a atitude superior que Paul e Linda mostraram na ocasião. Seiwell, novamente:

> Havia momentos em que éramos uma família. Realmente unidos como uma família, nós cinco, tanto musical quanto socialmente, com

> as esposas e os filhos. Todo mundo era da família. E havia também momentos em que — e isso é realmente difícil de dizer —, mas havia momentos em que só eles importavam, nós não.

Os McCartney já estavam de volta a Londres quando chegou à Cavendish Avenue a notícia que Paul estava de novo com problemas com a polícia, agora na Escócia. Como consequência da prisão de Gothenburg, o detetive Norman McPhee, da polícia de Campbeltown, encontrara maconha crescendo em uma estufa em High Park Farm. A história contada à imprensa era de que o Det. McPhee estava em sua ronda de rotina para prevenir o crime na área quando viu as plantas, reconhecendo o formato da folha que aprendera a procurar em um curso recente de conscientização em relação às drogas. A verdade era que a polícia recebera uma denúncia, de acordo com o advogado escocês de Paul, Len Murray, evidenciando que o músico não era tão popular em Kintyre quanto pensava. Em todo caso, ele foi convocado ao tribunal de Campbeltown enfrentar acusações de abuso de drogas. "Claro que era bastante grave. Plantar maconha era visto com muito mais gravidade naquela época", relata Murray, que organizou a defesa quando o caso foi ao tribunal na primavera de 1973.

A reação de Paul a essas prisões era de desafio, tanto que os Wings lançaram o que pode ser vagamente chamado de sua segunda canção de protesto, "Hi, Hi, Hi". Apenas vagamente porque poderia ser interpretada tanto como celebração do ato de ficar chapado de maconha quanto uma ode à relação sexual. O homem que escrevera tão eloquentemente sobre os céus azuis suburbanos e sobre o amor que você faz ser igual ao que você leva, agora cantava sobre dar uma "doce banana" a sua amada e transar com ela "como coelhos" a noite toda! Lançada no fim do ano como single, com o reggae "C Moon" no lado B, essa música verdadeiramente idiota foi imediatamente banida pela BBC por causa de seu conteúdo sexual. Mesmo assim, chegou ao quinto lugar nas paradas do Reino Unido e décimo nos EUA. No que diz respeito a bom gosto, ela jamais deveria ter sido lançada. "Era para ser algo na linha de 'Why Don't We Do it in the Road?', tentando falar de sexo, mas achei que era meio inconsequente", diz Laine. "Sabe, acho que Paul sempre teve um pouco de querer parecer mais forte do que realmente é, e às vezes ele faz uma canção para tentar mostrar esse lado."

Na primavera seguinte, Paul e Lin foram em um jato particular para a RAF Machrihanish, em Kintyre, onde encontraram o advogado Len Murray e John McCluskey, QC, que contrataram para representá-los na acusação envolvendo drogas. Para variar, não levaram os filhos e, livres da responsabilidade de ser pais por um dia, Linda aparentemente fumou um baseado no voo. "Ela estava completamente chapada", observa Murray, sem se impressionar, "*completamente chapada.*" Às gargalhadas, ela pegou o chapéu coco de John McCluskey e o usou o dia inteiro, como se estivesse zombando da situação. Paul estava mais sóbrio, consciente dos problemas que uma condenação por plantar drogas poderia lhe causar. Porém, havia boas notícias imediatas. Antes de sair do aeroporto, a equipe jurídica explicara ao astro que eles tinham convencido o promotor a retirar duas acusações de posse, devido a um problema técnico na forma de apresentação do caso, concordando em troca que Paul se declararia culpado da acusação menor de cultivo. Isso era bom para ele, que ia se declarar culpado das três acusações. A conferência jurídica acabou, os advogados levaram o casal ao tribunal de Campbeltown, que estava cercado de jornalistas e cinegrafistas. "Tivemos que lutar para abrir caminho, sem falar nada", diz Murray. "Linda gostou de tudo. Ela estava obviamente à vontade com toda aquela atenção."

Dentro do tribunal, John McCluskey disse ao delegado que seu cliente plantara os pés de maconha em High Park utilizando sementes enviadas por um fã. Com seu "genuíno interesse em horticultura", o Sr. McCartney plantara e regara as sementes, embora o interesse não chegasse ao ponto de saber o que estava plantando. O ex-Beatle foi considerado réu primário (o problema na Suécia não poderia ser usado contra ele em um tribunal escocês). O delegado o multou em 100 libras, momento em que Linda jogou o chapéu para o alto de alegria. Fora do tribunal, o músico disse à imprensa: "Ainda acho que a maconha deveria ser legalizada para uso entre maiores de idade. Ela não é mais perigosa que o álcool." Linda ainda estava obviamente chapada. "Fiquei bem impressionado com o comportamento dele naquela manhã", pondera Len Murray sobre McCartney. "Ele foi bem respeitoso e estava consciente da responsabilidade e da importância da situação... Jamais deu a impressão de que não se importava..." O mesmo não poderia ser dito de sua esposa.

Contudo, Paul e Linda eram como uma só pessoa. A devoção à mulher foi expressa no novo single dos Wings, "My Love", gravado no AIR Studios, novas instalações de George Martin acima do que fora a loja de departamentos de Peter Robinson na Oxford Street, com vista para Oxford Circus. Paul fora ao AIR porque desejava gravar com uma orquestra, e George era o melhor homem para esse trabalho. Uma das mais devotadas canções no estilo "eu-te-amo-Linda", "My Love" era enriquecida por um agitado solo de guitarra feito por Henry McCullough, que, no dia da gravação, se opôs ao estilo organizado de Paul fazer música — "em blocos", como Henry define o método de McCartney. "Eu estava lá com uma orquestra de cinquenta músicos, só eu e a guitarra, e queria mudar o solo."

"O que você vai tocar?", perguntou Paul ao guitarrista.

"Não faço ideia", respondeu Henry, que queria improvisar.

"Ah, meu Deus, Henry!"

Enquanto a orquestra tocava, McCullough fez o solo de sua vida. "Não era um confronto, [mas] chegou ao ponto onde eu queria *extremamente* ser o guitarrista da banda, em vez de tocar apenas algumas partes", alega o guitarrista, "e Paul, acho, descobriu um jeito de trabalhar correndo um pouco de risco, o que é bom, mas ele acertava e ficava naquilo." A canção foi lançada como o single seguinte dos Wings, chegando ao primeiro lugar nos EUA. Esse sucesso foi seguido pelo novo álbum, *Red Rose Speedway*, cuja produção Paul deixou a cargo de outro velho amigo.

A fim de criar uma atmosfera colaborativa nos Wings, Paul tentou tornar-se apenas mais um membro da banda, como Lin, Laine, McCullough e Seiwell. "Na primeira sessão, ele veio para a sala de controle e disse: 'Não quero que vocês pensem em mim como Paul McCartney. Quero que vocês pensem em mim como o baixista da banda'", relembra Glyn Johns, fazendo caretas contar a história. "Bom, você pode imaginar quanto tempo isso durou! No minuto que comecei a falar com ele como o baixista da banda, foi como: 'Você pensa que está falando com quem, cacete?'"

Após o fiasco de *Let It Be*, Johns se tornou um dos principais produtores do rock, fazendo trabalhos bem-sucedidos com Eric Clapton, Eagles, Led Zeppelin e The Who. Para ele, os Wings não tinham o mesmo nível desses artistas, não poderiam ser realmente considerados uma banda. "Eles se chamam Wings, [mas] é o Paul McCartney.

Não faz muita diferença quem está no grupo. Eles são todos muito competentes, músicos profissionais, mas sob meu ponto de vista não são uma banda — é Paul McCartney [com] um bando de caras."

O principal problema na cabeça de Glyn era que, apesar da presença de Denny Laine, Paul não tinha um companheiro musical à altura nos Wings. "Enquanto os Beatles existiram, Paul tinha o olhar radiante de John Lennon sobre ele, que não o deixava fazer nada doce demais. Ele ficaria puto, brigaria com ele, e o calaria", diz Johns. Glyn vê McCartney como uma pessoa insegura. "Basta olhar para a linguagem corporal dele." Paul claramente precisava ter gente a seu redor, como ela, mas Linda "não era uma musicista. Ponto". O resultado era que os Wings fumavam maconha e improvisavam no estúdio sem muito resultado. Johns nem se importava em gravar. Ele ficava sentado na sala de controle lendo o jornal. Um dia Laine e Seiwell reclamaram com ele.

> Eles disseram, sabe como é: "Não estamos felizes com você como produtor. Você não está interessado no que fazemos." Eu disse: "Quando vocês fizerem algo interessante, vou me interessar. Mas, se acham que tudo o que fazem são pérolas maravilhosas de música porque estão tocando com Paul McCartney, estão enganados. É uma merda. E se quiserem sentar, tocar um monte de merda e ficar doidões por algumas horas, é problema de vocês, mas não esperem que eu grave tudo o que fazem porque, sinceramente, é desperdício de fita e desperdício de minha energia."

Paul entrou na discussão e a banda ficou sentada em semicírculo em volta do produtor, que se sentia como se estivesse em um julgamento. Ele não gostou da atmosfera servil em torno do astro (apesar do conceito de ele ser apenas o baixista dos Wings). "O fato é que todos estavam obviamente empolgados por estar em uma banda com Paul McCartney... Todos puxavam o saco dele." Assim, Johns abandonou *Red Rose Speedway*, descrevendo o álbum que fizeram sem ele como "um monte de bobagens", o que foi grosseiro, mas em uma resenha era impossível dar mais do que três de cinco estrelas ao disco.

Mais mediocridade se seguiria quando Paul concordou em fazer parte de um especial musical para o braço televisivo do império midiático de Sir Lew Grade. Grade, dono da Northern Songs, processava o compositor por registrar suas novas canções em nome de Paul e Linda McCartney, o que o privava de royalties que receberia se títulos como "Another Day" fossem creditados apenas a Paul. Para resolver a disputa, o músico concordou que os Wings apareceriam em um especial de televisão de 55 minutos para a empresa Associated Television (ATV) de Grade. Exibido em 10 de maio de 1973, *James Paul McCartney* consistia em uma série de apresentações musicais feitas pelos Wings e Paul, incluindo canções dos Beatles como "Blackbird" e "Michelle" (sinal do quanto Grade exigiu nas negociações). Muitas músicas foram apresentadas na forma de filmes curtos. Para "Mary Had a Little Lamb", os Wings dublaram um playback cercados por um rebanho de ovelhas. A parte mais interessante do show tinha cenas de Paul dando uma festa de família em um pub em Merseyside. Jim McCartney estava lá, um senhor bem-vestido de 70 anos, além das tias. Ele ficou evidentemente feliz da vida quando Ginny, uma senhora corpulenta sempre com um cigarro aceso, apareceu: "Tudo bem, querido, como vai você?" Paul saudou sua tia favorita. "Estacione aí, Ginny." Os McCartney então fizeram uma cantoria, com "Pack Up Your Troubles" e "You Are My Sunshine" enquanto a fumaça de cigarro tomava conta do ar e do bar.

O outro destaque do programa na ATV foi uma apresentação de uma nova e dramática canção intitulada "Live and Let Die" composta por Paul para o novo filme de James Bond, *Com 007, Viva e Deixe Morrer*, após ter lido o livro de Ian Fleming em um fim de semana. Ele fez o disco com George Martin no AIR, e Martin escreveu um arranjo para orquestra. Apesar dos produtores não terem gostado da canção de primeira, achando que ele havia gravado apenas uma versão demo, "Live and Let Die" era um tema perfeito para Bond, capturando toda a empolgação do agente secreto. Foi um sucesso, ficando entre as dez mais tocadas nos dois lados do Atlântico, e virou um dos pontos principais dos shows. Na verdade, é uma das (raras) melhores canções de sua carreira pós-Beatles, não coincidentemente porque McCartney trabalhou mais uma vez com o velho profissional George Martin, uma das poucas pessoas no negócio da música a quem ele respeitava o suficiente para lhe orientar. "Live and Let Die" também era uma canção que soava muito moderna, feita para os shows de rock bombásticos e pirotécnicos feitos em estádios na década de 1970, que estavam prestes a acontecer para os Wings.

17

NO CORAÇÃO DO PAÍS

EM CASA NOVAMENTE

Paul liderou os Wings em uma turnê pelo Reino Unido na primavera de 1973, apresentando-se para seus maiores públicos até então, incluindo um show no Liverpool Empire em 18 de maio. Liverpool tinha decaído desde que a beatlemania levantara brevemente o perfil da cidade. As docas haviam sido fechadas em 1972, principalmente pela competição de portos mais modernos, as hidrovias logo tinham se assoreado, e os porões, caído em desuso, aumentando o desemprego. Ao mesmo tempo, o centro fora radicalmente modernizado com a demolição do St. John's Market, através do qual Paul passara muitas vezes indo e voltando da Lime Street Station. Em seu lugar surgira uma praça de compras monolítica, com estacionamento e complexo hoteleiro, e uma torre de ventilação de 137 metros de altura conhecida como St. John's Beacon. No topo dessa torre de concreto estava um moderno restaurante giratório. Essa monstruosidade agora encarava o visitante que saía da Lime Street Station. E se alguém procurasse pela Mathew Street, levaria outro susto.

O Cavern continuara a funcionar até o início dos anos 1970, com muitos artistas novos e bons honrando o palco, mas o auge do Mersey Sound se fora, e fãs nostálgicos dos Beatles não iam mais a Liverpool em grandes quantidades para visitar os locais associados à banda. Até os próprios rapazes relutavam em mergulhar no passado com medo de caluniar o que estavam fazendo no momento. Enquanto esteve na cidade em maio, Paul nem deu adeus ao Cavern, prestes a ser demolido para permitir a construção de um poço de ventilação do metrô. A Liverpool Corporation poderia ter salvado o clube, mas os líderes cívicos não tiveram a visão de perceber sua importância para o turismo do rock 'n' roll. Mostrando uma total falta de lógica, o poço de ventilação nunca foi utilizado. A última noite do clube foi em 27 de maio de 1973 e, pouco depois, operários demoliram os prédios subterrâneos e destruíram as cavernas. "Eles jamais deveriam ter derrubado o local, foi a atitude mais ridícula possível", reclamou Paul dez anos depois, quando a magnitude do vandalismo ficou clara para ele. "Acho que houve certa atitude naquela época, de 'bom, os Beatles nos deixaram. Eles odeiam Liverpool mesmo'. Costumávamos ouvir muito isso. Se alguém vai morar em outro lugar, não significa que odeie Liverpool."

Muito pelo contrário, o músico continuou profundamente ligado a sua cidade natal, visitando Merseyside com frequência para ver os parentes e dar voltas nostálgicas pelos lugares que costumava frequentar. Quando Jim McCartney considerou as escadas de Rembrandt cansativas demais, Paul comprou a casa e providenciou a mudança do pai, Angie e Ruth para um bangalô na vizinha Gayton. Paul manteve Rembrandt como sua base em Merseyside, embora passasse a maior parte do tempo em Londres, onde tinha a 7 Cavendish Avenue como residência, e High Park sendo o principal refúgio da família. Com a Escócia sendo tão longe de Londres, fazia sentido adquirir um segundo refúgio de fim de semana mais perto da capital, e foi o que ele fez em junho de 1973.

Por alguns anos, Paul e Linda tiveram o hábito de sair de Londres em viagens misteriosas improvisadas de carro para fugir da pressão da vida urbana e apreciar o campo. Uma dessas viagens misteriosas os levou a 96 quilômetros ao sul da capital, ao povoado de Peasmarsh, East Sussex, perto da histórica cidade de Rye. Ao longo da estrada principal de Peasmarsh ficavam a escola da aldeia, os correios, o Flackley Ash Hotel, o mercado Jempson e alguns pubs. As estradas sem sinalização que saíam da A268 passavam por uma verde paisagem ondulante de fazendas e florestas que pouco mudara em séculos. Os principais sons ainda vinham dos animais — o canto dos pássaros, o ploc-ploc dos cavalos nas estradas, cervos correndo entre as árvores e texugos farfalhando pelos pequenos arbustos — aliado ao ruído do maquinário das fazendas, o zumbido das motosserras e o espocar distante das espingardas dos fazendeiros, que caçavam para comer. Escondida nas florestas além de Starvecrow

Lane, estava à venda uma excêntrica residência circular construída na década de 1930, a partir de restos de edifícios antigos. No centro dessa casa redonda ficava uma sala de estar com lareira, a partir da qual saíam cômodos triangulares, com dois quartos no segundo andar. Um riacho corria pela floresta e levava a uma cachoeira próxima, daí o nome da casa: Waterfall. A propriedade era acessível apenas por uma estrada privada de 275 metros, totalmente escondida pelas árvores. Além disso, Londres ficava a apenas uma hora de carro, e havia um conveniente aeroporto próximo, em Lydd, que Paul usara em 1966 para ir à França. Em um intervalo da turnê dos Wings pelo Reino Unido em 1973, os McCartney compraram Waterfall como residência de fim de semana, logo expandindo as terras e com a aquisição de terrenos fazendas vizinhas, criando uma extensa propriedade rural que se tornou sua moradia principal.

Waterfall custou 42.500 libras em uma época na qual a McCartney Productions registrava uma perda anual de 110.742 libras, mas a empresa tinha bens de 250 milhões libras, além da fortuna pessoal do astro, fora o dinheiro escondido em Coutts Bank e em vários outros lugares, mais suas propriedades e sua fatia importante nos Beatles. Na verdade, Paul tinha tanto dinheiro que estava procurando oportunidades de investimento. Foi seu sogro Lee Eastman quem sugeriu o investimento na publicação de canções, uma das especialidades do patriarca dos Eastman.

> O pai de Linda tem uma ótima cabeça para negócios. Ele disse: "Se você vai investir, invista em algo que conhece. Se colocar dinheiro em uma fábrica de computadores ou algo do tipo, você pode perder uma fortuna. Não seria melhor continuar na música? Fique na música." Eu disse: "Sim, seria mesmo melhor fazer isso." Então ele me perguntou de que tipo de música eu gostava. E o primeiro nome que eu disse foi Buddy Holly.

Naquela primavera, os Eastman compraram a editora musical Nor Va Jak, que detinha os direitos dos maiores sucessos de Buddy Holly nos EUA, fazendo de Paul o orgulhoso dono de "Maybe Baby", "Not Fade Away" e "Peggy Sue", entre outros clássicos. Os Eastman compraram outros catálogos de canções para ele e montaram uma editora substancial que deu ao músico uma renda fixa extra, embora as canções que ele mais desejasse comprar, as que compusera com John Lennon, permanecessem teimosamente fora de seu alcance, seja porque não estavam à venda ou, quando estavam, porque o preço era alto demais.

Além da edição musical, dinheiro e imóveis, Paul era dono de uma valiosa e cada vez maior coleção de arte e de vários carros de luxo, entre eles um Rolls Royce e um Lamborghini, e deu presentes magníficos à esposa, como um colar de esmeraldas e diamantes pelo seu aniversário de 30 anos. A situação financeira dos outros integrantes dos Wings contrastava consideravelmente com esse estilo de vida. Henry McCullough, Denny Laine e Denny Seiwell ainda recebiam insignificantes 70 libras por semana, com bonificações ocasionais (recebendo mil libras cada um, por exemplo, ao final da turnê no Reino Unido). Todos os músicos tinham a impressão de que acabariam recebendo os royalties da banda algum dia, "mas isso nunca aconteceu", diz Seiwell,* que precisou pegar um empréstimo no banco quando quis comprar um carro, o que não era exatamente o estilo de vida imaginado pelo norte-americano quando ele e Monique tinham ido ao Reino Unido a pedido de Paul. "Havia pouquíssimo dinheiro para a banda. Ainda assim, trabalhávamos sob um acordo de cavalheiros de que todos seríamos sócios parciais dos [Wings.]" Quando a banda se reuniu na Escócia para trabalhar no que seria seu próximo e mais celebrado álbum, *Band on the Run*, essas reclamações financeiras começavam a afetar o moral dos integrantes, especialmente de Denny Seiwell e Henry McCullough.

Paul escreveu algumas boas canções nas quais queria trabalhar como demos em Kintyre antes de gravar o novo álbum no exterior. A ideia era obter inspiração de ambiente e cultura diferentes, como relembra Denny Laine, embora ele também acredite que pudesse haver alguma vantagem fiscal em gravar em outro país. McCartney descobriu que a EMI tinha estúdios de gravação em locais tão diversos quanto Brasil, China, Índia e Nigéria. Seria uma experiência diferente fazer um disco na África, então Paul agendou os Wings nas instalações da EMI na cidade portuária nigeriana de Lagos para setembro de 1973. Na preparação para a viagem, a banda trabalhou em novas

---

* Pelo menos não aconteceu para Seiwell. Laine entrou em um acordo desse tipo depois, como veremos mais adiante. *(N. do A.)*

canções de Paul no celeiro de Low Ranachan Farm, pouco depois da montanha que ficava perto da casa dos McCartney em High Park, e que fazia parte da vasta propriedade deles na Escócia. Denny Laine e sua namorada grávida, Jo Jo Patrie, estavam hospedados em outra casa na propriedade.

Quando os Wings ensaiaram em Low Ranachan, as vacas saíram das fazendas vizinhas para ouvir. "Elas levantavam o pescoço ao som da música", observa o fazendeiro Duncan McLean. Apesar do charmoso ambiente rural, houve palavras raivosas no celeiro. O dinheiro tornara-se uma questão crítica para Seiwell e McCullough, e Paul parecia estar farto de seus músicos. "Em algumas ocasiões ele voltava cedo dos ensaios porque estava cansado ou porque algo não estava indo bem", observa Henry McCullough, cujo estilo solto e adepto de improvisações não batia com o jeito sistemático de Paul trabalhar. Os homens chegaram a um impasse em 14 de julho, quando Paul disse a Henry várias vezes o que deveria tocar. Assim como aconteceu com George Harrison durante *Let It Be*, isso levou o guitarrista a se demitir. Sem dizer nada a Paul, ao fim do dia Henry colocou o estojo da guitarra no carro e retornou para Londres. Ele não voltou. "Eu tinha que ir embora. Se não tivesse saído naquela época, acho que acabaria sendo demitido." O dinheiro era certamente parte do problema. "Estava tudo muito bom, entrar em um maldito Lear Jet e voar para [Lagos], mas no fim do dia quando eu voltava para casa, ainda tinha que [comer]." Quando Paul foi ao celeiro no dia seguinte para continuar a trabalhar e recebeu a notícia de que Henry tinha ido embora, continuou como se nada tivesse acontecido e jamais discutiu o assunto com Seiwell ou Laine, que o defende nesse assunto. "Não é uma questão de receber ordens [de Paul] para tocar algo", diz ele sobre o motivo de Henry ter ido embora, "é a personalidade [de Paul]. Se você não trouxer nada, ele vai sugerir algo, e ele pode ser meio dominador. Mas, ao mesmo tempo, se Henry tivesse mostrado um pouco mais de entusiasmo, [então] talvez pudesse ter sido diferente."

No dia seguinte, Denny Seiwell voltou a sua casa em Londres a fim de se preparar para a viagem à África. Ele e Jo Jo faziam as malas para ir à capital, onde Jo Jo esperava dar à luz seu primeiro filho, quando percebeu que estava prestes a entrar em trabalho de parto. O casal largou tudo e correu para o hospital local em Kintyre, onde tiveram um menino (a quem chamaram de Laine, sem qualquer lógica). Sem saber desse drama familiar, Paul e Linda cavalgaram pelas montanhas e encontraram os pertences de Denny e Jo Jo espalhados do lado de fora da casa onde estavam hospedados, como se fossem restos de um acampamento cigano. "O que diabos está acontecendo? Que bagunça é esta?", perguntaram eles, furiosos, aos trabalhadores rurais, sem ter conhecimento da emergência de Jo Jo, como Laine soube depois. A forma como Denny Seiwell ouviu a história contada por terceiros foi que os McCartney não deram o menor apoio ao casal durante o nascimento do filho, nem os visitaram no hospital ou mandaram flores quando descobriram sobre o parto. O próprio Laine não se lembra de isso ser um problema, mas Seiwell cismou que Paul e Lin decepcionaram seus amigos e, mesmo que tenha entendido errado, acrescentou a impressão a uma lista de descontentamentos.

A banda iria para Lagos em 30 de agosto. Nos últimos dias antes da viagem, Seiwell falou com Paul no telefone sobre suas preocupações. O baterista recorda:

> Eu disse: "Olhe, não é melhor adiar esta viagem e arrumar um novo guitarrista, para que possamos ensaiar, mostrar partes de Henry, ensinar as canções para que, aí sim, possamos entrar neste projeto e tocar como se fosse ao vivo e depois enfeitá-lo?"
>
> Ele respondeu: "Não, não, não, vamos continuar. A EMI preparou o estúdio para nós. Vamos fazer como no *Ram*. Será tudo em *overdub*, mas vai ficar bom." Eu pensei: 'Não quero fazer isso de novo.' Passamos esse tempo todo nos esforçando para virar uma banda de rock 'n' roll de verdade e estávamos ficando muito bons. Então entre Henry ter saído, a má notícia de Denny e Jo Jo e nada de contrato, eu tomei a coragem de dizer "Acabou!".

Seiwell se demitiu.

Paul estava "com muita raiva e muito irritado". Ele xingou o baterista e desligou o telefone.

> Linda nos telefonou logo em seguida e disse: "Como você ousa nos causar essa inconveniência?" Respondi: "Não vou nem falar de inconveniência. Venho passando por inconveniências há três anos.

Isso não é certo!" Então foi assim. Não tinha mais como continuar. Foi totalmente grosseiro e não nos falamos por anos.

Paul perdeu dois membros da banda em poucos dias, mas continuou mesmo assim, viajando para Lagos no fim de agosto a fim de gravar o novo disco com Linda, Laine e seu engenheiro de som favorito, Geoff Emerick. Como McCartney, Laine foi capaz de deixar as deserções para lá. "Não me incomoda. Quando você passa pelo que passamos com várias bandas e vários integrantes, você se acostuma. Não é o fim do mundo."

A gravação para *Band on the Run* não foi menos complicada do que a preparação para o álbum. O ex-Beatle descobriu que Lagos não era um refúgio paradisíaco onde ele e Linda poderiam se balançar em redes embaixo de coqueiros, mas uma cidade suja, perigosa e cheia de doenças, além de pegajosamente quente na época das monções. Palacetes foram alugados para acomodar os McCartney, Laine e Emerick, que ficou assustado ao perceber que suas instalações estavam cheias de aranhas, insetos e lagartos. O estúdio da EMI ficava na estrada no porto de Apapa, que dera seu nome ao navio *SS Apapa*, que o nefando tio de Paul, Will Stapleton, roubara em 1949, levando desgraça à família. O tio Will tinha desembarcado em Apapa para gastar um pouco dos seus ganhos adquiridos de forma ilícita. É estranho pensar que o sobrinho estava refazendo os passos do tio de modo tão exato.

As instalações da EMI em Apapa acabaram sendo pouco mais que um galpão anexo a uma fábrica de discos. "Quando você abria [a porta dos fundos], via meia dúzia de caras sem camisa, em pé, com água na altura do tornozelo prensando discos em uma sala pequena e incrivelmente quente", descreveu Emerick em sua biografia. O estúdio não tinha equipamentos básicos: o engenheiro teve que contratar um carpinteiro para fazer um isolamento acústico antes de começar. Os músicos nigerianos deixaram claro que não estavam gostando da visita do astro ao país, acreditando que ele estivesse lá para roubar a música deles. Pouco tempo depois, Paul foi assaltado durante uma caminhada noturna com Linda. Quando ela gritou para os ladrões não machucarem seu marido, os homens fugiram com seus objetos de valor, incluindo as fitas demo de *Band on the Run*.

Quando um escritor perde seu manuscrito e é obrigado a reescrever o trabalho de cabeça, como às vezes acontece, a escrita geralmente fica mais limpa. Esse parece ter sido o caso com *Band on the Run*. Forçado a se lembrar das canções após o roubo das fitas, McCartney criou uma série de clássicos de menor escala, tocando ele mesmo a bateria e dividindo as partes de guitarra com Laine. "[Nós] fizemos o álbum como se não estivéssemos em uma banda, como se fôssemos apenas dois produtores/músicos", recorda Laine, enfatizando que o companheiro de banda ainda não fizera qualquer alusão à perda de McCullough e Seiwell, preferindo manter silêncio sobre esse e outros assuntos. Ele sempre considerou Paul um homem independente. "A personalidade dele é ser positivo, estar para cima — e há uma força nisso —, ele não gosta de dividir seus problemas com os outros. Prefere lidar com eles sozinho, em particular." A pressão de tudo isso, porém, acabou atingindo o astro. Na metade do trabalho, ele desmaiou no estúdio Apapa. Linda gritou que o marido estava tendo um ataque cardíaco. Na verdade, era um ataque de pânico.

Quando Paul voltou a Londres sete semanas depois, tinha a base do melhor álbum de estúdio feito pelos Wings. Em termos de letras, *Band on the Run* é meio fraco, como sempre, mas musicalmente tem a energia e a coesão que faltavam em *McCartney*, *Ram*, *Wild Life* e *Red Rose Speedway*. Fora o fato de que as melodias subjacentes eram boas, parecendo que o desejo de Paul de mostrar a Seiwell e McCullough que poderia continuar sem eles o fizera dar o melhor de si. Entre os destaques estavam "Let Me Roll It", uma canção muito empolgante embora bem simples construída sobre um belo riff de guitarra. A letra não tem qualquer função além de formar o eixo em torno do qual giram as engrenagens musicais, mas a música funciona brilhantemente, e estava destinada a virar um marco dos shows de Paul. Deve ser irritante, porém, quando os fãs de Lennon notam que "Let Me Roll It" soa como uma canção roubada de seu ídolo. A faixa-título "Band on the Run" tem um sentimento falso, mas agradável, de marginalidade, fazendo pensar nos integrantes que fugiram do grupo, enquanto outras canções tinham referências diversas e geralmente caseiras. "Jet" era o nome de um labrador preto dos McCartney, "Helen Wheels" era o apelido de família para o Land Rover que usavam em Kintyre, "Mamunia" foi inspirada por férias passadas recentemente no hotel La Mamounia (sic) no Marrocos, enquanto outro período de férias no Caribe rendeu "Picasso's Last Words (Drink to Me)" ao músico. Os McCartney conheceram Dustin Hoffman na Jamaica, onde ele estava filmando *Papillon*. O ator desafiou o compositor a criar urna canção de improviso com base em um artigo aleatório de revista, usando um exemplar da *Time*. Pablo Picasso acabara de morrer, aos 91 anos. Em seu obituário na *Time* constava que o artista fora proibido de beber em seus últimos dias e pedia aos amigos para beber por ele. Paul fez uma canção na hora a partir da matéria.

Denny Laine contribuiu com uma canção para *Band on the Run*, "No Words", que Paul ajudou a finalizar. O ex-Beatle estava ansioso para que Laine dividisse com ele o fardo de compor, e o guitarrista conta que eles passaram a escrever cada vez mais juntos a partir daquele momento, como McCartney escrevera com Lennon, citando o exemplo de "Getting Better" de *Sgt. Pepper*.

> Há uma ótima frase que ele diz sobre John, sabe. "Eu compus 'tenho que admitir que está melhorando', e John Lennon disse: 'Não pode ficar pior.'" Há duas personalidades surgindo aí: a frase cínica de Lennon e também essa frase realmente positiva, quase excessivamente entusiasmada de McCartney. Era assim que saíam boa parte de nossas letras.

Laine achava um prazer trabalhar criativamente com Paul. "O negócio com ele é que, sendo tão famoso e tão reconhecido, era difícil ser um igual no que diz respeito ao público, mas no estúdio estávamos basicamente no mesmo nível." Paul também era muito justo com créditos das canções e a divisão dos direitos autorais.

Naquele outono Paul foi para o AIR em Londres a fim de acrescentar cordas e metais a *Band on the Run*, contratando Howie Casey, que conhecera no tempo do Derry and the Seniors, para tocar sax em várias faixas, sendo mais bem-sucedido em "Bluebird". Então, o líder dos Wings criou um elaborado ensaio fotográfico para o álbum nos moldes de *Pepper*, convidando um bando diversificado de celebridades para posar com ele, Lin e Laine, como se estivessem fugindo da prisão. Entre os modelos estavam o cantor de boate Kenny Lynch, que Paul conhecera na década de 1960, o boxeador de Liverpool John Conteh, e os atores James Coburn e Christopher Lee. A capa ficou divertida e a música era boa. Finalmente, ali estava a velha pretensão de McCartney, a prova de que ele não fora lobotomizado após sair dos Beatles, apenas tinha perdido o foco. *Band on the Run* chegou merecidamente ao primeiro lugar das paradas nos EUA e no Reino Unido no fim de 1973, emplacando vários singles de sucesso.

A REAPROXIMAÇÃO DOS BEATLES

Um quê de rotina toma conta sorrateiramente da maioria dos relacionamentos, especialmente quando há crianças envolvidas, e o que pode ser chamado de Ano dos McCartney começou a evoluir por volta do meio da década de 1970. A família (e Paul fazia quase tudo com Lin e as crianças) geralmente passava a semana em Londres, as crianças estudavam em escolas locais e o músico ficava no estúdio boa parte do tempo. No fim de semana eles geralmente iam de carro para Waterfall, sua nova casa na floresta de Sussex. A família rumava para o norte nas férias escolares, invariavelmente visitava os parentes em Merseyside no Natal e no Ano-Novo, depois passavam algumas semanas em Kintyre no verão, bem a tempo para a feira agropecuária anual, adequadamente chamada Show de Junho, mas que era realizada em agosto, quando o clima estava melhor, sendo, portanto, conhecida como "o Show de Junho em Agosto". Heather McCartney participava da gincana enquanto os pais se divertiam inscrevendo suas cabeças de gado em competições. Paul costumava acompanhar os juízes para ver quantos prêmios eles tinham ganhado, saindo quando a multidão chegava, embora poucos habitantes locais o incomodassem. Como já foi mencionado, a família fizera muitos amigos na península, especialmente os Black em Tangy Farm, onde Heather ia cavalgar com Lorna Black, e os Colville, por cuja propriedade os McCartney passavam para ir à Westport Beach, onde o casal costumava nadar desafiando a ressaca do mar e as temperaturas congelantes do Atlântico. Quando olhavam por sobre as ondas, eles podiam imaginar a família de Linda em Long Island, do outro lado do oceano.

Além dos cavalos e dos pôneis, os McCartney dividiam sua casa de férias escocesa com uma matilha de cães liderada pela Old English Sheepdog Martha (My Dear), que ainda estava forte, e que também incluía o dálmata Lucky, o labrador preto Jet e o labrador dourado Poppy. Um romance canino em Kintyre levou Martha a ter uma ninhada de mestiços, um dos quais Heather batizou de Captain Midnight e o tomou como bichinho de estimação favorito. Um dia a família correu para o veterinário da cidade carregando um desses filhotes. O cachorrinho fora chutado por um cavalo e tinha quebrado a perna. "Naquela época estava além de nossa capacidade colocar uma tala, então o levamos ao Hospital Veterinário de Glasgow de táxi", conta o veterinário Alastair Cousin. O filhote machucado foi levado pelo motorista a Glasgow, onde foi tratado e voltou a Campbeltown novamente de táxi, uma viagem de ida e volta de 450 quilômetros, enquanto os donos foram para casa em Londres. Depois, o cachorro foi levado à capital para juntar-se a eles, a um custo considerável. "Só alguém como Paul poderia fazer e faria esse tipo de coisa", observa o veterinário, que se lembra de outra ocasião memorável quando foi chamado a High Park para cuidar de um pato com a perna quebrada. É isso mesmo: um pato. "Era uma loucura, mas era o que eles faziam, eram meio sentimentais com os bichos."

Já havia algum tempo que o músico só podia olhar para o Atlântico na direção das Américas, mas não podia visitar o continente norte-americano por ter o visto negado em decorrência de suas condenações por uso de drogas. Na primavera de 1974 o visto foi resolvido e Paul e Linda voltaram a viajar aos Estados Unidos. Paul imediatamente aproveitou a oportunidade para visitar John Lennon, ilhado no país.

Após fazer o álbum *Imagine* na Inglaterra, John e Yoko tinham se mudado para Nova York, em 1971, morando primeiro no St. Regis hotel e depois em um apartamento no Greenwich Village antes de se transferirem para o Dakota, um prédio grande e antigo em Central Park West com uma vista fabulosa para o parque e um aspecto sinistro para qualquer pessoa familiarizada com o filme de terror *O bebê de Rosemary*, que Roman Polanski filmara ali. Devido à condenação de John por posse de maconha no Reino Unido, as autoridades norte-americanas o queriam fora do país. Os advogados o haviam aconselhado a tentar a cidadania norte-americana. Enquanto seu pedido era processado, John tinha permissão para ficar nos EUA, mas fora avisado de que poderiam não deixá-lo voltar caso deixasse o país, o que significava que estava ilhado.

O casamento de Lennon tinha esfriado e, no outono de 1973, ele trocara a esposa pela assistente deles, May Pang (amiga de infância de Linda McCartney, ambas fãs dos Young Rascals). Com a benção de Yoko, os dois tiveram um caso de 14 meses, período ao qual John depois se referiria como seu "fim de semana perdido", reconhecendo o fato de ter bebido muito. Seu companheiro de copo era o cantor alcoólatra Harry Nilsson, com quem estava trabalhando. Em março de 1974, os amantes moravam em Santa Mônica, Califórnia, enquanto John produzia o álbum de Nilsson, *Pussy Cats*, no Burbank Studios. Uma noite os McCartney ligaram para dar um oi.

Considerando tudo o que John dissera sobre Paul nos últimos anos, o encontro foi surpreendentemente cordial. Os ex-Beatles sentiram-se confortáveis o bastante na presença um do outro para improvisar juntos. Era a época certa para uma reaproximação. O contrato dos dois compositores com a Northern Songs havia expirado, permitindo que eles se beneficiassem das novas canções por intermédio de suas respectivas editoras. Ambos haviam obtido sucesso solo e John mudara de opinião, chegando à conclusão de que Paul estava certo sobre Allen Klein. Na verdade, todos os Beatles tinham virado as costas para Klein e agora o processavam. Os garotos também concordavam que seu fiel funcionário Neil Aspinall deveria comandar a Apple Corps, que ele gerenciou com sucesso até se aposentar em 2007. Além disso, John, Paul e George contribuíram individualmente para o álbum recente de Ritchie, *Ringo*. Paul deu ao amigo o sucesso "You're Sixteen". Ou seja, eles estavam quase voltando a ser amigos. Um dia depois da visita ao estúdio, os McCartney foram à casa de John em Santa Mônica, e esse encontro também correu bem. Antes de ir embora, Paul deu alguns conselhos de irmão a John. Ele disse que Yoko sentia saudades dele, e se ele sentisse o mesmo, deveria tentar reconquistá-la, e foi o que Lennon fez.

Utilizando bastante seu novo visto, Paul decidiu levar a família e os Wings ao Tennessee para umas férias a trabalho. As associações musicais o levaram à região de Nashville, e o amor da família por cavalgadas a levou a alugar um rancho do compositor Claude "Curly" Putman Jr. O sucesso com a música "Green, Green Grass of Home" permitira que Putman comprasse uma propriedade de 130 acres fora de Nashville, que os McCartney alugaram por seis semanas, chegando lá com uma nova formação dos Wings. Denny Laine ainda estava na banda, mas havia um novo baterista britânico, Geoff Britton, e um novo guitarrista principal, um baixinho de Glasgow de 20 anos chamado Jimmy McCulloch, que já fizera sucesso com o Thunderclap Newman. Talentoso, mas bastante complicado, Jimmy tinha uma tendência a causar problemas quando bebia. "Ele falava com sotaque londrino", relembra Howie Casey, que trabalhava regularmente com a banda nessa época. "Mas assim que bebia virava escocês, com sotaque carregado. Era assim."

Os Putman saíram de férias para o Havaí, deixando o rancho para Paul, que adorou brincar de caubói. Ele e a esposa andaram a cavalo quase todos os dias e o músico também gostou de andar em uma moto de trilhas que pertencia ao filho de Curly, Troy. Eles fizeram um churrasco para comemorar o aniversário de 32 anos de Paul e convidaram Roy Orbison, reacendendo uma velha amizade. Os Wings ensaiaram na garagem perto da casa do rancho e gravaram em um estúdio de Nashville, onde surgiu "Walking in the Park with Eloise", uma melodia dançante composta pelo pai de Paul, depois lançada com o nome de "Country Hams".* Os Wings também gravaram "Junior's Farm", inspirada por seu período no rancho, e essa canção ficou entre as dez mais tocadas nos EUA.

Paul gostou tanto de andar na motocicleta de Troy Putman que comprou uma do mesmo modelo e, ao final de suas férias em Nashville, colocou a moto em um trailer e a rebocou para Nova York, onde os McCartney visitaram a família de Linda. A visita foi tão bem-sucedida que um novo elemento foi acrescentado ao Ano dos McCartney. Todo verão o casal levava os filhos para passar umas semanas com os Eastman em Lily Pond Lane, East Hampton, onde Lee e John Eastman tinham casas de veraneio. Os McCartney geralmente ficavam com John e a esposa Jody, para que as crianças pudessem brincar juntas.

VÊNUS E MARTE

Um dos sinais precoces de uma segunda e nostálgica onda de interesse nos Beatles surgiu em 1974, com a montagem de *John, Paul,*

---

* Quando McCartney contou ao pai que tinha gravado uma canção sua, ele respondeu que jamais escrevera uma música na vida. "Quando cantei 'Walking in the Park with Eloise'", disse Paul, "Ele disse: 'Ah, essa música. Eu a inventei, mas não escrevi." *(N. do A.)*

George, Ringo... & Bert no teatro Liverpool Everyman. O autor era Willy Russell, dramaturgo local que desenvolvera seu amor pela banda ao vê-la no palco do Cavern nos tempos de estudante. A premissa da peça era que um ex-membro dos Quarry Men, um personagem inventado chamado Bert, ia a um show dos Wings e era levado a refletir sobre a história dos Beatles, que era contada com música em um flashback. A peça se beneficiava de um formidável elenco, que contava com Trevor Eve como McCartney, e foi transferida com sucesso para Londres.

Quando trechos de *John, Paul, George, Ringo... & Bert* foram exibidos na BBC no Natal de 1974, Paul ficou furioso porque a sequência a que assistiu parecia retratá-lo como responsável pela separação da banda. "[A BBC] mostrou substancialmente a cena da briga definitiva entre John e Paul, escrita muito especificamente para mostrar o fato de que — como a história agora reconhece — a primeira pessoa a anunciar que estava saindo dos Beatles foi John Lennon", explica Russell, "mas da forma como editaram a cena dava a impressão, como ainda é o caso, de que Paul McCartney fora responsável pelo fim dos Beatles... Aparentemente Paul assistiu e ficou furioso." Como resultado, ele impediu uma tentativa de transformar *John, Paul, George, Ringo... & Bert* em filme. Porém, o sucesso do musical e o interesse em levá-lo ao cinema mostravam quanto a história do grupo continuava importante. Por outro lado, a forte reação de Paul à peça demonstrava quanto ele se sentia em relação à forma pela qual seu papel na história era representado, algo que se tornaria uma verdadeira obsessão. O caso também levou a uma reunião entre McCartney e Russell, que Paul chamaria quando decidisse fazer um filme.

Na vida real, a parceria com os Beatles foi enfim dissolvida na Suprema Corte de Londres em janeiro de 1975, um final tranquilo para uma guerra longa e pública, sendo decretada a vitória de Paul, claro. Ele conseguira tudo o que queria, mais a satisfação de saber que os outros haviam chegado à conclusão de que ele estava certo sobre Klein. E a Apple agora estava segura nas mãos de Neil.

Algumas semanas após o veredito, ele e Linda levaram as crianças e os Wings a Nova Orleans para o Mardi Gras. Os McCartney se fantasiaram de palhaços para que pudessem se misturar à multidão durante o Carnaval. Eles também gravaram para o álbum seguinte, *Venus and Mars*, duas dramáticas melodias de abertura a partir das quais "Venus and Mars" e "Rock Show" foram criadas, com objetivo de fazer shows em arenas norte-americanas em um futuro próximo. Juntas, as canções do novo álbum eram muito mais fracas do que *Band on the Run*, indo além da quantidade normal de esquisitices e tolices, entre elas um arranjo do tema da novela *Crossroads*. Aparentemente feitas como piada, escolhas como essas serviam para desvalorizar o trabalho de McCartney. Ou ele não percebia ou não se importava. Provavelmente esse era o caso, considerando sua decisão de também fazer os Wings gravarem um comercial para uma marca de pão de forma, conforme lembrado por um amigo da época dos *swinging* anos 1960, Prince Stanislas Klossowski "Stash" de Rola: "Após muito tempo sem vê-lo, fui à Cavendish Avenue uma vez, e Paul orgulhosamente disse: 'Tenho algo para você ouvir", e fiquei horrorizado porque ele tocara orgulhosamente acetatos de *Sgt. Pepper* [nos anos 1960 e agora] e me colocou para ouvir um comercial composto para o Mother's Pride!"*

Venus and Mars, porém, rendeu pelo menos um bom single, "Listen to What the Man Said", com pelos menos outra canção que valia a pena, mesmo sem ter sido criada por Paul. "Medicine Jar" foi composta e cantada por Jimmy McCulloch, o jovem guitarrista de talento considerável, mas personalidade difícil. "Eu gostava de Jimmy, mas ele era muito problemático", relembra Denny Laine. "Ele e Paul brigavam muito." O jovem levou Linda às lagrimas com comentários ácidos sobre seu talento musical. Alguém poderia pensar que ofendê-la dessa forma era caminho certo para ser demitido dos Wings, mas Paul fazia críticas parecidas à esposa. "Uma vez eu disse a ela que poderia ter Billy Preston [nos teclados]", comentou Paul em 1976 (Preston era um dos melhores tecladistas da área, bem como ex-músico de apoio dos Beatles). "Simplesmente saiu." Enquanto isso, o novo baterista, Geoff Britton, não estava se encaixando. Ele foi mandado embora na metade de *Venus and Mars*

De Nova Orleans, os McCartney voaram para Los Angeles, alugando um apartamento em Coldwater Canyon enquanto Paul dava os toques finais em *Venus and Mars*. No sábado, 1º março de 1975, o casal foi à cerimônia de entrega dos prêmios Grammy, para os quais

* Que nunca foi utilizado. *(N. do A.)*

os Wings foram indicados por *Band on the Run*. Eles ganharam dois prêmios naquela noite, um por Melhor Performance Pop Vocal feita por um Grupo e outra pela engenharia de som de Geoff Emerick — um vencedor merecido, considerando as circunstâncias experimentais em que o disco fora feito. John Lennon apareceu na cerimônia, pálido e magro, para apresentar o prêmio de Gravação do Ano para Olivia Newton-John cantando "I Honestly Love You".

Quarenta e oito horas depois, Paul e a esposa dirigiam de volta para sua casa alugada em Coldwater Canyon quando foram parados pela polícia por avançar um sinal vermelho no Santa Mônica Boulevard. Enquanto escrevia a multa, o policial sentiu cheiro de maconha e mandou a família sair do Lincoln Continental (era tarde, e as crianças estavam dormindo no banco de trás). Foram encontrados 450 gramas de maconha na bolsa de Linda. Ela foi levada para interrogatório, com fiança definida em 500 dólares. Como muitas pessoas famosas, o marido não tinha o costume de carregar dinheiro, e certamente não tinha o suficiente na carteira para pagar a fiança. Telefonando para seus contatos, localizou o ex-executivo da Apple Peter Brown no Beverly Hills Hotel, dirigiu até lá e pegou um empréstimo. "Linda assumiu a responsabilidade porque era cidadã americana", explica Brown, que tratou do assunto com Paul. "Portanto, não foi pesado para ela. Demos o dinheiro a Paul, para que ele pudesse tirá-la de lá." Embora a questão tenha sido resolvida rapidamente, essa foi a terceira prisão dos McCartney por uso de drogas em dois anos e meio.

No dia seguinte, Linda ligou para uma de suas velhas amigas jornalistas, Blair Sabol, com quem não falava desde 1969, e ela era uma das amigas da mídia abandonadas no início do relacionamento com Paul. A ex-melhor amiga de Linda, a repórter Lillian Roxon, jamais a perdoara por isso, vingando-se por meio de uma crítica venenosa do especial de TV de Paul em 1973, logo após o qual falecera. Não havia mais qualquer chance de reconciliação. Linda fizera as pazes com o jornalista Danny Fields havia tempos, mas Blair não soubera dela até aquele momento, e como Lillian, também se vingara de Linda no papel, escrevendo um artigo cáustico sobre a reunião deles no *Village Voice*. "Mas você precisa entender que a última vez que vi Linda foi em seus velhos tempos de groupie, [quando] ela estava fotografando astros com pouco ou nenhum filme na câmera." Blair depois escreveu:

> Eu me lembro de ter ficado impressionada com seus talentos de sedução enquanto ela estava sentada na frente de [Warren Beatty] usando minissaia e com as pernas em um ângulo bem aberto por pelo menos seis rolos de Ectachrome. Warren acabou me dispensando da suíte no Delmonico's em trinta minutos e ficou com Linda por dois dias. Suas fotografias eram de medíocres a ruins, mas ficamos amigas rapidamente.

Quando Linda chamou Blair ao estúdio em Los Angeles onde o marido estava finalizando *Venus and Mars*, a jornalista encontrou uma mulher que parecia ter mudado muito desde seu celebrado casamento, falando em um sotaque britânico falso e tentando fazer o estilo rock 'n' roll indolente. Ela carregava o sotaque para falar "Não aguento esta cidade", reclamando de Los Angeles. Linda desprezou sua recente prisão por drogas: "Bom, acontece com todo mundo, sabe, perco muito tempo com advogados, mas já cuidamos de tudo." Então veio Paul, usando um robe de cetim preto horroroso com um dragão bordado nas costas. "Linda me falou muito de você. Estou muito feliz em conhecê-la", apresentou-se, educadamente. Não se sabe se ele estava sendo sincero ou não, mas pelo menos fez um esforço. Blair passou a gostar dele, mas considerou a amiga totalmente falsa, cuja "manipulação de Paul" era "detestável". Como se ela o estivesse usando para se tornar uma estrela, algo que a jornalista acreditava que a outra sempre quisera ser, embora a maioria das pessoas não a vissem dessa forma. A visão que prevalecia, em vez disso, era de que Lin estava entretendo Paul ao fazer o papel de membro da banda.

Evidentemente, a jornalista manteve essas opiniões para si na época, porque recebeu um convite para uma festa que os McCartney deram para celebrar o fim do álbum. "Vai ser muito íntima", garantiu Linda a Blair, com o sotaque forçado. "Nada de imprensa, e só estarão nossos amigos mais próximos. Será tranquilo e reservado, sabe?!" Essa festa íntima acabou sendo uma reunião para 350 pessoas no *Queen Mary*, navio de cruzeiro aposentado que estava fundeado em Long Beach. Alguns dos nomes mais famosos da indústria do entretenimento marcaram presença, entre eles Bob Dylan, que deu a todos uma rara amostra de suas habilidades como dançarino. George Harrison também foi, parecendo meio cansado após um período difícil tanto no âmbito pessoal quanto profissional. Recentemente, ele escandalizara a família dos Beatles e enfurecera Ritchie ao ter um caso com sua esposa, Mo. Pattie então o trocara por seu amigo Eric Clapton. Depois disso George tinha embarcado em uma turnê norte-americana fracassada. Para completar, se viciara em cocaína. A presença dele na festa, porém, enfatizava a reaproximação dos Beatles.

Em termos comerciais, Paul se dera consideravelmente melhor que os outros desde o fim da banda. Após um começo forte, com *All Things Must Pass*, a carreira de Harrison estagnara. Lennon obtivera um pouco de sucesso nas paradas, mas também tinha lançado álbuns fracassados e não fizera turnês. Após ter encerrado seu fim de semana perdido e voltado para Yoko, eles tiveram o filho Sean, e o músico basicamente se retirara da vida pública, não sendo mais rival para Paul. Já Ritchie nunca passaria de um artista decorativo. McCartney estava deixando os colegas na poeira. Ele sempre fora o Beatle mais trabalhador, mais produtivo e concentrado. Também era quem realmente gostava de se apresentar ao vivo e tinha o talento para compor sucessos sempre que desejasse. Seus álbuns eram instáveis, *Venus and Mars* era tipicamente desigual, com algumas faixas praticamente impossíveis de se ouvir hoje em dia (tente escutar "Magneto and Titanium Man"), mas esse tipo de rock suave era o que o mercado queria. O LP chegou ao primeiro lugar nos EUA e na Grã-Bretanha, com "Listen to What the Man Said" chegando ao topo das paradas nos EUA. Às vezes um artista está em sintonia com seu tempo. Paul tivera essa experiência nos anos 1960 de modo espetacular, e sua sorte continuava pelos anos 1970. Ele capitalizou o sucesso dos novos discos levando o Wings para a estrada no Reino Unido no outono de 1975, e logo depois a uma turnê australiana. Ambas faziam parte da construção de uma grande turnê pelos Estados Unidos, onde as canções dos Wings tinham presença garantida na programação das FMs. John Lennon deve ter debochado do trabalho dele, ao compará-lo com o estilo *muzak*, não sem razão, mas milhões de norte-americanos adoravam ouvir os Wings enquanto dirigiam de casa para o trabalho e vice-versa em 1975.

Naquele Natal, John e Yoko estavam em casa no edifício Dakota com o filho de dois meses, Sean, e o amigo fotógrafo Bob Gruen, quando a campanha tocou. Eles ficaram surpresos. Ninguém simplesmente batia à porta, pois a segurança do prédio era muito rígida.

Qualquer visitante primeiro se apresentava a uma pessoa em uma guarita dourada na entrada da West 72nd Street, depois era encaminhada à recepção onde a equipe interfonaria para o apartamento a ser visitado antes de permitir a entrada no elevador. Por um momento, Lennon achou que estava sendo preso. Ele pediu a Gruen para ver quem era. Quando o fotógrafo se aproximou cuidadosamente da porta da frente do apartamento, ouviu alguém cantar "We Wish You a Merry Christmas" do lado de fora. "Então falei para John e Yoko: 'Não se preocupem, são alguns garotos do prédio cantando músicas de Natal'". Em seguida, Gruen olhou pelo visor do olho mágico e encontrou Paul e Linda McCartney. O fotógrafo abriu a porta e os levou imediatamente até John e Yoko, que estavam no quarto branco onde passavam boa parte do tempo. Então os dois principais Beatles tiveram outra reunião que, de acordo com Gruen, foi um encontro feliz: "Pareciam velhos colegas de escola. Empolgados, eles se abraçavam, davam tapinhas nas costas um do outro... Como se fossem colegas de ensino médio que não se viam havia muito tempo e realmente se gostavam."

No réveillon, John e Paul receberam a chocante notícia de que Mal Evans morrera assassinado em circunstâncias bizarras, aos 40 anos. Com Neil Aspinall, Mal fora um fiel assistente da banda desde o início, e também fora subestimado. Mal se sentia parte da família dos Beatles, mas os garotos sempre o colocavam rapidamente em seu lugar. Paul chegara a ser frio com ele quando os Beatles se separaram, fazendo com que o roadie trabalhasse de leva e traz durante a produção de seu primeiro álbum solo, mas lhe disse sumariamente que não o queria no estúdio porque agora estava com Linda. Mal virou uma alma perdida após o fim do grupo: separou-se da esposa Lily, mudou-se para Los Angeles, onde dividiu um apartamento com uma mulher chamada Fran Hughes, e tentou escrever sua biografia. Ele deveria entregar o manuscrito em 12 de janeiro de 1976. Oito dias antes do fim do prazo, Mal ficou chapado e deprimido. A namorada ligou para o colaborador dele no livro, que foi visitá-lo. Quando tentaram começar uma conversa, Evans pegou um rifle. A polícia foi chamada, mas ele apontou a arma para os policiais e acabou morto por eles. Sua morte parece um suicídio sob vários aspectos. Mal deve ter descoberto que os Beatles não o deixariam publicar o livro, e ele tinha a opção de abandonar o projeto e perder dinheiro ou de se afastar ainda mais dos garotos. Talvez fosse melhor morrer.

No âmbito pessoal, o pai de Paul estava com problemas de saúde. Nos últimos anos, Jim McCartney vivera como inválido em seu bangalô de Gayton, com Angie cuidando dele. "Ela era muito boa, Angie... Meu Deus, ela cuidou do Jim!", comenta o vizinho deles, Doug Mackenzie — um elogio importante, visto que a reputação dela seria manchada nos meses seguintes. O outro membro do lar era a filha de Angie, Ruth, agora uma adolescente, com ambições de entrar na indústria do entretenimento. Em 1975, Ruth fez um teste e conseguiu uma vaga de dançarina em um programa de TV. O irmão de Paul, Mike, foi à casa dele para dar a boa notícia. De acordo com uma entrevista dada por Ruth a um jornal dominical, Paul não ficou nem um pouco feliz. Na verdade, ficou furioso. Ela alegou que o meio-irmão a jogara contra a parede com a mão esquerda e usara a direita para, com o dedo em riste, dar-lhe uma lição de moral sobre o fato de as pessoas dessa indústria a contratarem apenas por ser irmã *dele*. Embora tenha garantido na entrevista que ele havia gritado, Ruth concluiu que "as intenções eram boas e ele queria o melhor para ela."

Nessa época, Jim McCartney raramente saía de casa. Quando o tempo estava bom, ele se sentava no jardim da frente e observava a vida passar. Mas na maior parte do tempo ficava em casa, sentado à frente da lareira, incapacitado pela artrite. Fumante por toda a vida, ele também sofria de bronquite. Enquanto a saúde do patriarca se deteriorava em fevereiro e março de 1976, havia tensão entre Paul e Angie sobre o que deveria ser feito. Em visitas a Wirral, o músico estimulava o pai a ser mais ativo, como se ele pudesse voltar à saúde apenas com a própria vontade. Então Jim teve broncopneumonia, que costuma ser o prelúdio da morte nos idosos. O filho mais velho queria o pai no hospital. Angie, por sua vez, insistia em cuidar do marido em casa. "Tivemos uma briga feia, pois o resto da família queria que Jim morresse em um hospital, onde sua vida seria prolongada por mais algumas dolorosas semanas. Mas ele queria apenas morrer na própria cama", alega Angie, "Então eu o deixei em casa. Isso causou muitos ressentimentos na época."

Após ter perdido a mãe de modo traumático na juventude, Paul parecia incapaz de enfrentar o fato de que o pai também estava morrendo, e continuou trabalhando normalmente. Os Wings estavam prestes a embarcar em uma turnê europeia, começando em Copenhague, no sábado, 20 de março de 1976. Dois dias antes do primeiro show, Jim McCartney faleceu em sua casa de Gayton, aos 73 anos. A morte foi atribuída a pneumonia, insuficiência cardíaca, tendo bronquite e artrite como fatores subjacentes. O filho deu uma entrevista coletiva com os Wings em Londres no dia seguinte, e depois foi para Copenhague abrir a turnê no sábado como se nada tivesse acontecido. Ele não contou à banda que o pai falecera e, o que é incrível, não voltou para casa a fim de assistir à cremação no Cemitério de Landican, Wirral, no domingo, 22 de março. Ele poderia facilmente ter ido, pois aquele era um dia vago entre as apresentações dos Wings na Dinamarca e na Alemanha, então poderia ter viajado em um avião particular. Mas no dia seguinte, Paul não estava no cemitério, e sim na Alemanha, quando as cinzas de Jim foram espalhadas pelo jardim de rosas na frente da capela. O local, como acontece com o túmulo de Mary McCartney, continua sem identificação, o que parece estranho considerando quanto o músico era sentimental em relação aos pais. É possível que ele tenha preferido não identificá-los para evitar que fãs os encontrassem.

Os integrantes dos Beatles decidiram não ir a funerais, como o de Brian Epstein, por medo de que sua celebridade atraísse uma multidão de jornalistas e fãs, afastando-se do intuito da cerimônia, o que era um bom motivo. Mas não ir ao funeral do próprio pai de propósito — especialmente quando pai e filho eram tão próximos — é estranho. Mike McCartney escreveu uma explicação alegando que "Paul jamais enfrentaria esse tipo de coisa". Denny Laine disse que só descobriu sobre a perda de Paul quando esteve em um programa de TV francês com ele e o ídolo adolescente David Cassidy naquele mesmo mês. Quando o entrevistador perguntou ao líder dos Wings sobre seus pais, ele apenas contou que ambos tinham morrido. Laine diz:

> Fiquei visivelmente chocado na frente das câmeras. David Cassidy disse: "Você deveria ter visto sua cara quando ele falou aquilo." Paul não me contou e eu não era tão próximo assim do pai dele, mas o conhecia muito bem. Imagino que ele tenha pensado: "Não vou entrar nesse assunto." É preciso lembrar algo sobre Paul: ele é um cara muito, muito reservado, que não gosta de falar sobre a família ou qualquer assunto que não seja música em público, se puder evi-

tar. Não gosta de compartilhar certas coisas. Ele carrega tudo nos próprios ombros, sozinho. E isso faz parte de sua personalidade: ele gosta de se manter positivo porque, se Paul ficar negativo, fica realmente negativo e sabe disso, o que justifica tentar ficar acima dessas coisas e não ter outras pessoas lembrando de fatos negativos, ou que magoam, por causa do jeito dele. Ele precisa ser Paul McCartney, despreocupado, e não importunar o mundo com seus problemas. Dá para entender isso. [Então] ele provavelmente pensou: "Meu Deus, eu não consigo lidar com tudo isso!"

Mesmo assim, Laine ficou surpreso por Paul não ter voltado para casa a fim de assistir ao funeral. "Tenho certeza de que ele poderia muito bem ter entrado em um jatinho e ido, mas talvez ele não pudesse enfrentar algo tão comovente no meio de uma turnê e ter que fazer show na noite seguinte, fingindo que estava tudo bem."

Como resultado da morte de Jim, a relação entre Paul e Angie se deteriorou. A madrasta saiu de férias após o enterro com uma afobação indecente, segundo a "Parentada". "Ela e Ruth já estavam de malas prontas para viajar de férias à Espanha, com passagem marcada para as 9h30 no aeroporto de Manchester, e a família as odiou por isso. Minha nossa, ela irritou todo mundo!", lembra Mike Robbins, que apresentara Angie a Jim. Quando Angie logo em seguida decidiu gerenciar cinemas e Ruth continuou a buscar seus sonhos na indústria do entretenimento, houve outras brigas com Paul, que culminaram em uma inflamada discussão pelo telefone sobre dinheiro, de acordo com uma entrevista dada por ela ao jornal *Sun*. Ruth McCartney alegou em outra entrevista que o meio-irmão interrompera a pensão de 7 mil libras por ano paga pela McCartney Productions Ltd* a Jim. Enfrentando dificuldades financeiras cada vez maiores, mãe e filha se mudaram do bangalô para um apartamento. Uma fissura profunda foi criada entre Paul, sua madrasta e a meia-irmã.

* Em abril de 1976, Paul mudou o nome de sua empresa para MPL Communications. *(N. do A.)*

18

A BOA VIDA

ÚLTIMOS ENCONTROS COM JOHN

Apesar da economia instável, o otimismo e até um clima de celebração voltaram aos Estados Unidos em 1976. A Guerra do Vietnã tinha acabado, Watergate forçara Richard Nixon a abandonar a presidência, e um afável e jovem fazendeiro da Geórgia prometia um futuro melhor. Muitas pessoas queriam acreditar em Jimmy Carter no ano do bicentenário da nação. Nos dois séculos desde que a Declaração de Independência fora proclamada, as relações entre EUA e Grã-Bretanha tinham melhorado consideravelmente, claro, com alguns britânicos sendo tão populares na ex-colônia quanto em seu país de origem: Dickens, Chaplin e Churchill são alguns exemplos. Os Beatles faziam parte desse ilustre grupo. O status de Paul também continuava nas alturas, ainda maior do que em casa, após ter conseguido quatro primeiros lugares na parada de singles e outros quatro na de álbuns no país desde 1970. O interessante é que ele ainda não tinha feito um single chegar ao topo das paradas na Grã-Bretanha onde, apesar de ter a imprensa geralmente a favor, como ele gostava, crítica e público eram mais cautelosos com suas canções, considerando-as excessivamente sentimentais e até desprovidas de conteúdo. Em abril de 1976, os Wings lançaram um single que respondia a essas críticas em um estilo audacioso. Em "Silly Love Songs", o músico deixou sua opinião bem clara: ele gostava de compor canções de amor, e se as pessoas tivessem algum problema com isso, ficaria difícil, pois ele continuaria a compô-las. A força da melodia fez de "Silly Love Songs" seu quinto sucesso a chegar ao topo das paradas nos EUA, mantendo-se por lá durante cinco semanas, mas sem alcançar o topo das paradas britânicas novamente e, na verdade, foi ridicularizada em seu país natal.

"Silly Love Songs" anunciava o novo álbum, *Wings at the Speed of Sound*, composto por músicas cantadas tanto por Paul quanto por seus colegas de banda, entre eles o terceiro baterista dos Wings, Joe English, rapaz grande e barbudo com uma voz surpreendentemente doce. Embora essa fosse a formação mais forte dos Wings, muitas das faixas de *Wings at the Speed of Sound* eram medíocres. Nenhuma produção podia disfarçar o fato de que "Cook of the House" de Linda, uma homenagem a suas habilidades culinárias, era uma canção fraca em que ela cantava mal. A melhor faixa, "Let 'em In", tinha uma proposta bem diferente: melodia grudenta, letra boa e semiautobiográfica marcada por um dos desempenhos vocais mais persuasivos de Paul. Insinuante, onírica, levemente melancólica, era uma faísca da velha chama dos Beatles. Foi outro sucesso nos EUA, ajudando a levar *Wings at the Speed of Sound* ao topo da parada de álbuns por lá.

Paul estava em Nova York. Empolgado com o sucesso nas paradas, ele e Linda passaram no Dakota na noite de sábado, 24 de abril de 1976, para ver os Lennon. John estava em casa vendo o humorístico *Saturday Night Live (SNL)* e Paul assistiu à TV com ele. Foi quando os dois ex-Beatles viram Lorne Michaels, produtor-executivo do *SNL* e amigo de Paul dos Hamptons, oferecendo-se, de brincadeira, para acertar uma reunião dos Beatles, um rumor cada vez mais frequente na imprensa, com histórias loucas sobre os milhões que tal apresentação renderia aos garotos. Michaels anunciou que a NBC poderia oferecer à banda o salário do sindicato, 3 mil dólares, pela apresentação de três canções. Ele fez um cheque nominal aos integrantes. "Vocês dividem a seu gosto. Se quiserem dar menos a Ringo, a decisão é de vocês." John e Paul discutiram a possibilidade de ir à NBC imediatamente para dar uma resposta, mas já era muito tarde.

Na noite seguinte Paul apareceu no Dakota de novo. Dessa vez ele não foi tão bem-recebido. Como costuma acontecer com homens que se conheceram quando garotos e depois se separaram, recuperar uma antiga amizade pode ser difícil. A saudação inicial, parte instintiva, parte apenas educada de "ah, oi, como vai você?" foi substituída por uma irritação porque alguém do passado vinha se intrometer no presente como se nada tivesse acontecido, quando na verdade tudo havia mudado. Pelo menos John sentia dessa forma. Ele também pode ter ficado com ciúme do sucesso dos Wings. Ele lera que o amigo agora valia 25 milhões de dólares, e tinha reclamado com a esposa que jamais seria tão rico assim. Então Yoko fez um acordo com o marido: se ele ficasse em casa e cuidasse de Sean, ela gerenciaria e aumentaria a fortuna deles. Yoko se mostrou uma empresária de mão cheia, embora dificilmente possa ser comparada a Paul.

"Esse foi um período em que Paul ficava aparecendo em nossa porta com um violão. Eu o deixava entrar", Lennon depois disse sobre as visitas ao Dakota em 1976, "mas eu finalmente lhe disse: 'Por favor, ligue antes de vir. Não estamos em 1956, e aparecer na minha porta não é mais a mesma coisa. Sabe, me ligue antes.' Isso o irritou, mas não falei com má intenção".

O amigo de John, locutor e relações-públicas Elliott Mintz, acredita que a amizade simplesmente se esgotara. Mintz cita outra noite com os dois no Dakota (ele não consegue lembrar a data) quando os Beatles aparentemente não tinham mais nada a dizer um ao outro:

> Imagine a si mesmo sentado em um cinema, e que a fita do projetor tivesse acabado e, em vez das luzes se acenderem e as cortinas se fecharem como normalmente acontece, você visse a luz branca da projeção na tela, como se tivesse terminado o filme. Era assim — eles não tinham mais nada que conversar.

Se a história tivesse sido diferente, Mintz acha que os dois ex-Beatles teriam se visto mais nos anos que seguiram. "Hoje eles seriam homens beirando os 70 anos. Será que ficariam brigando e mandando e-mails malcriados um ao outro sobre alguma infração cometida em seu relacionamento que foi concebido [décadas] atrás?", pergunta ele retoricamente. "Acho que não." Na época, John e Paul nunca mais se viram pessoalmente após essas últimas visitas ao Dakota.

SHOW DE ROCK

Enquanto John se acostumava à vida doméstica e pacata em Nova York, Paul começou a turnê Wings Over America em Fort Worth, Texas, no dia 3 de maio de 1976. Foi a turnê mais bem-sucedida da banda. A primeira vez que o público via o astro da noite era quando Paul ficava em pé no palco, iluminado por um holofote, em um rodamoinho de gelo seco, cantando "Venus and Mars", letra que começa com o narrador também em pé, esperando. Fachos de luz vermelha e verde apareciam no momento certo enquanto McCartney cantava. Após a apresentação inicial, ele passava para a agitada "Rockshow", também feita especificamente para palcos de arena.

Quando as luzes surgiam, Paul aparecia revigorado, de barba feita e cabelo com uma franja curta sobre os olhos e comprido atrás. Ele dava um sorriso aberto e olhava com frequência para Linda, agradavelmente sentada em seus teclados em uma plataforma, cuja base mudava de cor durante o show. Ela parecia feliz e tranquila, longe daquela pilha de nervos das primeiras turnês dos Wings. Denny Laine ficava à esquerda de Paul, empunhando uma moderna guitarra de dois braços, o jovem Jimmy McCulloch ficava do lado de Denny, concentradíssimo em seus solos. Atrás deles, Joe English socava a bateria como o Animal do *Muppet Show*. Ao lado dele ficava o naipe de metais — capitaneado pelo velho amigo de Paul, Howie Casey, no saxofone —, que dava pegada ao som dos Wings. A turnê pelas universidades em 1972 estava distante. Esse era um show de rock enorme, caro e moderno, com direito a lasers aparecendo durante "Live and Let Die". E o mais importante: os Wings agora estavam enturmados. "Foi a primeira vez que passamos tempo suficiente na estrada para ficarmos realmente bons como banda", analisa Laine. E a qualidade do som era boa. A última vez que Paul havia se apresentado nos Estados Unidos fora com os Beatles, e o som inadequadamente amplificado tinha sido abafado pelas fãs. A tecnologia melhorou muito nos dez anos desde Candlestick Park, de modo a permitir que todos na arena Fort Worth ouvissem as nuances do som dos Wings. O show podia ser alto como em "Rockshow" e "Live and Let Die", mas também tinha momentos calmos como a parte acústica em que Paul tocava "Bluebird".

O repertório dos Wings era impressionante, considerando que a banda existia havia menos de cinco anos: "Jet", "Let Me Roll It", "Maybe I'm Amazed", "Listen to What the Man Said", "Let 'em In" e "Band on the Run" funcionavam muito bem no palco, melhor do que no disco, no qual era possível notar a pobreza das letras. Rock ao vivo tem muito de teatro na experiência de ouvir e nas canções em si. Contudo, o destaque indubitável do show era quando Paul sentava ao piano para cantar "Lady Madonna", primeira das quatro canções dos Beatles incluídas no repertório, após o músico mudar de ideia quanto a ignorar seu passado. Ele só tocava músicas dos Beatles que compusera sozinho e apenas algumas delas — "Lady Madonna", "The Long and Winding Road", "Blackbird" e "Yesterday" —, mas todas deixavam o público enfeitiçado.

Para transportar os Wings pelos EUA, McCartney fretou um avião de passageiros BAC 1-11, mandando pintar o logo da banda na fuselagem, e transformar o interior em um saguão ao estilo loft para astros do rock. Havia uma discoteca no fundo para os filhos dele que, mais uma vez, foram tirados da escola para ficar com os pais: Heather tinha 13 anos e Mary, quase 7, além de Stella, com 4 anos. Para diminuir o máximo possível as viagens e manter uma aparência de vida familiar, foram alugadas três casas durante a turnê: uma em Nova York para a parte da Costa Leste, outra em Dallas para os shows do Meio-Oeste e uma terceira em Los Angeles. Quando o avião pousava, uma limusine levava os McCartney para a casa da região. Um dia, dirigindo para a residência de Dallas, Linda viu um garanhão appaloosa (um tipo de cavalo identificado por suas manchas), parou e o comprou, despachando o animal para a Inglaterra. Lucky Spot virou um adorado bicho de estimação da família.

Embora eles fossem dos shows para suas casas alugadas, ainda havia muitas horas passadas em aviões com a banda e seu séquito. Entre outros, a comitiva da turnê contava com a governanta dos McCartney, Rose Martin, que era do East End e cuidava das crianças quando os pais estavam no palco; um ex-agente do FBI que procurava assassinos e sequestradores em potencial; e um novo gerente de turnês, o londrino John Hammel, de 27 anos, que anteriormente trabalhara para o Humble Pie. O termo "gerente de turnê" é um nome vago, e permitia que Hammel atuasse como motorista, guarda-costas e pau para toda obra. Ele se mostrou tão competente que ficou ao lado de Paul a partir da turnê Wings Over America, sendo promovido a assistente pessoal.

Durante os longos voos intercontinentais, o pessoal dos metais jogava longas partidas do jogo de cartas Ten Card Brag, apostando moedas; em parte porque não eram bem pagos. Após assistir por um tempo, Paul sentou-se com eles e entrou no jogo. O valor apostado transformou-se em uma grande pilha de moedas "Aqui está rapazes — quadra", anunciou Howie Casey, mostrando a mão vencedora. "Muito obrigado." Enquanto ele recolhia suas moedas, McCartney ficou louco de raiva, como se alguém tivesse roubado sua fortuna, para surpresa dos músicos de apoio. "Acho que ele queria ganhar. Não era pelo dinheiro", especula Howie, observando que quando ele e os outros reclamaram do salário que ganhavam, Paul lhes deu um generoso bônus de fim de turnê. "Ele dizia: 'Dê 10 mil dólares a cada um deles.' Tudo bem, isso era ótimo. Ele fazia esse tipo de coisa, mas seria muito melhor para todos os envolvidos se tivéssemos [um salário] decente para começar."

Howie pediu e recebeu uma garrafa de uísque no camarim antes de cada show. Mesmo assim, o clima era predominantemente familiar durante a Wings Over America, como fora na turnê pela Europa no ônibus de dois andares. Para relaxar após o show, Paul e Lin viam um filme e gostavam que a banda os acompanhasse. Depois o casal ia para a casa alugada, onde Rosie já colocara os filhos para dormir. Havia uma proibição oficial de drogas nos bastidores, e também de groupies. Assim, Linda afastava o marido da tentação, embora ele não mostrasse qualquer sinal de sair da linha. "Nunca vi [Paul com outra mulher] e nunca senti nada disso", defende Denny Laine, que o conhecia bem naquela década. Na verdade, Danny quase nunca o via sem a companheira. Se ele entrava em algum lugar, você podia apostar que Linda viria logo em seguida. "Ele queria alguém em quem pudesse confiar", conta Denny, explicando a atração que Paul sentia pela esposa. "Ela vinha de família rica, então ele podia ter certeza de que não estava interessada em seu dinheiro [e] eles tinham filhos. As crianças iam a todos os lugares com eles. Essa era uma vida que ele não tivera muito e realmente amava."

O VERÃO DE 1976

Após voltar para casa de sua bem-sucedida turnê pelos EUA, Paul decidiu celebrar a vida de um de seus heróis musicais, Buddy Holly, (e também o fato de ser o dono de algumas letras dele) com um almoço no dia do aniversário do ídolo. A festa foi dada no Orangery em

Kensington Gardens, Londres, em 7 de setembro de 1976, com presença da equipe da MPL, integrantes dos Wings e músicos de outras bandas, incluindo Queen e 10cc, cujo cofundador, Eric Stewart, conhecia Paul desde a época do Cavern e logo teria papel significativo na carreira do ex-Beatle.

O almoço foi tão bom que Paul decidiu celebrar a vida e a música de Buddy todo ano em setembro, com a Semana Buddy Holly, um almoço ou uma festa, mais eventos públicos para fãs, criando um ponto fixo adicional na Agenda McCartney. O Ano dos McCartney agora invariavelmente começava com uma festa de família em Liverpool, seguida por uma parada de verão no Caribe, duas semanas de férias na Escócia em agosto, outro período de duas semanas em East Hampton com os Eastman, depois de volta a Londres para a Semana Buddy Holly em setembro, seguida pelo Halloween e pelo Dia de Ação de Graças, geralmente celebrado em Londres. Linda era em boa parte responsável por apresentar a tradição americana de gostosuras ou travessuras a St. Johns Wood e, antes de os McCartney virarem vegetarianos, ela fazia um fantástico peru de Ação de Graças. Membros da banda e amigos sempre aguardavam ansiosamente por um convite para esse banquete anual, especialmente os norte-americanos saudosos de casa. Na época em que não era fácil encontrar cranberries no Reino Unido, Linda fazia um substituto do suco da fruta com geleia inglesa. No Natal, Paul dava uma alegre festa da empresa na MPL — um ano eles contrataram o ator Andrew Sachs para servir as bebidas vestido como o personagem Manuel da série de TV *Fawlty Towers* — antes de voltar a Liverpool para o réveillon e começar tudo de novo. Gravações e shows se encaixavam nessa agenda voltada para a família, e o casal levava os filhos a quase todos os lugares. Os McCartney eram uma família incrivelmente unida.

Algumas semanas após o primeiro almoço em homenagem a Buddy Holly, Paul e Linda fizeram um show de caridade com os Wings em Veneza, onde também comemoraram o aniversário de 35 anos de Linda com uma festa de família (obviamente, os filhos também foram), depois da qual ele não fez shows ao vivo por três anos. Embora ele adorasse se apresentar, a esposa só o fazia para agradá-lo, então esse foi um intervalo bem-vindo para ela e está claro que os McCartney não precisavam do dinheiro. A turnê Wings Over America havia enchido os cofres da família. A MPL faturara mais de 3 milhões de libras em 1976-77, dos quais Paul pagou a si mesmo um salário de presidente de 96.500 libras, em uma época em que a renda média nacional no Reino Unido era menos de 4 mil libras, e a empresa ainda teve um lucro de 1,1 milhão. "Nos últimos dois anos ganhei mais dinheiro do que em todo o chamado estouro [dos Beatles]", revelou ele em uma entrevista em 1977. "Eu não queria mais saber de empresas, mas Lee [Eastman] disse que se eu tivesse um escritório e pagasse algumas pessoas boas, poderia ser dono de meu material." O conselho de Lee se mostrou sensato. Parte da renda relacionada aos Beatles está incluída nesses números da MPL, que estão em registros públicos, mas o principal fluxo de royalties do catálogo antigo da banda não aparecia nos registros contábeis da empresa, ou seja, Paul acumulava ganhos adicionais significativos em outros lugares. O quadro completo de sua riqueza pessoal surgiria muitos anos depois, como veremos.

Após funcionar em salas alugadas na Greek Street, Soho, pelos primeiros anos a partir de 1977, a MPL se mudou para a esquina da Soho Square, no centro de um pequeno parque popular entre trabalhadores do escritório e do comércio. A Soho Square fica no meio de uma área muito movimentada do centro de Londres, e as grandes lojas de roupas da Oxford Street estão a alguns passos de distância ao norte. A Charing Cross Road está a leste, com suas livrarias e lojas de música, tendo ainda a agitada vida do Soho — com seus bares, restaurantes e clubes — ao redor. Paul comprou o 1 Soho Square, prédio eduardiano de cinco andares. O térreo parece uma loja, com janelas de vidro grandes e curvadas. As escadas saem da recepção e levam aos quatro andares de escritórios. Paul escolheu a sala da frente do segundo andar para ser seu escritório particular. Sentado em sua mesa, falando ao telefone, ele podia ver as pessoas no parque lá embaixo, visão interessante para um homem em constante busca por novas ideias para canções. Antes da MPL se mudar para a 1 Soho Square, Paul destruiu o interior do prédio e contratou as pessoas que projetaram a badalada loja Biba em Kensington, para redecorá-lo no estilo *art déco*, encomendando caros carpetes, cortinas e estofados azuis, todos com um motivo de nota musical costurado, repetido nas maçanetas de carvalho feitas à mão e que aparecia como padrão gravado em estêncil em torno das janelas. Outro item feito sob medida foi uma jukebox Wurlitzer antiga, cheia dos discos favoritos do ex-Beatle. Havia também obras de arte valiosas, um órgão de tubos no primeiro andar, um apartamento de cobertura e espaço no porão para montar um estúdio de gravações.

Uma pequena equipe trabalhava em tempo integral na 1 Soho Square. O cargo mais alto era o de gerente pessoal de Paul. A alta rotatividade de pessoas nessa posição reflete o nível de exigência do músico. Primeiro veio Vincent Romeo, depois Brian Brolly, seguido pelo australiano Stephen Shrimpton. Brolly ficou na MPL ao longo das mudanças, cuidando do dinheiro junto com o contador Paul Winn. Ambos eram fortes defensores da equipe MPL. Assim também era o entusiasmado Alan "the Crowd" Crowder, faz-tudo do escritório. Além disso, havia um elenco variável de recepcionistas e secretárias. Sue Cavanaugh gerenciava o Wings Fun Club e supervisionava a revista *Club Sandwich*, lançada em fevereiro de 1977 para "reduzir a lacuna entre a banda e seu público". Inicialmente, a *Club Sandwich* era uma folha de jornal de uma dobra, impressa em preto e branco como os jornais de música da época, embora seu tom fosse diferente da *Melody Maker*, estando mais para uma revista de crianças, aparentemente feita para apreciação dos pequenos McCartney: bondosa, informal e brincalhona, com espaço para desenhos dos fãs, uma página de cartas (Sue's Lettuce [sic], ou A Alface de Sue) e uma seção de palavras cruzadas feita pelo primo de Paul, Bert Danher, criador profissional desse tipo de passatempo.

O prédio da MPL era uma versão mais organizada do escritório da Apple na 3 Savile Row, que a Apple finalmente conseguiu vender em 1976. Considerando uma época em que astros, por motivos de segurança, costumavam se preocupar que o público *não* soubesse onde moravam e trabalhavam, os Beatles sempre foram bastante públicos quanto a seu local de trabalho. Eles ficaram em uma rua movimentada com a Apple nos anos 1960, e McCartney fez o mesmo com a MPL. O novo escritório era fácil de encontrar, e mesmo se os fãs não conseguissem passar pelas garotas da recepção, poderiam ficar sentados na Soho Square observando o prédio em busca de Paul, que costumava ser visto andando pela área, frequentando restaurantes locais e o pub Nellie Dean. Ele ainda utiliza a 1 Soho Square como quartel-general de trabalho e pode ser visto na vizinhança de vez em quando.

Da mesma forma, o endereço na Cavendish Avenue sempre foi bastante conhecido pelos fãs, embora a casa tenha mudado ao longo dos anos. Após o casamento com Linda, mais especificamente depois dos filhos, o local deixou de ser o apartamento de solteiro dos anos 1960 e se transformou em uma casa de família meio suja e gasta, onde as crianças corriam seguidas pelos cachorros, e nenhum deles parecia ter sido treinado para andar em casa, deixando marcas de mão e de lápis de cera nas paredes, muitas vezes em valiosas obras de arte, além de marcas de patas e sujeira de cachorro nos tapetes. Já o grande jardim lembrava a comédia televisiva *The Good Life* Nessa série inglesa popular nos anos 1970, um casal de classe média faz de seu jardim suburbano uma pequena fazenda, com direito a vacas. Da mesma forma, Linda plantava verduras no quintal dos fundos, que também tinha um pequeno zoológico de coelhos, patos e galinhas, que uma vez se empoleiraram no Rolls Royce de Paul após ele ter se descuidado e deixado a janela aberta. Custou 6 mil libras para trocar o estofamento.

O galo da família acordava toda a avenida de madrugada. "Ele não só cantava como fugia, e todos os garotos corriam pela rua atrás [dele]", diverte-se Adrian Grumi, que cresceu na Cavendish Avenue com os pequenos McCartney. A mãe de Adrian não ficou nem um pouco impressionada quando Paul e Linda alojaram quatro cavalos no jardim. Sim, as casas foram construídas com estábulos para abrigar os animais que puxavam as carruagens dos ricos vitorianos, moradores originais dali, mas era estranho, em 1976/1977, ver os McCartney cavalgando para fora de casa nas manhãs de domingo, sob a crença enganosa de que poderiam andar a cavalo no Regent's Park. "Eles usavam capacete e todo tipo de apetrecho, além de calças de montaria, apenas para ir do início ao fim da rua. Os cavalos costumavam sujar a rua e os vizinhos ficavam loucos e raiva", conta a Sra. Grumi.

Na verdade, a família era vista com menos frequência em St. John's Woods nessa época, passando mais tempo em sua toca de Sussex, Waterfall, mesmo que a casa fosse pequena demais para cinco pessoas. Como na Escócia, era a privacidade e a simplicidade da vida no campo que os atraía. "Era ótimo [para Paul] fugir da vida de astro e ser apenas um pai de família", observa Denny Laine. Em setembro de 1976, Paul começou a melhorar e a expandir sua propriedade de Sussex, entrando com pedido de autorização para erguer um estábulo e, algo incomum, uma torre de observação de 21 metros. Ambos foram concedidos. A torre atraiu grande atenção da mídia, especialmente porque parecia algo saído de um campo de prisioneiros de guerra. Jornais publicaram fotos da construção como parte de histórias imaginadas sobre a alta segurança na casa em Sussex, que os vizinhos aparentemente chamavam de Paulditz, trocadilho com outra série popular de TV da época, o drama de prisioneiros de guerra chamado *Colditz*. Na verdade, Paul tinha pouca segurança pessoal e, em vez de erguer a torre para buscar intrusos, ele queria olhar por cima da copa das árvores. "Quando se está bem no meio da floresta, não há paisagem, não há perspectiva, você vê apenas árvores", explica a vizinha Veronica Languish. "Então, ele construiu a torre para poder ver mais longe." Os Languish estavam entre as famílias de fazendeiros locais que observaram a chegada dos McCartney com curiosidade no fim dos anos 1960, mas passaram a gostar da família. "Ele se encaixou. É gente como a gente agora, já está aqui há tempo suficiente para isso", declara a Sra. Languish, após conhecer Paul por mais de trinta anos. Como muitas pessoas, ela gostava particularmente de Linda, que fazia de tudo para conhecer e fazer amizade com as pessoas da região. "Ela era uma boa garota, a Linda, muito amigável." Além disso, o casamento era evidentemente sólido. Naquele Natal, Linda comprou para o marido um de seus melhores presentes: o baixo duplo Bill Black usado por Elvis Presley em suas gravações no Sun Studio. E havia outras boas notícias: o álbum triplo ao vivo da turnê norte-americana, *Wings Over America*, havia alcançado o primeiro lugar nos Estados Unidos.

TODOS A BORDO

Na primeira semana de dezembro de 1976, os Sex Pistols entraram com tudo na mente do público britânico com uma aparição ultrajante na TV em plena hora do chá, na qual xingaram e importunaram tanto o apresentador que foram parar nas primeiras páginas dos jornais no dia seguinte. O punk rock havia chegado, e muitos jovens britânicos o adotaram, identificando-se mais com caras sujos como Johnny Rotten ou Sid Vicious do que com um astro do rock milionário como

Paul McCartney. Até a filha do ex-Beatle, Heather, então com 14 anos, virou punk. Ele tentou escrever uma canção no estilo punk para agradá-la, chamada, de forma hilária, "Boil Crisis", mas, aos 34 anos, ele era velho demais para ter empatia com adolescentes rebeldes.

Em março, o músico permitiu que o álbum instrumental *Thrillington* fosse lançado, seis anos depois de sua gravação, com uma campanha promocional em tom de piada, que envolvia anúncios curtos e enigmáticos nos classificados do *Evening Standard* de Londres, supostamente escritos pelo líder da banda ficcional Percy 'Thrills' Thrillington. Lançar um álbum orquestrado no estilo de chá dançante no mesmo mês de *God Save the Queen*, dos Sex Pistols, mostrava o quanto Paul estava fora de sintonia com a cultura jovem. Mas isso importava? Ele e Linda eram ricos e felizes; esperavam outro bebê — ele torcia por um menino — e planejavam gravar o próximo álbum dos Wings no Caribe. Não surpreende que os punks não gostassem dele.

Dez anos depois do verão do amor, a Grã-Bretanha não era um lugar tão atraente e confiante quanto era no meio dos anos 1960. Enquanto 1976 dava lugar a 1977, as taxas de juros, as greves e o desemprego crescente eram sintomas de uma economia doente, enquanto os chamados (com eufemismo) "problemas" da Irlanda do Norte continuavam a gerar assassinatos sangrentos tanto nas províncias quanto na Grã-Bretanha, com ameaças de bomba e atentados tornando-se comuns na capital. Na indústria da música falava-se muito dos Sex Pistols, pois a banda fora demitida da EMI por seu novo presidente, Sir John Read, considerando-a polêmica demais para uma firma que construíra sua reputação fazendo gravações de grandes compositores britânicos como Vaughan Williams, Sir Edward Elgar e, bem, Lennon & McCartney. Paul era o filho favorito na sede da EMI e continuava a preferir os estúdios da Abbey Road, que viraram o local de gravação mais famoso do mundo graças aos Beatles. A faixa de pedestres em frente ao estúdio se tornara uma grande atração turística desde que *Abbey Road* fora lançado, com fãs vindos do mundo inteiro para tirar uma foto atravessando a rua, um aborrecimento para os motoristas de táxi e de ônibus, obrigados a parar para eles.

Nos dias cinzentos de fevereiro de 1977, McCartney levou os Wings de volta aos estúdios da EMI na Abbey Road para trabalhar em seu novo álbum, *London Town*, batizado com o nome da canção título, que buscava expressar o estilo da capital no inverno. Embora a cidade tenha um belo charme sombrio nessa época do ano, Paul logo se cansou dos dias escuros e úmidos do inverno e anunciou para a banda que, após um intervalo, os Wings retomariam a gravação de *London Town* no Caribe (mais uma vez, provavelmente por motivos fiscais). Além disso, eles o fariam em um barco.

Os McCartney viajaram para a Jamaica em abril para as férias de família, antes de seguir para as Ilhas Virgens dos EUA, onde a equipe dos Wings, que chegara antes, já havia fretado três embarcações, entre elas o barco a motor *Fair Carol*, no qual Geoff Emerick e Mark Vigars instalaram uma máquina de gravação de 24 pistas na popa. O capitão Tony Garton temia que seu barco afundasse com tanto peso. O catamarã *El Toro* foi fretado pela família McCartney: Paul, Linda, com a gravidez de seu quarto filho bem adiantada, e as meninas Heather, Mary e Stella; enquanto uma terceira embarcação, *Samala*, acomodava a banda, os roadies e os engenheiros. A família embarcou em St. Thomas, depois navegou até St. John para buscar Denny, Jimmy e Joe.

Essa excêntrica aventura caribenha começou bem, com todos mergulhando para nadar de um barco a outro, deliciando-se com os corais e os peixes de cores vivas. A diversão era gritar "Tubarão!" quando os amigos estavam tomando banho. Um dia um golfinho surgiu na superfície, colocando a cabeça para fora como se quisesse ouvir Paul tocando violão. Enquanto as gravações continuavam, porém, vários acidentes ocorreram no navio. Alan Crowder caiu e quebrou o pé, voltando do hospital de muletas como o personagem Long John Silver, do livro *A ilha do tesouro*. Denny Laine teve insolação, Jimmy McCulloch perdeu temporariamente a audição e Geoff Emerick levou um choque. À noite, com os três barcos atracados juntos, todos se encontravam para uma ceia comunal sob as estrelas. Uma noite, todos se divertiam quando Paul apresentou uma história chamada *The Two Little Fairies*, narrando e tocando piano, enquanto as filhas Mary e Stella, interpretavam as fadas. Velha demais para esse tipo de bobagem infantil, Heather se escondeu de tudo isso e ficou em um canto ouvindo o Damned.

Bebidas e maconha faziam parte da vida noturna, e quando os barcos estavam ancorados em Watermelon Bay, dois guardas florestais norte-americanos vieram a bordo para advertir Paul quanto ao barulho. No dia seguinte os guardas entregaram uma carta avisando que se eles voltassem e encontrassem drogas a bordo, prisões seriam feitas. Assustado, o capitão Garton tentou impor a ordem a seu cliente famoso, que disse não precisar desse aborrecimento e fretou outro barco, o *Wanderlust*. Depois, uma canção com esse nome apareceu no álbum *Tug of War*, cuja letra deixava claro que o compositor considerava brigas com as autoridades sobre drogas uma questão insignificante.

Quando chegou o verão, os McCartney voltaram à Escócia. Na época, Denny Laine e a esposa Jo Jo moravam em uma casa dentro da propriedade de ex-Beatle, de modo que eles podiam compor juntos. Certa tarde, Paul foi à casa de Laine com a ideia para uma canção sobre sua casa de férias. "Ele já tinha o refrão e o título, 'Mull of Kintyre'", lembra o guitarrista, citando a ponta da península de Kintyre. "Paul queria escrever uma canção que o fizesse se lembrar daquela área." Os dois beberam alguns copos de uísque, sentaram-se em frente à casa de Laine e terminaram a música, admirando a paisagem. "Foi assim que a canção surgiu, olhando ao redor e vendo o que estava lá. Não era preciso imaginar nada, estava tudo em nossa frente." A canção era uma valsa de letra bonita e poética. A poesia, por sinal, é notavelmente superior a todo o trabalho solo de Paul até então, explicada pelo fato de não ter sido escrita por ele. Pelo menos não totalmente. Embora ele tenha criado o refrão e já tivesse o título, Laine diz que escreveu "bastante" do resto de "Mull of Kintyre", e assim Paul precisou dividir o crédito pelo que talvez seja sua melhor letra pós-Beatles. Laine diz que seu estilo é perceptível, por exemplo, no seguinte verso romântico:

Far have I travelled and much have I seen
Dark distant mountains with valleys of green
Past painted deserts, the sunsets on fire
*As he carries me home to the Mull of Kintyre**

A gravação da música foi bastante incomum, contando com os serviços da Campbeltown Pipe Band, que tinha entre seus integrantes

---

* Para longe viajei e muito já vi/Montanhas distantes e sombrias com verdes vales/Passei por desertos pintados, pores do sol em chamas/Enquanto ele me leva para casa, para Mull of Kintyre. *(N. do T.)*

Jimmy McGeachy, filho adolescente de um flautista da mesma banda. Com 15 anos quando "Mull of Kintyre" foi gravada, Jimmy estava no último ano da Campbeltown Grammar School, após o qual ele viraria aprendiz de montador no estaleiro. Nas horas de folga ele fazia parte da banda de gaita de foles. Os integrantes do grupo se encontravam em Castle Hill Church duas noites por semana para ensaiar e, quando o verão chegava, eles usavam kilts de estampa tartã Royal Stewart, tiras de couro na frente do saiote e bonés com penacho para se apresentar nas ruas da cidade e em competições regionais. Como acontecia com a Black Dyke Mills Band, a comunidade tinha muito orgulho do conjunto musical, e os jovens ficavam loucos para fazer parte dele. Jimmy não via qualquer conflito entre tocar bateria nesse grupo de gaita de fole e em sua banda punk da escola.

O diretor do conjunto era um ex-guarda escocês chamado Tony Wilson, um homem imponente que costumava ser encontrado no pub. Um dia Paul o chamou a High Park para mostrar sua nova valsa e perguntar se a banda de gaita de foles, que estivera em High Park pela última vez quando estava com Jane Asher, gostaria de participar de uma gravação. Wilson contou a ideia a seus colegas no ensaio seguinte em Castle Hill. "Achamos que era mentira, claro", observa Ian McKerral, então um jovem gaitista. "Sabíamos que Paul tinha fazenda em Kintyre e costumávamos vê-lo pela cidade com bastante frequência, mas Tony era uma figura e acreditamos que ele estava brincando." Porém, o diretor falava a verdade. Ele escreveu a melodia no quadro-negro e eles começaram a ensaiar.

Na noite de terça-feira, 9 de agosto de 1977, Wilson levou sete gaitistas e sete bateristas, todos vestidos com kilts de estampa tartã, para Low Ranachan Farm. Geoff Emerick e Mark Vigars estavam lá para fazer a gravação. "De repente os cachorros vieram correndo, com a sheepdog Martha e depois vieram os McCartney. Paul surgiu na nossa frente e disse 'Oi, como vocês estão?'. A família estava toda lá, eram apenas crianças naquela época, Mary e Stella, e Heather era da minha idade", relembra Jimmy McGeachy que conheceu Heather um pouco. "Ela era meio grudenta, estava sempre ao lado da mãe..." Denny Laine e Joe English também estavam presentes, mas Jimmy McCulloch, não. O volúvel guitarrista havia se separado dos Wings após um incidente bobo na fazenda quando, certamente bêbado, ele jogara ovos em um muro. Os ovos eram das galinhas de estimação de Linda, e ela não gostou. Como resultado, Jimmy trocou de banda; foi para a Small Faces.

Os Wings já haviam gravado o básico de "Mull of Kintyre". Agora os gaitistas gravariam sua parte, soprando as bolsas de pele de ovelha para acionar as gaitas, soltando o ruído estranho, feroz e quase mecânico dos instrumentos. Paul deu a deixa para eles, pois as gaitas só entrariam no terceiro verso. Quando isso foi feito ao seu agrado, ele gravou a bateria, gritando "whoo-hooo!" ao final, como pode ser ouvido no disco. Terminado o trabalho, ele saiu e reapareceu com um carrinho de mão carregado de latas de cerveja McEwan's Export, bebidas pelos membros da banda enquanto ele experimentava o kilt de John McGeachy e tentava tirar uma melodia da gaita, algo mais difícil do que parecia. Linda fez sanduíches para os rapazes. "Ela era uma mulher adorável", elogia John McGeachy, o mecânico da cidade. "Você a encontrava pelas ruas de Campbeltown — esbarrei com ela algumas vezes —, e ela sempre parava para conversar..." O jovem Jimmy McGeachy (sem parentesco com John) andou pelo celeiro e experimentou a bateria de Joe English. Linda veio logo atrás e se juntou a ele para um improviso. "Ela fazia você se sentir bem-vindo, sabe. Havia algo acolhedor nela." Embora grávida de oito meses, ela roubou um cigarro do jovem Jimmy e sussurrou: "Não conte a Paul."

Embora Joe English parecesse ter boas relações com os McCartney durante a sessão de "Mull of Kintyre", ele deixou a banda logo em seguida, reclamando de dinheiro. Mais uma vez, os Wings voltaram ao trio irredutível composto por Paul, Linda e Denny Laine, deixando novamente uma dúvida no ar quanto à relação do astro com seus músicos. "Paul é maravilhoso, mas pode ser bastante cruel com as pessoas ao redor dele", descreve o ex-homem da Apple Tony "Measles" Bramwell, relações-públicas dos Wings. Integrantes da banda iam e voltavam "sem qualquer tipo de reconhecimento". Na verdade, o músico estava ocupado com acontecimentos mais importantes em sua vida; o sonho de ter um filho foi realizado no mês seguinte, em 12 de setembro de 1977, quando a esposa deu à luz um menino. Eles o batizaram de James Louis em homenagem ao pai de Paul e ao avô de Linda, respectivamente. Ao registrar o nascimento, ele foi obrigado a dar o antigo nome de casada da esposa. Ele falou Lerch, embora soubesse muito bem que o pai de Heather se chamava Mel See, o que foi provavelmente uma vingança intencional. Afinal, os

McCartney não se davam bem com Mel na época. Paul estava tão orgulhoso por ter um filho que fez seu assessor divulgar um texto para a imprensa. "Estou muito feliz!", declarou. "Quando soube que o bebê era um menino eu realmente fiquei maluco."

Paul pretendia originalmente que "Mull of Kintyre" fosse uma faixa do álbum, mas tinha uma sensação tão boa sobre a canção que fez dela um single com dois lados A junto com "Girls' School", cuja letra lasciva fala de estudantes e seus professores sensuais, parecendo deslocada vindo de um pai de três meninas. Porém, "Girls' School" era uma canção de rock 'n' roll convencional que poderia funcionar bem na América do Norte, enquanto "Mull of Kintyre" era uma canção folk escocesa com gaitas de fole que quase certamente não teria a mesma sorte em outras terras. Mesmo assim, ele decidiu lançá-la no Reino Unido, fazendo um vídeo promocional com a banda de gaitas de fole em Kintyre. No início do vídeo o famoso compositor aparece tocando guitarra na frente de uma casa, e Linda vem andando em sua direção, com o bebê no colo. A impressão é que estamos olhando para a casa da família na Escócia, mas, na verdade ele viajou vários quilômetros pela costa rumo a Saddle Beach para fazer o vídeo, e a casa nada tem a ver com eles. Mais uma vez, os membros da banda ficaram encantados com os McCartney e cederam felizes os royalties por um modesto pagamento único. Em um acordo feito com Tony Wilson, cada um ganhou 30 libras em dinheiro em um envelope marrom na noite da gravação, e cerca de 300 libras pelo vídeo, o que eles acharam generoso. Ninguém esperava o que veio a seguir.

Lançada no meio de novembro de 1977, "Mull of Kintyre" chegou rapidamente ao topo das paradas britânicas — a primeira e única canção dos Wings a ser primeiro lugar no Reino Unido — e ficou lá pelo que parecia uma eternidade. Paul, que tinha o hábito de ligar para a MPL e perguntar sobre as vendas semanais, recebeu valores surpreendentes: mais de 145 mil cópias eram vendidas por dia na Grã-Bretanha, em uma época em que uma boa venda diária estava em torno de 20 mil. "Mull of Kintyre" logo vendeu 1 milhão de cópias e não parou aí. Desde os Beatles ele não tinha prensado tantos vinis, e levou a Campbeltown Pipe Band para Londres, onde fizeram um segundo vídeo para dar algo diferente aos espectadores do programa de TV *Top of the Pops*, da BBC. No total, "Mull of Kintyre" ficou no primeiro lugar por nove semanas, vendendo mais de 2 milhões de cópias no Reino Unido e, tornando-se o single mais vendido na história da Grã-Bretanha até aquela época.

A canção também foi bem em países que tinham uma quantidade considerável de escoceses expatriados, como o Canadá e a Nova Zelândia, por suscitar nostalgia. Como esperado, ela vendeu muito menos cópias nos Estados Unidos, assim como seu outro lado, "Girls' School", com a qual Paul esperava ter boas vendas nos EUA. A decepção contribuiu para a decisão de terminar a longa associação com a Capitol Records. Porém, uma melodia leve e alegre com base de sintetizadores do novo álbum chamada "With a Little Luck" chegou ao primeiro lugar nos EUA. Depois disso, *London Town* foi lançado.

A capa do álbum, que mostrava Paul, Linda e Denny posando na Tower Bridge em um dia frio, contrastava com o fato de boa parte do disco ter sido feita no Caribe; as faixas eram a costumeira mistura de baladas grudentas — em que uma ou duas se destacavam — com adendos e canções aparentemente inacabadas, como "Backwards Traveller". A letra de "Children Children", sobre uma cachoeira secreta na floresta na qual as crianças brincavam, certamente está relacionada à casa da família em Sussex. Contudo, não se sabe se Paul estava sendo irônico quando debochou dos astros do rock e suas namoradas groupie em "Famous Groupies". Afinal, ele se casara com uma groupie (Linda), e Denny estava prestes a se casar com outra (Jo Jo). *London Town* também soava distintamente fora de moda em um ano no qual a maioria do público jovem comprador de discos gostava de músicas disco ou punk na Grã-Bretanha.

Quando Paul pediu a opinião de "Measles" Bramwell sobre *London Town*, não gostou da resposta que recebeu. "Eu disse: 'Bom, vai ficar legal quando terminar.' Ele me deu uma de suas cutucadas. Porque ele tem essa mania", conta Measles, explicando que se estivesse de bom humor, Paul lhe daria o famoso gesto de polegar para cima, mas se não gostasse de alguém em particular, cutucava o peito da pessoa enquanto a repreendia. "Era só o Macca sendo Macca: tanto o do polegar pra cima quanto o do cutucão." Enquanto cutucava Measles, Paul perguntou: "O que você sabe, afinal? Eu o trouxe lá de Liverpool!" No início da Apple, era o que ele costumava dizer a Peter Brown e aos outros quando estava furioso. Bramwell não recebeu a incumbência de promover *London Town*, e os dois não se falaram por mais de dez anos.

Embora estivesse fora de sintonia com os jovens britânicos, o ex-Beatle continuou a falar para um público maior e mais velho, e *London Town* ficou entre as cinco mais tocadas no Reino Unido e nos EUA. Ele poderia ter ido ainda melhor se o lançamento do álbum não coincidisse com uma paródia clássica. A história da maior de todas as bandas que faziam tributo aos Beatles, os Rutles, começa alguns anos antes, quando o ex-membro do *Monty Python*, Eric Idle, e o compositor da Bonzo Dog, Neil Innes, ambos grandes amigos de George Harrison, fizeram uma série de humor para a BBC chamada *Rutland Weekend Television*, satirizando as convenções da TV e parodiando os Beatles na fase de *A Hard Day's Night* porque, como Innes explica: "Era uma piada visual fácil — preto e branco, quatro caras usando perucas e sapatos pontudos correndo por um campo. Tinha tudo para dar certo!" Quando Idle apresentou o *Saturday Night Live* em 1976, mostrou um clipe dos Rutles, tendo uma resposta tão favorável dos espectadores norte-americanos que o *SNL* encomendou um filme de longa-metragem dos "*prefab four*", o quarteto pré-fabricado. *All You Need is Cash*, ou "Tudo de que você precisa é dinheiro" é uma paródia de documentário apresentada por Idle, no papel de um jornalista de TV sem humor cujos comentários idiotas repetem lugares-comuns. O espectador vê o Cavern e o Reeperbahn, "a rua mais maliciosa, onde os Rutles se viram longe de casa e longe de ter talento". Os Rutles fizeram seu primeiro álbum "em vinte minutos. O segundo levou ainda mais tempo", depois caíram nas garras de um empresário no estilo de Klein cujo "único ponto fraco era sua desonestidade". O personagem que remetia a Paul se chamava Dirk McQuickly, interpretado por Idle como um espirituoso Sr. Showbiz, sempre pronto a falar com a imprensa ou compor uma canção rápida para outra banda. "Ele vendia canções para qualquer pé-rapado", zomba Mick Jagger em uma deliciosa participação especial, ainda mais engraçada porque Paul deu aos Stones seu primeiro sucesso.

A NBC exibiu *All You Need is Cash* no dia do lançamento de *London Town*. A BBC, por sua vez, exibiu a paródia cinco dias depois, e lançou um LP dos Rutles logo em seguida. Enquanto Paul tentava vender seu próprio disco, jornalistas o perguntavam constantemente sobre a rutlemania, uma piada que a mídia aceitou com entusiasmo, mesmo que também fosse alvo da piada. O ex-Beatle não gostou. "Não acho que tenha ficado feliz com retrato que Eric fez dele", conta

Neil Innes, rindo apesar de se sentir mal quanto aos Rutles terem competido com *London Town*. Quando encontrou Paul em uma festa na casa de George Harrison, ele tentou se desculpar. "Eu realmente o chamei de lado e disse: 'Olhe, amigo, sinto muito mesmo sobre [os] Rutles.' Ele disse: 'Ah, o que é isso! Sei que é carinhoso.'" Mesmo assim, Innes teve a impressão de que McCartney ficara ofendido. "Ele subitamente começou a ficar meio arredio."

BACK TO THE EGG

Paul foi à estreia londrina de *Annie* em maio de 1978, levando não só Lin e as crianças ao teatro como também 37 membros de sua família, em parte para comemorar o fato de os Eastman terem comprado os direitos autorais do musical para acrescentar ao catálogo cada vez maior da editora MPL. A peça foi um grande sucesso, deixando Paul ainda mais rico. Os Eastman também estavam renegociando o acordo com as gravadoras EMI e Capitol, levando-o a assinar com a CBS nos EUA por um adiantamento de 22,5 milhões de dólares. O tamanho do acordo refletia o histórico do músico naquele país. Os Beatles eram os artistas mais bem-sucedidos dos anos 1960, e poderia se dizer, considerando a força dos singles nos EUA, que Paul era um dos artistas mais bem-sucedidos dos anos 1970. Havia muita expectativa de que ele continuaria a criar sucessos para a CBS com os Wings.

Primeiro, contudo, era preciso reformular a banda. Dessa vez ele delegou a função a Denny Laine, que escolheu dois ingleses de 20 e poucos anos para substituir Joe English e Jimmy McCulloch: o baterista Steve Holley e o guitarrista Laurence Juber. As audições foram rápidas. "Tocamos algumas músicas do Chuck Berry e uns reggaes, e eles me ofereceram o trabalho na hora", relembra Juber. Holley acredita que a escolha sem muito cuidado indicava que Paul estava perdendo o interesse nos Wings. "Acredito que eles não estavam a fim de um processo longo e contínuo de audições, pois isso aborreceria Paul. E para ser muito sincero, acho que ele devia estar ficando entediado com tudo aquilo... Talvez a responsabilidade de ter uma banda fosse um pouco cansativa para ele."

As versões anteriores dos Wings não deram certo em parte porque os outros integrantes se consideravam músicos de apoio mal pagos em vez de membros da banda. Holley e Juber foram contratados praticamente nesse mesmo esquema, mas o pagamento era melhor e os termos de demissão foram explicados com mais clareza durante uma reunião de negócios regada a chá gelado com Lee Eastman no gramado de sua casa de verão em East Hampton. "Basicamente havia uma quantia anual, paga mensalmente, e também uma porcentagem dos lucros da turnê", explica Juber. "Era, sem dúvida, um acordo razoável." Como fiel escudeiro de Paul, Denny Laine tinha um acordo diferente, melhorado, recebendo, enfim, uma parte dos royalties da banda — o que Denny Seiwell sempre desejara, mas não tinha ficado tempo bastante para conseguir. Os Eastman também começavam a gerenciar a vida financeira de Laine, bem como a de McCartney, dentro da MPL. Infelizmente, o guitarrista já havia chegado à posição de dever ao governo mais do que poderia pagar, o que se tornou um problema sério para ele.

Naquele verão os Wings se reuniram na Escócia para trabalhar no novo álbum, *Back to the Egg*, produzido por Paul e Chris Thomas, que se tornaria um produtor muito conhecido desde que seguira os passos de George Martin no *Álbum branco*, produzindo Procol Harum, Roxy Music e, mais recentemente, o *Never Mind the Bollocks*, do Sex Pistols. Houve uma tentativa de trazer algo da energia do punk e da new wave — que era praticamente a redescoberta do rock 'n' roll — para *Back to the Egg*, cujo título indicava um retorno ao básico, o que se nota mais claramente em "Spin It On". Além disso, havia ecos audíveis do The Clash em "Again and Again and Again". Como sempre acontece com Paul, havia muitas canções de amor grudentas, algumas faixas para tapar buraco e investidas em estilos musicais diferentes, entre elas a faixa de encerramento ao estilo jazz chamada "Baby's Request", que seu pai teria amado.

Steve Holley percebeu que o compositor sentia falta de trabalhar com John Lennon.

> Na verdade, foi na manhã em que gravamos "Arrow Through Me". A noite anterior fora particularmente longa, e foi a única vez que ele falou nisso, nada sobre o relacionamento deles, foi só uma sensação que eu tive, de que ele sentia falta dessa proximidade... Apenas uma percepção. *Meu Deus, ele sente falta do John* — de que era um vazio imenso em sua vida.

Denny Laine sugere que o astro na verdade estava entediado ao lidar com músicos iniciantes que não entendiam muito do riscado. Algumas atitudes básicas de bandas de rock aconteciam naturalmente entre Laine e McCartney, que precisava explicar tudo aos novos garotos. "Eles estavam mais para jovens fãs do que para velhos guerreiros de estrada." Mesmo assim, Paul falava em fazer um filme com eles.

O projeto de filme, que se transformou no execrável *Give My Regards to Broad Street*, começou quando Paul convidou o dramaturgo Willy Russel à Escócia para passar um tempo com o grupo e ver se a experiência poderia inspirar um roteiro. Houve, inevitavelmente, muita expectativa sobre o que acontecia em Low Ranachan Farm quando Willy ficava sozinho com os músicos e roadies. Assim como outros já tinham feito, o dramaturgo notou a atmosfera servil em torno de McCartney:

> A fama de Paul é tão grande [que] todos ao redor dele são afetados de alguma forma e ninguém fala a verdade. As pessoas ficam se lamentando por passarem o dia inteiro lá. Em particular, elas falavam: "Por que ele está refazendo a parte do baixo quando estava incrível há quatro dias?" E eu perguntava: "Por que você não diz isso ao Paul, porra?" Não é que Paul não quisesse ouvir esse tipo de coisa. Ele provavelmente seria o primeiro a aceitar que sua vida seria melhor e mais completa se as pessoas ao redor tivessem esse tipo de diálogo com ele, mas esse tipo de deferência infecta *todo mundo*.

Para matar o tempo, os garotos jogavam *scrabble*. Denny jogava mal porque não sabia escrever direito. "Outro dia, quando estávamos jogando, [Denny] disse [imitando um sotaque da região central da Inglaterra] 'Eu tenho uma boa aqui... Vale palavrão?' Eu disse: 'Sim, vale'. E ele escreveu T-E-R-D*."

Willy escrevera uma peça, *Stags and Hens,* sobre um músico bem-sucedido de Liverpool que volta a Merseyside para se divertir com uma antiga namorada. Ele imaginou que isso poderia servir de base para o filme de Paul, com um papel desafiador, mas possível para ele e também um papel para Linda. "O que não existiam mesmo

* Em vez de *turd*, um dos sinônimos de merda em inglês. *(N. do T.)*

eram papéis para o resto da banda, e [a] orientação era ter todos os Wings no filme, então era preciso criar personagens para Steve, Laurence e Denny..." Após uma semana em Kintyre, o dramaturgo foi para casa pensar mais a respeito.

Pouco depois de Russell ter saído da fazenda, Paul transferiu a gravação de *Back to the Egg* para A Abbey Road e depois para Lympne Castle, uma mansão medieval perto de sua casa em Sussex. "Estávamos lá por conveniência, porque Paul e Linda estavam passando muito tempo em Peasmarsh e não queriam ter que dirigir tanto até Londres", diz Juber. Então o famoso compositor teve a brilhante ideia de fazer uma faixa com um grande número de músicos de rock tocando como uma orquestra, uma "Rockestra". Amigos superastros, entre eles Dave Gilmour e Pete Townshend concordaram em tocar guitarra na gravação, enquanto Gary Brooker do Procol Harum, bem como John Bonham e John Paul Jones do Led Zeppelin também toparam participar. Enquanto Paul se preparava para a gravação, a Semana Buddy Holly acontecia. Naquele ano a celebração foi em um clube londrino, seguida pela estreia do filme *The Buddy Holly Story*. Várias estrelas compareceram, entre elas o baterista do Who, Keith Moon, que disse que ficaria feliz em tocar bateria com outras celebridades na "Rockestra". Infelizmente, Moon faleceu no início da manhã seguinte, após engolir o que sua namorada descreveu como "um balde de comprimidos". Kenny Jones entrou na residência de Keith na Abbey Road em 3 de outubro enquanto Paul liderava todos em uma grande sessão de improviso gravada como "Rockestra Theme", berrando de empolgação ao longo do que deve ter parecido uma ótima ideia na época, mas que agora soa como muito barulho por nada.

Junto com o fiasco chamado Rockestra, havia sinais preocupantes quanto ao músico querer entrar de cabeça em seu novo filme. Ele convocou Willy Russell e seu colaborador Mike Ockrent à Abbey Road para dizer que precisava de um roteiro o mais rápido possível. Como ele e Mike eram pessoas ocupadas e o Natal se aproximava, Willy sugeriu que a única forma de fazer um trabalho rápido era ir a algum lugar calmo com suas famílias. "Paul disse algo como: 'Você quer dizer como a França?' Mike respondeu: 'Muito fria nesta época do ano. Estou pensando nas Antilhas'", relembra Russell com uma risada. "E eu podia ver Paul dizendo 'Seu babaca insolente!'" Mesmo assim, a MPL enviou os roteiristas à Jamaica, onde um palacete foi colocado à disposição. Eles voltaram com um roteiro chamado *Band on the Run*, no qual McCartney interpretaria um astro da música chamado Jet que, cansado da carreira, se junta a uma banda de rock jovem e meio largada composta por Linda, Denny, Steve e Laurence, levando-os ao sucesso antes de retomar sua antiga vida. Houve uma leitura do roteiro em Waterfall. "Acho que Paul ficou muito empolgado com a possibilidade", especula Russell, que saiu com a impressão de que McCartney pretendia fazer o filme assim que terminasse *Back to the Egg*.

"Liberei minha agenda por dois meses", contou o ex-Beatle ao dramaturgo, parecendo decidido.

"Mas não houve qualquer pré-produção", protestou Willy, sabendo que um filme não poderia ser feito assim a menos que Paul quisesse um desastre. "Olhe, você não pode fazer como o *Magical Mystery Tour*", avisou ele, percebendo que seu discurso parecia o de "um terno", como Linda e o marido chamavam os executivos. "Eles costumavam falar com desprezo sobre os *ternos,* você sabe. E eu comecei a parecer um terno." Ainda assim, não havia nem orçamento. "Como aquilo seria feito, não sei. Acho que a ideia era *Olhe, quando eu voltar minha atenção para isso, vai ser feito.* Se você é tão poderoso as pessoas vão dizer 'Sim, podemos fazê-lo. Temos duas semanas, claro, podemos, sim...'"

Enquanto isso, surgiam indícios de que, após oito anos juntos, McCartney e Laine não estavam se dando bem. "Notei algumas discordâncias, às vezes bastante verbalizadas", observa Steve Holley, que continua:

> Acredito que Denny queria ter uma parte maior da banda, e acho que Paul ficou irritado com a atitude e o comportamento dele. Também suponho que houvesse conflito de personalidades entre os dois, e certamente entre a esposa de Denny, Jo Jo*, e Linda. Elas estavam em polos opostos. Jo Jo era uma garota festeira e animada, que amava o glamour e o estilo de vida do rock 'n' roll, enquanto Linda era muito mais pé no chão.

---

* Denny e Jo Jo se casaram em novembro de 1978. *(N. do A.)*

Paul convocou uma reunião da banda para decidir o que fazer. E eles precisavam de um novo single. Os membros mais jovens do grupo perguntaram a ele o que os Beatles faziam em situações como essa. Menos cauteloso sobre seu passado agora do que fora no início dos Wings, Paul respondeu: "Bom, se precisávamos de um single, compúnhamos um no fim de semana e gravávamos na segunda-feira." Foi o que ele fez, escrevendo "Daytime Nightime Suffering" e terminando "Goodnight Tonight". A ideia era lançar as duas faixas como um single de duplo lado A. Escritas e gravadas rapidamente, as canções tinham uma urgência e uma energia que faltavam a *Back to the Egg*, que estava demorando tanto a sair que poderia se chamar *Over-Egged*, expressão que significa "elaborado demais". Em abril de 1979, Paul contratou toda a Black Dyke Mills Band de Yorkshire para tocar em Abbey Road.

A gravação do álbum demorou tanto que a gravadora declarou que precisava do Estúdio Dois para outros artistas. Então McCartney construiu uma réplica do estúdio no porão do escritório da MPL em Soho Square. O Replica Studio era uma cópia exata da sala de controle do Estúdio Dois na Abbey Road, com direito a foto do estúdio pendurada na parede, para ficar igual à sala de controle da EMI. Essa era uma grande extravagância, assim como seu novo projeto cinematográfico, mas Paul estava mais rico do que nunca. Ao assinar com a CBS, ele recebeu um incentivo, o Frank Music Catalogue, tornando-o o proprietário das obras de Frank Loesser, autor norte-americano do musical *Guys and Dolls*, somando essa aquisição a um portfólio que incluía as canções de Buddy Holly e direitos para uma série de musicais de sucesso, incluindo *Annie*, *Hello, Dolly!* e *A Chorus Line*, muito rentáveis. Às vezes ele questionava a própria sorte, "É uma loucura, não é?", exclamou naquele ano. "Além de ouro no fundo do jardim ele tem petróleo jorrando pelo teto." Mas a sorte de Paul estava prestes a mudar.

19

VÁ PARA A PRISÃO

NA FAZENDA

Desde que fora levada à Inglaterra pela mãe, Heather McCartney tinha enfrentado uma série de problemas. Primeiro os garotos da escola primária em St. John's Wood debochavam de seu sotaque norte-americano (do qual ela se livrara), depois Paul e Linda a haviam tirado da escola para fazer turnês com eles, o que atrapalhava sua formação educacional. Aos 11 anos, Heather fora para uma escola secundária particular em Londres, onde se misturara aos filhos de outros ricos. Seus colegas de turma eram aparentemente obcecados por fama e status. Durante uma discussão com os pais, ela revelara que seus amigos da escola lhe davam conselhos sobre como lidar com o pai famoso. "Eles lhe diziam: 'Você não precisa se preocupar com seu pai... Se ele lhe causar mais problemas, você pode contar aos jornais'". Paul e Lin ficaram tão preocupados com as companhias da filha que a tiraram do colégio e se mudaram praticamente do dia para noite para a casa de campo de Sussex. Eles mantiveram Cavendish como base em Londres, mas a principal residência se tornou Waterfall, a casa redonda na floresta em Peasmarsh.

Linda colocou Mary e Stella em uma escola primária da região e enviou Heather para uma escola estadual comum em Rye. Nos anos 1970, muitos pais evitavam mandar os filhos para essas escolas, que não realizavam qualquer tipo de processo seletivo para receber alunos, por acreditar que "o padrão básico" desse tipo de instituição gerava crianças com pouca ambição e possibilidades de futuro. Quem podia pagar optava por instituições particulares, mas a decisão de Paul e Linda se mostrou acertada. Foi ela quem inicialmente se encontrou com o diretor Ray Fooks na Thomas Peacock School, mas, ao explicar a decisão do casal sobre viver permanentemente no campo, não mencionou os problemas que a filha tivera em Londres. Fooks, que também recebeu as três crianças mais novas em sua escola, considerava os McCartney pais-modelo — carinhosos, mas sem interferir demais:

> Acho que [é] um grande elogio a eles, porque garantiram que as filhas fossem tratadas como quaisquer crianças. Elas chegaram à escola, adaptaram-se perfeitamente, estavam sempre dispostas a colaborar, eram muito agradáveis, aproveitaram o máximo de sua educação, e seguiram a vida.

Foi na época da mudança para Peasmarsh que os McCartney tomaram outra decisão que mudou a vida de todos: tornaram-se vegetarianos, dieta pela qual Paul e os outros Beatles se interessaram nos anos 1960, mas que agora era um estilo de vida e uma espécie de obsessão familiar. A epifania ocorreu em High Park quando todos estavam prestes a degustar carneiro assado em um almoço de domingo. Eles olharam pela janela, viram as ovelhas pastando em torno do menir e decidiram que comer as criaturas pacíficas com quem dividiam seu lar era errado. Linda relembra o momento:

> Simplesmente olhamos para aquele pernil de carneiro que eu estava preparando, percebemos de onde ele viera e não conseguimos mais comer. Levou meses até que eu descobrisse o que fazer com os espaços nos pratos onde antes ficavam as costeletas.

Linda foi a força motriz da mudança, tendo no guitarrista vegetariano Laurence Juber um aliado. Mas, segundo ele, o marido dela não gostou do novo cardápio a princípio. "Eu me lembro de uma ocasião em que ela não estava em casa, então eu dei a Paul um saco de brotos de feijão e outros alimentos vegetarianos, e ele simplesmente deixou no banco de trás do Rolls Royce e se esqueceu. Uma semana depois, Linda encontrou uma sacola de gosma no banco de trás."

Enquanto os McCartney se acostumavam à vida em Sussex, ficou claro que Waterfall não era grande o bastante para servir de lar permanente à família. Sendo assim, o músico comprou a vizinha Lower

Gate Farm em 1979 para resolver esse problema, uma propriedade de 159 acres ao custo 250 mil libras. A oeste, a fazenda era rodeada pela mesma floresta que cercava Waterfall, e era servida pela mesma estrada pública não identificada e pouco usada, Starvecrow Lane. Uma pista de 460 metros ligava a estrada a uma casa semiabandonada em uma colina. A posição elevada dava àquela casa uma vista privilegiada do campo, algo inexistente em Waterfall, enquanto as árvores e a distância da estrada significavam que a casa era também muito reservada. Originalmente, a fazenda era conhecida como Blossom Wood Farm, e o nome foi restabelecido pelos McCartney, que planejavam derrubar a casa abandonada e construir um novo e sólido lar. Enquanto avançamos rapidamente com a história de Paul, Blossom Farm virou o ponto central de sua vida doméstica.

COMING UP

Houve uma reunião dos Beatles naquela primavera no município vizinho de Surrey, onde Eric Clapton celebrava seu casamento com a ex-esposa de George Harrison. Após ter sido casada com George por oito anos, em 1974 Pattie trocara o ex-Beatle pelo grande amigo dele. Dali a três anos, seu ex-marido se casaria com sua secretária Olivia Arias. Já Eric se casou com Pattie durante uma turnê em março de 1979. Dois meses depois, um grande toldo foi erguido no jardim da mansão dos Clapton em Surrey, Hurtwood Edge, e oitocentas pessoas compareceram à recepção de casamento tardia. Entre os convidados estavam o traído Harrison, cuja amizade com Eric e Pattie sobrevivera à troca de marido, uma prova do espírito tranquilo da década em que todos chegariam à maturidade. Paul e Ritchie também estavam presentes.

Os três Beatles subiram ao palco montado no toldo e cantaram "Sgt. Pepper's Lonely Hearts Club Band". Era a primeira vez que eles se apresentavam juntos desde *Abbey Road*; todos pareciam felizes e confortáveis na companhia uns dos outros, mesmo com o fato de George ter tido um recente caso com a esposa de Ritchie.* John Len-

---

* Ringo se divorciou de Maureen Starkey em 1975 e ficou com a atriz norte-americana Barbara Bach, que se tornaria sua segunda esposa. *(N. do A.)*

non telefonou para dizer ao noivo que teria ido se tivesse sabido da festa, o que levantou a possibilidade de que os quatro Beatles poderiam ter se apresentado juntos na festa. Talvez uma reunião da banda não fosse tão improvável assim, no fim das contas.

Sem dúvida Paul estava farto dos Wings. O novo álbum *Back to the Egg* finalmente fora lançado no verão de 1979, com uma apresentação boba para a imprensa, tendo ovos como tema. O disco não foi o sucesso que a EMI e a CBS esperavam, mas acabou se mostrando bom em parte, com tentativas de soar contemporâneo, tendo a capa elaborada pelo grupo de design Hipgnosis, uma empresa associada principalmente a bandas de rock progressivo, afastando muitos jovens compradores de discos, para quem esse tipo de música agora estava fora de moda. Paul simplesmente seguiu adiante. Fazendo exatamente o que fizera no fim dos Beatles, ele foi para casa e produziu um álbum solo no estilo "faça você mesmo", levando as fitas com ele quando a família foi passar suas férias de verão na Escócia.

Em setembro veio a notícia de que o ex-guitarrista dos Wings, Jimmy McCulloch, morrera em seu apartamento de Londres aos 26 anos, sucumbindo à insuficiência cardíaca causada por uma vida de excessos. Embora ele sempre tivesse se mostrado difícil, irritando Paul e Linda com seus comentários e mau comportamento, o ex-Beatle considerava a formação Laine-McCulloch-English dos Wings como a melhor versão da banda, após a qual o grupo parecia cada vez mais cansado. Mesmo assim, McCartney foi adiante com uma série de shows dos Wings para promover *Back to the Egg*, começando com apresentações de aquecimento no Royal Court Theatre em Liverpool, para o qual Paul também fez uma generosa doação.

Antes do primeiro show de Liverpool, Paul ligou para Willy Russell, pedindo que ele fosse a uma entrevista coletiva no teatro. "Venha para o Court", disse, empolgado, ao dramaturgo.

"Por quê?"

"Vou dar uma entrevista coletiva esta tarde, e falaremos sobre o filme." Willy Russell ficou impressionado. Após a leitura inicial do roteiro de *Band on the Run*, o projeto havia fracassado até onde ele sabia. Paul começou a mudar tudo. Então houve um dia entediante em que chamou Willy e Mike Ockrent a Sussex, e os deixou esperando horas. "Não foi um bom dia. Ele estava terrivelmente preocupado com algo... Acho que ficamos sentados lá por umas sete ou oito horas antes de enfim conseguirmos vê-lo e ter [uma conversa] superficial", declarou Russell, que temia dias como aquele. Então Paul apresentou Russell a seu amigo, o produtor de cinema David Puttnam, que criticou o roteiro de *Band on the Run* de modo tão abrangente que Russell concluiu que Puttnam queria tirá-lo da jogada e trabalhar com Paul (Puttnam admite a ambição de filmar a história dos Beatles). "Ele foi muito arrogante com a gente." Além disso, o músico não se envolvia em discussões sobre pré-produção, orçamento ou qualquer dos outros detalhes relacionados a fazer um filme. E mesmo assim ele pretendia anunciar *Band on the Run* para a imprensa! Considerando isso "uma loucura", o dramaturgo ficou sentado desconfortavelmente perto de Paul no Royal Court apenas para ver que o filme nunca seria mencionado. "Ninguém perguntou sobre o filme, então ele não falou nada. Foi uma entrevista coletiva tradicional: 'Não é ótimo estar de volta a Liverpool?"' McCartney garantiu a Russell que eles fariam o filme após o fim da turnê com os Wings, dando a ele o sinal de positivo antes de ir embora. Pelo menos era melhor que um cutucão.

Enquanto estava em Merseyside, McCartney revisitou o Liverpool Institute, retomando a amizade com seu professor de geografia B. L. "Blip" Parker, agora diretor. Ele convidou Parker e todos os alunos da escola, além das meninas da escola em frente, para um show de estreia gratuito no Royal Court, um gesto tipicamente generoso e sentimental de um homem que olhava para seus dias de estudante com carinho, ao contrário de George Harrison, que deixou claro em sua autobiografia *I Me Mine* que vivera uma época horrível no Inny. Naturalmente, os parentes de Paul também ganharam ingressos para o Royal Court, e um contingente considerável da "parentada", liderado pelas tias idosas, mas ainda assustadoras, foi à apresentação. Ele sempre ficava nervoso antes de um show — um bom sinal —, mas com toda essa ansiedade e rostos conhecidos na plateia, estava mais tenso que o normal na sexta-feira, 23 de novembro de 1979. "Antes de entrarmos, Paul estava bem nervoso e disse: 'Ah, meu Deus, não sei se isso vai dar certo'", relembra Howie Casey: "Eu disse: 'Paul, vai ser como a segunda vinda [de Cristo]... Você vai chegar lá e eles vão enlouquecer.' E eles enlouqueceram." Contribuía para isso o fato de terem apresentado algumas canções dos Beatles, incluindo "Fool on the Hill" e "Got to Get You into My Life", dando ao naipe de metais de Howie uma oportunidade para brilhar. "Por muito tempo após ter começado esse grupo, me senti envergonhado de tocar canções dos Beatles porque parecia uma opção fácil", contou Paul depois. "Mas isso foi há muito tempo. E, afinal, eu compus essas canções..."

Os Wings continuaram a excursionar pelo Reino Unido até o Natal, apresentando-se em teatros relativamente pequenos, como o Lewisham Odeon de Londres, que os Beatles tinham visitado nos anos 1960. Os shows ajudavam a vender mais cópias de *Back to the Egg*, levando o single de Natal a subir nas paradas. "Wonderful Christmastime" não era pior do que a maioria das canções do gênero, embora pareça frágil como os enfeites dessa época quando comparada a "Happy Xmas (War is Over)", de Lennon. Os novos membros dos Wings gostaram da turnê, sua primeira oportunidade de tocar ao vivo com Paul, mas o chefe não parecia entusiasmado. Steve Holley observa:

> Eu me lembro de um show do qual gostei particularmente por algum motivo, então entrei correndo no vestiário e disse algo [como]: "Ah, ótimo show, ótimo show!" A reação dele foi: "É, foi legal." Quando saí de lá, pensei: "Claro que foi legal." Quer dizer, veja alguns dos lugares onde ele já foi, os shows e as experiências que ele teve... Essa foi uma das primeiras vezes em que me dei conta — há alguma forma de superar o que deve ter sido fazer um show com os Beatles? Não consigo imaginar. Era quase como se isso fosse onipresente.

Oito dias antes do Natal, os Wings tocaram no Glasgow Apollo, um bom e velho teatro conhecido por sua plateia notoriamente ruidosa. Para alegrar o pessoal da cidade, Paul fechou com "Mull of Kintyre", acompanhada pela Campbeltown Pipe Band, que viajara de ônibus de Kintyre especialmente para isso. Para manter a surpresa, o astro fez a banda de gaitas de fole esperar do lado de fora do teatro até o último minuto. Então eles entraram pela escada de incêndio com seus trajes de gala. "Passamos pela porta de incêndio, que fica à direita da frente do palco, subimos os degraus e formamos um semicírculo atrás dele [no palco]", relembra o baterista Ian Campbell.

> Ensaiamos naquele dia. Ele disse: "Não saiam do palco [no fim]. Aproveitem a adulação, porque essa música é maravilhosa." Então nós chegamos, ele começou a tocar "Mull of Kintyre", o que deixou a

multidão um tantinho [maluca] e, quando saímos, achei que o teto ia desabar. Sinceramente, eles ficaram malucos.

Esse show rendeu uma gravação ao vivo de uma excelente nova canção do projeto solo de Paul, a agitada "Coming Up", que chegou ao primeiro lugar nos EUA.

Não tão bem-sucedido foi um show de caridade após o Natal no Hammersmith Odeon, em Londres. O Concerts for Kampuchea teve três noites de música, apresentando uma série de artistas jovens como Alison Moyet e velhos astros como o The Who, com a intenção de arrecadar dinheiro para o antigo Camboja, arrasado durante o regime de Pol Pot. Paul ajudou a organizar o show e os Wings foram a atração principal da última noite, 29 de dezembro de 1979, época em que havia muita expectativa de uma reunião dos Beatles no palco onde eles tinham feito shows de Natal. Rumores de que os eles voltariam circulavam quase constantemente naqueles dias, mas agora a sensação de que realmente ia acontecer fora criada pelo secretário-geral das Nações Unidas Kurt Waldheim, que estimulara publicamente John Lennon a se juntar aos membros da banda em Hammersmith para fins de caridade. Mesmo se John não aparecesse, foi publicado na imprensa que seu filho de 16 anos, Julian, iria se apresentar. Talvez Julian pudesse tocar com seus tios Beatles.

Esse boato gerou tanto interesse que, quando os Wings chegaram ao Odeon para a passagem de som naquela tarde, encontraram o teatro cercado por cambistas, fãs e a imprensa, e foram incapazes de sair do prédio até o fim do show, passando o que pareceu uma eternidade presos nos bastidores com seus colegas artistas. Muita bebida foi consumida — já que era Natal —, e quando os Wings subiram ao palco alguns músicos estavam em péssimas condições. "Foi um show realmente confuso", comenta Steve Holley. "Eu não acho que o desempenho foi particularmente bom." E não houve reunião dos Beatles, pois John nem saiu dos EUA. Ele não queria tocar com Paul, e Julian Lennon ficou tão desconcertado com toda a especulação de que poderia ajudar os Beatles a se reunir que desistiu do show. Assim, os Wings fizeram sua apresentação normal, temperada com algumas melodias dos Beatles e um final com a Rockestra, com participação dos amigos superastros de Paul vestindo roupas prateadas e cartolas, parecendo a Glitter Band de Gary Glitter. "Obrigado,

Pete! Por ser único chato que não quis vestir um terno prateado", alfinetou McCartney com a língua afiada, enquanto Pete Townshend passeava pelo palco com suas roupas sujas de sempre.

O ANO TERRÍVEL DE PAUL McCARTNEY

Uma grande turnê pelo Japão foi marcada para começar em janeiro de 1980, com planos de fazer mais shows pelo mundo caso ela fosse bem-sucedida. A volta aos EUA certamente já deveria ter ocorrido, mas, em vez disso, este se tornou o ano terrível de Paul. Já começou mal quando ele foi criticado e chamado de sovina pelos conselheiros de Liverpool por ter dado apenas 5 mil libras ao Royal Court Theater durante sua recente viagem a Merseyside, algo sem importância, mas que marcaria o início do que seriam 12 meses persistentes de notícias ruins para ele, que agora ia para Nova York com Linda antes da turnê japonesa.

Os McCartney se hospedaram no Stanhope Hotel, em frente ao Dakota, do outro lado do Central Park. Paul ligou para John Lennon a fim de perguntar se poderia passar lá. Yoko atendeu e disse que não era conveniente, o que soou como um tapa na cara. Quando Paul disse a ela que ele e a esposa estavam a caminho de Tóquio, onde ficariam na suíte presidencial do Okura Hotel, pareceu que os Lennon se sentiram ofendidos, pois era a suíte que usavam quando *eles* estavam em Tóquio. O guitarrista Laurence Juber se juntou aos McCartney no Stanhope e, após alguns dias, durante os quais eles socializaram com amigos como a modelo Twiggy, o grupo foi para Tóquio, onde começariam a turnê no Budokan em 21 de janeiro.

Paul não se apresentava no Japão desde que os Beatles tinham estado lá em 1966. Ele tentou conseguir um visto para levar os Wings ao país, mas teve a permissão negada devido às condenações dele e de Denny Laine por uso de drogas. "Eu estava ansioso para trabalhar no Japão porque deveríamos ter ido lá cinco anos antes e tivemos nossos visto revogados", explica Laine. "Ele havia sido preso no passado, e eu também [com maconha], ou melhor, Jo Jo fora presa e assumi a culpa por ela." Os problemas de uso de drogas e crimes associados ainda não eram tão frequentes no Japão quanto nos países ocidentais, e as autoridades locais estavam claramente dispostas a desestimular qualquer crescimento dessa cultura das drogas. Em consequência disso, estrangeiros presos com drogas costumavam ser impedidos de entrar no Japão por sete anos. Como Paul fora preso mais recentemente em 1973 na Escócia, e Linda em 1975, em Los Angeles, além da condenação de Laine, os Eastman tiveram que trabalhar muito para conseguir vistos para a banda em 1980, e ficou bastante claro que as autoridades não tolerariam qualquer uso de drogas durante a visita. Alan Crowder, funcionário da MPL, alertou o pessoal da turnê antes da partida para que fossem extremamente cuidadosos. Todo mundo sabia que era do interesse deles ouvir o conselho de Alan. Em primeiro lugar, ninguém queria acabar em uma prisão japonesa e, além disso, não queriam perder o que deveria ser a turnê mais lucrativa dos Wings em que todos finalmente receberiam um bom salário. Até mesmo o pessoal do naipe de metais ia, para felicidade deles, ganhar mil dólares por noite, e quanto maior fosse a turnê, mais ganhariam. "Sabíamos que teríamos que ser muito responsáveis com relação a isso", conta Laurence Juber, acrescentando com uma risada meio falsa: "Ou quase todo mundo sabia."

Denny Laine e Steve Holley foram de Londres ao Japão, chegando ao aeroporto de Narita antes dos McCartney na quarta-feira, 16 de janeiro de 1980, viajando de primeira classe na TWA. Todos os integrantes da banda receberam passagens de primeira classe de uso múltiplo que poderiam ser usadas em qualquer voo da TWA para qualquer lugar do mundo por 12 meses. Steve Holley relembra:

> Eu me lembro do Danny dizendo: "Isso já aconteceu antes e provavelmente o que vai acontecer é que se a turnê japonesa for bem ele vai dizer algo como: 'Tire umas férias onde você quiser por algumas semanas e vamos nos reunir para ensaiar na Austrália' ou algo assim, que, com sorte, vai nos levar a outra turnê mundial." Então, lá no fundo de meus pensamentos, imaginei que estava no começo da jornada de minha vida.

Holley e Laine passaram pela imigração antes dos McCartney chegarem, e os oficiais levaram cinco horas para lidar com Laine devido ao histórico de uso de drogas. Uma vez liberados, eles esperaram pelo ex-Beatle no ônibus da turnê.

Quando o voo de Paul aterrissou no aeroporto de Narita, seu grupo também passou lentamente pela alfândega e pela imigração. "Eles perderam muito tempo com burocratas lidando com papelada", lembra Laurence Juber, que estava atrás dele quando andaram pelo saguão da alfândega. Os McCartney tinham muita bagagem, e um oficial da alfândega estava abrindo malas de modo aparentemente aleatório. "Ele não estava tirando *tudo* da mala", relata Juber:

> Mas ele abriu uma das malas, apalpou algo, ficou com um olhar inquisidor e puxou um saco de maconha. Àquela altura Paul meio que ficou branco, alarmes começaram a soar e pessoas saíram de portas ocultas e o escoltaram de volta. E eu também, porque estava com ele. E Linda e as crianças também. Eles o levaram a uma sala e começaram a interrogá-lo.

Entre as camisas, o oficial de alfândega achou um saco plástico transparente contendo 230 gramas de maconha, que valiam cerca de mil libras. Após essa descoberta, os japoneses reviraram toda a bagagem de novo, chegando a desmontar instrumentos musicais em busca de mais drogas escondidas. Não foi o caso. Laurence, Linda e as crianças foram liberados.

Cansados de esperar por Paul, Laine e Holley foram para o Okura, onde fizeram o *check-in* e esperaram nos quartos até a chegada do líder dos Wings. Lin e Laurence se encontraram depois no restaurante do hotel. Steve tirou um cochilo e foi acordado pelo telefone na mesa de cabeceira. Era Linda ligando para dizer que o marido fora preso no aeroporto por posse de drogas.

> Achei que ela estava brincando. Eu disse: "É, essa foi boa. Vejo você no restaurante", e minha esposa e eu descemos. Assim que as portas do elevador se abriram no térreo e a imprensa nos recebeu com um milhão de flashes, percebi que algo havia acontecido.

Como quase todo mundo sabia, Paul fora levado algemado do aeroporto de Narita à delegacia de Kojimachi, onde foi trancado em uma cela pela segunda vez na vida (a primeira experiência atrás das grades fora em Hamburgo, após o incêndio no Bambi Kino em 1960). Claro que não era a primeira vez que ele fora pego com drogas. Mas essa foi a mais grave. Os gerentes de turnê contrataram um advogado japonês que falava inglês e entraram em contato com a Eastman & Eastman em Nova York. Lee Eastman teve um ataque. "Quando Paul foi preso em Tóquio com maconha — eu estava lá — meu pai ficou *furioso*. Furioso! Ele ficou maluco. Louco de raiva", relembra Philip Sprayregen, explicando que a raiva do padrasto era em parte pelo medo de que a prisão prejudicasse a chance de Paul receber o título de cavaleiro. "Ele disse: 'Meu Deus, minha filha poderia ter sido uma [lady] e ele acabou com tudo!' Ele ficou muito irritado porque achava que a filha seria Lady Linda [sic]."* John Eastman foi a Tóquio tentar resgatar o cunhado. Para piorar a situação, Kenneth Lambert, um norte-americano demente, tentou decolar do aeroporto de Miami em uma autoproclamada missão de misericórdia. Quando começou a agitar uma arma em Miami, exigindo ser levado para junto de Paul, Lambert foi morto por policiais. Enquanto isso, o astro foi dormir em sua cela de Tóquio com as costas voltadas para a parede, temendo ser estuprado.

Tudo sempre parece melhor de manhã, e assim foi na terra do sol nascente quando Paul acordou com a notícia de que tinha uma visita. Ele foi levado a uma sala de entrevistas, dividida por uma tela de vidro. Do outro lado estava a figura cortês e tranquilizadora do cônsul da Grã-Bretanha no Japão, Donald Warren-Knott, cuja embaixada ficava na porta ao lado. Os Warren-Knott estavam se preparando para dormir na noite anterior quando receberam um telefonema de cortesia da polícia, informando que um ilustre cidadão britânico, o Sr. *Pori Macatnee*, como os japoneses tendem a pronunciar seu nome, havia sido preso. O cônsul foi informado de que maconha tinha sido encontrada entre as camisas do Sr. Macatnee, e que ele admitira ser o dono das drogas, dizendo que haviam sido colocadas na mala por acidente. Agora Paul e cônsul se encontravam. "Ele se sentou, eu me sentei e começamos a falar — para minha agradável surpresa, ele estava muito calmo", relata Warren-Knott, que temia que tal celebridade pudesse exigir tratamento especial, o que teria sido um erro.

---

* Se Paul recebesse o título de cavaleiro, o que acabou acontecendo, o título adequado de Linda seria Lady McCartney. *(N. do A.)*

> Não foi nada disso. Ele aceitou a situação muito calmamente. Sim, tudo bem, ele sabia que o pacote fora achado. Sim, era dele. E não deveria estar lá. Não pressionei muito porque não era de minha alçada perguntar sobre esse tipo de problema. Eu suspeito — é uma visão pessoal — que um pacote fora colocado lá enquanto eles estavam fazendo as malas. Não sei se ele tinha intenção de usá-lo enquanto estava no Japão. Se sim, não seria muito inteligente, dadas as circunstâncias de suas prisões anteriores.

Paul disse que estava sendo bem-tratado pelos japoneses e ficou mais tranquilo ao saber que sua família estava em segurança no hotel, e que seu cunhado vinha dos EUA. Ele esperaria para ver o que ia acontecer. Paul tinha um pedido. "Ele disse que era vegetariano e ficaria agradecido se pudéssemos dar qualquer ajuda para que ele pudesse obter uma dieta razoavelmente vegetariana, incluindo frutas." Maçãs, laranjas, peras e bananas seriam aceitáveis. O cônsul disse que perguntaria aos guardas.

Estava claro que a turnê não poderia continuar. Os shows foram cancelados e o equipamento dos Wings foi despachado de volta ao Reino Unido. Os músicos foram mandados para casa ou para qualquer lugar que desejassem, com suas passagens de volta ao mundo. Apesar da perspectiva de férias grátis e da notícia de que todos receberiam normalmente o valor acertado caso as apresentações tivessem ido adiante, os integrantes da banda ficaram irritados. Denny Laine, que foi para a França, conta:

> Não fiquei zangado com ele, mas fiquei decepcionado, devo dizer. Aquilo significa que não conseguiríamos excursionar pelo Japão, e não seríamos capazes de fazer shows em uma série de lugares porque uma vez que você é preso fica difícil conseguir vistos e tal, então havia todos esses problemas. Foi uma decepção.

Laine depois soube que Paul estava com raiva dele por ter ido embora de Tóquio. "Ele ficou meio irritado porque saímos cedo, mas recebemos ordens do escritório dele para sair, porque o pessoal da segurança estava nos observando o tempo todo."

Houve muita discussão entre a equipe da turnê sobre como e por que o astro se metera naquela roubada. Steve Holley se perguntou, como fizeram os outros, se ele *quisera* ser preso. "Talvez ele não quisesse fazer a turnê para começo de conversa... [esse é] meu palpite." Embora o líder da banda tenha mostrado sinais de cansaço com os Wings, não tinha como isso ser verdade. Paul gostava de se apresentar e era uma pessoa confiável no sentido de cumprir seus compromissos. Denny Laine considera "ridícula" a ideia da prisão premeditada. Howie Casey acredita que Paul pode ter levado a culpa por Linda, que já fora descuidada com drogas antes. Alguns relatos dizem que a maconha foi achada na bolsa de maquiagem dela, mas o cônsul britânico se lembra de ter ouvido que a maconha estava entre as camisas de Paul. Depois veio a teoria de conspiração absurda de que Yoko Ono, por vingança, teria avisado seus contatos em Tóquio que os McCartney levavam drogas, porque pretendiam usar o que ela e John consideravam o seu quarto de hotel no Japão. Talvez a explicação mais provável seja que McCartney se arriscou. "Acredito que ele imaginou que conseguiria passar com a droga sem problemas", declara Laine.

Houve consternação na suíte da cobertura do Okura Hotel quando Linda foi informada de que, se fosse julgado e condenado por posse de drogas, o marido poderia ter de cumprir uma sentença de prisão. Ela e os amigos eram praticamente prisioneiros, incapazes de descer as escadas por medo da imprensa, apavorados de ligar a TV e assistir a uma cobertura penosa do caso. As crianças estavam irritadas. "O único que não tinha consciência da situação era o pequeno Dee Dee", contou Linda usando o apelido de família do bebê James McCartney, mas até Dee Dee perguntava onde estava o papai.

Na Kojimachi, o papai estava se acostumando à vida na prisão. Ele era obrigado a dormir em um fino colchão no chão, ao estilo japonês, levantar às 6 horas com os outros prisioneiros e sentar-se de pernas cruzadas enquanto era interrogado. Além disso, tinha meia hora para se exercitar e — até que suas frutas fossem entregues — comer uma tigela de arroz para o jantar. Sentado no chão, observado por japoneses uniformizados, Paul se sentia como um personagem em um filme de prisioneiros de guerra. Ele pegava pedaços de gesso da parede e usava os flocos para calcular os dias na prisão, quase começando a gostar da experiência. Pelos pedaços de gesso no chão, calculava que seu encarceramento já passava de uma semana. Ele estava começando a cheirar mal. A polícia disse que ele poderia tomar banho em particular se desejasse. Em vez disso, o músico escolheu fazê-lo com seus companheiros de cela, um pessoal mal-encarado a quem ele conquistou liderando uma cantoria na hora do banho, incluindo uma versão de "Yellow Submarine". Donald Warren-Knott aparecia regularmente para perguntar se ele estava bem, também perguntando aos guardas se eles conseguiam fornecer ao Sr. McCartney uma dieta vegetariana, com maçãs, laranjas e assim por diante. Sim, eles afirmavam. E bananas? A menção de bananas foi respondida com silêncio. "Minhas perguntas causavam embaraço e eu não conseguia saber o motivo. Essa era uma resposta muito japonesa à questões embaraçosas. Uma espécie de persiana invisível surgia enquanto eles tentavam decidir o que dizer, mas estavam obviamente constrangidos. Mas por que com as bananas?" Os regulamentos proíbem os prisioneiros de comer bananas. "Parece incrivelmente idiota, mas me disseram que alguém pode descascar a banana, jogar a casca no chão e um guarda de prisão pode escorregar e cair!" Quando o cônsul passou essa informação a Paul, ele deu uma gargalhada. "Ele prometeu que não ia pedir bananas. Estavam totalmente liberados de lhe dar bananas."

Quando Linda recebeu permissão para ver o marido por meia hora, ela lhe deu um bem-vindo sanduíche de queijo. Embora tentassem fazer piada com a situação, esse foi o período mais longo que haviam ficado longe um do outro, e praticamente a única vez em que dormiram separados em seus dez anos de casamento. O resultado dessa situação ainda era uma incógnita, pois o delito era grave. Após John Eastman ter chegado à cidade e falado com o advogado local e o magistrado que presidia a sessão, ficou claro que nem os japoneses nem Paul queriam um julgamento. As autoridades estavam preocupadas, principalmente, que os promotores locais de shows e os japoneses que tinham comprado ingressos para o show dos Wings não perdessem dinheiro. Os reembolsos foram realizados rapidamente. "Com esse pequeno problema financeiro resolvido, eles queriam se livrar do músico o mais rápido possível", comenta Donald Warren-Knott, que assistia às conferências legais.

> Acho que todos perceberam muito rapidamente, com base no conselho do advogado japonês e do magistrado que presidia a sessão, que como tinha havido uma confissão completa e um reconhecimen-

> to total de culpa, os [japoneses] gostariam de se livrar do Sr. McCartney e do grupo Wings [e], por favor, não voltem mais [por] sete anos. Acho que eles queriam limpar tudo, da melhor forma possível dentro das leis japonesas.

Então, depois de passar nove noites em uma cela de Tóquio, Paul foi escoltado ao aeroporto e deportado do Japão em um voo para Amsterdã, onde se reencontrou com a família na cabine do avião de passageiros. Os McCartney desembarcaram na Holanda, onde Paul falou brevemente à imprensa, ainda argumentando que a maconha deveria ser descriminalizada. "Fiquei na cadeia por dez dias, mas não enlouqueci só porque não pude fumar maconha. Posso usá-la ou não." Então, Paul e a família foram levados em um avião particular ao aeroporto de Lydd na Inglaterra, dirigindo enfim em território familiar até a casa na floresta de Sussex. Em poucas ocasiões ele ficou tão feliz de estar em casa como quando passou pela porta da frente e se viu cercado por seus objetos e cumprimentado por seus cães, e ouvindo os cavalos relincharem um "oi" dos estábulos ali perto. Foi o fim de uma experiência exaustiva, cara e embaraçosa, que causou danos à imagem dele. Blip Parker, diretor do Liverpool Institute, tornou pública sua mágoa pessoal pelo fato de Paul ter decepcionado os fãs logo após fazer um show para os estudantes: "É difícil o bastante tentar manter os jovens longe das drogas hoje em dia sem ter pessoas a quem eles admiram envolvidas em algo assim", disse Parker ao *Daily Telegraph*. Os jovens primos também olharam o tio com certa desconfiança. "Você usa drogas, não usa?", perguntou um deles quando o ex-Beatle voltou a Merseyside. Paul se viu lutando para explicar.

"É UM SACO"

Devido ao incrível sucesso internacional dos Beatles e ao sucesso que Paul continuou a fazer desde que os *fab four* se separaram, bem como à forma pela qual ele se comportava na maior parte do tempo, Paul McCartney passou a ter uma posição especial na vida pública britânica. Em uma época na qual astros do rock tinham comportamento geralmente excessivo e vulgar, ele, membro da Ordem do Império Britânico, era um homem de família inteligente, educado e civilizado cuja dedicação à esposa e aos filhos era visível. Ele proporcionava ganhos fenomenais para a Grã-Bretanha, sendo um embaixador cultural e uma autoridade simbólica da indústria musical do país. Lee Eastman estava certo ao prever que seu genro seria um dia seria proclamado cavaleiro. No fim das contas, Paul teria o título de nobreza garantido em reconhecimento a seu status. Mesmo assim, McCartney também se metera em uma quantidade considerável de problemas.

Duas vezes Macca fora jogado em uma cela de prisão, e duas vezes fora deportado de um país estrangeiro. Tivera vistos recusados, fora condenado por posse de drogas no Reino Unido, multado por uso de drogas na Suécia e escapara por pouco de uma sentença de prisão no Japão. Como um todo, essa era uma ficha criminal que o colocava na companhia ruidosa de *bad boys* do rock como Keith Richards. Tirando o incidente no Bambi Kino, seu problema básico era gostar de fumar maconha e ter um temperamento teimoso demais para moderar seu comportamento. A prisão no Japão não o tinha modificado. Ele saíra da experiência com a mesma atitude arrogante; e jamais explicou e muito menos se desculpou com os membros da banda pela inconveniência que lhes causara no Japão. Em vez disso, mostrou aos rapazes um diário que escrevera na prisão e mandou fazer um livro. *Japanese Jailbird*, de Paul McCartney, não revelava um homem arrependido. "Não houve muita autocrítica", diz Laurence Juber, que leu o livrinho. "Era mais uma narrativa de suas experiências na prisão." E alguns meses depois, quando seu novo álbum solo apareceu nas lojas, ele parecia brincar com os japoneses. A capa de *McCartney II* tinha uma imagem granulada de Paul feita por Linda no estilo de uma foto de ficha policial, e dentro do álbum, além de fotos em que ele fazia caretas imitando os oficiais japoneses, havia uma faixa instrumental chamada "Frozen Jap".

Deixando esses detalhes pueris de lado, *McCartney II* representava uma melhora nos álbuns recentes dos Wings. Paul voltava a soar contemporâneo em canções baseadas em sintetizadores como "Coming Up" e "Temporary Secretary", uma música inteligente e bem-humorada sobre pedir que o Sr. Marks lhe arranjasse uma secretária que se sentasse em seu colo (em uma época na qual a Alfred Marks era uma conhecida agência de empregos temporários). "On The Way" tinha uma tristeza atraente, enquanto uma melodia adorável servia de base para "Waterfall", cuja letra parecia falar sobre a casa da família de mesmo nome em Sussex. A canção pode ser lida como o conselho de Paul aos filhos para não brincar na cachoeira que fica no final do rio profundo na floresta, na qual os jovens McCartney sem dúvida tentariam pular. O aviso na canção para não entrar em carros de estranhos parece expressar outro medo paterno, o dos filhos serem sequestrados. Outra boa canção era "Bogey Music", escrita para um filme inspirado no livro infantil de Raymond Briggs, *Fungus the Bogeyman*. Um álbum forte no geral, e com menos faixas para encher linguiça, *McCartney II* chegou merecidamente ao topo das paradas no Reino Unido.

Claro que não era um disco dos Wings, agora mortos. Denny Laine precisava desesperadamente da renda para pagar seus impostos atrasados. Incapaz de excursionar com os Wings, ele foi para a estrada aquele verão com Steve Holley. Essa pequena turnê pouco fez para aliviar seus problemas. Parecia que ele teria que começar a viver no exterior, em uma espécie de exílio fiscal. Paul, cuja vida financeira vinha sendo gerenciada com eficiência exemplar desde que saíra dos Beatles, não teve tais problemas e ficou em Londres, trabalhando com George Martin em "We All Stand Together" e outras canções feitas para o havia muito planejado filme de *Rupert the Bear*. Paul contratara vários artistas a fim de criar desenhos para esse filme nos últimos anos, mas nenhum deles tinha capturado a vida familiar confortável mostrada por Alfred Bestall nas histórias do *Rupert*. Paul cresceu com elas e se lembrava com muito afeto dos especiais anuais de *Rupert* publicados no Natal. Os personagens ursos de Bestall eram a imagem da família britânica tradicional e contente da época, "a mãe sempre no forno, assando algo, o pai sempre lendo o jornal", como Paul descreveu o mundo de Rupert, relacionando a família do urso ao idílio em Forthlin Road antes da morte da mãe. "É uma fantasia do passado. Muito segura e aconchegante, o que eu acho ótimo." O projeto de filme só começou a tomar forma quando ele conheceu o animador Geoff Dunbar, que partilhava de sua visão para um filme do personagem. "Eu me lembro de que ele pediu para escrever em um parágrafo sobre como eu via Rupert, e eu disse: 'Bem, ele tem que ficar na década de 1940, não deve ser mudado, todo o esforço deve ser feito para mantê-lo sacrossanto ao mundo de Alfred Bestall'", relata Dunbar, que se tornou colaborador de Paul nesse e em outros projetos de animação.

Assim que o astro assumiu o projeto de Rupert após sua humilhação em Tóquio, foi tranquilizador e reconfortante voltar a trabalhar com George Martin e Ritchie. Em julho, ele foi ao sul da França para contribuir com *Stop and Smell de Roses*, álbum de Ringo, levando Laurence Juber e Howie Casey com ele, além da noiva de Howie, Sheila McKinlay, que cantara no show dos Beatles nos anos 1960. Sheila fazia vocais de apoio no novo álbum de Ritchie. Howie e Sheila se casariam alguns meses depois, o que leva a uma ótima história mostrando o quanto Paul consegue ser generoso, apesar da reputação de pão-duro. Nessa época, Howie pediu a ajuda dele para comprar uma casa com Sheila. McCartney concordou em emprestar 10 mil libras aos Casey. Alguns anos depois, Paul Winn, da MPL, ligou para Howie dizendo que ele não pagara nada do empréstimo. Howie alegou que estava falido, a única forma pela qual ele poderia pagar era vendendo a casa. McCartney então ligou para Howie pessoalmente e disse para considerar o empréstimo um presente. "Ele disse: 'Olhe, é um presente de casamento.' Muito obrigado!"

No outono de 1980, após uma longa pausa, Paul reuniu os Wings para ensaiar novamente no celeiro de um amigo em Tenterden, cidadezinha perto de Peasmarsh. Os Wings então foram para um estúdio local trabalhar em uma compilação para a CBS, que ainda contabilizava os custos do fracasso de *Back to the Egg*. A CBS queria uma coletânea de sucessos da banda para recuperar alguns dos milhões que tinham adiantado a Paul. Em vez disso, ele sugeriu revisitar seu arquivo de demos dos Wings e terminar canções que não haviam entrado nos álbuns anteriores, lançando-as com uma seleção de sucessos dos Wings, em um álbum duplo intitulado *Hot Hitz and Kold Kutz*. Uma das canções que surgiram desse processo foi o single "Goodnight Tonight", que chegou ao quinto lugar nos EUA. Mas a CBS não teve o mesmo entusiasmo de Paul por *Hot Hitz and Kold Kutz*, que não chegou a ser lançado.

Paul passou desse projeto abortado para o que seria seu novo álbum de estúdio, *Tug of War*. George Martin concordou em produzir, e o plano era gravar o disco nas novas instalações do AIR, estúdio de George em Londres e em suas novas instalações na ilha caribenha de Montserrat. O álbum foi o canto do cisne para os Wings. "Fizemos um monte de ensaios para *Tug of War*, mas o material não necessariamente servia para os Wings", diz Laurence Juber. "Paul ligou um dia e disse: 'George vai produzir, e ele não quer fazer como um álbum dos Wings, então obrigado, mas não precisamos de você agora...' Àquela altura eu vi que era o aviso prévio." McCartney estava acabando com os Wings, embora Denny Laine ainda fosse ficar com ele por mais algum tempo.

Nessa época um fantasma indesejado do passado surgiu na forma de Erika Hübers (nome de solteira Wohlers), a garçonete de Hamburgo que alegara, nos anos 1960, ter dado à luz uma filha de Paul. Embora ele jamais tivesse admitido a paternidade, uma soma considerável fora paga por Brian Epstein a Erika, além de uma pensão para a criança, Bettina, até que ela tivesse 18 anos, para que a família não levasse a história a público. Bettina estava prestes a fazer 18 anos em 19 de dezembro de 1980. Algumas semanas antes do aniversário, o jornal *Sunday People* publicou em letras garrafais "EU SOU A FILHA SECRETA DO BEATLE PAUL", revelando o nome de Erika e Bettina pela primeira vez. Olhando a foto publicada de Erika — uma garçonete comum e parruda daquelas lanchonetes que vendem hambúrguer —, ficava difícil acreditar no suposto caso enquanto a alegação de Erika de que a filha se parecia com o astro desafiava a credulidade. A garota já começava a faturar em cima dessa suposta ligação, cantando em clubes como "Bettina McCartney, filha de um Beatle." Agora ela parecia ver a oportunidade de um grande pagamento. Paul nada comentou, mas o assunto se recusava a desaparecer, acrescentando um problema ao que estava sendo um ano bastante difícil. E estava prestes a piorar.

Mais um eco do passado chegou do outro lado do Atlântico na forma do novo álbum de estúdio de John Lennon, *Double Fantasy*, o primeiro nos últimos cinco anos e uma sólida coleção de canções de rock simples e fortes, pelo menos na metade do disco que era dele. (Yoko teve um número igual de faixas, e as dela não eram tão impressionantes.) O primeiro single, a canção influenciada pelo rockabilly "(Just Like) Starting Over", foi lançado em outubro de 1980 e fez um sucesso razoável. Ainda estava nas posições mais baixas da parada quando Paul começou a trabalhar em *Tug of War* no AIR em Londres naquele mês de dezembro. Mais uma vez a voz marcante de Lennon estava no rádio do carro quando McCartney era levado de sua fazenda de Sussex para a cidade todos os dias por John Hammel. As letras dele tinham um peso emocional e uma sensação de sinceridade — qualidades geralmente ausentes no trabalho de Paul —, mas não necessariamente se traduziam em vendas sensacionais. *Double Fantasy* teve uma venda modesta na corrida para o Natal e recebeu algumas críticas negativas. Mesmo assim, Paul sabia que era um bom trabalho. Foi a primeira vez em anos que John fizera um esforço real com sua música, desafiando Paul como costumava fazer.

McCartney estava em casa em Waterfall na manhã de terça-feira, 9 de dezembro de 1980 quando o telefone tocou. Era seu empresário, Stephen Shrimpton, ligando para informar que John fora assassinado em Nova York. Os tiros tinham sido dados naquela noite, em frente ao edifício Dakota, por um homem que anteriormente lhe pedira um autógrafo. Neil Aspinall estava ao telefone espalhando a notícia, e teve a tarefa nada invejável de informar à tia Mimi, de 74 anos, que ela jamais voltaria a ver o sobrinho. Neil sempre ficava com os piores trabalhos. Paul estava sozinho em casa quando recebeu a ligação, pois Linda havia saído para levar as crianças à escola. Quando viu o carro da esposa voltando, saiu para encontrá-la. "Eu sabia só de olhar para ele que havia algo muito errado. Eu nunca o vira daquele jeito. Desesperado, sabe? Chorando..."

Paul tinha uma sessão marcada no AIR, em Londres, com Paddy Moloney dos Chieftains, que chegara da Irlanda para tocar em uma canção. Denny Laine também estaria no estúdio. George Martin ligou para Waterfall e perguntou se deveria cancelar. O ex-Beatle disse que preferia ir para o trabalho. Com a imprensa reunida em frente ao seu portão, o estúdio de Londres parecia ser um esconderijo conveniente.*

Paul chegou ao AIR na mesma hora em que seu técnico Joe Reddington. Enquanto os homens andavam pelo saguão rumo ao elevador, um jornalista tentou segui-los e foi expulso antes que eles pudessem subir para o estúdio de gravação no quinto andar. Paul então tentou trabalhar. "Ele estava muito, muito quieto e abalado, como todos nós", relembra Denny Laine. "Ele me disse: 'Nunca mais vou brigar com ninguém em minha vida', o que é impossível, mas era assim que ele se sentia. Eu sabia que, na opinião dele, talvez os dois

* Embora fazer música em tal estado possa ter parecido estranho, vale a pena lembrar que George Harrison fez exatamente o mesmo, trabalhando no novo álbum em seu estúdio caseiro em Friar Park. *(N. do A.)*

não tivessem feito as pazes como deveriam, então ele se sentia meio culpado..." Enquanto os músicos olhavam pela janela, eles viram um caminhão escrito Lennon na Oxford Street, um tipo de caminhão que nenhum deles jamais vira em Londres. "Olhamos uns para os outros e pensamos: 'Oh-oh, isso foi um presságio.'"

O telefone tocou e Joe Reddington atendeu. "Posso falar com Paul McCartney?", perguntou uma mulher.

"Ele está ocupado no momento. Quem quer falar com ele?"

"É Yoko." Joe soube instintivamente que era mesmo a viúva de John e não uma impostora. Ele disse a todos para sair da sala. "E [Paul] atendeu a ligação. Eu simplesmente fechei a porta e ele estava chorando — ele perdera seu melhor amigo."

Ao longo daquele curto dia de inverno, os jornalistas cercaram os estúdios AIR. Havia fotógrafos esperando pelo astro na entrada na Oxford Street e outros escalando telhados para tentar conseguir fotos pelas janelas. Nessas circunstâncias extraordinárias, o escritório dele contratou uma firma segurança particular para ajudá-lo quando quisesse sair do prédio, contratando um motorista para bloquear o caminho com um carro, ficando entre a imprensa e a Mercedes de Paul, que fora levada à porta da frente do estúdio, na Oxford Street. Como sempre, a rua estava com tráfego intenso. Era quase Natal, e a calçada também estava cheia de pessoas fazendo compras.

Estava escuro quando Paul desceu pelo elevador cercado de funcionários, entre eles Joe Reddington. Enquanto McCartney saía do saguão para a calçada, jornalistas se amontoaram ao redor dele. Ele, obediente, parou para que eles pudessem tirar fotos e fazer perguntas. Equipes de televisão também estavam lá e técnicos ligavam suas luzes especiais. "Fiquei muito chocado, sabe, foi uma notícia terrível", disse Paul, quando perguntado sobre sua reação à morte de John. Ele costuma ser tranquilo com jornalistas, tendo lidado com eles por toda a vida adulta, mas naquela noite estava nitidamente irritadiço: seus olhos esverdeados se moviam rapidamente e um toque da truculência *scouse* se escondia em sua voz. Ele também mastigava chiclete, o que dava a infeliz impressão de que não estava levando o assunto tão a sério quanto deveria. Os passantes paravam as compras para olhar, outros paravam para ver e ouvir atrás da multidão de jornalistas. Um dos repórteres de TV perguntou quando ele ficara sabendo que John tinha sido assassinado. "Recebi uma ligação esta manhã", respondeu Paul, dando respostas curtas.

"De quem?"

"De um amigo."

"Você está pensando em ir ao enterro?"

"Ainda não sei."

"O que você estava gravando hoje?"

"Estava só ouvindo algumas coisas. Só não queria ficar sentado em casa."

"Por quê?"

Empinando o nariz com a impertinência, Paul respondeu: "Eu não estava no clima." Quando os repórteres começaram a repetir perguntas, ele concluiu a entrevista com uma pergunta retórica não ensaiada. "É um saco, não é?", indagou aos jornalistas, ainda mastigando. "OK, é isso, tchau..." Em seguida, entrou em sua Mercedes vermelha e foi levado embora.

O vídeo foi usado pelos telejornais do mundo inteiro naquela noite, entre eles o britânico *News at Ten.* "'O mundo não vai ver isso como 'um saco'", comentou o âncora da ITN com severidade, destacando a grosseria do comentário de Paul. Assim como acontecera quando a mãe, o pai e Stuart Sutcliffe tinham falecido. Paul reagia atabalhoadamente à morte, dizendo e fazendo bobagens. Seja lá o que for que ele realmente sentiu — e obviamente estava chocado e na época teve um pesar verdadeiro — naquele dia, ele deu a impressão de que não se importava, o que foi muito infeliz, pois com a morte, John Lennon foi transfigurado em um herói trágico, visto por muitos como uma pessoa muito maior do que Paul. Além do período na cadeia no Japão, esse foi um fim horrendo para um ano terrível, bem como um dos momentos que definiram a vida de Paul. Seu parceiro nos Beatles, o melhor amigo com quem ele brigara e nunca se reconciliara por completo partira e ele fizera um comentário idiota no adeus ao amigo. Talvez fosse verdade o que as pessoas falavam dele, como ele mesmo pensou quando os Beatles acabaram; talvez ele realmente fosse um merda.

(20)

NOS ANOS 1980

O LADO MAU DE PAUL McCARTNEY

O assassinato de John Lennon teve a maior cobertura sobre a morte de um astro pop desde que Elvis Presley falecera três anos antes, e durou semanas. Yoko fez uma cremação particular do marido em 10 de dezembro de 1980. Memoriais públicos em massa foram realizados em Nova York e Liverpool quatro dias depois, enquanto as canções de John tocavam aparentemente de modo constante no rádio até o réveillon: os singles "(Just Like) Starting Over" e "Woman" chegaram postumamente ao primeiro lugar nos EUA, bem como o álbum *Double Fantasy.* A tragédia também criou uma imensa retomada de interesse nos Beatles, vendendo caminhões dos álbuns da banda em uma onda de nostalgia que não diminuiu. "A morte de John reativou tudo", observa Bill Harry, amigo de faculdade de Lennon, dizendo também que os líderes cívicos de Liverpool haviam ignorado os Beatles até então.

> Liverpool se recusou a fazer uma estátua dos Beatles. Eles se recusavam a dar nomes dos Beatles às ruas. Os conselheiros de Liverpool [disseram]: "Os Beatles, não queremos conhecê-los, eram drogados. Eles envergonharam a cidade. Não queremos ter nada a ver com os Beatles." [Essa atitude] mudou após a morte de John.

Todos os outros Beatles se beneficiaram com o aumento nas vendas de seu catálogo antigo, levando ao projeto lucrativo e duradouro de repaginar e relançar os discos e filmes da banda. Embora a morte de John ajudasse a deixar Paul ainda mais rico, também servia para elevar seu amigo à companhia de James Dean e Marilyn Monroe, ídolos da indústria do entretenimento que morreram jovens e que, por isso, foram reverenciados como santos seculares. Era absurdo, e nos anos posteriores McCartney tentou persuadir o público de que John não era santo e de que era injusto rotular Paul como cantor de baladas triviais em comparação a Lennon, o peso-pesado tanto no campo intelectual quanto no musical. Mas se John não era santo, havia algo de verdade nessa definição de papéis nos Beatles, e essas tentativas de McCartney para mudar a percepção do público o faziam parecer inseguro.

Após ter pronunciado o lamentável comentário "É um saco" no dia em que o mundo soube do falecimento, Paul manteve-se discreto durante o período de luto. Ele e Linda fizeram uma rápida visita a Yoko no Dakota, depois voltaram à Inglaterra, onde o músico retomou o trabalho com George Martin no álbum *Tug of War*. Outro velho amigo juntou-se à equipe no AIR: Paul conhecia Eric Stewart desde que os Beatles e a primeira banda de Eric, Wayne Fontana and the Mindbenders, se apresentava em clubes. "Era sempre Paul que chegava e dizia 'Oi, como vocês estão? Como vão as coisas?' Então nós meio que ficamos em contato, esbarrando um no outro em shows e eventos por um bom tempo." Nos anos 1970, Eric teve sucesso com o 10cc, criando sucessos marcantes como "I'm Not In Love", coescrita por ele, cantados e produzidos em seu estudo de Lancashire, batizado de Strawberry em homenagem a "Strawberry Fields Forever".

Eric tinha um segundo estúdio Strawberry perto da propriedade de Paul no sudeste da Inglaterra. Ao dirigir desse estúdio para casa em uma noite de inverno de 1979, o carro de Eric saiu da estrada e atingiu uma árvore. O músico estava semicomatoso no Redhill General Hospital quando Paul ligou e pediu que a enfermeira colocasse o telefone perto do ouvido do amigo.

> Ela disse: "Tem alguém no telefone querendo falar com você. É o Paul. Paul quer falar com você". Eu disse: "Quem? O quê?" Eu estava cheio de remédios, com soro, não ligava para coisa alguma naquele momento, estava completamente desmemoriado, amnésico. "É Paul McCartney. Ele quer dar um oi." Então ela colocou o telefone perto de meu ouvido e eu falei "Alô?" Ele disse: "Oi, Eric. É o Paul." E respondi: "Como você está? Como vão as coisas?" Ele disse: "Foda-

> se como eu estou! Quero saber como *você* está? O que está fazendo? É o Paul." Eu continuei: "Paul? Paul! Claro, Paul. Ótimo. Como vai você? Fantástico. É, eu estou... Eu estou no hospital. Ah, meu Deus, como você está?" Aquilo simplesmente me acordou... Eu não acho que era um vegetal, mas certamente me tirou do estado em que eu estava na época.

Na verdade, Eric concluiu que a ligação do amigo ajudou a salvar sua vida.

Quando Paul começou a gravar *Tug of War*, convidou Eric para cantar e tocar guitarra no álbum, iniciando uma colaboração de cinco anos. Eric comemorou seu aniversário de 36 anos no início do projeto, e McCartney começou bem o relacionamento profissional deles ao dar ao amigo uma bateria eletrônica de presente. "Ele é incrivelmente generoso, sempre foi", conta Eric, que participou da maioria das faixas do novo LP, entre elas a canção-título, uma balada de letra metafórica sobre a luta pela vida, consideravelmente melhorada pela produção de George Martin, como foi todo o álbum. O disco ronronava como um Rolls Royce sob as mãos do mestre após anos de latas-velhas sonoras que engasgavam e faziam barulhos lançadas por Paul.

Após começar *Tug of War* em Londres, Paul transferiu o trabalho para Montserrat, onde George construíra um complexo de estúdios em uma fazenda com vista para o mar. Além do agradável clima caribenho, parte da atração do AIR Montserrat era que todos poderiam ser hospedados em palacetes particulares dentro de um condomínio. A segurança parecia importante após a morte de John. Nos anos 1960, quando o jovem Paul temia levar um tiro dado por um maníaco, tais medos pareciam paranoia de quem lera muito sobre Lee Harvey Oswald. Afinal, quem gostaria de matar um astro pop? Quando Mark Chapman assassinou John Lennon, aparentemente para conquistar fama, ficou dolorosamente óbvio para Paul e para outros grandes músicos que era real o perigo de ser alvo de um assassino imitador. (Bob Dylan deu um colete à prova de balas a um integrante de sua banda caso ele levasse uma bala no palco que seria para o chefe.) O fato de Ringo Starr ter sido convidado e de estar a caminho de Montserrat para participar de *Tug of War* duplicou a importância de ter boa segurança no estúdio, que era cercado e vigiado por guardas, com membros da imprensa passando ao redor em carros alugados tentando fazer fotos dos dois Beatles juntos. Um dia, quando Paul levava as crianças para uma volta em um jipe Mini Moke, teve uma discussão com dois desses fotógrafos. "O homem está mesmo assustado", comentou o funcionário do *Daily Express*, alegando que Paul batera em seu carro com o jipe.

Parte da estratégia de George Martin para *Tug of War* consistia em cercar Paul de músicos novos e mais famosos do que aqueles com quem costumava trabalhar nos Wings. Dessa forma, ele complementava um talento brilhante, do mesmo modo que um joalheiro escolhe esmeraldas e rubis para realçar um diamante a fim de tirar melhor proveito dele. Embora Denny Laine tenha ido à Montserrat, George Martin recrutou novos músicos, como o baixista Stanley Clarke e o baterista Steve Gadd, dois dos melhores músicos de estúdio do mercado, além de serem colegas de Ringo.

A morte de John lançou uma sombra sobre a reunião de Paul e Ritchie em Montserrat. "Foi meio pesado", relembra Steve Gadd, "se eles quisessem voltar a se apresentar juntos, agora não seria mais possível." Paul tinha uma canção chamada "Take It Away", que pretendia originalmente dar a Ritchie para seu novo álbum. Mas eles gravaram a canção como uma faixa de *Tug of War*. Ringo e Steve Gadd tocaram baterias, ajudando a criar um sucesso dançante. Quando Ritchie, Steve e Stanley saíram de Montserrat, Carl Perkins foi tocar na agradável "Get It". Em seguida, apareceu uma celebridade ainda maior: Stevie Wonder concordara em cantar em uma música que McCartney tinha composto inspirado nas teclas brancas e pretas no teclado do piano, a partir da qual ele criara uma metáfora musical para a harmonia entre brancos e negros. Muitos ouvintes acharam "Ebony and Ivory" irritantemente simplista, mas ela tem a força inevitável das melhores melodias de McCartney e fez um enorme sucesso. Um gênio musical como ele, e ainda mais perfeccionista, Wonder o advertiu durante a gravação por bater palmas fora do tempo. As palmas de Paul não tinham um ritmo forte, "e você pode acreditar que eu estava no ritmo", alega Paul. "Ele quer resultados e sabe o que está fazendo."

McCartney e Wonder continuaram sua colaboração na Inglaterra, indo aos Strawberry South Studios de Eric Stewart para trabalhar em uma canção em coautoria, "What's That You're Doing?". Durante a sessão, Paul entrou em um humor lúgubre. Stewart relembra:

> Ele disse: "Acabei de me dar conta de que John se foi. John se foi. Ele está morto e não vai voltar." E ele parecia completamente apavorado, como se estivesse em choque, como se tivesse acabado de perceber aquilo de repente. Eu disse: "Bom, já se passaram algumas semanas." Ele retrucou: "Eu sei, Eric, mas acabei de *me dar conta*." Era uma dessas coisas, talvez ele quisesse dizer algo a John, mas era tarde demais para fazê-lo. Acho que ele sentia muita falta da ajuda do amigo, mesmo quando as canções eram escritas por um deles... Você não tinha John dizendo "Não está bom o bastante" e acho que em várias faixas Paul precisava dessa honestidade brutal.

Paul compusera uma canção com John em mente, "Here Today", na qual cantava sobre não segurar mais as lágrimas. George Martin embelezou a canção com um arranjo de cordas ao estilo dos Beatles.

Algumas semanas depois, em abril de 1981, Ritchie se casou com Barbara Bach no cartório de Marylebone, onde Paul e Linda tinham selado sua união em 1969. Os McCartney ficaram surpresos ao ver que o escrivão era o mesmo Joe Jevans que os casara. Quem visse o casal na cerimônia teria que dizer que eles pareciam tão felizes então quanto no dia do enlace 12 anos antes.

A recepção do casamento foi no Rags, um clube noturno do West End, onde George e Olivia Harrison se juntaram aos Starkey e aos McCartney em uma reunião dos Beatles. Entre os outros convidados estavam Neil Aspinall e seu ex-secretário de imprensa Derek Taylor. Os músicos se reuniram em torno do piano e Paul liderou a cantoria. Todos estavam se divertido muito, e as crianças tiravam nacos do bolo de casamento em forma de estrela. Os quatro filhos de Paul corriam com seus primos dos Beatles: os filhos de Ringo, Zak, Jason e Lee, com 15, 13 e 10 anos, enquanto o filho de George, Dhani, só tinha 2 anos.

Apesar da atmosfera familiar tranquila na recepção, essa foi uma tarde particularmente desafiadora para Paul, pois Denny Laine escolheu o dia para anunciar sua saída dos Wings, o que não era exatamente uma surpresa, mas encerrou um capítulo da carreira de McCartney em um tom não totalmente feliz. Denny vinha reclamando de problemas com impostos que o escritório não conseguia resolver, apesar de ter se oferecido para gerenciar suas finanças, e reclamou da renda da turnê que perdera devido à prisão do líder da banda no Japão. Ele saiu para se concentrar na carreira solo, que logo se esgotou com as vendas insignificantes de seus álbuns e aparições melancólicas como convidado em convenções dos Beatles.

Mais preocupante que a partida de Denny foram as verdades sobre si mesmo que Paul ouviu na recepção de casamento de Ritchie. E ele também disse algumas palavras desagradáveis. Falando com seus convidados, deu a impressão de estar infeliz com uma biografia que o irmão Mike publicara recentemente, o livro *Thank U Very Much*. A obra tinha muitas histórias de família e fotografias pessoais que o astro aparentemente achava que seria melhor se fossem mantidas no âmbito privado. Olhando para Derek Taylor, ele fez um comentário crítico igualando o novo livro do irmão ao fato de Derek ter tirado vantagem de sua amizade com os Beatles para conseguir uma entrevista de rádio nos anos 1960. "É sempre engraçado quando alguém que você conhece bem faz algo assim", comentou Paul com a língua afiada, censurando Derek e Mike. Então Neil disse a Paul que a tia Mimi estava aborrecida porque ele não havia ligado desde a morte de John, algo que sequer lhe passara pela cabeça fazer. Ele apenas conhecera Mimi brevemente quando era jovem e ela não fora muito amigável com ele, e agora ela queria notícias!

Paul também foi jogado em uma confusão por uma conversa que teve com Cilla Black, uma amiga desde os tempos do Cavern que tinha uma carreira bem-sucedida como personalidade de televisão. Ele contou a ela quanto gostava do marido dela, Bobby Willis, que a empresariava desde a morte de Brian. "Bobby é um cara legal", comentou ele.

"Ah, mas o que você acha de verdade, Paul? Não acha isso de verdade, não é? Você está insinuando algo?", respondeu Cilla, debochando. Era como se todo mundo acreditasse que ele falava uma coisa e pensava outra.

A conversa mais estranha do dia aconteceu no banheiro masculino no Rags, quando Paul se viu em pé no mictório ao lado de Ritchie:

> Ele disse que houvera dois momentos na vida em que eu enchera a paciência dele. Então disse que ele perdera a paciência consigo mesmo três vezes. Eu estava cuspindo algo e, por acaso, caiu cuspe no casaco dele. Eu disse: "Pronto, agora enchi sua paciência três

> vezes. Estamos empatados." Eu ri, foi carinhoso. Não foi uma briga. Mas agora fico pensando o tempo todo, quais foram as duas vezes que Ringo acha que eu enchi a paciência dele...?

Paul fez esta mesma pergunta em uma ligação telefônica rabugenta ao escritor Hunter Davies logo após a recepção de casamento de Ritchie. Ele também reclamou com Davies sobre o novo livro de Philip Norman, *Shout!*, uma história espirituosa dos Beatles que deixava o leitor com a impressão de que McCartney era um homem superficial comparado à figura mais sólida de Lennon. Tudo isso fazia parte do problema de como o público o via *vis-à-vis* John. Ele relembrou a Hunter, irritado, que John o magoara muitas vezes, observando que Lennon podia ser "um porco manipulador, mas ninguém parecia notar isso. Agora, como ele está morto, virou Martin Luther Lennon". Quando o escritor publicou esses comentários insensatos, manchou ainda mais a imagem de Paul. A grande imprensa na Grã-Bretanha ainda gostava de Macca — como sempre —, mas havia uma minoria razoável da mídia e do público do país que tinha uma opinião cada vez pior sobre ele.

Houve mais notícias ruins para o ex-Beatle naquele verão, quando Angie McCartney vendeu a história de seu relacionamento com o enteado ao *Sun* — rendendo uma matéria de três partes com o título "O lado mau de Paul McCartney". Angie contou como tentara ganhar a vida como agente teatral após a morte de Jim, logo ficando endividada. Quando escrevera ao enteado comunicando de teria que vender a casa em Gayton e suas posses para pagar as dívidas, ele não demonstrara ter muita pena e, quando tentara envolvê-lo em um concerto de caridade que ela promovia em 1978, houvera uma briga e tanto em que ele a acusara de usar seu nome e de interferir em sua carreira, uma conversa que acabou com Angie batendo o telefone na cara dele. Enquanto ela afundava em dificuldades financeiras cada vez maiores, houvera mais conversas desagradáveis com o filho de seu falecido marido, que aconselhara Angie, então com quase 50 anos, a se recuperar e recomeçar do zero. "Fiquei tentada a lembrá-lo de que Jim McCartney me dissera no passado que Ruth e eu seríamos bem-cuidadas pelo resto de nossas vidas." Quando Angie vendeu a certidão de nascimento do enteado a um colecionador dos Beatles alguns anos depois, Paul lavou as mãos para a madrasta.

"Acredito que ela tenha se casado com meu pai por dinheiro. Há algumas pessoas com quem a gente simplesmente não deve se importar", desdenhou friamente.

Muitos amigos conheciam uma pessoa diferente do tipo controlador e pão-duro descrito por Angie, alguém capaz de atos espontâneos de generosidade — como ajudar Howie Casey a comprar sua casa, por exemplo, ou dar a Eric Stewart uma cara bateria eletrônica de aniversário —, e de fato Paul fora generoso com Angie e Ruth McCartney, como continuava a ser com outros membros da família. Porém, caso suspeitasse de que alguém tentava se aproveitar dele, podia ser implacável. Um exemplo disso ocorreu no verão de 1981, quando um ex-membro dos Quarry Men tentou vender o primeiro disco gravado por McCartney.

O leitor deve se lembrar de que em 1958 Paul, John e George, junto com o baterista Colin Hanton e o pianista ocasional John Duff Lowe juntaram dinheiro para pagar a gravação de um disco de goma-laca de 78 rotações, fazendo uma gravação de "That'll Be the Day", de Buddy Holly, e de "In Spite of all the Danger", de Paul. O disco fora passado entre os garotos para que cada um tivesse a oportunidade de ouvi-lo e de apreciá-lo em casa. Conforme Paul contou ao documentário *Anthology* dos Beatles, John ficou com o disco por uma semana. "Eu fiquei com ele por uma semana e passei para George, que ficou com ele por uma semana. Então Colin ficou com ele uma semana e passou para Duff Lowe, que ficou com ele por 23 anos."

Enquanto John Duff Lowe trocava de emprego com frequência, ele se casou, se divorciou e se casou novamente, sempre levando o disco de goma-laca consigo. Por quase um quarto de século o disco ficou em uma série de gavetas. Em 1981, John contratou a Sotheby's, que se ofereceu para colocar o disco "dele" em um leilão de objetos importantes do rock 'n' roll. Antes da venda, foi publicada uma reportagem sobre o disco no *Sunday Times*. Em seguida, Paul telefonou para a mãe de John Duff Lowe, que ainda morava em Liverpool, pedindo que o filho dela ligasse para ele. Prevendo o que o astro queria, Duff Lowe não respondeu de imediato. Logo em seguida, recebeu uma carta escrita à mão da firma de advocacia londrina Clintons, informando que Paul poderia tomar medidas legais para impedir a venda do disco e encorajando-o a entrar em contato com Paul pessoalmente "para que a questão possa ser discutida e resolvida de modo amigável". Duff Lowe ligou para o número de Sussex que recebera. "Eu liguei e Linda atendeu. Ela disse: 'Ele não está. Vai chegar por volta das 19h30', então ele me ligou e tivemos uma longa discussão sobre o disco e sobre os velhos tempos..." Paul disse que John provavelmente receberia cartas de seus advogados, mas deveria ignorá-las. "É só o jeito que esses caras escrevem. Não sou eu!" John desconfiou dessa afirmação, tendo a impressão de que o outro tentava seduzi-lo para receber o disco de graça, perguntando se ele gostaria de ir a Londres e sair na cidade. Não. O disco estava à venda e John queria saber quanto Paul estava disposto a pagar por ele.

Os ex-amigos negociaram pelo disco de goma-laca, e o preço logo chegou aos milhares. John Duff Lowe podia ouvir a irritação de McCartney aumentar do outro lado da linha. Em certo ponto, parecia que ele quebrara o lápis de tanta frustração. Enfim eles chegaram a um acordo quanto ao preço. Duff Lowe não diz quanto. Ele prometeu que não o faria, mas a soma parece ter chegado aos cinco dígitos, o que era, digamos, o preço de uma casa média para uma família em 1981. Alguns dias depois, Stephen Shrimpton da MPL, acompanhado por um advogado da Clintons, foi encontrá-lo em Worcester. Ele levou os homens a seu banco, onde guardava o disco em uma maleta, dentro de um cofre. "Abri o estojo, mostrei o disco e obviamente eles viram que estava inteiro. Era tudo o que esperavam. O acordo foi fechado e eles foram para Londres." No dia seguinte, John ligou para Paul a fim de perguntar o que ele achara do disco, "mas o telefone fora desligado". Após conseguir o que queria, o ex-Beatle não quis que o velho amigo entrasse em contato de novo.

Naquele verão, Paul pediu permissão para demolir a casa abandonada que comprara em Sussex e construir uma residência de cinco quartos para a família. Naquele momento, os McCartney viviam apertados em uma casa de dois quartos que estava longe do ideal, considerando os quatro filhos, com idades entre 3 e 18 anos, uma configuração levemente maluca considerando o quanto Paul era rico, mas ilustrava seu desejo de manter a família bem unida e longe da vida pública. Ele tentara ao máximo possível criar os filhos do jeito que ele e Mike haviam sido criados por Jim e Mary McCartney. Na verdade, a nova casa era inspirada na 20 Forthlin Road e foi desenhada uma planta para uma casa de tijolos muito maior, mas ainda assim de proporção modesta, cujo centro era a cozinha. Depois, Paul repassou seus esboços a uma firma de arquitetos para criar um projeto detalhado. A casa proposta não era de forma alguma extravagante; e era notavelmente desprovida dos enfeites típicos de casas de astros do rock. A construção tinha um quarto principal e um deque no andar de cima, para o casal tomar sol. Atrás dele, estavam quatro quartos para as crianças. No andar de baixo haveria uma série de salas de estar interconectadas, levando a uma grande cozinha, com uma parede de janelas semicirculares de frente para a paisagem. O interessante é que não havia quarto de hóspedes. Embora fosse um homem sociável, Paul e Linda não tinham muitos amigos íntimos fora da família e do trabalho e, em todo caso, havia outras residências na propriedade, nas quais as visitas poderiam ser acomodadas. Construída em tijolos vermelhos, telhado íngreme e duas chaminés altas, a edificação era um pouco feia, especialmente a parte de trás, muito parecida com uma casa de empresa. Nesse sentido, o novo lar era uma expressão da nostalgia sentida pela infância passada em Liverpool, uma época que se tornara dourada na mente de Paul. Portanto, foi especialmente perturbador para ele ver a cobertura da imprensa das revoltas em Liverpool em 1981.

Revoltas urbanas ocorriam em toda a Inglaterra naquele verão durante um período de intranquilidade econômica e aumento do desemprego, com os jovens e descontentes atacando propriedades e a polícia em Londres, Bristol, Birmingham e Chester. Algumas das piores cenas ocorreram no distrito de Toxteth em Liverpool, perto da antiga escola de Paul. O desemprego de longo prazo e as tensões étnicas na região perto do centro na Inglaterra contribuíram para duas semanas de intensos problemas, resultando em muitos feridos, um morto e prejuízos no valor de 11 milhões de libras. Como consequência, ele resolveu fazer algo para ajudar a reerguer a cidade, embora não soubesse bem o quê, pois sua filantropia estava canalizada para o Liverpool Institute for Performing Arts (LIPA), uma instituição que cuidava de jovens talentosos, como Paul e John tinham sido, que queriam fazer carreira na indústria do entretenimento.

Na mesma época, a velha questão de quem era dono das canções que os dois escreveram juntos ressurgiu, com McCartney tendo uma rara oportunidade de recuperar o catálogo dos Beatles. Nos últimos anos, a Northern Songs estivera nas mãos do magnata Lew Grade, que iniciou uma conversa amigável com Paul dando a entender que ele teria a primeira oferta se Grade algum dia quisesse vendê-lo. No outono de 1981, o recém-agraciado com o título, lorde Grade, ofereceu a Northern Songs ao compositor por 20 milhões de libras. Paul sugeriu a Yoko Ono que eles dividissem o dinheiro igualmente. A viúva de John achou o preço alto demais e tentou comprar a empresa por 5 milhões. Lorde Grade considerou a oferta insuficiente e decidiu incluir a Northern Songs na venda de sua organização muito maior, a Associated Communications Corps (ACC), o que encareceria muito a aquisição das canções. Mesmo assim, Paul teria sido inteligente se entrasse no leilão pela ACC, mas, em vez disso, misturou negócios com justiça e reclamou publicamente sobre quão errado era aquilo que estava acontecendo. "[Lorde Grade] não deveria me prejudicar pelo que ele poderia obter de qualquer outra pessoa", disse Paul ao *The Times*. "Não estou interessado em comprar a empresa dele. Só quero minhas canções. Devolva meus filhotes, Lew". Grade acabou vendendo a ACC ao empresário australiano Robert Holmes A'Court por 45 milhões de libras, fazendo dele o proprietário da ATV Music, da qual a Northern Songs fazia parte. Nos anos seguintes, o valor do catálogo de canções se multiplicaria, fazendo até os 45 milhões parecerem uma pechincha. Foi uma oportunidade perdida.

Esse problema estava na cabeça de Paul no Natal de 1981, enquanto ele abria presentes em casa com a família, quando o telefone tocou. Uma voz desconhecida e bem aguda queria falar com ele. "Quem é?", perguntou irritado, imaginando que alguma fã tinha conseguido seu número.

"É o Michael Jackson."

"Ah, por favor, quem está falando de verdade?"

"Puxa, você não acredita em mim?"

Embora Michael Jackson e Paul McCartney tivessem uma diferença de idade 15 anos e não possuíssem praticamente nada em comum, os dois artistas ficavam lado a lado em termos de carreira em 1981-1982. Ambos eram astros extraordinariamente talentosos que haviam tido imenso sucesso na juventude, e agora trabalhavam com seus produtores favoritos em álbuns solo: Jackson com Quincy Jones em *Off the Wall*; McCartney com George Martin no prestes a ser lançado *Tug of War*. E eles tinham a intenção de repetir a fórmula nos álbuns seguintes, Jackson trabalharia novamente com Jones em *Thriller*, e McCartney, com Martin, em *Pipes of Peace*. Fazia sentido que os músicos fizessem um ato de bondade um com o outro, compondo e fazendo um dueto em canções para seus respectivos LPs. Surgiram assim a funkeada "Say, Say, Say", e a menos importante "The Man", para *Pipes of Peace*, enquanto "The Girl is Mine" encontraria lugar em *Thriller*, o álbum mais bem-sucedido da história da música pop. Ao se associar a um músico jovem e moderno, Paul esperava chegar a um público mais novo enquanto trabalhar com um ex-Beatle aumentaria a vaidade do norte-americano.

Jackson foi à Inglaterra na primavera de 1981 para encontrar Paul, hospedando-se em um sofisticado hotel do centro de Londres. O inglês convidou seu jovem amigo para um passeio no campo durante o fim de semana, perguntando se Michael gostaria de cavalgar com ele e Linda na floresta de Sussex. O americano disse que não poderia.

"Por que não?"

"Não tenho permissão para me sujar", disse Jackson, em uma resposta peculiar que acendeu o sinal alerta entre os McCartney. Jackson era obviamente estranho. Paul o levou a Sussex e o devolveu a seu hotel após o fim de semana, são e salvo, exceto por um pouco de lama nos sapatos, e o norte-americano disse ter se divertido muito. Durante a visita, Michael perguntou a Paul sem muita sinceridade se ele tinha algum conselho para lhe dar em termos de carreira, e o ex-Beatle sugeriu que Jackson investisse na edição de músicas, como ele fizera com tanto sucesso. "Vou comprar suas canções um dia", disse Michael, de modo atrevido, ao amigo mais velho.

"Ótimo. Boa piada", respondeu Paul, sem fazer ideia de que isso realmente poderia acontecer.

Paul levou Jackson aos estúdios AIR em Londres, dizendo a Eric Stewart e aos outros músicos de apoio que teriam de sair enquanto Michael gravava. Jacko não queria ver ou falar com ninguém além de Paul, Lin e o filho deles de 4 anos, James. Entre as gravações, Jackson brincava no chão com Dee Dee. O cara era estranho, mas cantava como um anjo.

A outra colaboração de Paul com um astro norte-americano, o dueto "Ebony and Ivory" com Stevie Wonder fez um enorme sucesso na primavera de 1982, chegando ao primeiro lugar tanto no Reino Unido quanto nos EUA, onde ficou no topo por sete semanas, em parte graças a um bem-produzido vídeo no que era agora a era do videoclipe, visto que a MTV fora lançada no ano anterior. *Tug of War* rumou para o topo da parada de álbuns nos dois países. Era um fato que marcava o nível mais alto da carreira dele pós-Beatles. Embora ele tenha conseguido vários primeiros lugares no Reino Unido e nos EUA, *Tug of War* foi seu último álbum pós-Beatles (até hoje) a conquistar o primeiro lugar nos dois países ao mesmo tempo. Todas as carreiras de sucesso na indústria do entretenimento têm um período de ouro, e Paul, sem dúvida, tivera sorte em chegar ao topo com os Beatles nos anos 1960 e novamente com os Wings nos anos 1970, e continuaria sendo um grande astro pelas décadas seguintes, mas jamais voltaria a vender tantos discos.

Com evidências claras que um dueto com um grande artista norte-americano seria uma fórmula vencedora, os McCartney foram a Los Angeles para continuar o trabalho com Michael Jackson em "The Girl is Mine", que levou a uma reunião com Peggy Lipton, a atriz que estava de olho em Paul nos anos 1960, e o perdera para Linda McCartney no Beverly Hills Hotel. Catorze anos depois, ela coincidentemente se casara com o produtor de Michael Jackson, Quincy Jones, que, sabendo da história da esposa, insistiu que todos eles se encontrassem para mostrar que não havia ressentimentos. Paul se mostrou tranquilo em relação a isso, tanto que cumprimentou a "Sra. Jones" com um beijinho amigável na bochecha, e Linda disse como era bom vê-la de novo. Peggy achou tudo tão opressivo que foi para casa e chorou.

Nos dias que se seguiram, Peggy se adaptou à ideia de ter os McCartney por perto e até tomou conta de Mary, Stella e James, agora com 12, 11 e 4 anos, respectivamente. A mais velha, Heather, agora era uma jovem de 19 anos e motivo de preocupação para os pais.

Após ter abandonado o Thomas Peacock, Heather McCartney fizera um curso de fotografia no London College of Printing e começara a trabalhar como aprendiz de técnica de revelação, ganhando um prêmio em 1981 por uma foto de Steve Gadd feita por ela em Montserrat. A carreira da mãe como fotógrafa fora reativada nos últimos anos, com exposições e a publicação de um livro, *Linda's Pictures*, mas Heather se afastou do ramo após o entusiasmo inicial. A irmã Mary seria a fotógrafa da família. Para Heather, fazer e revelar fotos marcaram apenas uma de várias fases.

A adolescência dela foi complicada. "Eu era a adolescente mais caótica e desajeitada do mundo", admitiu. Sua aparência mudava de acordo com a moda, passando por punk, *new romantic* e jovem comum de classe média, até amadurecer para uma regressão ao estilo hippie. Ela namorou vários garotos, incluindo o cantor punk Billy Idol por um breve período, para horror de Paul, e parecia querer independência de sua família famosa, embora fosse tímida demais para se afastar muito da mãe, que era muito protetora. "Linda costumava manter a filha afastada da loucura", observa Tony Bramwell. Os outros filhos eram mais robustos e extrovertidos, especialmente Stelly, que era muito ativa. Heather parecia bater de frente com o pai às vezes, e chegou a confidenciar à vizinha da Cavendish Avenue, Evelyn Grumi, que desejava um apartamento próprio, perguntando se poderia alugar o porão delas, dando à Sra. Grumi a impressão de que Heather e Paul não se davam bem. Então, um incidente infeliz ocorreu em maio de 1982: quando estava cavalgando nas matas de Sussex, a jovem foi jogada de sua montaria, quebrando a perna e a clavícula. Após visitar Heather no Royal East Sussex Hospital, Paul falou à imprensa de modo visivelmente sombrio sobre sua filha adotiva. "A família vem sendo atingida pela má sorte", disse. "É nossa tragédia pessoal, uma questão familiar e não vou dar detalhes sobre como o acidente aconteceu."

DE VOLTA AO MERCADO

Paul completou 40 anos em junho de 1982 e fez algumas mudanças em sua vida. Para ajudar a afastar a barriguinha de meia-idade, exacerbada pelos talentos culinários de Linda, ele começou a correr pelas ruas de sua propriedade em Sussex e parou de fumar cigarros (mas não maconha); e também começou a pintar. Quando garoto, ele possuía um talento artístico considerável, tendo vencido um concurso de arte na escola. O único A-level no qual tinha passado fora o de arte. Quando John Lennon entrara em sua vida, e, especialmente, quando Stuart Sutcliffe ingressara nos Beatles, as ambições artísticas de Paul tinham sido ofuscadas. Desde então seu talento fora expresso principalmente desenhando ideias para roupas a serem usadas no palco e nas capas de álbuns, e rabiscando em cartões-postais.

Agora ele havia comprado telas, tinta e pincéis e transformara uma das antigas casas de fazenda em sua propriedade de Sussex em um estúdio de arte, onde passava horas criando grandes pinturas coloridas e abstratas que o faziam sentir-se realizado e o ajudavam a relaxar. "Descobri que realmente gostava disso... O que a pintura me dava era muito parecido com o que a música me dava."

Agora que chegara à meia-idade. Paul também estava determinado a fazer os filmes dos quais falava havia anos, indicando a seu amigo animador Geoff Dunbar que fosse adiante com o piloto para o filme de *Rupert the Bear*, inspirado em uma história de 1958, na qual Rupert visita uma caverna habitada por sapos. *Rupert and the Frog Song* começaria com uma cena mostrando o urso em casa com os pais, no que Dunbar — ciente de quanto Paul era sentimental em relação a sua infância — desenhou como um ambiente doméstico aconchegante do pós-guerra, reminiscente das ilustrações de Alfred Bestall. "Havia isso de a mãe ser a figura central", diz Geoff, que também partilhava desse sentimentalismo. Para a sequência subaquática, Dunbar se inspirou também em uma série de recortes de Matisse que os McCartney estavam prestes a comprar.

Rupert and the Frog Song levaria dois anos para ser produzido e teria uma nova canção, "We All Stand Together", já gravada com George Martin. Além de liberar o dinheiro para o filme, que seria totalmente financiado por Paul, o projeto não exigia muito de seu tempo. Assim, enquanto Geoff fazia seu lento trabalho de animação, Paul buscava sua outra ambição cinematográfica: uma aventura musical na tela grande, o projeto que se iniciara como *Band on the Run* de Willy Russell.

A última vez que Russell ouvira o músico falar sobre o filme tinha sido pouco antes de o astro ir para sua malfadada viagem ao Japão em 1980. Ele garantira ao dramaturgo que a produção começaria quando ele voltasse. Após a prisão, nada mais foi dito. "De vez em quando Linda me ligava, falávamos bobagens e ela dizia: 'Ah, Deus, eu queria que ele fizesse aquele filme'", conta Russell. "Depois eu ouvi falar que ele estava fazendo um filme chamado *Give My Regards to Broad Street.*" Era uma obra quase totalmente diferente, que pegava apenas uma ou duas ideias do roteiro de Russell. Parte do pensamento era que Paul iria, pela primeira vez, tentar atuar de verdade, no sentido de ser protagonista. Uma das primeiras pessoas que ele consultou foi David Puttnam, agora o principal produtor cinematográfico da Grã-Bretanha, com sucessos como *O expresso da meia-noite* (1978) e *Carruagens de fogo* (1981), pelo qual ganhou o Oscar de melhor filme. Como muitos colegas de Paul, Puttnam estava acostumado com ele lhe pedindo conselhos. Linda geralmente fazia tais ligações em nome do marido, com tanta frequência que a esposa de David reclamava. E o cineasta, que recebeu o título de lorde Puttnam em 1997, relembra: "Um dia ela me falou: 'Por que você não pega o telefone e diz logo 'Sim, Linda, o que você quer?'" Então não foi surpreendente quando os McCartney ligaram em busca de conselhos para fazer seu novo filme.

Paul explicou sua ideia para *Give My Regards to Broad Street* a Puttnam em um jantar com as respectivas esposas no Savoy Grill. O filme seria um "drama de fantasia musical na tradição clássica [sic] de *O mágico de Oz*", e o título era o trocadilho elaborado de Paul com a canção "Give my Regards to Broadway", de George M. Cohan, e o clímax seria filmado na estação de trem da Broad Street, em Londres.* A trama — totalmente diferente do roteiro de Willy Russell — surgira para Paul enquanto ele estava em um engarrafamento em Londres, no carro dirigido por seu motorista: o que aconteceria se as fitas master de seu novo álbum fossem roubadas? Ele escrevera o roteiro sozinho e seu trabalho tinha pouca relação com um roteiro profissional: era curto demais, apenas 22 páginas e, por mais curto que fosse, tinha graves lacunas, como Puttnam observou desde a primeira página:

> O roteiro começava com Paul no banco de trás de um Rolls Royce reclamando amargamente do vazio de sua vida. Eu disse: "Olhe, deixa eu lhe falar, você já tem um problema na página um. As pessoas o veem em um carrão e você está *reclamando*?... No fim do filme elas até podem acabar entendendo algumas das pressões e problemas pelos quais você está passando, mas não no primeiro rolo! Elas vão odiar você. Você tem tudo o que quer, e está reclamando."

Paul discordou e, de modo preocupante, subestimou demais a quantidade de tempo exigida pelo projeto.

---

* Que foi fechada em 1984, para dar lugar ao prédio comercial Broadgate. *(N. do A.)*

> Minha impressão era de que ele acreditava ser algo que se pudesse fazer em três meses, algo parecido com um disco. Eu me lembro de ter falado: "Isso não é um álbum. É um compromisso *imenso.* Exige tempo, esforço, energia e talvez dinheiro." Então, sim, eu avisei.

Como acontece em tantos aspectos de sua carreira, após ter pensado em trabalhar com profissionais, Paul decidiu fazer tudo, ou o máximo que pudesse, sozinho, pedindo a Puttnam para recomendar um diretor que atuasse como escrevente cinematográfico e o deixasse fazer o filme que ele desejasse. Foi a mesma postura imposta a Peter Theobald nos anos 1960, em *Magical Mystery Tour.* "Ele estava me pedindo para apresentá-lo a um diretor que basicamente estivesse preparado para fazer tudo o que ele, Paul, quisesse", diz lorde Puttnam, que indicou Peter Webb, um fotógrafo de 40 anos, dono de uma agência de publicidade. Webb fizera uma série de anúncios populares para a cerveja John Smith e ganhara um prêmio BAFTA com um curta-metragem. Ele tinha a ambição de fazer longas, embora a lembrança de Webb de seus encontros iniciais com Paul era que o astro não disse inicialmente que gostaria de fazer um filme, e sim "um especial de TV de uma hora, inspirado em *Tug of War*". Paul colocou o equivalente a meio milhão de dólares do próprio bolso e, com esse financiamento, Webb começou a filmar sequências, entre elas a de Paul dirigindo por Londres à noite.

Junto com o esboço de 22 páginas, havia uma observação de que o projeto teria música. Peter Webb ligou para Stephen Shrimpton e perguntou que música seria. "O que você quiser, amigo", respondeu o gerente australiano. Então eles decidiram filmar Paul cantando uma versão de "Eleanor Rigby" usando roupas no estilo dos dramas de costumes vitorianos, por algum motivo que não ficou claro. Quando Lee Eastman viu o quanto dinheiro seu genro estava gastando, decidiu que Paul precisava do apoio de um grande estúdio. Imagens do filme foram mostradas ao produtor norte-americano Harvey Weinstein, conhecido de Paul havia alguns anos, e como resultado disso, a 20th Century Fox comprou o "musical de Hollywood com final feliz." Peter Webb alega que só descobriu que estava fazendo tal filme quando chegou do trabalho um dia, perto do Natal de 1982, e soube, pela babá, que Paul havia telefonado e deixado um recado dizendo que ele e Peter estavam "indo para o [estúdio] Fox". A babá supôs que era o nome de um pub.

De repente, Webb se viu como o diretor de um filme hollywoodiano de 6,8 milhões de dólares estrelando Paul McCartney. "Acho que ele ficou empolgado demais", especula Webb. "Como estava em um filme com um estúdio de Hollywood, então era um astro de cinema hollywoodiano." O mesmo valia para a Sra. McCartney, embora o que Linda fazia no filme, além de repetir o papel que tinha na vida diária de Paul, Peter jamais entendeu. Da mesma forma, papéis foram criados para outros membros do círculo dos McCartney: o engenheiro de som Geoff Emerick, o roadie John Hammel, George Martin, Ritchie Starkey e Eric Stewart foram chamados para interpretar a si mesmos. A esposa de Ritchie, Barbara, também foi. Atriz profissional, ela interpretou uma fotojornalista, personagem tão mal concebido quanto risível. Por ter atuado em um ou dois filmes, o marido notou que faltava algo básico na produção. "Ringo chegou para mim uma vez", lembra Peter Webb, "e perguntou: 'Então, onde está o maldito roteiro?' Ele não existia."

Enquanto a filmagem progredia, um elenco de atores profissionais foi contratado, entre eles Bryan Brown, que interpretava um personagem obviamente inspirado no empresário australiano de Paul. Tracey Ullman fazia a namorada do roadie que desaparece com a fita master de Paul, o McGuffin, e a partir disso a ação se desenrolava. Já o idoso Sir Ralph Robertson concluiu sua ilustre carreira fazendo uma ponta absurda como dono de bar, pois morreu pouco depois. "Espero que não tenha sido seu último filme porque era o meu filme", pensa Webb.

Os sinais de alerta que deveriam ter impedido o projeto de ir adiante foram ignorados porque Paul McCartney estava envolvido. "A Three Mile Island ou a rede de segurança de Chernobyl para impedir que um filme fosse produzido foram deixados de lado", diz Webb, comparando de forma reveladora seu filme aos dois piores desastres nucleares da história em tempos de paz. "Você tem que ter um roteiro." Eles não tinham. "Ele tem que ser lido pelo elenco." Não foi. Tendo caído de cara no chão, com *Magical Mystery Tour*, Paul se encaminhava a outra queda cinematográfica e espetacular.

21

TRIVIAL PURSUITS

AQUELES 15 POR CENTO EXTRAS

O novo ano começou mal para Paul quando, em 28 de janeiro de 1983, o tabloide *Sun* publicou a história de uma datilógrafa de Liverpool que alegava que o ex-Beatle era pai de seu filho. A questão vinha desde 1964 quando Brian Epstein pagara à garota antes que os Beatles voltassem a Liverpool para a estreia de *Os reis do iê iê iê*, embora Paul jamais tivesse admitido a paternidade. A imprensa soubera da história na época, mas não a publicara por falta de confirmação. Dezoito anos depois, o *Sun* a divulgava graças a um dos ex-funcionários do músico, Peter Brown, que a revelara em sua nova biografia, *The Love You Make*.

Embora Brown tenha protegido a garota sob um nome falso, jornalistas logo descobriam as verdadeiras pessoas envolvidas. Ela era agora uma mulher casada, de 37 anos, chamada Anita Howarth, enquanto o filho, Philip, estava prestes a completar 19 anos. Os dois ainda moravam em Merseyside. "Eu teria dado qualquer coisa no mundo para que isso continuasse em segredo." Foram publicadas declarações de Anita alegando que jamais quisera envergonhar Paul e esperava que a história não viesse a público por causa do filho, embora tivesse contado a ele a verdade sobre o pai. Tanto mãe quanto filho deram aos jornalistas a impressão de que consideravam Paul o pai. A história era conhecida entre os amigos e vizinhos da família, muitos deles também acreditavam. Anita e Philip declararam não querer dinheiro de Paul, que não comentou nada a respeito. Em particular, porém, ele e Linda ficaram furiosos com Peter Brown. Quando Brown mandou-lhes uma cópia do livro, eles o queimaram em um ritual e Linda tirou fotos enquanto ele desaparecia nas chamas.

Ao mesmo tempo, outra suposta filha de McCartney, a alemã Bettina Hübers, continuava a buscar sua paternidade. Agora com 20 anos, a jovem levou seu caso a um juiz em Berlim, informando aos repórteres que pretendia visitar Londres para gravar uma canção chamada "Let it Be Me". Bettina também concordou em fazer um ensaio fotográfico nua para a revista *High Society*. Seus advogados aparentemente acharam que ela receberia uma indenização de 1,75 milhão de libras, algo sério o bastante para que Paul fizesse o teste de paternidade. Ele estava em Londres e ela, em Berlim. Os resultados negaram o suposto parentesco, mas Bettina e a mãe não ficaram satisfeitas, disseram que o exame fora forjado — acreditando que o músico usara o sangue de outra pessoa — e solicitaram um segundo exame, ordenado pelo juiz alemão, que também instituiu uma pensão mensal de 185 libras para Bettina até que a situação fosse resolvida.

Essa constrangedora batalha nos tribunais ocorreu após Paul ter perdido outra luta jurídica por royalties adicionais retroativos da Northern Songs, rejeitada na Suprema Corte de Londres em fevereiro de 1983. Ainda por cima, o *Sunday People* publicou a matéria exclusiva "Por dentro do estranho mundo de Paul McCartney", com base em entrevistas com Jo Jo Laine, que nunca se dera bem com os McCartney. Jo Jo fez pouco da rústica vida doméstica do casal, além de descrever o amor de Linda pela maconha e a dependência que Paul tinha da esposa. "Ele gosta de ter a Grande Mamãe Linda cuidando de tudo." Essas não eram declarações particularmente reveladoras ou nocivas, mas o astro provavelmente considerou a divulgação dessas histórias como traição e invasão de sua privacidade. Depois, Jo Jo passou a morar em um apartamento na esquina da casa de Paul em St. John's Wood, Londres, e, de acordo com seu filho Boston, o ex-Beatle ignorava a mãe quando a via. Era difícil dizer onde começava e onde terminava a vida particular de Paul, visto que ele incluía a família em sua vida pública, trabalhava com Linda e geralmente posava com os filhos para fotos, além de dar entrevistas sobre as fases pelas quais as crianças passavam, como o período punk de Heather — duvido que ela tenha agradecido por isso. Embora convidasse a imprensa para sua vida dessa forma, ele também queria negar o acesso à mídia quando não estava a fim de publicidade.

Foi esse desejo por um tempo longe do escrutínio público que levou o casal a comprar outra casa de férias em 1983, seu refúgio mais distante e particular. Nessa época eles foram ao Arizona, onde Linda vivera com o primeiro marido, Mel See. O casamento com Mel fora um fracasso, mas a deixara com um amor pelas paisagens desérticas perto de Tucson, onde ela e Mel tinham vivido por um breve período, e às quais ele voltaria após sua residência provisória na África. Apesar de um período em que os McCartney pouco falaram com Mel, eles haviam restabelecido contato amigável para o bem de Heather e começaram a visitar Tucson regularmente, hospedando-se primeiro no rancho de hóspedes Tanque Verde, 45 minutos a leste de Tucson, uma paisagem deserta salpicada de cactos. O nome remete ao fato de a região ser banhada pelo Tanque Verde, um riacho que flui durante as monções de verão, quando o céu da tarde fica negro e crepita com tempestades elétricas, transformando-se em um filete pelo resto do ano. Em frente ao riacho do rancho de hóspedes estava uma casa isolada de teto de zinco usada por um banqueiro de Tucson nos fim de semana. Os McCartney comparam a casa e os 107 acres ao redor, pintaram os prédios de cor-de-rosa e turquesa e instalaram uma piscina em forma de coração no jardim. Como seus refúgios no campo na Inglaterra e na Escócia, o rancho era modesto, até espartano, mas era isolado e ficava em uma área de grande beleza natural.

Assim como na Escócia e em Sussex, os McCartney se comportavam de modo amigável e discreto no Arizona, circulando pela região em um carro velho. Paul geralmente não se barbeava. "Você não consegue reconhecê-lo quando está barbudo", observa o vizinho Bob Bass. "Quando está na frente das câmeras ele faz uma cara e é o Paul! Mas ele parece normal, você jamais o reconheceria." Os McCartney continuavam com o hábito de fazer amigos na vizinhança e de comprar pedaços de terra adjacentes quando entravam no mercado, estendendo gradualmente sua propriedade do Arizona até o topo da cadeia de montanhas mais próxima, onde uma escola abandonada virou esconderijo especial para o casal, que cavalgava para lá como caubóis. Eles acabaram sendo donos de mil acres no deserto. Era tanta terra que um vizinho mais velho, com quem o astro não se preocupou em fazer amizade, se viu isolado. "Estamos cercados por Paul McCartney aqui", observa o guarda-florestal aposentado Eldon Erwin, cujo único acesso a sua casa era por uma estrada que passava pelas terras de Paul. O Sr. Erwin descobriu que não tinha mais a liberdade de andar até a velha escola na montanha por lazer como fazia antes. Os caseiros de Paul disseram ao velho que o chefe tinha mandado: "*Ninguém* pode ir até lá."

O rancho do Arizona custou aproximadamente 100 mil dólares, um preço que Paul podia muito bem pagar. Naquele outono, seu dueto com Michael Jackson, "Say Say Say", chegou ao primeiro lugar nos EUA, e ao segundo no Reino Unido, rendendo ainda mais dinheiro a um homem já rico. O álbum *Pipes of Peace* não passou do quarto lugar na parada de álbuns do Reino Unido, chegando ao máximo de 15º lugar nos EUA, o que foi um pouco decepcionante, considerando a qualidade do trabalho. Assim como *Tug of War*, também produzido com a ajuda de George Martin, esse álbum tem uma sonoridade sofisticada e madura, e muitas faixas bem produzidas que chegam perto da alta qualidade conquistada com os Beatles. Ainda assim, *Tug of War* e *Pipes of Peace* também são conhecidos por uma série de baladas românticas de letras lamentáveis. "Eu sempre acho que não sou bom com as palavras", admitiu Paul em uma entrevista dessa época, e não há como duvidar diante de rimas como estas:

I know I was a crazy fool
For treating you the way I did
Bot something took hold of me
*And I acted like a dustbin lid**

["The Other Me"]

Por que ele não desistiu dessa e de outras canções fracas do mesmo porte ou não se esforçou para reescrevê-las? — essa questão preocupava seus amigos. O cineasta David Puttnam pergunta se pode haver uma deficiência fundamental de Paul como artista:

> Sinto com Paul o mesmo que sinto em relação a Ridley Scott: ambos são homens de imenso, imenso, imenso talento que, no leito de morte, provavelmente vão repensar a carreira com alguma satisfação, mas também com alguma insatisfação, pois não tenho certeza de

* Sei que fui tolo e louco/Por tratar você do jeito que tratei/Mas algo me afetou/E eu agi como uma tampa de lixeira. *(N. do T.)*

que qualquer um deles — Ridley e Paul, ambos sendo muito ricos e tal —, não sei se eles fizeram tudo o que podiam.

Lorde Puttnam acredita que desde os Beatles Paul não foi capaz fazer aquele esforço extra — ele quantifica isso como os 15 por cento a mais — necessário para transformar um bom trabalho em algo excepcional.

> Será que era difícil demais ou um desafio muito grande? Ou será que ele era um cara razoavelmente contente e não achava que valia a pena passar por um processo tão doloroso? Mas a diferença entre o bom e o ótimo está naqueles últimos 15 por cento, e os artistas realmente ótimos não são aqueles que têm apenas um momento brilhante na vida.

Na analogia de lorde Puttnam com o cinema, Ridley Scott fez pelo menos um clássico, *Blade Runner: o caçador de androides*, mas diretores como Akira Kurosawa estão um nível acima porque conseguiram encontrar a força para fazer muitos filmes importantes em um longo período de tempo.

> Frank Capra é mais como Paul — ele não fez um filme decente quando chegou aos 40, [e] se ele é o artista que acho que é, e se é tão sensível como acho que é, [Paul] estará absolutamente ciente [disto] e será perturbado pela pergunta. Ele não terá resposta alguma para ela.

O PIOR MUSICAL JÁ FEITO?

O ano escolhido por George Orwell para sua profecia distópica começou bem para Paul McCartney, mas depois desandou. Após receberem 1984 em Merseyside, Paul e Linda foram para Barbados pegar um sol no inverno e alugaram uma casa de praia dos amigos da família Guinness. Eric e Gloria Stewart estavam em uma casa próxima, de modo que passaram um tempo com os McCartney. Paul recebeu boas notícias de casa quando foi informado de que o juiz de Berlim rejeitara a alegação de paternidade de Bettina Hübers, após dois exames de sangue como prova. Ele *não* era o pai, no fim das contas. Paul foi magnânimo na vitória, principalmente considerando o quanto Bettina e a mãe o haviam incomodado ao longo dos anos, pagando não só as próprias despesas com o processo como também as delas, no valor de 60 mil libras, pois elas ficariam arruinadas financeiramente caso ele não o fizesse. Com isso, ele esperava que agora as duas, por favor, ficassem caladas. Muito pelo contrário: Bettina assumiu que a generosidade do músico provava sua culpa e continuou a afirmar que ele era seu pai. "McCartney pagou tudo, os exames, as despesas [dele] com o processo, e também as minhas. Ninguém faz isso por pura bondade", protesta a mulher, que continua a argumentar até hoje que ele enganou os médicos.

Algumas noites após saberem da vitória no caso de paternidade na Alemanha, Paul e Linda estavam sentados na varanda de sua casa de praia alugada em Barbados, conversando com os Stewart quando ouviram uma batida na porta. Linda foi ver quem era. "Meu Deus, é a polícia!", exclamou ela. Havia maconha na mesinha de centro. "Minha esposa pegou o saquinho e colocou embaixo da saia", relembra Eric. Paul pediu a Gloria para devolvê-lo, não querendo que ela arrumasse problemas por ele. Então a polícia veio: "Eles disseram: 'Acreditamos que você tem maconha na casa!" Paul confirmou: 'Sim, eu estou fumando. Compro aqui na praia. Do que vocês estão falando? Vocês devem saber disso.'" Ele mostrou a droga à polícia e, como resultado, o casal foi levado à delegacia. Correu o boato de que o mordomo os teria denunciado. Quando foram soltos sob fiança, não se sentiram confortáveis para voltar ao palacete dos Guinness, preferindo refugiar-se com os Stewart. Na segunda-feira seguinte, Paul e Linda apareceram diante de um juiz em Holetown, declararam-se culpados de posse de drogas e receberam uma multa de 100 dólares cada um. Porém, Paul estava furioso com o mordomo por ter chamado a polícia, e furioso com a polícia por tê-lo prendido por algo que era vendido abertamente na ilha, reclamando com os amigos que ele e Linda eram vítimas desse tipo de assédio. "Vamos embora. As férias acabaram", disse ele a Eric, embarcando no voo seguinte para Londres.

Os McCartney chegaram ao Heathrow na terça-feira, 17 de janeiro de 1984, e passaram pela alfândega antes de embaçar em um segundo voo, a bordo de um avião particular. No processo, um item de bagagem ficou retido. Linda esperava por ele no jato particular quando um oficial de alfândega veio a bordo.

"Você encontrou minha bagagem?", perguntou ela.

"Sim, e não foi só isso o que achamos", respondeu o agente. Linda foi presa por levar maconha para o Reino Unido.

Apesar do que acontecera em Barbados, ela tivera a falta de cuidado de levar maconha para casa, uma pequena quantidade, menos de 5 gramas, mas o suficiente para ser acusada. Na semana seguinte, ela apareceu diante de juízes em Uxbridge para se declarar culpada de importar maconha. Foi explicado no tribunal que Linda supôs que a polícia de Barbados tivesse limpado seu estoque quando buscou seus pertences, e não percebeu que tinha um resto da droga na bolsa. Ela recebeu uma multa de 75 libras, dizendo à imprensa: "Estou feliz que tudo tenha acabado. É muito barulho por nada... É horrível sentir-se como uma criminosa quando você sabe que não é." No entanto, agora os McCartney contabilizavam problemas com drogas em seis ocasiões e seis países, um recorde que lança dúvida quanto a seu julgamento e ao exemplo dado aos filhos. Paul admitiu que aquilo era um problema, dizendo que ele e Linda nunca haviam fumado maconha na frente dos filhos ou consumido drogas pesadas como heroína ou cocaína,* além de terem explicado à prole que eles viam a maconha como menos perigosa que o álcool. Os tabloides britânicos, cheios de jornalistas que eram bons bebedores, mas que tinham uma visão moralista sobre outras drogas, debocharam dos McCartney com manchetes como "THE PIPES OF POT", ou "OS CACHIMBOS DE MACONHA", trocadilho com o título do novo álbum de Paul, *Pipes of Peace*, (*Cachimbos da Paz*). Contudo, alegações muito mais nocivas foram feitas pelo seu velho amigo Denny Laine.

Em uma série persistentemente negativa de matérias intitulada "O verdadeiro McCartney", Laine declarou aos leitores do *Sun* que Paul e Lin fumavam 50 gramas de maconha por dia quando ele os conhecera nos Wings, e passavam seu estoque pela alfândega rotineiramente. Divulgou, ainda, que Paul e Linda achavam excitante enganar as autoridades desse jeito, rindo da polícia que os escoltava. Depois, alegou que os McCartney, também em busca de emoções fortes, costumavam roubar pequenos objetos de hotéis. O ato de consumir maconha habitualmente, sugeriu ele, prejudicou a música

---

* Jo Jo Laine alega que Linda usou cocaína durante uma turnê com os Wings na década de 1970, e depois Paul admitiu ter experimentado cocaína e heroína antes do casamento. *(N. do A.)*

de Paul: "É por isso que Paul leva séculos para resolver alguma coisa. Ele simplesmente não consegue tomar decisões." Laine também descreveu o ex-companheiro de banda como um homem pão-duro, impenetrável, com poucos amigos, além de egoísta e arrogante com todos ao redor, inclusive com o irmão, declarando que alguns dos funcionários da MPL viviam com medo do chefe. Por fim, Denny zombou do complexo de Paul em relação à mãe. "Ele é um filhinho da mamãe que ficou sem a mamãe, pois a perdeu aos 14 anos. Ele ficaria totalmente perdido sem Linda, agora."

Essas histórias, publicadas em quatro dias entre janeiro e fevereiro de 1984, constituíram o ataque mais pessoal a ele desde que John Lennon o trucidara na *Rolling Stone* em 1971. Como Lennon, Laine fora íntimo o suficiente dele para falar com autoridade. McCartney ficou furioso, mas não o processou.

Todos esses problemas e más notícias formam o pano de fundo para o término de *Give My Regards to Broad Street*, o projeto que se transformara de especial de TV em um filme multimilionário. No início de 1984, Paul alternava-se entre a casa em Sussex, o escritório da MPL no Soho e os estúdios cinematográficos de Elstree, onde Peter Webb dirigia os números musicais da produção em três estúdios.* Como a data de lançamento se aproximava, executivos da 20th Century Fox foram fazer reuniões com McCartney e Webb, que descobriu ser "um problema" trabalhar com um protagonista que não sabia atuar. Outras complicações foram causadas pelo fato de Paul estar trabalhando simultaneamente em um álbum de trilha sonora, com regravações de músicas dos Beatles, novas versões de material solo recente, como "Ballroom Dancing" e "Wanderlust" e uma ótima música-tema nova, "No More Lonely Nights", escrita por ele em um fim de semana como resposta a Webb ter lhe dito que eles precisavam de uma canção extra para encerrar o filme. Colegas celebridades foram convidados para participar dessas faixas, entre eles Dave Gilmour, Ritchie e Eric Stewart, com o esquadrão classe A de George Martin

---

* Como Paul viajava entre o escritório e Elstree, é interessante pensar que ele pode muito bem ter passado por sua futura esposa, Heather Mills, que na época tinha 16 anos e era garçonete em um bar de vinhos no Soho. *(N. do A.)*

e Geoff Emerick na sala de controle. Tal reunião de talentos criou um álbum de trilha sonora muito superior ao filme que o inspirou.

Peter Webb foi para Los Angeles exibir um corte inicial de *Broad Street* para a Fox. "Eles pagaram 6,8 milhões de dólares por um musical de Hollywood e receberam o filme caseiro de Paul McCartney, embora muito bem filmado", explica o diretor, que se lembra de Harvey Weinstein inclinando-se por cima de seu ombro ao fim da exibição e dizendo: "Da próxima vez, mostre-me o roteiro." A edição foi feita em Londres, com Webb indo e voltando todo dia a Sussex para mostrar o resultado a Paul e Linda. "Linda estava bastante envolvida em dar ao filme certo controle de qualidade... Nós nos encontrávamos em um estúdio de gravação secreto. Era secreto até demais, porque nunca conseguíamos encontrá-lo."

O local secreto era Hog Hill Mill, um moinho de vento que Paul comprara alguns anos antes perto do vilarejo de Icklesham, não muito longe de Peasmarsh. Ele restaurara o moinho e construíra um estúdio de gravação, escritórios e uma residência sob suas pás. O complexo estava cercado por um canal seco, de modo que pessoas que usassem os caminhos públicos em cima da colina não pudessem ver o que se passava pelas janelas, e incluía um museu particular de lembranças dos Beatles, que tinha os antigos amplificadores Vox dos rapazes, o baixo "violino" Höfner de Paul, o Mellotron usado por ele em "Strawberry Fields Forever" e outros equipamentos antigos da Abbey Road, exibidos por trás de portas deslizantes de vidro.

Houve atrito entre os McCartney e Webb nessa etapa da produção do filme. O diretor nem sempre achava que seu trabalho era respeitado, "muito menos apreciado" por Paul, dando a impressão de que o astro desejaria ter contratado um diretor famoso. "Estávamos no prazo, mas éramos uma equipe amadora [e eu era] o técnico. Tenho certeza de que Paul teria adorado trabalhar com um Dick Lester."* Webb então sofreu uma grave derrota pessoal. Ele disse que foi "hospitalizado" e se recusou a esclarecer se foi por um problema físico ou mental, dizendo apenas, cuidadosamente, que ele foi "retirado de cena" e "hospitalizado por um longo período" perto do fim da produção. Com isso, o ex-Beatle teve que dirigir uma das sequências

* Webb acredita que Paul pode ter falado com Lester sobre o filme, mas o diretor não quis se envolver no projeto. *(N. do A.)*

finais do filme. "Acho que ele estava preocupado com 'minha saúde'. Ele deve ter ficado, pois havia [muitas] flores na minha casa," comenta o diretor. "Eu achei que alguém tinha morrido."

Esse infeliz episódio foi o precursor da estreia de *Give My Regards to Broad Street* em outubro de 1984. Houve quatro grandes estreias, com Paul e Linda viajando primeiro para os EUA para as sessões em Nova York e Los Angeles, e depois para uma exibição em Liverpool. Antes da estreia no Liverpool Odeon, Paul foi homenageado com o Freedom of the City, uma cerimônia na Picton Library — onde recebera seu prêmio pelo texto sobre a coroação da rainha em 1953 — e um almoço cívico, durante o qual ele se reencontrou com Ann Ventre, a vizinha da Forthlin Road que o levara ao cinema quando garoto. Ann agora trabalhava como gerente de bufê para o Conselho da Cidade de Liverpool (um novo nome para a antiga Corporation). Embora eles não tivessem se visto desde que ele saíra da cidade natal, ele a reconheceu instantaneamente e perguntou pelos antigos vizinhos. A estreia naquela noite foi melhor do que em Nova York e em LA. "A [plateia] foi educada. Houve aplausos no final", relembra o locutor da BBC Radio Merseyside, Spencer Leigh. "Estava claro que não havia muita história, mas as sequências musicais eram inéditas e boas."

A estreia londrina era a mais importante e atraiu os críticos da imprensa nacional ao Empire Theatre, em Leicester Square. O dia começou com uma notícia macabra: um dos vizinhos de Paul na Cavendish Avenue, um colega músico chamado Wells Kelly, baterista da banda Meatloaf, chegara de uma festa, colocara a chave na porta de casa e morrera engasgado com o próprio vômito antes de conseguir entrar. Os vizinhos passaram pela casa por várias horas naquele dia até alguém perceber que o homem em pé na porta da frente era um cadáver. Naquela noite, a plateia do Empire assistiu a outra morte cinematográfica.

Broad Street era estrelado por Paul McCartney, que interpretava a si mesmo em um musical fora de moda ao estilo jukebox, cujas cenas eram unidas por um fiapo de história: se não recuperasse as fitas master do novo disco até a meia-noite, o personagem perderia sua empresa. As canções eram fortes, as sequências musicais tinham sido filmadas de modo atraente e Paul não estava mal como protagonista, mas os diálogos eram bobos, os personagens coadjuvantes, mal definidos, e a trama não era interessante. Eric Stewart estava horrorizado na plateia junto com os colegas integrantes do 10cc.

> Eu me lembro que Kevin Godley virou para mim e [no final] e disse: "Como eles puderam gastar tanto dinheiro em um monte de merda como esse? E por que deixaram ser lançado?" "Pois é. Bom, você vai falar isso com o Paul?"... Houve um silêncio muito embaraçoso no final.

McCartney se comprometeu com uma intensa campanha de publicidade para esse abacaxi, defendendo sinceramente o filme para quem quisesse ouvir, enquanto os críticos foram unânimes nas avaliações negativas. Além de uma enxurrada de críticas ruins nos EUA, Quentin Falk disse aos leitores do *Daily Mail* que "esse é um filme verdadeiramente terrível" e pôs a culpa no astro. "Seu roteiro é cruelmente banal, não tem forma e, o mais imperdoável, não tem humor." Recebido com deboche e desdém, Paul ficou na defensiva e acabou desistindo do filme, considerando a obra uma causa perdida. Para o diretor Peter Webb, fazer o filme foi "uma experiência nociva de todas as formas". Após sair do hospital ele voltou a fazer comerciais.

Houve um custo financeiro nisso tudo. O músico fizera acordos com a 20th Century Fox para que o estúdio emprestasse 5 milhões de dólares à MPL para a produção, dando os direitos do próprio filme como garantia. Assim, a MPL agora era obrigada a devolver esse valor, além de lidar com um prejuízo de 1,8 milhão. Em consequência disso, os lucros da MPL ficaram significativamente baixos por alguns anos. Alguns desses danos financeiros foram amortecidos pelo sucesso do álbum de trilha sonora, *Give My Regards to Broad Street*, cujos direitos foram sabiamente mantidos por Paul. O álbum chegou ao primeiro lugar no Reino Unido enquanto o single "No More Lonely Nights" ficou entre as cinco mais tocadas nos EUA e no Reino Unido. O single poderia ter feito ainda mais sucesso — é uma das melhores canções pós-Beatles de Paul — se não estivesse associado a um filme tão ruim. No total, essa aventura de celuloide fora um erro calamitoso, que McCartney removeria de seu currículo, quase não se referindo a ele e, de acordo com Webb, recusando-se a dar permissão para o lançamento em DVD no Reino Unido. Quando Paul analisou o filme, descobriu que Steven Spielberg exigia cinco rascunhos de cada roteiro com os quais trabalhava. Ele reconheceu que deveria ter agido da mesma forma: "Você tem que ter o quinto rascunho". Infelizmente, como observou David Puttnam, Paul não se mostrava disposto a fazer esse esforço extra, preferindo sobreviver do talento. É uma falha de caráter que prejudicou sua carreira.

Houve algum consolo no curta de animação que acompanhava *Broad Street* em seu lançamento nos cinemas. Unido ao filme estava *Rupert and the Frog Song*, coescrito por Paul, que também fizera a produção-executiva, e dirigido por Geoff Dunbar como piloto para seu filme de *Rupert the Bear*. O curta foi bem recebido, ganhando um BAFTA. A música-tema "We All Stand Together", da qual muitos zombam e citam como exemplo de McCartney em seu estilo mais leve, deve ser ouvida como canção infantil, na mesma linha de "Yellow Submarine" e, nesse contexto, se mostra perfeitamente encantadora. Lançada como single em novembro de 1984, a canção chegou terceiro lugar nas paradas do Reino Unido e rendeu a Paul seu 18º prêmio Ivor Novello.

O astro sentiu-se estimulado a ir em frente com o longa-metragem de *Rupert*, e então Geoff Dunbar recebeu uma ligação. "Eu tenho umas notícias...", disse Paul a seu animador. "Não podemos fazer Rupert... Ele foi roubado de nós." Após identificar o interesse do ex-Beatle em fazer um filme de *Rupert*, outro produtor comprara os direitos e avisara que Paul não poderia ir adiante sem sua cooperação. O projeto foi abandonado, mas os McCartney tinham sido mordidos pelo bichinho da animação e continuaram trabalhando com Dunbar em outros curtas-metragens, um deles inspirado nos esquilos alimentados pelo casal em seu jardim de Sussex. Para divertir seus filhos, Paul inventava histórias sobre essas interessantes criaturas, batizando uma delas de Squiggle, que depois virou Wirral the Squirrel, em homenagem à casa dele em Merseyside. Retornaremos a essa história posteriormente.

SEGUINDO EM FRENTE

Trabalhando com George Martin desde a prisão em Tóquio, Paul sentiu a necessidade de mudar de produtor enquanto se aproximava de seu próximo álbum de estúdio. George também queria um descanso do exigente Paul. Quando todos estavam sentados no almoço anual da Semana Buddy Holly em setembro de 1984, o produtor perguntou a Eric Stewart se ele assumiria a produção do novo disco.

> George me disse nesse jantar do Dia de Buddy Holly: "Acho que você deveria ajudar Paui com seu próximo álbum. Tenho outros trabalhos a fazer. Preciso de um tempo e acredito que ele também. Temos dois ótimos álbuns, *Tug of War* e *Pipes of Peace*, mas acho que deve entrar sangue novo." Então argumentei: "Ele não me pediu." George perguntou: "Você estaria interessado?" "Sim", foi minha resposta.

Uma vez estabelecido que Eric aceitaria o desafio, Paul o convidou a Sussex para compor algumas canções com ele. Era um dia de inverno quando Stewart foi de carro a Peasmarsh, e a neve estava espessa. Embora Paul e Linda agora morassem em sua nova casa de fazenda, ele decidira encontrar o amigo em Waterfall, a pequena casa redonda entre as árvores da propriedade dele. A casa estava linda quando Eric chegou.

> Então cheguei lá na neve e disse: "Está lindo lá fora, está tão lindo, o sol saiu." Ele comentou: "Isso ótimo, OK [começa a cantar], *It's beatiful outside*... Certo, anote isso, escreva isso." E fizemos a canção inteira em [minutos]. Simples assim.

Essa era "Footprints", que entraria no álbum *Press to Play*. Outra canção, "Angry", viria com semelhante facilidade alguns dias depois, como resposta a um artigo nada elogioso a seu respeito que Paul lera em um jornal. Stewart não consegue lembrar qual era a matéria, mas pode muito bem ter sido uma crítica negativa sobre o fracasso de *Broad Street*.

> Cheguei de manhã e disse: "Você parece meio tenso" e ele confirmou: "É, estou furioso." Perguntei: "O que houve?" Ele respondeu: "A imprensa — olhe isso [segura um jornal]. Quem diabos lhes dá o direito de me dizer o que fazer de minha vida?" Eu disse: "O quê? Espere aí. Anote isso." *What the hell gives you the right to tell me what to do with my life?*... E assim começamos a escrever "Angry".

Os dois terminaram rapidamente oito canções dessa forma, e foram a Hog Hill Mill para gravá-las.

Embora Eric tivesse a impressão de que Paul gostaria que ele produzisse o novo álbum, McCartney já havia contratado o jovem produtor da moda Hugh Padgham, que tivera recente sucesso com Phil Collins e com o The Police. Não demorou muito para o clima ficar tenso entre Padgham e Stewart, que pareciam competir pelo mesmo trabalho, mas ambos acabaram descobrindo que havia um problema ainda maior com o próprio McCartney.

A princípio, Eric ficara deliciado com as canções escritas em conjunto com Paul em Waterfall, melodias que vinham fácil e soavam novas a seus ouvidos. Depois, porém, começou a ter dúvidas sobre a qualidade do trabalho. "Pensei: 'Elas são mesmo boas o suficiente? Estão terminadas?' Eu tinha pensado que íamos terminá-las quando entrássemos no estúdio, mas quando chegamos lá e começamos a gravar, eu disse 'Isso não está bom.'" Um dia Eric apertou o botão de comunicação da sala de controle e alertou: "Paul, o vocal não está certo."

Paul pediu a opinião de Hugh Padgham. "Para mim está bom, mas eu sou um cara de som, Eric é o músico."

"Mas o que você acha?"

Hugh concordou com Eric e, na verdade, estava preocupado por achar o material fraco, mas supôs que um artista da estatura de Paul, trabalhando em conjunto com alguém tão experiente como Eric melhoraria as canções no estúdio. Infelizmente, isso não estava acontecendo. "Não acho que esteja bom o bastante", criticou ele, sugerindo que talvez precisasse haver mais trabalho. A resposta de Paul chocou tanto Hugh quanto Eric.

"Hugh, quando você compôs seu mais recente primeiro lugar nas paradas?", perguntou McCartney, de modo grosseiro.

Como Padgham disse: "Esse foi um verdadeiro chute no saco que você não esquece." Eric desligou o botão e resmungou: "'Ah, merda! Isto não está dando certo.'" E realmente começou a dar errado. Havia esse conflito lá. E era algo que Paul era capaz de fazer. Ele conseguia fazer você murchar com uma frase, caso não gostasse do que você tinha dito." Eric depois percebeu que deveria ter enfrentado o astro e resolvido o problema na hora, mas era difícil discutir com ele. "Não é fácil discordar de Paul McCartney, não é? Ele é um ótimo cantor, ele compôs as maiores canções de todos os tempos e você está dizendo: 'Isso não está bom o bastante.'" John Lennon fora capaz de ter essas conversas sinceras, George Martin conseguia dizer quando ele estava errado. "Eu podia fazer isso? Não." Apesar de se conhecerem desde o Cavern e terem trabalhado juntos por cinco anos, Eric se acovardou.

> Nunca falamos sobre essa discussão. Mas depois de outra semana disso, eu disse: "Espere aí, não está funcionando para mim." E expliquei: "Você continua com o disco. Eu vou descer e pegar minhas guitarras... Não estou acrescentando nada aqui, só conflito, porque não está bom o bastante." Deixe Padgham continuar com o disco.

Então Eric foi embora e Hugh se viu sozinho com Paul, alugando uma casa de praia ali perto onde ele vivia uma existência cada vez mais sofrida, pois o trabalho nesse difícil álbum se arrastou por inacreditáveis 18 meses, nos quais o produtor ficou totalmente farto de Paul McCartney.

Primeiro parecia uma grande honra ser convidado a produzir o novo álbum de Paul, e Padgham esperava que, após *Give My Regards to Broad Street* e *Rupert and the Frog Song*, ele pudesse dar alguma "cred" (credibilidade) ao Paul: "cred" era um termo em voga nos anos 1980 entre pessoas como ele. Como o trabalho em *Press to Play* se esticava mês após mês, Hugh descobriu o que outros produtores já sabiam: ele não podia contrariar o músico. Além disso, o encanto do ex-Beatle se esgotara. Havia alguns anos que Paul mal falava sobre os Beatles. Agora ele repetia as mesmas velhas histórias da banda, até ficarem sinceramente chatas, e ninguém tinha coragem de dizer a ele que estava se repetindo. Além disso, ele parecia obcecado com o que o público achava dele em relação a John Lennon. Fora da música, sua conversa era banal, geralmente sobre o que ele vira na TV, como Padgham relembra:

> Era como se ele tivesse ficado acordado a noite toda assistindo a televisão, porque parecia uma versão ambulante da revista *Radio Times*. Acho que ele literalmente ia para casa às 18 ou 19 horas e provavelmente ficava acordado até 1 hora assistindo a TV com um baseado, um drinque e provavelmente não pensava muito no álbum.

> Ele só ficava assistindo a TV. Ele chegava de manhã e dizia: "Você viu aquilo ontem?"

O produtor foi convidado para a nova casa de Paul e Lin, Blossom Farm. Hugh declara:

> No início eu acreditei de verdade que ele era um cara realmente normal, que matriculara os filhos no colégio público local, morava em uma casa bem modesta e parecia igual a todo mundo, mas ao fim de 18 meses eu não achava isso de jeito algum... Ou era uma fachada ou ele tem muitas caras e a faceta encantadora talvez fique ligada quando você acabou de conhecê-lo ou é impressionável. Se ele mandar todas as pessoas que trabalham para ele pularem da janela, elas perguntam: "De que andar?"... Trabalhei nessa área por trinta e poucos anos, com várias pessoas tão famosas quanto ele, e algumas são realmente legais e outras são afetadas pela fama. Se pensarmos que McCartney provavelmente não conseguiu andar pela rua sem alguém querendo lhe puxar o saco desde os 17 anos, imagino que isso o afetaria, possivelmente de modo insidioso, de um jeito que você nem percebe. Então se tudo não for feito do jeito dele, ele joga os brinquedos para fora do carrinho de bebê.

McCartney às vezes mostrava seu mau temperamento em público. Um dia, antes de dirigir até Hog Hill Mill para trabalhar com Hugh, ele e Linda levaram o filho James, de 7 anos, à escola do vilarejo em Peasmarsh. Chegando lá, encontraram os professores em greve, protestando por melhores salários no portão da escola. Um dos professores, Brian Moses, ofereceu um panfleto a ele explicando a situação. "Vocês são professores em greve?", perguntou Paul a Moses, obviamente sem se impressionar.

"Sim, no momento, somos, porque nosso salário não é o suficiente para que possamos viver."

"Dê uma boa olhada", disse o pai ao filho, como se mostrasse a James pessoas particularmente más. "Eles são professores em greve."

Após deixar James na escola, o ex-Beatle saiu e rasgou o panfleto dos professores de modo pomposo, jogando os pedaços de papel na estrada. "Pensei: 'Seu cretino! Se Lennon estivesse aqui, ele estaria no piquete conosco!'", relembra Moses, que descreveu o incidente em uma carta ao jornal de seu sindicato, o *Teacher*, dizendo que se Paul McCartney tentasse sustentar seus quatro filhos com salário de professor ele estaria qualificado a receber benefícios adicionais. Na época, o salário médio de um professor era de 5.442 libras por ano, enquanto Paul ganhava um salário básico da MPL de 200 mil anuais, que ele usava para pagar suas despesas. Além disso, também recebia renda dos Beatles, é claro. Apesar de se mostrar um cara normal, Paul estava muito distante da vida de pessoas comuns como Moses, cuja discussão com o astro no portão da escola virou notícia em todo o país. "Eu sempre o admirei por mandar os filhos para escolas estaduais", contou o professor ao *Daily Mirror*. "Eu esperava mais apoio."

De volta a Hog Hill Mill, a relação de Paul com Hugh Padgham chegou ao fundo do poço. Em seu aniversário de 43 anos, em junho, o produtor lhe deu de presente a edição musical do popular jogo de tabuleiro *Trivial Pursuit*. No fim de semana, Paul evidentemente jogara em casa. Quando voltou ao trabalho na segunda-feira ele reclamou muito por uma das perguntas do jogo falar da morte da mãe dele, algo que considerou inadequado.

> Ele realmente ficou furioso comigo como se eu tivesse culpa de a pergunta estar lá, ou que não deveria ter lhe dado essa caixa de *Trivial Pursuit* com essa [pergunta] insensível, no que lhe dizia respeito. Eu pensava: "Você sabe que isso não é minha é culpa! Sinto muito! Há!"

Enquanto os dois lutavam para terminar o infeliz álbum, Paul foi convidado a participar de um show de caridade no Wembley Stadium. No fim de 1984, Bob Geldof, líder da banda de new wave Boomtown Rats, ficou chocado com a cobertura jornalística da fome na Etiópia e reuniu astros do pop para gravar um single com renda voltada para caridade, "Do They Know It's Christmas?", que superou "Mull of Kintyre" como o single mais vendido na história das paradas britânicas. A versão norte-americana foi lançada na primavera de 1985 e, logo depois, Geldof organizou shows simultâneos para ajudar a África: uma apresentação no Wembley Stadium, em Londres, e outra no JFK Stadium, na Filadélfia, com transmissão ao vivo integrada. Geldof achava que McCartney deveria ser a atração principal em Londres e escreveu ao músico-celebridade pedindo-lhe que tocasse "Let it Be", pois "a música dos Beatles por alguma razão evoca uma resposta mais emocional do que qualquer outra". Embora não tocasse ao vivo desde 1979, Paul concordou em fazer o show, deixando claro que não haveria qualquer problema se George e Ritchie fossem convidados a se juntar a ele no palco. Geldof ligou para George Harrison em sua casa de férias no Havaí, perguntando se ele tocaria "Let It Be" com Paul. "Ele não me pediu para cantá-la durante [16] anos, então por que ele me quer agora?", retrucou Harrison, colocando sua relação com o ex-companheiro de banda em um novo fundo do poço. Os dois haviam tido recentemente uma conversa difícil por telefone, na qual George acusara o outro de se gabar na imprensa sobre a quantidade de dinheiro ele ganhava, embora os 20 milhões de libras por ano publicados pelos jornais fossem um exagero.

Os dois shows do Live Aid aconteceram no sábado, 13 de julho de 1985 e foram os eventos ao vivo mais importantes da música popular desde os anos 1960. A última vez que tantos artistas de rock de primeira linha tinham se reunido fora no Festival de Woodstock. A transmissão internacional dava uma dimensão ainda maior ao que foi um dia verdadeiramente memorável. David Bowie, Elton John, Queen, U2 e The Who se apresentaram em Londres enquanto os destaques do show norte-americano foram as participações de Led Zeppelin — reunido especialmente para a ocasião —, Madonna e um dueto entre Mick Jagger e Tina Turner. O clima na Filadélfia estava quente e úmido, e na Inglaterra, nublado com um pouco de sol e uma chuva forte e curta na noite antes de McCartney subir ao palco sozinho.

Ficou óbvio que havia um sério problema de som assim que Paul começou a tocar "Let It Be" em um piano de cauda branco no palco de Wembley. A voz dele mal podia ser ouvida a princípio, e depois desapareceu por oito versos. Só se ouviam o piano e os sons agudos intermitentes de feedback. O músico seguiu em frente, esperando que tudo fosse dar certo, aparentemente desejando que o público o ajudasse. Embora a plateia do estádio fosse predominantemente jovem, mais precisamente uma geração mais jovem do que fãs originais dos Beatles, os espectadores reconheceram a música e começaram a cantar. Quando a voz de Paul finalmente surgiu alta e clara, a multidão aplaudiu muito e cantou "Let It Be" com entusiasmo até o fim, com David Bowie, Bob Geldof, Alison Moyet e Pete Townshend acrescentando vocais de apoio irregulares no palco. Foi uma apresentação caótica, em que um exausto Geldof gritando para o público "Vamos!" pouco fazia para ajudar, mas o momento foi, sem dúvida, emocionante, com a forte reação do público mostrando o poder duradouro das canções dos Beatles, e também que Paul — apesar da idade avançada e dos recentes fracassos — era mesmo a figura mais importante do rock britânico, que começava a ser assimilado pelo *establishment*, visto que o Live Aid era assistido pelo príncipe e pela princesa de Gales. Desde então, sua presença passou a ser requisitada em praticamente todo grande evento de música desse tipo e muitos desses shows se seguiram ao Live Aid.

MIND THE GAP*

Algumas semanas após a apresentação, outra cena difícil aconteceu no Hog Hill Mill quando Paul soube que Michael Jackson, a quem considerava um amigo, investira 47,5 milhões de dólares da fortuna conquistada com *Thriller* na ATV Music, tornando-se o novo proprietário da Northern Songs. Quando Michael mencionara que poderia comprar as canções de Paul, este tratara o comentário como uma piada, ainda pensando que de alguma forma ele poderia comprar a empresa de volta um dia. Agora Jacko o derrotara. *"Ele ficou absolutamente furioso"*, relembra Hugh Padgham, falando em itálico. "Ah, meu Deus, ele xingou muito."

A produção de *Press to Play* se arrastou até 1986, para tristeza do produtor, que descobriu que a falta de qualquer preocupação financeira quanto ao preço da hora de gravação (agora Paul era dono do próprio estúdio) somada à tendência de Paul para fumar maconha significavam que a gravação de um álbum com ele podia durar quase indefinidamente.

> Às vezes era muito entediante: McCartney colocava o baixo em alguma das canções e normalmente ficava nervoso com o resultado.

---

* Expressão que se tornou praticamente símbolo do metrô de Londres, aparecendo, inclusive, em muitas das "lembrancinhas" da cidade. "Atenção ao espaço entre o trem e a plataforma", no equivalente em português. *(N. do T.)*

> Então parávamos para o almoço, comíamos sanduíches, depois ele subia e fumava um baseado, achando que não sabíamos o que estava acontecendo. Depois ele descia e passava horas tentando tocar baixo. Era possível cortar o ar com uma faca tamanha era a tensão às vezes. E o *tédio*. Oh!

Para polir um material fraco, Hugh chamou ótimos músicos de estúdio e astros convidados, entre eles o guitarrista nova-iorquino Calos Alomar, Phil Collins e Pete Townshend. Alomar, que talvez seja mais conhecido por seu trabalho com David Bowie, relembra: "Chegamos lá e conversamos: 'Como foi sua viagem?' Então ele disse: 'Vamos lá em cima.' Fomos lá e ele apertou um baseado. Fumamos um dos grandes e depois começamos a falar [de música]." O norte-americano ficou uma semana no moinho, vivendo com os McCartney e visitando o pub local à noite. Em um dia de tempestade, ele e Paul soltaram pipa na colina. "É uma vida mais simples do que se poderia imaginar para um ex-Beatle", analisa o músico, que se sentia como se tivesse convivido com um fazendeiro e sua família, com direito a ter a filha do fazendeiro, Stella, chamando pelo "Sr. Alomar" quando a mãe terminava o jantar. "É aquilo de comer uma comida caseira, depois ir ao pub local para tomar uma cerveja e voltar. Não é uma vida complicada." Paul tinha a confiança de estar fazendo um bom disco. Na verdade, ele estava tão orgulhoso do projeto que fez diagramas para o livreto do CD a fim de ajudar o ouvinte a identificar os músicos. "Isso é muito meticuloso e exige muita dedicação e comprometimento", comenta Alomar. "Vi muitos dos álbuns e ouvi muita música dele, mas na verdade nunca [vi] algo do tipo — achei [que ele acreditava que o disco] era fantástico."

Na primavera de 1986, o trabalho finalmente acabou. Para o bem ou para o mal, era o fim das gravações. Hugh Padgham estava aliviado. Em Londres, o empresário de Paul, Stephen Shrimpton, ficou preocupado por não conseguir ouvir um sucesso em *Press to Play*. Não foi coincidência o fato de Shrimpton ter saído da MPL nessa época. Em abril, Paul indicou Robert Mercer como seu novo diretor empresarial. Ele ficou apenas seis semanas no cargo, saindo da empresa antes que *Press to Play* fosse lançado em setembro, indicando turbulências no escritório. Por falta de algo melhor, Paul finalmente escolheu "Press" como single para lançar esse álbum problemático.

Como tantas canções do ex-Beatle, ela é grudenta — com a sonoridade eletrônica leve, na moda nos anos 1980 —, mas assim como o resto do álbum, parece exageradamente trabalhada.

Quando foi fazer o vídeo promocional, Paul optou pela simplicidade, levando a equipe de filmagem ao metrô de Londres a fim de gravá-lo dublando *Press* enquanto pegava a Jubilee Line. Parecendo feliz e tranquilo em roupas leves de verão, as interações espontâneas com o público tinham um encanto natural que mostrava Paul em seu melhor estilo: apertando as mãos de uma senhora, recebendo um beijo de uma garota, encorajando passageiros normalmente sérios a sorrir. Em uma parte, um jovem se aproximou dele na plataforma. McCartney fez contato visual discreto, sempre cuidadoso em relação a pessoas que surgiam do nada, ainda mais depois do assassinato de John. Mas o homem apenas queria informações, e Paul indicou o trem da direita com a indiferença londrina de sempre. Afinal, a capital fora sua casa por metade da vida. Ele a conhecia tão bem quanto Liverpool. Quando deu adeus à equipe e ao público na estação St. John's Wood, era impossível não gostar do cara.

Um bom vídeo não foi o bastante para salvar "Press" do fracasso, e o segundo single, "Only Love Remains", também não deu certo. *Press to Play* vendeu menos cópias entre todos os álbuns de estúdio anteriores de McCartney. Quando Eric Stewart recebeu uma cópia, ele sabia o motivo do fracasso. Fragmentos de sua colaboração original eram audíveis em canções como "Angry" e "Footprints", mas a simplicidade das versões demo ficara soterrada por 18 meses de *overdubs*. Como resultado disso, "o álbum ficou sem sentido". Eric queria ter sido forte o bastante para enfrentar Paul quando ele atacou Hugh Padgham no estúdio: "Quando você compôs seu mais recente primeiro lugar nas paradas?" Aquele foi o momento crucial. John Lennon o teria desafiado e resolvido o problema; George Martin poderia ter enfrentado o astro, mas Eric se intimidou com o status de Paul como ex-Beatle, um legado tão imenso que inibia tanto o astro quanto as pessoas ao redor. "Para onde você vai depois?", pergunta Eric retoricamente. "O que se pode conquistar a partir daí?" A resposta de Paul, como veremos a seguir, foi celebrar esse legado.

22

A SEGUNDA MELHOR OPÇÃO

O PESSOAL DE LINDA

Após *Press to Play* ter vendido menos de 1 milhão de cópias no mundo inteiro, algo péssimo para os padrões de Paul, ele contratou um novo empresário para reativar a carreira. O escolhido foi Richard Ogden, um ex-executivo da Polydor de estilo direto, que criou um plano de três anos para levar Paul de volta às paradas e à estrada, após quase dez anos sem que fizesse uma turnê.

Parte do trabalho também consistia em gerenciar a carreira de Linda, o que significava dar os meios para que a Sra. McCartney realizasse seus projetos queridos, a maioria deles ligada à fotografia ou ao vegetarianismo, pelo qual ela ficou fanática. Após ter desistido de comer carne e peixe e de usar roupas e acessórios de couro, Linda esperava que todos fizessem o mesmo. Ela até cometeu a ousadia de perguntar ao Duque de Edimburgo como ele, sendo a figura mais importante da ONG em prol meio-ambiente World Wildlife Fund, poderia defender o ato de atirar em pássaros como esporte. Em resposta, o duque resmungou que o filho mais velho dele também era um maldito vegetariano.

O vegetarianismo dela não tinha muito a ver com saúde, e sim com um pavor do matadouro. E ela encontrou uma amiga de pensamento semelhante na vocalista do Pretenders, Chrissie Hynde, outra norte-americana que atuava na indústria britânica do rock. Embora as duas tenham ficado próximas, Linda era capaz de repreender até Chrissie se achasse que a amiga não estava suficientemente comprometida com a causa animal, como aconteceu em um encontro de celebridades realizado na casa da vocalista dos Pretenders em Londres. "Estamos aqui para falar sobre o que podemos fazer pelos animais", explicou Hynde aos convidados, "porque nós temos certa influência."

"Bom, se eu fosse você, começaria por não usar uma saia de couro", retrucou Linda, grosseiramente.

Foi nesse encontro que a Sra. McCartney conheceu a roteirista de TV Carla Lane, que se tornou outra aliada pela causa dos direitos dos animais. Carla era de Liverpool e um pouco mais velha que Paul. Ela frequentara o Cavern quando jovem, mas nunca tinha sido fã dos Beatles, tendo mais interesse pelos besouros que segurava com as mãos em concha e colocava em seu hospital de animais. Carla ficou rica e famosa nos anos 1970, como criadora de *Liver Birds*, popular comédia televisiva sobre duas amigas que dividiam apartamento em Liverpool, seguida pela igualmente bem-sucedida comédia dos anos 1980 *Bread*, sobre uma família de classe média baixa também de Liverpool. Apesar disso, foi a dedicação dela aos animais, e não suas conexões em Merseyside, que a aproximou de Linda, unindo duas mulheres que não eram exatamente sociáveis. "Nós éramos pessoas solitárias, mesmo", admite a roteirista, notando que, embora Linda fosse amiga de Chrissie Hynde, Twiggy e de uma ou duas outras mulheres, ela não tinha um grande grupo de amigos. Da mesma forma, Paul também não era de cultivar muitas amizades. "Nunca vi o Paul com colegas. Ele estava sempre cercado de pessoas, mas geralmente era o chefe delas."

Mesmo não sendo tão rica quanto os McCartney, Carla ganhou muito dinheiro na televisão e investiu sua fortuna em um santuário para animais construído em sua enorme casa no campo, Broadhurst Manor, a 95 quilômetros da propriedade dos McCartney em West Sussex. Broadhurst Manor era uma verdadeira Arca de Noé de animais resgatados, e Carla sempre agradecia ao famoso casal por cuidar de algum integrante de seu estoque excedente. Afinal, eles tinham espaço em Blossom Farm e já administravam um jardim zoológico de proporções consideráveis. Os McCartney tinham cerca de nove cavalos naquela época, entre eles o amado garanhão appaloosa, Blankit (filho de Lucky Spot, que ela trouxera do Texas em 1976), além de vários cães e gatos, incluindo os descendentes da falecida sheepdog Martha, que morrera no início dos anos 1980. Eles também tinham ovelhas, um rebanho de cervos e um boi de estimação chamado Ferdinand, que Paul encontrara solto na estrada um dia, fugido do dono. Quando o ex-Beatle descobriu que o boi estava a caminho do matadouro, comprou o animal e o criou como bicho de estimação. Os McCartney também abrigavam várias criaturas menores, entre coelhos, peixes, uma tartaruga que vivia em um aquário espaçoso perto da cozinha de Linda e um papagaio chamado Sparky, que residia em um aviário fora da casa e repetia "Oi, Sparky, venha cá e fale alguma coisa", imitando os trabalhadores que passavam.

Além desses animais, Carla deu à família alguns frangos, um gatinho cinza-azulado (a pedido das crianças) e vários cervos, que ela frequentemente encontrava feridos nas estradas, vítimas de atropelamento. Ela resgatava as criaturas em sua ambulância para animais e cuidava delas até restituir-lhes a saúde, sempre que possível, antes de devolvê-las à natureza. Em uma ocasião memoravelmente feliz, Carla e Linda tinham cervos resgatados prontos para ser devolvidos à floresta ao mesmo tempo, então elas marcaram de se encontrar em uma trilha na propriedade de Paul em Sussex (consideravelmente expandida nos anos 1980, com a aquisição de duas fazendas adjacentes e uma floresta com 50 acres, formando uma área contígua de aproximadamente mil acres — três vezes maior que o Hyde Park de Londres).

> Um dos cervos estava na parte de trás de nossa ambulância, e o outro na parte de trás do [veículo de Paul] e fizemos o esquema de "um, dois, três e já" para soltá-los. Observamos os dois cervos de quem cuidamos galoparem lado a lado pela estrada. Havia muitas pessoas lá: a equipe, Paul, Linda e eu, e que momento foi aquele! Lindo... Uma das melhores coisas que fizemos e ninguém soube.

Embora a intenção fosse nobre, a preocupação de Linda com os animais podia levar a pensamentos confusos. Ela dava aos animais uma dieta vegetariana sempre que possível, até para as criaturas carnívoras por natureza, mostrando discordar da abordagem mais pragmática de Carla, que alimentava as raposas resgatadas por ela com galinhas mortas, por exemplo, e se recusava a aceitar a ideia de que seus próprios gatos domésticos provavelmente caçavam ratos quando saíam de casa à noite. "Ela realmente era contra o consumo de carne [por qualquer criatura]", revela Carla, que acredita que a amiga daria um jeito de alimentar um Tiranossauro Rex com mingau. Linda relutantemente aceitava que animais selvagens caçassem para sobreviver, mas ela e Paul eram implacáveis contra os praticantes de caça por esporte. O casal ficava terrivelmente irritado se soubesse que uma caçada estava ocorrendo na região ou que armas tinham sido disparadas. Uma vez, após ouvirem tiros perto de onde os McCartney estavam, o fazendeiro Bob Languish encontrou Paul correndo pela rua. "Cadê estas pessoas que estão atirando nesses pobres coelhinhos?", Paul exigiu saber do vizinho, que lhe informou calmamente que os homens estavam apenas atirando em pratos.

Os animais em Blossom Farm morriam de velhice, mesmo com alguns fazendeiros achando isso cruel, alegando que as ovelhas gastam os dentes no pasto e podem morrer de fome se ficarem muito velhas. Os McCartney não prestavam atenção, optando por gastar quanto fosse necessário em veterinários para manter seus amigos animais vivos, mesmo idosos. "Eu me lembro de que eles ficaram muito tristes quando uma vaca morreu, pois haviam chamado especialistas de toda a região para cuidar dela. Eles ficaram arrasados", lembra Carla, admitindo que a maioria das pessoas consideraria Linda e ela excêntricas. "Somos malucas, temos que admitir. Não nos importamos de ser chamadas assim." E Linda apresentou Paul e os filhos a esse modo bem-intencionado, porém levemente maluco, de pensar, fazendo a família inteira virar defensora radical dos direitos dos animais. Matadouros, caça, experiências científicas com animais e o uso de peles eram particularmente odiados, com os jovens McCartney se mostrando tão defensores da causa quanto os pais. James, por exemplo, fez um apaixonado discurso aos colegas de escola explicando por que comer animais era errado. "Todos [nós] temos em comum o desgosto pelo que as pessoas fazem aos animais, um completo horror do matadouro e de como alguém pode fazer parte disso", esclarece a roteirista e ativista, que também tinha tempo para colaborar com a amiga em canções a favor dos direitos dos animais, sendo que Paul ajudou as mulheres a gravar algumas delas, como "Cow" e "The White Coated Man", em Hog Hill Mill. "Ele disse: 'Aqui está nossa Carla' e preparou a música. Eu adorava a forma como ele me chamava de 'nossa Carla.' Era tão Liverpool..." Infelizmente, Carla cantava tão bem quanto Linda.

O horror de ver animais serem levados à morte para servir de alimento deu a Linda o ímpeto de criar um livro de receitas que não usasse "animais mortos", como ela chamava carne, entre os ingredientes: um livro no qual ela poderia preparar as receitas para o tipo de refeição forte apreciado por Paul e que ela encorajava as leitoras a servir a "seus homens" — expressão que dificilmente se esperaria de uma mulher que estivera no centro da contracultura dos anos 1960. Mas havia algo de antiquado em Linda e, longe da esfera pública, ela fazia o papel de dona de casa e mãe tradicional do pós-guerra para a família, algo que o marido procurava desde a morte da mãe. O casal parecia acreditar que as outras pessoas ainda viviam desse jeito.

Para criar versões vegetarianas das refeições tradicionais de carne com as quais Paul fora criado, Linda recorreu a produtos de proteína vegetal texturizada (PVT), como o Protoveg, em suas versões de clássicos ingleses como o assado de domingo e a torta de carne, criando enroladinhos de salsicha de soja e até mesmo um "steak Diane" vegetariano. Carla Lane não conseguia entender por que a amiga sentia necessidade de imitar o aspecto e o gosto da carne, servindo um elaborado peru de soja no Dia de Ação de Graças, por exemplo, chegando ao ponto de importar "bacon sem carne" dos Estados Unidos para que ela e Paul pudessem petiscar sanduíches de falso bacon. Não fazia sentido rejeitar intelectualmente a carne como parte de sua dieta e comer carne de mentira. "Eu costumava perguntar: 'Você gosta tanto assim de bacon?' Ela respondia: 'Tenho que confessar, Carla, eu realmente gosto do sabor, mas você sabe que eu jamais comeria o verdadeiro.'"

Para ajudar Linda a difundir sua apaixonada, porém confusa, mensagem vegetariana, o gerente de negócios dos McCartney conseguiu um acordo de publicação com a Bloomsbury, cujo escritório ficava convenientemente localizado ao lado da MPL em Soho Square, no qual um autor vegetariano ajudaria Linda a transformar seus cardápios em um livro de receitas. Nos dois anos seguintes, ela trabalhou com Peter Cox em *Linda McCartney's Home Cooking*, que a colocou no mesmo ramo de negócios da ex-noiva de Paul, Jane Asher. Após terminar com o então jovem Beatle em 1968, Jane se casou e constituiu família com o artista Gerald Scarfe e, embora ainda tentasse a carreira de atriz, passou a ter uma segunda profissão bem-sucedida como cozinheira especializada em bolos, chegando a aparecer na televisão e a publicar uma série de livros de receitas que foram best-sellers, como *Jane Asher's Party Cakes*. Agora era a vez de Linda lançar-se no ramo dos livros de culinária. Ela desenvolvia a maioria das receitas em sua cozinha em Blossom Farm que, como explicou em seu livro, era o coração da casa dos McCartney e o lugar onde ela se sentia mais feliz. "Passo muito tempo em nossa cozinha. Eu a considero o lugar mais aconchegante e amigável da casa", escreveu na introdução de seu livro. "É um ótimo local para cuidar de uma família feliz e harmoniosa e ficar com os amigos, conversando enquanto tomamos uma xícara de chá." Porém, uma de suas melhores amigas e visitantes mais frequentes da cozinha, Carla Lane, alega que Paul e Linda nem sempre foram um casal harmonioso em Sussex. "Eles tinham discussões normais", declara a roteirista, "[mas] nunca foram violentos. Era 'Ah, então está certo!' seguido de uma batida na porta."

Embora Paul gostasse do campo, os amigos tinham a impressão que ele às vezes se sentia entediado em Blossom Farm, com saudades da estrada e de sua antiga vida em Londres, onde fizera parte de uma comunidade de músicos. Apesar de manter a casa na Cavendish Avenue, ele não ficava muito por lá nem usava os estúdios de Londres com a mesma frequência de antes. Agora que era dono de seu próprio local de gravação em Hog Hill, não tinha necessidade de usar os estúdios da Abbey Road ou o AIR, onde costumava ficar com os amigos e encontrar músicos promissores, obtendo energia e ideias do trabalho de outros artistas. Todos que iam trabalhar em Hog Hill Mill só o faziam mediante um convite de Paul, resultando em um ambiente levemente rançoso.

No verão de 1987, McCartney começou a tocar com novos músicos em Hog Hill, gravando demos e fazendo testes para uma banda, que acabaria levando para a estrada. Ele tocava suas canções favoritas de rock 'n' roll com estes músicos, faixas como "Kansas City", "Lucille" e "That's All Right (Mama)", cantadas com o prazer de um homem de meia-idade que reencontra sua juventude. Seu engenheiro de som gravou as sessões e, quando Paul tocou novamente as fitas, decidiu lançá-las em um álbum.

Richard Ogden ficou preocupado por não considerar o momento ideal para tal disco. O próximo grande lançamento de Paul tinha que ser um álbum forte de estúdio, que compensasse *Press To Play*.

Além disso, Ogden temia que um álbum de regravações de rock 'n' roll poderia ser analisado criticamente em comparação ao disco que John Lennon fizera em 1975, *Rock 'n' Roll*. Quando o astro insistiu, Ogden teve a ideia de permitir que uma empresa russa lançasse um "pirata" de Paul McCartney. Apesar de ter sido banida na URSS durante a Guerra Fria, a música dos Beatles fora e continuava sendo imensamente popular atrás da Cortina de Ferro, onde fãs soviéticos trocavam gravações piratas de suas canções. Com o crescimento do líder reformista Mikhail Gorbachev, era mais fácil conseguir gravações ocidentais legítimas na URSS, e parecia uma ideia divertida deixar um selo russo vender um disco aparentemente pirateado de McCartney no estilo soviético tradicional. A EMI licenciou o selo russo Melodya para fabricar 400 mil cópias do LP de rock 'n' roll, supondo que eles prensariam mais e que os fãs ocidentais poderiam importá-los da União Soviética. Foi exatamente o que aconteceu quando *CHOBA B CCCP (Mais uma Vez na URSS*, em russo) foi lançado no ano seguinte.

Nessa mesma época, Paul concordou que a EMI deveria fazer uma nova coletânea. Embora abordasse um repertório parecido com o *Wings Greatest*, lançado em 1978, *Paul McCartney: All the Best* vendeu bem no Natal de 1987, com direito a Paul aparecendo em programas de entrevistas britânicos para promovê-lo. Era em ocasiões como essa que o Wings Fun Club e a revista *Club Sandwich* mostravam a que tinham vindo: a secretária do fã-clube do músico mobilizava fãs para lotar os programas de TV, exatamente como Brian Epstein costumava fazer no tempo dos Beatles. Dessa forma, Paul sempre encontrava uma recepção calorosa quando subia no palco de programas como *Wogan*, *Roxy* e o *Last Resort*, de Jonathan Ross, visitados naquele inverno. Com seu profissionalismo típico, McCartney convidou a banda do *Last Resort*, a Sussex para ensaiar antes do programa de Ross, dando aos garotos uma visita guiada a seu museu particular dos Beatles. O líder da banda Steve Nieve apresentou rapidamente Paul a sua esposa Muriel. O casal ficou impressionado quando esbarrou com McCartney alguns anos depois e ele imediatamente cumprimentou Muriel pelo nome, demonstrando ter uma memória fenomenal. "Eu o vi fazer isso várias vezes", conta Nieve. "Ele tem essa capacidade de deixar as pessoas muito à vontade — é impressionante como ele guarda nomes e rostos."

Fazer a ronda pelos programas de TV ajudou *All the Best* a chegar a disco duplo de platina, sucesso que teve um sabor amargo com o falecimento, em dezembro, da amada tia Ginny. Ela foi vítima de insuficiência cardíaca aos 77 anos. Ginny era uma das últimas irmãs de Jim McCartney. Apenas o irmão Joe e a esposa Joan sobraram daquela geração, apreciando uma velhice confortável graças a Pensão McCartney. "Paul tomava conta de todos, ele sempre fez isso. Mas silenciosamente, sabe? É por isso que eu fico louco de raiva quando ouço alguém dizer 'Ah, ele tem todo aquele dinheiro, você acha que ele faria isso e aquilo'", conta o membro da família Mike Robbins. "Ele doa dinheiro para caridade e toma conta das pessoas em silêncio, há muitos e muitos anos." Vários parentes receberam quantidade substancial de dinheiro, com Paul ajudando alguns deles comprar casas; mas quanto mais ele dava, mais algumas pessoas queriam. "Eles costumavam reclamar no Natal", revela o músico profissional que promovia os discos de Paul nas lojas e office-boy da MPL Joe Reddington. "[Eles] ligavam para Alan Crowder: 'Qual é o presente deste ano? Ah, meu Deus, você não conseguiu nada melhor?'... Simplesmente inacreditáveis, essas pessoas."

Embora ele fosse capaz de escrever cheques de cinco dígitos para parentes e de ter dado a Linda algumas joias caríssimas ao longo dos anos, Paul geralmente comprava presentes baratos para a família no Natal, geralmente na famosa loja de brinquedos Hamley's da Regent Street — a uma breve caminhada de seu escritório — para comprar os lápis de cor que as crianças gostavam. Joe Reddington relembra:

> Eu me lembro de um ano em que estávamos na fila [da Hamley's]: eu atrás de Paul e um cara atrás de mim. Ele era norte-americano e disse: "Com licença, quem é esse aí na sua frente? Não é o Paul McCartney, é?" "Na verdade, eu não sei." Então Paul virou-se e disse: "Sim, sou eu." E pagou tudo que esse cara estava comprando para levar aos filhos nos EUA.

NOVOS COMEÇOS

Após o fracasso duplo de *Give My Regards to Broad Street* e *Press to Play*, Paul precisava de um verdadeiro disco de retorno para continuar sendo um astro de primeira grandeza na década de 1990. Ele não estava preparado para sair do mercado como fizera John Lennon. Para ajudá-lo a conquistar suas ambições, a MPL reuniu o astro com Elvis Costello, talentoso cantor e compositor com quem o ex-Beatle poderia compor, cantar e gravar, e também era um jovem — Costello fizera 33 anos em 1988 — de personalidade forte que todos acreditavam ser capaz de enfrentar Paul no estúdio, forçando-o a fazer melhor do que o "Eu te amo, Linda" de sempre.

Costello encontrou em McCartney um compositor disciplinado e organizado. Elvis costumava escrever primeiro as letras para depois fazer as músicas se encaixarem nelas.

> Se a letra exigisse, eu não desenvolvia a linha melódica, apenas acrescentava alguns compassos. Ele [Paul] achava isso desorganizado. Ele gosta de ter lógica nas letras também. Eu poderia jogar frases ambíguas, porque acho interessante o efeito que isso causa na imaginação, mas ele não gosta que pessoa alguma tenha que imaginar outras coisas em suas canções, a menos que isso seja indicado desde o primeiro verso.

Para gravar estas novas canções, a base do álbum *Flowers in the Dirt*, Paul montou uma banda em torno do guitarrista escocês Hamish Stuart, de 38 anos, fundador da Average White Band, cuja vida mudara ao ouvir "From Me To You" dos Beatles quando garoto. "Foi o momento em que tudo passou de preto e branco para colorido. É incrível a quantidade de pessoas que descrevem [o contato com a música dos Beatles] desta forma."

Embora a ideia original fosse que Elvis Costello coescrevesse e coproduzisse *Flowers in the Dirt*, os velhos problemas logo voltaram. Paul queria fazer as coisas do jeito dele e Costello estava levando o disco para outra direção. "Ficou óbvio muito rapidamente que o disco não daria certo como coprodução, então tudo mudou e algumas partes foram descartadas", comenta Hamish Stuart. "Eles estavam meio que batendo cabeça. Elvis tinha um jeito de trabalhar e Paul preferia abraçar a tecnologia existente na época, e a dupla simplesmente não deu certo. Então Costello saiu do projeto." Apesar disso, as sessões com o jovem músico renderam várias faixas do álbum, incluindo a pop "My Brave Face" e "You Want Her Too", cantada como dueto da mesma forma que Paul harmonizava com John em "Getting Better": a voz doce de McCartney pontuada pelas interjeições cáusticas de Costello.

O baterista na nova banda era Chris Whitten, que também trabalhou nas sessões do *CHOBA B CCCP*. Aumentando o grupo, contratou-se o guitarrista Robbie McIntosh, dos Pretenders. Esses três músicos o ajudaram a terminar *Flowers in the Dirt* e formaram a base de sua nova banda de estrada, junto com o tecladista de 32 anos Paul "Wix" Wickens, que foi apresentado a Paul e Linda como "quase vegetariano". Os McCartney tinham menos tempo para quem não fosse vegetariano. Os novos integrantes da banda eram bem pagos, ganhavam mil libras por semana por serviços prestados, 3 mil por semana quando estavam ensaiando e gravando, aumentando para 5 mil por semana quando estavam em turnê, valores generosos pelos padrões da indústria. Paul sem dúvida aprendera a lição dos Wings. Ele deixou clara sua mágoa por Denny Laine ter vendido ao *Sun* as histórias sobre o término da antiga banda e não gostaria que alguém desse novo grupo fizesse algo parecido.

Enquanto isso, a outra e mais famosa ex-banda de Paul estava prestes a ser indicada para o Hall da Fama do Rock 'n' Roll, uma instituição cofundada em 1983 pelo editor da *Rolling Stone* Jann Wenner, que tinha prestígio na comunidade musical. Os astros se acotovelavam pela indicação ao Hall da Fama na cerimônia anual realizada em Nova York, e era esperado que Paul se juntasse a George, Ringo e Yoko no hotel Waldorf-Astoria em 20 de janeiro de 1988, quando um grupo que contava com os Beach Boys e Bob Dylan, alguns dos heróis musicais de Paul, indicaria os Beatles. Mas o ex-Beatle não apareceu. Ele boicotou o evento porque George, Ritchie e Yoko o processavam devido a um acordo que os Eastman tinham feito quando ele assinara novamente com a Capitol Records após um breve período com a CBS, conquistando uma porcentagem extra dos royalties sobre o catálogo antigo dos Beatles. Quando os outros três sócios descobriram que McCartney ganhava mais, eles exigiram paridade. A disputa só foi resolvida quando a Capitol deu a todos os quatro integrantes a porcentagem extra sobre os CDs, que estavam substituindo o vinil. Em janeiro de 1988, porém, eles estavam em um impasse sobre o assunto.

Paul fez seu relações-públicas divulgar um texto explicando sua ausência da cerimônia de indicação ao Hall da Fama: "Após vinte anos, os Beatles ainda têm algumas diferenças em termos de negócios que eu esperava já terem sido resolvidas a esta altura. Infelizmente não foi o caso, então eu me sentiria um perfeito hipócrita se ficasse acenando e sorrindo com eles em uma reunião falsa." Após Mick Jagger ter apresentado os Beatles no Waldorf-Astoria, coube a George Harrison expressar o quanto a banda se sentia honrada pela indicação com bom humor. "Não tenho muito a dizer por que sou o Beatle quieto." Então foi a vez de Yoko falar.

Apesar de não terem ido ao jantar, Paul e Linda tinham um grande interesse no evento e, no dia seguinte, ela ligou bem cedo para o amigo Danny Fields em seu apartamento de Manhattan para perguntar o que acontecera. Danny, que ajudara a descobrir Iggy Pop e empresariava os Ramones, além de trabalhar como jornalista, fazia parte do comitê de indicação para o Hall da Fama do Rock 'n' Roll. "Você foi lá ontem?", perguntou Linda ao amigo, ligando da cozinha de sua casa de campo em Blossom Farm.

"Sim, você teria se divertido", Danny de modo lento e com seu jeito afetado de sempre, "você teria ouvido o discurso de Yoko."

Sabendo que os McCartney iam querer ouvi-lo, Danny gravara o discurso e já tinha colocado a fita no ponto no gravador, antecipando a ligação da amiga. Ele perguntou friamente se ela e Paul gostariam de escutar o que Yoko dissera, e ouviu Linda dizer a Paul para ouvir pela extensão. "Ele pegou o telefone e eu toquei a fita." Os três ouviram Yoko falar no Waldorf que se o marido *dela* estivesse vivo, ele teria ido à cerimônia, em uma humilhação inteligente aos McCartney. Danny esperou para ouvir a reação. "Paul disse: 'Aquela piranha desgraçada, isso me dá vontade de vomitar.'"

Paul continuou a trabalhar em *Flowers in the Dirt* no estúdio de Hog Hill Mill naquele verão, com uma pausa em agosto para visitar Liverpool, onde ficou chocado ao descobrir que sua antiga escola estava totalmente abandonada. Apesar de sua longa e ilustre história, o Liverpool Institute fora fechado em 1985 pelo Conselho da Cidade, quando estava sob a influência do militante socialista Derek

Hatton, ex-aluno do Inny. O fechamento nem foi tanto pelos princípios socialistas de Hatton, e sim devido ao declínio na população de Liverpool. Aparentemente, não havia número suficiente de garotos na cidade aptos a preencher as vagas dessa escola de elite. Quatro anos depois do fechamento, Paul ficou apavorado ao ver que o Inny estava em ruínas. O teto deixava entrar tanta chuva que as salas de aula estavam inundadas e ratos corriam pelos corredores onde antes se ouviam os gritos de "Ande, não corra!". O ex-Beatle fez um filme sobre si mesmo, um tour nostálgico por aquele lugar velho e triste, depois lançado como o documentário *Echoes*, durante o qual ele se lembrou dos momentos felizes na escola, bem como dos insolentes colegas e dos professores excêntricos. Na intimidade, ele pensava no que poderia fazer para salvar a escola.

Desde a revolta de Toxteth, o músico pensava em uma forma de devolver algo a Liverpool. Após sua visita ao Inny, ele decidiu que a escola deveria ser o foco de sua filantropia. Mas o que se poderia fazer com o local? Inicialmente, McCartney pensou que poderia apenas colocar um novo teto no Institute para salvá-lo da ruína total, mas à medida que analisou o problema com mais profundidade, percebeu que a única forma de salvar o prédio a longo prazo era dar-lhe uma utilidade e, devido ao histórico, seria melhor se fosse educacional.

George Martin, uma das poucas pessoas em quem ele tinha confiança inabalável, falou que estava ajudando um empresário chamado Mark Featherstone-Witty a levantar dinheiro para uma escola de artes cênicas e performáticas em Londres inspirada na New York School of Performing Arts mostrada no filme *Fama*. Uma escola nesse estilo para Liverpool poderia ser uma utilidade para o Inny, mas Paul estava cauteloso. Tradicionalmente as pessoas aprendem com a experiência na indústria do entretenimento. Ele não frequentara uma escola de artes cênicas e performáticas. A ideia soava como uma heresia, afinal, o rock 'n' roll dizia respeito à autoexpressão e à rebeldia. Martin, graduado na Guildhall School of Music, tinha um ponto de vista diferente. Ele acreditava que havia um lugar para a educação musical formal e também uma necessidade de ensinar aos jovens o básico sobre a indústria da música — para que os futuros Lennons e McCartneys não fossem roubados, como Paul achara que fora com a Northern Songs. Sensato, George se esforçou para convencer o músico de que uma escola no estilo *Fama* para Liverpool era um projeto que valia a pena. Embora a principal motivação de McCartney continuasse sendo a salvação do Inny e, tendo mais dinheiro do que nunca, ele não propôs a compra do local. A esperança era que o Conselho da Cidade de Liverpool e o fundo de caridade pelo qual o prédio era mantido cederiam as dependências se ele desenvolvesse um plano de recuperação.

Em abril de 1989, Paul escreveu uma carta aberta ao *Liverpool Echo* perguntando a seus concidadãos de Merseyside se desejavam uma escola no estilo *Fama*: "Eu tive um ótimo começo na vida graças ao Liverpool Institute e adoraria ver outras pessoas da região tendo a mesma oportunidade." Leitores telefonaram dando 1.745 votos a favor e 48 contra. No mês seguinte, Paul convidou o amigo de George Martin à MPL para falar sobre o início do processo.

Mark Featherstone-Witty, 42 anos, era um homem entusiasmado e divertido, com um jeito meio teatral e levemente elegante (Paul temia que o sobrenome duplo com hífen fosse causar arrepios em Merseyside). Ele era dono de um currículo variado, envolvendo trabalhos como ator, jornalista e professor, o que o levara a criar uma série de instituições educacionais particulares. "Foi quando ocorreu o momento-chave, *o momento-chave*, enquanto eu estava sentado na Empire Leicester Square, vi o filme de Alan Parker, *Fama,* e pensei: 'É isso que eu vou fazer agora.'" Emulando o que vira no cinema aquele dia em 1980, Featherstone-Witty trabalhou para criar a British Record Industry Trust (BRIT) School em Croydon, montada com a ajuda de George Martin e outros. Agora ele estava em busca de um novo projeto.

Embora Mark tenha conhecido muitas celebridades trabalhando na BRIT School, quando Paul passou pela porta da MPL o empresário ficou estupefato:

> Você está tentando manter uma conversa razoável, mas metade da sua mente está dizendo: "Caramba, eu não acredito. Eu simplesmente não acredito. Eu estou realmente conversando com Paul McCartney!" Ao longo dos anos, é claro, isso passou totalmente, mas na época eu fiquei simplesmente estupefato... Vi outras pessoas terem a mesma reação.

Apesar do fascínio de Mark pelo astro, a reunião correu bem. Eles concordaram que o empresário falaria ao Conselho da Cidade de Liverpool com a ajuda de Paul para ver se era viável transformar o Inny no que o ex-Beatle queria chamar de Liverpool Institute for Performing Arts (LIPA). Para provar que estava falando sério, o músico se comprometeu a dar 1 milhão de libras do próprio bolso, mas, esperto como sempre, não entregou tudo de uma vez. Ele começou adiantando pequenas somas a Featherstone-Witty. "Foram 30 mil libras. *Vamos ver o que você consegue fazer com isso.* Então, de certa forma, ele pagava de acordo com o cumprimento de metas. Além disso, o pagamento precisava vir junto com dinheiro de outras pessoas. Ele jamais seria o único financiador." Porém, uma vez começado o processo, Paul se comprometeu com um projeto que tomaria muito de seu tempo e exigiria ainda mais de seu dinheiro nos anos seguintes enquanto Mark descobriu que o superastro encantador que ele conhecera no primeiro dia também podia ser "um tremendo canalha."

DE VOLTA À ESTRADA

O primeiro single de *Flowers in the Dirt* foi lançado em maio de 1989, a grudenta, mas insatisfatória "My Brave Face". Embora não tenha sido um sucesso, o LP foi recebido como uma volta à antiga forma, pois tinha várias canções fortes como "Rough Ride" e "We Got Married", que parecia documentar a relação de Paul e Linda *vis-à-vis* John e Yoko, "o outro time". O LP chegou ao primeiro lugar no Reino Unido, e Paul foi a programas de TV para promovê-lo antes de sua primeira turnê desde 1979.

Os preços dos ingressos deveriam ser modestos. O músico estava menos interessado em aumentar sua fortuna do que em se apresentar para o máximo de pessoas possível, em parte porque ele e Lin queriam usar os shows para converter pessoas ao vegetarianismo e à ecologia. A agenda da turnê foi elaborada de modo a coincidir com a publicação do novo livro de receitas vegetarianas de Linda. Além disso, nos 81 dias de turnê foi servida uma dieta de refeições sem carne nos bastidores. O público também não pôde comprar petiscos de carne, nem mesmo cachorros-quentes no Madison Square Garden, pois a MPL baniu tais concessões, licenciando, em contrapartida, a venda de hambúrgueres vegetarianos. Para acompanhar a turnê, a empresa criou um programa de cem páginas contendo informações sobre a chuva ácida e o desmatamento, bem como exortações ao vegetarianismo, que era distribuído gratuitamente, algo raro nesse ramo.

Além de artigos didáticos sobre o vegetarianismo no programa da turnê, Paul aproveitou a oportunidade para contar sua história de vida ao público. Uma série de longas entrevistas mostrava o astro corrigindo o que considerava serem interpretações incorretas sobre a história dos Beatles, fazendo questão de dizer que *ele*, em vez de John, era o Beatle mais vanguardista nos anos 1960. Na época, o jovem McCartney investigava o que se fazia de novo em termos de música e encontrava novos escritores junto com o amigo Barry Miles, "enquanto [John] morava no clube de golfe do subúrbio com Cynthia". Esta foi uma prévia da biografia autorizada com objetivo de acertar as versões na qual Paul começara a trabalhar com Miles, que se tornaria um biógrafo famoso nos anos seguintes, escrevendo as vidas do amigo Allen Ginsberg e de outros personagens da contracultura. Miles teve a ideia do livro, *Paul McCartney: Many Years From Now*, e não só concordou em deixar Paul vetar o manuscrito como, talvez surpreendentemente, deixou que ele ficasse com 75 por cento dos royalties, significando que ia mesmo ser o livro do ex-Beatle.

Outros velhos amigos voltaram à órbita de Paul após o início da turnê mundial. Richard Lester fora contratado para fazer uma montagem que seria exibida antes dos shows e dirigir um longa-metragem do espetáculo, o insosso *Get Back*. O amigo artista de Linda, Brian Clarke, recebeu a incumbência de criar o cenário do palco, pois fizera a capa do álbum *Flowers in the Dirt*. Para divulgar a turnê, Paul contratou um novo e importante funcionário, o amigável ex-jornalista de tabloide Geoff Baker, cujas qualificações para o trabalho incluíam o entusiasmo sem limites pela música de Paul, bem como partilhar do gosto dos McCartney pelas drogas e pelo vegetarianismo.

Richard Ogden perguntou a Paul que canções ele ia cantar, estimulando-o a apresentar seus maiores sucessos, ou seja, músicas dos Beatles bem como "Live and Let Die". Até agora, Paul apresentara apenas poucas canções dos Beatles ao vivo, mas sentia a necessidade de voltar com força total após dez anos longe do palco. Assim, ele criou uma lista de músicas que tinha 14 canções da banda de Liverpool, aproximadamente metade do show. Ele precisou aprender a tocar muitas delas ao vivo pela primeira vez, pois os Beatles jamais as apresentaram no palco, embora paradoxalmente seus músicos de apoio as tivessem tocado em outras bandas. As canções eram comuns a todos os músicos. Como observa Hamish Stuart, "conhecíamos algumas delas melhor do que o próprio Paul".

Após alguns shows de aquecimento em Londres e Nova York, a turnê estreou oficialmente em Oslo, no dia 26 de setembro de 1989, a primeira de várias apresentações de arena na Europa. Em seguida a banda foi para a América do Norte e voltou à Inglaterra em janeiro de 1990 a fim de se apresentar em Birmingham e Londres. Peço licença para fazer uma breve observação pessoal: o primeiro show de Paul McCartney ao qual assisti foi nessa turnê, na Wembley Arena de Londres em janeiro de 1990. A carreira solo dele pouco me impressionara até então. O que eu ouvira no rádio, tanto com os Wings quanto nos outros trabalhos, parecia leve demais, e eu não tinha seus discos. Os Beatles, por sua vez, eram algo completamente diferente. Embora fossem astros antes de eu nascer, a energia e a genialidade criativa da banda capturara minha imaginação, como a de milhões de outros. Os Beatles atravessam gerações. Portanto, fui a meu primeiro show de Paul McCartney com sentimentos confusos, assim como muitos espectadores naquela turnê, tenho certeza. As pessoas iam principalmente por causa dos Beatles e não pela música que Paul fizera desde 1970, esperando não ouvir muito dessa fase da carreira dele.

McCartney subiu no palco, gorducho e grisalho aos 47 anos, mas evidentemente ansioso para nos divertir. Sua banda também parecia apta ao desafio, embora Linda se mostrasse menos envolvida do que Hamish, Robbie, Chris e Wix. Sentada meio sem jeito nos teclados, perto de uma bandeira da Grã-Bretanha, ela fazia o V da vitória periodicamente como se imitasse Winston Churchill. Quando o show começou com "Figure of Eight", o ânimo dos fãs arrefeceu. Será que teríamos que nos sujeitar a uma série de canções novas e medíocres? Felizmente, os compassos amigáveis de abertura de "Got to Get You into My Life" vieram a seguir, iniciando uma brilhante sequência de músicas dos Beatles. Vê-lo e ouvi-lo apresentar essas canções marcantes foi realmente emocionante e, ao contrário de seu contemporâneo Bob Dylan, que muda suas canções ao vivo de propósito a fim de manter o trabalho novo para si mesmo e seu público, McCartney e sua banda executavam esses clássicos exatamente como soavam nos discos, que é o jeito que você quer ouvi-los, ao menos da primeira vez. "Você deve algo à música ao apresentá-la do modo mais autêntico possível", comenta Hamish Stuart. "Eu me lembro de 'Can't Buy Me Love'", em que Robbie basicamente tocou o solo nota a nota, porque ela fora escrita assim." Embora o público de Londres tenha a reputação de ser reservado e contido em comparação a qualquer outro lugar no Reino Unido e em outros países, as pessoas choravam de emoção, casais se abraçavam. "Às vezes era difícil de assistir", relembra Hamish. "Era olhar pro lado e ser envolvido por aquilo e esquecer o que estava fazendo."

Para "Fool on the Hill", Paul levou um artefato da *Swinging London* ao palco, o piano multicolorido que Binder, Edwards e Vaughan tinham pintado para ele em 1966. O astro tocou o fabuloso instrumento em uma plataforma que subia e girava enquanto ele cantava, fazendo com que batizasse o instrumento de Piano Mágico. O momento que coroava o show, contudo, veio no bis, quando McCartney tocou os acordes trêmulos da abertura de "Golden Slumbers" em um teclado Roland, iniciando a apresentação do medley completo de *Abbey Road*, cuja exaltação final dos Beatles mostrava ter uma força duradoura:

And in the end,
The love you take
Is equal to the love you make.

Esse momento arrepiante foi o mais próximo que alguém poderia chegar em 1990 de viver a magia dos Beatles ao vivo, e foi talvez melhor do que ver os garotos nos anos 1960, pois Paul estava apresentando uma peça complexa de um álbum que os Beatles nunca levaram ao palco, com equipamento de som e amplificação de altíssimo nível, então tudo soava muito bem. Saí do show convertido ao talento de Paul McCartney como cantor e estimulei todos que encontrei que não o tinham visto ao vivo a fazê-lo o mais rápido possível.

Fora do palco, Paul e Linda enfrentavam uma situação familiar difícil. Conforme observado anteriormente, Heather McCartney havia muito achava seu sobrenome um fardo. Se fosse apresentada apenas como Heather, as pessoas não demonstravam interesse por ela. "Então alguém enfatizava o McCartney, e eu via o rosto das pessoas se transformar." Para uma pessoa relativamente simples que não tinha uma ideia muito forte sobre si mesma ou sobre o que queria fazer da vida, isso gerou uma crise de identidade e, em 1988, aos 25 anos, ela se internou em uma clínica particular em Sussex.

Após o tratamento, o jovem foi para os Estados Unidos passar um tempo com o pai biológico, Mel See, a quem chamava de Papa e a namorada dele, Beverly Wilk, que morava com Mel em uma casa de tijolos em frente ao rancho dos McCartney em Tucson. Mel continuava a se interessar por antropologia, e levou a filha ao México junto com Beverly para visitar os índios Hoichol, que causaram um grande impacto na jovem. Heather admirou o estilo de vida firme dos índios vivendo na periferia do mundo moderno e pegou ideias de design para seu novo hobby: trabalhar com cerâmica. Em sua cidade, Rye, a cerâmica era uma indústria estabelecida, com cinco olarias em funcionamento. Heather frequentara a escola com o filho de um dos mais destacados oleiros da região, David Sharp, e trabalhara por algum tempo em outra olaria local.

Durante sua visita ao Arizona, ela se mostrou uma garota frágil e confusa para Mel e Beverly, que dizem: "Achamos que ela apenas precisava fugir e se encontrar." Apesar do esforço de Paul e Linda para serem bons pais e da imagem pública que projetavam de família feliz e bem-sucedida, parecia que a criação deixara cicatrizes emocionais naquela que primeiro viveu em um casamento infeliz e depois com um padrasto que, por acaso, era uma das pessoas mais famosas do mundo. "Imagine o que é ter um pai que deixa alguém adotá-la [isso pode causar problemas], e ainda estar em uma família na qual você é diferente", especula Beverly. Como um homem que crescera pelos próprios méritos, Paul ambicionava que os filhos construíssem suas carreiras, mas Heather era um tipo sonhador. Longe de ser academicamente brilhante, tratava-se de uma garota que estava contente por fazer cerâmica em casa com seus cigarros feitos à mão e seus animais. Ela também parecia ter medo de ser identificada como uma McCartney pelo público, tendo viajado aos EUA sob um nome falso. Um dia, quando Beverly levou Heather ao banco em Tucson, a jovem ficou agitada dizendo que assinara o nome errado para sacar dinheiro. "Acredito que às vezes ela não sabia quem era — eu pensava: 'Nossa, que vida!'"

Embora gostasse de visitar o Arizona, Heather logo voltou à propriedade da família em Sussex, que ela considerava sua verdadeira casa, e lá os problemas emocionais voltaram. Durante a primeira parte da turnê mundial de Paul, a imprensa publicou que Heather fora mais uma vez internada em uma clínica. "Acho que ela tem problemas de identidade. É muita pressão para uma criança ter que viver sob os holofotes o tempo todo", declarou Mel. "Ela acha difícil fazer parte de uma família tão famosa", Felizmente, Paul e Linda organizaram a parte europeia da turnê de modo que pudessem voltar para casa na maioria das vezes, significando que eles conseguiram ver a filha quase todos os dias. À medida que Heather melhorou, seus pais se sentiram confiantes o bastante para continuar a turnê longe de casa.

Paul levou a banda de volta à América do Norte em fevereiro de 1990 e ao Japão, quase dez anos depois de ter sido deportado do país. Em seguida, eles voltaram aos EUA, onde a MPL fizera um vantajoso acordo de patrocínio com a Visa, no qual a empresa de cartão de crédito pagaria 8,5 milhões de dólares à MPL, o que cobriria a maior parte das despesas da turnê, concordando também em exibir comerciais de televisão em todo o país com Paul. Os anúncios usavam trechos de canções dos Wings e de sua carreira solo, estimulando os clientes Visa a usar seus cartões para comprar ingressos para os shows. (A MPL tentou conseguir permissão da Apple para usar músicas dos Beatles nos comerciais, mas a Apple se recusou, mostrando que George, Ritchie e Yoko queriam limitar a forma pela qual Paul poderia se beneficiar de material dos Beatles.) Os comerciais de TV levaram as vendas de ingressos às alturas. Se antes eram vendidos 20 mil ingressos em uma cidade média, agora havia demanda para 100 mil ingressos por parada, transformando uma turnê de arena em uma turnê de estádios, encerrada em 21 de abril de 1990 com um show cuja bilheteria de 184 mil ingressos no Rio de Janeiro bateu um recorde.

Após a América do Sul, Paul voltou ao Reino Unido para se apresentar na Escócia e em Liverpool, cujo show foi no abandonado King's Dock a fim de levantar fundos para o LIPA. Nos bastidores, McCartney se reuniu com vários amigos do Inny, entre eles Ian James, que o ensinara a tocar violão na adolescência. Quando o amigo se tornara um astro, Ian não tinha entrado em contato "porque eu não achava certo, era como se eu quisesse me aproveitar". Ele não encontrava o velho colega havia mais de trinta anos quando Paul e Linda entraram no toldo. "Era como se o rei e a rainha tivessem chegado", relembra.

Enfatizando a sensação de realeza que ficaria cada vez mais evidente nos anos seguintes, os convidados eram chamados para ser recebidos individualmente por McCartney. Ian ficou relutante e engatou uma conversa com o irmão de Paul, Mike. Então, o músico avistou Ian e toda a formalidade foi esquecida: "Assim que me viu, ele veio em minha direção. Nós nos abraçamos." Três décadas haviam se passado, os estudantes tinham se tornado homens de meia-idade, mas, de alguma forma, a amizade não mudara. "Dali em diante, mantivemos contato e eu estive em alguns eventos, como a festa de Natal do escritório dele... Linda sempre convidava minha esposa e eu. Ela era uma mulher adorável." Vale enfatizar mais uma vez o paradoxo de que quase todos que conheciam Linda gostavam dela e falavam de uma mulher carinhosa, modesta e amigável, embora sua imagem pública fosse de uma oportunista controladora que traiu Jane Asher, tirando-a de seu destino. Parte do problema vinha do fato de a norte-americana não se dar bem com a imprensa, que a considerava mal-educada e grosseira. Ela parecia ser assim no palco também.

Duas semanas após Ian James ter encontrado os McCartney nos bastidores em King's Dock, Paul fez um show beneficente em Knebworth, uma propriedade rural em Hertfordshire. O show rendeu uma famosa fita em que Linda fazia vocais de apoio. Como vimos anteriormente, ela nunca quis se apresentar ao vivo com Paul, o fazia apenas para agradá-lo. À medida que ficava mais velha, ela se sentia cada vez menos inclinada a deixar sua casa — onde era feliz com os filhos e os animais — para se apresentar. Mesmo assim, ela teve que ir para a estrada em 1989-1991. Linda estava particularmente relutante dessa vez porque seriam apresentadas canções dos Beatles, cuja criação não tivera a ajuda dela, ao contrário de seu papel nos Wings. Hamish Stuart comenta:

> Acho que ela se sentia mais à vontade nos Wings porque realmente fazia parte daquilo. Com essa banda o escopo era um pouco maior, porque estávamos apresentando canções dos Beatles e imagino que talvez ela não se sentisse tão confortável. Mas todos tentavam deixá-la à vontade, e Wix era muito bom em achar boas partes [de teclado] para ela que se encaixavam com o que todos estavam fazendo... Às vezes ela sofria na estrada quando tinha vontade de voltar para casa.

Inevitavelmente, Linda foi criticada por fazer a turnê com Paul, e parece que não era benquista por todos nos bastidores. Quando eles se apresentaram no Knebworth Festival em 30 de junho de 1990, um técnico isolou a voz dela e fez uma gravação pirata, *Linda McCartney Live at Knebworth*, que causava ataques de riso em quase todos os que a ouviam. Fazendo vocais de apoio para "Hey Jude", ela cantou monotonamente o *na na na na-na-na na* como se estivesse no caraoquê de um pub. Integrantes da banda a defendem, dizendo que qualquer pessoa pode parecer desafinada quando se ouve a voz isolada no palco, especialmente em um show ao ar livre como Knebworth, mas a evidência é clara: Linda era o ponto fraco da banda e avançava pesadamente e sem alegria por essas canções apenas para agradar o marido, e isso ainda aconteceria muitas outras vezes antes que ela pudesse voltar para casa e para Sparky, Blankit e seus outros animais de estimação.

O sucesso da campanha publicitária da Visa levou Paul a voltar aos EUA para fazer uma série adicional de shows em estádios durante o verão de 1990. A banda ensaiou "Birthday" do *Álbum branco* para que o músico pudesse dar um presente à plateia em Washington DC em 4 de julho, dia da independência dos EUA. A turnê finalmente terminou em Chicago no fim daquele mês. Paul se apresentara para 2,8 milhões de pessoas em 13 países — a turnê mais longa e bem-sucedida de sua carreira até então. Ao usar uma lista de canções mais voltada para os Beatles, ele reconquistou a atenção de um vasto público internacional, que continuava encantado pelos *fab four*. Foi uma lição que ele jamais esqueceu, repetindo a fórmula em todas as turnês posteriores, aumentando gradualmente o conteúdo dos Beatles até se tornar uma verdadeira jukebox da banda, o que era ótimo para o público. A situação agora estava clara. Com John Lennon morto e Paul, George e Ringo envolvidos em desentendimentos quase constantes sobre dinheiro, a melhor opção para viver a magia dos Beatles era ver Paul McCartney ao vivo. O que continua sendo verdade até hoje.

23

MÚSICA É MÚSICA

O *LIVERPOOL ORATORIO*

Em 1988, Carla Lane convenceu os McCartney a fazer uma participação especial em um episódio de sua série de TV *Bread*. No roteiro, Linda abria um centro de resgate de animais em Liverpool. Durante a filmagem, o casal conheceu a atriz Jean Boht, que interpretava a matriarca Nellie Boswell na série e era casada na vida real com o compositor Carl Davis. Quando Carl, Carla e Jean colaboraram em seguida em um curto trabalho orquestral, *The Pigeon's Progress* apresentado no Royal Liverpool Philharmonic Hall, Paul e Linda lhes mandaram um telegrama de apoio — "Este é para você e para todos os pombos do mundo" — o que fez Carl pensar em compor com o ex-Beatle. Durante uma visita à fazenda dos McCartney em Sussex, o compositor perguntou se Paul gostaria de colaborar em uma peça orquestral para a Royal Liverpool Philharmonic, da qual ele era regente convidado e que estava prestes a celebrar 150 anos. A ideia de criar música tendo Liverpool como tema chamou a atenção do astro, que contou a história de sua vida, começando com o fato de ter nascido em Liverpool durante a Segunda Guerra Mundial. "Isso é bom!", comentou David empolgado, vendo o começo de um oratório — uma palavra com a qual o astro não estava familiarizado.

"Isto que estamos compondo é uma sinfonia?"

"Não, é levemente diferente."

"Então é um concerto?"

"Não, não é", respondeu Davis, explicando que um oratório é uma peça musical inspirada em uma história religiosa, cantada por solistas e coro; *O sonho de Gerôncio*, de Elgar, por exemplo. O resultado da colaboração entre Davis e McCartney — o *Liverpool Oratorio* — de fato continha elementos de religiosidade pluralista, mas tinha muito mais a ver com a vida de Paul.

A história começa com um personagem chamado Shanty, assim como Paul, nascido em Liverpool durante a Segunda Guerra e tendo a mesma boa sorte de frequentar o Liverpool Institute, que é evocado carinhosamente no segundo movimento com uma referência à professora de espanhol, Miss Inkley ensinando os garotos uma rima sobre três coelhos. A história então se desvia para uma parte confusa na qual Shanty encontra um fantasma chamado Mary, que assume a forma corpórea e vira sua esposa no quinto movimento. Esse casamento chega a uma crise quando ela engravida e o marido começa a beber (*você* também não beberia, depois de se casar com o fantasma cujo nome é inspirado em sua mãe?). Os problemas são resolvidos no último movimento, quando o casal elogia a importância universal da vida em família. Com um movimento dedicado ao pai de Shanty e referências a uma enfermeira gentil, o oratório une os talismãs da vida inicial de Paul em um trabalho tipicamente sentimental de noventa minutos.

Tal projeto demonstrava ambição, alguns poderiam dizer até arrogância, da parte de Paul, e foi uma guinada surpreendente para longe do rock. Em sua infância, os McCartney desligavam o rádio quando começava a tocar música clássica. Nos anos 1960, ele mergulhara em Berio e Stockhausen, como já vimos, tornando-se suficientemente entusiasmado por suas composições experimentais a ponto de criar sua própria música de vanguarda, e também tinha feito amizade com Stockhausen e Tavener. Porém, Paul jamais mostrara muito interesse na música "clássica" convencional. Muito pelo contrário, ele e a esposa saíram de uma produção de *La Bohème* à qual assistiam em Nova York quando estavam namorando porque ficaram entediados. Quando o jornalista Ray Connolly entrevistou os Wings na época de *Back to the Egg*, perguntou se alguém na banda gostava de música clássica. Denny Laine fez que sim vigorosamente com a cabeça, que, como notou Connolly, "contrastou fortemente com a expressão perplexa de desdém de Paul". Porém, o gosto pela música clássica geralmente se desenvolve com a maturidade — Paul escolheria *Country Dances,* de Benjamin Britten, como um de seus discos no programa de rádio da BBC *Desert Island Discs* alguns anos depois, em 1982 — e não há motivo para que uma pessoa musical por natureza não goste, entenda e até componha música orquestrada tão bem quanto o pop, que não necessariamente é uma forma menor. Música é música, como observou Alban Berg, enquanto outro compositor modernista, Gunther Schuller, defendia a mistura entre o tradicional e o pop "em uma bela irmandade de músicos que se complementam e fertilizam". Foi exatamente o que Paul fez.

Mas havia um problema. Quando Paul precisava criar música para instrumentistas que liam notas em uma partitura, precisava de um escrevente para orquestrar suas ideias. George Martin cumprira essa função nos Beatles e em sua carreira solo. Fora George quem escrevera "Yesterday", "The Family Way" e a sequência de "Eleanor Rigby" em *Give My Regards to Broad Street*, entre outras peças que levam o nome de Paul, levantando a dúvida sobre quanto do crédito realmente pertence a McCartney em tais projetos. De personalidade modesta, Martin sempre se mostrou contente por ficar em segundo plano. Carl Davis, porém, tinha um caráter diferente. Nascido em Nova York em 1936, Carl fizera da Inglaterra seu lar, como Linda, tivera uma longa e bem-sucedida carreira, mais conhecida pela trilha para a versão restaurada do filme mudo *Napoleon* em 1980, e estava acostumado a receber o devido crédito. Ele imaginou que pelo menos *dividiria* os créditos do oratório com o ex-Beatle, já que ele tivera a ideia e basicamente o escrevera porque o parceiro não poderia fazê-lo. "Eu naturalmente supus que seria *The Liverpool Oratorio,* de McCartney e Davis." Por isso, Carl ficou "muito surpreso quando [ele] expressou, bem enfaticamente, seu desejo de que a obra se chamasse *Liverpool Oratorio*, de Paul McCartney".

O trabalho no oratório começou na época da turnê mundial de 1989-1990. Depois dela, o astro tinha um álbum ao vivo para supervisionar, *Tripping the Live Fantastic*, e outros projetos, entre eles fazer uma campanha com Linda para salvar o hospital local de Sussex. Ele também ajudou a esposa a lançar uma linha de comida vegetariana congelada e deu entrevistas a Barry Miles para o futuro livro *Paul McCartney: Many Years from Now*. Além destes e outros compromissos, o músico achou tempo para se encontrar regularmente com Carl Davis e lhe passar a história básica do oratório, cantarolando e tocando melodias no piano. A tarefa de Carl era transcrever essas melodias, fazer o meticuloso trabalho de orquestrar a peça, e depois receber os comentários de Paul.

Em janeiro de 1991, os compositores já trabalhavam dessa forma havia dois anos, com a estreia do oratório marcada para junho. Durante as preparações finais, uma equipe de câmeras seguia Paul a fim de fazer um documentário, cujas cenas revelavam tensões entre McCartney e Davis. Paul dominava o parceiro de forma educada, porém firme, algo que deve ter sido difícil para Davis aceitar, por ser muito mais versado naquele mundo para o qual ele, assim como Virgílio fez com Dante, estava levando Paul. Ao mesmo tempo, o ex-Beatle era capaz de desenvolver melodias ao piano que soavam tão prazerosas que Davis corria para pegar um lápis e anotar antes que ele passasse a outra coisa. O compositor clássico, que já tinha aparência de cientista maluco, estava cada vez mais esgotado pela experiência de trabalhar com um homem que não sabia o que estava fazendo tecnicamente, mas sabia exatamente o que queria, e não gostava de perder uma discussão. Afinal, Paul estava pagando por tudo, o que lhe dava um opressivo controle financeiro sobre o processo. Sua inexpugnável força econômica, que colocava praticamente todos que trabalhavam com ele na palma de sua mão, torna-se cada vez mais evidente à medida que passamos para a última parte de sua carreira.

Ainda mais do que na juventude, o McCartney maduro também era caracterizado pelo hábito de fazer muitas coisas ao mesmo tempo, motivo pelo qual o logotipo da MPL mostra um malabarista. Enquanto trabalhava com Carl Davis no oratório, estava envolvido em várias frentes: com Mark Featherstone-Witty para estabelecer o LIPA; discutindo projetos de animação — em sua maioria, filmes sobre animaizinhos peludos — com Geoff Dunbar; resolvendo seus negócios na Apple e na MPL; e trabalhando com a banda de rock em um novo álbum antes de outra turnê mundial. A banda permaneceu praticamente a mesma da turnê anterior, com Hamish Stuart, Robbie McIntosh e Wix Wickens, tendo apenas um novo baterista (vegetariano) chamado Blair Cunningham. Um dos primeiros projetos dessa formação foi o show *Acústico* da MTV.

A MTV se tornara uma força significativa na indústria do entretenimento nos últimos anos, e Paul abraçara o conceito dos videoclipes para promover suas músicas, geralmente encomendando produções luxuosas como o vídeo de 1983 para o single "Pipes of Peace" no qual interpretava tanto um soldado britânico quanto um alemão nas trincheiras da Primeira Guerra Mundial em um vídeo gravado com qualidade de cinema e com participação de cem figurantes. A emissora foi pioneira em shows nos quais artistas de rock que normalmente usam equipamentos amplificados se apresentavam ao vivo na frente de uma pequena plateia usando apenas instrumentos acústicos. Os participantes anteriores do projeto não seguiram estritamente o formato, usando captadores elétricos e até instrumentos amplificados. "Paul decidira que isso era trapacear e [nós] seríamos absolutamente corretos, o que foi tecnicamente muito desafiador", explica Robbie McIntosh; "Não havia captadores, tudo foi feito no microfone", recorda Hamish Stuart; "Eu tinha um baixo acústico, então, não podia me mexer — pois se eu me afastasse *um pouquinho* do [microfone], tudo iria para o espaço." Paul ensaiou com a banda por três semanas antes da gravação em Londres no dia 25 de janeiro de 1991, e esse show acabou sendo um dos mais agradáveis que ele fizera em muito tempo. McCartney ajudou a torná-lo especial por ter decidido estrear a primeira canção escrita por ele, "I Lost My Little Girl", em todos os seus 73 segundos. A apresentação também tinha algumas das canções favoritas do rock 'n' roll e de sua carreira solo, bem como dos Beatles. Como era preciso mostrar canções antigas em um novo formato, faixas como "And I Love Her" foram rejuvenescidas. Paul ficou tão contente com o resultado que pediu uma gravação do evento para lançar como um CD *Acústico*, o primeiro de uma série muito bem-sucedida de álbuns do gênero, cujos seguidores incluíram os contemporâneos Eric Clapton e Bob Dylan. A experiência da MTV fez tanto sucesso que Paul colocou a banda na estrada naquele mesmo verão para fazer uma série de pequenos shows em lugares tão distantes como St. Austell na Cornualha, que tinham uma sequência "desplugada", ou seja, acústica.

Linda continuava a tocar com a banda, embora ficasse como pano de fundo durante o *Acústico*, onde seus erros teriam sido evidentemente óbvios. Com os filhos crescendo (o mais novo, James, agora tinha 13 anos), a energia dela fora de casa se concentrava em sua cruzada incansável pelo vegetarianismo, que tomara uma dimensão surpreendentemente comercial. No rastro do sucesso de *Linda McCartney's Home Cooking*, o livro de receitas vegetariano supostamente mais vendido até então, ela fez, como mencionado anteriormente, um acordo com a Ross Young, divisão da United Biscuits, para vender uma linha de jantares congelados com seu nome, lançada no Savoy Hotel em abril de 1991. Consequentemente, Linda passava muito tempo na cozinha criando e testando novas receitas vegetarianas, dando amostras de refeições aos amigos, à família e aos vizinhos para levantar opiniões e, com sorte, convertê-los a uma dieta sem carne. As reações não foram o que ela esperava. Em uma viagem a Kintyre, Linda deu a Alastair Cousin, veterinário da família, amostras de salsichas vegetarianas. "Não gostei nem um pouco, para ser sincero, mas não falei muito." Mike Robbins relembra uma noite quando Paul e Lin fizeram uma visita a ele e a esposa Bett em Wirral. Depois todos foram a pé visitar Joe e Joan McCartney.

> [Paul] deu o braço a [Bett] no escuro. Os dois andavam pela calçada, atravessando o vilarejo. Eu estava logo atrás com Linda, quando ela disse, porque estava sempre fazendo propaganda: "Quando você vai virar vegetariano, Mike?" Eu disse: "Ah, nunca tentei. Estou sempre aberto [à ideia]." "Ah, você tem que tentar." Uma semana depois, um furgão imenso parou na porta da frente com uma caixa *enorme*. Eram todos os produtos feitos por ela, com a marca Linda McCartney. *Todos*. E vivemos disso por cerca de uma semana. Como [Bett] disse: "É tudo muito bom, mas você ainda fica com uma fome desgraçada depois de comer comida vegetariana."... Comemos tudo e nunca nos preocupamos em virar vegetarianos.

Apesar da apatia dos amigos e da família, a comida vegetariana de Linda teve um sucesso surpreendente com o público britânico, tornando-se um negócio multimilionário, responsável por aumentar a fortuna de uma mulher já rica. Houve tropeços, especialmente quando traços de carne foram descobertos nas suas tortas em 1992, aparentemente um ato de sabotagem. Por outro lado, Ross Young descobriu que Linda podia ser uma sócia exigente. Um dia, ao visitá-la, Carla Lane mencionou que um amigo havia experimentado as salsichas vegetarianas e as achara "um pouco gordurosas." Linda pegou o telefone imediatamente:

> Ela disse: "Oi, é o Richard? OK, eu quero as salsichas *fora*." Ele deve ter dito: "O quê?" "Sim, FORA. F-O-R-A!" Então ele deve ter perguntado: "Por quê?" "Não importa o porquê." Depois houve uma pausa. "Não, agora. Amanhã, não. Agora. Fora das prateleiras, OK?

> Eu retorno para você. Está certo. Tchau." E foi isso. Ela agia rápido assim quando algo a entusiasmava. As salsichas foram retiradas do mercado e voltaram com menos gordura, aparentemente. É impressionante como ela conseguiu fazer isso [rindo] — ela foi o diabo para aquele homem.

Contudo, uma mulher bem diferente estava sentada na catedral anglicana de Liverpool ouvindo um ensaio do oratório do marido na primavera de 1991, com lágrimas escorrendo por seu belo rosto enquanto se permitia ser levada pela música, fazendo com que a filha Mary (agora uma atraente jovem de 21 anos, que trabalhava para o pai na MPL) olhasse para mãe, surpresa. Linda deu de ombros sem pedir desculpas.

A família estava em uma apresentação do *Liverpool Oratorio*, três meses antes da sua estreia. Paul decidira que precisava ouvir uma apresentação, pois não conseguia perceber a música pela partitura. Assim, ele poderia mudar algo de que não gostava. A tia Joan era uma das integrantes da "parentada" de Liverpool convidadas para o ensaio. "Quem diria que ele pudesse chegar a este ponto? Um McCartney na catedral!", disse ela, exclamando sua aprovação e olhando ao redor da grande igreja. Paul estava radiante. Após tantas conquistas, ele ainda sentia a necessidade de aprovação da família. Ele era inteligente. Ele *era* talentoso. Olhe, ele até escreveu um *moratório*, como falava propositalmente errado, em uma debochada referência a sua própria ignorância inicial.

A estreia em si aconteceu em uma noite tranquila de verão no final de junho, não no Philharmonic Hall, embora eles tivessem encomendado o trabalho, mas novamente na catedral anglicana projetada por Sir Giles Gilbert Scott. Desde seu término, em 1978, a catedral era o marco dominante em Merseyside, o maior local possível para a estreia da obra de Paul, apresentada pela Royal Philharmonic Orchestra e Coro, regida por Carl Davis. Os solistas convidados eram dois dos mais famosos cantores do mundo clássico: a soprano Dame Kiri Te Kanawa e o baixo Willard White.

Paul ainda arrumou tempo para encontrar Michael Portillo, ministro responsável por Merseyside no governo conservador de John Major, a fim de mostrar-lhe o Liverpool Institute. O LIPA precisava de apoio do setor público, por isso era importante que políticos aprovassem o projeto. Paul mostrou ao ministro a sala onde Fanny Inkley tentou ensiná-lo espanhol, recitando sua rima sobre "tres conejos" que fez Portillo responder em espanhol perfeito, obviamente gostando da companhia de Paul. Poucos resistiam aos encantos de um Beatle e a ser afetado pela banda, especialmente quem estava na meia-idade e crescera com os *fab four*. A capacidade de McCartney para atrair e conquistar figuras influentes ajudou consideravelmente o LIPA. Várias outras pessoas eminentes foram convidadas a Liverpool para a estreia do oratório, entre elas o líder do Partido Trabalhista Neil Kinnock. Paul não perdia a oportunidade de promover seu projeto para o LIPA com todos.

Ele se sentou atrás de seus convidados famosos para a apresentação, acompanhado por Linda e as crianças. George Martin e o fiel roadie John Hammel sentaram-se perto deles. John estava de olho para ver se alguém tentaria se aproximar do chefe sem ter sido convidado. A primeira impressão da obra em si — que abre com cordas e percussão etéreas — era que, apesar do interesse de Paul na vanguarda, seu *Liverpool Oratorio* se encaixava na tradição, tinha arranjo convencional e era apresentado por orquestra, coro e solistas. À medida que a história se desenvolvia, ouviam-se ecos de Edward Elgar, bem como dos Beatles. A música era variada, a orquestra e os cantores eram excelentes, o segundo movimento (*School*) se mostrou brilhante e sedutor, com o mesmo uso natural da linguagem local de Liverpool que caracterizava as letras dos Beatles: "The most important thing I found was/sagging off!", [o mais importante que eu fazia era/matar aula]. Havia humor e emoção, com uma parte de violino que exigia muito de Malcolm Stewart no sexto movimento. Em seguida, a parte *Crisis* parecia enfraquecida e melodramática. Depois vinha um final grandiloquente e afetuoso, cuja mensagem era:

... people still want a family life,
*Nothing replaces the love and affection.**

Viva! Aplausos. Paul subiu na tribuna para abraçar Carl Davis, cumprimentar os cantores e aceitar o aplauso do público, como faria em

* ... as pessoas ainda querem a vida em família/Nada substitui o amor e o carinho. *(N. do T.)*

um show de rock. O oratório era um sucesso. Como "Penny Lane" e "Eleanor Rigby", duas de suas melhores canções, o trabalho foi inspirado pelo lugar que ele conhecia e amava, com autenticidade tanto na música quanto no libreto, embora fosse difícil saber quanto do crédito era de Carl Davis e quanto era do próprio Paul. O ex-Beatle previra que os críticos debochariam dele por suas pretensões clássicas, mas as críticas nem foram tão más assim. "A composição orquestrada parece música de fundo", escreveu Michael John White no *Independent on Sunday*, observando que o ritmo era lento e a textura, fraca. Mas White gostou da "inocência honesta" da composição. Foram feitos planos para outras apresentações, em Londres e vários lugares, com o lançamento em CD pela EMI Classics, através do qual Paul atravessou o rubicão do pop para a música clássica na antiga firma. A gerência da EMI até encomendou uma nova peça orquestral para seu centenário em 1997. A música clássica continuaria a fazer parte da obra de Paul nos anos seguintes.

TENTANDO DECOLAR

Logo após a estreia do *Liverpool Oratorio*, Lee Eastman foi vítima de um derrame em Nova York, aos 81 anos. Eastman havia enriquecido imensamente a si mesmo e ao genro nos últimos 21 anos, tendo estabelecido o lado altamente rentável da editora musical da MPL. A empresa agora era dona de nada menos que 25 mil composições originais tão diversificadas e famosas como "Unchained Melody", "The Christmas Song", "Your Feet's Too Big" e "The Ugly Duckling", além do catálogo de Buddy Holly e de um portfólio de musicais de sucesso como *Grease – nos tempos da brilhantina*, que rendeu milhões a McCartney quando virou filme em 1978. Ao longo dos anos, ele desenvolveu grande estima pela perspicácia do sogro, marcando sua gratidão ao presenteá-lo com um Rolls Royce em uma ocasião, o presente mais extravagante que ele já deu a alguém.

Os McCartney foram a Nova York para o enterro, ficando em Long Island em agosto quando a região foi atingida pelo furacão Bob. (Durante o corte de energia causado pela tragédia, Paul compôs "Calico Skies", deixada na gaveta por vários anos.) A morte do pai gerou consequências financeiras para Linda. Lee fora um homem extremamente rico, cuja fortuna vinha basicamente de direitos sobre edição de músicas e de obras de arte. Philip Sprayregen estima o valor dos bens do padrasto em centenas de milhões de dólares. Enquanto a viúva de Lee fosse viva, a maior parte desta riqueza seria mantida em um fundo para os filhos e netos de Lee. Linda começaria a herdar sua parte quando e se Monique Eastman falecesse antes dela. Enquanto isso, John Eastman era o administrador dos bens, e também assumiu o controle da Eastman & Eastman, no escritório de Manhattan do qual ele continuou a aconselhar Paul. Os dois eram amigos. Além de serem cunhados, eles tinham trabalhado juntos desde a época da Apple e passavam férias de verão em família, vendo os filhos crescer. O sócio de Paul no LIPA, Mark Featherstone-Witty, observa que não demorou a descobrir que, junto com George Martin, John Eastman era "uma das poucas pessoas a quem Paul ouvia e respeitava totalmente". Infelizmente, a relação de Mark com o astro estava longe de ser tão boa.

Como vimos, Paul prometeu 1 milhão de libras ao LIPA, mas foi preciso mais de dez vezes essa quantia para terminar o projeto. Conseguir o dinheiro estava cada vez mais difícil, e isso deixava Paul bastante impaciente. Naquele mês de novembro, Richard Ogden instou Mark a dar a Paul alguma boa notícia logo. Sob pressão, Featherstone-Witty mandou mais de seiscentas cartas a pessoas importantes pedindo doações em nome de Paul, incluindo, por sugestão do próprio McCartney, Sua Majestade a rainha. "Era como um daqueles maravilhosos exercícios de inglês, porque fui professor de inglês, *Escreva no estilo de...* Tentei escrever no estilo de Paul McCartney à rainha. Que exercício! E foi para valer." Paul também escreveu pessoalmente a alguns amigos e figuras públicas, entre eles o príncipe de Gales. Como observou na carta a Charles, relutara em pedir a pessoas conhecidas, pois ele recebia tais cartas e sabia quanto era difícil respondê-las. Além disso, não costumava escrever diretamente a pessoas ao longo de sua carreira, por isso estava sem prática. Redigir a carta fez com que ele se sentisse de volta à escola. Sua missiva de duas páginas escrita à mão realmente tinha algo de estudante — o tom familiar e brincalhão para começar, mas também se mostrando profissional nos detalhes — assinada com um autógrafo elaborado e uma carinha sorridente, como se Sua Alteza Real fosse apreciar a assinatura de um Beatle. Ou talvez não. O príncipe não contribuiu com qualquer quantia.

A rainha, porém, mandou uma doação pessoal; não foi uma quantia imensa, mas um gesto que estimulou outros a segui-la. Celebridades variando de Chevy Chase a David Hockney também doaram ao LIPA. George e Olivia Harrison fizeram uma doação não revelada através de sua fundação para caridade, mas Mark Featherstone-Witty não teve contato direto com George que, apesar de ser um ex-aluno do Liverpool Institute, não mostrou muito interesse no LIPA. Várias pessoas comuns também mandaram dinheiro, inclusive fãs que pagaram para ter o nome gravado em uma cadeira do auditório. Paul concordou em participar de três almoços beneficentes em Londres e em Bruxelas em 1992 para arrecadar mais dinheiro, levando a EMI a doar 100 mil libras, o maior cheque até então. Em um almoço beneficente no Groucho Club em Londres, Paul se viu sentado com um cavalheiro de aparência familiar, Donald Warren-Knott, ex-cônsul britânico no Japão e atual dono de uma fundação anglo-japonesa. Eles tinham se visto pela última vez através de uma parede de vidro na delegacia de Kojimachi. Era um daqueles reencontros dickensianos que tanto acontecem na vida de Paul. "Nós dois achamos muito [engraçado]", declara Warren-Knott, lamentando-se por sua organização não ter conseguido fazer uma doação ao LIPA. Na verdade, ao fim da arrecadação de fundos, Mark Featherstone-Witty coletou apenas 500 mil libras além da doação de Paul no valor de 1 milhão, que levou a alguns momentos constrangedores com seu principal patrocinador e equipe.

Um dos incidentes mais estranhos ocorreu no final de 1992, quando Mark foi ao almoço de Natal da MPL. Ele levou um amigo contador à festa, um fã de McCartney que conhecia havia anos, resultando em uma estranha e desagradável repreensão. De acordo com as lembranças de Featherstone-Witty, o empresário de Paul, Richard Ogden, o chamou ao escritório da MPL no dia seguinte onde lhe deu uma bronca imensa por levar um convidado indesejado ao evento de Paul. "O que você pretendia ao levar alguém que tão gay à festa de Natal de Paul? Tem alguma ideia de sua responsabilidade neste projeto?", ele teria supostamente perguntado.

"Do que você estava falando?", respondeu Mark, explicando quem era o amigo.

"Mas ele é gay, seu idiota desgraçado!"

"Não, ele não é."

"Você tem que tomar cuidado. Não pode fazer nada que poderia envergonhar Paul..."

A bronca por levar um amigo gay à festa de Paul é extremamente estranha. Richard Ogden diz que Featherstone-Witty entendeu errado: ele não o repreendeu por trazer um amigo "gay" à festa, apenas por chamar alguém que não fora convidado, e a conversa não ocorreu em seu escritório, mas na própria festa. O empresário negou veementemente qualquer homofobia por parte dele ou de Paul, mas Mark mantém sua versão. Ele diz que não faz ideia do que motivou o ataque. Talvez Richard estivesse exagerando em sua tentativa de proteger o chefe em uma época na qual seu relacionamento com ele estava complicado. Seja lá qual foi o motivo, era desconcertante. "Achei esquisito, mas nunca investiguei a situação a fundo", alega o chefe do LIPA, acrescentando que seria uma surpresa se Paul fosse homofóbico, "porque ele não pode fechar completamente os olhos para o fato de que muitas pessoas ao redor dele eram gays e lésbicas..." Porém o amigo gay de Linda, Danny Fields, acredita que Paul *tinha* mesmo tal antipatia (embora, como vimos, ele tenha sido amigo do marchand gay Robert Fraser por muitos anos). "Um dos motivos pelos quais ele não gostava de mim era por não suportar gays. Não gostava de tê-los por perto", acusa Fields. "Ele sabia que sua esposa falava com os gays como se fala com uma amiga, e ele não queria que ela tivesse amigas. Paul não queria que ela tivesse *qualquer* amigo, e eles não tinham amigos."

McCartney começara a pensar em fazer algo por Liverpool ao completar 40 anos. No verão de 1992, ele chegou aos 50, e o LIPA ainda parecia longe de ser uma realidade. Como seu principal arrecadador de fundos continuava a busca pelo dinheiro necessário, Paul voltou ao que gostava de fazer e fazia muito bem: gravar discos de rock 'n' roll. Antes de uma nova turnê mundial, o músico levou a banda da estrada a Hog Hill Mill para fazer *Off the Ground*, um bom CD, melódico e bem-feito que, como tantos lançamentos da segunda metade de sua carreira, teve impacto apenas em seus fãs mais fervorosos que, felizmente, ainda eram muitos. A ideia com *Off the Ground* era fazer um álbum da banda, seu primeiro desde *Back to the Egg*, gravado rapidamente com Hamish, Robbie, Wix, Blair e Linda usando algumas canções que sobraram de sua colaboração com Elvis Costello e chamando Carl Davis para ajudar com os arranjos. O resultado ficou sem graça. "Acho que *Flowers in the Dirt* [é] um disco melhor", opina Robbie McIntosh. "*Off the Ground* foi todo gravado em um só lugar e tem um clima levemente monocromático, tudo meio que soa da mesma forma, em todas as faixas." Apesar disso, o guitarrista gostou de trabalhar tão próximo de Paul em "Hope of Deliverance", canção que se destaca no álbum, uma faixa no estilo folk de chamada-e-resposta que foi lançada como single na Grã-Bretanha e nos EUA sem muito sucesso, mas emplacou na Alemanha, onde Paul tem uma quantidade considerável de fãs. "Biker like an Icon" se beneficiou de uma letra intrigante, enquanto o texto de "Looking for Changes" se constitui em um ataque firme a quem faz experiências com animais, pois a canção foi inspirada por uma fotografia grotesca de um gato com um aparato científico implantado na cabeça. Em uma época na qual ativistas aliados ao clandestino Animal Liberation Front tomavam atitudes diretas e até violentas contra os cientistas britânicos, a canção de Paul parecia estimular a vingança:

I saw a rabbit with its eyes full of tears
The lab that owned her had
Been doing it for years
*Why don't we make them pay for every last eye...**

Outra canção, lançada como single com "Hope of Deliverance" tinha uma dimensão política. A faixa "Big Boys Bickering" advertia os líderes mundiais por estarem "ferrando" o planeta e ficou famosa porque a BBC e outras emissoras se recusaram a tocá-la por causa dos palavrões. Havia uma sensação de que Paul estava buscando publicidade em uma tentativa cada vez mais desesperada de vender discos como antes. Quando *Off the Ground* terminou, ele decidiu que queria remixes de algumas músicas para lançar como singles em vinil de 12 polegadas, esperando atingir um público mais jovem dessa forma. Para este trabalho, contratou Martin Glover, fundador da banda Killing Joke, que, apesar de ter 31 anos, usava o nome Youth. Ele rapidamente estabeleceu um vínculo com McCartney, visto que

* Vi uma lebre com olhos cheios de lágrimas/O laboratório ao qual ela pertencia/Vinha fazendo isto há anos/Por que não os fazemos pagar por cada olho... *(N. do T.)*

os dois tinham a mesma mentalidade e modo de pensar meio hippie. Paul, obviamente, era um dos hippies originais enquanto Youth fez parte da segunda geração, que se inspirou nos mesmos valores. As conversas da dupla giravam em torno de poesia e tradições pagãs inglesas, falando sobre "a roda do ano" e outros papos *new age* com os quais Paul simpatizava.

> [Então eu] fui lá [em Hog Hill Mill] e comecei a samplear... Eu disse: "seria ótimo se você pudesse acrescentar outras coisas aos loops que tirei das gravações multicanais e só levar um pouco além", e ele ficou feliz em fazer isso. Fiz com que ele improvisasse na guitarra e em outros [instrumentos]. Ele tem uma coleção e tanto.

Um dos instrumentos usados nesse disco moderno foi o baixo duplo de Bill Black, uma relíquia da criação do rock 'n' roll.

Youth levou as fitas para seu estúdio caseiro, onde montou versões alternativas do que esperava ser uma única faixa. Então Paul apareceu com a família para ouvir.

> Ele, Linda e algumas das crianças vieram e assistiram às sessões até as três ou quatro horas, e ficaram muito satisfeitos com alguns dos remixes alternativos no estilo *ambient*. Eles realmente adoraram. Então ele veio e disse: "Eu quero lançar *todos* esses remixes" [rindo]. Eu respondi: "Na verdade, vou editá-los em uma faixa única." "Não, não", ele geralmente faz isso [rindo]. Então o primeiro álbum foi realmente composto por todos os diferentes remixes daquela única sessão.

Por "primeiro álbum" Youth quis dizer o CD colaborativo *strawberries oceans ships forest*. "É basicamente uma referência mágica na tradição folk inglesa", conta Youth sobre o curioso título sem pontuação, recusando-se a dar mais explicações. Paul decidira lançar esse enigmático disco sob um pseudônimo, como fizera com *Thrillington* em 1977. Dessa vez ele escolheu o apelido de Fireman, em homenagem ao fato de o pai ter sido bombeiro em Liverpool durante o bombardeio alemão a Londres na Segunda Guerra. "A intenção era que isso fosse um antídoto para ele, que fazia lançamentos comerciais ou canções com pressão da gravadora", comenta Youth. "Não é preciso ter muita criatividade para imaginar o quanto ser Paul McCartney poderia ser restritivo, e a ideia de fazer algo fora desse padrão, anonimamente e sem qualquer relação com seus trabalhos anteriores, pode ser muito atraente." Não havia referência a Youth na capa do CD, nem qualquer pista de quem fizera a música, além do fato de a obra ter direitos autorais da Juggler Records, Inc., subsidiária da MPL Communications. O envolvimento de Paul tornou-se público gradualmente. O álbum, composto por música repetitiva sem melodia ou letra, em que vozes espaciais apareciam e desapareciam de um mar de sons eletrônicos jamais atrairia um grande público ou ganharia muito dinheiro. "É um disco para pistas de dança, que também é musica ambiente, meio esotérico [e com elementos de] música eletrônica", explica Youth. "Mas também não é nada disso, porque são trechos que ele tocou e foi tudo gravado originalmente, e isso o torna diferente."

Enquanto Youth continuou a trabalhar no álbum de Fireman, Paul entrou em sua New World Tour, assim chamada por incluir a Austrália e a Nova Zelândia, lugares que Paul deixara passar em 1989-1991, além de apresentações na Europa e na América do Norte. Após ter percebido como um show repleto de canções dos Beatles era bem aceito pelo público atual, Paul criou uma lista com cinquenta por cento de canções dos Beatles, uma seleção levemente diferente da última vez, abrindo com a alegre "Drive My Car", que levantou a multidão, e incorporando "We Can Work It Out", "Magical Mystery Tour", "Paperback Writer" e "Penny Lane" à sequência principal, junto com músicas dos Wings e da carreira solo, incluindo várias de "Off the Ground". Como em 1989-1991, apresentar músicas dos Beatles no palco com Paul era uma emoção para todos os integrantes da banda que, em comum com seu público, crescera com estas canções. "Na turnê de 1993 apresentamos 'Fixing a Hole' e essa sempre foi uma das minhas músicas favoritas dos Beatles", empolga-se Robbie McIntosh. "Eu e Hamish costumávamos tocar o solo juntos para ficar igual ao disco, porque ele é dobrado na versão original."

Um dos objetivos da New World Tour era levantar fundos para o LIPA, e justamente quando estava começando a sentir uma enorme pressão para encontrar doadores, Mark Featherstone-Witty deu sorte com a Grundig. A empresa de equipamentos eletrônicos alemã ofereceu ao LIPA 2 milhões de libras ao longo de cinco anos pela "doação do título", significando que o nome Grundig teria que ser usado pelo

LIPA. A empolgação de Featherstone-Witty com o acordo foi sufocada quando Paul lhe disse que não queria fazer publicidade para a Grundig. Ele sempre rejeitou ofertas para anunciar produtos, pessoalmente ou com suas canções, porque achava mesquinho, motivo pelo qual estava tão furioso por Michael Jackson ter licenciado canções dos Beatles para vender biscoitos e tênis nos Estados Unidos. Paul não gostou particularmente da ideia de que a Grundig teria seu nome no instituto. "Eu me lembro dele dizendo: 'Não vou aceitar isso. Não tenho meu nome lá, então não sei por que o nome deles deveria estar lá. Você tem que dar outro jeito, é tudo comercial demais.'"

Embora não gostasse de anunciar produtos, era comum ter um patrocinador bancando alguns dos custos de seus shows, como a Visa em 1990. Para essa turnê a MPL fez um contrato semelhante com a Volkswagen. Estava tudo quase assinado quando Linda destruiu mais esse acordo, repudiando a associação à indústria automobilística por motivos ecológicos. Com isso, Richard Ogden precisou lutar para conseguir um parceiro de última hora que Linda aprovasse. "Os *storyboards* já estavam feitos, tudo estava pronto. Você pode imaginar o custo", relembra Featherstone-Witty, que se tornou indiretamente vitorioso quando a MPL se lembrou de que outra firma alemã queria associar seu nome ao de Paul. "Ah, a Grundig! Eles parecem bons, é um gravador de fita cassete, sem poluentes. Vamos ficar com a Grundig! E de repente a Grundig virou uma boa notícia..." Com a Grundig conseguindo associar seu nome diretamente ao de Paul, foi feito um acordo no qual a empresa pagaria à MPL para patrocinar a turnê, que ele aceitou, pois era assim que funcionava uma turnê moderna, bem como fazer uma doação menor ao LIPA, sem ter o nome exibido muito ostensivamente no instituto. Este acordo foi formalizado nos bastidores do Frankfurt Festhalle em 23 de fevereiro de 1993. Mark assinou com um executivo da empresa alemã, esperou com ele em frente ao camarim de Paul, passando por vários supervisores enquanto a hora do show se aproximava. Faltando poucos momentos para começar, Paul apareceu, apertou rapidamente as mãos do homem cuja empresa lhe daria muito dinheiro, posou para uma foto fazendo o sinal de positivo com o polegar e subiu ao palco.

Quando Paul chegou à Austrália, sua turnê passou a ter porte para apresentações em estádio, e não mais em arenas, tendo o visual e os efeitos aumentados na mesma proporção. Isso incluía os imensos telões nos quais um filme perturbador sobre os direitos dos animais era mostrado ao público antes do show. Além disso, havia os fogos de artifício durante "Live and Let Die". Nem tudo funcionou bem de primeira. Hamish Stuart conta:

> Acho que o momento mais difícil foi quando chegamos à Austrália, porque estávamos aumentando a produção e havia muitos efeitos visuais que estavam um tanto fora de sincronia no começo, deixando Paul meio irritado... Mas tudo foi resolvido. Fazia parte do processo. Musicalmente, jamais houve qualquer problema.

Houve, porém, outras irritações. Paul concordou que um ingresso especial LIPA fosse vendido nos shows. Custando o equivalente a mil dólares, era um ingresso caro e muitos fãs que economizaram para comprá-lo imaginaram que haveria um encontro com o ídolo nos bastidores. Embora jamais tenha havido uma promessa explícita, McCartney chegou a se encontrar com alguns compradores do ingresso LIPA na Austrália. Quando os ingressos LIPA foram vendidos nos EUA, os promotores deram aos fãs a impressão de que encontrariam o astro. Como isso não aconteceu, os compradores ficaram indignados quando o viram na televisão recebendo espectadores comuns sempre que lhe dava na veneta. Quando o músico olhava o palco durante a apresentação, costumava ver placas declarando "NÓS TE AMAMOS, PAUL" e similares. Agora havia uma placa reclamando de uma "FRAUDE DE MIL DÓLARES DO LIPA" Uma norte-americana escreveu uma reclamação amarga para Mark Featherstone-Witty, explicando que fazia parte de um grupo de fãs antigas e dedicadas, que apoiara Paul ao longo da carreira mesmo quando seus discos não eram de primeira linha. "Quem você acha que está comprando *Off the Ground*?", perguntou ela explicitamente, como se isso fosse um ato de caridade. "Ele não está vendendo bem, mas todo mundo que tem um ingresso LIPA sabe a letra de todas as músicas."

Para piorar a situação, não havia ingressos LIPA suficientes nos EUA, o que fazia parte de um problema mais amplo de lotação nos shows norte-americanos. Após o tremendo sucesso da turnê de 1989-1991, quando Paul fora apoiado pela campanha da Visa na televisão, a New World Tour fora planejada e orçada com base nos mesmos locais vastos, como o Houston Astrodome e o Giants Stadium. Mas não houve qualquer campanha nacional de TV em 1993 e não apareceram compradores para os primeiros lotes de ingressos em cidades como Boulder e Toronto. Esses lugares vazios geralmente geravam a diferença entre o lucro e o prejuízo. Embora sua motivação não fosse meramente financeira, Paul não queria "work for peanuts", ou trabalhar por mixaria, (como ele cantava todas as noites em "Drive My Car". Ele culpou Richard Ogden, levando o empresário a se demitir da MPL. Olhando para os seis anos que passou com o astro, Ogden concluiu que Paul:

> Queria ser *bem-sucedido*. Ele queria ser o máximo no pop. O lance dos Beatles. Ele queria ser o número um. E jamais perdeu essa vontade. Talvez tenha perdido a compreensão de como conseguir isso algumas vezes, mas estava preparado para ouvir alguém que pudesse lhe dizer "Olhe, vamos fazer isto aqui!" "Ah, isso parece uma boa ideia, cara, vamos fazer então."... Foi maravilhoso trabalhar com ele.

Para equilibrar as finanças, o músico estendeu a turnê pelo inverno de 1993. "Não que eu precise do dinheiro, mas ainda acredito que se nos preocuparmos em fazer shows então, como as pessoas comuns que trabalham diariamente, veremos algum tipo de recompensa." Quando Mark Featherstone-Witty foi visitá-lo em Oslo em setembro, encontrou o músico de péssimo humor. No bar dos bastidores, Paul começou a repreender o homem do LIPA, exigindo que ele interpretasse algo de Shakespeare na hora para provar que era um ator, como dizia. "Vamos lá, cara, você disse que era ator, então faça algo agora." Quando Featherstone-Witty negou o desafio, Paul o mandou embora bruscamente. Mark ainda estava com a turnê na semana seguinte quando Paul se apresentou em Frankfurt, apenas sete meses após ter feito show na cidade, em uma prova da quantidade de fãs que tinha na Alemanha. Paul ainda estava de mau humor, insistindo que as faixas de patrocínio da Grundig estavam penduradas no Festhalle, de modo que ele não as via do palco. Aparentemente ele nunca se perdoou por ter feito o acordo de patrocínio e acabou chamando Mark ao camarim antes do show para lhe dar uma bronca.

Desde o início, o interesse do ex-Beatle no Instituto Liverpool tivera mais a ver com salvar sua antiga escola do que fundar um estabelecimento educacional, devido às dúvidas subjacentes sobre a validade de ensinar os meandros da indústria do entretenimento. Em uma recente viagem a Liverpool, Paul encontrara a banda Christians, e um dos integrantes tinha perguntado por que ele estava dando dinheiro para ensinar garotos ricos o que músicos de classe média baixa como ele aprenderam na prática. Paul ficou remoendo aquela conversa e desabafou suas preocupações em Frankfurt. "Ele estava furioso", lembra Featherstone-Witty, que descobriu que seu principal patrocinador também discordava de alguns dos cursos propostos para o LIPA; um deles, chamado "Imagem e Estilo", "o irritava e preocupava muito", pois ele o considerava banal. A menos que Mark fizesse melhor, Paul avisou que poderia retirar todo o seu apoio.

Mark cambaleou do camarim ao final dessa discussão sem saber o que fazer. "Fiquei tão abalado que, ao tentar me apoiar na parede em frente ao camarim, acabei colocando a mão em Mary McCartney... que estava em pé do lado de fora esperando para entrar", escreveu ele em sua biografia *Optimistic, Even Then*. Para seu horror, Mark percebeu que a mão estava nos seios dela. "Perplexo com as ramificações que isso poderia ter, eu saí correndo, branco de vergonha."

A turnê continuou normalmente. Foi lançado um LP ao vivo derivado dela, *Paul is Live*, que parecia redundante apenas três anos depois de *Tripping the Live Fantastic*. Neste novo álbum ao vivo, "Let Me Roll It" se saiu especialmente bem ao lado do material dos Beatles, enquanto Paul mostrava seu senso de humor ao incluir uma versão feita na passagem de som para "I Wanna Be Your Man" cantada no estilo de Mick Jagger, em cuja carreira essa canção dera o pontapé inicial. O álbum chamou atenção pela capa, que mostrava o astro posando com um de seus Old English Sheepdogs no cruzamento da Abbey Road. A arte e o título do álbum eram uma resposta ao boato dos anos 1960 de que ele estava morto e um dublê assumira seu lugar na capa original de *Abbey Road*.

Naquele verão, Ivan Vaughan, amigo de escola de Paul, morreu de insuficiência cardíaca aos 51 anos. Embora a notícia não tivesse sido inesperada, pois Ivy sofria de mal de Parkinson havia anos, a perda de um contemporâneo sempre é um choque. "Eles faziam aniversário no mesmo dia e se conheciam da escola. Os dois seguiram rumos diferentes, mas tinham muito respeito um pelo outro", declara a viúva, Janet, que recebeu uma cópia de um poema que Paul escreveu em resposta à morte do amigo. Em "Ivan", Paul descreve como duas portas se abriram em Liverpool no dia 18 de junho de 1942, quando ele e Ivy nasceram; como eles ficaram amigos e tocaram juntos, sendo Ivy "o mestre do baixo"; como Ivan o apresentou a alguns amigos, uma referência ao fato de ele ter levado Paul ao festival de Woolton onde John Lennon se apresentava com os Quarry Men. Agora:

Cranlock naval
Cranlock pie
A tear is rolling
Down my eye
On the sixteenth of August
Nineteen ninety-three
One door closed
*Bye-Bye Ivy**

Essa rima envolvendo Cranlock é atraente e intrigante. "Era uma espécie de jingle que eles costumavam dizer quando estavam juntos," explica Janet Vaughan. "Não significa nada, mas é algo muito familiar a eles... Reconheci imediatamente [no poema] como algo que diziam um ao outro... Durante as conversas, eles diziam isso de vez em quando e começavam a gargalhar. Haha! É um belo poema." Há um carinho simples e encantador em "Ivan", um lamento adequado e obviamente sincero por uma longa e discreta amizade que permanecera como pano de fundo da vida pública de Paul.

Essa perda foi seguida por outro susto, ainda mais próximo. Em 13 de setembro de 1993, aniversário de 22 anos de Stella McCartney, que estudava para ser estilista em Londres, ela e a família estavam na casa de Sussex quando receberam a notícia de que James, que completara 16 anos no dia anterior, desaparecera enquanto surfava em Camber Sands. Um barco salva-vidas e um helicóptero da RAF foram enviados; Paul pegou o carro e foi imediatamente para o local. "É uma viagem de 5 quilômetros, e todo tipo de coisa passou pela

---

* Cranlock naval/torta Cranlock/Uma lágrima escorre/de meu olho/Em dezesseis de agosto/De noventa e três/Uma porta se fechou/Adeus, Ivy *(N.do T.)*

minha cabeça", relatou o músico, depois. Felizmente, James foi encontrado vivo e bem, embora este não fosse o último susto que ele daria nos pais.

Em novembro, Paul levou a banda ao Japão e depois à América do Sul. A essa altura, todos já estavam cansados da estrada. Apresentar-se com McCartney era uma alegria para seus músicos, e a New World Tour fora abrilhantada pela adição de uma parte acústica, mas o show principal era o mesmo todas as noites, com Paul mantendo as recriações fiéis das canções dos Beatles exatamente como soavam nos discos originais. Embora fossem empolgantes no começo, essas versões rígidas acabaram perdendo a graça com a repetição, tanto para o público quanto para banda, fato que evidenciava a sabedoria de Bob Dylan ao recriar constantemente suas canções, mesmo se o público reclamasse que as músicas não eram iguais às dos discos. Dylan disse que isso não importava. A gravação é apenas o jeito que a canção soava naquele dia específico. Boas músicas podem suportar alterações. Este, porém, não era o estilo de Paul. Ele apresentava os maiores sucessos próprios e dos Beatles como peças de museu, fazendo até os mesmos comentários no palco, como estimular o público a cantar junto em "Hey Jude", o que as pessoas faziam prontamente e bem alto todas as noites: primeiro as garotas, depois os garotos, o lado esquerdo do estádio, então o direito, harmonizando os *na na na na-na nas*. Então um Paul aparentemente deliciado elogiava todos por cantar tão bem, como se jamais tivesse visto essa reação antes. Como diz Hamish, "quando ele sabe que algo funciona, o mantém, o que também vale [para outros artistas.] É basicamente um público diferente todas as noites, então ele pode fazer isso e não ter problemas".

Quando chegaram a Santiago, Chile, para o último show, foi "meio cansativo", nas palavras de Hamish. Eles haviam se apresentado para 1,7 milhão de pessoas em cinco continentes, com Paul transformando em lucro o que parecia ser uma turnê que daria prejuízos. A MPL teve um giro financeiro de 14 milhões de libras nos 12 meses até dezembro de 1993, amealhando um lucro de 2,6 milhões no ano. Em seguida, o astro se despediu da banda com quem trabalhara por quase seis anos, explicando que estava comprometido com um novo projeto de grande porte que o manteria em casa em 1994. "Vou ser um Beatle agora", explicou ele.

24

UMA REUNIÃO DE TRÊS QUARTOS

O *ANTHOLOGY*

A imprensa especulava sobre uma reunião dos Beatles havia anos. Os próprios músicos disseram que isso jamais aconteceria e, realmente, como seria possível com John morto? Mas o impossível aconteceu, pelo menos em parte, graças ao velho amigo e servo da banda Neil "Nell" Aspinall, que dirigia a Apple em nome deles.

Desde os anos 1960, Nell coletava cenas dos Beatles para um documentário. Ele primeiro editou os trechos após o término da banda, criando um filme de 16 mm, batizado de *The Long and Winding Road*. "Mas então o empresário dos Beatles, Allen Klein, quis levar a gravação para os Estados Unidos. Ele queria que seu pessoal o expandisse para virar uma exposição sobre os anos 1960. "Então eu desfiz o processo e separei tudo em pedaços de novo", conta Aspinall. "Eu me lembro dele entrando na sala de edição em Savile Row e dizendo 'Cadê?'. Eu apontei para a estante e disse: 'São todas essas latas.' Ele ficou furioso? Sim." Após os Beatles terem se livrado de Klein, Aspinall refez o filme e mandou cópias para cada um dos antigos integrantes em nome dos velhos tempos. O projeto não andou por duas décadas, pois os músicos ficaram discutindo entre si por dinheiro esse tempo todo, sendo o motivo mais recente de discórdia o um por cento a mais de royalties que Paul recebia da Capitol Records.

Quando todos os processos foram resolvidos por volta de 1990, Aspinall deu a ideia de contar uma história definitiva dos Beatles na televisão usando as antigas cenas feitas por ele. O discurso para vender a proposta seria que os ex-integrantes da banda contariam a própria história. "Eu disse a eles: 'Bom, vamos ter que entrevistar vocês'", relembra Aspinall. "Essa sugestão gerou diferentes níveis de entusiasmo." Os três Beatles sobreviventes eram como irmãos que cresceram e saíram de casa, que ainda se viam de vez em quando e sentiam carinho uns pelos outros, é claro, mas ao mesmo tempo se irritavam com muita facilidade. A relação entre Paul e George estava particularmente difícil e delicada, com George sendo o menos inclinado a revisitar a "mania". A dedicação excessiva das fãs nos anos 1960 realmente o assustara, e o guitarrista jamais tinha esquecido a arrogância de Paul em relação a ele. Embora os dois ainda se encontrassem socialmente, George tinha uma tendência a atacar Macca em entrevistas, reclamando dele com outras pessoas e ignorando suas ligações e cartas. Apesar disso, Harrison agora tinha um motivo urgente que o obrigava a trabalhar com Paul.

Embora tenha ganhado milhões, George Harrison jamais recebeu somas tão altas dos Beatles como os dois compositores principais e, apesar do começo promissor de sua carreira solo em 1970 com o aclamado álbum triplo *All Things Must Pass*, discos fracassados se seguiram, e o músico sofreu a vergonha de ser processado por seu maior sucesso solo, "My Sweet Lord", que infringiu os direitos autorais de "He's So Fine", dos Chiffons. A canção pertencia a Allen Klein, a quem Harrison teve que pagar uma humilhante indenização de 587 mil dólares. Sua única turnê de grande porte feita em 1974 pela América do Norte fracassara. Depois disso ele se escondera atrás dos altos muros de sua mansão em Oxfordshire, e tornara-se um jardineiro ermitão. Além de manter Friar Park, George tinha vícios caros em cocaína, corridas de automóveis e filmes. Em 1978 ele ajudou os amigos da trupe Monty Python quando a EMI lhes retirou o apoio financeiro pela comédia herética *A vida de Brian*. Harrison adiantou o dinheiro aos Pythons para fazer o filme, que foi um sucesso de público e crítica, estimulando o guitarrista a investir em mais produções por meio de sua empresa HandMade Films. Ele teve mais sucesso com *Caçada na noite* (1980) e *Os desajustados* (1986), mas perdeu muito dinheiro em *Water* (1984) e *Surpresa de Shanghai* (1986). Como resultado, a HandMade Films estava afogada em dívidas em

1989, minando a segurança financeira do músico e levando a uma custosa batalha jurídica com seu conselheiro de negócios. Uma turnê japonesa com Eric Clapton levantou parte do dinheiro necessário, mas a melhor oportunidade de receber um pagamento substancial estava nos Beatles.

Um dinheiro a mais era sempre bem-vindo para Ritchie. Ele ganhava muito menos em royalties do que John, Paul e George, e tivera a carreira solo de menos sucesso, e ainda assim levava uma vida incansavelmente cara, mudando-se com tanta frequência que até julgava difícil saber quantas casas tinha. Cuidadoso, trabalhador, e de sucesso consistente, Paul era muito mais rico que George e Ritchie juntos. Os amigos mais próximos de McCartney falavam que ele concordaria em fazer uma reunião de três quartos dos Beatles em parte para dar aos outros dois um pouco do que ele já tinha: "muito dinheiro". Apesar de ser o Beatle que mais precisava do favor, a briga de George com Paul por questões de pouca importância ressurgiu quase de imediato. Harrison vetou *The Long and Winding Road* como título para o projeto de documentário porque era uma canção de McCartney. Por isso, o reencontro ganhou o nome genérico e nada criativo de *Anthology*.

Após pensar em uma série de diretores para o documentário, os Beatles escolheram Geoff Wonfor, um sujeito grande e barbudo do nordeste da Inglaterra, que já havia trabalhado com todos os três, mais recentemente com Paul em um filme do *Liverpool Oratorio*. Foi montado um escritório de produção e o velho relações-públicas da banda, Derek Taylor (agora de cabelos brancos e voz esganiçada), foi chamado para aconselhar a equipe do documentário. Outro velho amigo, Klaus Voormann, recebeu a incumbência de criar a arte para a embalagem, enquanto o músico e apresentador de TV Jools Holland entrevistou os Beatles. As entrevistas também seriam a base do livro *Antologia*. Também foi decidido, quase como um acréscimo, compilar uma série de CDs complementares contendo gravações raras e não lançadas da banda, partes que não tinham sido utilizadas na edição final, ensaios, apresentações ao vivo e demos, começando com o que George Harrison descreveu como "a música mais antiga possível dos Beatles": o disco de goma-laca que Paul comprara recentemente de John Duff Lowe. Um envelhecido George Martin — agora com 60 e poucos anos — seria o responsável por essa parte do projeto, ouvindo as gravações importantes de cada faixa dos Beatles, seiscentos itens no total, tendo Geoff Emerick a seu lado.

O trabalho no *Anthology* começou para valer em 1991, com Paul, George e Ritchie sendo entrevistados diversas vezes nos anos seguintes. Como resultado disso, a aparência do trio varia consideravelmente ao longo da série. Cabelos mudam de cor e tamanho. Barbas vêm e vão. Os homens envelhecem diante de nossos olhos. Paul se mostrou o entrevistado mais consistentemente divertido, seja relembrando passagens de som no estúdio, sentado em frente a uma fogueira em sua propriedade de Sussex ou pilotando seu barco, o *Barnaby Rudge*, perto de Rye. Ele gostou de se entregar à nostalgia, especialmente sobre o começo de tudo em Merseyside, e mesmo já tendo contado suas histórias tantas vezes a ponto de estarem mais gastas que pedregulhos de beira de rio, elas ainda eram boas de ouvir. George estava menos inclinado a olhar para o passado e era mais mordaz em seus comentários, mas demonstrava um senso de humor irônico e tinha talento para criar boas frases, enquanto Ringo, infelizmente, sentia a necessidade de se esconder atrás de óculos escuros e sofria de lapsos de memória. Todos esqueceram certos fatos. Além disso, à medida que Jools Holland os questionava, ficou claro que cada um se lembrava da história dos Beatles de modo diferente, não necessariamente porque suas mentes estivessem destruídas pelas drogas ou porque estivessem fingindo, mas porque qualquer grupo de pessoas entrevistadas após um evento daria relatos contraditórios do que fizeram, disseram e ouviram.

O trabalho no *Anthology* chegou ao ápice em 1994, quando Paul indicou John Lennon para o Hall da Fama do Rock 'n' Roll, fazendo de Lennon um dos primeiros artistas a ser indicado como membro de banda e também como artista solo, algo que o amigo dos McCartney e membro do comitê de indicação, Danny Fields, considerou um erro, pois abria o precedente para outras indicações múltiplas.* O discurso de indicação escrito por Paul teve a forma de uma carta aberta a seu velho amigo: "Querido John, eu me lembro de quando nos encontramos pela primeira vez em Woolton, no festival do vilarejo", começou ele, contando ao público como o companheiro inventara a letra de

---

* Eric Clapton, por exemplo, foi indicado três vezes: como membro dos Yardbirds, do Cream e como artista solo. *(N. do A.)*

"Come Go with Me". Depois eles matavam aula para compor novas canções juntos. Em seguida, George entrou na banda, eles tocaram no Cavern, foram a Hamburgo e viraram astros na Grã-Bretanha e nos EUA, onde conheceram Elvis, "a primeira pessoa que vi usando um controle remoto em uma TV. Rapaz!". Paul recordou também a empolgação da visita a Los Angeles. Então vieram as drogas. "Eu me lembro de escrever 'A Day in the Life' com você e o olharzinho cúmplice que trocamos enquanto escrevemos a frase 'I'd love to turn you on'." John conheceu Yoko, os Beatles passaram por "toda a nossa merda de negócios", chegando ao ponto, no fim da década de 1970, onde "estávamos voltando a nos reunir e a nos comunicar de verdade...". Isso deu a McCartney "algo em que se agarrar" quando o amigo foi assassinado em 1980. "Agora, anos depois, aqui estamos... John Lennon, você conseguiu. Esta noite você está no Hall da Fama do Rock 'n' Roll. Deus te abençoe."

Yoko subiu ao palco e ele a abraçou como se eles fossem grandes amigos. Além de honrar John, Paul pode ter tido um ou dois outros motivos para ajudar o ex-parceiro a entrar no Hall da Fama do Rock 'n' Roll. Assim que os McCartney voltaram à Inglaterra, Danny Fields começou a receber ligações de Linda perguntando quando o marido seria levado ao Hall da Fama como artista solo para ganhar paridade com John. "O tempo todo ela ficava dizendo: 'Quais você acha que são as chances este ano?' E perguntavam o mesmo a Jann Wenner."

Houve outro motivo para essa homenagem à memória de Lennon: junto com George e Ritchie, ele queria que Yoko lhes desse algumas canções. Ao trabalhar no *Anthology*, os três Beatles sobreviventes decidiram que poderia ser divertido gravar alguma música, mas não parecia certo sem John. "Se nós três íamos fazer algo, por mais interessante que fosse e por melhor que pudéssemos fazer, incluir John seria o óbvio", disse George. Então eles perguntaram a Yoko se ela tinha algum registro de canções em que o marido estivesse trabalhando que os outros três poderiam terminar, fazendo uma "nova" gravação dos Beatles. Quando eles se encontraram em Nova York, ela deu a Paul uma fita demo de "Free as a Bird", uma canção inacabada do fim da década de 1970. No mês seguinte, os três músicos se reuniram discretamente em Hog Hill Mil para terminá-la. Os homens que se encontraram em Hog Hill quase um quarto de século desde o fim dos Beatles estavam naturalmente mudados. George Harrison, o mais novo, fez 51 anos durante a reunião e parecia o mais velho de todos, tendo se permitido ganhar alguns quilos em uma vida passada longe dos holofotes, e seu cabelo estava comprido e grisalho. Mal vestido, ele parecia o que era na época: um jardineiro. Paul também ficara grisalho na década de 1980, mas enganou o tempo pintando o cabelo. Por isso, quatro meses antes de seu aniversário de 52 anos ele tinha uma vasta cabeleira castanha clara, mas os pés de galinha entregavam a idade. Aos 53 anos, Ritchie continuava a se esconder atrás de óculos escuros, cabelo mais comprido e barba, que ele também deve ter pintado, pois havia um grande rastro branco como o de um gambá quando os Beatles o encontraram e não há sinal dele agora. Para ajudar a lidar com o fato de que estavam fazendo música sem John, o trio disse a si mesmo que o amigo já havia gravado sua parte de "Free as a Bird" e então saíra do estúdio. "Uma vez que concordamos, essa atitude nos deu muita liberdade porque significava que não tínhamos qualquer visão sagrada dele como mártir, era John o Beatle, John o maluco de quem lembrávamos", comentou Paul. "Então podíamos rir e dizer: 'Você não consegue simplesmente perceber? Está completamente fora do tempo!'"

Criar a canção a partir da fita demo foi um desafio de produção, que não foi supervisionado por George Martin, algo surpreendente, especialmente porque George era o responsável pelos CDs do *Anthology*. Em vez dele, os Beatles recorreram à Jeff Lynne, nascido em Birmingham e líder da Electric Light Orchestra (ELO) que coproduzira o álbum de Harrison de 1987, *Cloud Nine*, e seu sucesso "When We Was Fab" e acabou se unindo a George nos Traveling Wilburys, cujos discos foram coproduzidos pela dupla, obtendo um som suave e comercial. "Acho que George Harrison queria que Jeff Lynne produzisse... porque estava trabalhando com ele nos Wilburys", arrisca Geoff Emerick. Martin insistiu que não tinha ficado triste por ter sido preterido desta maneira, dando uma explicação educada. "Estou bem velho agora."*

Quando Lynne preparou a base, Paul e George acrescentaram violão acústico a "Free as a Bird", Paul tocou a parte de piano e acrescen-

---

* Martin completou 68 anos em 1994. *(N. do A.)*

tou o baixo, Ritchie tocou bateria, claro, e George a guitarra com slide. Outra briga no estilo de *Let It Be* quase aconteceu quando o baixista declarou não querer que a guitarra lembrasse "My Sweet Lord". Tinha que ser algo no estilo dos Beatles, por isso Harrison foi convencido a tocar uma levada de blues mais simples. Por sua vez, Paul permitiu que George cortasse algumas das palavras que ele escrevera para completar uma parte inacabada no meio do refrão. Às vezes tudo "ficava um pouco difícil", como McCartney admitiu depois.

Dois meses depois, em um belo dia de verão, Paul e Ritchie foram a Friar Park falar com George diante das câmeras sobre os velhos tempos. McCartney claramente teve o cuidado de não dizer algo que pudesse aborrecer seu sensível amigo. As cenas foram feitas no lago de George e em seu estúdio caseiro, onde eles tentaram recriar a conversa inteligente daquela época, mas pareciam constrangidos na companhia um do outro e, mais uma vez, apresentaram lapsos de memória. As histórias começavam e descambavam em silêncio. Como aconteceu com *Let It Be*, foi quando eles começaram a tocar músicas antigas como "Raunchy" e "Thinking of Linking" que os músicos pareciam mais felizes, sorrindo uns para os outros e divertindo-se com as lembranças de sua juventude musical.

DE VOLTA À FAZENDA

Desde que Paul assinara com a EMI, não havia um ano em que ele não tivesse lançado um disco, chegando a múltiplos lançamentos em alguns anos. Agora ele tirava um ano sabático. Após o lançamento de *Paul is Live* e do primeiro álbum de Fireman em 1993, ele ficou sem gravar por três anos e meio, em parte para evitar competir com o *Anthology*. Depois de ter gravado "Free as a Bird" e filmado suas entrevistas para o documentário, não havia muito que fazer em *Anthology*, exceto esperar e ver o que Geoff Wonfor e George Martin fariam. Com os outros Beatles, Paul assistiu a cortes iniciais dos capítulos do documentário e enviou ao escritório de produção meticulosas cartas batidas à máquina, fazendo comentários e sugerindo mudanças. Se qualquer um dos músicos não estivesse feliz com algum detalhe, ele era cortado. Aconteceram inevitáveis brigas com os realizadores do documentário, que consideravam praticamente impossível ganhar uma discussão com um Beatle, e os próprios Beatles obviamente ainda tinham problemas não resolvidos entre eles. O diretor da série Bob Smeaton relembra, admitindo ter achado o projeto tão frustrante em alguns momentos que quase desistiu:

> Paul e George sentavam na sala de edição com Ringo para assistir ao último programa. George estava na tela falando sobre a separação e Paul virou para o amigo, sentado ao lado dele, e comentou: "Eu não sabia que você se sentia desse jeito. Foi realmente assim que você se sentiu?" George respondeu: "Claro que sim."

Assistir às cenas de *Anthology* foi emocionante para Paul. "Pude ver meu pai e minha mãe de novo, e relembrar o que ela fez", explicou McCartney aos leitores da revista de seu fã-clube, *Club Sandwich*, ainda hipersensível a tudo o que fosse relacionado aos pais. Ouvir as faixas selecionadas para os CDs do *Anthology* também trouxe lembranças, nem sempre agradáveis.

> O volume 1 tem algumas canções que eu gostaria que não estivessem lá, como "Besame Mucho", que me retrata como um artista do cabaré, quando na verdade tenho alma roqueira... Mas como os outros queriam que ela entrasse, porque George Martin queria, deixei de lado minha leve reserva e disse: "Beleza, se vocês gostam, então está tudo certo." E é uma sensação ótima estar em uma equipe como esta. Se algo relacionado aos Beatles for feito, eu fico feliz.

Sem compromissos de turnê em 1994 e nenhum álbum solo com que se preocupar, Paul usou o tempo livre para aproveitar a vida com Linda em Blossom Farm, onde o casal comemorou seu aniversário de 25 anos de casamento em março. Ele compôs algumas músicas novas e outros trabalhos orquestrados, fez entrevistas com Barry Miles para o futuro livro e pintou muito, um hobby pelo qual ficava cada vez mais apaixonado, passando várias tardes em seu estúdio em Sussex e trabalhando em quadros quando estava de férias nos Estados Unidos. Durante a parada anual de verão nos Hamptons, Paul se inspirou após uma visita ao veterano artista Willem De Kooning, residente em Long Island e também cliente da Eastman & Eastman. Cheio de entusiasmo após seus encontros com "Bill", McCartney comprou material de arte da mesma loja usada por De Kooning e foi para casa pintar. Seus quadros geralmente eram inspirados por objetos que ele encontrava na praia.

Histórias sobre sua pintura chegaram à imprensa, fazendo com que ele fosse contatado por um curador alemão, Wolfgang Suttner, com o intuito de mostrar a Paul imagens da galeria municipal gerenciada por ele em Siegen, local de nascimento do pintor Rubens. McCartney convidou Suttner a Sussex para discutir a ideia, encontrando-se com ele na propriedade utilizada como estúdio de arte. O alemão encontrou quadros de Paul por todos os cômodos da casa, empilhados e pendurados nas paredes. O ex-Beatle disse que sempre desenhara e pintara quadros, desde garoto, chegando até a ganhar prêmios por seus trabalhos na escola, mas que tinha suprimido esse lado quando conhecera John, porque o novo amigo era estudante de arte. Após o fim dos Beatles, ele fizera um ou dois quadros. Paul mostrou a Wolfgang um desenho de 1971, *Hooray for Stella*, criado para celebrar o nascimento de sua filha mais nova. Ele também revelou que cobrira de quadros a porta da cozinha em High Park, na Escócia. Mas, somente após a morte de John e de completar 40 anos, é que ele tinha começado a explorar este lado, pintando retratos e paisagens grandes, coloridos e semiabstratos. O músico tinha receio de mostrá-los em público e ser ridicularizado. Para deixá-lo mais tranquilo quanto à ideia de fazer uma exposição, Suttner inventou uma história em que o ex-Beatle era um jovem artista chamado Paul Miller que fora descoberto por Suttner e seria apresentado ao público alemão por meio de sua galeria local. Assim haveria menos pressão. McCartney gostou da ideia e começou a demonstrar empolgação enquanto Wolfy falava com seu novo amigo sobre a montagem da exposição. Contudo, como acontecia com vários projetos de Paul, seria necessário um tempo até que fosse posto em prática.

Linda, que regularmente montava exposições de fotografias na época, além de publicar livros com suas fotos, estava cada vez mais ocupada com seu império de comida vegetariana em 1994, abrindo uma fábrica de alimentos vegetarianos no Reino Unido e indo para os EUA com o marido a fim de tentar vender refeições para os norte-americanos, que se mostraram mais resistentes que os consumidores britânicos.

O projeto de estimação paralelo de Paul continuava a ser o Liverpool Institute for Performing Arts, que estava finalmente em construção, pois Mark Featherstone-Witty arrecadara os 12 milhões de libras necessários. Aproximadamente um terço do dinheiro vinha da União Europeia, um terço do setor público britânico, e o restante de doações particulares, incluindo o 1 milhão de Paul. "E então descobrimos que erramos as contas", resmunga Mark. "Foi um momento muito complicado." Colocar um novo teto no Inny acabou sendo mais caro do que o esperado, gerando uma reprimenda de Paul sobre prudência financeira. Pouco tempo depois, Mark teve outro de vários confrontos furiosos com seu principal patrocinador.

A conversa se deu antes de um almoço em Londres, em outubro de 1994. "Em algum momento mencionei que minha mãe era judia, provavelmente para tentar criar algum tipo de empatia com Linda. Um tremendo erro", admite Featherstone-Witty, que conta ter ouvido perplexo Paul lhe dizer que seu falecido pai o avisara uma vez sobre judeus serem bons homens de negócios, mas que ele não considerava isso uma verdade absoluta. "E passou a citar uma série de judeus que o decepcionaram em sua vida financeira, especialmente Brian Epstein e Allen Klein", recordou Mark "e fechou a lista dizendo: 'E agora tenho você.' Eu me perguntei o motivo dessa reflexão e concluí que provavelmente foi o gasto excessivo no prédio, uma fonte de preocupação maior do que eu imaginava." O comentário foi estranho, especialmente considerando que McCartney entrou em uma família judia por intermédio do casamento e se beneficiou dos conselhos dos Eastman durante todos esses anos. Seus comentários também pareceram relembrar o tempo em que o empresário do astro aparentemente brigou com Mark por levar um amigo "gay" a uma festa da MPL.

Pensando na conversa sobre judeus naquele almoço, Mark diz que ele não "fazia a menor ideia" se Paul era antissemita, observando que seria inacreditável se ele fosse. Se alguém tirasse todos os judeus e gays da indústria do entretenimento, ela ficaria seriamente esvaziada. Pensando nas palavras de Paul, Mark só pôde concluir que seu principal patrocinador estava procurando formas de desabafar suas dúvidas quanto ao LIPA e ao próprio Mark, que não teve escolha além de aceitar a agressão. "Tenho consciência de que não se pode ser desagradável com quem não se pode responder à altura [e] não poderia arriscar que ele saísse do projeto. Seria uma espécie de pesadelo se ele realmente decidisse [pela saída]." Featherstone-Witty se protegeu de certa forma quando publicou uma biografia pouco lida em 2008, *Optimistic, Even Then*, na qual recapitulava esses momentos estranhos com o músico e sua equipe, e mandou uma cópia ao ex-chefe. Em resposta, McCartney reconheceu que ele podia ser "um tremendo canalha" às vezes, o que foi interpretado como um pedido de desculpas. "Isso não faz com que ele deixe de ser um tremendo canalha, é claro." Apesar de momentos estranhos como esse, o ex-Beatle continuou a ajudá-lo a levantar dinheiro para o LIPA, quebrando suas próprias regras ao aceitar um cheque de 25 mil libras do Hard Rock Café, algo que lhe doía, pois o restaurante serve carne. Felizmente, hambúrgueres vegetarianos também estavam no cardápio. Paul concordou em receber o cheque da apresentação quando foram acrescentadas as palavras "em reconhecimento pela venda dos hambúrgueres vegetarianos de Linda McCartney".

Paul teria que reabrir seu próprio talão de cheque para tornar o LIPA realidade. Embora estivesse louco para levantar o máximo de dinheiro possível dos outros, seu compromisso com o instituto mostra um lado generoso de seu caráter que geralmente é negligenciado ou não recebe a devida importância por parte dos críticos. McCartney é mão-fechada, dizem eles. Na verdade, há vários exemplos de sua generosidade, como em 1994, quando atendeu em Hog Hill Mill um telefonema de Horst Fascher, o pugilista alemão com quem os Beatles se associaram em Hamburgo. Recentemente, Horst havia se envolvido com uma húngara, que dera à luz a filha do casal, Marie-Sophie, naquele mês de fevereiro. Horst, que já havia sofrido a perda de um filho, foi alertado pelos médicos alemães que Marie-Sophie não viveria muito devido a um problema no coração. "Diante da angústia de perder um segundo filho, liguei para Paul. Achei que ele pudesse conhecer médicos melhores na Inglaterra", conta o pugilista, que chorou ao telefone para um dos assistentes de McCartney, dizendo que precisava falar com ele. "Cerca de vinte minutos depois ele me ligou de volta e perguntou: 'O que aconteceu?' Eu respondi: 'Paul, você pode me ajudar?' Ele ficava dizendo 'Horst, o que eu puder fazer por você, eu faço.'" Mantendo sua palavra, ele levou os Fascher de Hamburgo a Londres em janeiro de 1995, e os acomodou na capital enquanto Marie-Sophie, de 11 meses, ficou internada no Great Ormond Street Hospital. Uma equipe de cirurgiões veio dos Estados Unidos para operar a criança. Apesar do excelente tratamento recebido, ela faleceu 13 dias depois. "Então veio a conta. Paul disse: 'Eu cuido de tudo. Você não precisa [se preocupar]'", relembra Fascher. "E ele nos deu a passagem de volta e tudo o mais." Horst acredita que tudo ficou em cerca de 190 mil dólares. "Eu disse: 'Paul, como posso lhe pagar?' Ele respondeu: 'Horst, esqueça. Apenas não conte a ninguém porque quero evitar o excesso de *Você pode nos ajudar?*'"

Esse não foi um exemplo isolado da filantropia de Paul. Por algum tempo, os McCartney apoiaram uma campanha para reabrir o hospital do NHS em Rye, fechado desde 1990 quando um novo hospital distrital fora aberto em Hastings. O pessoal da região considerava a viagem até Hastings longa demais e, depois de Paul e Linda terem marchado com seus vizinhos e doado quase 1 milhão de libras para a causa, um novo hospital com 19 leitos e centro de atendimento foi inaugurado em Rye, com uma sala de espera chamada *Strawberry Fields*. De modo mais silencioso, o casal ajudou muitas causas em Sussex e Kintyre, ganhando o respeito e o afeto nas comunidades.

Um ano depois de gravar "Free as Bird", Paul convidou George e Ritchie para voltar a Hog Hill Mill em 1995 a fim de gravar outra "nova" música dos Beatles, com base em uma segunda fita demo fornecida por Yoko Ono, tendo Jeff Lynne novamente na produção. "Real Love" era outra canção de amor lenta, agora com a letra já pronta, o que tornou o processo menos desafiador e, portanto, menos divertido para Paul que, apesar de tudo, queria continuar esse projeto de reunião e estava ansioso para terminar uma terceira faixa de Lennon, mas George Harrison vetou. Ele nem tinha certeza se "Real Love" era boa o bastante para ser lançada (ele estava certo, mas ela foi lançada em 1996 mesmo assim) e ele não queria gravar mais discos com Paul e Ritchie, o que parecia estranho, considerando que *Anthology* fora criado em parte para ajudar George. Assim, a reunião de três quartos dos Beatles estava encerrada. Mas agora que o túmulo fora exumado, não era fácil colocar os fantasmas do passado para descansar novamente.

James McCartney chegara à idade em que perguntava ao pai sobre a década de 1960. Uma conversa sobre a canção "My Dark Hour", composta com Steve Miller durante os rancorosos últimos dias dos Beatles, levou McCartney a retomar o contato com Miller em seu estúdio caseiro em Sun Valley, Idaho, para gravar uma canção chamada "Young Boy", cuja letra mostrava o tipo de conversa que Paul e Lin podem ter tido sobre o filho à medida que ele se aproximava da vida adulta. A faixa funcionou bem. Naquele mesmo ano, Miller foi a Hog Hill gravar uma segunda música com o astro, um blues medíocre chamado "Used to Be Bad". Essa também foi um sucesso. Paul chamou Jeff Lynne para produzir uma série de canções em que estava trabalhando nos últimos tempos, entre elas "The Song We Were Singing", que descrevia a relação profissional com John e "The World Tonight", que também se referia ao passado deles. Essas foram algumas das melhores canções que Paul escrevera em anos, embora fosse levar algum tempo para que chegassem ao público.

Enquanto isso, ele continuava a compor música orquestrada, não mais com Carl Davis, e sim com um amigo e colega de Davis, o compositor e arranjador inglês David Matthews. "Eu sei que após *Liverpool Oratorio* Paul sentiu a necessidade de fazer mais músicas sozinho", conta Matthews. "Carl achou que [ele] não fora suficientemente reconhecido como cocompositor... Eles tiveram uma pequena briga." Quando jovem, David trabalhara como assistente de Benjamin Britten, de cuja obra Paul gostava. Matthews estava se tornando um compositor prolífico e bem-conceituado, lançando uma série de sinfonias e concertos, e trabalhando em um festejado arranjo da *Décima Sinfonia*, que Mahler deixou inacabada quando morreu. O arranjador se esforçou para fazer com que seus adendos à composição soassem como Mahler, não como Matthews. Isso também aconteceu em sua colaboração com McCartney.

A primeira reunião em Hog Hill Mill, em 17 de janeiro de 1995, foi muito agradável. Matthews, que era um ano mais novo que Paul e desenvolvera admiração e respeito pela música dos Beatles na juventude, como muitos compositores sérios dos anos 1960, relata:

> Sem dúvida ele é muito legal, amigável, muito fácil de conversar e modesto. Eu me lembro dele dizendo "Eu sou Paul McCartney." Eu pensei: "Sim, eu sei!" [rindo] Ele dizia coisas como "Nós fizemos um álbum chamado *Sgt. Pepper*" "Ah, sim!"... Descobri que estava escrevendo uma peça sinfônica nessa época, mas ele foi bem evasivo com relação a isso.

Aos poucos veio à tona que Paul estava trabalhando em uma obra chamada *Spiral*, inspirada por seu interesse em mitologia celta, assunto também explorado por ele na pintura. O tema o fascinava porque era a história de seus ancestrais. Ele gravou uma versão demo no piano, contratou um assistente para transcrever a música e agora queria desenvolvê-la com Matthews. Criar música orquestrada dessa forma era um trabalho lento. E o que exatamente McCartney estava tentando fazer?

"Quando o conheci, pensei: 'O que ele realmente quer ser? Ele quer ser compositor. Tudo bem, vejamos se eu consigo fazer com que ele se vire sozinho...' Meu trabalho era escrever a música e sugerir algo que ele não necessariamente pensaria," explica Matthews.

> Eu tinha que mostrar a ele todo o escopo da dinâmica, de como [uma peça musical] pode ser escrita. Veja isto [cantarola um trecho de música orquestrada que eles fizeram juntos] *da-da-dar*, como isso vai ser escrito? Deve ser *da-da-dar* [*staccato*] ou *dar-larrr*? Porque se for *da-da-dar*, você põe pontos de *staccato* sobre as notas e se for *dar-larrr* você coloca uma linha por cima dela. Isso não era algo que ele soubesse, porque ele tocava música de ouvido.

Paul também trabalhava, naquela época, com outros arranjadores. O resultado de uma colaboração com o compositor norte-americano Jonathan Tunick resultou em um prelúdio para piano chamado *A Leaf*, cuja estreia ocorreu em março de 1995 como parte de do show An Evening with Paul McCartney and Friends diante do príncipe de Gales no St. James Palace. O evento foi em prol do Royal College of Music. Em um programa variado, o astro também apresentou "One After 909" com Elvis Costello e novos arranjos para "For No One", "Eleanor Rigby" e "Yesterday" com o Brodsky Quartet. No final do show, o príncipe Charles deu a McCartney o título de membro honorário do Royal College of Music, marcando ainda mais sua aceitação no *establishment* inglês e no tão almejado mundo clássico. "Ao contrário da maioria das pessoas no mundo do rock, ele tem ambição de fazer algo novo o tempo todo", comenta David Matthews, elogiando McCartney quando comparado aos outros grandes do rock que "ficam contentes em reciclar seus trabalhos anteriores...".

Paul não ficou confinado à música orquestrada tradicional. Recordar o passado nas entrevistas com Barry Miles reacendeu seu interesse pela vanguarda. Em consequência disso, ele acompanhou o amigo Allen Ginsberg na guitarra em um recital de poesia no Albert Hall no outono de 1995. Ginsberg visitou Paul em Blossom Farm primeiro. Durante os ensaios para o show, o ex-Beatle perguntou a Allen se ele recomendaria alguém para ajudá-lo a melhorar um poema épico que ele escrevera com tema celta, uma obra camada *Standing Stone*. Ginsberg recomendou o poeta britânico Tom Pickard, que aceitou o convite. Essa seria a base do próximo grande trabalho orquestral de McCartney.

Na área mais comercial, Paul encontrou tempo para gravar uma versão de "Come Together" em Abbey Road Studios com Paul Weller e Noel Gallagher do Oasis com fins beneficentes. O disco vendeu bem, trazendo à tona, para Paul, a lembrança de que o trabalho com John na Abbey Road fora seu ápice. "Acho que ele sempre percebeu que a época realmente boa [foi com] os Beatles — ele está sempre falando dos Beatles — [e] de como tudo era diferente desde que ele tinha parado de trabalhar com John", observa David Matthews, que convivia muito com McCartney. "Essa época gerou um trabalho excelente e acredito que ele saiba disso. Tudo ficou mesmo diferente, não é?" Outro lembrete da parceria que definiu a carreira dele aconteceu na primavera de 1995, quando dois irmãos de Liverpool, Charlie e Reg Hodgson, ao limpar a casa da mãe em Allerton, na esquina de onde Paul costumava viver na Forthlin Road, e encontraram um velho gravador de fita Grundig. Muitos anos antes, Paul pegara a máquina emprestada dos Hodgson para fazer gravações caseiras com John, George e Stuart Sutcliffe. Dentro do aparelho havia uma fita antiga. Quando os irmãos ligaram a máquina, ouviram McCartney cantando "The World is Waiting for the Sunrise" e outras canções. Após fazer contato com a MPL, o filho de Reg, Peter, foi convidado a Hog Hill Mill com a fita para que Paul pudesse ouvi-la. "Eu ainda me lembro dele lá, em pé, cantando [as canções]", diz Peter, sobre o momento em que McCartney ouviu sua versão adolescente de novo. "Ele se lembrava das letras de canções que não cantava havia anos [como] 'I'll Follow the Sun'. Havia uns ruídos ao fundo, 'É nosso Mike esmurrando [sua] bateria'", explicou Paul, que comprou a fita dos Hodgson por 260 mil libras.

Fazer música orquestrada ficou mais fácil para o astro em maio de 1995, quando adquiriu um computador que gerava partituras de notas tocadas em um teclado. Paul deu toneladas de papel impresso a David Matthews, que os transcreveu. Suas composições ficaram cada vez mais ambiciosas e excêntricas a partir daí, como se ele quisesse ir além da música orquestrada convencional que fizera com Carl Davis, voltando a seu lado mais experimental dos anos 1960. Um dos primeiros trabalhos que McCartney e Matthews produziram com a ajuda do computador descrito por David como "uma maluquice" foi chamado, a princípio, de *Pissed* provavelmente porque "Paul estava irritado quando escreveu", posteriormente rebatizado como *Inebriation*. É uma música desafiadora, de sonoridade que lembra o contraditório Erik Satie. "Está longe do McCartney de sempre, não é?", perguntou Matthews enquanto tocava uma parte no piano de sua casa em Londres. "Acho que é o mais longe que ele já foi."

Enquanto trabalhavam juntos, Matthews se viu entrando cada vez mais no mundo de Paul. Uma noite ele e a esposa foram convidados para a ceia em Blossom Farm, onde conheceram um pouco de Linda: uma mulher forte, "obcecada com suas ideias vegetarianas". Apesar disso, foi uma noite deliciosa, com o jantar servido na mesa da cozinha de uma casa de família incrivelmente simples. Os McCartney eram quase iguais a qualquer outro casal de classe média de meia-idade, se você desconsiderasse a fama, a riqueza e as centenas acres do lado de fora da janela, com direito a funcionários para vigiar os fãs determinados e às vezes meio malucos dos Beatles que regularmente chegavam pela estrada de Peasmarsh em busca de Paul.

As crianças estavam crescendo e ficando mais independentes dos pais. Heather se mudara para uma casa na fronteira sul da propriedade de Sussex, com um anexo onde fazia seu trabalho com cerâmica. Ela havia fundado uma empresa em 1995, a Heather McCartney Designs. A irmã, Mary, ainda trabalhava com o pai na MPL em Londres, quando Stelly se formara em moda na St. Martin's College em 1995, e suas criações tinham sido apresentadas no desfile de formatura pelas amigas famosas Naomi Campbell e Kate Moss. Paul e Lin compareceram para apoiar a filha, bem como o resto da família e a modelo veterana Twiggy, uma das amigas mais antigas e próximas dos McCartney. Paul criou uma peça musical comemorativa chamada "Stella May Day", ajudando a lançar a filha caçula no que seria uma carreira muito bem-sucedida na indústria da moda.

O filho mais novo, James, ainda morava com pais. Um rapaz quieto de 17 anos, que somava o rosto angelical paterno ao cabelo loiro e à compleição pálida da mãe, James assustou os pais de novo em 1995, quando capotou com um Land Rover na propriedade de Sussex. Ele ficou preso nas ferragens e teve que ser resgatado pelos bombeiros. Em resumo, essa era a vida normal da família em Blossom Farm: os garotos eram tanto uma fonte de orgulho quanto de preocupação para os pais. Acima de tudo, os McCartney eram unidos. "Quando eles estavam junto com [os] filhos, era difícil ver uma família tão amorosa", comenta Barry Miles, relembrando suas visitas a Blossom Farm na época.

> Eles se abraçavam e tudo o mais, era um tipo bem carinhoso de família. Eles sempre diziam um ao outro que se amavam. Quando as garotas saíam para voltar à cidade ou algo do tipo, todos eles [acenavam]. Pareciam uma família feliz. Obviamente tempestuosa, é claro. Eram quatro garotos e aquele estilo de vida roqueiro, então obviamente havia problemas de vez em quando, mas parecia num casamento muito feliz.

O *Anthology* dos Beatles estreou na rede de televisão ABC nos Estados Unidos em 19 de novembro de 1995. Cinco dias depois foi exibido no Reino Unido e, posteriormente, em outros cem países. O documentário original para a TV durava aproximadamente cinco horas — longo para os padrões normais, mas ainda assim superficial para uma história tão épica com tantos personagens e situações fascinantes. A história foi contada de modo mais adequado nos subsequentes lançamentos em vídeo e DVD com versões expandidas, deixando o produto final com mais de 11 horas. Bem-recebido na época, o documentário exibido em série continua sendo a história audiovisual definitiva dos Beatles, como Neil Aspinall decidira fazê-la, mesmo com os aspectos polêmicos da trajetória amenizados para agradar os protagonistas. Paul não queria entrar nas discussões sobre quem acabou com a banda e por quê, por exemplo, então não houve uma palavra sobre o processo movido por ele na Suprema Corte para encerrar a parceria. Como acontece com qualquer projeto de biografia "autorizada", incluindo o futuro livro de McCartney com Miles, o *Anthology* era um acobertamento da verdade, que ignorava áreas cruciais da história. Apesar disso, valia a pena ouvir Paul, George e Ringo falar diretamente e em detalhes sobre as incríveis experiências que tiveram.

Alguns dias após a exibição do programa, o primeiro de três CDs duplos de músicas até então oficialmente inéditas dos Beatles foi posto à venda. Ele continha o que George Martin chamou de gravação caseira "meio *grotty*" de "Hallelujah", "I Love Her So", "You'll Be Mine" e "Cayenne", todas com Stuart Sutcliffe. Elas vinham das fitas encontradas recentemente em um sótão de Liverpool. Muito bem produzido, com excelente texto de encarte de Mark Lewisohn, o *Anthology Vol. 1* vendeu rapidamente mais de 2 milhões de cópias apenas nos EUA. Um dos que se beneficiaram do sucesso foi Pete Best que, como Stuart Sutcliffe, apareceu pela primeira vez em um disco oficial da banda. Pete estava nas faixas gravadas em Hamburgo em 1961, na audição da Decca em Londres no réveillon de 1962 e na EMI naquele mês de junho. Como resultado, o baterista — que trabalhava em uma agência de empregos de Liverpool e tocava para fãs dos Beatles — recebeu seu primeiro pagamento substancial da banda que o demitira, transformando-o, aos 54 anos, finalmente, em um homem rico. Houve, porém, um último insulto. A capa do primeiro volume do *Anthology* mostra uma foto antiga dos Beatles na qual rosto de Pete foi propositalmente substituído pelo de Ringo Starr.

A faixa de abertura desse CD duplo não era uma canção antiga, pelo menos não da mesma forma que aquelas peças de museu eram antigas. Era a "nova" canção dos Beatles, "Free as a Bird", lançada como single em dezembro de 1995. "Soa como a banda seria hoje em dia", disse um entusiasmado George Harrison. Na verdade, "Free as Bird" era um canto fúnebre decepcionante. E parte do problema estava na produção de Jeff Lynne. Ele deu aos Beatles a mesma sonoridade suave da ELO. Além disso, a canção que lhe serviu de base não era muito boa. Mesmo com a EMI fazendo um grande lançamento de "Free as a Bird", ela não chegou ao primeiro lugar no Reino Unido. O posto mais alto da parada era da exagerada "Earth Song" de Michael Jackson, para desgosto de McCartney. Mesmo assim, o projeto *Anthology* como um todo gerou rios de dinheiro. A MPL teve um giro financeiro de 6,4 milhões de libras no que fora um ano tranquilo, com Paul pagando a si mesmo 1,9 milhão, incluindo contribuições para fundos de pensão. O *Anthology* continuou a render milhões aos rapazes nos anos seguintes. Dois outros CDs foram lançados em 1995/1996, e a caixa de fitas VHS dos documentários foi vendida a 99 libras no Reino Unido e um caro livro *Antologia* também estava a caminho. Tudo isso, porém, de nada importava para Paul, diante da terrível notícia de que Linda estava com câncer, a mesma doença que o fizera perder a mãe.

25

PASSANDO PELO SONHO DE AMOR

LINDA ESTÁ COM CÂNCER

Quando Linda McCartney encontrou um caroço embaixo do braço, foi ao clínico geral, ouviu que aquilo não era motivo de preocupação e saiu com a receita de um antibiótico. Ainda se sentindo mal, Linda buscou uma segunda opinião, recebendo o resultado por telefone em Blossom Farm, em dezembro de 1995. Ela ligou para o marido e disse que tinha um tumor canceroso no seio esquerdo. Antes de ir ao hospital para remover o nódulo, ela também contou a Danny Fields e a Carla Lane. "Ela disse: 'Olhe, eu quero falar com você, venha aqui em casa", relembra Carla.

> Nós nos sentamos na cozinha e ela apenas olhou para mim e falou: "Eu estou com câncer." Quando abri a boca, ela levantou o dedo, me interrompendo: "Shhh. Nada. Nem pense nisso. Eu quero que você saiba, por ser minha amiga, *mas nós não vamos falar disso.*" Eu disse: "Tudo bem"

Então Linda mudou de assunto e não falou mais sobre isso.

Na segunda-feira, 11 de dezembro de 1995, ela se submeteu a uma lumpectomia — remoção do tumor canceroso e do tecido ao redor dele, preservando o seio — no hospital particular Princess Grace em Londres, perto da casa da família em St. John's Wood. Em seguida, os McCartney se recolheram à residência de Sussex para que ela se recuperasse. Quando a história chegou à imprensa, como inevitavelmente aconteceria, foi motivo imediato de uma grande cobertura jornalística. Paul saiu de casa para falar com os repórteres que estavam em frente a seu portão em Starvecrow Lane. "A operação teve cem por cento de sucesso, graças a Deus", contou ele aos meios de comunicação, "e os médicos disseram que ela precisa de repouso agora."

Enquanto cuidava da esposa, o músico se lembrou da doença terminal da mãe. Linda enfraqueceu da mesma forma que Mary. Um símbolo de quanto ela se sentia mal foi sua ausência na inauguração do Liverpool Institute for Performing Arts em 30 de janeiro de 1996, quando o marido subiu ao palco de sua antiga escola, agora chamado Auditório Paul McCartney.

Dar a Liverpool sua escola no estilo *Fama* levou mais tempo e custou mais que o esperado, quase 6 milhões de libras acima do orçamento original de 12 milhões, com Paul emprestando ao LIPA 1,5 milhão para ajudar a fechar as contas, um empréstimo que se transformou em 2 milhões, com o desconto nos impostos obtido ao declarar esse dinheiro como doação, elevando sua contribuição total a 3 milhões. Apesar de tamanha generosidade, alguns moradores de Merseyside reclamaram que ele poderia ter bancado tudo sozinho, representando uma sensação surpreendentemente comum de que os Beatles decepcionaram a cidade. "Eles foram embora nos anos 1960 e nunca voltaram para ajudar a reerguer Liverpool", resmunga Dave Holt, ex-frequentador do Cavern, enquanto bebia em um pub da Mathew Street. "Paul McCartney até volta de vez em quando para fazer shows — parece que ele só volta quando precisa de dinheiro." Essa atitude é injusta. Paul manteve uma casa em Merseyside todos esses anos, visitou a cidade com frequência e, ao apoiar a escola junto com Mark Featherstone-Witty, resgatou o Inny do abandono e trouxe sangue novo à cidade, literalmente, pois agora vinham jovens de todo o país e do exterior para estudar lá, gerando benefícios sociais e econômicos para Liverpool. O LIPA também trouxe uma bem-vinda atividade em termos de indústria do entretenimento de volta a Merseyside, graças à associação pessoal e contínua de Paul com o instituto, ajudando a persuadir outras celebridades a patrocinar a escola. Alguns acreditam que a abertura do instituto tenha ajudado a revitalizar ainda mais a cidade. "Houve a medonha era Derek Hatton em Liverpool quando tudo estava desabando. Então McCartney começou a desenvolver o LIPA bem antes de haver muita esperança na região. Foi uma das primeiras coisas boas que aconteceram, acho que deu força aos outros e tudo se desenvolveu a partir daí", explica a personalidade local de rádio Spencer Leigh, referindo-se às melhorias que continuaram acontecendo ao longo de 2008, quando Liverpool virou a Capital Europeia da Cultura e uma vasta quantidade de novos prédios e de outros benefícios tomou conta da cidade. E por mais que Paul fosse rico, 3 milhões de libras não era uma quantia insignificante de dinheiro para distribuir.

Embora McCartney tivesse sido generoso, ele não esbanjou dinheiro no LIPA, e a maior parte das conversas difíceis que tivera com Mark Featherstone-Witty foi sobre finanças. Em tempos de crise como a época do gasto excessivo com o telhado, a reação do músico tendia a dar broncas no estilo "Você não sabe droga nenhuma do que está fazendo!" — o tipo de ofensa que ele costuma gritar para a equipe da Apple. Embora não fosse agradável, a crítica de Paul foi certeira na época, como Mark admite, rindo: "Sempre haveria [esta reação], a menos que você tivesse cuidado, 'Você não sabe droga nenhuma que está fazendo', que, infelizmente teria um pouco de verdade, porque não se faz esse tipo de coisa com frequência durante uma vida." No dia da inauguração, porém, com o auditório reformado cheio de rostos sorridentes, todo o rancor fora esquecido. McCartney fez um discurso apaixonado no qual falou do incrível impulso para a vida que recebera naquele prédio (aparentemente esquecendo que perdera todo o interesse nos estudos quando garoto depois de se interessar pela música); agora ele esperava que outros pudessem se beneficiar da mesma forma. "Obviamente, uma das minhas sensações agora é como minha mãe e meu pai estariam...", disse ele. Fez uma pausa, com a voz embargada pela emoção, bateu no púlpito e continuou: "Mas não vou entrar nesse mérito porque vou começar a chorar."

Qualquer referência aos pais estava sujeita a gerar uma infinidade de emoções nesse homem extremamente sensível e sentimental, mas essa expressão pública de sentimentos também tinha a ver com sua preocupação com relação a Linda, que agora fazia quimioterapia, mesmo sabendo que os medicamentos haviam sido testados em animais. Isso ia contra tudo o que ela acreditava, por ser contra o uso de animais em pesquisas científicas. "Se um medicamento tem que ser usado em humanos, por lei ele precisa ser testado em animais", Paul reconheceu. "Isso foi difícil para Linda quando ela estava passando por aquele tratamento."

Apesar da sensação de náusea induzida pelos medicamentos, Linda continuou a dar telefonemas para o marido, como sempre fizera, ligando para Danny Fields e perguntando quando ele e seus colegas no Hall da Fama do Rock 'n' Roll indicariam o ex-Beatle como artista solo. Ela também ligou para Yoko e pediu um favor pessoal: se ela poderia deixar Paul colocar seu nome antes do nome de John nos créditos de "Yesterday" quando o segundo volume da série de CDs *Anthology* fosse lançado em março. O fato de a canção de maior sucesso de Paul ser creditada a Lennon & McCartney sempre o incomodara, embora fosse notório que John jamais tivesse agradecido a ninguém pelo crédito recebido nessa faixa. A autoria conjunta do cancioneiro dos Beatles era, contudo, o princípio sob o qual os royalties eram divididos entre Lennon & McCartney, e Yoko estava relutante em ceder um favor que poderia abrir um precedente. Se eles revisassem o catálogo, decidindo quais canções eram de John e quais eram de Paul poderia ficar claro que, em geral, as canções de Paul rendiam mais dinheiro. O crédito em "Yesterday" se transformou em um "grande problema" nas palavras de Paul, cuja infeliz conclusão ocorreu quando Yoko disse a Linda que jamais deixaria McCartney ter seu nome antes do Lennon, uma recusa que desagradou o baixista, devido ao frágil estado da saúde de sua esposa quando pediu o favor.

Com Yoko e Paul novamente com as adagas em riste, e George Harrison recusando-se colaborar com Paul em outras "novas" canções da banda, a breve trégua na Guerra dos Beatles acabou. Mesmo assim, Paul manteve boas relações com Ritchie, seu aliado secundário, com quem formara um novo e melancólico vínculo. No mês de dezembro anterior, a primeira esposa do baterista, Maureen, morrera de leucemia aos 48 anos, uma perda que emocionou os McCartney principalmente pela situação vivida por eles, pelo fato de Mo ser tão jovem e porque ela era uma integrante original da família dos Beatles, uma das primeiras quatro garotas, juntamente com Cyn, Jane e Pattie. Paul saíra de férias com Mo e a via constantemente naquela época. Ela também era a mãe dos três filhos de Ritchie — Zak, Jason e Lee — que eram como primos para os filhos de Paul. Ele respondeu à perda escrevendo uma canção tocante, "Little Willow", incentivando os filhos de Mo a ser fortes, como ele escrevera "Hey Jude" para animar Julian Lennon após John ter abandonado a família. "Little Willow" é um belo e emocionante tributo a Mo, de quem Ritchie continuou próximo após o divórcio. Em maio, o baterista foi a Hog Hill Mill gravar duas novas canções com o ex-companheiro de banda: a balada "Beautiful Night" e sua primeira canção escrita em dupla, "Really Love You", ambas produzidas por Jeff Lynne. Eram duas melodias poderosas, apresentadas com entusiasmo. Paul e Ritchie aparentemente foram capazes de esquecer seus problemas com a música, enquanto a preocupação de Paul com Linda parecia dar um novo sentido de reflexão a suas letras.

Embora Paul e Linda dessem à mídia a impressão de que iriam derrotar o câncer, Linda ainda não estava bem o suficiente para estar com o marido em junho, quando a rainha visitou o LIPA. Pouco tempo depois, ela reconheceu o quanto estava doente ao fazer seu testamento. Era uma questão simples: ela deixava todos os bens em confiança a Paul, que foi nomeado corresponsável pela execução do testamento, juntamente com John Eastman. A renda do fundo seria paga trimestralmente ao marido até sua morte, após a qual o fundo seria igualmente dividido entre os quatro filhos do casal. Estabelecendo que seus executores "paguem as despesas de minha última doença e do funeral", Linda assinou o documento em Hog Hill Mill no dia 4 de julho de 1996, data adequada para uma mulher que jamais abriu mão de sua cidadania norte-americana. Para uma pessoa que fez a vida no mundo do rock 'n' roll, as testemunhas também foram apropriadas: o roadie do marido e seu engenheiro de estúdio — John Hammel e Eddie Klein.

Publicamente, os McCartney mantiveram uma fachada de "nós podemos vencer a doença", como recorda o compositor David Matthews: "Ela nunca desistiu... Foi muito corajosa. Acho que acreditava que pudesse superar. Afinal, ela estava vivendo à base de alimentação muito saudável. Isso deveria ser bom para combater o câncer." Paul e David estavam trabalhando em "Standing Stone," uma espécie de poema sinfônico (com letra) com base no interesse de McCartney pela mitologia celta, feito para comemorar o centenário da EMI. O ponto de partida para a obra foi o enigmático menir existente na propriedade escocesa dos McCartney. Refletir sobre que mãos antigas plantaram aquela esbelta, porém sólida, rocha na terra levou Paul a pintar uma série de quadros e, enquanto corria pelas ruas de Sussex, ele invocou um poema épico que começava com a criação da Terra e um homem que é, ou acredita ser, o primeiro de sua espécie, um personagem que vem para uma nova terra onde encontra uma mulher e ergue uma rocha em gratidão a sua sobrevivência. Depois, a paz é quebrada por intrusos (como Kintyre foi invadida por vikings há mil anos). Por fim, o herói derrota os invasores usando a esperteza de Odisseu.

"Standing Stone" é um poema longo (36 versos), densamente construído e sofisticado, diferente de tudo o que Paul já havia posto no papel, fazendo alguém se perguntar se aquilo tudo era dele mesmo. Na verdade, ele teve ajuda na edição do poema. Quando a música de mesmo nome foi lançada em CD, havia um discreto crédito no fim do encarte: "O poema 'Standing Stone' foi editado por Tom Pickard". O mesmo reconhecimento contido estava lá quando o poema apareceu no livro *Blackbird Singing*. Recomendado pelo amigo em comum Allen Ginsberg, Pickard fora convidado a Blossom Farm para conhecer Paul no fim de 1995.

> Paul me deu uma cópia de seu longo poema, "Standing Stone", e disse que estava usando como modelo para a composição do mesmo nome. Ele considerava o poema longo demais e queria ajuda para editá-lo. Isso parecia natural para mim, a maioria dos poetas que conheço, incluindo eu mesmo, pede o auxílio de colegas próximos a fim de aparar as arestas, acertar fases soltas e dar um polimento geral. Não é exatamente uma relação de engraxate... Em algumas ocasiões a tarefa também exigia a habilidade de sapateiro do colega em questão.
>
> Por mais de um mês revisamos cada linha — basicamente acertando-as, ocasionalmente invertendo a ordem. Ele era uma pessoa fácil de se trabalhar — completamente sem ego. Paul ficava feliz em fazer alterações onde via sentido, e concordávamos em quase tudo. Às vezes eu sugeria mudanças em uma linha, mas ele insistia em mantê-la, e isso era bom para mim, pois estava pegando belas dicas de um ótimo compositor. Quer dizer, estávamos vendo a questão de perspectivas diferentes, unindo duas tradições. Ele já fizera isso, escrevendo como letrista e poeta, sendo que essas tradições nem sempre se dão bem juntas — mas achei que nesse longo poema ele o fez de modo admirável. A base do épico já estava totalmente

> escrita, somente por ele, e eu apenas trouxe minhas habilidades de edição, e acerto de versos. Um pouco da forma como eu vejo a poesia acabou entrando nele, do mesmo modo que um músico pode influenciar uma composição em uma sessão de estúdio com um trecho aqui e ali... Mas o trabalho é dele.

Esse poema não foi incorporado à música de "Standing Stone", mas feito como complemento e inspiração à obra sinfônica. Haveria um coro, mas os cantores receberiam frases simples para cantar. Mesmo assim, "Standing Stone" era um projeto da "maior escala possível", como reconhece David Matthews, com "pretensões imensas". A música em si era complexa, criada em um longo período de tempo com a ajuda de muitos assistentes especializados. Além de Matthews, os compositores e arranjadores John Fraser, John Harle e Steve Lodder ajudaram no projeto. Paul se referia aos homens como seu politburo. "Mais uma vez eu estava tentando fazer com que ele se virasse sozinho e repassamos a dinâmica e as frases, o que levou *séculos*", explica Matthews. "Foi muito difícil fazer com que ele cortasse algo. Às vezes acho que o poema deveria ser mais curto em certas partes, mas ele não concordava. Ele tinha suas próprias ideias."

Paul e Linda voltaram a Kintyre naquele outono com três de seus filhos: Heather, que estava em vias de completar 34 anos; Stella, então com 25; e James, com 19 anos. Os vizinhos Alice e Duncan McLean estavam se aposentando em High Ranachan Farm e os McCartney queriam comprar o terreno de 303 acres deles que, somado à propriedade existente, daria à família cerca mil acres, basicamente a mesma extensão de terra das propriedades em Sussex e no Arizona. Como sempre, o motivo era conservar a natureza e sua vida selvagem em estado puro — e também manter o máximo de distância possível entre eles e o público. Os McCartney foram visitar os McLean para fazer uma oferta pela fazenda, que foi aceita. Duncan McLean estava feliz de vender suas terras para Paul pelo preço justo, mesmo que soubesse que a terra não seria cultivada como ele e o irmão tinham feito. Os homens beberam para celebrar o acordo, Duncan servindo goles de uísque Glenmorangie, para o aparente desgosto de Linda. "Acho que ela não gostava de vê-lo bebendo", observa a Sra. McLean. "Linda estava tirando esse hábito dele." As mulheres foram à cozinha fazer chá. "[Heather] disse que tinha um pequeno negócio de cerâmica e queria ser independente dos pais, não queria a ajuda deles."

Embora Heather parecesse frágil, Stella era tão saudável e robusta quanto Paul, com quem se parecia muito em personalidade e aparência, e logo seria indicada diretora criativa da *maison* francesa Chloé. James, por sua vez, era uma pessoa mais quieta que compartilhava a paixão do pai pela música. Quando decidiu aprender a tocar guitarra, Paul aconselhou o filho a ter aulas, no que o garoto respondeu: "Você não teve, pai." Assim, mais um James McCartney, agora da terceira geração, aprendeu a tocar de ouvido. Pouco antes da viagem à Escócia, os dois gravaram uma canção juntos, "Heaven on a Sunday", em que James fazia um pequeno duelo de riffs de guitarra com o pai. Foi um verdadeiro negócio de família, pois Linda fez os vocais de apoio. Essa seria uma das últimas vezes que ela gravaria com o marido.

SIR PAUL E LADY McCARTNEY

Como Lee Eastman previra, chegou o momento em que a considerável contribuição de Paul McCartney à vida cultural e econômica de seu país teria que ser reconhecida com mais do que um título de MBE. A propensão de Paul e Linda a serem presos provavelmente adiou o recebimento de honras mais elevadas, mas já havia 16 anos desde a última prisão dos McCartney e, com o recente encontro de Paul com o príncipe Charles em St. James' Palace e seu trabalho de caridade com o LIPA e o hospital local em Rye, os amigos dele acharam que já era a hora de receber um KBE, elevando um membro da Ordem do Império Britânico a cavaleiro do reino.

Embora Paul sempre dissesse aos amigos que não esperava ser chamado de Sir Paul, como se não esperasse a honra e não quisesse se vangloriar, o título de cavaleiro foi estimulado por um de seus associados mais próximos e apoiado por uma campanha de amigos. Após uma conversa com o empresário de McCartney no estilo "Ah, veja quem é cavaleiro agora, enquanto Paul foi negligenciado!", Mark Featherstone-Witty entrou em ação. Qualquer pessoa pode indicar amigos e colegas para honrarias, bastando preencher um formulário de indicação em um órgão do governo britânico. Mark o fez, sugerindo que o ex-Beatle seria um digno de um título de KBE (Knight Commander of the Order of the British Empire, cavaleiro comandante da Ordem do Império Britânico). Aparentemente, isso foi feito sem o conhecimento de Paul. Mark logo recebeu uma resposta do órgão do governo britânico. "Um homem ligou para o escritório que lida com essas coisas, perguntando se eu sabia que Paul já tinha uma honraria, o título de MBE. Estaria implícito, eu suponho, que era o bastante. Naquele momento eu disse o que pensava." Mark também conquistou o apoio de amigos e figuras influentes da indústria musical, entre eles Sir George Martin, que recebera o título no ano anterior. A campanha deu certo, e a notícia de que Paul seria ordenado cavaleiro foi anunciada na lista de honra do Ano-Novo, em 1º de janeiro de 1997. A cerimônia foi marcada para março.

Enquanto isso, Sir George orquestrou "Beautiful Night", uma das novas músicas gravadas com Ritchie. Apropriada para uma canção de amor, a orquestração foi recebeu overdub em Abbey Road Studios no dia dos namorados da Inglaterra. Enquanto isso, Paul passou boa parte dessa data na Cavendish Avenue com David Matthews trabalhando em "Standing Stone", que agora queria ouvir. "Então ele contratou a Orquestra Sinfônica de Londres para tocá-la", diverte-se Matthews, surpreso com tamanha generosidade. "Não acho que ele percebia bem como o resto de nós tinha que se sujeitar a muito menos tempo de ensaio e tal. Você sabe, ele pode comprar absolutamente tudo o que precisa..." Em 11 de março, Paul foi ao palácio de Buckingham para ser formalmente ordenado cavaleiro por Sua Majestade a rainha, observado por Mary, Stella e James. Lady McCartney, como Lin agora seria formalmente tratada, estava doente demais para ir, dando ao marido um relógio com a inscrição "A Paul, meu cavaleiro de armadura reluzente". Stella foi às lágrimas durante a cerimônia; segundo o relato de Mary: "Foi como o final de um filme maravilhoso quando a rainha colocou a espada sobre os ombros de meu pai. Jamais vou me esquecer daquele momento."*

---

* O título de cavaleiro de Paul foi um dos primeiros dados a um astro do pop, sendo antecedido apenas por Sir Cliff Richard (1995). Esses KBEs do rock 'n' roll se mostraram tão populares com o público que o governo de Sua Majestade começou a distribuí-los quase como balas. Elton John foi ordenado em 1998, depois veio Sir Mick Jagger (2003) e até Sir Tom Jones (2005), mas nunca Sir George Harrison ou Sir Ringo Starr, o que afastou ainda mais Paul dos companheiros. *(N. do A.)*

Catorze canções em que Sir Paul estivera trabalhando durante o período sabático do *Anthology* foram lançadas em maio como o álbum *Flaming Pie* em homenagem à bem-humorada explicação de John Lennon sobre o motivo pelo qual os Beatles tinham este nome: "Um homem apareceu em uma torta flamejante e nos disse: 'Deste dia em diante vocês serão os Beatles com A.'" A canção-título de mesmo nome — mais uma vez produzida por Jeff Lynne — funcionou muito melhor que os "novos" singles dos Beatles que ele produzira para o *Anthology*, possuindo um som agradavelmente corpulento. As letras também eram boas, como acontecia em todo esse novo LP, uma mudança bem-vinda.

A frase "os bonzinhos escrevem coisas sem graça" se aplica à carreira de Paul. Embora fosse ambicioso, impaciente e, por vezes, autoritário, ele é, basicamente, um cara legal, um homem de família, casado e feliz há muitos anos. Mas a felicidade doméstica não tende a render grande arte, gerando resultados insossos. No caso dele, eram canções de amor prosaicas e repletas de clichês. Os CDs geralmente tinham uma ou duas faixas de destaque, ladeadas por outras feitas apenas para completar o álbum, com uma tendência marcante ao sentimental e, embora passasse muito tempo em cima de alguns álbuns, muitos de seus discos foram lançados antes que fosse possível revisar e refletir o bastante sobre eles. Com *Flaming Pie*, porém, foi diferente. O fato de as faixas terem sido escritas e gravadas durante um longo período de tempo — a mais antiga, "Calico Skies", era de 1991 — deu a Paul uma sensação de perspectiva, permitindo-lhe cortar o material fraco. Trabalhar no *Anthology* e falar sobre sua vida para a futura biografia também fez com que ele refletisse sobre os Beatles e ali estavam algumas das melhores canções que ele escrevera sobre a banda e a família ao redor dela, incluindo "Flaming Pie", "The World Tonight" e "Little Willow". E o fundamental: McCartney soava menos confiante e mais como um homem de 50 anos deveria soar. Havia canções de amor no novo disco, mas não eram "silly love songs", e sim obras mais interessantes como "Somedays", além de canções sobre a paternidade ("Young Boy"), enquanto uma sensação melancólica de que o tempo estava passando tomava conta de "Heaven on a Sunday". As colaborações com Ringo Starr e Steve Miller eram alegres. As coproduções com Jeff Lynne também funcionavam bem, com a orquestração de Sir George Martin dando um toque de classe ao CD. Em resumo, havia uma sensação de qualidade e substância em *Flaming Pie* que estivera ausente dos álbuns do músico por anos. O material também tinha um toque de inverno, como se esperaria de um artista chegando à idade na qual a perda e o arrependimento são tão importantes quanto o amor e o sexo. Bob Dylan lançou tal álbum invernal em 1997, *Time Out of Mind*. Ele foi indicado junto com *Flaming Pie* a Álbum do Ano nos prêmios Grammy. Dylan teve uma vitória merecida, mas *Flaming Pie* era um forte concorrente.

Além disso, *Flaming Pie* marca um ponto de inflexão na carreira madura de Paul, após o qual sua música ficou mais interessante. Nos anos seguintes ele venderia menos discos, em parte devido a uma mudança na forma pela qual o público consume música, mas o trabalho feito por ele era, em geral, melhor do que os álbuns mais bem-sucedidos comercialmente dos anos 1970 e início dos 1980. *Flaming Pie* é indubitavelmente um disco melhor que *Wild Life* ou *Venus and Mars*.

Paul também parecia menos preocupado agora em ser incessantemente comercial. Ele estava trabalhando de novo com Youth em um segundo projeto de Fireman, *Rushes*, gravando faixas enigmáticas e ambiciosas no estilo trance que, mesmo sem ter letras ou melodias convencionais, são belas e emocionantes. "Ele apenas me ligou e disse: 'Quero fazer mais músicas do Fireman, estou realmente no clima. Venha para cá, vamos fazer algo novo e improvisar'", lembra Youth.

> Então fizemos [o disco] e acho, lendo as entrelinhas que não percebi na época, que foi quando Linda estava muito doente e, quando terminamos, ela estava morrendo. Para mim, acabou se tornando um réquiem para ela... Certamente isso não foi claramente discutido quando o fizemos, mas a emoção, a tristeza e a melancolia foram definitivamente captadas pelo disco. aquilo estava acontecendo... É [uma obra] muito triste.

Do sublime ao ridículo: o caso de paternidade de Anita Howarth (*née* Cochrane) estourou de novo em maio de 1997, quando um de seus parentes revelou aos jornais os detalhes do pagamento de 5 mil libras que ela havia recebido da NEMS em 1964, uma história antiga, mas ainda capaz de chegar às primeiras páginas dos tabloides britânicos 33 anos depois (quando o pagamento teria sido de 64 mil libras. Como consequência, Anita e o filho Philip, agora um técnico de iluminação de 33 anos, contaram a história ao *Daily Mail*. "Nunca houve qualquer dúvida em minha cabeça de que Paul era o pai de Philip", disse a mulher, enquanto o filho descrevia o problema da paternidade como um peso, fazendo com que ele não gostasse de Sir Paul e encontrasse consolo nas drogas. Ele contou ter sido viciado em heroína quando jovem, o que o levara a cometer pequenos crimes. "Comecei a roubar de todos os lugares, até mesmo de casa. Eu me tornei uma pessoa realmente asquerosa." Então Anita disse a Philip que o ex-Beatle *não era* o pai dele, acreditando que isso o ajudaria. E ajudou por um tempo. Ele parou de usar drogas, a mãe entrou para as Testemunhas de Jeová, mas quando a história estourou de novo em 1997, Anita admitiu ao filho que na verdade achava que Paul era seu pai, mas não tinha cem por cento de certeza. A única forma de saber ao certo seria por meio de um exame de DNA, então eles pediram a um advogado para entrar em contato com McCartney. O astro não fez o exame, mas Philip alega que ele fez, bem como outro candidato que a mãe cogitava ser o pai dele. Como resultado — alguns anos depois — foi descoberto que esse outro homem era pai. Terminou assim a farsa de quatro décadas da datilógrafa de Liverpool. Como a história da garçonete alemã, essa também acabou sendo completamente falsa. Os únicos filhos de Paul eram os que ele tivera com Linda, mais a filha adotiva Heather.

Naquele verão os McCartney se registraram no Plaza Athénée Hotel em Nova York para que Linda pudesse ser tratada pelo renomado oncologista Larry Norton no Memorial Sloan-Kettering Cancer Center. Quando soube que Paul estava na cidade, sua fã nova-iorquina mais dedicada, Linda Aiello (*née* Magno), foi ao Plaza Athénée com a amiga Toni Kraker, com a intenção de dar presentes ao ídolo pelo aniversário de 55 anos que estava por vir. Linda Aiello agora era uma mulher de 43 anos, casada com um policial de Nova York, mas parte de seu coração ainda pertencia a Paul, cuja foto autografada do material publicitário de *Give My Regards to Broad Street* estava pendurada na parede do quarto. A equipe do hotel avisou a Aiello e Kraker que não era um bom momento para se aproximar de Sir Paul, mas as mulheres o abordaram enquanto ele dobrava a esquina. Ele reagiu furiosamente, com uma raiva que elas nunca tinham visto antes, recusando os presentes, dizendo que elas não deveriam perturbá-lo e correndo para o hotel. John Hammel então apareceu e explicou: Paul e Linda tinham acabado de receber uma notícia muito ruim. As garotas, depois, descobriram que o câncer de Linda se espalhara para o seio direito.

De repente, a morte estava em todos os lugares. O casal ficou chocado quando soube, em maio de 1997, que o músico Jeff Buckley, filho do amante de Linda nos anos 1960, Tim, se afogara no rio Mississippi. Os McCartney eram amigos de Tim e ficaram surpresos com sua morte prematura, que os fez lembrar a partida precoce do pai dele, em 1975. Pouco tempo depois veio a notícia de que George Harrison tinha câncer na garganta, que se espalhou para os pulmões. Fumante inveterado, seu prognóstico não era bom. Em seguida Derek Taylor, ex-secretário de imprensa da Apple, morreu de câncer de garganta aos 63 anos. Quando Paul foi ao almoço anual da Semana Buddy Holly naquele mês de setembro sem Linda, ele parecia esgotado e cansado, o tom grisalho era visível em seus cabelos cada vez mais ralos. A aparência de Linda também mudou. Isso ficou evidente quando ela se sentiu capaz de acompanhar Paul a Paris em outubro a fim de ver o primeiro desfile de moda de Stelly para a Chloé. Os longos cabelos louros de Linda se foram. Boa parte se perdera durante a quimioterapia e o que restou fora cortado bem curto. Apesar disso, ela estava determinada a aproveitar o máximo da viagem, aplaudindo e sorrindo entusiasticamente durante a apresentação da filha.

Naquele outono, Linda acompanhou o marido às estreias londrina e nova-iorquina de *Standing Stone*, no Albert Hall e Carnegie Hall. Os últimos preparativos foram um pouco tensos, com Paul pedindo ao compositor Richard Rodney Bennett para orquestrar novamente parte do trabalho feito com David Matthews. "No fim ele queria um som levemente mais rico", explica Matthews.

> Richard é um especialista absoluto em produzir o melhor som de Hollywood, e Paul é realmente viciado nisso. Boa parte de *Standing Stone* tem essa qualidade porque [Richard] orquestrou novamente o final dos movimentos. Eles foram muitíssimos bem-feitos. Estão levemente em conflito com o resto da peça, que é muito mais peculiar. De repente a música fica mais suave e se torna muito, muito hollywoodiana — era o que Paul queria.

Houve algumas idas e vindas sobre quem regeria as apresentações de estreia, pois a ideia original era ter Sir Simon Rattle, também de Liverpool, regendo a Orquestra Sinfônica da Cidade de Birmingham, mas Rattle desistiu, aparentemente inseguro quanto à obra. Outro regente famoso foi sondado, o norte-americano Kent Nagano. "Então ele amarelou duas vezes e tive que pedir para que ele saísse", revela Paul.

No fim das contas, Lawrence Foster regeu a Orquestra Sinfônica de Londres no Royal Albert Hall em 14 de outubro de 1997, como fizera no estúdio de gravação. O imenso teatro estava lotado naquela noite. A presença de Paul dava a um evento clássico a atmosfera alegre de um show de rock. Sir Paul e Lady Linda estavam de mãos dadas em seus lugares, radiantes como um casal de namorados, apesar de suas expressões preocupadas. Linda estava claramente orgulhosa do marido, e ele estava maravilhado por dividir aquele momento com ela. Afinal, a música que o público estava prestes a ouvir girava em torno da vida e do amor do casal, conforme indicado nas fotografias do CD. O estojo e o livreto foram ilustrados com fotos feitas por Linda de seu cavalo Blankit ao lado do menir em High Park.

O público aplaudiu a entrada do regente, que agradeceu, virou-se para a orquestra e começou o ousado e enérgico primeiro movimento sobre a criação do homem, após o qual a peça seguia a narrativa do poema de Paul. A sonoridade era variada, incorporando as melodias caracteristicamente grudentas de McCartney, além de um pouco de música moderna no segundo movimento, que se unia ao trabalho de Sir Paul no teclado computadorizado, com erros que ele cometera, gostara e mantivera, enquanto Richard Rodney Bennet trouxe um estilo exuberante e dramático à obra. Inevitavelmente, a peça construiu um clímax emocionante, no qual o coro cantava algumas palavras simples, mas poderosas, que Paul escrevera elogiando o amor:

Now
with all the time it seemed we had
whatever time I have to spare
will be with you
*for ever more.**

---

* Agora/com todo o tempo que parece que tivemos/seja qual for o tempo que eu precise reservar/será com você/para todo o sempre. *(N. do T.)*

No fim, a jornada do ex-Beatle ao longo da vida com a esposa o levou a acreditar, como diz a Bíblia, que a vida sem amor não tem sentido ou, como a banda de Liverpool cantou de modo tão sucinto, *all you need is love*. Ele cantou esse tema a vida inteira. Agora havia uma forte sensação em seu texto para *Standing Stone* de que ele estava se dirigindo a uma amante a qual ele tinha certeza de que logo perderia.

Antes da estreia nova-iorquina em novembro, Linda ficou nos bastidores no Carnegie Hall com Danny Fields. Ele a apresentou a uma amiga que fora uma dedicada fã de McCartney na juventude, tanto que quando o músico se casara com a norte-americana a garota tinha vestido luto na escola. "Então eu a levei comigo, agora uma mulher que havia sido uma admiradora de Paul [e a apresentei a] Linda... Eu disse: 'Esta é Bonnie. Ela a odeia por ser mulher de Paul e usou preto quando vocês se casaram.'"

Lady Linda rosnou: "Se ela ainda o quiser, pode ficar com ele."

Os amigos conversaram até Paul aparecer. "O pessoal da segurança ligou, estava na hora de entrar. Então eles caminharam pelo corredor do Carnegie Hall e ela virou as costas e acenou [dando adeus]." Foi a última vez que Danny viu Linda.

Paul e Linda então foram ao Arizona experimentar terapias alternativas. Enquanto estavam no rancho, Lin convidou o ex-marido Mel See e sua atual parceira Beverly Wilk para um churrasco. Embora a relação de Mel com os McCartney tivesse sido difícil no passado, eles tinham passado a conviver melhor nos últimos tempos pelo bem de Heather, pois ela era muito frágil. Deixaram para trás as diferenças que ainda existiam e, juntos, passaram uma agradável noite na varanda, em que Paul fez um churrasco de hambúrgueres vegetarianos. "Eles meio que fizeram as pazes", diz Beverly. Linda ficou deliciada quando, após o sol ter se posto, uma família de porcos selvagens veio para a varanda em busca dos restos de comida. Ela fez fotos das ousadas criaturas. Mel, Linda e Paul acabaram em paz. Paul deu a Mel uma pintura que ele fizera intitulada *Holy Cow*. Foi a última vez que Mel e Linda se viram.

ANTES DO AMANHECER

Paul e Lin voltaram ao lar na Inglaterra para o Natal, passando a data com os filhos em Blossom Farm em vez de Merseyside. Havia geada nos campos de Sussex, as árvores desfolhadas na propriedade desenhavam uma silhueta no céu cinzento durante os breves dias do meio do inverno. Em 25 de dezembro, Paul levou a esposa para fora de casa a fim de ver seu presente: um par de pôneis Shetland, alegremente batizados de Shnoo e Tinsel. A respiração dos animais formava nuvens no ar do inverno enquanto ficaram parados pacientemente nos estábulos.

No Boxing Day, Lin se sentiu bem o bastante para oferecer um coquetel aos amigos e vizinhos, entre eles o agora idoso astro do *Goon* Spike Milligan e um jovem ator chamado Walter van Dijk, que recentemente comprara uma casa em frente à propriedade de McCartney com seu parceiro musical Anthony Marwood. Linda, que sempre se interessara pelo pessoal da região, estendeu o convite amigável a Walter e Anthony. A quimioterapia havia alterado ainda mais sua aparência. "Ela perdeu muito cabelo", relata Walter "havia aquela penugem semelhante à do pêssego no couro cabeludo."

A festa de Natal foi bem frequentada, muitas pessoas se juntaram para conversar na cozinha. Walter ficou encantado ao notar um pôster dos Beatles colado na geladeira de McCartney. O título de membro honorário da Royal College of Music de Paul estava pendurado na parede. Walter o cumprimentou pela honraria. "Sim, é incrível para alguém que não lê uma nota sequer de música", respondeu Sir Paul, acrescentando com carinho, "mas é um título legal." A comida era vegetariana, claro, e Lady McCartney se sentia suficientemente bem para estimular os convidados não vegetarianos a se tornarem de imediato, distribuindo cópias autografadas de seus livros de receitas. Aos que diziam, pedindo desculpas, que comiam apenas peixe, ela alegava que não era o bastante. "Você acha que um peixe não sente dor quando um anzol se prende em sua boca?", perguntou ela, em uma expressão de pavor. Paul passou a tarde com Spike Milligan no piano, compondo. Então o velho comediante — amigo da família — anunciou que estava de saída. "Eu gostaria de desejar a todos vocês um feliz Ano-Novo", disse ele bem alto, acrescentando com a grosseria de sempre, "mas ficarei feliz em vê-los pelas costas." Pouco tempo depois, Walter e Anthony também se despediram. "Fomos para a sala de estar e [Linda] estava lá com Stella, James e Mary — Stella estava meio que sentada entre as pernas da mãe — e ela disse: "Bom, vejo vocês no ano que vem!"

Linda estava fingindo muito bem. Nos últimos meses ela tentara todos os tratamentos possíveis, consultando-se com os mais renomados médicos de Londres e de Nova York, passando por doses fortíssimas de quimioterapia, bem como um transplante de medula, tudo em uma tentativa de derrotar o câncer. Ela abandonara, inclusive, seu antigo hábito de fumar maconha, embora fosse tarde demais para fazer alguma diferença. Linda estava condenada e sabia. "Olhe, sabe aquilo que conversamos, aquele negócio de câncer?", disse ela no telefone a Carla Lane. "Ele me derrotou."

"Linda, querida, você não sabe o que está por vir. Eles estão trabalhando muito nisso. Todos os dias surge algo novo. Vamos ter fé. Um dia alguém vai dizer: 'Ok, eu descobri a cura.' E você estará aqui quando isso acontecer."

"Acho que não", respondeu a amiga, durona até o fim, embora permanecesse sentimental com os animais. Um dos últimos esforços em nome de suas queridas criaturas foi gastar 8 mil dólares para libertar uma matilha de filhotes de beagles criados para pesquisas científicas.

O motivo para o pessimismo de Linda era que seu fígado estava aumentado, indicando que o câncer se espalhara para aquele órgão vital. A batalha estava perdida. Sir Paul e Lady Linda viajaram a Paris a fim de ver o segundo desfile de Stella, depois voltaram a Blossom Farm para que Linda pudesse resolver os últimos detalhes. A casa em que Heather morava na propriedade foi transferida legalmente para o nome dela, deixando a filha mais velha e vulnerável com uma residência garantida. Linda ajudou sua segunda filha, Mary, a planejar o casamento que estava por vir. Além disso, o casal McCartney foi a Hog Hill Mill gravar duas músicas dela, "Appaloosa", uma canção infantil em homenagem a Blankit, cujo tom era um contraste com "The Light Comes from Within", uma canção extremamente raivosa sobre o bem-estar animal, repleta de palavrões. A norte-americana desabafou de maneira agressiva seu desdém pelos que debochavam dela e a viam como uma sonhadora obcecada, preguiçosa e burra. Na letra, ela xinga um crítico imaginário de "fucking no one" e "stupid dick".

Paul e James fizeram os vocais de apoio para Lin nesse agudo grito de despedida para o mundo, após o qual ela foi para casa e embrulhou presentes para membros da família e amigos, arranjando para que fossem entregues depois de sua morte. Ela também fez suas ligações de despedida.

"Oi, querida!", disse Lin, animada, quando Carla atendeu, parecendo muito bem, talvez por causa da medicação.

"Oi, o que você está fazendo?", perguntou Carla. Linda explicou que ela e o marido estavam se preparando para ir ao Arizona. Parecia que o carro deles já estava na porta. (Carla ouviu Paul ao fundo dizendo "Vamos...")

"Agora, escute. Ficarei fora por cinco dias", disse ela. "Você tem mais galinhas?"

"Claro, eu sempre tenho centenas", respondeu Carla, referindo-se a seu sempre lotado santuário animal.

"Quando voltar, quero que você me traga algumas, certo? Umas sete." Carla anotou. Aquilo parecia otimista. Depois de uma pausa, Linda deixou a máscara cair, dizendo subitamente. "Eu a amo, Carla." Não era da personalidade dela se expressar de modo tão emotivo, e ao desligar o telefone, a amiga ficou refletindo. "Aquilo me acertou em cheio. Ela não falava daquele jeito... Eu sabia que algo horrível estava prestes a acontecer."

Sir Paul e Lady Linda foram para Tucson no fim de março, dirigindo do aeroporto a seu esconderijo no deserto, virando à direita na East Readington Road, através de seu portão de metal sem identificação e por uma estrada poeirenta rumo a sua pequena casa com teto de zinco perto do riacho. Os vizinhos nessa comunidade solitária e deserta souberam que os McCartney estavam de volta e que Linda estava mal, mas ninguém criou caso. Mel See foi informado de que ela não queria ver ninguém, exceto a família mais próxima, tanto que os filhos estavam na casa com Paul. Era primavera no deserto, lindamente amena em contraste ao inverno inglês, mas não chegava a estar quente demais. A vida selvagem estava em movimento, os porcos buscavam frutas das figueiras da índia, cascavéis rastejavam debaixo de pedras após sua hibernação. Os algodoeiros floresciam perto do rio, com seus botões em formato de bolas ao longo das trilhas, o cacto saguaro também começava a desabrochar, com grandes flores brancas se abrindo ao sol da primavera. Os cactos realmente grandes já eram antigos quando Linda nasceu e continuariam lá, solenemente, após ela ter partido. Paul e a esposa cavalgaram juntos enquanto foi possível, apreciando a natureza.

No fim da primeira semana de abril, o fígado de Linda começou a falhar. Os médicos avisaram a Paul que a companheira tinha poucos dias de vida. Um médico sugeriu informar a Linda que ela estava prestes a morrer. Paul decidiu não fazê-lo, por acreditar que ela não gostaria de saber. Na tarde da quarta feira, 15 de abril de 1998, o casal saiu para uma última cavalgada no deserto. Ele teve que colocar uma enfardadeira para que Linda pudesse subir lentamente na sela. Enquanto cavalgavam lentamente pelas trilhas, uma cascavel cruzou o caminho deles. O sol já estava se pondo quando voltaram para casa, pouco antes das 19 horas, o dia ainda estava vermelho e quente na distante Tucson, com os últimos raios de sol brilhando através dos cactos sentinelas. A noite do deserto era de uma quietude atemporal com suas estrelas muito brilhantes. Quando o sol nasceu na quinta-feira, 16 de abril, Linda sentiu-se mal demais para se levantar e passou o dia na cama. Uma brisa suave soprava pela casa enquanto o sol aquecia o teto de zinco e os falcões de cauda vermelha voavam em círculos, buscando suas presas. Ela entrou em coma. Era noite de novo, a última noite. A hora mais sombria veio antes do amanhecer. Os filhos disseram à mãe que a amavam. Ela ficou inquieta por volta das 3 horas. Paul deitou-se na cama com Linda e disse que ela estava sobre Blankit, que eles cavalgavam pelas florestas de Sussex: "As campânulas estão todas em flor, o céu está limpo e azul." Quando ele acabou de contar a história, a esposa estava morta.

26

RUN DEVIL RUN

IN MEMORIAM

Embora tenha passado boa parte da vida de casada com Paul na Inglaterra, Linda McCartney deixou a vida assim como nasceu, uma norte-americana, e seu funeral seguiu o estilo daquele país. Algumas horas após a morte, na manhã de sexta-feira, 17 de abril de 1998, seu caixão foi levado pela estrada deserta de Tanque Verde até a autoestrada rumo a Tucson — passando por shoppings e condomínios — até a Bring Funeral Home, onde velório e cremação foram realizados em âmbito privado. Em seguida, Paul e os filhos voltaram diretamente para o Reino Unido com as cinzas.

A notícia da morte de Linda começou a chegar aos meios de comunicação quase imediatamente. Os jornalistas foram primeiro ao secretário de imprensa de Paul, Geoff Baker, que deliberadamente forneceu a informação errada de que ela falecera "de férias em Santa Barbara", sendo que Santa Barbara era o codinome usado dentro da MPL para quando Sir Paul estava em viagem particular nos EUA. Ele não tinha conexões específicas com o lugar. Como Geoff sabia que aconteceria, repórteres foram a Santa Barbara e começaram uma verdadeira caçada pela família e pelo inexistente atestado de óbito californiano. Esse subterfúgio deu tempo aos McCartney para voltar ao Reino Unido e espalhar as cinzas de Linda em Blossom Farm e High Park, na Escócia, onde muitos animais da família estão enterrados.

A morte teve grande cobertura da imprensa, em parte porque foi uma surpresa para os jornalistas, que tinham a impressão de que ela estava vencendo a batalha contra o câncer. Os amigos também foram pegos de surpresa. Carla Lane ouviu a notícia no rádio em

Broadhurst Manor, West Sussex. Foi um choque, seguido por outro três dias depois, quando o carteiro entregou um presente póstumo de Linda: antigas contas de vidro de que Carla gostava. "Não sei quando ela colocou no correio ou quem o fez. Não faço ideia. Mas elas chegaram." As crianças também receberam presentes do além-túmulo.

Paul convidou Carla e Chrissie Hynde a Blossom Farm, onde elas encontraram o viúvo em péssimo estado, vagando pela propriedade, olhando para os objetos favoritos da esposa, falando constantemente sobre ela e exausto. "Paul estava *acabado*. Quer dizer, ele ficou sentado lá como um idoso, completamente perdido", descreve Carla. "Ele estava arrasado." Outro amigo convidado à fazenda foi o animador Geoff Dunbar, que também sofrera uma perda recente. "Minha mãe faleceu quatro dias antes de Linda, então foi como uma pancada em dobro. Fiquei um tempo com Paul e ele estava tomado pelo pesar... Ele chorava como um bebê. E eu também."

Seis semanas depois, Paul se recompôs para liderar um memorial em homenagem à amada em St. Martin's-in-the-Fields, na Trafalgar Square. Nascida em família judia, Linda vivera sem religião pela maior parte de sua existência, invocando Deus apenas raramente, quando via animais maltratados, por exemplo, e *in extremis.* Na morte, ela seria homenageada em duas grandes igrejas cristãs: em Londres e, naquele mesmo mês, em Nova York. Paul cuidou pessoalmente dos detalhes com o mesmo profissionalismo com que tratava seus shows, escolhendo as músicas e instruindo todos que seriam chamados a falar, cantar ou tocar um instrumento. Chovia quando ele levava os filhos a St. Martin's na segunda-feira, 8 de junho, e uma grande multidão composta por fãs e jornalistas esperava nas escadas da igreja. Embora Linda jamais tivesse sido popular com a imprensa ou com o público britânico, sua partida gerou expressões de respeito e até afeto enquanto a família enlutada obviamente era motivo de piedade. Fotojornalistas fizeram fotos de Stella levando uma desnorteada Heather McCartney à igreja, mostrando o rosto da irmã mais velha contorcido pela tristeza. As setecentas pessoas presentes à igreja incluíam, além dos parentes de Paul, a primeira reunião pública dos três Beatles sobreviventes desde que Ritchie se casara em 1981. George Harrison lutava contra o câncer. Yoko não estava lá. Além deles, compareceram a equipe da MPL, músicos que se apresentaram com o astro em discos e no palco e amigos como Brian Clarke, Dave

Gilmour, Billy Joel, Sir Elton John, Carla Lane, Twiggy Lawson, Sir George e Lady Martin, Spike Milligan, Michael Parkinson, Sir David* e Lady Puttnam, Eric e Gloria Stewart e Pete Townshend.

Quando todos estavam reunidos, George e Ritchie sentados ao lado dos McCartney, John McGeachy, mecânico de Campbeltown que tocara sua gaita de fole em "Mull of Kintyre" apareceu no balcão, vestindo um kilt de estampa tartã, tocando a melodia do maior sucesso dos Wings, e continuou enquanto descia pela igreja rumo à cripta, com o som da gaita reverberando pelo prédio. Isso foi ideia de Paul. O Brodsky Quartet fez arranjos de hinos e canções, entre elas "The Lovely Linda". A atriz Joanna Lumley leu o poema "Death is Nothing" e estudantes do LIPA cantaram "Blackbird", que era a canção de Paul que Linda mais gostava. Carla falou sobre a dedicação da amiga aos animais e todos cantaram "Let It Be", após a qual Pete Townshend contou o que ele considerava uma história alegre de Linda, que estaria de olho em Paul nos anos 1960. "Contei no memorial sobre quando ela, uma vez, me disse — bem ironicamente — que ia se casar com 'um dos Beatles'", explica Townshend, acrescentando que Paul não o criticou após a cerimônia. "Ele não ficou com raiva de mim, mas me disse após o funeral que foi ele quem correu atrás de Linda." Isso, obviamente, era o oposto do que todos diziam.

Bastante emocionado, Sir Paul disse à congregação: "Ela era minha namorada. Perdi minha namorada e isso é muito triste. Ainda não consigo acreditar, mas tenho que acreditar porque é verdade." Enquanto ele falava, Shnoo e Tinsel, os pôneis Shetland que Paul dera a Lin de presente de Natal foram levados à igreja. Duas semanas depois, o viúvo liderou um memorial semelhante na Riverside Church em Nova York, tendo a presença dos Eastman e de amigos norte-americanos como Ralph Lauren e Paul Simon. Mais uma vez, nem sinal de Yoko. Ela não fora convidada.

O ex-Beatle não apareceu em público nas semanas seguintes. Para se distrair, ele trabalhou um pouco, contratando o promissor músico Nitin Sawhney para fazer uma versão drum and bass de "Fluid", uma das faixas do segundo álbum de Fireman prestes a ser lançado. Na época, Sawhney morava e trabalhava em um quarto de uma casa

* O cineasta foi ordenado cavaleiro em 1995, e elevado à nobreza, como lorde Puttnam, em 1997. *(N. do A.)*

no sul de Londres. Paul passou a noite lá, batendo papo com o rapaz sobre sua vida e seus interesses, entre eles o trabalho do escritor indiano Rabindranath Tagore. "No amor, todas as contradições da vida se dissolvem e desaparecem" era uma das máximas de Tagore que Paul citara no encarte do álbum *Pipes of Peace*. Sawhney disse que, como britânico de origem asiática, ele agradecia aos Beatles por apresentá-lo à música clássica de sua terra ancestral, por meio da associação do grupo com Ravi Shankar. Paul contou a Nitin de modo indiferente histórias sobre "a banda" e "John", sabendo que Sawhney logo identificaria os envolvidos. Ele não levava a lenda muito a sério, o que ajudava ou rapaz a relaxar.

> Ele imediatamente me deixou à vontade dizendo: "Eu morava em um lugar assim há anos e escrevi uma faixa em um quarto como esse chamada 'Scrambled Eggs', que acabou virando 'Yesterday'." Eu falei "Uau!" Então ele tocou a música na minha guitarra, o que também me deixou maluco.

Paul foi embora, tendo conquistado um novo amigo.

Em julho daquele ano, Paul viajou a Liverpool para presidir a cerimônia de graduação no LIPA, onde apareceu no palco com Mark Featherstone-Witty para ouvir discursos e dar a cada graduando um broche comemorativo, apertando a mão dos alunos e beijando as alunas. Ele se comprometera a fazer isso todos os anos e cumpriu sua palavra, comportando-se como um benevolente dono de moinho do século XIX. Nos bastidores, porém, Featherstone-Witty viu que seu principal patrocinador estava mudado. "Ele perdeu sua grande companheira e, nas reuniões que tivemos, ele estava sempre às lágrimas."

Nesses mesmos bastidores da graduação, Paul dividiu uma cerveja com um velho colega chamado Joe Flannery, que empresariara os Beatles junto com Brian Epstein nos primórdios da banda. "Você sabe, Joe, Linda está lá", disse Paul, dando tapinhas no ombro dele como se para indicar a presença de um anjo. Naquele mesmo dia, sua antiga casa na 20 Forthlin Road seria aberta pelo National Trust, que a tinha comprado e reconstruído a decoração da época em que os McCartney moravam lá. Era uma honra para poucos fazer com que o National Trust transformasse a casa de sua infância em um museu, e Flannery perguntou a Paul se ele iria à cerimônia de inauguração. "Não", ele disse. Na cabeça dele, aquela era a casa de seus pais e não a "Casa de Paul McCartney" como estava sendo anunciada na imprensa. Essa descrição obviamente o aborrecera. Além disso, embora tivesse passado pela 20 Forthlin Road várias vezes, ele jamais voltara a entrar na casa desde que saíra de lá nos anos 1960, pois temia ficar angustiado.

Em agosto, o músico voltou a Long Island com Mary, Stella e James. Naquele verão, a viagem familiar anual teve um aspecto melancólico, pois Linda não estava com eles e, pior, Paul e as crianças precisavam assinar os papéis para dar validade legal ao testamento de Linda. Tentando evitar os impostos do Reino Unido, o testamento fora feito sob as leis de Nova York, onde Linda estivera tecnicamente domiciliada durante o casamento, exercendo esporadicamente seu direito ao voto e mantendo sua principal conta bancária e seus investimentos em uma firma de Manhattan, enquanto o irmão John cuidava de seus negócios na Eastman & Eastman. Por ser beneficiária do fundo, a assinatura de Heather McCartney era necessária nos papéis, mas ela não conseguiu acompanhar seu pai adotivo e os irmãos à reunião de 28 de agosto. Consta que também chegou a Tucson alguns minutos atrasada para dar adeus à mãe.

Os verões em Long Island faziam parte do Ano dos McCartney desde o meio da década de 1970, e eram uma fonte de lembranças felizes. Paul e Lin viram as crianças crescer com os primos norte-americanos em Lily Pond Lane. Paul se divertia procurando objetos de valor na praia, pintando e navegando seu veleiro Sunfish em Georgica Pond. Os McCartney ficavam contentes em passar a maior parte do tempo os Eastman e só recentemente alugaram uma casa. Agora, Paul comprara uma casa de veraneio na área para mostrar que tinha a intenção de ficar próximo da família norte-americana da esposa. Um quilômetro e meio adiante da residência de John Eastman, em uma parte de East Hampton preferida pelos muito ricos, Paul comprou uma casa tipicamente modesta na área menos espalhafatosa de Amagansett. A propriedade em Pintail Lane ficava escondida na floresta, literalmente do lado errado da linha do trem, sem vista para o oceano, onde ninguém esperaria encontrar uma grande celebridade, mas se parecia com outras casas que ele comprara ao longo dos anos.

A família apareceu em público em Sussex no sábado, 27 de setembro quando Mary McCartney se casou com Alistair Donald, a quem conhecera na escola em Rye e que agora trabalhava em Londres como cineasta. A cerimônia fora adiada por algum tempo devido à doença de Linda, mas não podia esperar muito mais porque, assim como a mãe, quando se casara com Paul, Mary estava grávida. Sir Paul levou a filha ao altar na igreja de St. Peter and St. Paul em Peasmarsh, tendo dirigido a curta distância de Blossom Farm até lá em um Hispano-Suiza vintage que ele tinha desde os anos 1960. James McCartney apareceu no estilo rock 'n' roll, ostentando uma garrafa de Jack Daniel, que foi confiscada na porta da igreja pelo secretário da paróquia.

No mês seguinte, Paul lançou uma coletânea póstuma das canções de Linda compiladas no álbum *Wide Prairie*, um CD feito com carinho, mas que não faz qualquer favor à memória dela. Em vez disso, ele lembra ao ouvinte o fracasso que ela era como cantora, contendo gravações estridentes e amadoras apesar da presença de Paul. A agressiva mensagem de despedida do mundo, "The Light Comes From Within", fora escrita durante as viagens de ida e volta a Londres para o tratamento, quando ela estava irritadiça. "Era a resposta dela a todas as pessoas que a haviam colocado para baixo e àquela atitude de macho burro e chauvinista que lhe causou tanto mal em nossa sociedade", explicou Paul, que encarregou o responsável por promover suas músicas, Joe Reddington, de colocar essa faixa difícil no ar. Quando Joe disse a Paul que a BBC decidira não iria tocá-la, principalmente por causa dos palavrões, mas que ele convencera a corporação a lançar outra faixa mais atraente, "Seaside Woman", na programação, o furioso viúvo demitiu o promotor. "Ele teve um chilique", relembra Joe. "Disse: 'Livre-se dele!' E foi isso." Na verdade, "The Light Comes from Within" era uma canção horrível. Mesmo quando Linda regravava um belo clássico do tipo "Mister Sandman", como fez em *Wide Prairie*, ela não soava bem.

Muito mais impressionante foi o segundo álbum de Fireman, *Rushes*, lançado na mesma época de *Wide Prairie*, e também ignorado pelo público e pela crítica. O estilo *ambient trance* nunca se prestara ao consumo de massa, mas *Rushes* é música que mexe com a alma e representa um desenvolvimento considerável na parceria de McCartney com Youth. Na segunda faixa, chamada "palo verde" em homenagem a uma árvore nativa do Arizona, o ex-Beatle incorporou gravações da voz de sua amada e de seu cavalo galopando, fungando e relinchando em uma fantasmagórica onda sonora de 12 minutos. Ouve-se a voz de Paul, garantido ao espírito de sua falecida esposa que ele iria amá-la "para sempre". A faixa se encerra com seis tristes notas de metalofone, repetidas como os sinos da morte. Essa era uma música nova, incomum e criativa na mesma tradição pioneira dos loops de fita de "Tomorrow Never Knows" e das partes orquestradas de "A Day in the Life", que crescem à medida que são ouvidas.

A morte de Linda fora um golpe duro para a família. James, o mais jovem, era particularmente próximo da mãe e estava muito aflito, e a mais velha estava sem rumo. Sempre motivo de preocupação, Heather McCartney ficou em casa boa parte do tempo após a morte da mãe, incapaz de levar uma vida normal. "Eu não via mais razão para viver", admitiu ao *Sunday Times* um ano depois, apresentando-se como uma mulher tensa e insegura de 36 anos que nunca se casou ou teve filhos, vivendo praticamente como reclusa em sua casa na propriedade de Sussex com seu cachorro Airedale e dois gatos. Em alguns dias ela se sentia tão arrasada que nem conseguia atender ao telefone.

Havia muito que viver à altura do nome McCartney era motivo de ansiedade para Heather. Ela tentou deixar sua marca como fotógrafa, da mesma forma que a mãe, e depois como ceramista, logo parecendo cansada dos dois passatempos. Agora, menos de um ano após a morte de Linda, Heather tentava se lançar como designer de interiores, fazendo uma rara aparição pública em uma feira comercial em Atlanta, Georgia, em janeiro de 1999. Para mostrar a Heather McCartney Housewares Collection — uma linha de travesseiros e outros itens decorativos para casa — ela levou o pai a fim de ajudá-la a encarar a imprensa. "Eu sabia que se me sentisse oprimida, ele diria: 'Temos que ir agora. Tchau.' E me tiraria dali. Ele sempre me guiou e me protegeu dessa forma." Sir Paul sentou-se ao lado da filha enquanto ela falava sobre seus projetos que, aparentemente, deviam muito à experiência de ter ido ao México com Mel See para encontrar os índios Hoichol. Não que ela tenha mencionado o nome do pai biológico. Heather se referia a Paul como seu "pai verdadeiro". No dia seguinte, pai e filha foram a Nova York, onde ela muito tardiamente assinou os documentos necessários para a liberação do testamento da mãe, escrevendo seu nome em letras infantis e inseguras, visivelmente diferente das assinaturas confiantes dos irmãos.

Um dos últimos desejos de Linda era que o marido fosse indicado ao Hall da Fama do Rock 'n' Roll por mérito próprio, e isso aconteceu em março de 1999, quando a indicação veio em uma onda de simpatia por sua perda. Stella McCartney foi à cerimônia em Nova York com o pai vestindo uma camiseta branca com as palavras "JÁ ESTAVA MAIS DO QUE NA HORA!". No mês seguinte, em 3 de abril, o astro se tornou avô quando Mary Donald (*née* McCartney) deu à luz um filho chamado Arthur. Sir Paul mostrou o neto no Royal Albert Hall duas semanas depois durante um show de rock em homenagem à Linda. "Ele disse 'Olhe, ele nasceu entre a Páscoa e a Páscoa Judaica. Foi perfeito, ele é judeu, a avó é judia", conta Danny Fields, que visitou Paul e ficou surpreso pelo que ouviu do músico, visto que Linda nunca mostrara qualquer interesse em seu judaísmo. "Ela jamais teria dito aquilo." Enquanto isso, Chrissie Hynde confidenciou a Danny que Paul tinha definido as regras sobre o repertório para a exposição, escolhendo artistas diferentes. "Ninguém quer ficar perto dele quando ele não está sorrindo", comentou uma desapontada Chrissie a Danny após uma reunião difícil com o grande homem.

O curador Wolfgang Suttner também encontrou Sir Paul em um humor intransigente durante a realização dos preparativos finais para a muito planejada exposição das pinturas no Lÿz Art Forum em Siegen, Alemanha. Suttner costumava achar fácil tratar sobre o projeto com o ex-Beatle. O músico concordou que o custo do evento não deveria recair sobre os contribuintes da Westfália, dizendo que ele pagaria pelo transporte e pelo seguro dos quadros. Sir Paul era pontual nas reuniões e Suttner descobriu que a palavra de McCartney era a lei. "Tudo o que ele falava acontecia. Se dissesse 'Estarei lá", estaria lá. Isso era fantástico." A confiabilidade costuma ser considerada uma virtude tipicamente alemã, e era apreciada pelo artista inglês. "Ele me disse uma vez: 'Adoro ser pontual e vocês, alemães, são tão eficientes.' Também ajudava o fato de Paul saber um pouco do idioma, na verdade menos que se imaginaria considerando que estudara alemão no colégio e passara parte da juventude em Hamburgo, mas o suficiente para ser educado. "Ele gosta da Alemanha... E me disse que é o segundo melhor mercado no mundo depois os EUA, e um dos melhores países para se fazer turnês." Além disso, os alemães não se ofendiam com sua riqueza, como o músico às vezes achava que acontecia com os ingleses.

Na montagem da exposição, Suttner viu o quanto Sir Paul era sensível a críticas. O curador pediu a um acadêmico, o professor Gundolf Winter, para olhar as pinturas com objetivo de fazer um ensaio para o catálogo, mas Paul não gostou do que leu. "Ele fez muitos elogios maravilhosos sobre os quadros, mas também disse que Paul jamais teria um lugar na história da arte", conta Suttner. "Ele é um bom pintor, mas não um [artista] mundial. Na época ele não ficou feliz com isso e disse: 'Não, não quero a exposição! Eu não vou.' Ele estava meio irritado." Em momentos como esse, McCartney se esquecia da *persona* que inventara como o pintor inglês humilde e desconhecido Paul Miller e lembrou a Wolfy que ele era Sir Paul McCartney, ex-membro dos Beatles! Além do mais, ele era o responsável pelos famosos projetos de capa de *Sgt. Pepper*, do *Álbum branco* e *Abbey Road*, então ele sabia algo sobre arte. O ensaio do professor Winter foi silenciosamente retirado do catálogo e substituído por um texto mais elogioso de Christoph Tannert.

Após mandar o amigo artista Brian Clarke na frente para garantir que tudo estivesse em *ordnung*, como dizem os alemães, Paul chegou a Siegen na noite da abertura e exigiu alterações de última hora, quando Wolfy e a equipe estavam exaustos. "Ele nunca se cansa e exige muita força de você." Um grande número de jornalistas foi à inauguração no dia seguinte, 30 de abril de 1999. Paul encantou sem esforço os homens da imprensa e posou pacientemente para os fotógrafos. Depois as portas foram abertas ao público. Uma exposição no Lÿz Art Forum costumava atrair 4 mil pessoas. Dessa vez, aproximadamente 45 mil pessoas foram conferir as pinturas de Paul McCartney.

Quanto à qualidade das obras, as opiniões estavam divididas. O ranzinza crítico britânico Brian Sewell não ficou nem um pouco impressionado:

> As pinturas são uma impertinência autoindulgente tão distante da arte que o crítico de arte não tem palavras adequadas para elas — pois estão, na verdade, abaixo da crítica. Elas podem ter valor pessoal e particular como terapia, mas quando expostas ao olhar público, traem sua arrogância e vaidade... Paul McCartney não é um pintor.

O espectador menos exigente podia apreciar alguns pontos no trabalho desse amador entusiasmado: uma característica modesta, um tanto onírica. Na escala de pintores que são astros do rock — e há vários — Paul está um pouco acima de Bob Dylan (que é muito ruim), mas abaixo de Joni Mitchell, que é excelente.

RUN DEVIL RUN

Dois meses depois, Sir Paul foi a uma premiação no Dorchester Hotel em Londres, mesmo lugar onde, décadas antes, havia celebrado o lançamento de *Os reis do iê iê iê* e, ainda nos anos 1960, tivera uma áspera reunião de negócios cm Allen Klein. Dessa vez ele ficou no hotel com várias celebridades para mostrar seu apoio ao prêmio Pride of Britain do *Daily Mirror*, no qual o jornal homenageava pessoas que "fizeram diferença" de várias formas, incluindo atos de bravura. Foi uma vitória ter conseguindo tirar Sir Paul do luto para o evento. Ele quase não aparecera em público nos 13 meses desde a morte de Linda. O viúvo estava tão inativo que a MPL acabara de registrar uma perda de 368.979 libras. Ele foi a Dorchester em 20 de maio de 1999 principalmente para homenagear Linda, ao entregar um prêmio com o nome dela a uma amiga do casal e defensora de vegetarianismo, Juliet Gellatley.

Perto do fim da cerimônia, Heather Mills subiu no palco, uma mulher bonita de 31 anos, usando um top vermelho chamativo e transparente. Com seios grandes e bem-fornidos, sorriso largo e convidativo e uma jogada do espesso cabelo louro que parecia um flerte, ela era o que Paul teria chamado em outra época de "uma tremenda festeira". Falando com forte sotaque do norte da Inglaterra, ela explicou ao público que estava em Dorchester para apresentar uma amiga, a estudante Helen Smith, que demonstrara força ao lidar com a perda de duas pernas, um braço e uma das mãos devido à septicemia. Embora não fosse tão visível, a Srta. Mills também sofrera uma amputação e usava uma prótese na perna. Uma leve dureza no andar era o único sinal da deficiência.

"Quem é essa?", perguntou Paul a Piers Morgan, editor do *Mirror*.

"É Heather Mills", respondeu o jornalista, dando as informações sobre alguém que era uma celebridade classe B no mundo dos tabloides: a corajosa modelo que perdera uma perna em um acidente de carro e agora arrecadava fundos para caridade.

"Ela é uma mulher e tanto, não é?"

Heather viajou ao Camboja após o show de Dorchester e, quando voltou, descobriu que Sir Paul havia ligado e deixado um recado para ela: "Aqui é Paul McCartney. Eu gostaria de falar com você sobre suas obras de caridade." Ele falava do Heather Mills Health Trust, uma organização que ela anunciava na contracapa de sua recém-publicada autobiografia, *Out on a Limb*. Embora Heather fizesse trabalhos de caridade e tendesse a falar casualmente sobre "minhas obras de caridade", ela ainda não havia registrado o fundo na Charity Commission, como organizações com renda acima de 5 mil libras são obrigadas a fazer na Inglaterra antes que possam ser adequadamente denominadas de obras de caridade. A organização de Heather recebeu uma inesperada ajuda trinta vezes além desta quantia quando, em agosto de 1999, Paul convidou a ex-modelo a seu escritório e lhe deu um cheque de 150 mil libras, que ela aceitou de bom grado, mas levou outros sete meses para registrar o fundo como empresa de caridade.

Quando saiu da MPL naquele dia de verão, Heather observou que Sir Paul estava admirando suas nádegas. Ele não olhava com desejo para uma mulher desde a morte de Linda, e se sentia culpado por isso, então disse a si mesmo que a falecida esposa não iria se importar. Na verdade, ele se convenceu de que Lin estava enviando uma mensagem a ele por intermédio da vida selvagem existente na propriedade de Sussex: "... estranhas ocorrências metafísicas estavam acontecendo e pareciam ter algum significado. Ruídos de animais. Ruídos de pássaros. Você fazia uma pergunta sob as estrelas e, de repente, havia uma coruja no vale fazendo *whoo-whoo-whoo.*" Em resumo, ele decidira namorar Heather Mills.

Diferente de suas antecessoras Jane Asher e Linda Eastman, mas em comum com o próprio Paul, Heather fora criada em uma família de classe média baixa do norte da Inglaterra. Nascida Heather Anne Mills em 12 de janeiro de 1968 — isto é, entre *Magical Mystery Tour* e o *Álbum branco* dos Beatles — ela era a filha do meio de John e Bernice Mills, com um irmão mais velho chamado Shane e uma irmã mais nova, Fiona, de quem ela era mais próxima. O pai era soldado, morando em Aldershot quando Heather nasceu, e a vida antes de encontrar o ex-Beatle era problemática, movimentada e levemente misteriosa.

A situação da família começou a desabar no meio de 1970, quando a mãe se envolveu em um acidente de carro. Durante a convalescença, Heather e Fiona foram colocadas em creches. Heather preferiu morar na casa onde passou a infância a viver com o pai, de quem definitivamente não gostava. Quando a mãe saiu do hospital, a família novamente reunida se mudou para uma propriedade do conselho local perto de Washington, Tyne and Wear, onde Mills alega que o pai batia na mãe e que ela e outra garota foram sequestradas por um homem que as manteve em cárcere privado em seu apartamento, que a acariciava e se masturbava até as garotas serem resgatadas pela polícia.* A mãe então saiu de casa para viver com um ator chamado Charles Stapley e deixou os filhos com o pai.

Quando tinha 10 anos, Heather foi pega roubando uma loja. A polícia a liberou com um aviso. O pai não pareceu se preocupar com o roubo, mas ficava furioso se a casa não estivesse em ordem, agredindo verbalmente as crianças; a filha do meio decidiu que o pai era um louco. Quando ela fez 13 anos, John Mills foi preso por fraude e, como resultado, as crianças foram morar com a mãe e Charles Stapley em Clapham, no sul de Londres. Heather alega que fugiu dessa casa aos 14 anos para juntar-se ao pessoal do parque de diversões em Clapham Common. Foi quando ela começou a dormir embaixo dos arcos da estação de trem, misturando-se com viciados em drogas, garotos de programa e prostitutas. Então ela conseguiu um emprego aos sábados com um joalheiro, a quem roubou, sendo presa, levada ao tribunal e recebendo, por fim, uma sentença por roubo, que cumpriu em liberdade condicional. Uma adolescente precoce que se vestia de modo provocante, Heather em seguida andou sem rumo pela parte mais "leve" da indústria do sexo, arrumando emprego por volta dos 16 anos em um clube masculino do Soho, isto é, um bar no distrito da luz vermelha onde homens eram estimulados por mulheres seminuas a gastar quantidades extorsivas em bebida. Ela não trabalhava "entretendo" diretamente os clientes. Quando foi entrevistada,

* Esta amiga contesta a versão publicada sobre esses fatos em *Out on a Limb*, e processou Heather por identificá-la no livro e falsificar eventos. Ela ganhou indenização. *(N. do A.)*

a jovem se mostrou tão ingênua que o chefe a colocou para trabalhar como garçonete. Mesmo assim, nossa heroína entrou no lado sórdido do Soho, bairro que fica ao lado dos escritórios modernos de tipos criativos como Paul McCartney, cujo prédio ficava logo na esquina da Soho Square.

O músico estava promovendo *Press to Play* quando Heather encontrou seu primeiro marido em um bar do Soho chamado Bananas. Alfred Karmal, conhecido como Alfie e dez anos mais velho que ela, tinha dois filhos e estava se divorciando. Ele fez fotos do primeiro portfólio de Mills como modelo, distribuído pela irmã dele na cidade. Agentes sugeriram que a adolescente de seios grandes deveria ser modelo "glamour", eufemismo da indústria do sexo para fotos de topless e no estilo pornô *soft*, embora Alfie alegue só ter descoberto depois que a então namorada fazia esse tipo de trabalho. Pelo relato de Heather, ela progrediu quase imediatamente e virou uma "modelo de trajes de banho" mais respeitável.

Dois anos se passaram. Alfie e Heather moravam juntos em uma casa geminada no subúrbio de Stanmore, Middlesex. A relação deles era tempestuosa.

> Uma sexta-feira ela me chamou e disse que fora convidada a ir a Paris para fazer trabalho como modelo... Não tive notícias dela o fim de semana todo. Eu me perguntava onde diabos ela estava. Fiquei preocupado. E então ela telefonou no domingo à noite e disse: "Não vou voltar. Tchau."

Heather conta em sua biografia que a essa altura de suas aventuras ela virou "o rosto" de uma grande firma de cosméticos, o que a levou a morar e trabalhar na França. "Eu teria que viver em Paris por um ano com opção de mais um se tudo desse certo. Mas o melhor era o dinheiro — eu receberia 1.500 libras por dia... Era a oportunidade da minha vida." A firma era suficientemente importante para acomodá-la em um hotel de luxo na capital francesa. Ela estava ganhando tanto que enviou dinheiro suficiente para que o pai comprasse um novo BMW. Alfie não faz ideia se essa história é verdadeira. "Era difícil de acreditar em qualquer coisa que ela dizia, porque eu a pegara várias vezes mentindo para mim, sobre onde ia, o que estava fazendo..." A inacreditável aventura francesa chegou a um apropriadamente improvável final em dezembro de 1988 quando, de acordo com seu relato, o chefe sem nome da firma de cosméticos não identificada se apaixonou tão violentamente por ela que a levou a sair da França, pegando uma barca noturna para Dover. Heather ligou para Alfie pedindo que ele fosse buscá-la no porto, retomando assim o relacionamento. "Ela me pediu em casamento umas cinquenta vezes naquela semana."

Após garantir que ela veria um psiquiatra, segundo ele para ajudar a parar com as mentiras, Alfie aceitou o pedido. A cerimônia se deu em 6 de maio de 1989. O casal viveu novamente em Stanmore e depois em Hoddesdon, uma cidade-dormitório em Hertfordshire. Heather sofreu a primeira de duas gravidezes ectópicas, gerenciou uma pequena agência de modelos por um tempo e fez cirurgia plástica nos seios. Depois foi à Iugoslávia esquiar, teve um caso com seu instrutor de esqui, Milos, voltou para casa rapidamente e acabou abandonando o marido definitivamente em 1991. Ele relembra:

> Cheguei em casa, vindo do trabalho, e ela havia ido embora: empacotou tudo, quebrou a porta da frente. E uma grande vidraça na porta da frente. Ela arrancou o papel de parede quando carregou as malas na saída — simplesmente fugiu. E foi isso. Eu não sabia onde ela estava, a irmã não sabia onde ela estava. Ninguém sabia onde ela estava... Descobri que estava na Iugoslávia... Vagabundeando por aí.

Ele também alega ter descoberto que a então esposa levara o carro que ele havia comprado para ela até a oficina mais próxima e o vendera para arrumar dinheiro. Alfie diz que Heather também vendeu os anéis que tinha. Em sua biografia, a modelo conta outra versão da história, na qual teria avisado a Alfie sobre sua viagem à Iugoslávia para ficar com o namorado instrutor de esqui. "Meu casamento não teve um final feliz. Quando eu disse que estava indo embora, Alfie a princípio ficou chocado, depois furioso e, em seguida, amargo", descreveu ela em *Out on a Limb*. "Ele me contou que fugir para a Iugoslávia era como correr para o parque de diversões quando eu tinha 13 anos." Mesmo assim, ela foi embora e o marido pediu o divórcio.

Heather agora se via no meio de uma guerra civil na Iugoslávia, enquanto o país começava a se desintegrar com o colapso da hegemonia comunista na Europa Oriental. Ela se envolveu no trabalho de auxilio às vítimas da guerra, desenvolvendo um interesse específico por vítimas que perderam membros em explosões de minas terrestres. Em viagens para o Reino Unido, ela levantou dinheiro e recursos para essas pessoas e retomou sua carreira de modelo, que se tornou muito bem-sucedida, segundo ela, a ponto de ter conseguido comprar um conversível Saab e um apartamento no salutar subúrbio londrino de Hampstead. Milos era passado. Uma noite, em um clube noturno de Stringfellow, a loira encontrou um rico negociador de títulos chamado Raffaele Mincione, com quem iniciou um novo romance. Ela já tinha resolvido terminar essa relação quando o casal foi passear em Kensington Gardens no domingo, 8 de agosto de 1993. Enquanto atravessavam a Kensington Road, andando na direção do parque, uma motocicleta da polícia atropelou Heather, arrancando-lhe o pé esquerdo. Os cirurgiões amputaram 15 centímetros da perna abaixo do joelho para obter uma mutilação limpa. Esse foi o ponto de inflexão na vida de Heather Mills.

Para uma moça solteira de 25 anos com pouco estudo e que se aproveitava de sua aparência, perder uma perna parecia uma calamidade quase impossível de superar, e assim foi para Mills, a princípio. Além da experiência da amputação ter sido chocante, quando tentou ir ao toalete sozinha, ela caiu. E em seguida chorou, perguntando "Por que eu?", mas depois se reergueu e mostrou um tremendo caráter. Os tabloides estavam ansiosos para contar essa história da modelo sexy que se tornara uma amputada corajosa, de modo que a história foi leiloada por ela aos jornalistas ainda na cama do hospital. Além de ser fotogênica, ela falava bem e era carismática de um jeito único. Após se dar alta do hospital, Heather começou a aparecer regularmente nos tabloides e na programação diurna da TV. O *Daily Star* lhe deu o Gold Star Award por sua coragem, e ela chegou até a conhecer o primeiro-ministro John Major em Downing Street — situação inimaginável para a ladra de lojas que virou modelo "glamour". Como observa Charles Stapley, a atenção que Heather agora recebia devido ao acidente fazia dela o tipo de pessoa "que ela sempre quisera ser".

Não demorou muito para a modelo aparecer no rádio e escrever sua autobiografia. Ela buscava a publicidade, falando com jornalistas sobre suas obras de caridade e sua vida amorosa, que continuava a ser movimentada: após abandonar Raffaele, dois outros noivos se seguiram, mas ela não se casou com nenhum deles. Heather agora parecia obcecada em ser uma celebridade, dando infinitas entrevistas para falar de si mesma e das causas que defendia. Comparada por jornalistas crédulos a outra defensora das vítimas de minas terrestres, a princesa Diana, Heather foi assunto de matérias cada vez mais improváveis: ela seria indicada ao Prêmio Nobel, planejava esquiar pela Grã-Bretanha nas Paraolimpíadas, Hollywood faria um filme a seu respeito, surgia a possibilidade de carreira política. "Quando tiver quase 40 anos, quero ser Ministra da Saúde", anunciou ela de maneira ridícula em 1998. Foi quando aconteceu algo quase tão improvável quanto o alto cargo político: Heather começou a namorar o inglês mais famoso do mundo.

"QUANTO MAIS VOCÊ A CONHECIA, MAIS SABIA QUE ELA ERA MALUCA"

Naquele mês de julho, Sir Paul McCartney foi a um concerto de coral na Charterhouse School em Surrey para celebrar a memória de Linda. Ele, o recém-ordenado cavaleiro Sir Richard Rodney Bennett, David Matthews e o velho amigo de Paul, John Tavener, estavam entre os nove compositores que contribuíram com obras de coral para *A Garland for Linda*. A obra de Paul, *Nova*, tinha um clima evidentemente religioso. O ex-Beatle escreveu no livreto a pergunta que Cristo fez na cruz: "Deus, onde estás?" E concluiu que Deus estava em todos os lugares, na natureza, em cada floco de neve e pedaço de grama. Paul poderia ter continuado nessa direção espiritual na música e na vida se não tivesse sido arrancado do luto por sua vivaz nova namorada.

Heather Mills acabara de ficar noiva mais uma vez, após um romance de dez dias com o documentarista Chris Terrill. Eles marcaram a data do casamento para 8 de agosto de 1999. Uma semana antes, porém, ela cancelou tudo, dizendo ao noivo que ia passar férias na Grécia. Na verdade, a modelo acompanharia Sir Paul aos Estados Unidos em suas férias de verão nos Hamptons. Quando voltaram ao Reino Unido, Paul e Heather eram inseparáveis. Eles se enfiaram em Forecastle, um estranho esconderijo que McCartney tinha em Rye, perto da antiga igreja da cidade. Em outubro, eles deixaram seu ninho de amor para lançar um disco beneficente, *Vo!ce*, no qual Heather fazia um monólogo sobre pessoas amputadas enquanto Paul tocava guitarra e contribuía com vocais de apoio. Ela se mostrou uma parceira musical tão inútil quanto Linda. Era, porém, típico de Paul adquirir os interesses das mulheres em sua vida. Ele sempre fez isso.

Paul também sempre foi um homem dos mais românticos. Para o Halloween, ele marcou um encontro com Heather em um hotel de Londres e encheu a suíte com lanternas típicas da data. Heather notou que o músico estava tão feliz que literalmente dançava pela rua como seu herói Fred Astaire. Alguns dias depois, ele convidou Heather e a irmã Fiona a Peasmarsh para uma festa noturna na fogueira. Blossom Farm se tornara um santuário para Linda desde sua morte, com uma fonte memorial funcionando em frente à janela da cozinha onde ela e Paul costumavam alimentar o esquilo Wirral. Mills não poderia ficar lá, então ela e Fiona foram acomodadas em outra propriedade no local, uma casa chamada Beanacres. O *News of the World* deu a notícia do romance após seus fotógrafos registrarem Heather saindo da propriedade no dia seguinte. Obviamente eles receberam a dica de alguém.

Rejuvenescido pelo relacionamento, Paul tomou as rédeas de sua carreira, lançando *Working Classical*, um CD que tinha arranjos atraentes para melodias inspiradas por Linda. "My Love", "Maybe I'm Amazed" e "The Lovely Linda", tocadas pelo Loma Mar Quartet. Ele também voltou às raízes e gravou um novo álbum de rock 'n' roll, *Run Devil Run*, com os colegas guitarristas Dave Gilmour e Mick Green. Ian Paice, do Deep Purple, tocou bateria, e Pete Wingfield, teclados. Gravado rapidamente ao longo de cinco dias nos estúdios da Abbey Road, *Run Devil Run* tinha o mesmo som vivo e atraente de *CHOBA B CCCP* e do *Acústico*. Como nesses dois álbuns, a lista de canções tinha músicas que o ex-Beatle crescera ouvindo, a maioria delas obscuras, e também algumas faixas novas, incluindo a canção-título, inspirada por um remédio vodu que Paul arranjara em Atlanta para espantar malfeitores, ladrões e mentirosos. Para promover o CD e ajudar a marcar o fim do milênio, o astro decidiu apresentar esses rocks no Cavern.

Fãs de música entenderam o tamanho da perda que a destruição do Cavern representara em 1973. Por isso, uma réplica fora construída ali perto e inaugurada em 1984. O novo Cavern ficava no mesmo lado da Mathew Street, um pouco mais abaixo no subsolo. O telhado de abóbada fora recriado e havia uma segunda área, maior, reservada para o palco, onde vários artistas se apresentavam, entre eles bandas de tributo aos Beatles — que existiam aos montes. Sir Paul se apresentou nesse espaço maior com sua banda de *Run Devil Run* em 14 de dezembro de 1999, em um show para trezentos convidados selecionados e milhões de espectadores on-line. O que era um evento meio frio e sem emoção ganhou vida quando alguém gritou que queria ouvir "Satisfaction". Paul parou tudo e, mal-humorado, disse: "Há um palhaço na plateia. Leia meus lábios [então sussurrou as palavras] Foda-se!" Depois descobriu-se que o alguém era um membro da própria família de McCartney.

Alguns dias depois, Paul convidou a namorada a Rembrandt para celebrar a vinda do novo milênio com os McCartney Foi nessa festa caseira em Merseyside que Heather foi apresentada aos filhos de Paul, "uma situação difícil para todos", admitiu ela depois. A "parentada" também a olhou com desconfiança. "A primeira vez que ela apareceu foi na casa de Paul, no réveillon", lembra Mike Robbins. "Fui à cozinha por algum motivo. É uma cozinha pequena lá. Sentada à mesa da cozinha, com uma pele branca e um chapéu de pele de cossaco* estava essa loura muito glamorosa que eu nunca vira antes." Mike estendeu a mão. Ela não devolveu o cumprimento e pareceu querer ficar na cozinha em vez de se juntar a todos na sala de estar.

> Falei [com minha esposa]: "Você viu a moça?" Ela respondeu: "Não." Eu disse: "Vá lá e dê uma olhada." Então [Bett] entrou na cozinha, voltou um pouco depois e comentou: "Oh, é uma jovem muito estranha." Falei: "Uma das gatinhas novas e breves de Paul, presumo." E era Heather, a primeira vez que a encontramos. E quanto mais você a conhecia, mais sabia que era maluca. Ela era esquisita.

Paul obviamente não concordava. Após as festas, ele levou os filhos a Parrot Cay, uma ilha de veraneio no Caribe. No dia em que as crianças voltaram para casa, Heather se juntou ao namorado. Durante uma caminhada na praia, ele disse que os piratas costumavam usar aquela ilha e tesouros podiam ser encontrados embaixo das pedras.

---

* Certamente era pele falsa. Tanto Paul quanto Heather eram ferozes defensores dos animais e contra o uso de peles. *(N. do A.)*

Andando na direção do que parecia ser uma pedra, ele sugeriu que ela a virasse. Heather o fez, descobrindo que Paul estivera na praia mais cedo e enterrara na areia um coração com os nomes do casal gravados. "Fiquei lá sacudindo a cabeça, incrédula. Aquele homem era demais."

OUTRA MORTE NO ARIZONA

Nos últimos 15 anos, Mel See vivera com sua parceira Beverly Wilk no subúrbio de Tucson, Arizona. Ele havia começado a se encontrar com outra mulher em Santa Fé e parecia incapaz de escolher entre as duas amantes. Sentindo-se culpado, Mel ficou deprimido, retraído e cada vez mais irracional. "Ele ficava dizendo: 'Eu traí você'", relembra Beverly. "Ele estava realmente esquisito..." Foram receitados antidepressivos, mas o marido não gostava de tomá-los e ficou cada vez mais intenso e estranho. Ele lia obsessivamente a Bíblia e seus livros favoritos de Ernest Hemingway, além de dizer coisas estranhas. Mel chegou ao fundo do poço no sábado, 18 de março de 2000, quando implorou a Beverly para não abandoná-lo. Ela disse que não iria a lugar algum, embora eles dormissem em quartos separados. Um dia, ela acordou no meio da noite e deu de cara com Mel em pé ao lado da cama. "Eu não poderia fazer isso com você e Heather", disse.

"O que houve, Mel?"

Beverly não conseguiu obter uma resposta coerente.

Ela se levantou a tempo de vê-lo saindo da casa. "Vou ao riacho dar uma volta", explicou. Como ele não voltou, Beverly foi procurá-lo. Ela o encontrou deitado em uma árvore oca do tipo palo verde que ele adorava após se matar com um tiro na cabeça, como fizera seu ídolo Hemingway. É interessante que Mel tenha escolhido tirar a própria vida exatamente da mesma maneira e com a mesma idade de Hemingway: os dois estavam a alguns dias do aniversário de 62 anos quando explodiram o cérebro. "Eu olhei e o vi ali, deitado", conta Beverly, "e só consegui correr..."

Mel deixara uma espécie de bilhete no escritório: garranchos, com trechos riscados e adendos. Começava assim: "A Heather, executora, instruções para minha cremação." Percebendo que seria um fardo grande demais para impor à filha, Mel riscou o nome dela e endereçou a carta a um amigo, informando o desejo de que seu corpo fosse cremado, e as cinzas, espalhadas sobre o túmulo dos pais. Ele pedia perdão. Uma ligação foi feita para John Eastman, que entrou em contato com Paul, a quem coube avisar a Heather da morte do pai biológico. O suicídio lançou uma pressão quase intolerável em uma mulher já frágil que, dois anos após perder a mãe aos 56 anos, agora perdia o pai biológico em circunstâncias extremamente dolorosas, aos 61. Mais sofrimento veio a seguir.

É procedimento padrão da polícia do Arizona fazer com que a unidade de homicídios investigue qualquer morte violenta, um fato ao qual a imprensa britânica se apegou e transformou em uma história sobre o primeiro marido de Linda possivelmente ter sido assassinado, uma bobagem alimentada por fofocas locais irresponsáveis sobre os possíveis interessados na morte de Mel. Tais rumores persistiram em Tucson, com um ex-vizinho fazendo a improvável alegação de que a antropologia de Mel era um disfarce para o verdadeiro trabalho dele com a CIA. É quase certo que isso não seja verdade, assim como a história do homicídio. "O caso não se transformou em uma investigação completa de assassinato", explica a Tenente Deanna Coultas do escritório do xerife de Pima County. "Acredito que o caso tenha sido classificado como suicídio."

Embora o principal objetivo do "testamento" de Mel fosse garantir que os amigos e a família o cremassem, ele foi enterrado em 27 de março no Evergreen Cemetery em Tucson. Na lápide está o texto:

JOSEPH MEL SEE
COMPANHEIRO, MENTOR E PAI
1938-2000

Assim terminou a vida do homem que pode ter sido o Jojo de "Get Back". Significativamente, esse foi um evento do qual Heather McCartney pareceu incapaz de se recuperar, e após o qual tornou-se praticamente reclusa. Sua empresa de design foi deixada de lado, bem como seus trabalhos em cerâmica. Uma cerca alta de madeira foi construída em torno de sua casa em Sussex, onde se tornou uma ermitã. "Da última vez que a vi, [Heather] estava em um estado lastimável", revela a vizinha Veronica Languish. "É uma coisa terrível, um garota com essa, que tinha tudo para ter uma vida ótima e não conseguiu."

CONTEMPLE MEU CORAÇÃO

A outra Heather agora estava no centro da vida de Sir Paul, e histórias começavam a aparecer na imprensa alegando que ela podia não ser a namorada ideal para o astro. O ex-marido, Alfie Karmal, deixou sua posição bem clara quando disse ao *Sunday People*: "Casar-me com Heather foi o maior erro de minha vida." Outras histórias negativas vieram de diferentes fontes, sugerindo que durante seu período como "modelo de trajes de banho" em Paris, Heather na verdade fizera companhia a árabes ricos, entre eles o traficante de armas Adnan Khashoggi. Ela havia sido "festeira", disse uma colega modelo que alegava tê-la apresentado a um mundo desagradável, onde garotas bonitas eram recompensadas com presentes e dinheiro. A situação não parecia boa. Um detetive particular entrou em contato com Alfie e disse que trabalhava para um cliente que precisava saber se certas afirmações sobre sua ex-esposa eram verdadeiras — como quem pagara a cirurgia plástica dela. Alfie concluiu que o detetive trabalhava para Sir Paul McCartney.

Apesar dessas histórias, Sir Paul escolheu acreditar nela, tornando seu apoio público quando foi a um programa de TV brega do qual a namorada estava participando, *Stars and Their Lives*, para declarar seu amor por ela. Muitos espectadores e amigos do ex-Beatle se perguntaram por que o astro confiara tanto em uma celebridade de segundo escalão de passado duvidoso que queria se promover. Mike Robbins, primo de Paul, sugere que a resposta é o sexo. Embora tenha vivido uma agitada vida de solteiro, McCartney estava em uma relação monogâmica havia quase trinta anos e, naquela época, os amigos e a família notaram que ele perdera um pouco do jeito com as mulheres. Eis que surge uma loira de seios fartos com certa experiência entre quatro paredes. "Serei grosseiro agora, [mas ele estava] com o pau feliz", diz Mike. "E ele confundia [sexo com amor], não conseguia diferenciar os dois."

Outra forma de analisar a relação é levar em conta que, assim como Lennon, McCartney passou a vida adulta sendo venerado por praticamente todos que o encontravam. A maioria das pessoas não se comportava normalmente perto de um Beatle. John e Paul escolheram como parceiras mulheres corajosas que os tratavam como pessoas comuns. Yoko, Linda e Heather eram pares perfeitos para seus parceiros controladores e voluntariosos. Os dois Beatles principais eram assim; ficaram tão famosos, ricos e poderosos que inevitavelmente eram um tanto terríveis. Eles só se sentiam confortáveis com mulheres igualmente terríveis.

As pessoas normais obviamente não entendiam o que Paul via em Linda, e muito menos em Heather, de quem praticamente ninguém tinha algo de bom a dizer. As fãs gostaram da nova namorada tanto quanto "a parentada". Naquele outono, houve uma exposição de algumas pinturas de Paul na Matthew Marks Gallery em Nova York. Linda Aiello e Toni Kraker apareceram e cumprimentaram Heather alegremente quando ela saiu da galeria. "Oi, Heather!", disseram as mulheres. "Ela nos deu aquele olhar, sabe, quando alguém está dizendo a si mesmo: 'Vai arrumar o que fazer!'" diz Linda.

> Ela empinou o nariz e virou o rosto [para o outro lado]. Dois segundos depois lá vem ele, Paul, e cumprimenta: "Oi, meninas!", fazendo o sinal de positivo. "Como vocês estão?" Agora ela vê que ele nos conhece... Se eu disser como ela mudou — foi como apertar um botão. Ela simplesmente ligou... Ficou toda sorridente, do nada. Mas para mim aquilo era *muito falso.*

Mas Paul estava enlouquecido. Feliz na cama, ele se viu novamente cheio de dinheiro quando Neil Aspinall reuniu os 27 singles dos Beatles que alcançaram o primeiro lugar no Reino Unido ou nos EUA em um CD chamado *Beatles 1.* Embora muitos tenham dito que os fãs da banda já tinham todas aquelas canções e não comprariam a coletânea, *Beatles 1* chegou ao topo das paradas em 34 países, tornando-se, por incrível que pareça, o álbum mais vendido da década nos EUA. O apetite do público pelos Beatles parecia não ter fim. Atingido por essa sorte inesperada, Paul levou Heather à Índia durante quase todo o mês de janeiro de 2001, chegando a Cochin, costa do Malabar, em um jatinho e depois fazendo turismo pelo país, hospedando-se nos hotéis mais luxuosos. O astro se deliciava em armar surpresas românticas e dar presentes à namorada durante suas férias indianas, entre eles uma viagem de trem noturno a Jaipur no aniversário de 33 anos dela. Enquanto aproveitavam a noite na cabine, ele pegou seu violão Gibson Backpacker acústico e compôs "Riding Into Jaipur".

O casal foi para os EUA e Paul levou Heather às compras em Manhattan no Dia dos Namorados, depois ao topo do Empire State, onde escreveu o nome do casal em uma das paredes de pedra. Naquela noite, eles dançaram no Rainbow Room. Viajar para o oeste rumo a Los Angeles inspirou Paul a gravar quase um álbum inteiro de músicas novas em duas semanas, trabalhando com o alto e magro guitarrista californiano Rusty Anderson, o poderoso baterista Abe Laboriel Jr. e Gabe Dixon nos teclados. A banda norte-americana criou um belo som, capturado pelo produtor David Kahne, mas as letras foram a parte mais interessante. Embora houvesse referências ao primeiro casamento de Paul em *Driving Rain*, a maioria das canções parecia abordar seu novo relacionamento, revelando um homem perturbado pelo amor, com insinuações de discordâncias, brigas e dúvidas. Em "Lonely Road" Paul cantou que tentara esquecer sua nova namorada, mas ela fora testada e aprovada. Ele soava vulnerável, deixando claro em "About You" que, diante da morte de Linda, ele entrara em uma depressão tão grave quanto a sofrida com o fim dos Beatles. Assim como a primeira esposa o salvara naquela época, Heather o tirava do luto agora. Ele tinha uma imensa gratidão e morria de medo de perdê-la, de tão confuso e apaixonado que estava. Para completar, havia "Heather" uma bela melodia cuja letra era inspirada em *The Owl and the Pussy Cat* de Edward Lear e mostrava o casal navegando em um mundo de sonhos, magia e amor. Enquanto trabalhava nesse álbum, Paul alugou uma propriedade em Heather Road, Beverly Hills. Eles gostaram tanto da "Casa Heather" que ele a comprou. De volta ao lar, a MPL emprestou 800 mil libras a Heather para comprar e reformar outra propriedade, Angel's Rest, que fazia parte de uma rua de casas lindas e caiadas em uma praia particular perto de Hove, em Sussex. Paul e Heather costumavam ser vistos andando de mãos dadas na praia.

Como muitos viúvos que entram em um novo relacionamento antes de vivenciar totalmente o luto pela falecida esposa, a paixão do ex-Beatle pela modelo dividia espaço com sentimentos profundos por Linda. Havia uma canção intitulada "Magic" em *Driving Rain* sobre o momento em que ele falara pela primeira vez com uma garota que tinha se tornado seu amor. Não era sobre Heather e, sim, Linda. Em maio, Paul lançou uma retrospectiva em CD duplo, *Wingspan*, que abordava a história dos Wings, cuja arte de capa mostrava as mãos de Linda fazendo o símbolo da banda. Paul deu entrevistas à filha Mary, filmadas pelo marido dela, Alistair, para um documentário que acompanhava o CD, durante o qual falou carinhosamente daquela época feliz em sua vida, "tendo minha melhor amiga, minha esposa, para cantar comigo...".

Quando um livro com os poemas e as letras de Paul foi publicado, ele o dedicou à Linda e às crianças. Com introdução e edição de Adrian Mitchell, *Blackbird Singing* fazia uma ambiciosa defesa do músico como poeta — um trovador na tradição de Blake e Homero, argumentou Mitchell — cuja seleção era composta, em sua maioria, por letras de música. Isso era demais. A melhor das canções de Paul nos Beatles, "Penny Lane", por exemplo, realmente tinha uma qualidade poética, mas era modesta. Muitas de suas canções pós-Beatles pareciam desamparadas como um órfão quando postas no papel, sem a música. "Mull of Kintyre" até funcionava como poema, mas Denny Laine diz que escreveu boa parte da letra. Os trabalhos escritos como poesia *per se*, "Ivan", "Meditate" e "Standing Stone", estavam entre os melhores de *Blackbird Singing*, embora mais uma vez Paul tenha tido ajuda com a última, e Adrian Mitchell reconhece em sua introdução que "fez sugestões de pequenos cortes ou alterações..." em outros poemas no livro. Como na oficina de um grande pintor renascentista, muitos homens talentosos agora trabalhavam, com pouco crédito, sob o nome ilustre de Sir Paul McCartney.

Nos últimos meses da vida de Linda, Paul recebera uma encomenda do Magdalen College, Oxford, de escrever uma obra para coral a ser apresentada na inauguração do novo auditório da escola. Paul e Lin fizeram uma visita à antiga universidade e ele aceitou a encomenda, que dava prestígio, mas não dinheiro. O astro financiaria o projeto. Ele começou a compor logo após a morte da esposa. "Depois de Linda ter morrido, achamos que nada ia acontecer", disse Anthony Smith, então reitor da Magdalen, mas Sir Paul voltou a Oxford para a noite de Finados em novembro de 1998, quando o nome de Linda foi lido como parte da cerimônia, e voltou a trabalhar na encomenda logo em seguida. Embora Smith tenha originalmente sugerido uma peça relativamente modesta que refletisse os períodos acadêmicos, o ex-Beatle começou a pensar em uma composição grandiosa para celebrar seu amor pela falecida esposa. Ele encontrou o título em uma visita a Nova York em maio de 2000, a convite do amigo Sir John Tavener,* para narrar um poema como parte de um show de Tavener na igreja de St. Ignatius Loyola. Enquanto esperava para falar, o músico notou uma imagem de Cristo, sobre a qual estava escrita *Ecce Cor Meum*. Com o latim aprendido no colégio, ele deduziu que significava *Contemple meu coração*.

Paul trabalhou em *Ecce Cor Meum* com David Matthews durante o verão de 2001, viajando frequentemente a Oxford para ficar com Anthony Smith na residência do reitor. Quando não estava trabalhando, Paul fugia para o bar da universidade onde, felizmente, os estudantes eram sofisticados bastante para não lhe pedir autógrafos, e falar com ele de modo normal e civilizado. Paul fez amizade rapidamente com todos no *campus*, dos garotos do coro, a quem encantava com estórias de sua carreira fracassada como corista ("Se eu tivesse sido aceito pela catedral [Anglicana] de Liverpool, os Beatles não teriam existido", lembrou ele), aos professores. Smith temia que alguns dos colegas intelectuais fossem arrogantes com o astro, mas todos foram respeitosos por tudo o que o músico conquistara na carreira e, na verdade, estavam discretamente empolgados por tê-lo em Magdalen. As mulheres visivelmente se arrumavam mais quando Sir Paul vinha jantar. A ambição dele por compor obras clássicas e complexas parecia aos acadêmicos um desejo louvável de expandir seus limites. Smith achou que Paul havia adquirido mais seriedade agora que estava perto dos 60 anos, e conta:

> Ele ambicionava ser algo mais como pessoa. Ele se envolve em grandes causas, quer fazer algo para o mundo. Ao mesmo tempo em que se sente cada vez maior, seu trabalho musical se desenvolve no mesmo ritmo e ele não quer mais escrever singles para adolescentes como fez muitas décadas atrás. Ele quer ser compositor. E é isso. Quanto ele é bom e quanto sua música vai durar, isso o futuro vai decidir... Ele agora se estabeleceu como pessoa pública de um jeito que exige respeito [e] acredito que ele tenha uma impressão de si mesmo como uma espécie de monumento nacional.

---

* Ele foi ordenado cavaleiro em 2000. *(N. do A.)*

Heather Mills, por sua vez, causou uma impressão menos favorável em Oxford. A administradora de obras de caridade mostrava pouco interesse nos projetos clássicos do namorado, a menos que tivesse sugestões para mudanças, que ela dava à vontade, no estilo irritante de Yoko Ono. "Creio que ela acredita conhecer música tão bem como [outros assuntos]", ataca Smith. "Ela tentava colocar Paul em seu devido lugar boa parte do tempo e não acredito que ele considerasse isso necessário." Havia uma sensação de que o casal não estava em harmonia, talvez porque Paul estivesse trabalhando em uma obra em elogio a seu último amor e, embora ele e a Srta. Mills não brigassem em público, havia silêncios desconfortáveis na casa do reitor. Heather geralmente estava no telefone lidando com suas obras de caridade. "Ela não parecia estar apaixonada", conta Smith.

> E uma vez ela foi embora no meio da noite. Ela sempre estava fazendo seu trabalho de aconselhamento pelo telefone com crianças que sofriam de câncer e tal. Acho que foi por isso que ela saiu bem cedo um dia, porque um deles ficava telefonando para ela ou algo do tipo... Ela realmente dava muita importância à própria vida.

Entre os amigos e associados de Sir Paul, era consenso defini-la como problemática. Muitas histórias preocupantes circulavam sobre ela. Eric Stewart ficou tão preocupado com o que ouvira que escreveu uma carta ao ex-Beatle:

> Ela foi àquela apresentação beneficente sabendo que o encontraria e acredito que tenha comentado com alguém antes que iria se casar com ele, então mandei uma carta avisando. Não obtive resposta, mas assim que eles reuniram as pessoas que eu conhecia na MPL, todos aqueles velhos amigos, subitamente [pareceram] desaparecer. Eles foram substituídos. De repente eu não conseguia mais ligar para ele na empresa. Eu conseguia ligar para ele em casa ou no estúdio, mas na MPL ninguém passava a ligação para ele. O que está havendo aqui? Era como se ele estivesse tentando afastar qualquer pessoa que conhecera ele e Linda quando eram um casal.

Pelo menos essa foi a percepção de Eric sobre o que estava acontecendo na MPL. Quando Paul apresentou Heather Mills a outro velho amigo, Tony "Measles" Bramwell, com quem se reconciliara depois da briga em 1978, Bramwell imediatamente a reconheceu como uma garota que costumava frequentar os clubes londrinos. "Ela olhou para mim horrorizada, sabendo que eu estivera em clubes onde ela estava à caça de um homem rico." Recusando-se a passar mais tempo na companhia de Measles, Heather anunciou: "Não há ninguém interessante aqui. Vou fazer compras." Paul a seguiu obedientemente, e Bramwell concluiu que a considerava tão horrível quanto Yoko Ono.

Naquele verão, o músico levou a namorada a Liverpool, onde ele comandaria a cerimônia anual de graduação do LIPA. Antes disso, ele a apresentou a Mark Featherstone-Witty, que gostou dela tanto quanto Bramwell e Smith. "Normalmente, em uma conversa normal, você conhece alguém dizendo 'Fale-me um pouco de você' e em algum ponto da conversa você espera que alguém lhe retorne o favor", observa Featherstone-Witty. "Duas horas e meia depois ela ainda estava falando de si mesma. Ha Ha Ha! Conheci pessoas egocêntricas na vida, mas acho que essa ganhou a medalha de ouro, ela ganhou o Oscar do egocentrismo."

Mas Paul estava encantado. Após a cerimônia ele levou Heather ao Lake District e se hospedou no Sharrow Bay Hotel, Ullswater onde, uma noite antes do jantar, ele ficou de joelhos e disse: "Eu a amo, Heather. Quer se casar comigo?" E, então, presenteou a namorada com um anel de noivado de safira e diamante comprado na Índia, em janeiro. (O fato de ter esperado seis meses para dá-lo fala por si.) Quando a administradora de obras de caridade disse que se casaria com ele, o famoso viúvo caiu em lágrimas.

27

AQUELE SEGUNDO CASAMENTO DIFÍCIL

O CONCERTO PARA NOVA YORK

Na manhã de 11 de setembro de 2001, Sir Paul McCartney e sua noiva Heather Mills estavam sentados na primeira classe de um avião comercial no aeroporto John F. Kennedy, prestes a voar para Londres. Enquanto o avião taxiava para decolar, o casal viu o contorno familiar de Manhattan manchado por uma nuvem de fumaça vinda do World Trade Center. O capitão pediu a todos para ficarem calmos enquanto ele descobria o que estava acontecendo. Os passageiros instinti vamente começaram a ligar para seus parentes pelo celular. Todos ainda estavam lá sentados 17 minutos depois quando um segundo avião pilotado por terroristas bateu na Torre Sul do Trade Center. Logo depois veio a notícia de um terceiro avião acertando o Pentágono e, como resultado, todos os voos comerciais estavam no chão. Quando desembarcaram, Paul e Heather foram levados de volta a Long Island onde, como a maioria das pessoas, sentaram-se na frente da TV para assistir à cobertura jornalística desses eventos extraordinários.

Os dois tinham ido a Nova York para que Heather recebesse um prêmio por suas obras de caridade. Desde que ficara noiva de Sir Paul, ela tinha uma vida pública bem movimentada dos dois lados do Atlântico, dando a impressão de que esperava ser notada a despeito do noivo, embora fosse certo que não teria recebido tanta atenção se seu nome não estivesse associado ao dele. Linda sempre ficara feliz em ser a consorte de Paul e jamais tentava ofuscá-lo. Com Heather havia a sensação de um ego rival. Desde que vendera pela primeira vez sua história aos tabloides britânicos, ela aproveitava a atenção da mídia, mesmo sendo de segunda linha. Agora desfilava com arrogância em um palco internacional. Na verdade, Heather logo se entediou de ficar em casa com Paul em Amagansett e o deixou lá a fim de cumprir seus "compromissos urgentes de caridade" no Reino Unido.

Quando voltou a Long Island alguns dias depois, ela sugeriu a Paul que ele "fizesse um show beneficente" para as vítimas do 11 de Setembro. Ele não gostou da ideia imediatamente. Seu novo álbum, *Driving Rain*, estava pronto para sair e ele não queria dar a impressão de que estava usando a tragédia para vender discos. A noiva lhe disse para não ser tolo. "Componha uma música sobre liberdade", sugeriu ela, citando uma palavra fundamental e usada várias vezes pelo então presidente George W. Bush após os ataques terroristas. Os discursos do presidente norte-americano insinuavam uma ligação com o regime de Saddam Hussein no Iraque, invadido pelos EUA em seguida. Muitos observadores, inclusive Paul, viram o ataque como um erro idiota, pois não fora provada qualquer relação entre os atentados de 11 de Setembro e o Iraque de Saddam. "As pessoas sentiram uma simpatia imensa e natural pelo povo norte-americano naquele momento, mas os atos políticos que se seguiram ao ataque desperdiçaram essa oportunidade", comentou ele depois. "Era como se alguém tivesse levado uma surra no playground, não soubesse quem o atingira e simplesmente decidisse descontar na pessoa mais próxima — que acabou sendo o Iraque." Como consequência imediata do ataque, simpatizando com a tragédia sofrida pelo povo americano, Paul acabou aceitando a sugestão da noiva e transformou a retórica do presidente Bush em música.

A canção "Freedom", coescrita com Heather, é uma das composições menos inspiradas de McCartney, cuja melodia lembrava um grito de torcida de futebol e a letra parecia ter sido retirada de adesivos de carro do Partido Republicano dos EUA:

This is my right, a right given by God
To live a free life, to live in freedom

Talkin' about freedom
I'm talkin' 'bout freedom

I will fight for the right
To live in freedom *

Harvey Weinstein e o canal de televisão VH1 já estavam planejando fazer um show em prol dos bombeiros e de outros trabalhadores de emergência que sofreram e se destacaram durante os ataques, com a banda The Who tendo se comprometido a se apresentar. Sir Paul foi convencido a abandonar os planos de fazer seu próprio show para as vítimas do 11 de Setembro e juntar-se ao evento do VH1. Ao fazer isso, ele virou a atração principal, gerando um clima desagradável nos bastidores. "Acho que o The Who pensou que entraria antes do Paul," comenta um executivo do VH1:

> O The Who foi o primeiro grupo contatado, e eles concordaram em liderar o evento. Quando outros souberam que o The Who tocaria, começaram a vir também. Nessa mesma época, porém, Paul estava na cidade e [ele] virou âncora e a principal atração do Concerto para Nova York, mas como você pode imaginar, houve uma confusão entre algumas das outras pessoas que pensaram "Puxa, me comprometi a participar bem antes do Paul, então como isso virou o show do Paul?"... E entramos em uma área sensível porque os egos de diferentes pessoas estavam envolvidos.

Pete Townshend se lembra dos eventos de modo diferente:

> Quando Harvey Weinstein falou comigo, Paul já havia assumido um compromisso, eu acho — pressionado por Heather Mills que estava com ele em um avião na pista do Kennedy, observando as torres caírem. Ele estava apenas inseguro a respeito de como o show iria se desenvolver. Não nos comprometemos a participar sob a condição de sermos a atração principal ou âncoras. Apenas nos comprometemos a nos apresentar... Pode ser, é claro, que nosso EMPRESÁRIO [sic] tenha se irritado pelo fato de Paul ter assumido o posto de âncora. Mas nós sempre cedemos aos Stones ou aos Beatles (Macca).

---

* Este é meu direito, um direito dado por Deus/De ter uma vida livre, viver em liberdade/Falando de liberdade/Estou falando de liberdade/Vou lutar pelo que é certo/Para viver em liberdade. *(N. do T.)*

O show no Madison Square Garden em 20 de outubro de 2001 foi um evento tomado pela emoção, com presença de atores, astros do esporte e personalidades da política, entre elas o prefeito de Nova York Rudolph Giuliani. Quase metade dos artistas era britânica, com David Bowie, Eric Clapton, Jagger e Richards, Sir Elton John e The Who. Todos se apresentaram antes de Sir Paul subir ao palco vestindo uma camiseta do Corpo de Bombeiros de Nova York. Começando com "I'm Down", ele apresentou duas canções do novo álbum, uma delas era o single "From a Lover to a Friend", antes de fechar com "Yesterday", "Freedom" e "Let It Be", o final sendo uma reprise em versão para bater o pé de "Freedom", que foi lançada como single. O show, que arrecadou milhões para a caridade, naturalmente ofuscou o lançamento de *Driving Rain*, um álbum fraco que não causou impacto nas paradas. Da mesma forma, "Freedom" mal chegou ao Hot 100 da *Billboard*.

Os graves eventos do 11 de Setembro também ofuscaram os últimos dias de George Harrison que, após ter sobrevivido ao ataque de um invasor com uma faca em Friar Park em 1999, estava nos EUA recebendo tratamento para o câncer. Seu estado era terminal. Paul visitou o velho amigo no Staten Island University Hospital em novembro. A relação deles sempre fora difícil, desde os Quarry Men até um ano antes, quando o livro *Anthology* fora publicado. George trabalhara com a Genesis, uma pequena editora britânica, produzindo edições caras e encadernadas em couro de seu livro *I Me Mine* e da biografia de seu amigo Derek Taylor, *Fifty Years Adrift*. O guitarrista expressou ao conselho diretor da Apple seu desejo de que o livro *Anthology* saísse inicialmente em uma edição semelhante, com a capa de couro, mas McCartney ficou horrorizado. "Ele foi contra porque era vegetariano", relata Neil Innes, confidente de Harrison. "Então George reclamou disso. No final, [a relação] ficou um pouco desgastada por bobagens." Agora, todas as brigas foram deixadas de lado. Sentado no leito de hospital de seu amigo de infância e colega em uma das maiores aventuras musicais do século XX, Paul segurou a mão de George e a acariciou com ternura. Quando saiu do hospital, ele se deu conta de que nunca havia tocado no ex-companheiro de banda daquela maneira.

Com o estado cada vez mais debilitado de George e a perda de Linda em mente, Paul se preparou para fazer as primeiras apresentações de sua obra para coral *Ecce Cor Meum*. Antes, Paul e Heather ficaram mais uma vez em Oxford como hóspedes do reitor da Magdalen Anthony Smith, que se deu conta de que continuava não gostando da Sra. Mill, mesmo ela sendo noiva de Sir Paul:

> Você sabe quando uma mulher ama o homem com quem está, e não havia amor ali. Qualquer um notava. Todos ao redor [deles] notavam. Dava para ver, para *sentir*, mas ele não percebia. Ou então se convencera de que, como era um bom homem — e realmente era — e uma pessoa extremamente motivada pela moral, em tudo, parece que ele sentia uma *obrigação* de amá-la. Esta é a minha teoria.

A primeira apresentação de *Ecce Cor Meum* foi feita na nova capela da universidade, antes de enfrentar um público maior no Sheldonian Theatre. A peça era exigente e fora pouco ensaiada, algo que o colaborador de Paul, David Matthews, achou surpreendente considerando que o normalmente meticuloso Paul costumava gastar o tempo e o dinheiro necessários para garantir que suas obras clássicas soassem bem. Talvez ele estivesse distraído pelo novo amor. Em todo caso, McCartney entrou no palco para desculpar-se por *Ecce Cor Meum*, alegando ser uma obra em progresso. Ele faria alterações antes de apresentá-la novamente ao público.

Três semanas depois, em 29 de novembro de 2001, George Harrison faleceu aos 58 anos. Paul recebeu a notícia por uma ligação telefônica feita de madrugada por Olivia Harrison, que cremou o corpo do marido em uma cerimônia privada na Califórnia. A morte foi uma perda imensa, o terceiro Beatle a ter deixado o palco prematuramente (contando com Stuart Sutcliffe) e Paul parecia determinado a não errar a reação pública como fez quando John morrera, quase 21 anos antes. Após organizar uma entrevista na rua em frente à propriedade de Sussex, ele falou aos repórteres de como George era seu amigo de infância, um homem corajoso, belo e engraçado cuja música viveria para sempre, não revelando nada sobre seu difícil relacionamento pessoal com ele. "Eu o amo como se fosse meu irmão", contou o astro, enlutado, enquanto os corvos grasnavam uns para os outros nas árvores.

DE VOLTA À ESTRADA

No Ano-Novo, Paul levou Heather novamente à Índia, onde comprou mais joias para ela, uma das muitas formas pelas quais demonstrava generosidade com a noiva. Ele também lhe adiantou 150 mil libras para decorar sua nova casa à beira-mar perto de Hove, transformando o empréstimo anterior de 800 mil libras em um presente, e deu a ela um cartão de crédito conjunto Coutts — acessório útil agora que eles se preparavam para sair em turnê.

Inicialmente planejada como turnê de primavera por vinte cidades norte-americanas, a *Driving USA* virou uma odisseia de 14 meses ao redor do mundo, passando a sensação de que o músico tentava demonstrar à noiva quanto era famoso. Embora isso possa parecer desnecessário a qualquer um com um leve interesse em cultura popular, Heather demonstrou vasta ignorância sobre a história do companheiro, alegando não saber que as canções clássicas ouvidas no rádio — "Back in the USSR", por exemplo — eram dos Beatles. Seu grupo favorito era a banda de rock pesado AC/DC.

A nova banda de estrada de Paul tinha os norte-americanos Rusty Anderson e Abe Laboriel Jr. das sessões de *Driving Rain*. Ele também contratou novamente o inglês Paul "Wix" Wickens, que tocara teclado no disco e na turnê de McCartney entre 1989 e 1993. Sendo o integrante mais antigo, Wix contou aos norte-americanos como seria empolgante estar com Paul no palco, "a voz certa para cantar essas canções, e vocês todos farão parte disso". O último integrante a entrar no grupo foi o californiano Brian Ray, que tocaria guitarra e baixo (quando Paul pegasse outro instrumento). Os músicos fizeram sua primeira apresentação juntos quando McCartney cantou "Freedom" no Super Bowl XXXVI em Nova Orleans, em fevereiro de 2002, evento que também serviu para relembrar os atentados de 11 de Setembro. A turnê propriamente dita começou dois meses depois, em Oakland, Califórnia.

Após ter se associado tão intimamente aos eventos de 11 de Setembro, Sir Paul continuou a se enrolar na bandeira norte-americana durante sua viagem pelo país em 2002, literalmente agitando a famosa bandeira com listras e estrelas no palco em Oakland, enquanto circulavam histórias levemente estimulantes sobre esses shows estarem "curando" os Estados Unidos como os Beatles fizeram nos anos

1960 após o assassinato do presidente Kennedy. Embora escolhesse cuidadosamente suas palavras — "há um certo aspecto de cura acontecendo de novo, e estou orgulhoso por fazer parte disto... Não foi algo que planejamos para esta turnê, mas estamos aqui na hora certa..." — tais sentimentos poderiam parecer oportunistas.

A jornada de Sir Paul rumo aos EUA foi quase régia, no estilo de um homem que realmente era o rei do pop, não importava o que Michael Jackson alegasse. A rotina era a mesma: ele e a noiva chegavam ao local no meio da tarde, em uma limusine preta estilo presidencial ao lado de batedores, e o astro deixava a janela meio abaixada para acenar aos fãs que esperavam na estrada, com suas câmeras e velhos LPs nas mãos gritando "Paul! Paul!" na vã esperança de obter um autógrafo. Depois ele fazia uma longa passagem de som antes de se retirar para uma área particular nos bastidores, separada por um cordão de isolamento e decorada com motivos indianos — cortinas, travesseiros e velas aromáticas. Antes do show, o músico recebia convidados VIP, dava entrevistas à imprensa e fazia uma refeição vegetariana preparada pela equipe de cozinha formada por nove pessoas, orientadas a não servir "nada que tivesse um rosto," o que incluía caviar. Felizmente, Heather também era vegetariana. Todos na turnê eram obrigados a ser vegetarianos, visto que comeriam à custa de Paul.

Enquanto as portas se abriam e os espectadores se amontoavam na arena, o ex-Beatle escolhia as roupas que usaria no palco em duas araras de calças, camisas e casacos e depois começava seu último ritual pré-show. Primeiro bebia uma xícara de chá, depois ia a um dos imensos banheiros dos bastidores, um espaço preparado especificamente para seu tradicional banho, que incluía inalar água morna para limpar as vias aéreas. Depois ele reunia a banda — Abe, Brian, Rusty e Wix —, que ficava em estado de alerta quando "o chefe" entrava no camarim, e eles cantavam para aquecer; Paul gostava de um coro engraçado de "Hey Hey We're the Monkees". Em seguida ele aceitava que John Hammel lhe desse uma tradicional pastilha de Strepsil para a garganta, a quem ele fazia um gesto de "toca aqui" para agradecer, chupava a pastilha por alguns momentos, retirava da boca e colocava em cima de uma caixa de som, a mesma caixa toda noite. Paul é um homem de rotina. Então olhava o público por uma fresta na cortina, fazia um olhar fingido de terror como se dissesse:

"TEM MUITA GENTE LÁ — NÃO POSSO CONTINUAR!" Por fim, ele se juntava à banda e pedia a Deus por um bom show. Apesar de todos os pedidos com os quais precisava lidar, Ele geralmente atendia.

Do outro lado da cortina, a plateia era entretida por um desfile de atores com roupas coloridas — deus indiano, homem de Magritte com guarda-chuva, palhaços e acrobatas — que desfilavam pelos corredores ao som de música no estilo ambient, entre elas trechos de *Rushes* e entravam no palco ao estilo do Cirque du Soleil. Pouco antes de os espectadores ficarem muito quietos — "Está tudo ótimo, mas quando a droga do show vai começar?" — McCartney entrava no palco, recebendo um urro empolgado de reconhecimento. Ele ficava lá por um momento, aceitando o amor do público enquanto os integrantes da banda assumiam seus lugares para então apresentar "Hello Goodbye" de 1967, quando o mundo era fabuloso e ninguém sonhava que terroristas jogariam aviões em arranha-céus. As 15 mil ou mais pessoas da plateia — com uma vasta gama de idades, de mães com bebês a idosos — ficavam visivelmente felizes, pois a música os fazia esquecer as preocupações. Como observou o guitarrista Brian Ray, todos pareciam rejuvenescer diante de seus olhos.

Desde a turnê divisora de águas de 1989/1990, Paul aumentara o conteúdo os Beatles em seu show. Em 1989 ele apresentava por volta de 14 canções dos *fab four* todas as noites, pouco menos da metade do show. Treze anos depois, ele tocava aproximadamente 23 canções dos Beatles como parte de um show mais longo, de 36 músicas, e o bis característico dos *fab four*. Canções de sua carreira solo e dos Wings testadas e aprovadas como "Live and Let Die" preenchiam o meio do show, com uma ou duas canções recentes. Toda noite Paul falava ao público sobre sua noiva antes de cantar "Your Loving Flame". Outras canções agora tinham um tom de memorial, como "My Love", cantada para Linda, algo que aparentemente irritava Heather. Durante a parte acústica solo, McCartney apresentava "Here Today" como uma canção que escrevera "após meu querido amigo John ter falecido". Ele então trocava sua guitarra Martin por um ukulele, dizendo ao público que quando costumava ir à casa de George Harrison, os ukuleles apareciam após o jantar, pois o amigo era fã de George Formby. "Então eu lhe disse: 'Toco uma canção no ukulele.' Apresentei a música para ele e vou apresentá-la para vocês esta noite, como um tributo a George." Paul então tocava a canção mais bonita de

George, "Something", acompanhando a si mesmo no ukulele, em um momento, sem dúvida, muito emocionante, apresentado de tal forma que o público poderia ser perdoado por pensar que essa fora a única noite em que ele fizera esse tributo musical ao amigo. Na verdade, após descobrir quanto isso funcionava bem, Paul dava a sua versão de "Something" com ukulele um prólogo praticamente idêntico todas as noites. Virou uma parte fixa do show, assim como o pedido ao público para cantar "Hey Jude" e as explosões de "Live and Let Die".

Apesar da rotina, os shows eram divertidos e emocionantes. O espetáculo ficava ainda maior nos enormes telões, tão grandes quanto os da Times Square, que exibiam uma montagem de cores e imagens temáticas, com cenas da beatlemania acompanhando "I Saw Her Standing There", por exemplo. Ao final dessa canção específica, Paul tinha o alarmante hábito de jogar seu famoso baixo Höfner para John Hammel, que, entre outras funções, era encarregado de garantir que as guitarras do chefe tivessem cordas novas em cada apresentação, montar guarda enquanto ele cumprimentava seus visitantes VIP de modo breve, mas carinhoso nos bastidores, e servir uma taça comemorativa de Don Pérignon ao músico a à noiva no ônibus após o show.

Nas fotos do fotógrafo oficial da turnê, Bill Bernstein, Paul e Heather aparentavam uma imensa felicidade, mas, longe das câmeras, houve cenas feias entre o casal. Em meados de maio a turnê *Driving USA* chegou à Flórida, e os dois se hospedaram no Turnberry Isle Resort and Club em Miami. No sábado, 18 de maio, Paul fez o segundo de dois shows no National Car Rental Center em Fort Lauderdale, voltando ao hotel de Miami com Heather em seguida. Era o fim da primeira parte da turnê e, naturalmente, uma oportunidade para festejar. No início da manhã seguinte, os outros hóspedes acordaram ouvindo uma discussão exaltada entre o casal, em que o astro gritava: "Não quero me casar com você. O casamento está cancelado." O anel de noivado aparentemente foi jogado por uma mão desconhecida da janela do hotel. Após receber a notícia de que o valioso anel havia "caído" da janela da suíte de Sir Paul, a equipe do hotel passou boa parte do dia seguinte procurando por ele, usando até detectores de metal. O anel acabou sendo encontrado e devolvido a Paul, que a essa altura já voltara à Inglaterra, onde fora celebrar o Jubileu de Ouro de sua monarca.

Para marcar os cinquenta anos de reinado da rainha Elizabeth II, um show de pop especial foi realizado no dia 3 de junho de 2002* no espaço geralmente particular do palácio de Buckingham. O elenco incluía uma lista de astros do rock britânicos — o rock era uma das indústrias mais bem-sucedidas da Grã-Bretanha no pós-guerra — liderados, obviamente, por Sir Paul. Era bom ver um artista tão inglês no centro de um evento tão britânico, especialmente após McCartney ter se enrolado na bandeira norte-americana na turnê pelos EUA. O astro tocou canções dos Beatles em seu Piano Mágico no palácio de Buckingham, com a apresentação sendo transmitida para milhões de pessoas fora dos muros do jardim naquela bela e suave noite de verão na capital. No fim do show, ele cantava uma atrevida versão de "Her Majesty", a faixa-bônus que encerrava *Abbey Road*, ousando flertar com uma monarca que tinha 43 anos quando ele fez o álbum, e agora era uma avó de 76 anos. Ao fim da apresentação, quando a rainha subiu ao palco para se juntar a Sir Paul e aos outros artistas, McCartney sugeriu a Sua Majestade que eles fizessem um show como aquele em seu jardim todo ano, ao que ela respondeu com sarcasmo que era melhor não fazê-lo.

Além de voltar para casa e se apresentar para a rainha, esse intervalo de verão na agenda de turnê deu ao casal uma oportunidade para o enlace oficial, visto que tinham acertado o relacionamento após aquela briga em Miami. Em homenagem à origem irlandesa do músico, a cerimônia foi realizada em County Monaghan, terra dos ancestrais maternos dele. Os Mohin tinham sido fazendeiros tão pobres que o avô Mohin saíra da Irlanda para ganhar a vida no continente. Duas gerações depois, seu neto voltava como um dos astros mais ricos da indústria do entretenimento, tão rico que alugou um castelo para o grande dia, acomodando a si mesmo e a seus hóspedes em Castle Leslie, a uma hora ao sul de Belfast. Toda a festa era para ser um segredo, mas o octogenário dono do castelo, Sir John Leslie, divulgou a informação uma semana antes, quando disse aos jornalistas: "É na próxima terça, mas é ultraconfidencial." Então a imprensa mundial se fixou diante dos portões do Castle Leslie e observou imen-

* A Coroação da rainha só foi realizada em 1953, mas ela subiu ao trono no ano anterior quando seu pai, Jorge VI, faleceu, fazendo de 2002 o ano do Jubileu de Ouro. *(N. do A.)*

sas quantidades de comida, bebida, equipamentos de som, fogos de artifício e flores serem entregues na propriedade.

A "parentada" de Liverpool foi convocada ao aeroporto Heathrow, onde foi colocada em um voo fretado para a Irlanda. O irmão Mike seria o padrinho de novo. Ringo Starr liderava a lista de amigos famosos, que também contava com Dave Gilmour, Chrissie Hynde, Twiggy Lawson, Sir George Martin e Nitin Sawhney. Mais uma vez, a ausência Yoko Ono foi marcante. O idoso pai de Heather, John Mills, também não foi convidado. Embora as filhas de Paul, Mary e Stella, tenham ido à festa, não havia sinal de Heather e James, subentendendo-se que ambos eram contra o segundo casamento do pai.

A cerimônia em si foi realizada na igreja de St. Salvator na propriedade de Leslie às 16h30 de terça-feira, 11 de junho. Os convidados foram reunidos na igreja do século XVII, onde esperaram muito, com helicópteros da imprensa ruidosos sobrevoando o local para que fotógrafos fizessem imagens aéreas. Sir Paul andava nervoso de um lado para o outro, com um ramo de lavanda do arbusto plantado pelo pai em Rembrandt na lapela para dar sorte. Ele ia precisar. O irmão Mike estava presente e fora pontual, ao contrário de quando Paul tinha se casado com Lin, mas a noiva estava ausente. "Estávamos todos sentados na igreja fazia uma hora, com nossos traseiros nos bancos duros, perguntando: onde eles estão?", relembra o primo Mike Robbins. "Esperamos uma hora para que ela subisse [ao altar]." Por fim, a música começou. "Graças a Deus! Naquela hora estávamos conversando. Todos ficaram de pé nessa igreja, batendo papo, conversando com pessoas que nunca viram antes." Alguns diziam que Heather se atrasara colocando o vestido de noiva; outros, que ela e o noivo haviam tido uma briga de última hora. Em todo caso, foi uma sensação de alívio quando o casal saiu da igreja como marido e mulher e foram recebidos com uma chuva de confetes.

A recepção foi opulenta. "Um grande toldo foi erguido para dar um imenso jantar para trezentas pessoas, servido em pratos de ouro, que os convidados puderam guardar de lembrança", relata Sir John Leslie. A comida era indiana, os vinhos eram de safras raras e caras. O jantar se mostrou sofisticado demais para alguns, como nota Mike Robbins, cuja apreciação do grande dia foi maculada por suspeitas sobre a noiva:

> Você não conseguia achar nada decente para comer. Era *impressionante*. Havia donzelas indianas em sáris servindo aquelas coisinhas *bhaji* [mas] odeio essa droga de comida estrangeira. Pensei: "Ninguém aqui tem um enroladinho de salsicha ou uma torta de carne de porco?" Mas, oh, foi magnífico. As flores! O casamento custou malditos milhões, então devia ser bom. Mas nós sabíamos, a família sabia, porque minha família não é burra, sabíamos que ela era mau-caráter.

Com um hilário discurso de casamento, Paul fez seus convidados chorarem de rir. "Não consigo citar nada, mas me lembro de ter pensado: 'Meu Deus, ele é inteligente'", conta Nitin Sawhney. "Ele é muito, muito engraçado. E fala as coisas sem medo algum, [o que] torna a pessoa muito engraçada." Em seguida todos se reuniram no segundo toldo, onde havia uma banda, e todos dançaram. Ao fim da festa, Sir Paul e Lady McCartney subiram no barco a motor dele, o *Barnaby Rudge*, trazido de Rye e decorado com flores. Uma exibição colossal de fogos de artifício surgiu enquanto os dois, agora devidamente casados, passavam com o barco, sob os aplausos de seus parentes e amigos.

Seis anos depois, quando essa união terminou nos tribunais, surgiram detalhes pessoais reveladores sobre o caminho rumo ao casamento, incluindo o fato de Paul ter continuado a usar a aliança de Linda até o dia união formal com Heather, quando a trocou por um novo anel, e que ele e Heather usaram contraceptivos até a noite do casamento. Em outras palavras, ele não parecia ter certeza do que estava fazendo até o último minuto. Mesmo assim, cometeu o maior erro de sua vida.

SUA MAJESTADE É UMA GAROTA MUITO SIMPÁTICA

A apresentação de Sir Paul no palácio de Buckingham foi outra etapa no desenvolvimento da relação com sua monarca, iniciada quando ele ganhara um prêmio ainda menino por ter escrito uma redação sobre a coroação. Apresentar-se diante dos membros da família real no Royal Variety Show dez anos depois fora um marco na história dos Beatles. Dois anos mais tarde, a rainha concedera o título de MBEs aos *fab four*, algo sem precedentes para astros do pop na época. Nos anos seguintes, McCartney fizera vários shows para a família real, fora convidado para jantares, apresentara-se no St. James' Palace, ganhara uma doação pessoal da rainha para o LIPA e a recebera no instituto. Depois, tinha sido nomeado cavaleiro e convidado para ser a atração principal do show do Jubileu de Ouro. O comportamento tranquilo diante da monarca mostrava o quanto eles agora eram próximos.

Naquele mês de julho, a rainha fez uma visita oficial a Liverpool e arranjou um tempo para aparecer na Walker Art Gallery, onde o ex-Beatle mostrava suas pinturas. "Tive que vigiá-lo no dia que a rainha chegou", relembra a jornalista de Liverpool Gillian Reynolds, que estava arrecadando doações para os museus da cidade. "É meio como vigiar o papa. Todo mundo queria tocar a roupa dele." Gillian, como muitas pessoas, ficou impressionada com o jeito calmo e a conversa agradável que Paul teve com a rainha. Enquanto quase todo mundo era obsequioso e atrapalhado na presença de Sua Majestade, ele continuava tranquilo diante de uma mulher que obviamente conhecera muito bem nas últimas quatro décadas.

> Foi realmente estranho, porque ele estava todo alegre e falante com a rainha. Ele disse: "Oh, Sua Majestade, a senhora é uma ótima fotógrafa, adoraríamos exibir algumas de suas [illegible]as aqui na Walker." Eu fiquei sem fôlego... Ela lhe deu um olhar muito sapeca e disse: "Tenho certeza de que você o faria!" Ela era bem paqueradora com ele — indicando uma relação mais próxima do que se esperava.

Após as férias de verão, Paul retomou a turnê norte-americana, renomeada como *Back in the US*, viajando com Heather, que, desde o casamento, podia ser chamada de Lady McCartney, mas preferia usar o nome Heather Mills McCartney. Ela aproveitou o fato de estar nos EUA para promover a versão revisada de sua autobiografia, intitulada *A Single Step*, da qual foram retirados os detalhes mais picantes de seu caso com Milos, o instrutor de esqui iugoslavo, e com novas páginas que deram uma impressão surpreendentemente sincera de sua relação com Sir Paul. No livro, ela revelou detalhes íntimos do namoro, além de deixar claro que não aprovava o fato de ele fumar maconha. Entrevistada pela apresentadora de TV Barbara Walters, a ex-modelo fez outros comentários sobre o marido. "Estou casada com a pessoa mais famosa do mundo, e isso não é bom para mim", disse ela, deixando claro que não gostava de ter suas obras de caridade ofuscadas pela fama de Paul. Na verdade, ela parecia achá-lo irritante. "É um homem que fez tudo do jeito dele a vida inteira", revelou ela a Walters. "Quando você fica famoso aos 19 anos, às vezes é difícil ouvir a opinião alheia."

Foi quando aconteceu a primeira de muitas supostas discussões conjugais. De acordo com os documentos do divórcio que vazaram para a imprensa (vamos chegar a como e por que mais tarde), quando a turnê de Paul chegou a Los Angeles naquele outono, Heather reclamou com o marido da entrevista com Barbara Walters, na qual a apresentadora a interpelara citando algumas das histórias menos elogiosas que sugiram sobre sua vida pregressa. Paul aparentemente desconsiderou as preocupações da esposa, alegando que ela estava de mau humor, e ela decidiu que ele estava bêbado. A discussão supostamente piorou quando eles voltaram para casa, em Los Angeles. De acordo com o relato de Heather transposto para linguagem jurídica: "O requerente [Sir Paul] agarrou a ré pelo pescoço, empurrando-a por cima da mesa de centro. Em seguida ele deixou o recinto e, em seu estado embriagado, caiu de uma colina, cortando o braço (que permanece com cicatriz até o presente dia.)"

Esse suposto incidente ocorreu pouco depois de uma pausa na turnê. Heather ficou nos EUA e participou do programa *Larry King Live*. Sua experiência com Barbara Walters não a fez desistir dos programas de entrevistas norte-americanos. Na verdade, ela apareceu várias vezes no *Larry King* nos meses seguintes, geralmente para falar sobre suas obras de caridade, embora ela se visse, cada vez mais, diante de perguntas difíceis sobre seu passado. Larry conseguiu colocá-la em uma situação tão embaraçosa quanto Barbara. "Você já teve que se prostituir?", perguntou King a Heather sem meias palavras, em 1º de novembro de 2002.

"Não, nunca!"

Enquanto esse programa era exibido, do outro lado do Atlântico as pessoas de Campbeltown celebravam a vida da primeira esposa de Paul com a inauguração de um jardim memorial na *wee toon*. Após a morte de Linda, o pessoal da cidade entrara em contato com o viúvo para perguntar se ele os ajudaria a abrir uma galeria de arte em nome da esposa, com uma exibição permanente de suas fotografias. O veterinário Alastair Cousin foi visitar o músico em Londres para falar sobre isso e saiu com a impressão de que Paul era totalmente a favor da galeria, até Heather Mills entrar em cena. "A inauguração foi colocada bem no final da lista de prioridades... Então imagino que acabou não acontecendo, o que foi uma grande decepção." Em vez disso, foi construído o jardim memorial na cidade, cujo centro é uma estátua amadora de bronze de Linda, esculpida pela prima de McCartney, Jane Robbins.

Sir Paul não foi à inauguração, e raramente era visto em Kintyre naquela época. Heather não parecia gostar de um lugar tão cheio de lembranças do primeiro casamento do marido. E o próprio astro já estava de volta à estrada, fazendo shows no México e no Japão. Em novembro de 2002, foi lançado um novo álbum duplo ao vivo, *Back in the US* (vendido como *Back in the World* fora dos EUA). O grande destaque era o fato de Paul ter invertido unilateralmente os créditos Lennon-McCartney nas canções dos Beatles que faziam parte do álbum — todas as que ele escrevera sozinho, ou com pouca ajuda de John — para "composta por Paul McCartney e John Lennon." Yoko não gostou. Nem Ringo, que teria comentado que a alteração fora feita "às escondidas." Ainda assim, os únicos Beatles sobreviventes apareceram juntos no palco do Royal Albert Hall em novembro para homenagear George Harrison, passados um ano e um dia desde sua morte. Em um tributo longo e com ótimo ritmo — apresentando vários amigos, de Ravi Shankar, então com 82 anos, a Eric Clapton — Paul tocou "Something" no ukulele, com Ritchie, Eric e a banda da casa entrando na metade da canção, no que se mostrou um arranjo ainda melhor do que a versão solo do astro. No futuro, ele passaria a apresentá-la dessa forma. "Quase morri de emoção no Concerto para George quando ele cantou 'Something'", comenta Ravi Shankar. "É incrível ver o quanto ele [ainda] adora cantar e fazer shows."

Paul estava na parte europeia do que se tornara uma turnê mundial. "[Era] como se estivéssemos ouvindo a melhor banda de tributo aos Beatles do mundo", escreveu Ray Connolly, de modo perspicaz em sua crítica da primeira noite em Paris, publicada no *Daily Mail*. Alguns dias depois, em seu camarim em Barcelona, Sir Paul deu ao *Daily Mirror* o que agora é interpretado como um comentário irônico sobre o segundo casamento: "Heather me disse esta manhã: 'Eu não penso em você como um homem rico, sabe.'" Apenas rico o bastante para dar a ela um presente em dinheiro de 250 mil libras em dezembro. Pouco depois, ele definiu uma pensão de 360 mil libras por ano para a esposa, a ser paga por trimestre. À medida que a turnê progredia, mais histórias desagradáveis começaram a surgir sobre Mills na Inglaterra, onde, no início de maio, o Channel 4 exibiu uma reportagem investigativa, "Heather Mills: a verdadeira Sra. McCartney", que contrastava sua biografia impressa com os relatos de quem a conhecera. Parecia haver algumas diferenças entre a história e a verdade.

Uma amiga de infância contestou detalhes na biografia da ex-modelo sobre as duas terem sido feitas prisioneiras por um pedófilo em Tyne and Wear. Ela processou Heather alegando que a biografia a identificara sem permissão e falsificara os eventos citados, ganhando uma indenização. Charles Stapley, o padrasto de Heather, também contestou a história publicada sobre ela ter fugido dele e da mãe para se juntar ao pessoal do parque de diversões em Clapham Common. "Quando ela desaparecia nos fins de semana e ainda estava estudando, dormia em um caminhão com um cara que trabalhava nos carrinhos bate-bate do parque, mas isso era só nos fins de semana", explicou ele, descrevendo-a como tendo "personalidade problemática". O joalheiro de Clapham que a contratara na adolescência alegou que a moça tinha roubado muito mais dele do que admitia nos livros, incluindo colares de ouro no valor de 25 mil libras. "Ela praticamente saqueou a loja", afirmou Jim Guy. Pior ainda foi o testemunho de duas mulheres ligadas a Adnan Khashoggi, que falaram de Heather apreciando a vida na alta sociedade com árabes ricos em Londres e Paris na época em que alegava fazer trabalhos como modelo para uma firma de cosméticos francesa. Ros Ashley, que disse tê-la conhecido no hotel de Khashoggi em Londres, e supostamente a preparara para o sucesso nesse mundo obscuro, disse que a amiga ambicionava "conhecer um homem rico [que] seria capaz de lhe dar um belo estilo de vida, além de um pouco de prestígio e status." Parece que ela fora o alvo da atenção de um empresário libanês por um tempo, mas superara as próprias expectativas ao se casar com Sir Paul.

Em maio de 2003, a turnê mundial de McCartney chegou a Roma, onde ele fez dois shows de sucesso no Coliseu: uma apresentação acústica relativamente pequena no antigo anfiteatro em 10 de maio, seguindo por um show de rock gratuito para meio milhão de pessoas do lado de fora do local histórico no dia seguinte. Esse foi o maior show da carreira dele até então. Heather estava mais uma vez irritada com o que era publicado na imprensa a seu respeito, como seria alegado depois, e, novamente, o marido parecia indiferente a suas preocupações. "Houve uma discussão no banheiro, durante a qual [Sir Paul] ficou furioso e empurrou [Heather] na banheira", consta nos documentos do divórcio que vazaram para a imprensa. O casal aparentemente brigava porque Heather decidira não acompanhá-lo em uma festa após o show, preferindo jantar com a irmã Fiona. Sir Paul supostamente dispensou o pessoal de segurança "dando um chilique" e deixou a esposa desprotegida no meio de uma multidão de fãs.

Dez dias depois, Paul fez um show no AOL Stadium em Hamburgo e apresentou Heather aos velhos amigos de St. Pauli, Horst Fascher e Astrid Kirchherr, que assim como com tantas pessoas ligadas ao ex-Beatle, não gostaram de sua segunda esposa. Astrid achou que Heather se aproveitava da vulnerabilidade do músico. "Ele era tão protegido por Linda e cercado por seu amor e carinho, que era como um bebê em relação a mulheres, e [Heather] fazia dele gato e sapato", comenta a alemã. "Por ser deficiente física e bonita, ele provavelmente sentia pena [dessa] mulher que tinha apenas uma perna. [Mas] ela acabou sendo uma vaca." Poucas pessoas conseguiram ser tão sinceras na cara de Paul, é claro. Seus filhos deixaram bem claro o que pensavam de Heather, mas ele rejeitara seus conselhos. Havia cada vez mais um ar de *A roupa nova do rei* sobre esse casamento.

Longe dos ouvidos do astro, sua esposa era motivo de zombarias e até de crueldade. Ela não tivera culpa de ter perdido uma perna e, na verdade, lidava com a deficiência com muita coragem. Porém, ser perneta era engraçado para algumas pessoas, piadas de mau gosto circulavam pelos pubs e escritórios, como tinha acontecido quando Paul se casara com Linda: "Como você chama um cachorro com asas*?"

O final da piada era "Linda McCartney".

---

* Wings, em inglês *(N. do T.)*

Agora eles perguntavam: "O que tem três pernas e mora em uma fazenda?"

"Paul McCartney e Heather Mills."

Sir Paul não ouvia nada disso. Ele vivia em um mundo em que todos lhe diziam quanto ele era ótimo e cada ano trazia novos níveis de conquistas. Ele estava chegando a um ponto na carreira no qual fazer shows imensos e esgotados já não era mais suficiente. Suas turnês tinham que incluir apresentações especiais, como dar o primeiro show pop no Coliseu. Havia anos o músico tinha o desejo de se apresentar nos países atrás da Cortina de Ferro. Ele crescera no mundo da Guerra Fria, onde a URSS em particular era percebida como um lugar sinistro e impenetrável, por isso ficou atraído pela ideia de se apresentar na praça Vermelha. Na Rússia pós-*glasnost*, Paul teve sua oportunidade.

Antes do show de Moscou, Paul e Heather tiveram uma audiência no Kremlin com o presidente Vladimir Putin. Os McCartney disseram ao presidente que estavam em uma campanha contra minas terrestres, assunto que ele driblou com habilidade. Quando Putin disse que provavelmente não iria ao show, o ex-Beatle deu ao líder russo uma apresentação particular de "Let It Be". Então, o presidente decidiu comparecer ao show na praça Vermelha em 24 de maio de 2003. Nunca houve um lugar melhor para cantar "Back in the USSR" com sua irônica letra da época da Guerra Fria.

A turnê mundial se encerrou com outro grande show ao ar livre em King's Dock, Liverpool, em 1º de junho de 2003 (Paul se apresentara no mesmo local em 1990), após o qual o astro levou a esposa a Long Island, onde ela já irritara os moradores locais. Ele era uma figura popular nos Hamptons. Donos de lojas e restaurantes o conheciam, bem como sua família, havia anos, e gostavam do modo sem ostentação como Paul se comportava nas férias. Um de seus locais favoritos era o Felice's Restaurant, uma pizzaria em Amagansett comandada por uma família italiana que também conhecia e amava Linda. Eles não suportaram Heather. "Não quero falar sobre ela!", disse a dona do restaurante, Alda Lupo Stipanoe, afastando as mãos em um gesto de pavor quando o nome de Mills foi mencionado. "Ela não era nada igual à primeira esposa. A primeira era uma dama." Os funcionários da biblioteca da cidade também consideravam a nova Lady McCartney impossível de lidar. "Ele é muito encantador, enquanto ela era uma verdadeira vaca — mal-educada e arrogante, o oposto do marido", comenta um bibliotecário. Amagansett foi onde ocorreu outra suposta briga doméstica, de acordo com os documentos do divórcio. Heather deixou claro que não aprovava o uso de maconha, mas fumar a erva era um hábito antigo do marido. A alegação foi esta: "Em Long Island, em agosto de 2003 [Heather] perguntou [a Sir Paul] se ele havia fumado maconha. Ele ficou com muita raiva, gritou com ela, agarrou-a pelo pescoço e começou a esganá-la."

Apesar de aparentemente brigarem o tempo todo, o casal voltou ao Reino Unido para ir ao casamento de Stella McCartney com o editor Alasdhair Willis em 30 de agosto, na ilha de Bute e, em seguida, voltar a Sussex. Como a maioria das casas de Paul, a propriedade de Sussex estava impregnada de lembranças de Linda. Desde a morte dela, ele mal tinha ido a Blossom Farm. A casa construída nos anos 1980 foi deixada como santuário em homenagem a sua falecida esposa. Quando ele e Heather visitaram o local, escolheram ficar em Woodlands Farm, uma propriedade adjacente que ele adquirira em 1989. Como o nome indica, a nova parte da propriedade continha uma floresta extensa às margens de um grande lago artificial. Paul encomendara a construção de uma casa de veraneio com uma casa menor à beira do lago. A casa de veraneio era uma estrutura com frente de vidro através da qual ele poderia observar a vida selvagem, enquanto a outra construção era uma substancial cabana de dois andares onde Sir Paul pretendia viver com Heather e o bebê, pois, após ter sofrido um aborto, ela estava grávida de novo. A Cabana, como o casal chamou esta residência à beira do lago, estava em construção e seria terminada em 2004.

Quando Paul e Heather estavam na propriedade em setembro de 2003, tiveram mais uma série de supostas brigas domésticas, agora durante o jantar. De acordo com o jornal *News of the World*, a faxineira chegou no dia seguinte e encontrou uma marca na parede em cima da cadeira onde Paul se sentava, indicando que uma garrafa de ketchup fora jogada no astro. Havia comida espalhada por toda a casa, com louças, vidros e abajures quebrados. Não houve qualquer referência ao incidente, que poderia ter sido usado contra Heather, nos documentos do divórcio que vazaram para a imprensa.

Tudo isso pode ajudar a explicar por que Sir Paul estava em um humor tão ruim quando foi caminhar em Londres no início daquela sexta-feira, 19 de setembro de 2003. Após ter jantado no Soho com John Hammel e seu relações-públicas Geoff Baker, o músico quis dar uma olhada no ilusionista norte-americano David Blaine, que estava fazendo jejum em uma caixa de acrílico suspensa perto da Tower Bridge. Essa proeza atraíra cidadãos londrinos em quantidade absurda que iam importunar Blaine por fazer algo tão imbecil. Quando Sir Paul apareceu na Tower Bridge às 13 horas, Geoff Baker chamou o fotojornalista Kevin Wheal, que estava cobrindo a proeza para o *Evening Standard*. "Oi, cara!", gritou Baker. "Macca está aqui. Você quer fazer uma foto?" Baker instou o fotógrafo a ser rápido, com intenção de apresentá-lo a Paul e pedir se ele posaria para uma foto, algo que ele normalmente faria. "Ele gosta da imprensa, até certo ponto." Infelizmente, Wheal começou a correr quando o viu, como relembra Geoff. "Eu pensei: 'Ih, danou-se! Foi a corrida que causou o chilique'".

McCartney disse ao fotógrafo que não queria ser fotografado. "Olhe, amigo, eu vim ver este filho da mãe idiota", disse Sir Paul, indicando David Blaine e afastando Wheal "Você não vai fazer uma foto minha hoje... Vá se ferrar, sou um transeunte em uma visita particular." Segundo Wheal, era evidente que McCartney tinha bebido.

Uma pessoa que estava na plateia perguntou se poderia apertar a mão de Paul. "Vá se ferrar", retrucou o astro. Em seguida, ele demitiu Baker e ordenou ao motorista que o levasse para casa em St. John's Wood.

No dia seguinte, todos os jornais falavam dessa história deliciosa, que misturava a comédia sem fim da proeza imbecil de Blaine com a novidade de um Sir Paul McCartney de boca suja e aparecendo em público quando estava aparentemente bêbado. Um policial que estava lá teria dito: "Sr. McCartney apareceu aqui muito bêbado [e] foi bastante agressivo." Kevin Wheal registrou uma queixa de agressão simples, que não deu em nada, e Geoff Baker voltou ao posto de relações-públicas. Baker nega veementemente as alegações de que o chefe estava bêbado. "Eu é que estava bêbado", conta ele, assumindo a culpa de modo leal por esse infeliz incidente que não condiz com a personalidade do ex-Beatle.

Paul passou boa parte do mês seguinte em casa, na Cavendish Avenue, apenas acompanhando ocasionalmente a esposa grávida nas caminhadas ao Regent's Park. Algum tempo depois, Heather foi internada no hospital vizinho de St. John e St. Elizabeth onde, em 28 de outubro de 2003, deu à luz a uma menina batizada de Beatrice Milly, o primeiro nome em homenagem à falecida mãe de Heather, e o segundo, a uma das tias de Paul. O astro era pai de novo, aos 61 anos, e estava envolvido em um segundo casamento cada vez mais difícil.

28

QUANDO PAUL TINHA 64

QUANDO O FELIZ CASAL MUDOU-SE PARA O NOVO LAR

Paul e Heather começaram a vida em família com a pequena Bea na Cabana, a nova casa nas florestas de Sussex após os construtores terminarem a obra em fevereiro de 2004. Sir Paul basicamente queria recriar a confortável vida em família que tivera com Linda quando eles foram de Londres para morar em Waterfall, a residência campestre original, no outro lado da propriedade. As duas casas eram incrivelmente parecidas, mas o casamento estava longe de ser igual.

A união *ainda* não era um inferno constante. Os dois tiveram seus bons dias e podiam até parecer muito felizes juntos, como no dia em que Paul convidou Dave Gilmour e Nitin Sawhney para jantar. Nitin gostava do que vira de Heather até ali, embora tivesse notado que, mesmo tendo a metade da idade do marido, ela não tinha a *joie de vivre* dele. "Ela parecia bastante cansada em comparação a ele. Ele era [como] uma pessoa jovem em um corpo mais velho — ele é um menino." Antes do jantar, Paul levou os convidados a um galpão na floresta onde guardava bebidas e servia drinques. Heather saiu da Cabana se juntou a eles, contando aos homens como o famoso músico a fizera flutuar quando eles se conheceram. Ela cozinhou e serviu uma refeição vegetariana e depois todos improvisaram ao piano — Heather tocou saxofone, um instrumento do qual tinha um leve conhecimento. Marido e mulher pareciam bem naquela noite, e o ex-Beatle fez tudo o que podia para agradar a companheira nos dias que se seguiram.

Naquele Natal, Sir Paul dera à esposa um segundo presente de 250 mil libras em dinheiro, ou seja, a presenteara com 500 mil libras no período de 12 meses. Ela usou a quantia para comprar um apartamento de 450 mil em Thames Reach, em um novo complexo de apartamentos no rio Tâmisa, em Hammersmith. Essa nova propriedade somou-se à casa de praia que o marido comprara para ela na costa sul e às residências em Sussex, Merseyside, Londres, Escócia e Estados Unidos, dando ao casal pelo menos 13 propriedades.* Paul também usou seus contatos para arranjar um astro como convidado quando Heather substituiu o apresentador do *Larry King Live* em abril de 2004. A pedido do ex-Beatle, Paul Newman concordou em ser entrevistado por ela, que fez um péssimo trabalho na opinião dos críticos. Apesar desse fracasso, ela continuava com a ambição de se estabelecer como personalidade midiática nos EUA, o que era um motivo importante de discórdia no casamento. Embora o músico ficasse feliz em visitar os EUA regularmente, ele queria continuar morando no Reino Unido e criar Bea na Inglaterra, como fizera com seus filhos mais velhos. Ele não queria que mãe de Bea passasse tempo demais no exterior.

Em resposta, Heather resmungou que o marido esperava que ela o acompanhasse a todos os lugares aos quais *ele* fosse, de acordo com os documentos do divórcio que vazaram para a imprensa. Neles também constam outras reclamações de Heather, como a alegação de que o companheiro não queria que ela amamentasse Beatrice, dizendo a esposa "Esses seios são meus", e "Não quero sentir gosto de leite materno". Heather amamentou a filha por seis semanas até Paul supostamente tê-la vencido pelo cansaço, fazendo com que ela se sentisse "infeliz e desmoralizada". A ex-modelo ainda fazia cirurgias devido ao acidente de 1993, e estava supostamente triste por ter que adiar uma dessas operações para seguir os planos de férias de Paul. Ela também se aborreceu com os pedidos do marido para que cozinhasse todas as noites, como a mãe e Linda faziam. Segundo os documentos do divórcio, o músico aparentemente esperava que

---

* Há três residências principais na propriedade de Sussex, mais outras casas que ficam vazias ou são usadas pela equipe, além das propriedades próximas em Hog Hill, Rye e Hove, bem como outras casas em Londres, Merseyside, Escócia, Nova York, Long Island, Arizona e Los Angeles. *(N. do A.)*

Heather fizesse o papel de esposa/mãe tradicional quando ela estava mancando por aí com uma placa pélvica quebrada (como aconteceu no Natal). A lista de supostas reclamações estava cada vez maior: ela gostava de acordar cedo, mas ele dormia tarde e queria tê-la a seu lado quando acordava. Ela queria usar uma comadre à noite porque tinha dificuldade de se levantar para ir ao banheiro, enquanto ele "objetou aos gritos, dizendo que seria como 'estar na casa de uma velha'".

Heather também tinha uma desavença com o relações-públicas (e usuário de maconha) de Paul, Geoff Baker, um raro sobrevivente da era Linda (como Eric Stewart observou, McCartney demitira muitos integrantes da antiga equipe desde que Heather entrara em cena). Heather e Geoff eram como cão e gato, e mal se falaram quando a comitiva do músico pisou em Worthy Farm, Somerset, no sábado, 26 de junho de 2004, para ser a atração principal do Festival de Glastonbury.

Sir Paul ouvira os amigos dizer que Glastonbury era incrível — um dos maiores e mais famosos festivais de música do mundo, bem como um evento deliciosamente excêntrico —, então pediu que seu escritório entrasse em contato com Michael Eavis, o fazendeiro fundador do festival, em 2003 perguntando se ele aceitaria Macca em Glastonbury aquele ano. Quando Eavis respondeu que o posto de atração principal de sábado à noite já estava ocupado pelo Radiohead, o ex-Beatle decidiu levar seu show ao Pyramid Stage de Glastonbury em 2004. "Ele trouxe todos os equipamentos, todas as luzes a gás... Era muita produção. Estávamos estupefatos com a quantidade de esforço que seu pessoal colocava naquele show", conta Eavis, que sentia uma ligação pessoal com o músico por ser um homem de 60 e poucos anos que crescera com a música dos Beatles e que também perdera uma esposa com câncer recentemente.

O Festival de Glastonbury atraiu 150 mil pessoas no fim de semana de 25 a 27 de junho de 2004, com a arena principal lotada para o show mais esperado da noite de sábado. Um vasto e enlameado exército medieval erguia faixas e agitava bandeiras sob muita chuva quando Sir Paul começou sua apresentação. Glastonbury ficava perto de Stonehenge e de vários outros locais antigos e supostamente místicos na área, atraindo, obviamente, o interesse de um astro que sempre tivera um fraco por bobagens esotéricas.* "Aqui, nesta confluência de pedras fundamentais, estamos voando baixo," disse McCartney, empolgado, a seu público, aparentemente sentindo a magia do local. Obviamente alegre, ele fez um dos melhores shows de sua vida, duas horas e meia de música com seus maiores sucessos e as melhores (e bem selecionadas) anedotas dos Beatles. As plateias norte-americanas amavam quando Paul falava sobre a famosa banda de Liverpool, mas Macca sempre fora visto com mais ceticismo em casa. "Chato!", gritaram jovens irreverentes enquanto ele tagarelava sobre os anos 1960, que interessavam tanto àqueles velhacos quanto o que estariam fazendo em 2060. Também houve pedidos sarcásticos por "Rupert and the Frog Song". Fazendo ouvidos moucos, Sir Paul continuou a apresentar um repertório poderoso. No fim, até os pirralhos mais insolentes na multidão estavam cantando "Hey Jude".

Quando o astro desceu do palco, pediu para falar com Michael Eavis. "Normalmente eles saem tão exaustos do show que não querem ver ninguém, por isso eu não esperava que ele estivesse amigável e disposto a conversar, mas estava tão empolgado e agitado que chegou a chorar de alegria. Foi um belo show", conta o empresário-fazendeiro. "Nós nos abraçamos por um momento, foi ótimo." Eles também falaram sobre terem perdido as esposas para o câncer, mas quando Eavis — um sujeito gentil e amável — percebeu os olhares fulminantes de Heather para eles do outro lado da sala, achou que estava na hora de ir embora. "Ela estava um tanto agitada."

Geoff Baker não sobreviveu à era Heather. Ele deixou de trabalhar para o músico três meses depois de Glastonbury, com direito a uma declaração anormalmente áspera do chefe. Reagindo a uma sugestão publicada na imprensa de que a esposa estava por trás da demissão de Baker, Paul disse: "A verdade, que eu estava tentando poupá-lo do embaraço de trazer a público, é que ele estava cada vez mais instável nos últimos anos." O incidente com David Blaine aparentemente fora a gota d'água.

> Eu estava tentando ficar longe dos olhares de uma pequena multidão de fotógrafos quando, para meu horror, vi Geoff me apontando ao paparazzo que, em seguida, correu em minha direção, em um

* Ele já manifestou interesse por linhas de Ley, tarô, astrologia e meditação transcendental. *(N. do A.)*

> furor absurdo... Esse foi apenas um exemplo de seu comportamento desvairado. Depois disso tentei afastá-lo gentilmente, mas a decisão de mandá-lo embora foi minha, pois eu não queria este tipo de instabilidade perto de mim.

Após 15 anos de serviços leais, o relações-públicas aceitou a demissão incrivelmente bem. "Ele estava irritado, não é? Ele estava me dando uma chance. Não posso mentir e dizer que eu não estava bebendo demais, porque realmente estava." Baker manteve uma lealdade comovente a seu antigo chefe após a demissão, jamais dizendo algo desabonador sobre ele. Heather, porém, era outra história. Geoff Baker, como muitos, passara a odiá-la.

Quando Linda McCartney lia algo nocivo sobre si mesma no jornal, ela inteligentemente optava por dar a outra face, expressando sua frustração apenas ao final da vida em "The Light Comes From Within". Ela teria feito muito pior se tivesse reclamado. Esse foi o erro de Heather. Ela estava cada vez mais enojada com as matérias negativas feitas pela imprensa britânica, cada vez mais hostil à medida que se desenvolvia um consenso de que ela era uma bruxa histérica e sorrateira, ávida por publicidade em cujas garras um grande homem tragicamente caíra. Quando Heather foi informada que o *Sunday Times* publicaria uma matéria na qual se dizia que perder uma perna fora a melhor coisa que acontecera à ex-modelo, ela supostamente implorou pelo intervenção do marido. Ele iria se apresentar no Super Bowl, sua segunda aparição no evento em três anos. A rede de TV Fox, de Rupert Murdoch, transmitiria o Super Bowl, e Murdoch era dono do *Sunday Times*. De acordo com os documentos do divórcio, Heather sugeriu que Paul dissesse a Murdoch que não faria o show a menos que o magnata da comunicação não publicasse a matéria no *Times*. McCartney se recusou. Mas ele realmente ficou horrorizado com a matéria e defendeu Heather no site dela, escrevendo que a imprensa estava "completamente errada" sobre sua esposa, e negando que ela o manipulasse. Ao contrário do que dizia a imprensa, ela não o obrigara a fazer cirurgia plástica, nem a pintar o cabelo, pois ele fazia isso havia anos. Ela não estava por trás da demissão de Baker e nem tinha conflitos com os filhos dele. "Os meios de comunicação às vezes sugerem a existência de uma rixa entre meus filhos e Heather, mas na verdade nós nos damos muito bem..." Não era bem isso que outros diziam.

Após se apresentar no Live 8 no verão de 2005, Paul levou a banda novamente para a estrada em setembro em uma série de shows de arena nos EUA. Para aquecer o público antes de cada apresentação, uma montagem de imagens era exibida no imenso telão perto do palco, contando a história da vida do astro em imagens, com um rápido trecho mostrando seu casamento com Linda, seguido por várias imagens de sua adorável segunda esposa. Paul, então, lançava um novo álbum, *Chaos and Creation in the Backyard*, outro de seus discos ocasionais de um homem só, feito em Londres e Los Angeles com o produtor britânico Nigel Goodrich, que ganhara fama trabalhando com o Radiohead. Produzir McCartney costumava ser um presente de grego, como já vimos, e essa colaboração começou de modo tipicamente difícil quando Goodrich ousou pedir a Sir Paul para se esforçar mais. "Vá se ferrar, Nigel", respondeu o músico, que saiu do estúdio na hora. Ele decidiu manter Goodrich mesmo assim, e ter uma personalidade forte na sala de controle do estúdio ajudou Paul a criar um bom álbum. Entre as faixas de destaque estão "Jenny Wren" e "Promise to You Girl", em que se fala sobre varrer as folhas mortas do passado. O mais intrigante era a letra de "Riding to Vanity Fair", na qual Paul cantava sobre alguém que o usara em sua jornada à Feira das Vaidades, a cidade fictícia dos depravados e desonestos em *O peregrino,* de Bunyan, que o ex-Beatle lera quando criança. *Feira das vaidades* também é um romance satírico de Thackeray, que fala "da odiosa pequena aventureira" Becky Sharp, uma insolente manipuladora que se parece com Heather Mills, embora o compositor certamente não visse a esposa dessa forma. Ele não disse em quem pensou quando fez essa canção.

O álbum ficou entre os dez mais vendidos na Grã-Bretanha e nos EUA, onde Paul passava muito tempo, basicamente para agradar a companheira. Após décadas hospedando-se em hotéis quando ia a Nova York, Paul comprou um apartamento em Manhattan, uma residência tipicamente nova-iorquina na West 54th Street, entre a Quinta e a Sexta Avenidas, ao lado dos escritórios da Eastman & Eastman e em frente ao Museum of Modern Art. O local era também a sede da MPL Communications, braço norte-americano da então imensa editora musical de Paul. O astro transformou os andares superiores do prédio em um apartamento de cobertura para ele e Heather, que fez questão de dizer que desejava um espaço nos andares de baixo para usar como escritório particular. Ele disse à esposa que "não queria que ela tivesse um escritório no mesmo prédio", de acordo com os documentos do divórcio que vazaram. Mesmo que Heather tivesse alegado que a ideia era boa, pois ela poderia trabalhar ao telefone enquanto Bea tirasse um cochilo, o marido não cedeu. Em vez disso ele "relutantemente concordou em fornecer um escritório alternativo na cidade". Ela argumentou que o novo escritório — situado a uma caminhada de vinte minutos do prédio no qual eles moravam — era distante e pequeno demais, reclamando também de ser perseguida pelos fotógrafos sempre que ia até lá; quando se recusou a usá-lo, foi chamada de "vadia ingrata" por Paul, comentário que a aborreceu particularmente porque a equipe dele ouviu.

Alguns leitores podem pensar que Paul estava falando a pura verdade ao chamá-la de ingrata, considerando tudo o que fizera por ela. Para um homem que sempre viveu de modo relativamente modesto, ele era excepcionalmente generoso com Heather. Além dos vultosos agrados em dinheiro, a pensão de 360 mil libras por ano, o cartão de crédito conjunto, a casa de praia, o apartamento de Londres em Thames Reach e o escritório de Nova York, ao longo de 2005 ele a presenteou com joias no valor de 264 mil libras. Ainda assim, tal qual Oliver Twist, Heather sempre queria mais. Em novembro, ela mandou e-mail a Paul Winn, o contador da MPL em Londres, solicitando o depósito de 480 mil libras em sua conta no NatWest Bank para que ela quitasse a hipoteca de sua propriedade em Thames Reach. Ela pediu o dinheiro duas vezes, mas não recebeu por um excelente motivo: não havia hipoteca alguma do apartamento — uma situação depois caracterizada no tribunal como beirando a fraude.

Paul foi visto entrando discretamente na igreja de St. John's Wood em dezembro de 2005 e sentando-se sozinho em calma contemplação. Essa igreja tinha lembranças especiais para ele, por ser o lugar de seu casamento com Linda em 1969. Funcionários da igreja, que colocavam a decoração de Natal quando Paul chegou, também notaram que era na época de aniversário de 25 anos da morte de John Lennon. Muito acontecera a McCartney desde aquele dia terrível; e que situação confusa ele estava envolvido agora...

SE VOCÊ ESTÁ NO INFERNO, CONTINUE ANDANDO

Quando parecia que as coisas não poderiam piorar para Sir Paul e Lady McCartney, descobriu-se que a nova cabana e a casa de veraneio haviam sido construídas na propriedade de Sussex sem permissão legal. Quando esse surpreendente equívoco foi percebido e Paul solicitou a permissão retroativa, o Rother District Council recusou. O músico agora enfrentava a possibilidade de ter que demolir a casa que construíra para sua nova família ou se lançar em uma batalha jurídica para manter os prédios. Por mais improvável que fosse a vitória em tal disputa, ele escolheu esse caminho, contratando especialistas para preparar uma alegação parcialmente fundamentada na necessidade do cliente de "privacidade e segurança", argumentando a importância de sua residência ser "isolada e completamente distante da visão e da intervenção do público. A propriedade [Cabana] e a casa de veraneio a ela associada atendem totalmente a essas exigências."

Enquanto a solicitação tramitava, Paul e Heather fizeram campanha no Canadá contra a matança de focas, mais uma causa acrescentada à lista que incluía ser a favor do vegetarianismo, contra a pobreza e contra as minas terrestres. Essas questões previsivelmente seguras e dignas davam a Heather incontáveis motivos para aparecer tanto na televisão e na imprensa que começou a ficar cansativo, representando a antítese da tradição dos ricos que fazem boas ações discretamente. E havia agora um ar de mentira em relação aos McCartney. Quando pareciam um casal unido e apaixonado posando com uma gracinha de filhote de foca no Canadá, em março de 2006, eles na verdade estavam à beira da separação. Pouco antes do rompimento final, Lady McCartney tentou *de novo* obter dinheiro da MPL para pagar o que ela agora alegava serem quatro empréstimos feitos tendo como garantia a propriedade de Thames Reach, no valor de 450 mil libras. No dia 1º de março de 2006, o contador Paul Winn informou que não daria o dinheiro "sem provas de que os empréstimos existem". Ela não podia fornecer tal prova porque não havia tal hipoteca.

Sete semanas após Paul Winn ter recusado esse último pedido de dinheiro, Paul pediu a esposa para acompanhá-lo em uma viagem, de acordo com os documentos do divórcio que vazaram para a imprensa. Ela fizera recentemente uma "cirurgia de revisão" na perna esquerda. Os documentos alegam que o músico não cuidou adequadamente da esposa naquelas circunstâncias. Ela aparentemente foi obrigada a "subir a escada do avião engatinhando". Três dias depois, na terça-feira, 25 de abril de 2006, o casal supostamente teve uma briga doméstica grave que teria acabado com Sir Paul despejando o resto de uma garrafa de vinho tinto na companheira. Em seguida, ele "jogou o que restava de sua taça de vinho na ré". De acordo com os documentos, "então o requerente [Sir Paul] estendeu a mão para pegar a taça de vinho [de Heather] e quebrou a parte de cima do referido recipiente. Ele em seguida disparou na direção da ré com a haste afiada da taça quebrada, causando um corte e uma perfuração no braço da ré logo abaixo do cotovelo, que sangrou abundantemente. Em seguida, o requerente coagiu a ré, jogou-a na cadeira de rodas e a levou para o lado de fora, gritando que ela deveria se desculpar por 'aborrecê-lo'."

Na noite seguinte, apesar de Heather ter pedido a Paul que lhe fizesse companhia na Cabana porque ela se sentia incapaz de cuidar de Beatrice sozinha, ele supostamente partiu para a floresta. Ela ligou para o marido, de acordo com os documentos do divórcio, implorando para que ele voltasse. "[Sir Paul] debochou dela, imitando a voz de uma esposa irritante e se recusou a voltar." Quando McCartney finalmente voltou do passeio, parecia ter bebido demais.

> [Heather] o levantou e, mesmo vacilante, o levou para o banheiro do andar térreo, onde o despiu, preparou a banheira e o ajudou a entrar nela. Então, ela telefonou para o psiquiatra do requerente em busca de conselhos e ele sugeriu que ela não tentasse movê-lo (ou ela poderia "se ferir") e recomendou pegar um edredom e dois travesseiros, esvaziar a banheira, cobri-lo e deixá-lo por lá. Em seguida, a ré se arrastou para o andar de cima, engatinhando, e trouxe o edredom e os travesseiros. Ela descobriu que [Paul] havia vomitado em si mesmo. Ela o limpou e (temendo que ele pudesse sufocar caso vomitasse novamente ter sem ninguém por perto), retirou o requerente da banheira, secou-o e o arrastou para a cama, no segundo andar.

O sol nasceu na quinta-feira, 27 de abril, o último dia da vida de Paul e Heather juntos. Por imaginar que ele estaria de ressaca e não seria capaz de ajudar, de acordo com os documentos do divórcio que vazaram, Heather chamou uma babá para arrumar Beatrice e a levou de carro para a creche. Quando a ex-modelo voltou à Cabana, Paul estava acordado, tentando fazer uma piada sobre os acontecimentos da noite anterior. Naquela noite, Sir Paul bebeu "muito pouco (meia garrafa de vinho)" e foi dormir. As alegações continuam:

> No dia seguinte, sexta-feira 28 de abril de 2006, o requerente foi a Londres, mas disse que voltaria a tempo de ajudar a ré a colocar Beatrice na cama. Ele não voltou na hora de dormir mesmo sabendo que a ré poderia não dar conta de tudo sozinha... Às 22 horas [Sir Paul] voltou para casa, completamente embriagado e tropeçando nas palavras, exigindo seu jantar. A ré disse que estava no forno, mas ela não esquentaria a refeição para o marido, pois ele não tinha respeito por ela. O requerente a chamou de "chata" e foi dormir. Naquela noite a ré percebeu que o casamento havia terminado de maneira irreparável e foi embora, engatinhando e arrastando sua cadeira de rodas, malas e objetos pessoais básicos para o carro.

Eles se separaram no dia seguinte, sem chegar aos quatro anos de casamento.

Os McCartney anunciaram a separação um mês depois, colocando a culpa nos meios de comunicação: "Nossa separação é amigável e ainda nos importamos muito um com o outro, mas consideramos cada vez mais difícil manter um relacionamento normal com a constante invasão de nossa vida particular..." Heather vendeu a propriedade de Thames Reach e comprou um celeiro transformado em residência perto da propriedade de Peasmarsh, sendo acompanhada quase constantemente pela irmã Fiona e um personal trainer. Sir Paul encontrou conforto em seus filhos adultos, passando um tempo com Stella e o marido na casa de campo em Worcestershire. Stelly agora era uma mulher rica e famosa por seus próprios méritos, chefiando a casa de alta costura Stella McCartney, com butiques em Londres e em outros países.

Agora que o fracasso do infeliz casamento do astro estava evidente, a imprensa popular britânica, de quem ele sempre fora um queridinho, começava a publicar as mais grosseiras e sensacionalistas matérias sobre sua ex-esposa. LADY MACCA, A VERGONHA PORNÔ

PESADO gritava a primeira página do *Sun* em 5 de junho de 2006. Seus repórteres conseguiram obter um manual de sexo alemão de 1988, *Die Freuden der Liebe* (*Os prazeres do amor)*, no qual Mills aparecia nua e seminua, simulando atos sexuais com um modelo igualmente despido. O ensaio fotográfico, feito em Londres na época em que ela supostamente trabalhava como modelo de cosméticos na França, foi apresentado como um manual de sexo, mas era um manual sem qualquer texto, o que levou o *Sun* a descrever as imagens como pura pornografia, aproveitando para rotulá-la como "ex-estrela pornô". Os advogados de Heather discordaram de que as imagens fossem pornográficas, descrevendo o livro como "um guia para amantes", que causou polêmica mesmo quando surgiram imagens ainda mais explícitas dela, incluindo poses típicas das revistas pornográficas da modelo com as pernas bem abertas.

O *News of the World* então publicou HEATHER, A PROSTITUTA DE 5 MIL LIBRAS, alegando que durante o tempo em que Heather supostamente fora modelo em Paris ela na verdade estaria trabalhando em Londres e outros lugares como prostituta. Ao contrário das fotos em que aparecia nua, não havia evidências concretas de que a ex-Lady McCartney fizera sexo grupal com árabes por 5 mil libras, como alegava o *News of the World*. Tudo se resumia à palavra de integrantes desse mundo obscuro. Heather ameaçou processar, mas nenhuma ação chegou aos tribunais. Os amigos de Sir Paul disseram que ele não sabia do passado dela, mas mesmo que ela tivesse sido garota de programa, ele realmente ficaria tão chocado? Afinal, o músico convivera com prostitutas em Hamburgo.

Essa era a péssima situação de Paul quando completou 64 anos. Uma eternidade antes, "When I'm Sixty-Four", ou "Quando eu tiver 64" fora uma das primeiras melodias compostas por McCartney na Forthlin Road. Ele pusera letra na canção aos 20 e poucos anos, quando os Beatles gravaram *Sgt. Pepper's Lonely Hearts Club Band*. Precocemente ele se projetara décadas no futuro, contemplando a vida como um idoso grisalho sentado diante da lareira com a esposa. E se eles se apertassem e economizassem, talvez pudessem bancar férias de verão na ilha de Wight, alegrados por visitas dos netos Vera, Chuck e Dave. O cabelo de Paul realmente ficou grisalho, mas foi tingido; a esposa com quem ele esperava viver até a velhice não estava lá, nem a segunda esposa; e a vida deles não fora do tipo que permitia se sentar diante da lareira. Quanto a se apertar e economizar, Sir Paul tinha tanto dinheiro e bens que não era capaz de calcular a própria fortuna. Com um acordo de divórcio se aproximando, ele teve que contratar a firma de contabilidade Ernst & Young para descobrir tamanho de sua riqueza.

Entretanto, Paul teve realmente três netos, Arthur, Elliot e Miller. Os dois primeiros eram filhos de Mary, com idades de 7 e 3 anos respectivamente, o terceiro era o filho de 1 ano e 4 meses de Stelly. Algumas semanas antes do marcante aniversário do vovô, Mary e Stella reuniram todos nos estúdios de Abbey Road para gravar uma versão familiar de "When I'm Sixty-Four" como presente-surpresa. O pai estava fora do país quando eles fizeram a gravação. Ele fora a Las Vegas, onde o Cirque du Soleil fazia o ensaio de figurino para *Love*, um novo espetáculo que tinha os Beatles como tema e exigiu a realização de um acordo entre Paul e Yoko, que haviam se afastado nos últimos anos. Eles pareciam se dar bem agora. Quando o músico voltou de Vegas para casa em Sussex, foi recebido pela família, incluindo a pequena Bea, com um ruidoso coro de "When I'm Sixty-Four", e foi presenteado com a gravação especial.

Um mês depois, ele pediu o divórcio de Heather com base em seu comportamento irracional. Ela respondeu que *ele* fora o irracional e ela contestaria a ação. McCartney trocou as fechaduras da 7 Cavendish Avenue e a imprensa estava lá para fotografar o momento em que sua ex-esposa tentou, sem sucesso, abrir o portão de entrada, acabando por mandar um homem pular e abri-lo por dentro. Nesse meio tempo, a equipe do astro chamou a polícia. Tudo muito divertido. No dia 11 de agosto, os advogados de Paul ofereceram um divórcio rápido baseado em uma sentença com base na alegação dele e na defesa dela, que evitaria o longo debate sobre quem estava errado. Os advogados de Heather rejeitaram isso, com um documento preliminar baseado nas alegações dela sobre o comportamento de Paul durante o casamento. Esse documento deletério foi formulado em "termos indubitavelmente fortes", nas palavras do juiz da vara de família e foi vazado para a imprensa. Antes desse vazamento, porém, houve outro estágio importante nos procedimentos: a Ernst & Young calculou a fortuna de Sir Paul.

A especulação sobre o tamanho da riqueza de Paul McCartney era um jogo de bar praticado por jornalistas havia anos. Por comum acordo, ele era o Beatle mais rico, talvez o astro de rock mais rico do mundo. Mais recentemente, o *Sunday Times* estimara sua riqueza em 825 milhões de libras, o que facilmente faria dele um bilionário em dólares. O verdadeiro tamanho da fortuna de Sir Paul era menor que esse valor (que somava erroneamente o espólio de Linda a favor de Paul). Ele ainda era um homem excessivamente rico, porém, dono de "vasta — repito — vasta riqueza" como o juiz da vara de família comentou, boquiaberto. A riqueza líquida de Sir Paul somava aproximadamente 387 milhões de libras, segundo os contadores, fazendo dele o astro do rock mais rico da Grã-Bretanha e um dos artistas mais ricos do mundo. Praticamente não há duvidas que essa quantia seja precisa (por mais que tais auditorias possam variar devido à flutuação nos preços das ações, dos valores de imóveis e do câmbio das moedas). A Ernst & Young teve acesso aos registros financeiros do músico, incluindo a extensa renda gerada pela editora musical, bem como as ações da Apple Corps e de outras empresas através das quais o dinheiro dos Beatles ainda entrava.

Em detalhes, os bens corporativos de Sir Paul chegavam a aproximadamente 241 milhões de libras. Além disso, ele possuía imóveis no valor de 33,9 milhões, investimentos de 34,3 milhões e outros 15,1 milhões de libras em várias contas bancárias pelo mundo (curiosamente, ele guardava 6 mil libras em dinheiro vivo, talvez para pagar o leiteiro). Entre os objetos de valor, obras originais de artista como De Kooning, Magritte, Matisse, Picasso e Renoir somavam outros 32,2 milhões, com 36 milhões de libras guardados em fundos de pensão. Em uma declaração, Paul disse que a maior parte de sua riqueza fora acumulada antes do enlace, embora ele tivesse somado 39 milhões a sua fortuna durante o casamento. Naquela época, ele fora generoso não só com a esposa, mas também com sua família, emprestando a Fiona Mills 421 mil libras para comprar uma casa e adquirindo para outro parente de Mills uma propriedade no valor de 193 mil. Todos esses valores ainda eram confidenciais, como os detalhes dos divórcios geralmente o são. Porém, esse seria um divórcio altamente incomum, tanto no teor de amargura quanto na quantidade de informação que se tornou de domínio público.

A primeira leva de informações veio um mês depois que o relatório da Ernst & Young foi entregue confidencialmente às partes interessadas quando, na hora do almoço de 17 de outubro de 2006, uma máquina de fax na Press Association emitiu 9 de 13 páginas da petição de Heather. Como vimos, ela é identificada no documento como "a ré", respondendo ao processo iniciado pelo "requerente" (Paul). Estavam incluídas todas as alegações já mencionadas de crueldade e maus-tratos, começando pela noite de 2002 em que Sir Paul supostamente estava bêbado e empurrou a esposa em cima de uma mesa de centro, indo até os eventos de abril de 2006. Além disso, o documento alegava: "O requerente agrediu fisicamente a ré." Ele se comportara de modo "vingativo e punitivo" com a esposa e "quebrou as promessas feitas à ré quando ela aceitou se casar com o requerente, continuando a consumir drogas ilegais e álcool em excesso ao longo do casamento..." Esse fax foi um presente inesperado para a imprensa, e muitos jornais publicaram o documento literalmente, fazendo com que repórteres se perguntassem quem havia feito tal gentileza. O texto fora enviado anonimamente por fax. Pesquisando sua origem, descobriu-se que viera de uma banca de jornais em Drury Lane, Londres, cujo proprietário alegou que uma mulher o enviara. Heather Mills negou estar por trás do vazamento e entrou com processos de difamação contra o *Daily Mail* e o *Sun* quando os jornais deram aos leitores a impressão de que ela o fizera. Em sua defesa, os editores garantiram que a ex-Sra. McCartney *estivera* por trás do vazamento a fim de danificar a reputação de Sir Paul e, portanto, as alegações dela eram mentirosas. Mais uma vez o processo dela por difamação não foi adiante.

Os advogados de Sir Paul confirmaram que os documentos eram legítimos e declararam que o astro gostaria de responder, mas o local adequado para fazê-lo era na vara de família. "Nosso cliente se defenderá dessas acusações adequadamente e com rigor." Nos bastidores, advogados prepararam uma contra-alegação contra Heather em que eles não só a acusavam de divulgar os documentos, como também de vazar detalhes de telefonemas particulares entre Paul e sua filha Stella para a imprensa, argumentando também que durante o casamento o músico sofrera com "agressões verbais, ciúme extremo, acusações falsas de violência e, ao longo do casamento, a esposa demonstrara uma incapacidade constante de dizer a verdade".

O mais chocante foi a alegação de que o ex-Beatle bebera e empurrara a então esposa, acabando por feri-la com uma taça quebrada. Será que Paul poderia ser um marido tão cruel? Ele gostava de beber, e havia algumas evidências de que bebia sem moderação de vez em quando. O leitor deve lembrar-se de Linda tirando o copo de uísque dele quando os McCartney visitaram seus vizinhos de Kintyre em 1996. Outros contam histórias parecidas. "Eu via quando ele ficava bêbado e via quando [Linda] meio saía de casa porque ele estava prestes a ficar bêbado", conta Danny Fields. Houve brigas com namoradas, e Francie Schwartz insinuou em sua biografia que o músico às vezes era meio bruto nos anos 1960. Ainda assim, os amigos ficaram ultrajados pelas acusações de que Paul era um bêbado violento. Eric Stewart, que escrevera para alertar o amigo sobre Heather antes do casamento — e não recebera resposta —, agora escrevia se oferecendo como testemunha de caráter no divórcio. Eric explica por que escreveu:

> Ela disse que ele é um bêbado agressivo. Ele não é. Pelo menos não desse tipo. Ele pode agredir pessoas verbalmente — ele não gosta de ser enganado, mas jamais agrediu alguém fisicamente. Eu disse: "Falo a seu favor no tribunal e vou dizer o que sabia sobre ela estar armando para você." Desta vez consegui uma resposta, ele disse: "Obrigado por tudo. Se precisar de você, entrarei em contato."

Era um momento sombrio. Em 21 de outubro de 2006, Brian Brolly, o velho amigo de Paul que o ajudara a criar a MPL, foi vítima de um ataque cardíaco. Uma semana depois, o terceiro aniversário de Beatrice McCartney degenerou para uma cena terrível, quando a imprensa foi ao parque de diversões para onde os pais levaram a criança como presente, resultando em uma briga com fotógrafos.

Incapaz de conter a enxurrada de histórias desagradáveis, Sir Paul adotou uma política de silêncio digno, continuando a trabalhar enquanto Heather ficava cada vez mais inconstante e estridente. Sua popularidade caiu vertiginosamente na mesma medida, chegando ao ponto mais baixo quando ela virou piada de um apresentador de TV. Durante uma premiação em Londres, Jonathan Ross a descreveu como uma "mentirosa tão filha da mãe que [eu] não ficaria surpreso se descobríssemos que na verdade ela tem duas pernas".

CONTEMPLE MEU CORAÇÃO (PARTIDO)

Nove anos depois que o reitor da Magdalen College convidara Sir Paul a escrever uma modesta peça de coral para o novo auditório da universidade — e dois anos após a apresentação de teste em Oxford — Sir Paul estreou a versão final de *Ecce Cor Meum* no Royal Albert Hall. Encomendada durante os últimos meses de Linda, a música tinha levado tanto tempo para ficar pronta que o astro enviuvara, casara-se novamente e se separara.

Arranjada em quatro movimentos, com um melancólico interlúdio orquestrado escrito logo após a morte de Linda, *Ecce Cor Meum* era o típico exemplo da música de McCartney: havia melodias adoráveis, lindamente executadas e orquestradas, mas o resultado era desigual: insosso em algumas partes e exagerado no fim. Além disso, o livreto foi considerado "moralista" pela crítica do *Independent*. Uma verdadeira confusão, refletindo o fato de que *Ecce*, como suas outras obras clássicas, era o resultado de outras pessoas tentando expressar o que elas acreditavam que Paul queria ouvir. Mesmo assim a multidão no Albert Hall — muitos dos quais eram fãs dos Beatles que apenas queriam ver Sir Paul de perto — deram uma recepção entusiástica à obra, o que o estimulou a se levantar e dizer algumas palavras no final, com a confiança e a graça de sempre, reconhecendo o apoio de amigos e da família na plateia.

Contudo, havia certa discórdia pessoal nos bastidores. Embora a família de McCartney fosse unida, a riqueza de Paul havia muito semeara a discórdia no clã. Como já vimos, ele foi muito generoso ao longo dos anos, ajudando parentes a comprar casas, emprestando dinheiro e, em alguns casos, colocando a "parentada" na Pensão McCartney para que eles não precisassem trabalhar. Mesmo assim, alguns não estavam satisfeitos. Quando um parente foi lembrado pelo contador de Paul na época de *Ecce Cor Meum* de que um empréstimo feito pelo astro para ajudar a comprar uma casa não fora pago, o referido parente supostamente respondeu: "Ele que se dane, ele tem dinheiro o bastante e não preciso pagar merda alguma."

Vários parentes foram convidados para a estreia de *Ecce Cor Meum*, tio Mike e tia Bett Robbins estavam entre os que aceitaram os ingressos, com a assistente pessoal de Paul, Holly Dearden, hospedando o agora idoso casal em um hotel de luxo em Londres, onde um mordomo os recebeu com champanhe de safra especial. Enquanto aproveitavam a hospitalidade do sobrinho, os Robbins descobriram que nem toda a "parentada" ficara tão satisfeita. Quando correram boatos de que a tia Joan fora levada por um motorista de Wirral até o show, pois estava com 80 e poucos anos, os membros mais jovens da família solicitaram que a MPL também lhes fornecesse transporte de porta a porta. "Eles não queriam apenas [o] hotel de graça, também queriam carros para ir e voltar a Liverpool — só porque Joan Mac teve um carro", diz Mike. Ainda segundo ele, Holly Dearden comentou sobre um parente ter batido o telefone na cara dela ao ser informado que um carro não estava disponível, dizendo furioso à assistente: "Não falo com o macaco, quero falar com o tocador do realejo!" Por isso alguns dos entes queridos de Paul não estavam em *Ecce Cor Meum.*

De repente não era mais tão divertido ser Paul McCartney. No inverno daquele ano, Sir Paul abandonou a batalha para manter a Cabana, concordando em demolir a casa de madeira. Houve pouco conforto no fato de o conselho ter permitido que o pavilhão fosse mantido. Um exame médico de rotina também revelou que ele tinha uma "leve irregularidade cardíaca." Isso acabou não sendo motivo de preocupação, ainda bem, ao contrário do aviso dos advogados de Heather três dias antes do Natal de que ela queria 50 milhões de libras como acordo de divórcio. Ótima notícia para se ouvir antes das festas de fim de ano. No réveillon, Paul fez uma contraoferta mais razoável, de 16,5 milhões que, junto com os bens acumulados por Heather durante o casamento, significava que ela sairia com aproximadamente 20 milhões de libras. Ela recusou essa oferta, achando-a insuficiente. O astro também deu um depoimento juramentado no qual revelou quanto desejava que seu casamento desse certo. "Acreditei que era para a vida toda", disse ele, entristecido.

29

O PASSADO SEMPRE PRESENTE

QUANDO O AMOR NÃO DÁ CERTO

Heather Mills não acreditou que a fortuna de Sir Paul fosse de apenas 384 milhões de libras. Ele disse à esposa que era duas vezes mais rico, como o advogado dela informou ao juiz durante uma audiência preliminar do divórcio. Como resultado dessa alegação, o juiz Sir Hugh Bennett, um quase contemporâneo de Sir Paul, tendo nascido em 1943 e também nomeado cavaleiro do reino, solicitou estimativas atualizadas dos bens do astro, mas a diferença não se mostrou significativa.

Heather então alegou não ter dinheiro enquanto o divórcio era avaliado, e Sir Paul concordou em pagar à esposa uma soma intermediária de 5,5 milhões, que lhe daria o suficiente para viver e comprar uma casa. Ela escolheu uma propriedade grande e isolada em Robertsbridge, a 20 quilômetros de Peasmarsh. Assim eles poderiam ter acesso a Bea e se revezar para levá-la de barca à escola preparatória local. Ao contrário dos filhos mais velhos de Paul, a menina seria educada em escolas particulares.

Como o segundo casamento chegou a uma conclusão cara, Sir Paul cortou outra relação importante. Ele assinara com a EMI como jovem Beatle e lançara todos os discos subsequentes no Reino Unido com a empresa, mas agora decidira que a antiga firma não estava à altura do desafio de divulgar seu novo álbum, *Memory Almost Full*. Como a maioria das grandes gravadoras, a EMI sofria na era dos downloads, com várias de suas grandes estrelas mostrando insatisfação com as vendas. Além disso, a empresa recentemente fora comprada por um fundo de investimentos. Paul começou a negociar com a Hear Music, uma nova empresa cofundada pela rede Starbucks, cujos executivos impressionaram Sir Paul em parte por terem prometido que, se assinasse com eles, *Memory Almost Full* estaria à venda não só nas cafeterias da empresa no Ocidente como também nas quatrocentas lojas Starbucks na China, um dos poucos territórios que ele ainda não conquistara.

Com exceção do meloso *Driving Rain*, os álbuns de rock do ex-Beatle estavam ficando cada vez mais interessantes ultimamente, e *Memory Almost Full* acabou sendo particularmente bom de ouvir, abrindo com o pop de festa de "Dance Tonight" e depois mergulhando em território mais introspectivo. Depois do amor jovem, o amor amargo inspirou maior quantidade de boas canções do que qualquer outra experiência humana. Os problemas de Bob e Sara Dylan na década de 1970 levaram Dylan a fazer seu excepcional álbum *Blood on the Tracks*, por exemplo. Embora *Memory Almost Full* não tivesse a mesma força, bebia na mesma fonte. Paul expressa agradecimentos agridoces a uma amante a quem se imagina que seja Heather em "Gratitude", reconhecendo que ela lhe fez mal, mas não podia odiá-la por isso. Enquanto em "You Tell Me" Paul explora lembranças de Linda; o foco da canção é dado pelas referências a um cardeal vermelho, pássaro nativo do deserto do Arizona. Outras canções olhavam para os Beatles, o "passado sempre presente" do músico. Antes ele tentara ignorar sua história. Agora, lidava com ela de modo sincero. A bela "That Was Me" é uma espécie de exibição de slides musicais de sua vida, do acampamento de escoteiros a "suar teias" no palco do Cavern enquanto a banda lutava para fazer sucesso, sair de Liverpool e aparecer na TV. "Esse era eu!", gritava Paul como se estivesse surpreso ao perceber que o jovem chique no *Ed Sullivan Show* era o sexagenário que cantava agora.

Não há letras melhores em *Memory Almost Full* do que as de "The End of The End" na qual o astro encara a própria morte. Composta na Cavendish Avenue no velho piano NEMS do pai, a letra é original, poética e verdadeira como havia muito não ocorria na carreira de McCartney, com rimas simples e agradáveis que ficam na cabeça. A segunda estrofe da canção se mostra particularmente elegante:

On the day that I die, I'd like jokes to be told,
And stories of old to be rolled out like carpets
that children have played on,
*And laid on while listening to stories of old.**

Mas Paul ainda não estava pronto para parar. No outono daquele ano ele foi visto com uma nova namorada, a morena norte-americana e incrivelmente magra Nancy Shevell. Quase um quarto de século mais nova que o músico inglês, Nancy era filha do magnata de caminhões de Nova Jersey Myron "Mike" Shevell, que tivera uma vida movimentada. Uma investigação de fraude fez com que a empresa de Shevell fosse à falência na década de 1970. Depois disso ele assumiu a New England Motor Freight (NEMF), uma pequena firma localizada em Elizabeth, Nova Jersey, território da *Família Soprano.* Ele administrava os negócios de modo preocupante, com um giro financeiro de 400 milhões de dólares e enfrentando acusações de corrupção.

Nancy Shevell estava envolvida nessa firma da família. Ela se juntou à NEMF em 1983 após se formar na Arizona State, a mesma universidade frequentada por Linda. No ano seguinte, Nancy se casou com o estudante de direito Bruce Blakeman, que ganhou fama na vida política de Nova Jersey. Em 1998, quando Nancy Shevell era vice-presidente da NEMF, o governo norte-americano processou a firma de caminhões, junto com outros réus, por associação com a máfia. O principal réu era o chefe da família mafiosa genovesa, Vicent "Chin" Gigante, com quem Mike Shevell supostamente conspirara para fazer contratações irregulares de funcionários. Ao levar a ação aos tribunais, o governo buscou, em parte, impedir que pai de Nancy "obtivesse ajuda de figurões do crime organizado relacionada a quaisquer questões trabalhistas". Shevell fez um acordo de cessação no qual ele concordou em recontratar membros do sindicato "que ficavam desempregados como resultado da ação entre amigos existente entre Shevell e a máfia" e prometeu não se envolver mais em negociações trabalhistas. A NEMF continuou funcionando.

---

* No dia da minha morte, gostaria que contassem piadas/E que histórias dos antigos fossem desenroladas como tapetes/nos quais crianças brincaram/e se deitaram enquanto ouviam histórias dos antigos. *(N. do T.)*

Além de ajudar a gerenciar o negócio da família, Nancy e o marido criavam o filho Arlen e mantinham casas em Nova York e nos Hamptons, onde fizeram amizade com Paul e Linda. Os Blakeman ainda eram casados, embora estivessem separados, quando Nancy começou a ver Sir Paul, em outubro de 2007. Ela era uma mulher parecida com Linda de várias formas: norte-americana, judia, filha endinheirada de um homem durão que crescera pelos próprios meios, também sofrera um episódio de câncer de mama e, mais uma vez como Linda, era cidadã de Nova York e Long Island. O apartamento da então Sra. Blakeman em Manhattan ficava a uma caminhada de dez minutos do prédio onde Linda morara no Upper East Side. Ao namorar Nancy, Paul refazia o passado.

O casal foi fotografado pela primeira vez em uma praia nos Hamptons durante o outono de 2007. Quando foi para casa em Londres, McCartney procurou Nitin Sawhney, que desenvolvera uma carreira de sucesso desde que eles haviam trabalhado juntos pela primeira vez. Sawhney convidara o amigo superastro para participar de seu novo álbum, *London Undersound*. Os músicos falaram sobre o ex-Beatle fazer uma canção contando suas experiências com os paparazzi durante sua relação com Heather Mills, mas ele estava mais preocupado em relação aos fotógrafos que o tinham pegado com Nancy. "De início ele chegou bastante exaltado e disse: 'Estou surpreso que eles tenham conseguido tirar uma foto minha. Não sabia que estavam por perto. Realmente não esperava isso'", relembra Sawhney. "De certa forma, porém, ele estava admirado com a situação, meio que riu daquilo. Mas você podia ver que não era algo que o deixasse confortável." Essa sensação estava em "My Soul", na qual Paul falou e cantou sobre fotógrafos que lhe roubavam a alma. Sawhney escolheu não melhorar digitalmente o vocal de Paul, deixando que o astro soasse de acordo com sua idade. "Algumas pessoas disseram: 'Ah ele parece tão velho!' Eu penso: 'Bom, ótimo. Paul não é mais um garotinho!"

A reação de Paul ao fotógrafo foi branda comparada à de sua ex-esposa, que se deixava ser infinitamente irritada pela mídia. Na manhã do dia 31 de outubro, Heather se convidou para o programa de televisão matutino GMTV a fim de reclamar da imprensa britânica, indo "bem além do limite," nas palavras do juiz da vara de família. Mills começou respondendo às histórias mais nocivas que foram publicadas sobre ela nos últimos meses, seu suposto passado como modelo pornô e prostituta, declarando que jamais escondera ter sido uma "modelo glamour". Quando adolescente, ela desejava ser uma modelo famosa de topless, como Maria Whitaker. "Era o que todas queriam ser nos anos 1980." Ela escrevera sobre a profissão de modelo de topless em sua biografia. "Paul sabia de meu passado como modelo glamour." Devido ao ensaio fotográfico que ela fizera para *Die Freuden Der Liebe* a imprensa agora a retratava, nas palavras dela, como "rainha do pornô pesado". Seu rosto expressava incredulidade, como se ela nunca tivesse visto as fotos em que aparece de pernas abertas.

Cada vez mais comovida, ela lembrou aos telespectadores do pior que os jornais escreveram: "Eles me chamaram de prostituta, aproveitadora, mentirosa, as palavras mais incrivelmente dolorosas. Fiquei calada por minha filha, mas recebemos até ameaças de morte. Pensei em suicídio, de tão angustiada", disse ela, aparentemente tomada pela emoção, embora parecesse fingir as lágrimas. "Tive pior tratamento na imprensa do que um pedófilo ou assassino", lamentou-se ela. "E só fiz caridade nos últimos vinte anos."

Heather comparou a forma pela qual foi tratada pelos fotógrafos à experiência da falecida princesa de Gales. "O que os paparazzi fizeram a Diana? Eles a perseguiram e a mataram", acusou ela, em uma analogia extravagante e imprecisa.* Em seguida, se referiu a sua recente aparição no programa de TV norte-americano *Dancing with the Stars*. "A única trégua que tive [dos meios de comunicação] foi quando fui aos EUA. Só fiz o *Dancing with the Stars* porque nossa ação de caridade foi tão prejudicada que precisávamos do dinheiro. E fui a única pessoa no show que doou o dinheiro para caridade..." (A impressão era de que ela dera *todo* o dinheiro para caridade. Porém, quando o juiz da vara de família foi estudar a papelada, descobriu que Heather recebera 200 mil dólares (que, na época, valiam cerca de 110 mil libras) dos quais 50 mil libras foram doados ao grupo vegetariano Viva! — que, por sinal, não era uma organização de caridade registrada na época.)

---

* Segundo as conclusões do inquérito oficial, a princesa Diana foi morta em um acidente de carro pelas mãos de um motorista em alta velocidade que excedera o limite de álcool permitido para dirigir. *(N. do A.)*

Voltando ao divórcio, Heather indicou que era vítima de uma conspiração. "Certa pessoa tem tanto medo de que a verdade venha à tona que faz de tudo para evitar que isso aconteça", disse ela misteriosamente, alegando novamente ter recebido ameaças de morte. "Isso significa que a vida de minha filha corre perigo, porque ela está comigo o tempo todo." Apesar dos milhões dados pelo ex-marido, a ex-modelo alegava que precisara pegar dinheiro emprestado para contratar guarda-costas. "Alguns tabloides criaram uma campanha de ódio tão grande contra mim que colocaram em perigo a minha vida e a de minha filha. Por isso pensei em me matar", disse ela, prestes a chorar de novo, "pois achei que se eu morresse, ela estaria segura e poderia ficar com o pai, essa é a verdade. Essa é a verdade."

Heather foi ridicularizada por essa aparição na TV, que além de ter demonstrado sua histeria, aparentemente transgrediu o acordo legal de que ela não poderia falar sobre o divórcio em público. Como consequência, a relação de Mills com seus advogados foi encerrada e ela começou a representar a si mesma no caso. Sua explosão também representava um contraste marcante ao silêncio digno mantido por Sir Paul. Uma ideia do que ele estava sentindo veio quando, em resposta a uma pergunta sobre o divórcio, ele declarou: "Como Winston Churchill disse uma vez, 'Se você está passando pelo inferno, continue andando!'" E nada mais foi dito.

NA TERRA DO FAZ DE CONTA

As torres góticas da Corte Real de Justiça estavam encobertas pelo *fog* londrino quando Sir Paul McCartney foi conduzido pelo motorista ao longo do Strand na segunda-feira, 11 de fevereiro de 2008, primeiro dia de uma semana de audiências, durante as quais seu divórcio seria definido. Quando viu os fotojornalistas erguendo escadas em frente à entrada principal da Suprema Corte, uma mistura de igreja medieval com uma escola pública inglesa imaginada por J.K. Rowling, Sir Paul ordenou que o motorista desse a volta e entrasse pelos fundos. Ele conhecia bem o edifício, pois estivera lá em 1971 para processar seus colegas Beatles.

Heather já estava no local, uma loura de rosto anguloso vestindo blusa rosa, saia e botas pretas. Sua perna falsa se arrastava nos ladrilhos enquanto ela andava pelo corredor até o Tribunal 34. Após ter se separado de seus advogados, a famosa administradora de obras de caridade se representava com a ajuda de três "amigos McKenzie", um sistema no qual os litigantes podem ser aconselhados por pessoas no tribunal. No caso dela, os amigos eram sua irmã Fiona, um procurador chamado David Rosen e o advogado norte-americano Michael Shilub. McCartney, por sua vez, foi representado por dois dos melhores e mais caros e advogados do país, Nicholas Mostyn' QC e a procuradora Fiona Shackleton.

Uma figura surpreendente leve em pessoa, Sir Paul entrou pelo corredor com passos empolgados, vestindo um terno listrado, camisa branca, gravata, uma echarpe no pescoço e sapatos de solas grossas e moldadas. Aos 65 anos, o grisalho estava novamente à mostra nas raízes do cabelo tingido, e a papada, meio flácida. Mesmo assim, era um homem bonito e cortês. Ele dava um amigável "bom-dia" aos senhores e senhoras da imprensa e segurava a porta para a Sra. Shackleton passar enquanto eles entravam no tribunal decorado com painéis de madeira, do qual a imprensa era excluída.

Dentro do Tribunal 34, Heather pediu ao juiz Bennett uma indenização de 125 milhões de libras, alegando que essa vasta soma permitiria que ela sustentasse a si mesma e a Bea do jeito que estavam acostumadas, permitindo-lhe comprar uma nova casa em Londres (na faixa de preço de 10 milhões), um apartamento de 4,5 milhões de dólares em Nova York e um escritório em Brighton, resultando em um total de sete residências, todas com equipes de empregados, naturalmente. O saldo dos pagamentos do divórcio seria investido a fim de gerar uma renda de 3,25 milhões de libras por ano, com a qual ela esperava conseguir viver.

Os advogados do astro contra-argumentaram que Heather deveria deixar o casamento com bens no valor de até 15 milhões, aos quais Sir Paul acrescentaria o pagamento da babá, educação e segurança para Beatrice. Heather abordou diretamente o juiz, relatando detalhes das supostas agressões que Paul teria feito a ela com uma taça de vinho, em abril de 2006, também alegando que o marido conspirara com a imprensa em uma campanha de ódio contra ela. Os argumentos continuaram durante a semana toda. Na sexta-feira, uma fã dos Beatles conseguiu se aproximar do ídolo no corredor fora do tribunal, pedindo autógrafo em uma cópia do *Álbum branco* para ser autografada. Paul se recusou. Quando a fã contou a Heather, ela comentou, com veneno: "É uma pena. Você é tipo de pessoa que fez dele o que ele é hoje."

Como o casal não conseguiu chegar a um acordo no prazo de uma semana, o juiz Bennet retirou-se para formular seu julgamento. Enquanto Sir Paul esperava, ele consolou Nancy Shevell, cujo irmão solteiro de 50 anos, Jon, também executivo na firma de caminhões da família, fora encontrado morto por overdose no Beverly Hills Hotel.

O juiz Bennett mandou por e-mail o rascunho da sentença para Paul e Heather, que foram chamados de volta à Suprema Corte na segunda-feira, 17 de março de 2008 para a conclusão do caso. Paul estava de bom humor quando foi ao tribunal naquela manhã, murmurando para si mesmo — "bup bup bup" — enquanto subia os degraus para o Tribunal 34. Uma Heather mais desanimada veio logo atrás, vestida para o grande dia em um curioso terno multicolorido no estilo arlequim.

Atrás da placa de "Proibida a Entrada", o juiz Bennett leu em voz alta sua sentença de 58 páginas para os McCartney. O resultado era que Sir Paul devia pagar a Lady McCartney uma quantia de 16,5 milhões de libras, significando que, com a riqueza acumulada por ela durante o casamento, a dona de obras de caridade sairia com dinheiro e bens no valor de 24,3 milhões, 100 milhões a menos do que pedira, e mais ou menos o que o músico lhe oferecera dois anos antes. Além disso, Paul pagaria aproximadamente 35 mil libras anuais para a babá e a educação de Beatrice. Mesmo para alguém que terminou o casamento na justiça, Paul pode ser considerado vitorioso.

Com a autorização de Sir Paul e a fim de evitar especulações da imprensa sobre um caso que já havia gerado quilômetros de papel-jornal impresso, com muitas alegações bizarras, o juiz pretendia fazer algo muito incomum. Ele queria publicar a sentença completa no site do tribunal, para que a imprensa e o público pudessem ler os verdadeiros fatos envolvendo a questão. Normalmente, os termos de um divórcio permanecem confidenciais. Embora Heather tivesse sido avisada com antecedência em relação a isso, o fato de os detalhes íntimos do relacionamento estarem prestes a se tornar de conhecimento público a embaraçou. Ela pediu a retirada de detalhes pessoais sobre ela e Beatrice e conseguiu, mas ainda não estava feliz e, nos dramáticos momentos finais do caso, a furiosa administradora de obras de caridade jogou uma jarra de água na cabeça de Fiona Shackleton.

Heather surgiu no corredor aberto ao público para anunciar à imprensa que falaria com eles do lado de fora. "Temos que fazer isto em frente às câmeras de TV!", disse ela, liderando a matilha pelo corredor na direção do Strand.

Sir Paul saiu do tribunal minutos depois com a Sra. Shackleton, cujo cabelo estava grudado na cabeça como o pelo de um cachorro que fora colocado sob uma mangueira de jardim. Perguntado sobre o resultado do caso, ele declarou: "Vocês vão saber — tudo será revelado!" De fato, a imprensa recebeu um resumo impresso da sentença enquanto a ex-esposa começou seu discurso nos portões da Suprema Corte, cercada por uma vasta multidão de repórteres, fotógrafos e cinegrafistas. Ao falar sobre o caso detalhadamente, como costumava fazer, Heather transgrediu uma ordem do tribunal.

"Primeiro de tudo, eu só queria dizer que estou feliz por ter acabado", desabafou ela ao som do trânsito e do barulho das câmeras, proclamando-se satisfeita com o acordo de 16,5 milhões de libras. O resultado foi o esperado, considerando que ela não fora representada por um advogado (por culpa totalmente dela). "Obviamente, o tribunal não quer que uma ré sem advogado se saia bem... Então na hora de escrever a sentença, eles nunca vão fazer isso a meu favor." A ex-modelo estava furiosa porque a sentença completa seria publicada e pretendia recorrer. "Eu queria manter o julgamento privado. Paul acabou de demonstrar seu desejo de tornar tudo público, esse é único motivo pelo qual estou falando agora. Ele sempre quis que o processo fosse público para ser conhecido como o generoso Sir Paul."

Longe das câmeras, dentro da Corte Real de Justiça, a irmã de Heather, Fiona, disse aos jornalistas que todas as manchetes negativas sobre Heather nos últimos tempos tinham sido orquestradas por Paul. "Não consigo acreditar que um homem possa ser tão baixo", atacou ela, lembrando venenosamente, caso alguém tivesse se esquecido, de outra história ocorrida naquele mesmo prédio: "Ele processou seus três melhores amigos aqui, lembrem-se."

O apelo da administradora de obras de caridade não teve sucesso e, no dia seguinte, a sentença do juiz Bennett foi publicada na íntegra, dando ao público detalhes inéditos não só do divórcio como da vida pessoal de Sir Paul. O astro permitiu que o tribunal contasse ao mundo o valor de sua riqueza, onde vivia e como era sua segurança pessoal. O raciocínio, talvez, fosse de que o documento o mostraria como um homem honesto quando comparado às conclusões altamente críticas a que o juiz Bennett chegara com relação a Heather Mills McCartney. As palavras do magistrado tornam a leitura fascinante.

"A esposa tem força de vontade e personalidade determinada. Ela mostrou grande coragem diante de sua deficiência, lutando para superá-la", escreveu Sua Excelência ao início da sentença, acrescentando que ela era "uma pessoa gentil... dedicada as suas causas de caridade" e que defendera o próprio caso com "determinação férrea, porém educada". Isto foi o melhor que ele podia dizer sobre Lady McCartney.

> As evidências apresentadas pelo marido foram, de acordo com meu julgamento, equilibradas. Ele se expressou de modo levemente duro às vezes, com justificável irritação, se não raiva. Ele foi consistente, preciso e honesto. Mas sinto revelar que não posso dizer o mesmo sobre as evidências apresentadas pela esposa. Tendo ouvido e assistido ao relato dado por ela, tendo estudado os documentos e dado a seu favor todos os descontos pela enorme tensão que deve ter enfrentado (e por se defender sozinha), sou levado a concluir que muitas de suas evidências, tanto escritas quanto orais, não foram apenas inconsistentes e imprecisas, como também menos que justas. No geral ela foi uma testemunha nada impressionante.

Isto era incriminatório, e os detalhes subsequentes se mostraram muito reveladores.

Durante o processo, Mills argumentou que ela era "rica e financeiramente independente pelos próprios méritos" antes de conhecer Paul, alegando ser milionária desde 1999. Ela ganhava aproximadamente 200 mil libras por ano como modelo e até 25 mil por hora como palestrante. Se Heather convencesse o juiz de que já era uma mulher de posses, poderia conseguir um acordo mais alto, mas o magistrado decidiu que a alegação dela quanto a ser rica pelos próprios méritos era "completamente exagerada" e não podia ser comprovada. "Durante a audiência foi solicitado diversas vezes que ela fornecesse extratos bancários... Nada foi entregue." Sua declaração de renda mostrava ganhos anuais na faixa mais modesta de 11.500 a 112 mil libras antes do casamento. Além disso, não havia documentos para confirmar sua afirmação de que ela doara o resto de seus ganhos para caridade.

O juiz se referiu ao casamento de Paul com Linda McCartney da seguinte forma:

> Repetidamente em suas evidências, o marido descreveu que, mesmo durante seu relacionamento com a esposa [Heather] de 1999 a 2002, ele ainda sofria o luto pela perda de Linda. Não tenho dúvida de que o marido achava a esposa muito atraente, mas igualmente não tenho dúvida de que ele ainda estava muito ligado emocionalmente a Linda. Não é irrelevante que, até o dia do segundo casamento, tenha usado a aliança dada a ele por Linda. Ao se casar com a esposa ele a retirou e a substituiu pela aliança dada a ele pela esposa. A esposa, por sua vez, deve ter se sentido arrebatada e muito apaixonada por um homem tão famoso quanto o marido. Creio que isso pode muito bem ter distorcido sua percepção, fazendo com que a esposa se permitisse acreditar em um faz de conta.

Com esse intuito, o juiz rejeitou as alegações de Heather de que ela e Paul viveram como marido e mulher desde março de 2000, aceitando que o músico estava correto ao dizer que só começaram a coabitar na noite do casamento, em junho de 2002, quando também pararam de usar contraceptivos.

Como Paul deixou claro: havia "considerável instabilidade em seu relacionamento", que levou ao grande dia em Castle Leslie. "Houve bons momentos e maus momentos", observou o juiz, "e o relacionamento sempre deixara na mente do marido uma pergunta sobre se ele e a esposa seriam, em última instância, feitos um para o outro."

O juiz Bennett descreveu a alegação de Heather de que o marido comprara a casa de Beverly Hills para ela como "fantasia". Ela alega ter recusado oportunidades de negócios por ele. "Eu teria ganhado milhões", contou Mills ao juiz de modo extravagante durante o caso, dizendo que o marido a atrapalhara. Porém, declarações de renda mostravam que ela ganhou mais durante o casamento do que antes. A relação estava longe de atrapalhar sua carreira: McCartney conseguiu que ela entrevistasse Paul Newman no *Larry King Live*.

Heather alegou que o companheiro frustrara suas ações de caridade e não fizera as doações prometidas. O juiz descobriu que, muito pelo contrário, o músico a apresentara às organizações de bem-estar animal com as quais agora ela se associava, especialmente o Viva!, enquanto sua cunhada, Jody Eastman, a pusera em contato com a organização Adopt-A-Minefield, para a qual Paul dera a impressionante quantia de 3,4 milhões de libras durante seu casamento.

Heather recebeu crédito por "aconselhar" Paul após seu luto e disse tê-lo ajudado a se dar melhor com os filhos, especialmente com a filha adotiva Heather (de quem quase nada se sabia nessa época). Ela também tinha composto canções com ele, o estimulara a fazer turnês e ajudara com a cenografia e a iluminação de seus shows. "Eu era esposa, mãe, amante, confidente, sócia e psicóloga em tempo integral", explicou ela ao tribunal. O ex-Beatle admitiu que Heather o ajudara na morte de Linda, mas negou que ela o tivesse estimulado a voltar à estrada. "Ele disse firmemente que a esposa não contribuiu em nada para as turnês", relatou o juiz Bennett.

> Sua presença nas turnês aconteceu porque ela amava o marido, gostava de estar lá e porque apreciava muito a atenção do público e dos meios de comunicação. Estou inclinado a aceitar que sua presença lhe dava apoio emocional, mas daí a sugerir que de algum modo ela era sua "sócia" é, sinto muito ter que dizê-lo, faz de conta.

A alegação de ter sido psicóloga de Paul era "típica de faz de conta".

Sir Paul era um homem imensamente rico antes de conhecer Heather, e o juiz notou que ele ficara ainda mais rico durante o casamento, graças às turnês e não às vendas de discos. Ele citou os discos que Sir Paul fizera durante o casamento — entre eles *Driving Rain, Standing Stone* e *Chaos and Creation in the Backyard* — dizendo que, embora fossem aclamados pela crítica, os álbuns "ainda não haviam dado lucro". O juiz não encontrou provas para corroborar a alegação de Heather de que o marido era duas vezes mais rico do que dizia. Quanto aos bens da própria Heather, eles foram adquiridos principalmente devido à generosidade do companheiro. O juiz Bennett listou os vários presentes e empréstimos que Sir Paul dera à esposa e abordou os repetidos pedidos feitos por Heather à MPL de 450 mil libras para quitar uma hipoteca inexistente de seu apartamento de Thames Reach. "O Sr. Mostyn disse a ela que houve uma tentativa fraudulenta de extrair dinheiro do marido", observou o juiz.

> De acordo com meu julgamento, é desnecessário ir tão longe a ponto de caracterizar o que a esposa tentou fazer como fraudulento. Porém, não é algo que lhe dê qualquer crédito. Ela sabia, ou deveria saber, que não havia empréstimos para Thames Reach, embora tentasse sugerir que havia e, por meio dessa afirmação, buscou obter dinheiro por meios ardilosos. Suas tentativas, após ter sido investigada a sugestão de que ela pode ter se enganado e confundido essa propriedade com outras, a meu ver, não parecem sinceras. À luz da generosidade do marido em relação a ela, como já especifiquei, vejo o comportamento da esposa como claramente detestável... Danoso à credibilidade dela como um todo.

Heather agora possuía dinheiro e propriedades no valor de 7,8 milhões de libras, a maioria graças a Paul. Porém, ela gastava muito e rapidamente, tendo torrado 3,7 milhões nos últimos 15 meses — incluindo 184.463 libras em jatos e helicópteros particulares. E, aparentemente, esperava manter essa vida extravagante. Por seus cálculos, ela gastaria 499 mil por ano em férias; 125 mil em roupas; 30 mil (por ano em atividades equestres (mesmo que ela não cavalgasse, como o juiz observou) e 39 mil libras em vinho (mesmo que ela mal bebesse). Bennett foi incisivo: "Embora ela negasse fortemente, seu caso se resume à síndrome do 'eu também quero'."

A ex-modelo estava bastante preocupada com sua segurança pessoal, dizendo ao tribunal que recebera ameaças de morte e alegando que Sir Paul estava por trás de histórias sobre ela vazadas para a imprensa, o que comprometia sua segurança. Como resultado, ela alegou ter gasto 349.862 libras em guarda-costas e esperava gastar 542 mil para garantir proteção 24 horas por dia para ela a Bea. Apesar de o juiz ter pedido várias vezes, ela não conseguiu apresentar "uma única fatura ou recibo" para provar essas despesas, enquanto a paranoia de Heather quanto à proteção contrastava com o que Paul disse ao tribunal sobre a própria segurança.

Exceto quando estava em turnê, Sir Paul disse nunca ter sentido necessidade de ter seguranças o tempo todo até a esposa insistir. Ele atendera ao pedido dela, mas voltara a seu estilo mais livre desde que tinham se separado. Ele não tinha guarda-costas 24 horas por dia em Sussex, preferindo confiar nos funcionários da propriedade para manter os olhos abertos em busca de intrusos. "A única pessoa que fica comigo o tempo todo é meu assistente pessoal, John Hammel." Porém, John não ficava com ele à noite, e ele e Linda criaram os filhos basicamente sem proteção.

> Não é saudável para uma criança ter segurança 24 horas por dia, sete dias por semana. Isso a separa dos colegas e faz dela objeto de curiosidade e, às vezes, de ridículo. Tais crianças vivem em gaiolas de ouro. Não quero isso para Beatrice. Raramente sou fotografado com ela. Minha filha precisa ter a criação mais normal possível, e cercá-la de seguranças o tempo todo não é a melhor forma de consegui-lo.

McCartney acrescentou que a atitude de Mills com a imprensa era contraditória. Ela cortejava a atenção, mas reclamava sobre o que os jornais publicavam. O juiz observou que Heather fora "a pior inimiga de si mesma" às vezes.

A administradora de obras de caridade tentou trazer alegações sobre a conduta de Paul no caso de divórcio, isto é, as acusações chocantes que vazaram para a imprensa em outubro de 2006. "A conduta da qual a esposa reclama pode ser resumida a seguir", recapitulou o juiz.

> Antes da separação deles, no fim de abril de 2006, o marido agredia verbalmente ou era violento com a esposa, culminando nos infelizes eventos de 25 de abril de 2006... Ele abusava do álcool e das drogas. Ele era possessivo e ciumento. Ele não protegeu a esposa da atenção dos meios de comunicação. Ele era insensível à deficiência dela. Além disso, foi alegado que após a separação o marido manipulou e conspirou com a imprensa contra a esposa e não exigiu confidencialidade dos amigos e associados. A esposa o culpa por vazar para os meios de comunicação seu depoimento, que usa de fortes termos para alegar comportamento irracional por parte dele contra ela. O marido não a protegeu suficientemente dos meios de comunicação e, em geral, comportou-se de modo inadequado.

Em resposta, o advogado de Sir Paul falou ao tribunal sobre a conduta da esposa *após* a separação. "Primeiro foi dito, em 25 de junho de 2006, que a esposa grampeou ilegalmente o telefone do marido, particularmente uma ligação entre ele e a filha Stella, na qual Stella fez vários comentários pouco elogiosos sobre a esposa", resumiu o juiz. "Também foi dito que ela subsequentemente vazou o material interceptado para a imprensa a fim de desacreditá-lo." (Isso aparentemente levou a uma matéria no *Sunday Mirror*, "As fitas do Maccagate").

> Segundo, em 17 de outubro de 2006, a esposa ou alguém agindo em seu nome, vazou para os meios de comunicação alguns ou todo o conteúdo de seu depoimento, que continha alegações falsas e distorcidas contra o marido a fim de desacreditá-lo. Terceiro, a esposa não obedeceu à ordem do tribunal a respeito da confidencialidade. Em 31 de outubro e 1º de novembro de 2007, a esposa deu várias entrevistas a estações de televisão norte-americanas e britânicas nas quais fez muitas declarações falsas sobre o marido e sobre este processo, de modo a desacreditá-lo. Individual e coletivamente essas ações, diz-se, representam uma tentativa deliberada da esposa de arruinar a reputação do marido.

Alguém vazou o depoimento de Heather para a imprensa.

> Tanto a esposa quanto o marido se acusam mutuamente pelo vazamento. A esposa declara que o marido o fez a fim de capitalizar sua boa reputação com a imprensa e sujar o nome da esposa por fazer tais alegações infundadas. O marido alega que a esposa o fez para sujar a reputação dele.

O juiz escolheu não decidir quem estava mentindo.

Em seus comentários finais, o juiz Bennett disse que se um dos solicitantes viesse diante dele com uma alegação excessiva que não fosse capaz de provar com argumentos lógicos, ele mesmo (o solicitante) seria responsável por não conseguir obter o que queria. "Este caso é um exemplo paradigmático de um solicitante que não conseguiu oferecer um caso racional e lógico e, portanto, não conseguiu auxiliar o tribunal em seu papel quase inquisitorial de chegar a um resultado justo." Ele ordenou que o casal não revelasse mais quaisquer detalhes aos meios de comunicação. Até Heather conseguiu cumprir essa ordem e, incapaz de dizer algo substancial sobre o marido e com muito dinheiro para gastar, ela desapareceu rumo à semiobscuridade de onde viera, aparecendo ocasionalmente na TV e contratando uma sucessão de consultores de relações públicas, que se viram pressionados a melhorar sua imagem. Um deles passa muito tempo tentando alterar o verbete sobre Heather no Wikipedia a favor dela.

DE VOLTA AO COMEÇO

Muitos dos colegas de Sir Paul morreram prematuramente, vários exauridos pelo estilo de vida rock 'n' roll. Brian, John, Linda e George faleceram prematuramente, junto com uma série de atores coadjuvantes na história épica da vida de Paul. Agora Neil Aspinall, o garoto dos bastidores que também tinha direito de ser o "quinto Beatle", também perdia a luta contra o câncer em Nova York. McCartney foi vê-lo, assim como fora visitar George, agradeceu a Nell — como os garotos sempre chamaram carinhosamente o amigo — por tudo o que fizera pela banda, pagou discretamente as contas médicas dele e ficou de luto quando ele faleceu, em março de 2008, aos 66 anos.

Nem Paul nem Ringo foram ao enterro de Neil em seu lar adotivo de Twickenham, perto de Londres. "Fomos à casa de Neil para a recepção que aconteceu depois e Yoko perguntou: 'Onde estão Paul e Ringo?' Minha resposta foi: 'Não sei. Você deveria saber melhor do que eu onde eles estão'", diz Peter Brown, que foi à cerimônia com Olivia Harrison, Sir George Martin e Mary e James McCartney.

> Paul foi representado pelos filhos, mas ele e Ringo não estavam lá. Eles podem ter achado mais discreto não ir... Mas não é como se fosse haver um milhão de paparazzi ou algo do tipo. Então não sei o que aconteceu naquele dia.

Sir Paul passou boa parte da primavera de férias com Nancy Shevell, o divórcio provisório sairia em maio. No fim desse mês, ele voltaria a Liverpool para ajudar sua cidade a celebrar seu ano como Capital

Europeia da Cultura. Pouco tempo antes, a cidade foi considerada não só como lugar para ir e enriquecer a mente, mas também como um porto sujo e decadente assolado por problemas sociais e econômicos. Assim, o prêmio de ser a Capital da Cultura — uma iniciativa da União Europeia para aumentar o investimento nas cidades agraciadas — foi um estímulo bem-vindo a Merseyside. Uma vasta quantidade de dinheiro foi investida em obras, incluindo um novo shopping perto das docas, que havia algum tempo tinham sido restauradas e haviam ganhado status de Patrimônio Mundial. A cidade recebeu uma impressionante série de eventos culturais em 2008, variando de feiras de arte a concertos sinfônicos. A Arte com A maiúsculo ia muito bem, mas para milhões de pessoas Liverpool era os Beatles, e o ano da cidade como Capital da Cultura não seria verdadeiro sem a presença de um ou dois Beatles. Eles conseguiram os dois.

Ringo Starr, então com 68 anos, abriu o ano comemorativo de Liverpool tocando bateria no teto do St. George's Hall no centro da cidade em 8 de janeiro de 2008, proclamando algo muito pouco provável: que ele poderia voltar de seu exílio fiscal em Monte Carlo para morar em Merseyside. Quando Ringo, depois, disse a Jonathan Ross na TV que não podia pensar em uma só coisa em Liverpool da qual realmente sentisse falta e que falara aquilo sobre voltar apenas para agradar a multidão, os habitantes da cidade ficaram ofendidos. Muitos deles já o consideravam grosseiro havia tempos, e isso parecia comprovar a impressão. A cabeça dele foi cortada de uma representação da banda feita com plantas decorativas em Allerton, enquanto motoristas de táxi diziam a quem visitava a cidade que "se aquele filho da mãe" voltasse a Merseyside seria coberto de ovos.

O destaque do ano cultural foi o Liverpool Sound Concert no domingo, 1º de junho em Anfield, famoso lar do Liverpool Football Club. Obviamente, o evento foi liderado pelo outro e mais importante ex-Beatle, aquele que, drogas e mulheres à parte, raramente fazia besteiras. Sir Paul McCartney chegou a Merseyside alguns dias antes do show e passou boa parte do sábado dirigindo pela cidade com seu assistente pessoal John Hammel, o filho James e a filha Beatrice, uma garotinha alegre que chegava aos 5 anos. Ao contrário dos filhos mais velhos do músico, Bea estava sendo criada pela mãe em uma atmosfera de riqueza conspícua. Essa turnê por Liverpool tinha a intenção de mostrar à menina o mundo normal de onde o pai viera.

Parando na 72 Western Avenue, Speke, Paul a levou até o caminho ajardinado da porta de sua antiga casa coorporativa. "Aqui era onde o papai morava", explicou ele à menina, enquanto posavam para uma foto de lembrança ao lado do que era agora uma varanda em ruínas. Nesse momento, o vizinho do lado colocou a cabeça por cima do muro. "Tudo certo, Macca?", James "Brickhead" Gillat, um sujeito sociável e tatuado, saudou o superastro.

"Tudo certo!", respondeu McCartney, amigavelmente. "Tem alguém aí?"

O astro tocou a campainha do número 72 para se apresentar aos atuais ocupantes, Paddy e Lyn Kearney. Esperava que eles não se importassem com o fato de ele estar tirando uma foto de lembrança na soleira da porta. Os Kearney e Brickhead ficaram encantados com Paul, que ainda parecia ligado às pessoas comuns. "Ele jamais fugiu de nós, jamais virou as costas para nós", diz Brickhead, admirado, após o grande homem ter ido embora.

Quando Paul passeou pela Forthlin Road com John, James e Bea, decidiu não passar na porta de sua antiga casa, desconfiado dos turistas que chegavam quase de minuto a minuto para ficar em frente a esse endereço muito conhecido, fazendo fotos e retirando pedaços da cerca viva como lembrança. Visitantes que faziam a excursão do National Trust entravam em pequenos grupos, guiados pelo caseiro que vivia lá. John Halliday calcula ter mostrado a antiga casa do ex-Beatle a 70 mil pessoas nos dez anos em que ela ficou aberta ao público. Uma das ambições de John era fazer a visita guiada com o próprio McCartney, e agora ele havia perdido uma oportunidade. "Eu o vi pelo canto do olho. Ele não estava dirigindo, estava no banco do carona — pensei: 'É o Paul!' Ele fez o sinal de positivo com o polegar. Achei que ele viria, mas passou direto."

Os donos de ingresso do National Trust eram levados a Mendips antes da Forthlin Road, a antiga casa da tia Mimi agora também era gerenciada pela organização de caridade. As duas casas estavam incluídas na mesma excursão de 15 libras. Nessa tarde específica, Mendips estava fechada para uma visita particular de Yoko Ono e do filho Sean. Baixinha e bem conservada aos 75 anos, com olhos inteligentes e cheios de brilho e um decote ousadamente baixo, Yoko participou de uma série de eventos na cidade naquele fim de semana. Um deles foi uma rara reunião da maioria dos membros sobreviventes da família que se formou em torno dos Beatles, ocorrida no LIPA na tarde seguinte.

Como contribuição para as festividades e com o intuito de arrecadar dinheiro para o LIPA, Stella McCartney preparou um desfile de moda na hora do almoço no Instituto no domingo, 1º de junho. Sir Paul apareceu com o filho James, pegando um lugar na primeira fila do auditório Paul McCartney juntamente com Yoko Ono e Olivia Harrison. O músico beijou as viúvas e conversou com Yoko, como se eles sempre tivessem sido ótimos amigos. Observando os dois era possível lembrar-se da corte real, pois todos os olhares estavam voltados para os chefes de Estado, acompanhados por sua vez de seus lordes e ladies. Entre os seguidores da corte dos Beatles estavam o irmão de Paul, Mike (sua carreira na indústria do entretenimento como Mike McGear tornara-se uma lembrança distante); Sir George Martin, de cabelos brancos e quase totalmente surdo aos 82 anos; a rotunda figura do idoso artista de esquetes Sir Peter Blake; e o chefe do LIPA, Mark Featherstone-Witty. Como todo rei precisa de um servo, John Hammel estava por perto, pronto para dizer aos fotógrafos da imprensa que já tinham imagens suficientes. Sir Paul aceitou bem a oportunidade em termos de relações públicas de fazer uma foto feliz com Yoko — que chegou às primeiras páginas dos jornais no dia seguinte —, mas não queria fotos deie com Beatrice, que estava aos cuidados de Mike McCartney algumas fileiras atrás, uma bela garotinha vestida de cor-de-rosa da cabeça aos pés.

Quando John Hammel espantou os fotógrafos, Bea ficou em pé na cadeira e pediu em voz alta um sorvete ao pai. Sir Paul virou-se, lançou a Bea um olhar carinhoso e paternal, diante do qual ela correu, subiu no colo dele e tagarelou por alguns minutos antes de voltar a seu lugar com o tio Mike para o início do show.

Stella McCartney entrou no palco — uma alegre ruiva de 36 anos — para afirmar suas ligações familiares com Liverpool. "Tenho cerca de 50 mil parentes nesta cidade", disse ela, ao que Sir Paul gritou: "Três vivas para Stella!" O público cumpriu a ordem. Durante o desfile, Paul e o filho observaram, com olhares confusos, as modelos de pernas longas exibirem as últimas criações de Stella. O astro tirava fotos ocasionais em seu celular, como se estivesse escolhendo as moças com quem iria se encontrar mais tarde. Bea apareceu com um balão, subiu no colo do pai e dormiu com o polegar na boca. "Achei fantástico, ele tem um ótimo relacionamento com a filha", observa Mark Featherstone-Witty.

Liverpool estava nublada naquela noite enquanto 36 mil pessoas corriam para Anfield a fim de assistir ao show, a maior parte delas, habitantes da própria cidade, embora outros tenham chegado do mundo inteiro para ver Sir Paul se apresentar em sua cidade natal. O fato de cantar em Anfield era especial: os McCartney tinham vivido por um breve período logo ali na esquina, na 10 Sunbury Road, e um show em casa sempre tinha aquela dose extra de emoção. Depois das bandas de abertura, Kaiser Chiefs e Zutons, que tinham ex-alunos do LIPA entre seus integrantes, o humorista Peter Kay apareceu no palco para uma recepção carinhosa. "Meu trabalho é apresentar a estrela de hoje, senhoras e senhores", disse Kay, que é imensamente popular no norte da Inglaterra.

> Ele é um rapaz daqui que se deu muito bem no velho ramo da música. Ele se apresentou com algumas pessoas maravilhosas ao longo dos anos: Stevie Wonder, Rupert the Bear [muitos risos] e os Beatles! [muitos aplausos]... Com o Conselho da Cidade de Liverpool [vaias e assovios], a BBC Radio Merseyside [aplausos] e o Heatwave Sun Bed Centre, em Norris Green [risos], é meu dever revelar que a Grã-Bretanha tem talento, senhoras e senhores, e seu nome é Sir Paul Mildred McCARTNEEEEEY!

Passeando pelo palco em um terno prateado, Paul abriu com "Hippy Hippy Shake", levando o público de volta ao Cavern. Depois veio "Jet", com a plateia dando socos no ar com as repetidas exclamações de "Jet!" e cantando junto com os versos como se fosse uma torcida de futebol em um jogo em casa. "Liverpool! Eu amo vocês!", exclamou Paul ao fim da música, e quem iria duvidar? Nos últimos anos ele passara mais tempo na cidade do que em qualquer palco desde o início da década de 1960, voltando a ser uma figura quase familiar nas ruas. Histórias dos passeios do músico pela cidade — um dia ele aparecera na Lewis's para comprar uma gravata — surgiam em quantidade imensa. "Nasci logo ali no fim da rua, no Walton Hospital, Rice Lane", lembrou ele a seu público. "E morei na Sunbury Road." Sentada no Lower Centenary Stand, Brenda Rothwell virou-se para a pessoa sentada ao lado dela e disse: empolgada: "É ao lado de onde eu moro!" Após "Got to Get You into My Life", Paul segurou seu baixo Höfner e gritou, "Ok, palmas para Speke! Para Garston!..." e as pessoas do local aplaudiam seus subúrbios.

Paul cantou "My Love" para Linda, cuja imagem apareceu nos grandes telões (todas as imagens de Heather foram cortadas). O público aplaudia tudo o que o astro falava, cada piada e história, e cantou junto de todo o coração quase todas as canções. O tributo a George Harrison no ukulele levantou a multidão quando McCartney cantou a doce e ao mesmo tempo questionadora letra do amigo, feita originalmente para a primeira esposa de George, Pattie Boyd, mas que tinha significado universal: "You're asking me will my love grow/I don't know, I don't know" ("Você me pergunta se meu amor vai aumentar/Eu não sei, eu não sei"). As palavras ecoavam pelo estádio como um grito de torcida de futebol, lágrimas surgiam nos olhos do artista e dos fãs. Olivia estava vendo. Yoko estava ao lado dela e pareceu aprovar a apresentação de Paul de "Give Peace a Chance" como um tributo ao falecido marido. O ex-Beatle terminou a apresentação com "I Saw Her Standing There", levando os moradores de meia-idade de Liverpool ao delírio. Senhoras robustas na idade de se aposentar recriavam os passos de dança de sua juventude, dando tapinhas em seus vastos traseiros e mandando seu amor com as palmas das mãos enquanto o músico cantava sobre seu coração fazer *boom*.

Um show de fogos de artifícios encerrou essa homenagem à cidade natal da maior banda de pop que já existiu. Na sala de troféus do clube, Sir Paul cumprimentou os amigos, convidados famosos e parentes que se reuniram para encontrá-lo rapidamente após o show. Ele os recebeu em fila, apertando as mãos e trocando palavras amigáveis com todos. "Mesmo o conhecendo há tantos anos, ainda fico boquiaberto pelo fato de ele ser um Beatle", declara Sam Leach, empresário dos primórdios da carreira da banda que estava entre os convidados. "Se eu o chamar de Sir Paul, ele ri." Do lado de fora, o resto do público ia embora, passando pelas ruas estreitas de tijolos vermelhos de Anfield cantando com uma felicidade sonolenta "Liverpool! Liverpool!".

AINDA NA ESTRADA

A vida de músico é na estrada e, para um artista que ama se apresentar, as turnês são um prazer, uma oportunidade para lançar o belo feitiço da música sobre o público e deleitar-se com a apreciação deles. "Acho que é, basicamente, magia", explicou Paul. "Existe esse negócio de magia, e os Beatles eram assim."

Naquele verão Paul se deu ao luxo de fazer imensos shows únicos em Kiev e Quebec (este para celebrar o aniversário de 400 anos da província), também para cobrir os custos de seu recente divórcio. A caminho do Canadá, ele se juntou a Billy Joel no palco do Shea Stadium para o último espetáculo no famoso estádio antes de ser demolido para a construção de um novo lar para os New York Mets. Depois, ele tirou seu velho Ford Bronco da garagem em Amagansett, seguiu a dica de Chuck Berry e rumou para o oeste com Nancy Shevell pela Rota 66, via Chicago, St. Louis, Flagstaff, Arizona (sem esquecer Winona), e mais de 3 mil quilômetros (2 mil milhas, como na letra de "Route 66", de Berry) para Los Angeles. Todo dia pessoas esbarravam com Sir Paul e a namorada em postos de gasolina e lanchonetes pelo caminho. O casal aparentemente estava feliz e adorava posar para fotos. Foi uma viagem que ele sempre quisera fazer.

Naquele outono ocorreu o lançamento do bem-recebido terceiro álbum de Fireman. Os discos feitos com a parceria de Youth estão entre os mais interessantes da carreira solo do ex-Beatle. *Electric Arguments* inspirava-se mais em canções tradicionais do que os projetos anteriores, com letras que pareciam criticar um ex-amor — com referências a traições, mentiras e uma mulher que buscava um homem para pagar suas contas ("Highway") — sem identificar Heather. Paul sempre foi muito cauteloso. Mesmo tendo um estilo mais comercial do que *Rushes*, esse álbum ainda era diferente demais para os fãs tradicionalistas de Macca. "Não gosto desse *Electric Arguments*", disse a nova-iorquina Linda Aiello que, fora isso, vive em um estado de devoção a McCartney. "Não é típico dele, porque realmente não é ele. É o Fireman... Não consigo gostar disso."

Na primavera de 2009, o astro dividiu o palco do Radio City Music Hall em Nova York com Ringo Starr em prol da meditação transcendental, uma das loucuras chapadas dos anos 1960 que eles seguiram até a velhice. Outros espetáculos norte-americanos se seguiram.

Após o show de fechamento do Shea Stadium, Paul fez três apresentações esgotadas no novo lar dos New York Mets, City Fields, promovidas com uma aparição no programa *Late Show* do David Letterman, e também no Ed Sullivan Theater onde os Beatles eletrizaram os EUA pela primeira vez. Paul escolheu um repertório especial de volta ao lar e depois lançou um CD ao vivo dos shows de Nova York, *Good Evening New York City*. Tirando a apresentação beneficente do Radio City, McCartney fez uma dúzia de shows pelos EUA naquele ano, arrecadando quase 41 milhões de dólares. Somando com os outros eventos que ele fizera recentemente, o divórcio estava pago.

Dois velhos inimigos morreram naquele verão: primeiro, Michael Jackson em circunstâncias suspeitas aos 50 anos, sem nunca ter dado um aumento a Paul na Northern Songs. Além disso, Jackson havia vendido parte dessa editora musical à Sony para ajudar a financiar seu estilo de vida opulento, colocando as canções fora do alcance de Paul. Parecia que o ex-Beatle jamais as teria de volta. McCartney insistiu em seu tributo que ele e Jackson nunca tinham brigado de fato, apesar de todas as críticas que ele fizera. Dez dias depois, passou quase despercebida entre as notícias sobre Jackson a morte de um verdadeiro inimigo, Allen Klein, aos 77 anos. Enquanto velhos amigos e inimigos partiam, McCartney seguia em frente, parecendo bastante ágil para um homem perto dos 70 anos, indo a Paris com Nancy ver o mais recente desfile de moda de Stella, lançando um olhar paternal sobre o filho James quando ele gravou seu primeiro álbum em Hog Hill Mill; enquanto o pai trabalhava em um concerto para guitarra e supervisionava a exploração incansável do catálogo antigo dos Beatles. Paul foi a força motriz do jogo *Beatles Rock Band*, lançado no meio de 2009, mais ou menos na mesma época do relançamento dos álbuns de estúdio dos Beatles em edição totalmente digital. Embora quase todo mundo já tivesse todas as músicas e as caixas custassem quase 300 dólares, as vendas foram ótimas e ajudaram a fazer da banda o segundo artista mais vendido na década nos Estados Unidos, logo atrás de Eminem, uma conquista impressionante para um grupo que se separou há 39 anos.

Sempre ocupado, Paul gravou uma canção para o novo filme de Robert De Niro, *Estão todos bem*, e tinha outro filme próprio a caminho — a animação sobre o esquilo Wirral que ele e Linda haviam decidido fazer havia anos com base nas histórias contadas aos filhos.

Para apresentar o personagem ao público, Paul e Geoff Dunbar criaram um livro infantil ilustrado, *High in the Clouds*, cuja trama remetia à morte de Mary McCartney — um trauma do qual o músico ainda falava como se fosse uma criança órfã. "Essa associação [surge] muito, muito forte em *High in the Clouds*", diz Dunbar. "Para nós, na infância, a mãe era o máximo." No livro, Wirral perde a mãe, assim como o ex-Beatle, e depois sai pelo mundo em busca de aventura, música e amor com uma linda esquilo fêmea vermelha chamada Wilhamina. Ao final os dois personagens ficam juntos, olhando para as estrelas. "Ah, se a mamãe estivesse conosco", suspira Wirral.

"Ela está", responde Wilhamina, segurando a pata dele.

Essa pequena história expressa muito a vida de Paul: um homem sentimental formado por suas experiências de infância em Liverpool, de onde ele saiu em busca do amor em um mundo musical (onde está Wilhamina leia-se Linda.) Agora sua história do esquilo seria transformada em um filme hollywoodiano em 3D. Espera-se que ele fique pronto a tempo de Bea apreciá-lo antes que comece a perceber a enormidade da fama do pai.

A ESTRADA CONTINUA PARA SEMPRE

Em uma noite fria de dezembro de 2009, com o Natal no ar, Sir Paul McCartney abriu sua mais recente turnê europeia em Hamburgo, segunda cidade em sua origem musical. Foi lá que Paul chegou pela primeira vez com os garotos em 1960, no furgão superlotado de Allan Williams, para se apresentar no Indra. Uma vida depois, o ex-Beatle voltou em um avião particular para se apresentar no Color Line Arena, a cinco estações de metrô da Reeperbahn. Ele recusou um convite para encontrar o prefeito da cidade e deixou os fãs esperando enquanto fazia uma passagem de som atrasada e comia sua costumeira ceia vegetariana antes do show. Embora o grupo em prol dos direitos dos animais PETA, ao qual McCartney está associado há muito tempo, tivesse um estande no show de Hamburgo, onde distribuía panfletos intitulados "Não coma carne", os dias de intenso ativismo de Linda em prol dos animais se foram. Houve uma época em que os McCartney exibiam filmes cruéis contra o uso de animais em pesquisas científicas antes dos shows e proibiam produtos de carne nas turnês. Hoje, os fãs petiscavam salsichas *schinkenwurst* nas lanchonetes e os que compraram os pacotes de ingressos VIP de 319 euros devoravam refeições finas no bar Platinum.

Os alemães são notoriamente pontuais, então, quando a hora anunciada para o início passou e eles foram obrigados a esperar mais oitenta minutos para o show começar, mostraram-se decepcionados, batendo palmas lentamente, vaiando e assobiando para o astro que não se via. Finalmente Sir Paul subiu ao palco — vestindo terno preto, camisa branca e os suspensórios que andava usando nas apresentações ao vivo dessa época — e cumprimentou seu público com um dar de ombros incrivelmente confiante, como se dissesse: "E aí?" Onze mil alemães nervosos ficaram instantaneamente calmos, deixando-se levantar pelo alegre som de "Magical Mystery Tour", sempre seguindo o conselho que o tio Mike deu a ele e John no Fox and Hounds, Caversham. "Um bom show tem a forma de um W", dissera Mike aos garotos. Você tem que começar no alto.

A qualidade de som estava ruim em Hamburgo, como invariavelmente acontece em arenas esportivas: agudo no alto e grave no fundo, com os vocais ecoando para fora das últimas filas — lugares tão distantes do palco que o músico colocou as mãos sobre os olhos, esforçando-se para enxergar, e perguntou ao pessoal lá embaixo se eles estavam bem — e sua voz soou fraca a princípio, como a de um velho. Mas à medida que ele foi se aquecendo, a voz se fortaleceu e a banda complementava e o ajudava sem jamais ofuscá-lo.

"Danke schön! Guten tag, Hamburg", disse Paul, mostrando um pouco do alemão aprendido na escola, mas logo voltando para sua língua nativa e dizendo: "É realmente ótimo estar de volta a Hamburgo."

"Que tal uma viagem a Reeperbahn?", perguntou um fã na primeira fila.

"Hmmm", cogitou Paul. "*Hoje não.*"

Ele falou de quando os Beatles tinham ido à cidade pela primeira vez, "quando éramos crianças" e como haviam se encontrado com outras "crianças um pouco mais velhas", citando o nome dos velhos amigos na plateia. Nas primeiras filas estavam Horst Fascher, Astrid Kirchherr e Klaus Voormann, pessoas baixas, idosas e muito bem agasalhadas naquela noite fria de dezembro. De fato, o público era em sua maioria composto por pessoas de meia-idade, rechonchudas, ricas e grisalhas que olhavam ocasionalmente os relógios para ter certeza de que não chegariam em casa muito tarde. Apesar de ter a mesma idade desses pensionistas e de estar com a pele flácida como a de um cachorro velho, McCartney parecia mais jovem que todos ali, graças principalmente ao talento de seu cabeleireiro. Além de pintar os cabelos de castanho, eles estavam tão brilhosos e espessos que alguém poderia pensar que ele estava usando uma peruca.

Ao tirar o casaco, e arregaçar as mangas, Sir Paul também parecia mais do que nunca com um dono de moinho do século XIX. Este não era um jovem artista que precisava da aprovação do público; ele estava ali porque gostava de tocar e revisitar o passado, e os que foram sortudos bastante para ter um ingresso puderam compartilhar esse momento com ele. Entre as canções, a plateia era presenteada com histórias dos velhos tempos, como a noite em que seu amigo Jimi (Jimi Hendrix, o próprio) tocou "Sgt. Pepper" no Saville Theatre e pediu a Eric (Clapton, você sabe) para afinar sua guitarra. Público e banda ouviram atentamente um idoso contando histórias de tempos idos. Linda sempre estava no pensamento do músico. Enquanto ele apresentava "The Long and Winding Road", o telão mostrava fotos feitas pela falecida esposa em seu rancho no Arizona, incluindo a trilha no deserto pela qual eles cavalgaram pouco antes de sua morte. "Here Today" foi apresentada como "für meinen freund John... (para meu amigo John). Vocês estão ouvindo?" Paul perguntou subitamente, olhando para o teto como se fosse encontrar o fantasma do amigo sentado na estrutura interna do teto. "Something" foi tocada mais uma vez no ukulele em homenagem a George enquanto eram exibidas imagens dos outros Beatles que se foram. McCartney levantou os braços para a última imagem, a imensa ampliação de um jovem e sorridente George, murmurando "Georgie! Georgie!" como saudação. Quando Paul se virou, seu rosto estava molhado pelas lágrimas.

Com John e George mortos, e Ritchie sempre tendo menor importância, ficou para Paul a responsabilidade de manter viva a chama dos Beatles. Junto com a tristeza, havia uma sensação de que ele se sentia livre pelo fato de John e George não estarem por perto para atacá-lo. Ele podia dizer e tocar tudo o que ele gostava agora, e até colocar duas canções dos Beatles em seu repertório pela primeira vez, "And I Love Her" e "Ob-La-Di, Ob-La-Da", que causaram furor nos alemães, mesmo com Lennon tendo debochado desta última, chamando-a de "música de velho."

Após "Yesterday" e "Helter Skelter", Paul informou ao público que era hora de ir para casa. Os habitantes de Hamburgo, que duas horas antes estavam vaiando, agora reclamavam. "É hora de vocês também irem para casa", lembrou o astro. Era quase meia-noite. Ele agradeceu à banda e à equipe. "Mas, acima de tudo, hoje nós queremos agradecer a *vocês*", disse ele, antes de tocar "Sgt. Pepper's Lonely Hearts Club Band", emendando com "The End". Imagens de um sol se pondo apareceram nos telões enquanto o músico cantava as sublimes frases finais sobre o amor que você leva ser igual ao amor que você faz, após a qual todos entoaram um feliz *Aaaaahhhh.*

"Yeah, yeah, yeah, yeah."

Como um fã comentou "a melhor música — *do mundo*".

"Danke schön, Hamburg. Até a próxima!"

AGRADECIMENTOS

Com este livro, me propus a escrever a vida de Paul McCartney de modo mais equilibrado, detalhado e abrangente do que foi feito anteriormente. Eu não tinha a intenção de criticá-lo nem de glorificar excessivamente sua carreira. Em vez disso, tentei contar a história épica de sua vida de modo verdadeiro e justo como considerei os fatos após estudá-los de perto, assim como um entomologista colocaria outro tipo de besouro em um microscópio.

Como base para meu trabalho, viajei muito, visitando os lugares que aparecem na vida de Sir Paul, coletando material (registros de família, documentos financeiros, jurídicos e de imóveis) e fazendo entrevistas com aproximadamente 220 pessoas, incluindo seus amigos, vizinhos, membros da família e colegas músicos. Também li tudo o que foi impresso sobre o músico e as pessoas próximas a ele, e gostaria de listar as fontes consideradas mais úteis.

Provavelmente, foram escritos mais livros sobre os Beatles do que sobre qualquer outro artista na indústria do entretenimento. *The Beatles*, de Hunter Davies, publicado pela primeira vez em 1968, mantém seu interesse, assim como a história de Philip Norman de 1981, *Shout!* Contudo, os livros de referência de Mark Lewisohn se destacam pela atenção meticulosa do autor aos detalhes, com seu *The Complete Beatles Chronicle* (1992) considerado a Bíblia em se tratando do grupo de Liverpool. Apesar de minimizar ou deixar de fora partes importantes da história dos Beatles, o *Anthology* — refiro-me aqui à série de documentários e ao livro que a acompanha, lançados em 2000 —

também é um registro valioso dos pensamentos e lembranças dos membros da banda. Com relação a revistas e fanzines, consultei muitas vezes a *Melody Maker* no Reino Unido e a *Rolling Stone* nos EUA. A *Club Sandwich* de Paul McCartney também foi uma referência útil.

Várias biografias completas de Sir Paul já foram escritas. Com exceção do ótimo livro de Barry Miles em 1997, *Paul McCartney: Many Years From Now*, nenhuma é digna de nota e, apesar de sua indubitável força, especialmente como registro das visões do artista sobre todos os aspectos da história dos Beatles, *Many Years from Now* é basicamente uma obra sobre os anos 1960. Também é um livro chapa-branca, escrito em proximidade com seu personagem, que teve até direito a veto. Por trabalhar sem a cooperação de McCartney, me esforcei para criar uma biografia mais imparcial e de escopo mais amplo, abordando igualmente o tempo do artista nos Beatles e sua vida nas décadas que se seguiram. Por este motivo, este livro está dividido em dois, com a segunda parte contando a história de suas aventuras desde os anos 1970.

Sou grato às seguintes pessoas por me darem informações: Jane Abbott (anteriormente Brainsby), Linda Aiello (*née* Magno), John Aldridge, Carlos Alomar, lorde (Jeffrey) Archer, o falecido Al Aronowitz, Anthony Bailey, Geoff Baker, Marty Balin, Christine Barnwell, Tony Barrow, Bob Bass, Sid Bernstein, Roag Best, Douglas Binder, Jamie Black, Kate Black, Tony "Measles" Bramwell, Geoffrey Brand, Al Brodax, Peter Brown, Yolanda Byrne (*née* Ventre), Ian Campbell, Howie e Sheila Casey, Clem Cattini, Natalie Clark, Maureen Cleave, John Coates, Mary e Rory Colville, Bob Cote, Alastair Cousin, Rosemary Crouch, Carl Davis, Rod Davis, Len Deighton, Prince Stanislas Klossowski "Stash" de Rola, Ken Dodd, Joe Dolce, Barbara Doran (*née* Eves), John Duff Lowe, Geoff Dunbar, Michael Eavis, Dudley Edwards, Ron Ellis, Royston Ellis, Geoff Emerick, Eldon Erwin, Bernie Evans, Horst Fascher, Mark Featherstone-Witty, Brenda Fenton, Iris Fenton (*née* Caldwell), John Fenton, Danny Fields, Bill Flanagan, Joe Flannery, Herbie Flowers, Ray Fooks, Bruce Forsyth, Frank Foy, Steve Gadd, Johnny Gentle, James "Brickhead" Gillat, Brian Gregg, Brian Griffiths, Adrian e Evelyn Grumi, Jim Guercio, Rosi Haitmann (posteriormente Sheridan), John Halliday, Colin Hanton, Ian Harris, Bill Harry, Billy Hatton, Jann Haworth, Peter Hodgson, Derek Holgate, Steve Holley, John "Hoppy" Hopkins, Philip Howarth, Erika Hübers (*née* Wohlers),

Edward Hunter, Frank Ifleld, Neil Innes, Ian James, Glyn Johns, Mickey Jones, Laurence Juber, Susan Justice (*née* Aldridge), Alfie Karmal, Normal Kauffman, John Kay, Paddy e Lyn Kearney, Gibson Kemp, Astrid Kirchherr, Barbara Knight (*née* Wilson), Marijke Koger-Dunham, Al Kooper, Jonathan Kress, Bettina Krischbin (*née* Hübers), Denny Laine, Carla Lane, Veronica e Bob Languish, Sam Leach, Sir John Leslie, Sir Michael Lindsay-Hogg, Andrew Loog Oldham, Graham Lowe, Barbara Lyon (*née* Lunt), Doug Mackenzie, E. Rex Makin, Imelda Marcos, Gerry Marsden, Lilian Marshall, Salvatore "Pico" Martens, David Mason, David Matthews, o falecido Victor Maymudes, Joan McCartney, Henry McCullough, Jim "the Rock" McGeachy (pai) e o filho Jimmy, John McGeachy, Robbie McIntosh, Ian McKerral, George McMillan, Barry Miles, Fiona Mills, Elliot Mintz, Maria Mohin, Paul Morrisey, Billy Morton, Brian Moses, Kate Muir, Len Murray, Bill e Maggie Nelson, Mike Nesmith, Dr. Roy Newsome, Ann Nicholson (*née* Ventre), Steve Nieve, Frieda Norris (*née* Kelly), Steve Norris, Ray O'Brien, Boston O'Donohue, Richard Ogden, Hugh Padgham, Dick Page, Major Peter Parkes, Eryl Parry, Graham Partington, Tom Pickard, Charlie Piggott, Ian Pillans, Simon Posthuma, Claude "Curly" Putman Jr., lorde (David) Puttnam, Joe Reddington, Ruth Reeves (*née* Lallemann), Gillian Reynolds, Mike Robbins, Brenda Rothwell, Willy Russell, lorde St. Germans, Sir Jimmy Savile, Nitin Sawhney, Helga Schultz, Denny Seiwell, Brian Sewell, Ravi Shankar, Gene Shaw, Tony Sheridan, Jane Shevell, Don Short, Anthony Smith, Murial Smith, Sir James Douglas Spooner, Philip Sprayregen, Alvin Stardust, Eric e Gloria Stewart, Alda Lupo Stipanoe (e família), Harnish Stuart, Pauline Sutcliffe, Wolfgang Suttner, Sir John Tavener, Marga e Ted "Kingsize" Taylor, Peter Tomkins, Pete Townshend, Isabel Turnbull, Walter van Dijk (e a mãe, Jeann), Janet Vaughan, Peter Vogl, Lisa Voice, Jürgen Vollmer, David Waite, Edie Warren, Donald Warren-Knott, Peter Webb, Nat Weiss, Kevin Wheal, Andy White, Gaz Wilcox, Beverly Wilk, Allan Williams, June Woolley, David Young, Youth e Debra, bem como Sherry Zeller.

Agradeço também aos seguintes indivíduos e empresas pela ajuda e pelos conselhos: Abbey Road Studios; Rebecca Chapman, da British Society of Songwriters, Composers and Authors (BASCA); Tenente Deanna Coultas da polícia de Tucson, AZ; Caroline Cowie, da National Union of Teachers (NUT); Geoff Garvey pela pesquisa em

Sussex; Matthew Davis por ser meu tradutor em Hamburgo e Harald Mau por ser nosso guia em Hamburgo; Dr. Bob Hieronimus pela ajuda com *Yellow Submarine*; Spencer Leigh, da BBC Radio Merseyside; Ken McNab por suas conexões na Escócia, Pete Norman por Heather Mills e os Old Liobians por informações sobre o Liverpool Institute. Agradeço particularmente a Kevin Roach e Andy Simons do Liverpool Record Office, também a Richard Farnell do Liverpool City Council, Edda e Heidi no Hans Tasiemka Archives; e a equipe do British Film Institute, as bibliotecas Barbican e Guildhall, British Library/British Newspaper e New York Public Library. Meu reconhecimento também aos meus editores, Natalie Jerome na HarperCollins em Londres; Ben Schafer na Da Capo em Nova York e Tim Rostron na Doubleday Canada; a Nick Fawcett e Helen Hawksfield que trabalharam no copidesque deste livro; e a meus agentes: Kate Lee na ICM, em Nova York, e Gordon Wise na Curtis Brown, Londres.

CRÉDITOS DAS IMAGENS

Página 1: (abaixo, à direita) © PA Photos

Página 2: (acima) © Alpha; (abaixo, à esquerda) © Sam Leach; (abaixo, à direita) © Astrid Kirchherr — K & K/ Redferns/Getty Images

Página 3: (acima) © Michael Ochs Archives/Getty Images; (abaixo, à esquerda) © Ruth Lallemann; (abaixo, à direita) © The Jewish Chronicle Archive/Heritage-Images/ Imagestate

Página 4: (acima, à esquerda) © Keystone/Hulton Archive/ Getty Images; (acima, à direita) © Bettman/Corbis; (abaixo) © Mirrorpix

Página 5: (acima, à esquerda) © Trinity Mirror/Mirrorpix/Alamy; (acima, à direita) © Daily Mail/ZUMA Press/Solo Syndication; (abaixo) © Michael Ochs Archives/Getty Images

Página 6: (acima, à esquerda) © John Hoppy Hopkins; (acima, à direita) © Henry Diltz/CORBIS; (abaixo, à esquerda) © Daily Mail/ Rex Features; (abaixo, à direita) © Hulton-Deutsch Collection/CORBIS

Página 7: (acima) © Trinity Mirror/ Mirrorpix/Alamy; (abaixo, à esquerda) © Trinity Mirror/Mirrorpix/ Alamy; (abaixo, à direita) © Trinity Mirror/Mirrorpix/Alamy

Página 8: (acima) © Tom Farmer/Rex Features; (abaixo, à esquerda) © Evening Standard/Getty Images; (abaixo, à direita) ©Trinity Mirror/ Mirrorpix

Página 9: (acima, à esquerda) © Ivor Davis/Scope Features; (acima, à direita) © Howard Sounes; (abaixo) © David Montgomery/Getty Images

Página 10: (acima, à esquerda) © Howard Barlow/Redferns/ Getty Images; (acima, à direita) © Bettmann/CORBIS; (abaixo, à esquerda) © Bettmann/CORBIS; (abaixo, à direita) © Richard Grange/Barcroft Media

Página 11: (acima, à esquerda) © NILS JORGENSEN/Rex Features; (acima, à direita) © Bettmann/CORBIS; (abaixo) ©Trinity Mirror/Mirrorpix/Alamy

Página 12: (acima, à esquerda) © EMI Records; (acima, à direita) © Tom Hanley/Redferns; (abaixo) © Stephane Cardinale/Sygma/Corbis

Página 13: (acima, à esquerda) © SipaPress/Rex; (acima, à direita) © Nick Elgar/Une/LFI; (abaixo) © Tony Kyriacou/Rex Features

Página 14: (acima, à esquerda) © Trinity Mirror/Mirrorpix/Alamy; (acima, à direita) © Trinity Mirror/Mirrorpix/Alamy; (abaixo) © The Sun/NI Syndication

Página 15: (acima, à esquerda) © Trinity Mirror/Mirrorpix/Alamy; (acima, à direita) © The Times/NI Syndication; (abaixo) © Dave M. Benett/Getty Images

Página 16: (acima) © Stephane Cardinale/People Avenue/Corbis; (abaixo) © Mário Anzuoni/Reuters/Corbis

NOTAS

Algumas abreviações foram utilizadas nas notas a seguir. Paul McCartney e outros personagens principais são referenciados primeiramente pelo nome completo, depois apenas pelas iniciais. Assim, Paul McCartney será chamado de PM, John Lennon de JL etc.

Ao citar o *Anthology* dos Beatles, indico entre parênteses se estou falando do documentário, do livro ou dos CDs (e do texto do encarte).

A sentença dada pelo juiz Bennett na Suprema Corte, em março de 2008, sobre o divórcio de Sir Paul e Heather Mills McCartney é citada como "a sentença de Bennett".

The Times é o jornal *Times* (de Londres).

I. UMA FAMÍLIA DE LIVERPOOL

Citação de Paul McCartney (PM) — "Eles podem não parecer grande coisa..." — revista *Sunday Times* (9 de junho de 1991).

História de Liverpool: consultei *Liverpool 800* (Belchem) e *Liverpool* (Sharples). Agradeço também a Richard Farnell, do Liverpool City Council.

Histórico familiar dos McCartney-Mohin: conversas do autor com parentes, entre eles John Aldridge, Ian Harris, Susan Justice (*née* Aldridge), Joan McCartney (citada), Maria Mohin e Mike Robbins (citado); o Censo de 1911; certidões de nascimento, óbito e casamento; *Up the Beatles Family Tree* (Humphrey-Smith *et al.*); *Thank U Very Much* (Mike McCartney) e *The McCartneys: In the Town Where They Were Born* (Roach).

Todas as citações de Mike Robbins foram dadas ao autor.

Jim tocou trompete "até acabarem-se os dentes": PM no *Anthology* (livro).

Jim conhece Mary: *The McCartneys: In the Town Where They Were Born* (Roach).

Ataques aéreos: o livreto *Air Raids on Liverpool*, Liverpool Record Office.

Os pais de PM se casam: certidão de casamento.

Problemas sectários: *Liverpool 800* (Belchem).

Ringo Starr (RS) foi citado do *Anthology* (livro).
Nascimento de PM: certidão de nascimento.
Batizado de PM: registros na igreja no Liverpool Record Office.
Nascimento de Mike McCartney: certidão de nascimento.
Relações com o irmão: entrevistas dadas ao autor.
História de Speke: *The Illustrated History of Liverpool's Suburbs* (Lewis). Agradeço também aos ex-alunos de Joseph Williams: Barbara Doran (*née* Eves), Marjorie Knight (*née* Wilson) e Barbara Lyon (*née* Lunt).
Inspiração para "Mother Nature's Son"*: Paul McCartney: Many Years from Now* (Miles).
Mary se demite do emprego: *The McCartneys: In the Town Where They Were Born* (Roach).
Agradeço ao atual morador da 12 Ardwick Rd, Liverpool, que não quis ser identificado.
Frase de Jim McCartney "Coloque ali": *Club Sandwich* #52.
História de Will Stapleton: agradeço primeiramente a um parente dos McCartney que deseja permanecer anônimo (incluindo o diálogo relembrado). A história do *SS Apapa* é comprovada por reportagens no *Liverpool Evening News* (11,12 e 14 de outubro de 1949; e também 3 de novembro de 1949); *The Times* (12 de outubro de 1949); e *Manchester Guardian* (12 de outubro/24 de novembro de 1949). Também consultei registros familiares para estabelecer a relação entre Stapleton e Edie McCartney. Muitos agradecimentos a Kevin Roach, do Liverpool Record Office, por me ajudar a encontrar reportagens publicadas sobre o assunto.
Will na Scargreen Avenue: Guia de ruas *Kelly's.*
Os McCartney compram um aparelho de TV: *Thank U Very Much* (McCartney).
Prêmio pelo texto sobre a coroação: Liverpool Record Office e o texto original.
Liverpool Institute: agradeço aos ex-alunos Bernie Evans, John Duff Lowe, Ian James (citado), Billy Morton e Steve Norris (citado). O autor visitou a escola e consultou o registro de matrículas e outros documentos. Agradeço também aos Liobian.
Arthur Askey: *Liverpool 800* (Belchem). Agradeço também a Peter Hodgson.
PM sobre seu tempo de estudante: documentário *Echoes* (MPL, 2004).
Como surgiu o apelido Macca: *Thank U Very Much* (Mike McCartney). Nesse livro, o irmão de PM escreve o apelido como "Maca", mas usualmente se escreve Macca.
Neil "Nell" Aspinall: registro de matrículas do Liverpool Institute; *Fifty Years Adrift* (Taylor).
PM conhece George Harrison (GH): *I Me Mine* (Harrison); GH citado do *Anthology* (livro).
Descrição da 20 Forthlin Road: visita do autor ao que agora é uma propriedade que está aos cuidados do National Trust, o guia distribuído. durante a visita, conversas do autor com o zelador John Halliday e os vizinhos.
Citação de Mary McCartney — "Nada, amor" — *Thank U Very Much* (Mike McCartney).
Falecimento de Mary McCartney: agradeço a Mike Robbins e Joan

McCartney (ambos citados); a certidão de óbito também foi consultada.

2: JOHN

PM ouve o pai chorar: *Anthology* (livro).

Trocou o trompete: PM no *South Bank Show* (janeiro de 1978). E também uma entrevista de 1964 para o *Beat Instrumental*, publicada novamente no *The Beatles Book* (fevereiro de 2001).

Skiffle/PM aprende a tocar violão/leilão do violão em 2006: entrevista que Ian James (citado) deu ao autor.

Ida ao show de Donegan no Liverpool Empire: PM em *Paul McCartney: Many Years from Now* (Miles) e *Liverpool Evening Express* (5 de novembro de 1956).

Primeiro disco comprado por PM: *Anthology* (livro).

Billy Morton foi citado da entrevista que deu ao autor.

Primeira canção escrita por PM: *Club Sandwich* #41.

Histórico da vida de John Lennon (JL): entrevistas feitas pelo autor; *John Lennon: The Life* (Norman) [incluindo o caso amoroso de Mimi e a citação sobre Elvis]; *Up the Beatles' Family Tree* (Humphrey-Smith *et al.*); visita do autor a Mendips; livreto do National Trust sobre a casa, do qual citei a tia Mimi: "John, seu amiguinho está aqui."

Trecho da *Daily Howl*: *Anthology* (documentário).

Os Quarry Men: entrevistas feitas pelo autor com Rod Davis (citado), John Duff Lowe e Colin Hanton (citado). Histórico: *The Quarrymen* (Davies) e o *Anthology* (livro).

Acampamento de escoteiros: *Thank U Very Much* (McCartney).

Butlin's: entrevista feita pelo autor com Mike Robbins.

Primeiras namoradas: agradeço a Marjorie Knight (*née* Wilson) e Ann Nicholson (*née* Ventre [citado diálogo dela com PM]).

Sexo: entrevista de Ian James; e *Paul McCartney: Many Years from Now* (Miles).

Bill Harry foi citado a partir da entrevista que deu ao autor.

Tony "Measles" Bramwell foi citado a partir da entrevista que deu ao autor.

John Duff Lowe foi citado a partir da entrevista que deu ao autor.

Conversa entre PM e JL sobre o pôster: relembrada por Colin Hanton para o autor.

Gravação do disco de goma-laca: entrevistas dadas ao autor; PM foi citado do *Anthology* (livro e encarte do CD Vol. 1).

Falecimento de Julia Lennon: *John Lennon Encyclopedia* (Harry); e o *Anthology* (livro).

PM compõe "When I'm Sixty-Four": citado do *Anthology* (livro).

Hanton sai da banda: entrevista dada por ele ao autor (citada).

GH sai da escola: *I Me Mine* (Harrison).

Casbah: visita feita pelo autor e *Beatle!* (Best [e também o histórico da vida de Best]).

PM conhece Dot Rhone: entrevista dada por Rhone ao *Daily Mail* (11 de outubro de 1997).

Stuart Sutcliffe: *The Stuart Sutcliffe Retrospective* (University of Liverpool, 2009); conversa do autor com Pauline Sutcliffe e o livro dela *The Beatles' Shadow*.

Prêmio que Paul recebeu em 1959 por sua arte: Liverpool Record Office e comentários de PM em *Paul McCartney: Paintings*.

Viagem a Caversham: entrevista feita pelo autor com Mike Robbins (citações).

Allan Williams: entrevista feita pelo autor (citações) e também entrevista feita com Howie Casey. Material de pesquisa: *The Man Who Gave the Beatles Away* (Williams).

Nome da banda: entrevistas feitas pelo autor com Royston Ellis e Bill Harry (ambos citados), entre outros. Agradeço também a Ellis por sua biografia inédita (utilizada com permissão) e a Spencer Leigh. PM atribui a grafia final do nome Beatles a JL no *Anthology* (livro) e em várias outras entrevistas.

JL sobre a origem do nome Beatles: *Being a Short Diversion of the Dubious Origins of Beatles* (Lennon), publicado no *Mersey Beat* (6-20 de julho de 1961).

Turnê de Johnny Gentle: entrevista feita pelo autor com Gentle (citado).

Namorada de Tommy Moore — "Podem dar o fora daqui!" — *The Complete Beatles Chronicle* (Lewisohn).

PM sobre Janice, a dançarina de striptease: Mersey Beat (6 de setembro de 1962).

Encontro com Bruno Koschmider: entrevista feita pelo autor com Williams, segundo o qual Koschmider perdeu a perna em uma queda. Porém, Klaus Voormann escreve em seu livro *Hamburg Days* que a perna de Koschmider fora perdida na guerra. Agradeço também a Howie Casey e Horst Fascher.

Provas feitas por PM na escola: *Paul McCartney: Many Years from Now* (Miles) e *Shout!* (Norman).

Sair de Liverpool: entrevistas feitas pelo autor e também *John* (Lennon); *McCartney* (Flippo) e *Shout!* (Norman).

3: HAMBURGO

Hamburgo: visita feita pelo autor e entrevistas realizadas no local.

Detalhes do bombardeio feito pela RAF em 1943 vieram de *Churchill: A Life*, de Martin Gilbert (Londres: Pimlico, 2000).

PM — "mas com boates de striptease" — *Mersey Beat* (20 de setembro de 1962).

Horst Fascher conhece os Beatles: entrevistas feitas pelo autor (citadas).

Indra: investigações realizadas pelo autor no local e entrevistas feitas com Howie Casey, Horst Fascher, Ruth Lallemann (posteriormente Reeves) e Rosi Haitmann (posteriormente Sheridan), ambas citadas. Material de pesquisa: *The Complete Beatles Chronicle* (Lewisohn).

Detalhes sobre as acomodações no Bambi Kino: *Hamburg Days* (Kirchherr).

O encontro com os Exis: entrevistas feitas pelo autor com Astrid Kirchherr e Jürgen Vollmer (ambos citados destas entrevistas, exceto quando indicado). Material de pesquisa: *The Beatles in Hamburg* (Vollmer) e *Hamburg Days* (Kirchherr e Voormann).

Kirchherr — "Ele pulava para cima e para baixo..." — do livro dela, *Hamburg Days*.

Diálogo sobre o cabelo de Paul: *The Beatles in Hamburg* (Vollmer).

Ruth Lallemann e Rosi Sheridan foram citadas a partir de entrevistas dadas ao autor.

PM – "Estávamos totalmente soltos..." — *Anthology* (documentário).

GH foi citado a partir do *Anthology* (livro) sobre a perda da virgindade e Pete Best de sua biografia, *Beatle!*

Erika Wohlers foi citada a partir da correspondência trocada com o autor.

Tony Sheridan foi citado a partir da entrevista concedida ao autor.

O incêndio: entrevistas de Paul (várias) e a carta escrita por ele na época e reproduzida no *Anthology* (livro).

Volta para casa: *Thank U Very Much* (McCartney) no qual está reproduzida uma carta da Massey & Coggins mostrando que PM foi pago até o dia 8 de março de 1961. Outros pequenos empregos: entrevistas feitas pelo autor; Miles comenta sobre o emprego nos correios em seu livro *In the Sixties*.

Allan Williams foi citado a partir da entrevista concedida ao autor.

Cavern: entrevistas feitas pelo autor com Tony Bramwell, Frieda Kelly e Ray O'Brien (todos citados). E também Willy Russell. Material de pesquisa: *The Cavern* (Leigh).

O arrependimento de Williams: *The Man Who Gave the Beatles Away* (Williams).

PM quebra guitarra: entrevista dada por ele 1964 para a *Beat Instrumental*, publicada novamente no *The Beatles Book* (fevereiro de 2001).

Briga de PM com Stu: diálogo retirado de *The Beatles' Shadow* (Sutcliffe). Ruth Reeves e Tony Sheridan foram citados a partir de entrevistas concedidas ao autor.

GH sobre brigar com Stu: *Fifty Years Adrift* (Taylor).

My Bonnie chega ao 32º lugar na Alemanha: *Hit Bilanz* (Hamburgo: Taurus Press, 1990).

Gerry Marsden foi citado a partir de entrevista concedida ao autor.

A viagem a Paris: entrevista feita pelo autor com Jürgen Vollmer.

Brian Epstein (BE): histórico: entrevistas feitas pelo autor com E. Rex Makin (citado) e outros. Material de pesquisa para o histórico: *Brian Epstein* (Coleman), incluindo a citação de Queenie Epstein.

BE — "Eu era um desses..." — *A Cellarful of Noise* (Epstein) e conversas de BE com GH e PM.

Allan Williams e E. Rex Makin foram citados a partir de entrevistas concedidas ao autor.

Comentário de PM —"Eu espero..." Brian Epstein (Coleman).

4: LONDRES

O contrato: o acordo, que acabou sendo assinado por BE com data de 1º de outubro de 1962, foi divulgado para a imprensa antes do leilão realizado em 2008.

"A maior gravadora...": material publicitário da EMI reproduzido em *The Complete Beatles Recording Sessions* (Lewisohn).

História da EMI: www.emi.com; também em *The Incredible Music Machine* (Lowe); e a Royal Warrant Holders Association.

A relação com Tony Barrow e todas as citações de Barrow: entrevistas dadas por ele ao autor.

Show em Aldershot: conversa de Sam Leach com o autor; e também o livro dele *The Rocking City*.

Audição na Decca: entrevista feita com Barrow pelo autor; *The Complete Beatles Chronicle* (Lewisohn) e o *Anthology* (CD Vol. 1, texto do encarte).

BE citado a partir de sua biografia, *A Cellarful of Noise*, e do *The Beatles Book* (maio de 1992).

Suspiro indulgente da mãe de BE: *I Should Have Known Better* (Ellis).

Personalidade e histórico da vida de George Martin (GM): encontros do autor com o próprio; sua biografia *All You Need is Ears* e entrevista dada por ele à *Melody Maker* (21 de agosto de 1962). GM foi citado a partir desses dois textos.

Falecimento de Stuart Sutcliffe: entrevistas feitas pelo autor com Astrid Kirchherr (citada) e Pauline Sutcliffe, citada a partir de *The Beatles' Shadow*; e também *Stuart Sutcliffe Retrospective* (University of Liverpool, 2009) e *Hamburg Days* (Kirchherr).

PM — "Minha mãe morreu quando eu tinha 14 anos..." *Shout!* (Norman).

Astrid Kirchherr foi citada a partir de entrevista concedida ao autor.

No Star-Club: pesquisa feita pelo autor e entrevistas realizadas com Horst Fascher e Kingsize Taylor (citado), entre outros.

GM oferece um contrato: *The Complete Beatles Chronicle* (Lewisohn).

Conhecendo GM: *All You Need is Ears* (Martin [citado]).

A versão lenta de "Love Me Do" pode ser ouvida no *Anthology* (CD Vol. 1).

Comentário de GM sobre Pete Best — "quase mal-humorado" — em entrevista para o lançamento de *Os reis do iê iê iê* em DVD (Extras).

Comentário de PM sobre a conversa particular que GM teve com ele e John: *Anthology* (livro).

Bob Wooler sobre Best: *Mersey Beat* (31 de agosto de 1961).

Fã-clube: entrevista feita pelo autor com Frieda Kelly.

Viagem a Manchester: carta de Bobbie Brown reproduzida em *The Complete Beatles Chronicle* (Lewisohn).

Bill Harry foi citado a partir de entrevista concedida ao autor.

Dot Rhone foi citada a partir do *Daily Mail* (11 de outubro de 1997) e de *The Beatles* (Spitz).

Paul teve doença venérea: entrevistas feitas pelo autor com Peter Brown, Horst Fascher e E. Rex Makin (citado).

Diálogo entre BE e Pete Best: *Beatle!* (Best).

Telefonema de PM e comentário sobre economizar dinheiro: *Shout!* (Norman).

Caso de Neil Aspinall com Mona Best/ Nascimento de Roag: agradeço a Roag Best (citado).

Tentativa de suicídio de Pete Best: *Beatle!* (Best).

Histórico da vida de Ringo Starr (RS): entrevistas feitas pelo autor; *Anthology* (livro); *The Encyclopedia of Beatles People* (Harry) e *Ringo Starr: Straight Man or Joke?* (Clayton ["era como entrar..."]).

RS — "Eu sei ler, mas..." — *Anthology* (livro).

Citação de Mick Jagger: discurso de indicação ao Hall da Fama do Rock 'n' Roll em 1988.

Tony Barrow foi citado a partir de entrevista concedida ao autor.

Citações de GM e Richards: *The*

Complete Beatles Recording Sessions (Lewisohn).

Gravação de *Love Me Do*: entrevista feita pelo autor com Andy White (citado).

Rhone sobre *PS I Love You*: *Daily Mail* (11 de outubro de 1997).

Resumo da vida de PM: agradeço a Frieda Kelly (citada).

Iris Caldwell sobre PM e diálogo relembrado: citado a partir de entrevista concedida ao autor.

O primeiro carro: PM ao *Daily Mail* (24 de novembro de 1984).

Todas as citações de Frank Ifield foram feitas ao autor. Histórico: *I Remember Me* (Ifield). NB: Ifield não se lembra da história do Liverpool Empire do mesmo jeito que Iris, mas observa, rindo, que "eles devem ter ficado com a consciência pesada".

Citação de Gerry Marsden foi feita ao autor.

GM — "Vocês acabaram de fazer..." — *The Complete Beatles Recording Sessions* (Lewisohn).

Ruth Lallemann foi citada a partir de entrevista concedida ao autor.

Histórico da vida de Mal Evans: *Anthology* (documentário).

Para-brisa quebrado: *The Complete Beatles Chronicle* (Lewisohn).

Sanduíche de Beatles: *Anthology* (livro).

Término do relacionamento com Iris: citado a partir entrevista concedida ao autor.

5: A MANIA

Gravação do primeiro álbum: *All You Need is Ears* (Martin) e *The Complete Beatles Chronicle* (Lewisohn).

Acordo com Dick James: entre as fontes estão os livros de Ray Coleman, *Brian Epstein*, e *McCartney Yesterday & Today*, além de *Shout!* (Norman) e o *Guardian* (13 de fevereiro de 1965).

PM sobre o acordo com James: *Paul McCartney: Many Years from Now* (Miles).

PM sobre o momento em que se deu conta de ter alcançado o sucesso: entrevista dada por ele a David Frost (26 de maio de 1986) e publicada na *Club Sandwich* #41.

PM conhece Jane Asher: *Radio Times* (2 de maio de 1963) e a entrevista dela em 9 de outubro de 1965 para a *TV Times*.

A citação de JL veio de *Mr. Confidential* (Hutchins). PM disse a Hunter Davies para *The Beatles* que achara Jane "uma gata selvagem de Londres". Agradeço também a Alvin Stardust.

Os Asher na Wimpole Street: entrevistas feitas pelo autor com Tony Barrow (citado), Barry Miles e lorde St. Germans. Material de pesquisa: reportagens sobre Asher no *TV Times* (9 e 30 de outubro de 1965); *Who's Who* e *Paul McCartney: Many Years from Now*.

Histórico de vida do Dr. Asher: entrevistas feitas pelo autor com Miles e o *Sunday Express* (19 de abril de 1964), com notícias sobre o desaparecimento dele.

O suicídio do Dr. Asher: certidão de óbito (na qual a causa da morte consta como "matou-se").

Associações literárias com a Wimpole Street: *Flush*, (Woolf); *A Reader's Guide to Writer's London* (Cunningham) e lorde St. Germans.

Multa por excesso de velocidade: *Liverpool Echo*, 26 de agosto de 1963, com meus agradecimentos a

Peter Hodgson e Kevin Roach, do Liverpool Record Office.

Aniversário de 21 anos na casa dos Epstein: entrevistas feitas pelo autor com Billy Hatton e E. Rex Makin (ambos citados); *Brian Epstein* (Coleman) e *John Lennon: The Life* (Norman). Além disso, Barrow também falou com o autor (citado).

Mike McCartney entra para a indústria do entretenimento; a biografia dele, *Thank U Very Much*, e entrevistas feitas pelo autor com um membro da família. Tony Bramwell foi citado a partir de entrevista concedida ao autor.

Férias em Tenerife: Klaus Voormann nas entrevistas que estão nos extras do DVD de *Os reis do iê iê iê*.

Pete Shotton sobre as férias de Lennon com BE: *The Quarrymen* (Davies).

PM sobre a sexualidade de John: *Brian Epstein* (Coleman).

Gordon Millings foi citado a partir de entrevistas que constam nos extras do DVD de *Os reis do iê iê iê*.

PM conhece Denny Laine: entrevista feita pelo autor com Laine.

Últimos shows no Cavern: entrevistas feitas pelo autor com Frieda Kelly e Willy Russell (ambos citados).

PM sobre compor *She Loves You*: *Paul McCartney: Many Years from Now* (Miles). A reação de GM à música foi tirada dos extras do DVD de *Os reis do iê iê iê*.

Viagem à Grécia e citação de RS: *Anthology* (livro).

Apartamento da Green Street: *The Beatles' London* (Lewisohn).

Canções de Lennon-McCartney regravadas por outros cantores: *Club Sandwich* #74. PM foi citado do *The Complete Beatles Recording Sessions* (Lewisohn).

Encontro com Andrew Loog Oldham (e o histórico de vida dele): entrevistas feitas pelo autor com Loog Oldham e o livro dele *Stoned*. NB: Diversas versões dessa história apareceram na imprensa, inclusive uma em que PM dizia que ele e JL cruzaram com Jagger e Richards quando eles passaram em um táxi na Charing Cross Road. O relato de Loog Oldham é o mais completo. Charlie Watts foi citado a partir de *According to the Rolling Stones*; Bill Wyman foi citado a partir de seu livro *Stone Alone*; Glyn Johns foi citado a partir de entrevista concedida ao autor.

O interesse precoce de Derek Taylor pelos Beatles: *Fifty Years Adrift* (Taylor).

Beatles no *Sunday Night at the London Palladium*: entrevista feita pelo autor com Bruce Forsyth (citado); Godfrey Winn foi citado do *Sketch* (14 de outubro de 1963); também foi consultado o *Daily Mirror* da mesma data.

Reportagem de William Mann: *The Times* (21 de dezembro de 1963). Beatlemania: o primeiro uso do termo na imprensa britânica parece ter sido na manchete para um texto de Vincent Mulchrone no *Daily News* em 21 de outubro de 1963. A partir daí, a palavra foi amplamente utilizada por todos os jornais.

Sobre Ed Sullivan ter visto os Beatles no Heathrow, o empresário nova-iorquino Sid Bernstein contou ao autor: "Sullivan disse: 'Quem são esses Beatles?' Ele achou que era um espetáculo com animais." Sullivan é citado a partir de *The Beatles Off the Record* (Badman).

O Royal Variety Show: entrevista feita pelo autor com Don Short (citado);

Daily Mirror (5 e 6 de novembro de 1963); e *Daily Express* (5 de novembro de 1963).

PM se muda para a Wimpole Street e sua vida lá: entrevista feita pelo autor com Miles e o livro *Paul McCartney: Many Years from Now*, além de *The Beatles' London* (Lewisohn). Bramwell foi citado a partir de entrevista concedida ao autor.

JL sobre compor no porão: entrevista a *Playboy*, retirada de *The Beatles Off the Record* (Badman).

Ken Dodd foi citado a partir de uma conversa com o autor.

Almoço com Sir Joseph Lockwood: *The Complete Beatles Recording Sessions* (Lewisohn).

Duas mil libras por semana: conforme relatado na época no *Daily Sketch* (14 de outubro de 1963).

Oxfam: entrevista feita pelo autor com lorde Archer (citado).

Convenção de fãs em Wimbledon: entrevistas feitas pelo autor com Frieda Kelly. Neil Aspinall foi citado do *Anthology* (livro).

6: ESTADOS UNIDOS

O *Beatles Christmas Record* de 1963: a gravação propriamente dita.

Show de Natal: *The Complete Beatles Chronicle* (Lewisohn). Agradeço ao locutor de Liverpool Spencer Leigh, que disse que as garotas gritavam para Gerry and the Pacemakers quando ele os viu na mesma lista de artistas que os Beatles.

Shows de Paris: entrevista feita pelo autor com Mickey Jones (citado). Agradeço também a Jürgen Vollmer.

Visita de Jim e Mike McCartney: *Thank U Very Much* (McCartney).

GM foi citado a partir de seu livro *All You Need is Ears*.

PM sobre "I Want to Hold Your Hand" ter chegado ao primeiro lugar nos EUA: citado a partir de *Anthology* (livro).

Comentário de RS no avião para Nova York: *The Beatles: A Diary* (Miles).

Alan Livingston foi citado a partir de *All You Need is Ears* (Martin).

Litígio com confeiteiros de Blackpool: *Daily Telegraph* (14 de dezembro de 1963).

Acordo de licenciamento: entrevistas feitas pelo autor com John Fenton e lorde St. Germans (ambos citados).

Anúncio do DJ: *America's Century* (Daniel, ed.) e *The Beatles* (Davies).

Dinheiro gasto pela Capitol Records: a quantia geralmente citada é 50 mil dólares. No *Anthology* (documentário) GH menciona 70 mil.

Campanha de divulgação feita pela Capitol PR: *The Capitol Albums Vol. 1*. Texto do encarte.

Chegada a Nova York: cenas do documentário; relatos da imprensa e entrevista feita pelo autor com Sid Bernstein (citado).

O "ponto de virada": BE em *A Cellarful of Noise*.

BE no Plaza Hotel: *I Should Have Known Better* (Ellis). A história de BE ter sido fotografado é contada por Ross Benson em *Paul McCartney: Behind the Myth*. Agradeço também a John Fenton (citado).

PM — "Nós viemos do nada..." — *Anthology* (livro).

Trem para Washington: filme dos irmãos Maylses *The Beatles: The First Visit* (Apple Corps, 1990); reportagem de Al Aronowitz no

Saturday Evening Post (21 de março de 1964).
David English perguntou a PM sobre a filha ilegítima no trem e a resposta foi citada a partir de *Paul McCartney: Behind the Myth* (Benson).
Erika Hübers (*née* Wohlers) foi citada a partir de correspondência trocada com o autor. Também foram utilizadas correspondências e entrevistas com a filha dela.
A frase promocional de *Os reis do iê iê iê* foi retirada da frente do cinema London Pavilion. Também foi consultado o DVD do filme, com seus extras, contendo uma entrevista com GM (citado).
Expressões cunhadas por Ringo: *The Complete Beatles Chronicle* (Lewisohn).
Primeiro uso de *grotty* e *fab*: *Oxford English Dictionary*. NB: PM usa *fab* em uma carta datada de 9 de maio de 1962 (*Thank U Very Much*); e em *Mersey* Beat (20 de setembro de 1962). Agradeço também a Tony Barrow.
Richard Lester foi citado a partir de uma entrevista nos extras do DVD de *Os reis do iê iê iê*.
Europa, Hong Kong e Austrália: relatos da imprensa, entre eles o *Saturday Evening Post* (15 de agosto de 1964 [vaso sanguíneo]); *Fifty Years Adrift* (Taylor); o *Anthology* (documentário) e *The Complete Beatles Chronicle* (Lewisohn).
No Dorchester, com diálogo e citações: *Thank U Very Much* (McCartney); e também *At the Apple's Core* (O'Dell). O reencontro de John Lennon com o pai: *John Lennon: The Life* (Norman).
Mike McCartney sobre a "semanada": seu livro *Thank U Very Much*.
A Pensão McCartney: entrevistas feitas pelo autor.
Estreia em Liverpool: entrevistas feitas pelo autor, incluindo Frank Foy (citado); imagens de TV da volta ao lar e relatos da imprensa, entre eles o do *Mersey Beat* (16 de julho de 1964); *Daily Mirror* (11 de julho de 1964), e o *Saturday Evening Post* (15 de agosto de 1964).
A história de Anita Cochrane: entrevistas feitas pelo autor com Tony Barrow, Peter Brown e o meio-irmão de Anita, Ian Pillans (todos citados); entrevistas de Anita para o *Daily Mail* (31 de maio a 2 de junho de 1997) e registros familiares, entre eles a certidão de nascimento dela, que mostrou a inconsistência entre as datas. Também consultei a entrevista dada por Anita ao *Daily Star* (1º de fevereiro 1983).
Ausência do nome do pai na certidão de nascimento de Philip Cochrane: certidão de nascimento.
O poema foi reproduzido a partir do *Daily Mail* (10 de maio de 1997).
Derek Taylor escreveu sobre a questão da paternidade em seu livro *Fifty Years Adrift* (citado).
Histeria na turnê norte-americana de 1964: *Anthology* (livro), incluindo a citação de GM; *The Beatles Book* e relatos da imprensa, entre eles o *Daily Sketch* (20 de agosto de 1964).
Peggy Lipton foi citada a partir de seu livro, *Breathing Out*.
O encontro com Dylan: com base em conversas que tive com Al Aronowitz e Victor Maymudes (ambos falecidos) para meu livro *Down the Highway: The Life of Bob Dylan*; também consultei a reportagem de Aronowitz *Let's 'ave a Larf* (The Blacklisted Journalist

1995). A citação de BE é de *Fifty Years Adrift* (Taylor). A frase de PM "Há sete níveis" veio de *Paul McCartney: Many Years from Now* (Miles),

7: *YESTERDAY*

Mudanças de residência: investigações feitas pelo autor e *The Beatles' London* (Lewisohn).

O sucesso de Peter e Gordon: *Guinness Book of British Hit Singles* (Roberts, ed.)

Jim McCartney — "Eu geralmente..." — *The Beatles* (Davies).

PM compra o Rembrandt: investigações e entrevistas feitas pelo autor, incluindo um funcionário que não quis ser identificado.

Jim conhece a segunda esposa: entrevista feita pelo autor com Mike Robbins (citado e diálogo lembrado).

O pedido de Jim: Angela McCartney foi citada a partir de entrevista ao *Sun* (6 de julho de 1981). Casamento: certidão de casamento.

JL sobre compor: *Anthology* (livro).

Beatles for Sale: GM foi citado a partir de *The Complete Beatles Recording Sessions* (Lewisohn); PM foi citado a partir de *Anthology* (livro) sobre "Eight Days a Week".

Eric Clapton foi citado a partir de sua autobiografia.

Jimmy Savile foi citado a partir de entrevista concedida ao autor.

Ticket to Ride: entrevista feita pelo autor com Mike Robbins (citado).

Conversa no estúdio: *Anthology* (CD Vol. 2).

Taxação: HM Treasury (órgão do Governo do Reino Unido responsável pelas finanças públicas).

Financiamento da Northern Songs: reportagens no *Guardian* (13 de fevereiro de 1965; 6 de janeiro de 1966) e *Economist* (20 de fevereiro de 1965). E também *Paul McCartney: Many Years from Now* (Miles).

Discurso de Harold Wilson: *White Heat* (Sandbrook).

As tias e as portas secretas: Joan McCartney e Mike Robbins disseram ao autor.

"surtado": *up front...* (Spinetti).

Filmar *Help!* nas Bahamas para fugir dos impostos: vários, entre eles *I Should Have Known Better* (Ellis).

Consumo de maconha durante as filmagens de *Help!*: *Anthology* (documentário) e também os comentários de Richard Lester na versão relançada de *Help!* em DVD.

O elogio de John: PM foi citado a partir de entrevista concedida à *Playboy* (dezembro de 1984).

"Swinging City": *Time* (15 de abril de 1966).

Lorde St. Germans foi citado a partir de entrevistas concedidas ao autor.

PM descobre que está milionário: *Paul McCartney: Many Years from Now* (Miles).

Compra da propriedade na 7 Cavendish Avenue: investigações e entrevistas feitas pelo autor no local, com agradecimentos especiais aos vizinhos e moradores, entre eles a Sra. Fenton, Sra. Evelyn Grumi e família, John Kay e Peter Vogl.

Tony Barrow foi citado a partir de entrevista concedida ao autor.

PM — "possivelmente o sucesso do século" — *Anthology* (livro).

Composição de "Yesterday": consultei *Yesterday and Today* (Coleman), incluindo a citação de PM, "Eu simplesmente caí...", o comentário de GH, a noite na casa de Alma Cogan e a casa de férias de Bruce Welch.

GM sobre fazer o arranjo de "Yesterday": do livro dele, *All You Need is Ears*.

PM sobre o encontro com Terry Doran: *Paul McCartney: Many Years from Now* (Miles).

Primeira viagem de LSD: com base nos comentários de GH (citado) no *Anthology* (livro) e na entrevista feita pelo autor com Gibson Kemp. E também *Wonderful Today* (Boyd). PM foi citado a partir de *Anthology* (documentário).

Leslie Halliwell sobre *Help!*: *Halliwell's Film Guide*.

Blackpool Night Out: imagens do programa de TV. Agradeço também a Tony Barrow.

Shea Stadium: o documentário *The Beatles at Shea Stadium* (NEMS Enterprises, 1965); entrevistas feitas pelo autor com Barrow e Bernstein (citação da conversa com BE) e o livro de Barrow *John, Paul, George, Ringo & Me*, do qual citei "e criaram uma onda momentânea..."

Show dos Stones: *Stone Alone* (Wyman).

Férias em Los Angeles: Don Sort foi citado a partir de entrevista concedida ao autor; Peggy Lipton foi citada a partir de *Breathing Out* (Lipton).

Presente de aniversário que PM deu a Jane: *TV Times* (9 de outubro de 1965).

Quatro em uma cama: entrevista feita pelo autor com Mike Robbins (citado).

O encontro com Elvis: texto de Chris Hutchins para o *NME* (3 de setembro de 1963): *Anthology* (livro [citação de PM]); e *Careless Love* (Guralnick).

Comentário de JL sobre o encontro com Elvis: entrevista feita pelo autor com Tony Barrow.

8: PRIMEIRO FINAL

O encontro com a rainha para receber os MBEs: PM e GH citados do *Anthology* (livro). Soldados devolveram suas medalhas: *Shout!* (Norman). Relação de PM com a rainha: entrevistas feitas pelo autor.

Motivo de JL para devolver seu MBE: seu telegrama de 1969 a Sua Alteza Real.

RS — "Eu realmente não sou mais..." — *Postcards from the Boys* (Starr).

Alegação de JL sobre Beatles terem fumado um baseado no palácio de Buckingham, negada por GH no *Anthology* (livro).

GM cria a própria empresa: *All You Need is Ears* (Martin).

Comentário "Plastic soul" que deu origem à música de mesmo nome: *Anthology* (texto do encarte do CD Vol. 2).

PM sobre quem compôs o quê: *Paul McCartney: Many Years from Now* (Miles).

We Can Work it Out: agradeço a Spencer Leigh por suas ideias.

Janet Vaughan sobre "Michelle": entrevista dada ao autor (citada).

PM sobre "I'm Looking Through You" e seu relacionamento aberto com Jane Asher: seus comentários em *The Beatles* (Davies) e *Paul McCartney: Many Years from Now* (Miles).

Jane Asher se nega a falar: correspondência trocada com o autor.

Jann Haworth sobre Paul e Jane: entrevista dada ao autor (citada).

Comentários de Barry Miles sobre PM: *Paul McCartney: Many Years from Now* (Miles). Também PM sobre "You Won't See Me" e "I'm Looking Through You".

Miles sobre sua amizade com PM e as ligações com pessoas de vanguarda: citado de entrevista dada ao autor. Agradeço também a Jann Haworth.

Ida de PM à apresentação de Luciano Berio: *Daily Mail* (25 de fevereiro de 1966). Citações de *In the Sixties* (Miles).

Relação com Maggie McGivern: a entrevista dada por ela ao *Daily Mail* (12 de abril de 1997).

PM adquire Martha: *Punch* (23 de novembro de 1966).

Amigos aristocratas de Paul: entrevistas feitas pelo autor com Dudley Edwards, entre outros.

Histórico da vida de Tara Browne: entrevistas feitas pelo autor e perfis escritos na época da morte dele.

Venda da Lenmac: com base no livro de Ray Coleman, *Yesterday and Today*.

PM sobre "For No One"; *Paul McCartney: Many Years from Now* (Miles).

Gibson Kemp foi citado a partir de entrevista concedida ao autor.

PM sobre compor "Eleanor Rigby": *South Bank Show* (janeiro de 1978).

A influência de Bernard Herrmann: entrevista dada por GM à *Melody Maker* (28 de agosto de 1971).

Michael Lindsay-Hogg foi citado a partir de entrevista concedida ao autor.

Jane Asher sobre a Guerra Fria: *Saga* (outubro de 2007).

Len Deighton foi citado a partir de correspondência trocada com o autor.

Peter Brown sobre as alegações de paternidade: citado a partir de entrevista dada ao autor.

Erica Hübers foi citada da correspondência trocada com o autor.

Maconha na turnê: o livro de Peter Brown *The Love You Make*.

Shows em Manila: Imelda Marcos foi citada a partir de entrevista concedida ao autor. Com base também nas entrevistas que fiz com Tony Barrow e Peter Brown e suas biografias (a conversa de BE foi tirada de *The Love You Make*, de Brown).

Entrevista da Maureen Cleave com PM, *Evening Standard* (25 de março de 1966); correspondência trocada pelo autor com Cleave (citada); e referência a entrevista que ela fez em 4 de março de 1966 com JL (citada). Reação à entrevista de JL em que ele comparou os Beatles a Jesus: *Evening News* (5 de agosto de 1966); o *Anthology* (documentário).

Peter Brown sobre o medo que PM tinha de ser assassinado: entrevista dada por ele ao autor (citado).

Entrevista coletiva em Chicago: *The Beatles Off the Record* (Badman).

Ingressos não vendidos no Shea Stadium em 1966: entrevista feita pelo autor com Sid Bernstein.

Linda McCartney (LM) na tribuna de imprensa: *Sixties* (Linda McCartney). NB: LM não parecia saber muito bem a qual show do Shea Stadium estava indo. Em *Sixties* ela escreve que viu os Beatles no estádio em 1965 e 1966. Parece mais provável que LM só tenha ido ao segundo show se ficou na tribuna de imprensa, pois ela havia acabado de começar a carreira como fotógrafa profissional naquele ano.

Tumulto no Dodger Stadium: *The Complete Beatles Chronicle* (Lewisohn).

BE em Los Angeles: entrevistas feitas pelo autor com Peter Brown e Nat Weiss (citados). Material de pesquisa: *Brian Epstein* (Coleman)

Candlestick Park: áudio da gravação do show; entrevistas feitas pelo autor com Barrow e Marty Balin (citados).

9: LINDA

Ravi Shankar citado a partir de correspondência trocada com o autor.

Viagem de PM à França e citação: *Paul McCartney: Many Years from Now* (Miles), incluindo a citação "Aquilo me fez lembrar por que todos nós queríamos ser famosos."

Dylan sobre a fama: *Down the Highway* (Sounes).

PM sobre *The Family Way*: *Anthology* (livro). GM citado a partir do livro dele, *All You Need is Ears*.

Jane Asher vai para os Estados Unidos: textos publicados na imprensa, entre eles o *London Life* (1º de outubro de 1966) e entrevista dada por PM ao *Daily Sketch* (14 de janeiro de 1967), na qual ele fala sobre *Cathy Come Home*.

Tony Bramwell foi citado a partir de entrevista concedida ao autor.

Gravação de "Penny Lane": entrevista feita pelo autor com David Mason (citado).

Envolvimento de PM com a BEV: entrevista feita pelo autor com Douglas Binder e Dudley Edwards (ambos citados).

A decoração de Cavendish: entrevistas feitas pelo autor, além de Dudley Edwards (citado) e Miles.

As visitas de Nico: entrevista feita pelo autor com Dudley Edwards. Muitos agradecimentos a Paul Morrisey.

O acidente de bicicleta motorizada de PM: *Anthology* (livro).

Gravação de *Sgt. Pepper*: entrevistas dadas ao autor; *The Complete Beatles Recording Sessions* (Lewisohn).

A inspiração de JL na morte de Tara Browne para compor "A Day in the Life": *John Lennon: The Life* (Norman), por exemplo. Ausência de ligação entre Browne e "A Day in the Life": PM em seu livro *Paul McCartney: Paintings*.

Douglas Binder foi citado a partir de entrevista concedida ao autor.

Ex-alunos do Inny apresentam "A Day in the Life": entrevista feita pelo autor com Steve Norris.

Troca de correspondência com Stockhausen: entrevistas feitas pelo autor com Sir John Tavener.

Alban Berg foi citado a partir de *The Rest is Noise* (Ross).

GM sobre o clímax orquestral: *Melody Maker* (28 de agosto de 1971).

Mike Nesmith foi citado a partir de correspondência trocada com o autor.

Carnival of Light: entrevista feita pelo autor com Dudley Edwards (citado).

Encontro com Joe Orton: o livro dele, *Diaries*.

O "maior erro" de GM: *The Beatles Book* (novembro de 1994).

Criação da capa de *Sgt. Pepper*: entrevista feita pelo autor com Jann Haworth (citada).

Visita a São Francisco: entrevista feita pelo autor com Marty Balin (citado).

PM se reencontra com Jane no Colorado: *The Beatles: A Diary* (Miles).

Brian Wilson abandona *Smile*: *Heroes and Villains* (Gaines).

Gráfico de *Magical Mystery Tour*: o gráfico pizza original foi reproduzido em *The Complete Beatles Chronicle* (Lewisohn).

Citação de PM — "um filme maluco dos anos 1960" — *Anthology* (documentário).

A batida policial em Redlands: biografia de Marianne Faithfull, *Faithfull*, e o livro de Bill Wyman, *Stone Alone*.

Amizade de PM com Prince Stash: entrevista feita pelo autor com Stash (citado).

PM conhece Linda Eastman, posteriormente McCartney (LM): entrevistas feitas pelo autor com Tony Bramwell, Peter Brown e Dudley Edwards (todos citados).

LM — "Fiquei impressionada..." — *Paul McCartney: Many Years from Now* (Miles).

Histórico da vida de LM: entrevistas feitas pelo autor com Marty Balin, Peter Brown, Danny Fields, Al Kooper e Nat Weiss. Também documentos de registro civil e documentos judiciais. A história da família Eastman eu devo a Danny Fields e seu livro *Linda McCartney: The Biography*, complementado por entrevistas feitas com Sid Bernstein e o meio-irmão de Linda, Philip Sprayregen (ambos citados).

Histórico da vida de Mel See: entrevistas feitas pelo autor com a esposa de See, Beverly Wilk, e os amigos do Arizona Jonathan Kress (citado), Debra e Sherry Zeller.

Data de nascimento de Heather: certidão de nascimento.

LM começa a fotografar: *Club Sandwich* # 64.

LM — "Fui a única fotógrafa..." e "Meu pai costuma dizer..." — *Linda's Pictures* (McCartney).

Danny Fields e Nat Weiss foram citados a partir de entrevistas concedidas ao autor.

Festa para lançar *Sgt. Pepper*: entrevistas feitas pelo autor com Peter Brown (citado) e Sir Jimmy Savile. E também os livros *Linda's Pictures* e *Sixties* (McCartney).

O breve caso de LM com Prince Stash: entrevista feita pelo autor com Prince Stash (citado).

10: *HELLO, GOODBYE*

Yellow Submarine: entrevistas feitas pelo autor com Al Brodax, John Coates (ambos citados) e Norman Kauffman.

Citações de BE/festa no fim de semana: *Fifty Years Adrift* (Taylor)

Reencontro de PM e Jane Asher: *Daily Express* (30 de maio de 1967).

Dudley Edwards foi citado a partir de entrevista concedida ao autor.

Ned Rorem sobre *Sgt. Pepper*: *Time* (22 de setembro de 1967).

Sir Joseph Lockwood foi citado do *Sunday Times* (14 de maio de 1967).

Vendas de discos nos EUA: Recording Industry Association of America [Associação das Gravadoras dos Estados Unidos] (RIAA).

JL sobre *Sgt. Pepper*: *Lennon Remembers* (Wenner).

PM compra High Park: entrevistas e investigações feitas pelo autor em Kintyre, com agradecimentos especiais a Jamie e Katie Black (citados e com recordação de diálogo), Rory e Mary Colville, Alice e Duncan McLean e Jimmy McGeachy (pai e filho).

Inspiração para "The Long and Winding Road": entrevista de PM à *Club Sandwich* # 41. E também o *Daily Express* (15 de junho de 1967).

"Jesus, é um Beatle!": relembrado por Rory Colville em entrevista dada ao autor.

PM conhece a Campbeltown Pipe Band: entrevista feita pelo autor com Jim McGeachy, pai (citado).

PM confessa que usou LSD: *People* (18 de junho de 1967).

Uso de cocaína e heroína: *Paul McCartney: Many Years from Now* (Miles).

Prisões por uso de drogas: entrevistas feitas pelo autor com John Hopkins, Prince Stanislas de Rola e outros. Material de pesquisa: *Faithfull* (Marianne Faithfull); *Symphony for the Devil* (Norman); *Old Gods Almost Dead* (Davis) e *In the Sixties* (Miles).

GH sobre PM ter confessado que usou LSD: o *Anthology* (livro).

Tia Ginny e o baseado: entrevista feita pelo autor com Mike Robbins (citado).

"Volte, Milly!": gravação de *Our World*.

A semana difícil de GM: o livro dele, *All You Need is Ears*. Também agradeço a David Mason.

Escola Apple: *Fifty Years Adrift* (Taylor). E também entrevista feita pelo autor com Janet Vaughan.

Simon Posthuma e Marijke Koger são citados a partir de entrevistas feitas pelo autor e correspondência trocadas com ele, exceto "É errado...", que é da *Rolling Stone* (9 de novembro de 1967).

Magic Alex: entrevistas feitas pelo autor com pessoas que o conheciam e pesquisa do histórico de vida dele.

Histórico de vida do Maharishi: o obituário dele no *Daily Telegraph* (7 de fevereiro de 2008).

Viagem a Bangor: textos da imprensa, incluindo o do *Sunday Times* (27 de agosto de 1967).

Cynthia Lennon foi citada a partir do livro dela, *John*.

Declínio e falecimento de BE: entrevistas feitas pelo autor com Peter Brown (citado), E. Rex Makin e Nat Weiss (citado).

BE sobre PM: *A Cellarful of Noise* (Epstein).

Citação "andando atrás dele de modo afetado": entrevista feita pelo autor com Ron Ellis, que conhecera a banda desde o início.

PM sobre sua amizade com Robert Fraser: *Paul McCartney: Many Years from Now* (Miles).

O avanço dos Rolling Stones: *Symphony for the Devil* (Norman).

A morte de Epstein: entrevista feita pelo autor com Peter Brown, exceto "Paul ficou chocado e triste...", que é de *The Love You Make* (Brown). E também cobertura feita pela imprensa das reações dos Beatles.

11: PAUL ASSUME O CONTROLE

A morte de BE na imprensa: *Daily Mirror* (28 de agosto de 1967).

E. Rex Makin sobre a morte de BE: citado a partir de entrevista concedida ao autor.

Consequências da morte de BE: entrevista feita pelo autor com Peter Brown (citado).

Peter Theobald sobre *Magical Mystery Tour* citado a partir de *Look of London* (20 de janeiro de 1968). E também a citação de PM a Theobald.

Histórico do *Magical Mystery Tour*: entrevistas feitas pelo autor e material de pesquisa, que inclui o *Anthology* (livro) e *The Complete Beatles Chronicle* (Lewisohn).

Catherine Osborne foi citada a partir de *Daily Express* (4 de setembro de 1967).

Cena no Raymond Revue Bar: entrevista feita pelo autor com Neil Innes (que relembrou o comentário de JL).

Hunter Davies foi citado a partir de sua reportagem para o *Sunday Times* (24 de dezembro de 1967).

Jamie Black foi citado a partir de entrevista concedida ao autor.

Jane Asher sobre como PM mudou: *The Beatles* (Davies).

Dudley Edwards troca uma estátua de Shiva pelo Ford de Jane: entrevista dada por ele ao autor (citada).

Discussões em Rembrandt: Angela McCartney em entrevista para o Sun (7 de julho de 1981).

PM e Jane Asher sobre o relacionamento deles: *The Beatles* (Davies).

PM sobre a recepção a *Magical Mystery Tour*: *Daily Mirror* (28 de dezembro de 1967).

GH — "o mundialmente famoso..." — *Anthology* (livro).

PM na ponte: *Life* (18 de março de 1968).

PM sobre sua discussão com GH em Rishikesh e o que aconteceu por lá: *Anthology* (livro); e também *At the Apple's Core* (O'Dell) e *Wonderful Today* (Boyd).

Apple Records: entrevistas feitas pelo autor com Sir John Tavener (citado) e outros.

PM sobre *Come and Get it*: *Anthology* (livro).

Gravação de Mary Hopkin: PM foi citado a partir de comunicado à imprensa feito pela Apple e reproduzido em *Fifty Years Adrift*. O autor também consultou a entrevista dada por Hopkin em 1992 ao *Goldmine* e uma entrevista de maio de 2009 para o *Front Row* da BBC Radio 4.

Viagem a Nova York: entrevistas feitas pelo autor e material de pesquisa, incluindo *At the Apple's Core* (O'Dell).

PM fala à imprensa de Nova York: *The Beatles Off the Record* (Badman).

PM encontra LM em Nova York: LM foi citada a partir do livro dela, *Sixties*; Nat Weiss foi citado a partir de entrevista feita pelo autor.

Histórico de vida de Yoko Ono (YO): *John Lennon: The Life* (Norman), incluindo a citação de JL; *John* (Cynthia Lennon), incluindo a citação de Cynthia Lennon; e *The John Lennon Encyclopedia* (Harry).

YO procura PM primeiro: *Paul McCartney: Many Years from Now* (Miles).

12: VIBRAÇÕES ESTRANHAS

Sessão demo do *Álbum branco*: *The Complete Beatles Recording Sessions* (Lewisohn).

Abertura da alfaiataria Apple Tailoring: cronologia da sala de imprensa da Apple em *Fifty Years Adrift* (Taylor).

Tony Bramwell foi citado a partir de entrevista concedida ao autor.

Reação de PM ao fato de Yoko se juntar às sessões de gravação e a citação de Yoko: *Here, There and Everywhere* (Emerick).

Comentários xenófobos e machistas: *The Love You Make* (Brown).

Casamento de Mike McCartney: entrevista feita pelo autor com Tony Barrow (citado), *Thank U Very Much* (McCartney) e *The Beatles Unseen* (Hayward).

Caso amoroso de PM com Francie Schwartz, as citações dela e lembrança do diálogo: *Body Count* (Schwartz). E também a entrevista feita pelo autor com Tony Bramwell (citado), Barry Miles e outros

PM sobre "Blackbird": *Paul McCartney: Many Years from Now* (Miles).

PM em Los Angeles: entrevistas feitas pelo autor com Tony Bramwell, citações e lembrança do diálogo, exceto "Todos nós notamos..." que é do *Mail on Sunday* (14 de março de 1999).

Peggy Lipton é citada a partir do livro dela, *Breathing Out*.

O "fim de semana safado" de LM: documentário *Wingspan* (MPL, 2001).

Gravação de "Thingumybob": entrevistas feitas pelo autor com Roy Newsome e Geoffrey Brand (citados).

Discussões no estúdio, incluindo o diálogo entre JL e PM com a frase "merda de música de velho" e a briga com GM: *Here, There and Everywhere* (Emerick).

A saída de GM: *I Should Have Known Better* (Ellis).

Chris Thomas sobre trabalhar com PM pela primeira vez: *Sound on Sound* (dezembro de 1995).

Auge do caso Schwartz, diálogo e consequências: *Body Count* (Schwartz). NB: Maggie McGivern deixa claro em sua entrevista ao *Daily Mail* (12 de abril de 1997) que também estava saindo com PM nessa época, embora não esteja claro se ela é a mulher a cuja casa ele foi na noite em que estava com Schwartz.

Aparição de Jane Asher no programa de Simon Dee: *Sunday Mirror* (21 de julho de 1968).

As reações de Tony Bramwell e Jann Haworth foram citadas a partir de entrevistas concedidas ao autor.

JL e YO chegam para ficar: *John Lennon: The Life* (Norman) e *Body Count* (Schwartz).

O fim do caso com Schwartz: o livro dela, *Body Count*. Miles deixa claro em entrevista dada por ele ao autor que PM havia pedido para que ela fosse embora antes.

Tony Barrow sobre o rompimento com Asher: entrevista feita pelo autor.

PM visita Cynthia: *John* (Cynthia Lennon), incluindo a citação.

PM sobre "Hey Jude": *Paul McCartney: Many Years from Now* (Miles).

PM sobre o fechamento da loja da Apple: *Shout!* (Norman).

Pichação com "Hey Jude": *The Beatles: A Diary* (Miles) e *The Beatles Book* (dezembro de 2001).

Filmagem do vídeo promocional de "Hey Jude": entrevista feita pelo autor com Michael Lindsay-Hogg (citado).

Mandar os discos da Apple de presente: *The Longest Cocktail Party* (DiLello).

A rainha para Sir Joseph Lockwood e a reação dele à capa de *Two Virgins*: *Shout!* (Norman).

Más vibrações/RS sai da banda: *Anthology* (livro).

Citação de RS: *Postcards from the Boys* (Starr).

Várias garotas em Cavendish: *Paul McCartney: Many Years from Now* (Miles).

LM recebe a ligação: *Linda McCartney* (Fields)

Marty Balin foi citado a partir de entrevista concedida ao autor.

LM sobre a decisão dela de ir a Londres: *Paul McCartney: Many Years from Now* (Miles).

13: SINOS DE CASAMENTO

A prisão de JL por posse de drogas: *John Lennon: The Life* (Norman).

Peter Brown foi citado a partir de entrevista concedida ao autor.

PM sobre estar em Nova York foi citado de *Paul McCartney: Many Years from Now* (Miles); e também *Wingspan* (MPL, 2001).

Philip Sprayregen e Danny Fields foram citados a partir de entrevistas concedidas ao autor.

PM sobre Heather na escola: *Paul McCartney: Many Years from Now* (Miles).

Heather McCartney sobre sua infância: *Sunday Times* (28 de novembro de 1999).

A vida em High Park: entrevista com os McCartney no *Evening Standard* (21 de abril de 1971); *Melody Maker* (20 de novembro de 1971); e *Sixties* (Linda McCartney).

LM para de tomar a pílula: *Paul McCartney: Many Years from Now* (Miles).

LM — "Sabe, eu poderia fazer um ótimo lar..." — relembrado por PM no documentário *Wingspan* (MPL, 2001).

História da vida e citações de Richard Hamilton: *Remake/Remodel* (Bracewell).

Vendas do *Álbum branco*: RIAA.

PM produz "I'm the Urban Spaceman": entrevista feita pelo autor com Neil Innes (citado).

PM visita Hunter Davies: *The Beatles* (Davies).

Philip Sprayregen foi citado a partir de entrevista concedida ao autor.

Falecimento de David Jacobs: *Guardian* (20 de dezembro de 1968).

A visita de Natal dos Hell's Angels: *The Longest Cocktail Party* (DiLello), incluindo a citação de GH e o chumbo arrancado do telhado.

A gravação de Natal de JL: *The Love You Make* (Brown).

Glyn Johns sobre "Get Back": entrevista feita pelo autor (citado).

O que JL disse para GM sobre um "álbum honesto": *Anthology* (livro).

Michael Lindsay-Hogg foi citado a partir de entrevistas concedidas ao autor.

Two of Us sobre PM e LM: PM no *Wingspan* (MPL, 2001).

Diálogo da banda foi retirado do filme *Let It Be*.

GH "trazendo más vibrações para casa": *Wonderful Today* (Boyd).

PM supôs que JL estava brincando quando falou em contratar Clapton: *Anthology* (livro).

O estúdio inútil de Magic Alex: *Fifty Years Adrift* (Taylor); *All You Need is Ears* (Martin); e a entrevista feita pelo ator com Glyn Johns (citado).

Origem de "Let it Be" e "The Long and Winding Road": *Paul McCartney: Many Years from Now* (Miles).

Origem de "Get Back": *Revolution in the Head* (MacDonald).

Beverly Wilk sobre Mel See, citada a partir de entrevista concedida ao autor.

JL para Ray Coleman: *The Lives of John Lennon* (Goldman).

Histórico da vida de Allen Klein: entrevistas feitas pelo autor e os livros de Philip Norman *Symphony for the Devil* e *Shout!*.

Citações de Peter Brown: entrevistas feitas pelo autor.

A sala de imprensa que mais parecia um bar de Derek Taylor e os almoços de Brown: *Fifty Years Adrift* (Taylor).

Diálogo dos Beatles sobre o show: conversa gravada nas sessões de *Let It Be*.

Michael Lindsay-Hogg sobre o show no teto: entrevista feita pelo autor (citado).

Glyn Johns sobre a versão dele de *Let It Be*: citado a partir de entrevista concedida ao autor.

O casamento de PM com Linda Eastman: certidão de casamento; entrevistas feitas pelo autor, imagens de TV e reportagens da época no *The Times* e no *Daily Mirror* (ambos de 13 de março de 1960 [LM foi citado do *Mirror*]).

Mike McCartney como padrinho: *Thank U Very Much* (McCartney).

PM sobre a briga pré-nupcial: *Woman* (1º de dezembro de 1984).

Jill e o salão de cabeleireiro e as Apple Scruffs [Sujinhas da Apple]/ Olhos e Ouvidos do Mundo: *Waiting for the Beatles* (Bedford).

A prisão de GH com drogas: *The Longest Cocktail Party* (DiLello) e *The Beatles* (Spitz).

LM deu a impressão de ser da família Eastman-Kodak: Danny Fields fez com que ela dissesse isso na biografia dele para que pudesse impressionar as pessoas em seus primeiros trabalhos como fotógrafa.

John e Yoko se casam: entrevista dada por Les Anthony ao *News of the World* (4 de junho de 1972) e *John Lennon: The Life* (Norman).

"Wedding Bells Are Breaking Up that Old Gang of Mine": PM costumava citar essa canção, que os Beatles cantavam no início da carreira, como analogia para explicar por que a banda perdeu o rumo: *Anthology* (livro), por exemplo.

14: DIFERENÇAS CRIATIVAS

Tony Bramwell e Peter Brown sobre os problemas da Apple: citados a partir de entrevistas feitas pelo autor.

O que Klein disse a John Eastman e "Os procedimentos começaram...": *The Love You Make* (Brown). E também a carta que aborreceu os Epstein.

Clive Epstein processa os Beatles: *Daily Express* (24 de junho de 1969).

Tentativa da ATV de obter o controle da Apple: *Yesterday and Today* (Coleman).

Citações de PM — "Nós somos grandes astros!" e "Eu disse: 'É sexta-feira à noite...'" — *Anthology* (documentário).

Glyn Johns sobre a briga com Klein: citado a partir de entrevista concedidas ao autor.

Gravações de PM com Steve Miller: entrevista feita pelo autor com Johns; Miller citado de *Paul McCartney Now and Then* (Barrow and Bextor).

Cartões-postais anônimos que PM mandou para Taylor e comentário de PM para a equipe, "Não se esqueçam de que vocês não são muito bons...": *Fifty Years Adrift* (Taylor).

Demissões voluntárias e dispensas na Apple: entrevistas feitas pelo autor com Tony Bramwell, Peter Brown e Barry Miles (citados).

Alistair Taylor citado de *The Beatles* (Spitz). Material de pesquisa: *The Love You Make* (Brown) e *Shout!* (Norman).

O suicídio do Dr. Asher: certidão de óbito.

LM para RS — "Eles pegaram você também!" — *Shout!* (Norman).

Gravação de "Give Peace a Chance": *The Complete Beatles Chronicle* (Lewisohn).

GM sobre o pedido para produzir os Beatles novamente: *Anthology* (livro).

Acidente de carro de JL: *The Longest Cocktail Party* (DiLello) e *John Lennon: The Life* (Norman).

Poema de Dekker: *The Oxford Book of English Verse* (Ricks, ed.).

Emerick sobre Yoko e a conversa dela com PM: o livro dele *Here, There and Everywhere*.

Michael Lindsay-Hogg foi citado a partir de entrevista concedida ao autor sobre *Let It Be*.

Origem de "Polythene Pam": entrevista feita pelo autor com Royston Ellis (citado) e a biografia não publicada dele, utilizada com autorização.

Algumas integrantes das Scruffs sobem pela janela do banheiro e diálogo: *Waiting for the Beatles* (Bedford).

Miles sobre as invasões: entrevistas feitas pelo autor (citadas).

Abbey Road muda de nome: Abbey Road Studios.

Nascimento de Mary McCartney: certidão de nascimento, *Daily Mirror* (29 de agosto de 1969) e entrevista de PM ao *Daily Mail* (19 de outubro de 1998).

JL conta a PM que está saindo da banda: reconstruído a partir dos comentários de JL na *Rolling Stone*, retirados de *Lennon Remembers* (Wenner).

PM comenta no *Anthology* (documentário) que os Beatles sempre tocaram "bem".

Boatos sobre a morte de Paul (1966): entrevistas feitas pelo autor com Tony Barrow (citado). A frequência com que a história era contada em 1969: *Life* (4 de novembro de 1969 [incluindo as citações de PM]). E também *The Longest Cocktail Party* (DiLello) e os comentários de Terence Spencer em *Paul McCartney: A Life* (Carlin).

Tony Bramwell sobre o fim da banda: entrevista feita pelo autor (citado).

Entrevista em que PM admitiu o "ataque de nervos": *Wingspan* (MPL, 2001).

A preocupação de Linda: entrevistas feitas pelo autor com Danny Fields e outras fontes.

PM grita com RS: depoimento juramentado de RS à Corte Suprema, 24 de fevereiro de 1971.

Entrevista pingue-pongue para o LP *McCartney*: citado da própria entrevista.

Criação da McCartney Productions: documentos da Companies House [órgão britânico responsável pelo registro de empresas].

"Paul Abandona os Beatles": *Daily Mirror* (10 de abril de 1970); e também entrevista feita pelo autor com Don Short. A reação de Brown: entrevista feita pelo autor (citado).

15: "ELE NÃO É MAIS UM BEATLE!"

O memorando de Paul McCartney para Klein: reproduzido no *Anthology* (livro).

Glyn Johns foi citado a partir de entrevista concedida ao autor.

Crítica da *Melody Maker* de *McCartney* (18 de abril de 1970). Publicação da resposta de PM: 2 de maio de 1970.

Michael Lindsay-Hogg foi citado a partir de entrevista concedida ao autor. Ele também é a fonte da informação que George Harrison impediu o lançamento de *Let It Be* em DVD.

Phil Spector foi citado do documentário da BBC *Arena*, exibido em 25 de outubro de 2008.

Rupert: Entrevista de PM ao *Evening Standard* (22 de abril de 1970). E também *Fifty Year Adrift* (Taylor).

Histórico de vida de Denny Seiwell e os bastidores de *Ram*: entrevista feita pelo autor com Seiwell (citado).

Linda Aiello (*née* Magno) citada a partir de entrevista concedida ao autor.

O medo de sequestro de PM: entrevista feita pelo autor com Mike Robbins (citado).

LM — "Ele não é mais um Beatle" — relembrado por Linda Aiello em entrevista feita pelo autor.

As datas de gravação de *Ram* (diferentes das que foram publicadas em outros locais) se baseiam no diário de Monique Seiwell.

PM disse a um repórter nessa época — "Eu acho que os outros três são os mais honestos e sinceros que já conheci..." — *Evening Standard*, 21 de abril de 1970.

PM sobre a decisão de processar os Beatles: *Reveille* (24 de abril de 1971).

PM —"Eu salvei o império dos Beatles sozinho!" — *Paul McCartney: Many Years from Now* (Miles).

Pior momento da vida: *Rolling Stone* (3 de maio de 2007).

Sentença emitida e procedimentos no tribunal: conforme divulgado na imprensa da época.

Entrevista de JL à *Rolling Stone*: *Lennon Remembers* (Wenner).

Resposta de PM após ler a entrevista de JL: *Rolling Stone* (31 de janeiro de 1974).

Evidências da Suprema Corte, incluindo citações: documentos do tribunal da época.

Gravação em Los Angeles: entrevista feita pelo autor com Jim Guercio (citado) e Denny Seiwell.

PM ganha na Suprema Corte: *Daily Telegraph* (12 de março de 1971).

Sir James Douglas Spooner citado a partir de entrevista concedida ao autor.

PM vai ao casamento de Mick Jagger: entrevista feita pelo autor com Duncan e Alice McLean (citados no decorrer do texto).

Garotas na floresta: entrevista feita pelo autor com Rory Colville (citado). PM citado do *Sun* (2 de julho de 1971).

PM expande sua fazenda na Escócia: entrevistas feitas pelo autor com fazendeiros vizinhos e consulta ao registro de imóveis.

PM sobre a esposa compor com ele: *Reveille* (1º de maio de 1971).

PM é processado pela Northern Songs: *Evening Standard* (23 de julho de 1971).

Projeto *Thrillington*: entrevistas feitas com Clem Cattini (citado) e Herbie Flowers.

A citação do álbum — "Nascido na Coventry Cathedral..." — é do texto do encarte do relançamento do CD *Thrillington* de 1995.

PM adota Heather See: certificado de adoção. PM é citado sobre criar Heather a partir de entrevista concedida ao *Evening Standard* (22 de abril de 1970).

Os músicos norte-americanos vão a Kintyre: entrevistas feitas pelo autor com Denny Seiwell (citado).

Aulas de piano com a Sra. Matthews: entrevista feita pelo autor com Evelyn Grumi (citada).

GM sobre a parceria musical de Paul e Linda: *Melody Maker* (4 de setembro de 1971).

PM — "reconfortante" — *Wingspan* (MPL, 2001).

Histórico de vida e citações de Denny Laine: entrevista feita pelo autor.

Nascimento de Stella McCartney: certidão de nascimento.

Nascimento e batismo da banda: PM no *Wingspan* e no *Daily Express* (9 de fevereiro de 1997). Agradeço também a Denny Seiwell.

16: A NOVA BANDA

Gravação de *Wild Life*: entrevistas feitas pelo autor com Denny Laine e Denny Seiwell (ambos citados).

Conversa entre JL e Phil Spector: *Melody Maker* (6 de novembro de 1971).

Festa de lançamento dos Wings: *Melody Maker* (13 de novembro de 1971).

PM fala dos Beatles e responde a "How Do You Sleep?": *Melody Maker* (20 de novembro de 1971).

Carta aberta de JL a PM: *Melody Maker* (4 de dezembro de 1971).

Problema com os vizinhos em Cavendish: a disputa com a Sra. Griswold foi publicada no *Sunday People* (21 de janeiro 1972). E também a entrevista feita pelo autor com a ex-vizinha Evelyn Grumi.

Henry McCullough se junta aos Wings: entrevistas feitas pelo autor com Laine e McCullough (ambos citados).

PM sobre LM ser "péssima" nos teclados: *South Bank Show* (janeiro de 1978).

"Give Ireland Back to the Irish": entrevistas feitas pelo autor e reportagens em jornais. Comentários de PM tirados de imagens da cobertura televisiva da época.

Turnê pelas universidades: entrevistas feitas pelo autor com McCullough e Seiwell e cobertura jornalística da época na *Melody Maker* (várias). E também *Newsweek* (29 de outubro de 1973); *Daily Express* (9 de fevereiro de 1977); *The Best of the Beatles Book* (Dean) e *Club Sandwich* # 40.

Anúncio no *Sun*: *Sun* (21 de fevereiro de 1972).

LM analisa o problema da Irlanda: *Melody Maker* (26 de fevereiro de 1972).

Carta do leitor: *Melody Maker* (4 de março de 1972).

Stelly, o apelido de Stella: PM ao *Daily Telegraph* (10 de março de 2001).

"Mary Had a Little Lamb": entrevista feita pelo autor com Laine (citado). E também *Club Sandwich* #64 (o *Basil Brush Show*).

Turnê Wings Over Europe: entrevistas feitas pelo autor com Laine, McCullough e Seiwell (citados). E também reportagens da época.

Denny Laine conhece Jo Jo Patrie: entrevista feita pelo autor com Laine, exceto a citação sobre groupies, que é da entrevista que ele deu ao *Sun* em 1º de fevereiro de 1984.

Consumo de maconha na turnê Wings Over Europe: entrevistas feitas pelo autor com McCullough e Seiwell; e a entrevista dada por Denny Laine ao *Sun* (1º de fevereiro de 1984).

Prisão no hotel Gothenburg: entrevistas feitas pelo autor com McCullough e Seiwell (citados) e cobertura jornalística.

Prisão na Escócia: entrevista feita pelo autor com o advogado de PM, Len Murray (citado), e cobertura jornalística da época, incluindo o *Evening News* (8 de março de 1973 [citações de PM]).

Conversa entre PM e McCullough e citações: entrevista feita pelo autor com McCullough.

A gravação de *Red Rose Speedway*: entrevistas feitas pelo autor com Glyn Johns e Denny Seiwell (ambos citados).

James Paul McCartney: imagens do especial exibido na ATV.

Gravação de "Live and Let Die": *All You Need is Ears* (Martin).

17 NO CORAÇÃO DO PAÍS

Turnê dos Wings no Reino Unido em 1973: entrevistas feitas pelo autor com integrantes da banda e cobertura jornalística.

Mudanças em Liverpool: *Liverpool 800* (Belchem) e *Liverpool* (Sharples).

Fechamento do Cavern: *The Cavern* (Leigh [inclui a citação de PM]).

Compra de Waterfall: investigações e entrevistas feitas pelo autor no local; registros de terras e imóveis.

Compra da Nor Va Jak Music: PM foi citado da *Playboy* (dezembro de 1984); *Club Sandwich* #21 e 39; e o *Evening Standard* (15 de fevereiro de 1973). Agradeço também a Lilian Marshall.

Lamborghini: *Evening News* (13 de dezembro 1972).

Colar de LM: *Cosmopolitan* (janeiro de 1973).

McCullough e Seiwell saem dos Wings: entrevistas feitas pelo autor (citados); agradeço também a Denny e Monique Seiwell por consultarem seus diários.

Duncan McLean e Denny Laine foram citados a partir de entrevistas concedidas ao autor.

Henry McCullough foi citado a partir de entrevista concedida ao autor.

Diálogo de PM — "O que diabos está acontecendo?" — contado por Denny Laine na entrevista concedida ao autor.

Gravação de *Band on the Run*: entrevista feita pelo autor com Laine; texto do encarte e material complementar da edição de 25º aniversário do álbum; *Club Sandwich* #68; e *Here, There and Everywhere* (Emerick [de onde vem a citação do engenheiro]).

Tio Will Stapleton: ver notas do Capítulo 1.

Os McCartney em Kintyre: entrevistas feitas pelo autor com a família Black, Rory Colville (citado) e o veterinário Alastair Cousin (citado).

Problemas na obtenção do visto para os EUA: PM em entrevista à *Newsweek* (29 de outubro de 1973).

Problemas de JL para conseguir visto e seu "fim de semana perdido":

John Lennon: The Life (Norman) e *The Lives of John Lennon* (Goldman).

A amizade de LM e May Pang: entrevista feita pelo autor com Sid Bernstein.

PM sobre o conselho que deu a JL: Revista *Q* (outubro de 1986).

Férias trabalhando no Tennessee: entrevista feita pelo autor com Curly Putman Jr. e a *Club Sandwich* #71.

Nova formação dos Wings: entrevista feita pelo autor com Howie Casey e Denny Laine (ambos citados).

PM citado sobre a canção do pai: texto do encarte de *Standing Stone*.

John, Paul, George, Ringo... & Bert: entrevista feita pelo autor com Willy Russell (citado).

Dissolução da parceria com os Beatles: *Daily Telegraph* (10 de janeiro de 1975).

Gravação de *Venus and Mars*: entrevista feita pelo autor com Denny Laine (citado).

Prince Stash sobre o comercial do pão de forma Mother's Pride: entrevista feita pelo autor.

Laine sobre McCulloch: entrevista feita pelo autor (citado).

PM sobre a comparação entre Linda e Billy Preston: revista do *Sunday Times* (abril de 1976).

Prisão em Los Angeles; cobertura jornalística e entrevista feita pelo autor com Peter Brown (citado).

Blair Sabol sobre Linda McCartney: *Village Voice* (14 de abril de 1975).

Problemas de GH: *Wonderful Today* (Boyd) e *The Beatles After the Break-Up* (Badman).

Os McCartney visitam o Dakota no Natal de 1975: Bob Gruen, citado de *Linda McCartney* (Fields).

A morte de Mal Evans: *Anthology* (livro), *Paul McCartney: Many Years from Now* (Miles) e uma reportagem sobre o diário de Evans feita por Mark Edmonds e publicada on-line em: http://lifeofthebeatles.blogspot.com

Os últimos dias de Jim McCartney: entrevistas feitas pelo autor com integrantes da família e vizinhos, entre eles Doug Mackenzie (citado).

As afirmações de Ruth McCartney foram tiradas de entrevistas dadas por ela ao *Mail on Sunday* (3 de dezembro de 2006) e à revista *Sunday* (14 de agosto de 1988), da qual foi citada a mãe dela, Angie McCartney.

Falecimento de Jim McCartney: certidão de óbito.

Mike McCartney sobre PM não ter ido ao funeral do pai: *Thank U Very Much* (McCartney).

Denny Laine e Mike Robbins foram citados a partir de entrevistas concedidas ao autor.

A piora no relacionamento entre PM e a madrasta está documentada em entrevistas que Angie e Ruth deram aos jornais ao longo dos anos, entre elas a série de Angie McCartney no *Sun* chamada "The Mean Side of Paul McCartney" (O lado mau de Paul McCartney) (6-8 de julho de 1981) e a entrevista de Ruth McCartney à revista *Sunday* (14 de agosto de 1988) na qual ela diz que a pensão de Jim parou de ser paga depois que ele morreu.

MPL Communications e seu novo escritório: Companies House [órgão britânico responsável pelo registro de empresas] e registros de imóveis.

18: A BOA VIDA

Últimos encontros com John Lennon (JL): entrevistas feitas pelo autor com Elliot Mintz (citado); *The Beatles After the Break-Up* (Badman), do qual foram citados os comentários de JL (à revista *Playboy*). E também *Live from New York* (Shales e Miller) e *John Lennon: The Life* (Norman).

Turnê Wings Over America: entrevistas feitas pelo autor com Howie Casey e Denny Laine (ambos citados); *Club Sandwich* #2 e 3 (histórico da vida de Hammel); o documentário sobre a turnê *Rockshow*; a entrevista de PM à revista do *Sunday Times* em abril de 1976 e à *Time* (31 de maio de 1976),

LM compra o cavalo Lucky Spot: *Club Sandwich* #63.

Primeiro almoço da Semana Buddy Holly: *Club Sandwich* #1, 21 e 59.

O Ano McCartney: entrevistas feitas pelo autor, incluindo um integrante da equipe de PM que pediu para não ser identificado, bem como Howie Casey, Adrian Grumi, Mike Robbins e Denny Seiwell.

Show em Veneza: *Club Sandwich* #1 e o *Daily Express* (27 de setembro de 1976).

Renda: documentos corporativos da MPL.

PM sobre seus lucros: *Daily Express*, 11 de fevereiro de 1977.

Compra e instalação do escritório na 1 Soho Square/Equipe da MPL: investigações e entrevistas feitas pelo autor no local. Agradeço a Howie Casey, Lilian Marshall, Richard Ogden e Barry Miles.

Lançamento da *Club Sandwich*: edições antigas da revista, entre elas a #10 (perfil de Sue Cavanaugh) e a #79 (perfil de Bert Danher).

Venda de 3 Savile Row: *Fifty Years Adrift* (Taylor).

7 Cavendish Avenue na década de 1970: entrevistas feitas pelo autor com as vizinhas Brenda Fenton, Evelyn Grumi e o filho Adrian (ambos citados); e também Joe Reddington; e o *Sunday Mirror* (23 de maio de 1976).

Melhorias feitas em Waterfall: investigações e entrevistas feitas pelo autor no local, incluindo Veronica Languish (citada), e documentação do projeto. Denny Laine foi citado a partir de entrevista concedida ao autor.

Paulditz: *Sunday Mirror* (sem data).

Compra do baixo de Bill Black: *Club Sandwich* #1

Boil Crisis: *The Unknown Paul McCartney* (Peel).

Gravação de "London Town": entrevistas feitas pelo autor e Club Sandwich #2, 3 e 6.

Guardas florestais norte-americanos: *Linda McCartney* (Fields).

PM sobre sua briga com o capitão do El Toro: *Club Sandwich* #26.

Denny Laine sobre compor "Mull of Kintyre": entrevista feita pelo autor (citada).

Gravação com a Campbeltown Pipe Band: entrevistas feitas pelo autor com os integrantes da banda de gaitas de fole Ian Campbell, Jimmy McGeachy (pai e filho), John McGeachy e Ian McKerral.

Jimmy McCulloch sai dos Wings: *Blackbird* (Giuliano).

Joe English sai dos Wings: *The Paul McCartney Encyclopedia* (Harry).

Nascimento de James McCartney: certidão de nascimento. E também comunicado à imprensa feito no dia 23 de setembro de 1977.

Sucesso de "Mull of Kintyre": entrevistas feitas pelo autor, cobertura da imprensa e comentários de PM no DVD *McCartney Years* (MPL, 2007).

Tony Bramwell briga com PM por causa de *London Town*: entrevista feita pelo autor (citada).

The Rutles: entrevista feita pelo autor com Neil Innes (citado).

Estreia de *Annie*: *Club Sandwich* #8.

Novo contrato com a CBS/EMI: *Observer* (24 de junho de 1979).

Terceira e última formação dos Wings: entrevistas feitas pelo autor com os integrantes da banda Steve Holley, Laurence Juber e Denny Laine (todos citados).

Gravação de *Back to the Egg*: entrevistas feitas pelo autor com Holley, Juber e Laine. O autor também consultou a entrevista que fez com Chris Thomas para o livro *Seventies*.

Projeto para um filme: entrevista feita pelo autor com Willy Russell (citado).

Gravação com a "Rockestra": entrevistas feitas pelo autor; *Club Sandwich* #12 e 44.

Falecimento de Keith Moon, incluindo a citação de Annette Walter-Lax ("um balde de comprimidos"), é de *Dear Boy: The Life of Keith Moon* (Fletcher).

Black Dyke Band: entrevista feita pelo autor com Major Peter Parkes.

Frank Music como incentivo: *Paul McCartney* (Benson).

PM sobre sua boa sorte: *Observer* (24 de junho de 1979).

19: VÁ PARA A PRISÃO

Problemas de Heather McCartney: entrevistas feitas pelo autor e material de pesquisa, entre eles os comentários de PM em *Paul McCartney: Many Years from Now* (Miles) e o *Daily Mail* (12 de junho de 1980).

A mudança para Sussex: entrevistas feitas pelo autor com Rosemary Crouch, Veronica Languish, Barry Miles e Ray Fooks (citado).

LM foi citada sobre a epifania vegetariana do livro distribuído na turnê mundial de 1989; Laurence Juber foi citado da entrevista que deu ao autor.

Compra de Lower Gate Farm/Blossom Farm: registro e imóveis e registros do conselho da região.

Festa de casamento de Eric Clapton: autobiografias de Boyd e Clapton e *Eric Clapton* (Schumacher).

Caso amoroso de GH com Maureen Starkey: *Wonderful Today* (Boyd).

Falecimento de Jimmy McCulloch: *Knocking on Heaven's Door* (Talevski).

PM ainda planejava um filme de *Band on the Run*: entrevistas feitas pelo autor com Lord Puttnam e Willy Russell (citado).

GH odiava a escola: *I Me Mine* (Harrison).

Shows no Royal Court: entrevistas feitas pelo autor, entre elas, com Howie Casey (citado).

PM, sobre tocar músicas dos Beatles: citado do *Evening Standard* (26 de novembro de 1979).

Steve Holley foi citado sobre os shows de Natal e ao longo do capítulo da entrevista que deu ao autor.

Show no Glasgow Apollo: entrevistas feitas pelo autor com integrantes dos Wings e da banda de gaitas de fole, entre eles Ian Campbell (citado).

O Concerts for Kampuchea: entrevistas feitas pelo autor com integrantes dos Wings (citados).

PM sobre Julian Lennon não ter aparecido no show: *Club Sandwich* #37 e 38.

Prisão no Japão: entrevistas feitas pelo autor com os músicos Howie Casey, Steve Holley, Laurence Juber e Denny Laine (todos citados).

Philip Sprayregen foi citado a partir de entrevista concedida ao autor.

Medo de ser estuprado: entrevista dada por PM à *Playboy* (dezembro de 1984).

Donald Warren-Knott foi citado ao longo do capítulo a partir de entrevista concedida ao autor.

Citação de LM — "O único..." — *Woman's Own* (26 de julho de 1980). E também "Você usa drogas, não usa?".

PM na Holanda foi citado do *Sunday Mirror* (21 de janeiro de 1980).

BL Parker foi citado do *Daily Telegraph* (26 de janeiro de 1980).

Também consultei a entrevista de PM no *Sunday Times* (18 de maio de 1980); o *Sunday Times* (novembro de 1984); *The Beatles After the Break-Up* (Badman); e *McCartney: The Biography* (Flippo), sobre Kenneth Lambert. Teoria da conspiração: *The Lives of John Lennon* (Goldman).

Gravação do *McCartney II*: o autor consultou as explicações de PM sobre as canções na *Club Sandwich* #19; e também no *Sunday Times* (18 de maio de 1980).

Laine e Holley saem em turnê: *Club Sandwich* #22.

PM sobre o retomado projeto de *Rupert*: *Daily Express* (7 de novembro de 1980); e também a entrevista feita pelo autor com o animador Geoff Dunbar (citado).

O presente de casamento de PM para Howie e Sheila Casey: entrevista feita pelo autor com os Caseys (citados).

Hot Hitz and Kold Kutz: entrevistas feitas pelo autor com Holley e Juber.

Divulgação da história de Hübers: *Sunday People* (30 de novembro de 1980). E também entrevistas e correspondências do autor com mãe e filha.

Falecimento de JL/Reação de PM: entrevistas feitas pelo autor com Denny Laine e Joe Reddington (ambos citados). Material de pesquisa: *Fifty Years Adrift* (Taylor); *Paul McCartney: Many Years from Now* (Miles); *John Lennon: The Life* (Norman). E também entrevistas feitas pelo autor com Al Kooper, que passou o dia depois do assassinato trabalhando no estúdio com GH em Friar Park.

LM — "Eu sabia..." — foi citado de *Linda McCartney* (Fields).

A reação "É um saco" de PM foi citada literalmente da entrevista que ele deu à TV em frente ao AIR Studios.

20: NOS ANOS 1980

Cremação e tristeza por JL: entrevistas feitas pelo autor e *The Lives of John Lennon* (Goldman).

Bill Harry foi citado a partir de entrevista concedida ao autor.

Trabalhar com Eric Stewart: entrevista feita pelo autor com Stewart (citado ao longo do capítulo).

Gravar em Montserrat: entrevistas feitas pelo autor com Steve Gadd (citado) e Denny Laine. E também *All You Need is Ears* (Martin) e *Club Sandwich* #24.

Dylan compra um colete à prova de balas: *Down the Highway* (Sounes).

Discussão com fotógrafos: *Daily Express* (19 de fevereiro de 1981). Nenhum comentário de PM foi publicado.

"Take it Away" era para ter sido utilizada no álbum de RS: *Ringo Starr: Straight Man or Joker?* (Clayton).

PM sobre gravar com Stevie Wonder: *The McCartney Years* (MPL Communications, 2007).

Casamento e recepção de RS: *Club Sandwich* #24; *Ringo Starr: Straight Man or Joker?* (Clayton).

Denny Laine sai dos Wings: entrevista feita com o autor e *Club Sandwich* #24.

PM critica Michael McCartney e Derek Taylor: *Fifty Years Adrift* (Taylor).

Citações de PM em outros diálogos na recepção: *The Beatles* (Davies).

Reportagem com Angie McCartney: *Sun* (6-8 de julho de 1981).

Briga sobre a certidão de nascimento e citação de PM: *Sunday Mirror* (5 de novembro de 1995).

Compra do disco de goma-laca: entrevista feita pelo autor com John Duff Lowe (citado). Agradeço também a Colin Hanton. PM foi citado do *Anthology* (livro).

A nova casa de PM em Blossom Farm: documentos do pedido de autorização.

Revoltas de 1981: *Chronicle of the 20th Century* (Crystal, ed.). A reação de Paul: *Club Sandwich* #72.

Lew Grade vende a Northern Songs: *McCartney Yesterday & Today* (Coleman); *The Times* (4 de janeiro de 1982 [citação de PM]) e o *Sunday Times* (22 de agosto de 1982).

PM sobre o telefonema de Michael Jackson: *Harper's* (novembro de 1984).

Trabalhar com Jackson: entrevista feita pelo autor com Joe Reddington (que recordou o diálogo entre PM e Jackson sobre andar a cavalo); *McCartney Yesterday & Today* (Coleman); e entrevista dada por PM à *Rolling Stone* (5 de novembro de 1987 [onde relembrou a conversa com Jackson sobre o primeiro telefonema]).

Reencontro com Peggy Lipton: *Breathing Out* (Lipton).

A adolescência de Heather: *Evening Standard* (20 de novembro de 1981), a entrevista dada por ela ao *Sunday Times* (28 de novembro de 1999 [citação de Heather]); *Club Sandwich* #25; PM no livreto da turnê de 1989 (sobre Heather ter namorado Billy Idol); entrevistas feitas pelo autor com Tony Bramwell (citado), Steve Gadd, Evelyn Grumi e com a família Languish, de Peasmarsh.

Acidente sofrido por Heather quando andava a cavalo: entrevistas dadas ao autor; PM foi citado do *Daily Mail* (11 de maio 1982).

PM começa a correr e a pintar: citado da entrevista dada por ele ao *Sunday Express* (4 de maio de 1997); e também *Paul McCartney Paintings* (McCartney).

PM encomenda *Rupert and the Frog Song*: entrevista feita pelo autor com Geoff Dunbar (citado).

Filmar *Give My Regards to Broad Street*: entrevistas feitas pelo autor com lorde Puttnam, Willy Russell e Peter Webb (todos citados). E também Eric Stewart. Entrevistas de PM sobre o filme, entre elas a que foi dada à revista *Sunday Times* (4 de novembro de 1984) e à revista *Sunday* (30 de setembro de 1984).

Material de pesquisa e a citação "drama de fantasia musical...": *Club Sandwich* #28.

Financiamento: entrevistas dadas ao autor e registros corporativos da MPL.

21: *TRIVIAL PURSUITS*

Anita Howarth (*née* Cochrane): cobertura jornalística no *Sun* (28 de janeiro de 1983) e outros jornais; entrevista feita pelo autor com Peter Brown. Anita Howarth é citada do *Daily Star* (1º de fevereiro de 1983).

Os McCartney queimam o livro *The Love You Make*: entrevista dada por eles à *Playboy* (dezembro de 1984).

O caso Hübers: cobertura jornalística e correspondência trocada pelo autor com Bettina Hübers e a mãe dela, Erika.

PM perde na Suprema Corte: *Daily Mail* (15 de fevereiro de 1983).

Reportagem com Jo Jo Laine: *Sunday People* (17 de abril de 1983).

PM ignora Jo Jo: conversa do autor com o filho dela, Boston O'Donohue.

PM fala sobre a fase punk de Heather McCartney: no *Sunday Times*, por exemplo, 16 de maio de 1980.

Os McCartney compram um rancho no Arizona: pesquisa do autor no local, registros de imóveis de Pima County e entrevistas com vizinhos, entre eles Bob Bass e Erwin Eldon (ambos citados).

PM — "Não sou bom com as palavras" — *Club Sandwich* #26.

Lorde Puttnam sobre PM: citado a partir de entrevista concedida ao autor.

Hübers perde o processo de alegação de paternidade: citada a partir de entrevista concedida ao autor.

Prisão com drogas em Barbados: entrevista feita pelo autor com Eric e Gloria Stewart (citados, e diálogo relembrado).

PM fala sobre o uso de drogas: *Daily Star* (19 de janeiro de 1984).

THE PIPES OF POT (OS CACHIMBOS DE MACONHA): *Daily Star* (18 de janeiro de 1984).

LM citada da reportagem do *Guardian* sobre a aparição dela no tribunal no Reino Unido (5 de janeiro de 1984).

Reportagem com Denny Laine: *Sun* (31 de janeiro a 3 de fevereiro de 1984).

Preparativos finais e lançamento de *Give My Regards to Broad Street*: entrevista feita pelo autor com Peter Webb (citado).

Hog Hill Mill: registro de imóveis e entrevistas feitas pelo autor com vizinhos e pessoas que visitaram o estúdio.

Reencontro com Ann Ventre: entrevista feita pelo autor.

Falecimento do baterista do Meat Loaf: entrevista feita pelo autor com a senhoria dele na Cavendish Avenue Lisa Voice; também *Knocking on Heaven's Door* (Talevski).

Relançamento de *Broad Street*: entrevistas feitas pelo autor com Spencer Leigh, Eric Stewart e Peter Webb (todos citados). Crítica do filme: *Daily Mail* (30 de novembro de 1984).

O quinto rascunho necessário: PM citado no livreto da turnê mundial de 1989-1990.

Rupert and the Frog Song: entrevista feita pelo autor com Geoff Dunbar (citada).

Ivor Novello Awards: BASCA.

Gravação de *Press to Play*: entrevistas feitas pelo autor com Carlos Alomar,

Hugh Padgham e Eric Stewart (todos citados).

Brian Moses sobre a discussão com PM na escola: citado a partir de entrevista concedida ao autor. Também consultei a carta de Moses ao *Teacher* (24 de maio de 1985) e o *Daily Mirror* (6 de junho de 1985), do qual citei "Eu sempre o admirei..."

Live Aid: gravação em vídeo do show; *Is That It?* (Geldof), do qual citei a carta de Bob Geldof a PM; comentários de PM na *Club Sandwich* #41 e no *Independent* (14 de dezembro de 1990).

Discussão de PM e GH pelo telefone: PM em entrevista dada ao *Sunday Express* (28 de outubro de 1984).

Michael Jackson compra a ATV Music: *Guardian* (16 de agosto de 1985).

Hugh Padgham foi citado a partir de entrevista concedida ao autor.

Vídeo promocional de *Press to Play*: *Club Sandwich* #80.

Eric Stewart foi citado a partir de entrevista concedida ao autor.

22: A SEGUNDA MELHOR OPÇÃO

PM contrata Richard Ogden: agradeço a Richard Ogden. Também consultei a *Club Sandwich* #45.

Pergunta de LM ao duque de Edimburgo: entrevista dada por PM à *Hello* (15 de agosto de 1998).

Amizade de LM com Carla Lane: entrevistas feitas pelo autor com Carla Lane (citada ao longo do capítulo [e também o diálogo recordado entre LM e Chrissie Hynde]).

Os cavalos de LM: entrevistas feitas pelo autor e o documentário *Appaloosa*, uma produção da MPL exibida na BBC2 (julho de 1994).

O boi Ferdinando: *Club Sandwich* #73.

Bob Languish foi citado a partir de entrevista concedida ao autor.

James McCartney fala na escola sobre vegetarianismo: relato de Ray Fooks ao autor.

Canções sobre direitos dos animais: Carla Lane e o CD *Wide Prairie*.

Livro de receitas de LM: citei do *Linda McCartney's Home Cooking* e de minha conversa com Richard Ogden.

Gravação do *CHOBA B CCCP*: agradeço a Richard Ogden; também consultei a *Club Sandwich* #49 e *How the Beatles Rocked the Kremlin*, um documentário da BBC Storyville exibido em 7 de setembro de 2009.

Integrantes do fã-clube ganham ingressos para programas de TV: *Club Sandwich* #46. *Last Resort*: entrevista feita pelo autor com Steve Nieve (citado).

Falecimento da tia Ginny: atestado de óbito.

Mike Robbins foi citado a partir de entrevista concedida ao autor.

Presentes de Natal: entrevista feita pelo autor com Joe Reddington (citado).

Elvis Costello sobre trabalhar com PM: *Independent* (18 de junho de 1992).

A nova banda: entrevista feita pelo autor com Robbie McIntosh e Hamish Stuart (citado). Também a *Club Sandwich* #50.

Wix — "quase vegetariano" — *Club Sandwich* #53.

Salários da banda: entrevista feita pelo autor com McIntosh.

A eterna mágoa de PM com a entrevista de Denny Laine:

entrevistas feitas pelo autor com integrantes da banda.

Os Beatles indicados ao Hall da Fama do Rock 'n' Roll: entrevista feita pelo autor com Danny Fields (citado); *McCartney: The Biography* (Flippo); Entrevista dada por PM à *Rolling Stone*, (15 de junho de 1989) e: www.rockhall.com

Fundação do LIPA: entrevista feita pelo autor com Mark Featherstone-Witty (citado [incluindo "um tremendo canalha".]); os livros dele, *Optimistic, Even Then* e *LIPA in Pictures: The First Ten Years*; e a *Club Sandwich* #60. Agradeço também a Richard Ogden.

Turnê mundial de 1989-1990: experiência pessoal do autor e entrevistas feitas por ele com integrantes da turnê, entre eles Geoff Baker, Robbie McIntosh, Richard Ogden e Hamish Stuart (citado). E também o livreto da turnê (do qual PM foi citado).

Colaboração com Barry Miles: entrevistas feitas pelo autor com Miles.

Os problemas de Heather McCartney: investigações feitas pelo autor no Arizona, incluindo uma entrevista com Beverly Wilk (citada). Cobertura jornalística no *Sunday Mirror* (12 de novembro de 1989) e *Daily Express* (13 de novembro de 1989), bem como declarações de Heather ao *Sunday Times* (28 de novembro de 1999), *Daily Telegraph* (4 de fevereiro de 1999) e *The Times* (7 de agosto de 1997 [citada]).

Relações com pessoas ligadas à indústria da cerâmica em Rye: investigações feitas pelo autor na região.

Acordo com a Visa: Richard Ogden e a *Rolling Stone* (8 de fevereiro de 1990).

O reencontro de Ian James e PM: entrevistas feitas pelo autor com James (citado).

Show em Knebworth: gravação pirata.

Estatísticas da turnê mundial: *Club Sandwich* #55/56.

23:MÚSICA É MÚSICA

Aparição na série de TV *Bread*: entrevista feita pelo autor com Carla Lane.

Diálogo de PM com Carl Davis, e Davis sobre autoria: revista do *Sunday Times* (9 de junho de 1991).

O *Liverpool Oratorio*: *Club Sandwich* #58 e o documentário da MPL *Ghosts of the Past* (do qual PM foi citado). Agradeço também a Carl Davis.

PM saiu antes do fim de *La Bohème*: *Paul McCartney: Many Years from Now* (Miles).

Entrevista de Ray Connolly: *Club Sandwich* #12.

A citação de Schuller veio de *The Rest is Noise* (Ross).

Colaboração com Miles: entrevista feita pelo autor com Miles (citado).

Gravação do vídeo de "Pipes of Peace": *Club Sandwich* #32.

Acústico MTV: entrevistas feitas pelo autor com Robbie McIntosh e Hamish Stuart (citado). Também conversas com Richard Ogden e a gravação do show.

Vendas do livro *Home Cooking*, de Linda McCartney: revista do *Sunday Mirror* (14 de abril de 1991).

Sobre a comida vegetariana congelada de LM: Alastair Cousin, Carla Lane e Mike Robbins (todos foram citados a partir de entrevistas concedidas ao autor).

Traços de carne encontrados nos alimentos vendidos por LM: *Linda McCartney* (Fields); e entrevista de LM à revista *OK!* (6 de março de 1998).

"Noratório": entrevista de PM ao *Sunday Times* (9 de junho de 1991).

PM conhece Michael Portillo, ministro responsável por Merseyside no governo de Major: *Optimistic, Even Then* (Featherstone-Witty).

Crítica do *Oratorio*: *Independent on Sunday* (20 de junho de 1991).

Falecimento de Lee Eastman: obituário do *New York Times* (2 de agosto de 1991) e entrevista feita pelo autor com Philip Sprayregen.

Rolls Royce dado de presente: entrevista dada por PM à *Harper's* (novembro de 1984).

Catálogo de canções da MPL: *Playboy* (dezembro de 1984) e *Club Sandwich* #80.

Composição de "Calico Skies": texto do encarte de *Flaming Pie*.

Mark Featherstone-Witty sobre John Eastman e a impaciência de PM em novembro de 1991: *Optimistic, Even Then*.

Arrecadação de fundos para o LIPA: entrevista feita pelo autor com Mark Featherstone-Witty (citado); o livro dele, *Optimistic, Even Then* e a *Club Sandwich* #64.

O autor viu uma cópia da correspondência trocada por PM e o príncipe Charles. Featherstone-Witty diz que o príncipe não fez qualquer doação.

George Harrison e o LIPA: correspondência trocada pelo autor com Mark Featherstone-Witty.

Donald Warren-Knott foi citado a partir de entrevista concedida ao autor.

Detalhes da relação entre Mark Featherstone-Witty e PM, quantias arrecadadas e a conversa sobre "gay" com Richard Ogden vieram do *Optimistic, Even Then* e das conversas com Richard Ogden e Featherstone-Witty (ambos citados).

Danny Fields foi citado a partir de entrevista concedida ao autor.

Gravação de "Off the Ground": entrevistas feitas pelo autor com McIntosh (citado) e Stuart; e também a *Club Sandwich* #64 e 65.

Projeto Fireman: entrevista feita pelo autor com Youth (citado).

Acordo com a Grundig: entrevista feita pelo autor com Mark Featherstone-Witty e *Optimistic, Even Then*. Também vieram de lá o ingresso LIPA e os encontros com PM nos bastidores.

Vendas de ingressos nos EUA em 1993: *The Paul McCartney Encyclopedia* (Harry).

Richard Ogden sai da MPL: conversa do autor com Ogden. PM sobre a decisão de estender a turnê de 1993: *Club Sandwich* #69

Falecimento de Ivan Vaughan: certidão de óbito; entrevista feita pelo autor com a viúva, Janet (citada).

O poema "Ivan" foi publicado no livro *Blackbird Singing*.

Desaparecimento de James McCartney enquanto surfava: *Sun* (14 de setembro de 1993).

Giro financeiro da MPL: documentos da empresa.

PM — "Vou ser um Beatle agora" — entrevista feita pelo autor com Hamish Stuart.

24: UMA REUNIÃO DE TRÊS QUARTOS

Neil Aspinall foi citado do *Daily Telegraph* (18 de novembro de 1995).

Histórico do *Anthology*: extras do DVD *Anthology*; *Barefaced Lies and Boogie-Woogie Boasts* (Holland); *Club Sandwich* #72; revista *Beatles Unlimited* #124 (Barnaby Rudge); e *Sound on Sound* (dezembro de 1995).

Problemas financeiros de GH: entrevistas feitas pelo autor; *George Harrison* (Clayson); *The Beatles Book* (março de 1995). Processo por plágio em *My Sweet Lord*: *All Things Must Pass* (Shapiro) e *The Encyclopedia of Beatles People* (Harry). GH adianta dinheiro para a produção de *A Vida de Brian*: *Seventies* (Sounes).

PM — "muito dinheiro"— entrevista concedida em *off*.

GH — "a música mais antiga..." — *Anthology* (extras do DVD).

Discurso de indicação de PM ao Hall da Fama do Rock 'n' Roll: *Club Sandwich* #69.

Campanha para indicar PM ao Hall da Fama: entrevista feita pelo autor com Danny Fields (citado), e o livro dele, *Linda McCartney*.

Gravação de "Free as a Bird": o *Anthology* (extras do DVD e texto do encarte do CD Vol. 1) e a *Club Sandwich* #72 e 76 (PM citado).

GH sobre "Free as a Bird": *Anthology* (documentário).

Geoff Emerick foi citado a partir de conversa com o autor.

George Martin foi citado de *Sound on Sound* (dezembro de 1995).

PM foi citado sobre assistir às imagens e escolher faixas para o *Anthology* (texto do encarte do CD Vol. I); *Club Sandwich* #72 e 76.

Bob Smeaton foi citado de *The Beatles Book* (dezembro de 1995)

PM foi citado sobre compilar o CD: *Club Sandwich* #76.

Pinturas de PM: *Paul McCartney: Paintings* e entrevista feita pelo autor com Wolfgang Suttner (citado).

Progresso do LIPA: entrevista feita pelo autor com Mark Featherstone-Witty (citado), exceto "E passou a citar..." que é do livro dele, *Optimistic, Even Then*.

PM ajuda Horst Fascher: citado a partir de entrevista concedida por Fascher ao autor.

PM ajuda o hospital local e outras obras de caridade: agradeço a Ann Hostler do Rye Health Care Ltd. Também consultei o *Independent on Sunday* (16 de julho de 1999).

Real Love/O veto de Harrison: entrevistas feitas pelo autor e comentários de PM para a revista *Sunday Express Boulevard* (4 de maio de 1997).

Terceira canção: *The Beatles Book* (março de 1996).

Gravar novas canções com Steve Miller e outros: texto do encarte de *Flaming Pie*.

Trabalhar com David Matthews: entrevista feita pelo autor e correspondência trocada com Matthews (citado). E também o *Independent on Sunday* (5 de outubro de 1997).

PM faz show no St. James' Palace: *Club Sandwich* #74.

PM trabalha com Ginsberg e pede ajuda com *Standing Stone*: correspondência trocada pelo autor com Tom Pickard.

A descoberta dos Hodgsons: entrevistas feitas pelo autor com Peter Hodgson (citado).

Heather McCartney Designs: documentos da empresa.

Stella McCartney se forma em moda: revista *Independent* (28 de outubro de 1995); *Stella May Day: The Unknown Paul McCartney* (Peel).

O acidente automobilístico de James McCartney: *Daily Mail* (4 de maio de 1995); e *The Beatles Book* (junho de 1995).

Barry Miles foi citado a partir de entrevista concedida ao autor.

Pete Best enfim ganha dinheiro: entrevistas feitas pelo autor.

GH — "Soa como a banda seria hoje em dia" — *Anthology* (documentário).

O lançamento do *Anthology*: entrevistas feitas pelo autor; *The Beatles Book* (várias edições). George Martin foi citado do *Sound on Sound* (dezembro de 1995); e entrevista feita pelo autor com Hodgson.

Giro financeiro da MPL: documentos da empresa.

25: PASSANDO PELO SONHO DE AMOR

O câncer de LM: entrevista dada por PM ao *Daily Mail* (17 de outubro 1998); texto do livreto de *Garland for Linda*; entrevistas feitas pelo autor com Danny Fields e Carla Lane (citada) e a certidão de óbito de LM.

Custo do LIPA: entrevista feita pelo autor com Mark Featherstone-Witty, e os livros dele.

O que PM fez e não fez por Liverpool: Dave Holt e Spencer Leigh foram citados a partir de entrevistas concedidas ao autor.

Inauguração do LIPA: entrevista feita pelo autor com Mark Featherstone-Witty e o livro dele, *LIPA the First Ten Years* (PM citado).

Quimioterapia: *Daily Mirror* (23 de outubro de 1998).

LM tenta fazer com que PM seja indicado ao Hall da Fama: Danny Fields em conversa com o autor.

PM sobre as tentativas dele e de LM de inverter a ordem do crédito de "Yesterday" para o *Anthology*: *Rolling Stone* (6 de dezembro de 2001).

Falecimento de Maureen Starkey: *The Beatles* (Davies [atualizado)]

Testamento de LM: o próprio documento, datado de 4 de julho de 1996 e registrado na Surrogate Court de Nova York (arquivo #179-99).

Standing Stone: entrevista feita pelo autor e correspondência trocada por ele com David Matthews e Tom Pickard (ambos citados) e também *Paul McCartney: Paintings*.

PM compra High Ranachan Farm: entrevistas feitas pelo autor com Alice e Duncan McLean (citados).

James McCartney grava "Heaven on a Sunday" com os pais: texto do encarte do *Flaming Pie* e entrevista dada por PM à revista *Sunday Express Boulevard* (4 de maio de 1997 [citação de James McCartney]).

O caminho para o título de cavaleiro: entrevista feita pelo autor com Featherstone-Witty (citado).

PM fala no memorial para LM sobre a inscrição no relógio que a esposa lhe dera: *Sun* (9 de junho de 1998).

Mary McCartney foi citada do *Daily Express* (12 de março de 1997).

Rushes: entrevista feita pelo autor com Youth (citado).

Conclusão da história de Anita Cochrane: cobertura jornalística, incluindo as entrevistas dadas por mãe e filho ao *Daily Mail* (31 de maio e 2 de junho de 1997);

conversa do autor com Philip Howarth; e também entrevista feita pelo autor com o parente Ian Pillans.

LM tratada por Larry Norton: entrevista feita pelo autor com Danny Fields.

Confronto com fãs no Plaza Athénée: entrevista feita pelo autor com Linda Aiello (citada).

O câncer se espalha: entrevista dada por PM ao *Daily Mail* (17 de outubro de 1998).

McCartneys chocados com a morte de Tim Buckley: entrevista feita pelo autor com Danny Fields.

O câncer de GH: *All Things Must Pass* (Shapiro) e *Knocking on Heaven's Door* (Talevski).

Amigos morrem: entrevistas feitas pelo autor; *The Beatles* (Davies [atualizado]) e *Knocking on Heaven's Door* (Talevski).

Aparição de PM na Semana Buddy Holly de 1997: *Club Sandwich* #83.

Mudanças de última hora em *Standing Stone*: David Matthews foi citado a partir de entrevista concedida ao autor; PM sobre Kent Nagano foi citado da entrevista dada por ele ao *Independent on Sunday* (5 de outubro de 1997).

O último encontro de Danny Fields com LM: entrevista feita pelo autor (e também citações subsequentes).

Churrasco no Arizona: entrevista feita pelo autor com Beverly Wilk (citada); Natal em Blossom Farm: detalhes que surgiram durante o memorial para LM realizado em Londres, *Daily Mail* (9 de junho de 1998); e a entrevista feita pelo autor com Walter van Dijk (citado).

LM para de fumar maconha: PM em entrevista à Chrissie Hynde no *USA Weekend* (30 de outubro de 1998).

Conversas finais com Carla Lane/ diálogo relembrado: entrevista feita pelo autor.

Filhotes de beagle resgatados: *Daily Mail* (4 de outubro de 1997).

PM transfere propriedade para o nome de Heather: registro de imóveis.

Últimas sessões de gravação: texto do encarte de *Wide Prairie*.

Os últimos dias e a morte de LM: certidão de óbito; investigações feitas pelo autor no Arizona; cobertura jornalística, incluindo a entrevista dada por PM ao *Daily Mail* (17 de outubro de 1998).

As últimas palavras de PM para LM: comunicado feito por ele sobre a morte da esposa (21 de abril de 1998); e também *Beatles Unlimited* #141.

26: *RUN DEVIL RUN*

Funeral de LM; certidão de óbito emitida pelo Arizona e investigações feitas pelo autor no local.

A dissimulação de Geoff Baker: cobertura jornalística e conversas entre o autor e Baker.

Carla Lane e Geoff Dunbar citados a partir de entrevistas concedidas ao autor.

In extremis: PM no *Breakfast with Frost* (7 de dezembro de 1997, reproduzido no *The Beatles Book* [janeiro de 1998], dizendo que a doença da esposa os fez "falar com Deus, ou seja lá qual for o nome, com mais frequência").

Memoriais em Londres e Nova York: cobertura jornalística, entrevistas feitas pelo autor e correspondência trocada com os enlutados, entre eles Carla Lane, Danny Fields, John

McGeachy, lorde Puttnam, Eric Stewart e Pete Townshend (cujo discurso foi citado).

Trabalhos com Nitin Sawhney: entrevistas feitas pelo autor com Sawhney (citado).

PM vai à formatura no LIPA: entrevistas feitas pelo autor com Mark Featherstone-Witty e Joe Flannery (ambos citados).

Ausência da assinatura de Heather McCartney: documentos do tribunal. O fato de ela ter chegado a Tucson tarde demais para dar adeus à mãe foi publicado no *Sunday Times* (26 de abril de 1998).

PM compra propriedade em Amagansett: investigações feitas pelo autor no local e também a sentença do juiz Bennett na Suprema Corte sobre o divórcio de McCartney em março de 2008 (que daqui em diante será chamada de sentença de Bennett).

James McCartney no casamento da irmã Mary: entrevista feita pelo autor com o secretário da paróquia Walter Piggott.

PM sobre "The Light Comes from Within": texto do encarte de *Wide Prairie*.

PM demite Reddington: entrevista feita pelo autor com Reddington (citado).

Efeito da morte de LM em Heather e James McCartney: entrevistas feitas pelo autor com Beverly Wilk (Heather), amigos e vizinhos de Sussex (James).

Heather McCartney se isola em casa: citada do *Daily Telegraph* (4 de fevereiro de 1999) e a entrevista coletiva dada por ela em Atlanta, em 1999 (*The Paul McCartney Encyclopedia*).

Heather dizendo que não via mais razão para viver: citado da entrevista dada por ela ao *Sunday Times* (28 de novembro de 1999).

Assinaturas no documento: testamento de LM, sentença de Bennett, Surrogate Court, Nova York, Arquivo #179-99.

Nascimento de Arthur Donald: certidão de nascimento.

Danny Fields foi citado a partir de entrevista concedida ao autor (inclui o comentário feito por Hynde a ele).

Exposição na Alemanha: entrevista feita pelo autor com Wolfgang Suttner. E também *Paul McCartney: Paintings*.

Brian Sewell foi citado a partir de correspondência trocada com o autor.

PM conhece Heather Mills (HM): a biografia revisada dela, *A Single Step*, e cobertura do Pride of Britain Awards feita pela revista *OK!* (11 de junho de 1999).

O diálogo de PM com Piers Morgan foi citado do livro dele, *The Insider.*

Heather Mills Health Trust: *Out on a Limb*; www.charity-commission.gov.uk e documentação da comisão de caridade; entrevista de HM a Pete Norman para a revista *People* de 17 de novembro de 1999, na qual ela fala "minha obra de caridade" antes de registrá-la como tal. Agradeço também a Sarah Nelson, da Charity Commission,

PM sobre ruídos de animais serem uma mensagem de LM: *Rolling Stone* (6 de dezembro de 2001).

Histórico da vida de HM: com base principalmente no livro dela [*Out on a Limb*] e também em entrevistas feitas pelo autor com Alfie Karmal (citado), e o documentário do Channel 4 *Heather Mills: The Real Mrs McCartney*, de 2003, do qual Charles Stapley foi citado.

HM é comparada à princesa Diana: *OK!* (9 de fevereiro de 1997); boato de que iria competir na paraolimpíada: *Hello!* (22 de julho de 1995); boato de indicação ao Nobel: entrevista dada por HM a with Pete Norman, 1999; boatos sobre filme a ser feito sobre a vida dela/anúncio de ambições ministeriais: *Daily Mail* (17 de janeiro de 1998).

Garland for Linda: notas do encarte do CD e entrevistas feitas pelo autor, bem como correspondência trocada por ele com David Matthews e Sir John Tavener.

O desenvolvimento da relação entre PM e HM baseou-se principalmente na sentença de Bennett (a menos que seja indicado de outra forma).

Noivado com Terrill: *The [Daily] Mirror* (5 de julho de 1999). HM abandona Terrill: várias reportagens publicadas na imprensa, incluindo o *News of the World* (7 de novembro de 1999).

HM vai para Long Island com PM: sentença de Bennett.

Encontro romântico no Halloween: descrito por HM em *A Single Step.*

Festa noturna na fogueira: *News of the World* (7 de novembro de 1999).

Fonte do memorial para LM: entrevista feita pelo autor com Carla Lane.

Show no Cavern: DVD *Live at the Cavern Club* (MPL, 2000) e *The Cavern* (Leigh).

Natal e revéillon com PM: *A Single Step* (citação de HM) e entrevista feita pelo autor com Mike Robbins (citado).

Parrot Cay: *A Single Step* e a sentença de Bennett.

Declínio, morte e enterro de Mel See: entrevistas feitas pelo autor com Jonathan Kress, Beverly Wilk (citada) e a família Zeller; testamento de Mel See; e registros do Evergreen Mortuary and Cemetery, Tucson, AZ. Agradeço também a tenente Deanna Coultas, da polícia de Pima County, Arizona (citada).

Veronica Languish é citada a partir de entrevista concedida ao autor.

Alfie Karmal conta sua história: *Sunday People* (9 de abril de 2000).

HM como "festeira": entrevista dada por Ros Ashley ao *Mail on Sunday* (23 de abril de 2000).

Mike Robbins foi citado a partir de entrevista concedida ao autor.

Linda Aiello foi citada a partir de entrevista concedida ao autor.

Viagem à Ìndia: sentença de Bennett. Também agradeço a Pete Norman.

Gravação de *Driving Rain:* texto do encarte do CD.

A "Casa Heather" e a compra de Angel's Rest: sentença de Bennett.

PM sobre trabalhar com Linda: documentário *Wingspan* (MPL, 2001).

Adrian Mitchell foi citado de sua introdução a *Blackbird Singing* (McCartney).

O trabalho em *Ecce Cor Meum:* entrevista feita pelo autor com David Matthews e Anthony Smith (citado).

Anthony Smith, Eric Stewart, Tony Bramwell and Mark Featherstone-Witty sobre HM: todos foram citados a partir de entrevistas concedidas ao autor.

Pedido de casamento e noivado: descrito por HM em *A Single Step*; também consultei a sentença de Bennett. Agradeço a Pete Norman.

27: AQUELE SEGUNDO CASAMENTO DIFÍCIL

PM testemunha os atentados de 11 de Setembro: *A Single Step* (Mills) e entrevista dada por ele à *Rolling Stone* (3 de maio de 2007).

"Compromissos urgentes de caridade" e a ideia de HM para PM: *A Single Step.*

HM ajudou a compor "Freedom": *Each One Believing.*

Concerto para New York: *A Single Step* (Mills); imagens do show e entrevistas feitas pelo autor com um executivo do VH1 que não quis ser identificado. Agradeço também a Pete Townshend (citado a partir de correspondência trocada com o autor).

Declínio e morte de GH: entrevista feita pelo autor com Neil Innes (citado); certidão de óbito de GH; *A Single Step* (Mills).

Primeira apresentação de *Ecce Cor Meum:* entrevistas feitas pelo autor com David Matthews e Anthony Smith (citado).

Reação de PM à morte de GH: imagens da entrevista dada por ele à imprensa.

Generosidade financeira com HM: sentença de Bennett.

Desconhecimento de HM quanto às canções dos Beatles: entrevista de PM à *Reader's Digest* (novembro de 2001).

A rotina da turnê: *Each One Believing*; DVD de *Back in the USA* (PM e Wix foram citados, bem como a observação de Brian Ray).

PM disse que Heather abandonou os ensaios do show quando ele apresentou "uma canção que compus para Linda": *Mail on* Sunday (5 de novembro de 2006).

O anel defenestrado: *News of the World* (2 de junho de 2002).

Show do Jubileu de Ouro: cobertura televisiva.

PM se casa com HM: certidão de casamento; cobertura jornalística; correspondência trocada pelo autor com Sir John Leslie (citado); e entrevistas feitas pelo autor com os convidados Geoff Baker, Mike Robbins e Nitin Sawhney (os dois últimos foram citados).

Detalhes sobre o comportamento de PM até o dia do casamento: sentença de Bennett.

Walker Art Gallery: entrevista feita pelo autor com Gillian Reynolds (citada).

Entrevista de Heather Mills McCartney a Barbara Walters: *Sunday Express* (2 de outubro de 2002). E também Walters no programa *The View* (25 de abril de 2007).

Discussão em Los Angeles: as citações são da resposta de HM ao pedido de divórcio, que vazou para imprensa em outubro de 2006 e foi amplamente divulgada.

Participação de HM no Larry King: BBC News Online (1º de novembro de 2002).

Memorial em Kintyre: entrevista feita pelo autor com Alastair Cousin (citado). Agradeço também a George McMillan, ex-conselheiro da cidade.

Créditos das canções em *Back in the US*: texto do encarte do CD.

Citação de RS: *Sun* (12 de janeiro de 2008).

Show para George: DVD da apresentação (Oops Publishing Ltd, 2003) e entrevistas feitas pelo autor com Neil Innes e Ravi Shankar (citado).

Crítica de Ray Connolly: *Daily Mail* (28 de março de 2003).

Entrevista de PM ao *Daily Mirror* — "Heather me disse..." na edição de 7 de abril de 2003.
Dinheiro dado a HM e o aborto: sentença de Bennett.
Documentário do Channel 4: *Heather Mills: The Real Mrs McCartney* (exibido em 7 de maio de 2003).
Briga em Roma: as citações são da resposta de HM ao pedido de divórcio feito por PM, que vazou para a imprensa em outubro de 2006 e foi amplamente divulgado.
Astrid Kirchherr sobre HM: citada a partir de entrevista concedida ao autor.
Stella McCartney ser contra HM: entrevistas feitas pelo autor e cobertura da imprensa.
Show na praça Vermelha: *Each One Believing* (citação de PM).
Pessoas de Amagansett sobre Heather Mills: entrevistas feitas pelo autor com Alda Lupo Stipanoe e um bibliotecário que não quis ser identificado (ambos citados).
Briga em Long Island: a citação é da resposta de HM ao pedido de divórcio feito por PM, que vazou para a imprensa em outubro de 2006 e foi amplamente divulgado.
A vida em Woodlands Farm: entrevistas feitas pelo autor no local.
Contrução do pavilhão e da Cabana: documentos sobre o pedido de autorização para o projeto e a sentença de Bennett.
Briga em que a garrafa de ketchup foi jogada em PM: *News of the World* (22 de outubro de 2006).
O incidente quando PM foi ver David Blaine: entrevistas feitas pelo autor com Geoff Baker e Kevin Wheal (ambos citados); cobertura jornalística no *Daily Mirror* e no *Sun* (20 de setembro de 2003).
Nascimento de Beatrice McCartney: certidão de nascimento.

28: QUANDO PAUL TINHA 64

Término da construção da Cabana/ Generosidade de PM com a esposa: sentença de Bennett.
Jantar: entrevista feita pelo autor com Nitin Sawhney (citado).
Treze casas: sentença de Bennett e investigações feitas pelo autor no Reino Unido e nos EUA.
HM substitui o apresentador no *Larry King Live*: sentença de Bennett.
Reclamações de HM: citadas da resposta de HM ao pedido de divórcio feito por PM, que vazou para a imprensa.
Festival de Glastonbury: entrevista feita pelo autor com Michael Eavis (citado); imagens do show (citação de PM) e cobertura jornalística da BBC News Online.
Interesse de PM por linhas de Ley etc.: comentários feitos por ele no palco em Glastonbury; entrevistas e correspondências trocadas pelo autor com Geoff Baker (astrologia).
Heather e Baker não se falam/ demissão de Baker: conversa do autor com Baker (citado) e também *Mail on Sunday* (12 de setembro de 2004).
HM e a reportagem no *Sunday Times*; resposta de HM ao pedido de divórcio feito por PM, que vazou para a imprensa.
PM sobre Baker: a declaração feita por ele em 2005 ao site: www.heathermillsmccartney.com. PM defende a esposa no mesmo site.
PM manda Nigel "se ferrar": *Rolling Stone* (20 de outubro de 2005).

PM tinha o livro *O peregrino* quando criança: *New Yorker* (4 de junho de 2007). Recusa de PM a dizer em quem ele pensou quando compôs "Riding to Vanity Fair": *Observer Music Monthly* (setembro de 2005).

Briga sobre o prédio em Nova York: registros públicos de Nova York e a sentença de Bennett.

Dinheiro e presentes dados por PM à esposa e os pedidos de dinheiro feitos por ela a Paul Winn para quitar uma hipoteca inexistente: sentença de Bennett, na qual o juiz revelou que o advogado de Sir Paul "disse [a Heather no tribunal] que aquela foi uma tentativa fraudulenta de obter dinheiro do marido..." O juiz decidiu que não chegava a ser uma fraude. "Porém, não é algo que lhe dê qualquer crédito." Ver também o Capítulo 29.

PM na St. John's Wood Church: agradeço a Christine Barnwell, funcionária da igreja.

Pedido de autorização para construir a Cabana: Conselho Distrital de Rother.

Campanha contra a matança de focas: *Hello*! (14 de março de 2006).

HM pede novamente dinheiro à MPL: sentença de Bennett.

Eventos que levaram à separação: resposta de HM ao pedido de divórcio feito por PM, que vazou para a imprensa.

Data da separação/compra de Pandora's Barn: sentença de Bennett.

Comunicado sobre a separação: BBC News Online (17 de maio de 2006).

Reportagem intitulada A VERGONHA PORNÔ PESADO: *Sun* (5 de junho de 2006).

Reportagem intitulada A PROSTITUTA DE 5 MIL LIBRAS: *News of the World* (11 de junho de 2006).

Documentário *Love: All Together Now* (2008).

PM faz 64 anos: *Sunday Mirror* (18 de junho de 2006) e entrevista dada por PM ao *The Times* (14 de dezembro de 2007).

PM pede o divórcio etc: sentença de Bennett.

HM ficou trancada do lado de fora da Cavendish: *Evening Standard* (8 de agosto de 2006).

O juiz Bennett foi citado na frase "termos indubitavelmente fortes" de sua sentença na Suprema Corte.

Auditoria feita pela Ernst & Young: sentença de Bennett.

Vazamento do documento *cross-petition*, conteúdo e consequências: *Evening Standard* e *Daily Mail* (18 de outubro de 2006); *Press Gazette* (27 de outubro de 2006); *The Times* (24 de outubro de 2006) e o *Sunday Times* (5 de novembro 2006). E também a sentença de Bennett.

Processo por difamação não deu em nada: Heather Mills McCartney vs. News Group, Queen's Bench, #HQ06X03218 (suspenso).

Resposta dos advogados de PM: *Sun* (19 de outubro de 2006).

Danny Fields e Eric Stewart foram citados a partir de entrevistas concedidas ao autor.

Falecimento de Brian Brolly: atestado de óbito.

O aniversário de 3 anos de Beatrice McCartney: cobertura jornalística do *News of the World* e *Mail on Sunday* (29 de outubro de 2006).

Piada de Jonathan Ross sobre HM: *Daily Mail* (31 de outubro de 2006).

Estreia de *Ecce Cor Meum*: DVD da estreia; entrevistas feitas pelo autor com Anthony Smith. Crítica do *Independent* feita por Michael

Chruch (4 de novembro de 2006).
Problemas familiares: entrevistas feitas pelo autor.
Mike Robbins foi citado a partir de entrevistas concedidas ao autor.
Negociações de divórcio no Natal e revéillon: sentença de Bennett.

29: O PASSADO SEMPRE PRESENTE

Divórcio de McCartney: sentença de Bennett.
PM sai da EMI: *The Times* (15 de dezembro de 2007) e *New Yorker* (4 de junho de 2007).
Composição de "The End of the End": *Interview* (julho de 2007).
Governo dos EUA vs. Vincente Gigante, Myron Shevell e outros: caso # 88-4396 (agradeço ao Ministério do Trabalho dos EUA). O autor também consultou www.nemf.com; o site do escritório de advocacia de Bruce Blakeman, www.abramslaw.com; e falou com a ex-esposa de Myron Shevell, Jane.
Nitin Sawhney foi citado a partir de entrevista concedida ao autor.
HM no programa GMTV: gravação do programa de 31 de outubro de 2007.
Doação de HM à Viva!: sentença de Bennett. A falta de qualificação jurídica da organização como sendo de caridade na época foi confirmada por Tony Wardle, da Viva!
Citação de PM — "Como Winston Churchill disse uma vez..." — *Radio Times* (outubro de 2007).
Na Suprema Corte de Justiça: anotações feitas pelo autor e a sentença de Bennett.
Fã pede autógrafo a PM na Suprema Corte: *Daily Telegraph* (16 de fevereiro de 2008).
Falecimento de Jon Shevell: atestado de óbito.
Audiências finais do divórcio de McCartney: anotações feitas pelo autor e a sentença de Bennett.
Declaração de HM nos degraus da Suprema Corte: anotações feitas pelo autor.
A reportagem sobre o "Maccagate": *Sunday Mirror* (4 de novembro de 2007).
Declaração de Fiona Mills feita ao autor no tribunal (citada).
Manipulação da Wikipedia a favor de HM: entrevista feita pelo autor com um funcionário de Mills que pediu para falar sem ser identificado.
Falecimento de Neil Aspinall: obituário da AP (24 de março de 2008) e entrevista feita pelo autor com Peter Brown (citado).
Comentários de RS no programa de Jonathan Ross e a reação a estes comentários: *Liverpool Echo* (21 de janeiro de 2008).
Declaração do taxista foi feita ao autor.
Turnê de PM em Liverpool, junho de 2008: anotações feitas pelo autor e entrevistas com James "Brickhead" e John Halliday (ambos citados), entre outros.
YO em Mendips/desfile de moda no LIPA (maio de 2008): anotações feitas pelo autor. Mark Featherstone-Witty foi citado a partir de entrevista concedida ao autor.
Liverpool Sound Concert: anotações feitas pelo autor e entrevistas com espectadores, entre eles Joe Flannery, Sam Leach e Brenda Rothwell (os dois últimos foram citados).

PM — "Acho que é basicamente magia..." — *Rolling Stone* (3 de maio de 2007).

Terceiro álbum de Fireman: entrevista feita pelo autor com Youth e Linda Aiello (citada).

Renda bruta dos ingressos nos EUA: *Los Angeles Times* (31 de dezembro de 2009).

PM sobre a morte de Michael Jackson: www.paulmccartney.com.

PM em Paris: *Evening Standard* (5 de outubro de 2009).

Concerto para guitarra: *New Yorker* (4 de junho de 2007).

PM como força motriz por trás do lançamento do *Beatles Rock Band*: entrevista dada por Yoko Ono à revista do *[Daily] Telegraph* (19 de setembro de 2009).

Artistas mais vendidos da década: *Guardian* (9 de dezembro de 2010).

High in the Clouds: o livro e a entrevista feita pelo autor com Geoff Dunbar (citado).

Show de Hamburgo: anotações feitas pelo autor.

BIBLIOGRAFIA

Arnason, HH. *A History of Modern Art.* Londres: Thames & Hudson, 1988.

Badman, Keith. *The Beatles Off the Record.* Londres: Omnibus Press, 2000.

Barrow, Tony. *John, Paul, George, Ringo and Me.* Londres: André Deutsch, 2006.

Barrow, Tony e Robin Bextor (Julian Newby, ed.), *Paul McCartney: Now and Then.* Londres: Carlton Publishing, 2004.

[The] Beatles. *Anthology*, Londres: Cassell, 2000.

Bedford, Carol. *Waiting for the Beatles: An Apple Scruff's Story.* Poole (Reino Unido): Blandford Press, 1984.

Belchem, John, ed. *Liverpool 800: Culture Character & History.* Liverpool: Liverpool University Press, 2006.

Benson, Ross. *Paul McCartney Behind the Myth.* Londres: Gollancz, 1993.

Best, Pete e Patrick Doncaster. *Beatle! The Pete Best Story.* Londres: Plexus, 1985.

Brown, Peter e Steven Games. *The Love You Make.* Nova York: Putnam, 2002.

Boyd, Pattie com Penny Junor. *Wonderful Today.* Londres: Hodder Headline, 2007.

Bracewell, Michael. *Re-make/Re-model: Art, Pop, Fashion and the Making of Roxy Music 1953-1972.* Londres: Faber & Faber, 2007.

Bramwell, Tony com Rosemary Kingsland. *Magical Mystery Tours: My Life with the Beatles.* Londres: Robson Books, 2005.

Carlin, Peter Ames. *Paul McCartney: A Life.* Londres: Robson Books, 2009.

Clapton, Eric. *Eric Clapton: The Autobiography.* Londres: Arrow Books, 2008.

Clayson, Alan. *George Harrison.* Londres: Sanctuary, 2001.

Clayson, Alan. *Ringo Starr: Straight Man or Joker?* Londres: Sidgwick & Jackson, 1991.

Coleman, Ray. *Brian Epstein: The Man Who Made the Beatles.* Londres: Viking, 1989.

Coleman, Ray. *McCartney Yesterday & Today.* Londres: Boxtree, 1995.

Crick, Michael. *Jeffrey Archer: Stranger than Fiction.* Londres: Hamish Hamilton, 1995.

Cunningham, Ian. *A Reader's Guide to Writers' London*. Londres: Prion Books, 2001.

Davies, Hunter. *The Beatles*. Londres: Jonathan Cape, 1985 (edição revisada).

Davies, Hunter. *The Quarrymen*. Londres: Omnibus, 2001.

Davis, Stephen. *Old Gods Almost Dead: The 40-Year Odyssey of the Rolling Stones*. Londres: Aurum, 2006.

Dean, Johnny, ed. *The Best of the Beatles Book*. Londres: Beat Publications, 2005.

DiLello, Richard. *The Longest Cocktail Party*. Londres: Charisma Books, 1973.

Draper, Robert. *The Rolling Stone Story*. Edimburgo: Mainstream, 1990.

Ellis, Geoffrey. *I Should Have Known Better: A Life in Pop Management*. Londres: Thorogood, 2004.

Emerick, Geoff com Howard Massey. *Here, There and Everywhere: My Life Recording the Music of the Beatles*. Nova York: Gotham Books, 2007.

Epstein, Brian. *A Cellarful of Noise*, Londres: New English Library, 1965.

Esslin, Martin. *The Theatre of the Absurd*. Londres: Methuen, 2001.

Faithfull, Marianne com David Dalton. *Faithfull*. Londres: Penguin Books, 1995.

Featherstone-Witty, Mark. *LIPA in Pictures: The First Ten Years*. Liverpool: LIPA Press, 2006.

Featherstone-Witty, Mark. *Optimistic, Even Then: The Creation of Two Performing Arts Institutes*. Londres: SPA Press, 2001.

Fields, Danny. *Linda McCartney: The Biography*. Londres: Little, Brown, 2000.

Fletcher, Tony. *Dear Boy: The Life of Keith Moon*. Londres: Omnibus Press, 1999.

Flippo, Chet. *McCartney: The Biography*. Londres: Sidgwick & Jackson, 1988.

Gaines, Steven. *Heroes and Villains: The True Story of the Beach Boys*. Londres: Macmillan, 1986.

Geldof, Bob. *Is That It?* Harmondsworth (Reino Unido): Penguin, 1986.

Gentle, Johnny e Ian Forsyth. *Johnny Gentle & The Beatles: First Ever Tour*. Runcorn (Reino Unido): Merseyrock Publications, 1998.

Giuliano, Geoffrey. *Blackbird: The Unauthorized Biography of Paul McCartney*. Londres: Smith Gryphon, 1991.

Goldman, Albert. *The Lives of John Lennon*. Londres: Bantam, 1988.

Guralnick, Peter. *Careless Love: The Unmaking of Elvis Presley*. Londres: Little, Brown, 1999.

Harrison, George. *I Me Mine*. Londres: Phoenix, 2004 (1ª edição, 1980).

Harry, Bill. *The Encyclopedia of Beatles People*. Londres: Blandford, 1997.

Harry, Bill. *The John Lennon Encyclopedia*. Londres: Virgin, 2000.

Harry, Bill. *Mersey Beat: The Beginnings of the Beatles*. Londres: Omnibus Press, 1977.

Harry, Bill. *The Paul McCartney Encyclopedia*. Londres: Virgin, 2002.

Hayward, Mark. *The Beatles Unseen*. Londres: Weidenfeld & Nicolson, 2005.

Holland, Jools. *Barefaced Lies and Boogie-Woogie Boasts*. Londres: Penguin, 2007.

Humphrey-Smith, Cecil R. com

Michael H. Heenan e Jenifer Mount. *Up the Beatles' Family Tree*. Canterbury (Reino Unido): Achievements Ltd, 1966.

Ifield, Frank com Pauline Halford. *I Remember Me: The First 25 Years*. Hertford (Reino Unido): Kempton Marks, 2005.

Kirchherr, Astrid e Klaus Voormann (compilado por Ulf Krüger). *Hamburg Days*. Guildford (Reino Unido): Genesis, 1999.

Krüger, Ulf. *Beatles Guide Hamburg*. Hamburgo: Europa Verlag, 2001.

Leach, Sam. *The Rocking City*. Gwyneddd (Reino Unido): Pharoah Press, 1999.

Leigh, Spencer. *The Cavern: The Most Famous Club in the World*. Londres: SAF, 2006.

Lennon, Cynthia. *John*. Londres: Hodder & Stoughton, 2005.

Lewis, David. *The Illustrated History of Liverpool's Suburbs*. Derby (Reino Unido): Breedon Books, 2003.

Lewisohn, Mark. *The Beatles' London*. Londres: Portico, 1998 (edição revisada).

Lewisohn, Mark. *The Complete Beatles Chronicle*. Londres: Hamlyn, 2000.

Lewisohn, Mark. *The Complete Beatles Recording Sessions*. Londres: Hamlyn, 1989.

Lipton, Peggy com David e Coco Dalton. *Breathing Out*. Nova York: St. Martin's Press, 2005.

Loewenstein, Dora e Philip Dodd, eds. *According to the Rolling Stones*. Londres: Phoenix, 2003.

Loog Oldham, Andrew. *Stoned*. Londres: Secker & Warburg, 2000.

Lowe, Jacques, ed. *The Incredible Music Machine*. Londres: Quartet Books, 1982.

MacDonald, Ian. *Revolution in the Head: The Beatles' Records and the Sixties*. Londres: Pimlico, 1995.

Marks, J. *Rock and Other Four Letter Words*. Nova York: Bantam, 1968.

Martin, George. *All You Need is Ears*. Nova York: St. Martin's Press, 1979.

McCartney, Linda. *Linda's Pictures*. Londres: Pavilion, 1976.

McCartney, Linda e Peter Cox. *Linda McCartney's Home Cooking*. Londres: Bloomsbury, 1989.

McCartney, Linda. *Sixties: Portrait of an Era*. Londres: Pyramid Books, 1992.

McCartney, Mike. *Remember*. Londres: Merehurst, 1992.

McCartney, Mike. *Thank U Very Much: Mike McCartney's Family Album*. St. Albans (Reino Unido): Granada, 1982.

McCartney, Paul. *Blackbird Singing: Paul McCartney, Poems and Lyrics 1965-1999*. Londres: Faber & Faber, 2001.

McCartney, Paul, Geoff Dunbar e Philip Ardagh. *High in the Clouds*. Londres: Faber & Faber, 2003.

McNab, Ken. *The Beatles in Scotland*. Edimburgo: Polygon, 2008.

Miles, Barry. *The Beatles: A Diary*. Londres: Omnibus Press, 2007.

Miles, Barry. *In the Sixties*. Londres: Jonathan Cape, 2002.

Miles, Barry. *Paul McCartney: Many Years from Now*. Londres: Vintage, 1998.

Mills, Heather com Pamela Cockerill. *Out on a Limb*. Londres: Little, Brown, 1995.

Mills McCartney, Heather com Pamela Cockerill. *A Single Step*. Nova York: Warner Books, 2002,

Morgan, Piers. *The Insider*. Londres: Ebury Press, 2005.

MPL Communications Ltd. *Each One Believing: Paul McCartney On Stage, Off Stage and Backstage*.

São Francisco: Chronicle Books, 2004.

Norman, Philip. *John Lennon: The Life*. Londres: HarperCollins, 2008.

Norman, Philip. *Shout! The True Story of the Beatles*. Londres: Elm Tree Books, 1981.

Norman, Philip. *Symphony for the Devil: The Rolling Stones Story*. Nova York: Linden Press, 1984.

O'Dell, Denis com Bob Neaverson. *At the Apple's Core: The Beatles from the Inside*. Londres: Peter Owen, 2002.

Orton, Joe, John Lahr, ed. *The Orion Diaries*. Londres: Methuen, 1986.

Peel, Ian. *The Unknown Paul McCartney: McCartney and the Avant-garde*. Richmond (Reino Unido): Reynolds & Hearn, 2002.

Ricks, Christopher, ed. *The Oxford Book of English Verse*. Oxford: Oxford University Press, 1999.

Roach, Kevin. *The McCartneys: In the Town Where They Were Born*. Liverpool: Trinity Mirror, 2009.

Roberts, David, ed. *Guinness World Records [Book of] British Hit Singles*. Londres: Guinness World Records, 2002.

Ross, Alex. *The Rest is Noise: Listening to the Twentieth Century*. Londres: Fourth Estate, 2008.

Ross, Robert. *Monty Python Encyclopedia*. Londres: Batsford, 2001.

Salewicz, Chris. *McCartney*. Londres: Futura, 1987.

Sandbrook, Dominic. *White Heat: A History of Britain in the Swinging Sixties*. Londres: Little, Brown, 2006.

Sandford, Christopher. *McCartney*. Londres: Century, 2006.

Schumacher, Michael. *Eric Clapton*. London: Sphere, 1998.

Schwartz, Francie. *Body Count*. São Francisco: Straight Arrow Books, 1972.

Shales, Tom com James Andrew Miller. *Live from New York*. Boston: Black Bay Books, 2002.

Shankar, Ravi. *My Life, My Music*. Londres: Jonathan Cape, 1969.

Shapiro, Marc. *All Things Must Pass: The Life of George Harrison*. Londres: Virgin, 2002.

Sharples, Joseph. *Liverpool*. New Haven (EUA): Yale University Press, 2004.

Sounes, Howard. *Down the Highway: The Life of Bob Dylan*. Nova York: Grove, 2001.

Sounes, Howard. *Seventies: The Sights, Sounds and Ideas of a Brilliant Decade*. Londres: Simon & Schuster, 2006.

Spinetti, Victor com Peter Rankin... *up front*. Londres: Portico, 2008.

Spitz, Bob. *The Beatles: The Biography*. Nova York: Little, Brown, 2005.

Starr, Ringo. *Postcards from the Boys*. Londres: Cassell Illustrated, 2005.

Strong, Martin C. *The Great Rock Discography*. Edimburgo: Canongate, 1999.

Sutcliffe, Pauline e Douglas Thompson. *The Beatles' Shadow: Stuart Sutcliffe and his Lonely Hearts Club Band*. Londres: Pan, 2002.

Talevski, Nick. *Knocking on Heaven's Door*. Londres: Omnibus Press, 2006.

Taylor, Derek, *Fifty Years Adrift*. Guildford (Reino Unido): Genesis, 1984.

Thackeray, W. M. *Vanity Fair*. Nova York: Everyman, 1908 (edição padrão 1848).

Tremlett, George. *The Paul McCartney Story*. Londres: Futura, 1975.

Vollmer, Jürgen. *The Beatles in*

Hamburg. Munique (Alemanha): Schirmer/Mosel, 2004.

Vollmer, Jürgen. *From Hamburg to Hollywood*. Guildford (Reino Unido): Genesis, 1997.

Whitburn, Joel, ed. *The Billboard Book of Top 40 Hits*. Nova York: Billboard, 1996.

Williams, Allan e William Marshall. *The Man Who Gave the Beatles Away*. Londres: Elm Tree Books, 1975.

Woolf, Virginia. *Flush*. Londres: Persephone, 2005 (1ª edição, 1933).

Wyman, Bill com Ray Coleman. *Stone Alone: The Story of a Rock 'n' Roll Band*. Londres: Viking, 1990.

Saiba mais sobre autor em:

www.howardsounes.com